suhrkamp taschenbuch 1036

Octavio Paz wurde am 31. 3. 1914 in Mixcoac/Mexiko-Stadt geboren. 1931 erste Veröffentlichungen in verschiedenen literarischen Zeitschriften. Von 1945–1968 gehört er dem diplomatischen Dienst seines Landes an. Seit 1971 lebt er wieder in Mexiko-Stadt. 1984 wurde ihm der Friedenspreis des Deutschen Buchhandels verliehen.

Eine im wahren Wortsinn radikale Kritik an dem, was er die »zentrale Tradition des Westens« nennt; das sind, auf einen Nenner gebracht, die Essays des mexikanischen Lyrikers Octavio Paz. Eine radikale Kritik insofern, als Paz alles das, was ihm die Gegenwart unleidlich macht, auf eine Wurzel als aller Übel Anfang zurückführt: auf die zukunftsbetonte lineare Zeit, Ergebnis christlichen Denkens und Voraussetzung für Rationalismus, Fortschrittsglaube, politischen Imperialismus – und wie die Übel der Gegenwart sonst noch heißen. Bereits im ersten Band der *Essays* ist klargeworden, daß für Paz künftig vor allem die Poesie zu leisten haben wird, was sie schon immer, und verstärkt seit der Romantik, geleistet hat: den Gegenentwurf zu einer anderen Wirklichkeit. Demzufolge bildet der zweite Band, eine Auswahl aus den Essays zur modernen Dichtung und Kunst, die notwendige Ergänzung zum ersten.

Octavio Paz
Essays 2

Aus dem Spanischen
von Carl Heupel
und Rudolf Wittkopf

Suhrkamp

Quellenangaben zu den einzelnen Essays am Ende des Bandes.
Die Essays 3–7 wurden von Carl Heupel, alle anderen
von Rudolf Wittkopf übertragen.

suhrkamp taschenbuch 1036
Erste Auflage 1984

Druck: Nomos Verlagsgesellschaft, Baden-Baden
Printed in Germany
Umschlag nach Entwürfen von
Willy Fleckhaus und Rolf Staudt

1 2 3 4 5 6 – 89 88 87 86 85 84

INHALT

OCTAVIO PAZ
ESSAYS 2

Wie schreibt man Gedichte?
Die erste Schwierigkeit, die sich bei unserer Frage erhebt, liegt in der Zweideutigkeit der Zeugnisse, die wir über das dichterische Schaffen besitzen. Wenn man den Dichtern glauben darf, gibt es im Augenblick des Ausdrucks immer eine unvermeidliche und unerwartete Mitwirkung. Diese Mitwirkung kann mit unserer Einwilligung oder ohne sie geschehen, doch immer nimmt sie die Form eines Eingriffs von außen an. Die Stimme des Dichters ist und ist nicht die seine. Wie heißt, wer ist es, der meine Rede unterbricht und mich Dinge sagen läßt, die ich gar nicht sagen wollte? Einige nennen ihn Dämon, Muse, Geist, Genius; andere nennen ihn Arbeit, Zufall, Unbewußtsein, Vernunft. Die einen versichern, daß die Dichtung von außen kommt; die anderen, daß der Dichter sich selbst genügt. Doch die einen wie die anderen sehen sich genötigt, Ausnahmen gelten zu lassen. Und diese Ausnahmen sind so häufig, daß man sie nur aus Trägheit so nennen kann. Um das zu beweisen, wollen wir uns zwei Dichter als Idealtypen dieser entgegengesetzten Auffassungen über das dichterische Schaffen vorstellen.
Über seinen Schreibtisch gebeugt, mit starrem und leerem Blick, hat der Dichter, der nicht an die Inspiration glaubt, seine erste Strophe in Übereinstimmung mit dem vorher entworfenen Plan bereits beendet. Nichts ist dem Zufall überlassen worden. Jeder Reim und jedes Bild ist von der rigorosen Notwendigkeit eines Axioms und zugleich von der Absichtslosigkeit und Leichtigkeit eines geometrischen Spiels. Doch es fehlt ein Wort, um den letzten elfsilbigen Vers abzuschließen. Auf der Suche nach dem widerspenstigen Reim, blättert der Dichter im Wörterbuch. Er findet ihn nicht. Er raucht, steht auf,

setzt sich wieder, steht von neuem auf. Nichts: Leere, absolute Leere. Und plötzlich stellt der Reim sich ein. Nicht der erwartete, sondern ein anderer – immer ein anderer –, der die Strophe auf unvorhergesehene Weise und vielleicht entgegen dem ursprünglichen Plan abschließt. Wie diese seltsame Mitwirkung erklären? Es genügt nicht zu sagen: der Dichter hatte einen Einfall, der ihn begeisterte und für einen Augenblick aus dem Konzept brachte. Nichts kommt von nichts. Dieses Wort: wo war es gewesen? Und vor allem, wie kommen wir auf dichterische »Einfälle«?

Ähnliches geschieht in dem entgegengesetzten Fall. »Dem unerschöpflichen Raunen« sich überlassend, die Augen vor der Außenwelt verschlossen, schreibt der Dichter, ohne innezuhalten. Am Anfang eilen die Sätze ihm voraus oder bleiben hinter ihm zurück, doch allmählich stimmt der Rhythmus der schreibenden Hand mit dem des Denkens, das diktiert, überein. Jetzt ist die Verschmelzung erreicht, zwischen Denken und Sprechen gibt es keinen Abstand mehr. Der Dichter ist sich dessen, was er tut, nicht mehr bewußt: er weiß nicht, ob er schreibt oder nicht, noch was er schreibt. Alles fließt aufs glücklichste, bis plötzlich eine Unterbrechung eintritt: da ist ein Wort – oder die Kehrseite eines Wortes: eine Stille –, das ihn am Weiterschreiben hindert. Der Dichter versucht ein- oder zweimal, das Hindernis zu überwinden, es zu umgehen, ihm auf irgendeine Weise auszuweichen und mit dem Schreiben fortzufahren. Umsonst: alle Wege enden vor derselben Mauer. Die Quelle hat aufgehört zu fließen. Der Dichter liest, was er gerade geschrieben hat, und stellt nicht ohne Verwunderung fest, daß dieser verworrene Text einen geheimen Zusammenhang besitzt. Das Gedicht besitzt eine unleugbare Einheit im Ton, im Rhythmus und in der Stimmung. Es ist ein

Ganzes. Oder die noch lebendigen, noch glänzenden Bruchstücke eines Ganzen. Doch die Einheit des Gedichts ist nicht physischer oder materieller Art; Ton, Stimmung, Rhythmus und Bilder besitzen Einheit, weil das Gedicht ein Werk ist. Und das Werk, jedes Werk, ist die Frucht eines Willens, der den Rohstoff verwandelt und ihn seinen Absichten gefügig macht. In diesem Text, an dessen Abfassung das kritische Bewußtsein kaum beteiligt gewesen ist, gibt es Worte, die wiederaufgenommen werden, Bilder, die entsprechend bestimmten Tendenzen andere hervorbringen, Sätze, die die Arme auszubreiten scheinen auf der Suche nach einem nicht greifbaren Wort. Das Gedicht fließt, schreitet fort. Und dieses Fließen ist es, was ihm Einheit verleiht. Fließen bedeutet jedoch nicht nur vorwärtsgehen, sondern auch auf etwas zugehen; die Spannung, die in den Worten ist und die sie vorantreibt, ist ein Entgegengehen. Die Worte suchen ein Wort, das ihrem Fortschreiten Sinn, ihrer Bewegung Beständigkeit geben soll. Angesichts dieses letzten Wortes und durch es wird das Gedicht erhellt. Es ist ein Hinzielen auf dieses nicht gesagte und vielleicht gar nicht sagbare Wort. Kurz, die Einheit des Gedichts, wie die aller Werke, ergibt sich durch seine Richtung oder seinen Sinn. Doch wer gibt dem Zickzackverlauf des Gedichts Sinn?

Im Falle des reflektierenden Dichters stoßen wir auf eine geheimnisvolle fremde Mitwirkung, auf das unberufene Erscheinen einer anderen Stimme. In dem des romantischen Dichters haben wir es mit der nicht weniger unerklärlichen Präsenz eines Willens zu tun, der aus dem Raunen ein geordnetes und über eine dunkle Prämeditation gebietendes Ganzes macht. In dem einen wie in dem anderen Fall manifestiert sich das, was man, auf die Gefahr hin, ungenau zu sein, provisorisch »Einbruch eines fremden Willens« nennen muß. Doch ist offensichtlich, daß wir damit etwas bezeichnen, das mit dem Phänomen, das wir Wille nennen, kaum etwas zu tun hat. Es ist vielleicht etwas Älteres als der Wille, worauf dieser sich stützt. In der Tat ist der Wille, in der gewöhnlichen Bedeutung des Wortes, die Fähigkeit, die Pläne entwirft und unser Tun gewissen Normen unterwirft, um diese Pläne zu verwirklichen. Doch der Wille, der uns hier beschäftigt, impliziert keine Reflexion, Berechnung oder Voraussicht; er geht jedem intellektuellen Verfahren voraus und manifestiert sich erst im Augenblick des Schaffens. Welches ist der wahre Name dieses Willens? Und ist dieser Wille wirklich unserer?

Der Akt des Schreibens von Gedichten stellt sich uns dar als ein Bündel entgegengesetzter Kräfte, in dem unsere Stimme und die andere Stimme sich verbinden und vermischen. Die Grenzen verschwimmen. Unser Sprechen verwandelt sich unmerklich in etwas, das wir nicht voll beherrschen können; und unser Ich weicht einem nicht genannten Fürwort, das auch nicht ganz ein Du oder Er ist. In dieser Zweideutigkeit liegt das Geheimnis der Inspiration. Ein Geheimnis oder ein Problem? Beides: für die Alten war die Inspiration ein Mysterium; für uns ist sie ein Problem, das unseren psychologischen Auffassungen und unserer Sicht der Welt widerspricht. Diese Verwandlung des Mysteriums der Inspiration in ein psychologisches Problem ist der Grund unserer Unfähigkeit, richtig zu verstehen, worin das dichterische Schaffen besteht.

Im Unterschied zum Denken der Hindu, das sich von Anfang an das Problem der Existenz der Außenwelt stellte, nahm das abendländische Denken lange Zeit vertrauensvoll deren Wirklichkeit an und zog das, was unsere Augen sehen, nicht in Zweifel. Der dichterische Akt, bei dem als entscheidender Wesenszug die »Andersheit« mit im Spiel ist, wurde immer als etwas Unerklärliches und Dunkles betrachtet, doch es stellte kein Problem dar, das die Weltsicht gefährden konnte. Im Gegenteil, er war ein Phänomen, das sich ganz natürlich in die Welt einfügte und das deren Existenz, ohne ihr im geringsten zu widersprechen, bejahte. Man kann sogar sagen, daß er einer der Beweise für ihre Gegenständlichkeit, ihre Wirklichkeit und ihre Dynamik war. Für Platon ist der Dichter ein Besessener. Sein Delirium und seine Begeisterung sind die Zeichen dämonischer Besessenheit. Im *Ion* definiert Sokrates den Dichter als ein »beflügeltes, leichtes und heiliges Wesen, unfähig zu schaffen, solange ihn nicht die Begeisterung hinreißt und ihn aus sich selbst herausgehen läßt (...) Nicht die Dichter sind es, die uns so wunderbare Dinge sagen, sondern es ist die Stimme des Gottes, die durch ihren Mund spricht.« Aristoteles seinerseits faßte das dichterische Schaffen als Nachahmung der Natur auf. Nur kann man nicht ganz verstehen, was mit dieser Nachahmung gemeint ist, wenn man vergißt, daß für Aristoteles die Natur ein beseeltes Ganzes, ein Organismus und ein lebendiges Modell ist. In seiner Einführung in die *Poetik* von Aristoteles betont García Bacca mit Recht, daß die aristotelische Auffassung der Natur beseelt ist von einem mehr oder weniger geheimen Hylozoismus. So entsteht der dichterische »Einfall« nicht aus dem Nichts, noch hat ihn der Dichter aus sich selbst: er ist die Frucht der Begegnung dieser beseelten Natur, die eigene Existenz besitzt, mit der Seele des Dichters.

Der griechische Hylozoismus verwandelt sich später in die christliche Transzendenz. Die äußere Wirklichkeit verlor deswegen nicht an Konsistenz. Ob von Göttern bewohnte, ob von Gott geschaffene Natur, ist die Außenwelt dort, uns gegenüber, sichtbar oder unsichtbar, doch immer der uns notwendige Horizont. Engel, Stein, Tier, Dämon, Pflanze: das »andere« existiert, besitzt eigenes Leben und manchmal bemächtigt es sich unser und spricht durch unseren Mund. In einer Gesellschaft, in der die äußere Wirklichkeit, weit davon entfernt, in Frage gestellt zu werden, die Quelle der Ideen und Archetypen ist, ist es nicht schwer, die Inspiration zu identifizieren. Die »andere Stimme«, der »fremde Wille« sind das »andere«, das heißt Gott oder die Natur mit ihren Göttern und Dämonen. Die Inspiration ist eine Offenbarung, denn sie ist eine Manifestation der göttlichen Macht. Ein Numen spricht und tritt an die Stelle des Menschen. Ob sakral oder profan, episch oder lyrisch, ist die Dichtung Gnade, etwas Äußeres, das auf den Dichter herabkommt. Das dichterische Schaffen ist ein Mysterium, weil die Götter durch den Mund des Menschen sprechen. Doch dieses Mysterium schafft kein Problem, noch widerspricht es den allgemein anerkannten Glaubensanschauungen. Nichts natürlicher, als daß das Übernatürliche sich in den Menschen verkörpert und deren Sprache spricht.

Seit Descartes hat sich unsere Vorstellung von der äußeren Wirklichkeit von Grund auf gewandelt. Der moderne Subjektivismus behauptet, die Außenwelt existiere nur im Bewußtsein. Immer wieder wird dieses Bewußtsein als ein transzendentales Bewußtsein postuliert, und immer wieder wird es dem Solipsismus gegenübergestellt. Das Bewußtsein kann nicht aus sich heraus, es vermag die Welt nicht zu begründen. Währenddessen hat sich die Natur für uns in einen Knoten aus Gegenständen und Beziehungen verwandelt. Gott ist aus unserer Sicht verschwunden, und die Begriffe Gegenstand, Substanz und Ursache sind in eine Krise geraten. Dort, wo der Idealis-

mus die äußere Wirklichkeit nicht zerstört hat – zum Beispiel im Bereich der Wissenschaft –, hat er aus ihr einen Gegenstand, ein »Experimentierfeld« gemacht, und hat sie so ihrer alten Attribute beraubt.
Die Natur hat aufgehört, ein lebendiges und beseeltes Ganzes zu sein, eine Macht mit dunklen oder klaren Absichten. Doch das Verschwinden der alten Vorstellung von der Welt hat nicht das der Inspiration zur Folge gehabt. Die »fremde Stimme«, der »fremde Wille« bleiben eine Tatsache, die uns herausfordert. So erhebt sich zwischen unserer Vorstellung von der Inspiration und unserer Vorstellung von der Welt eine Wand. Die Inspiration ist für uns ein Problem geworden. Ihre Existenz negiert unsere tief verwurzelten intellektuellen Anschauungen. Es ist daher nicht verwunderlich, daß sich im Laufe des 19. Jahrhunderts die Versuche mehren, das Ärgernis, das ein Begriff darstellt, der darauf abzielt, der äußeren Wirklichkeit ihre alte heilige Macht zurückzugeben, abzuschwächen oder ganz zu beseitigen.
Eine Möglichkeit, die Probleme zu lösen, besteht darin, sie zu negieren. Wenn die Inspiration eine mit unserer Weltsicht unvereinbare Tatsache ist, so ist nichts leichter, als ihre Existenz zu leugnen. Mit dem 16. Jahrhundert beginnt man, die Inspiration als rhetorischen Ausdruck oder als literarisches Bild zu betrachten. Niemand spricht durch den Mund des Dichters außer dessen eigenes Bewußtsein; der wahre Dichter hört weder eine andere Stimme, noch schreibt er nach Diktat: er ist ein wacher Mensch und Herr seiner selbst. Das Unvermögen, eine Antwort zu finden, die das dichterische Schaffen wirklich erklärt, verwandelt sich unmerklich in eine Verurteilung moralischer und ästhetischer Art. Eine Zeitlang wurde kritisch auf die Verirrungen hingewiesen, zu denen der Glaube an die Inspiration führte. Ihr wahrer Name sei

Trägheit, Sorglosigkeit, Lust am Improvisieren, Bequemlichkeit gewesen. Entrückung und Inspiration wurden zu Synonymen von Verrücktheit und Krankheit. Der dichterische Akt war Arbeit und Disziplin; schreiben hieß: »gegen die Strömung ankämpfen«! Es ist nicht übertrieben, wenn man in diesen Ideen eine unstatthafte Übertragung bestimmter Begriffe der bürgerlichen Moral auf den Bereich der Ästhetik sieht. Es ist eines der größten Verdienste des Surrealismus, daß er den moralischen Ursprung dieser Kaufmannsästhetik angeprangert hat. Tatsächlich hat die Inspiration nichts zu tun mit so dürftigen Begriffen wie Leichtigkeit und Schwierigkeit, Trägheit und Arbeit, Sorglosigkeit und Technik, hinter denen sich die von Belohnung und Strafe verbergen: »die harte Barzahlung«, durch die, nach Marx, die Bourgeoisie die alten menschlichen Beziehungen ersetzt hat. Der Wert eines Werkes wird nicht an der Arbeit gemessen, die es seinen Urheber gekostet hat.

Andererseits muß gesagt werden, daß das dichterische Schaffen eine totale Verwirrung unserer alltäglichen Perspektive erfordert: die wunderbare Leichtigkeit der Inspiration kommt aus einem Abgrund. Das Sprechen des Dichters beginnt als Schweigen, Leere, Dürre. Es ist Entbehrung und Begierde, bevor es Fülle und Übereinstimmung ist; und danach ist es noch größere Entbehrung, da das Gedicht vom Dichter sich ablöst und ihm nicht länger gehört. Vor und nach dem Gedicht gibt es weit und breit nichts und niemand; wir sind mit uns allein; und kaum beginnen wir zu schreiben, verschwindet, versinkt auch dieses »wir«, dieses Ich. Über das Blatt Papier gebeugt, stürzt der Dichter in sich selbst. So ist das dichterische Schaffen nicht reduzierbar auf die Ideen von Gewinn und Verlust, Mühe und Belohnung. In der Dichtung ist alles Gewinn. Alles Verlust. Doch die Pression der bürgerlichen Moral führte dazu, daß die Dichter so taten, als hielten sie sich vor der alten Stimme des Numen die Ohren zu. Sogar Baudelaire insinuiert das Lob der Arbeit, ausgerechnet er, der soviel über die Wüsten der Unfruchtbarkeit und die Paradiese der Trägheit geschrieben hat! Aber die Verirrung von Kritikern und Schöpfern verschüttete die Quelle der Inspiration nicht. Die dichterische Stimme blieb eine Herausforderung und ein Problem.

Einer der Wesenszüge der Moderne besteht im Erschaffen abstrakter Götter. Die Propheten warfen den Juden vor, der Idolaterie verfallen zu sein. Den gegenteiligen Vorwurf könnte man den modernen Menschen machen: alles zeigt die Tendenz, unkörperlich zu werden. Die modernen Idole besitzen weder Körper noch Form: sie sind Ideen, Begriffe, Kräfte. Die Stelle Gottes und der alten, von Göttern und Dämonen bevölkerten Natur, nehmen heute Wesen ohne Gesicht ein: die Rasse, die Klasse, das individuelle oder kollektive Unbewußte, der Geist der Völker, das Erbe. Die Inspiration läßt sich aus jeder dieser Ideen leicht erklären. Der Dichter ist ein Medium, durch das, verschlüsselt, der Sexus, das Klima, die Geschichte oder irgendein anderes Surrogat der alten Götter und Dämonen sich äußert. Ich will den Wert dieser Ideen nicht bestreiten. Doch sie sind unzulänglich; in ihnen allen liegt eine Beschränkung, die uns erlaubt, sie en bloc zu verwerfen: ihre Ausschließlichkeit, ihre Anmaßung, das Ganze durch den Teil erklären zu wollen. Zudem ist in allen ihre Unfähigkeit evident, die wesentliche und entscheidende Tatsache zu erfassen und zu erklären: Wie verwandeln sich diese entscheidenden Kräfte oder Wirklichkeiten in Worte? Wie werden die Libido, die Rasse, die Klasse oder der historische Augenblick Wort, Rhythmus und Bild? Für die Psychoanalytiker ist das dichterische Schaffen eine Sublimierung; warum wird dann aber in einigen Fällen diese Sublimierung zum Gedicht und in anderen nicht? Freud gesteht, daß er es nicht weiß, und spricht von einer mysteriösen »künstlerischen Fähigkeit«. Es ist offensichtlich, daß er das Problem eskamotiert, denn er beschränkt sich darauf, einer rätselhaften Wirklichkeit, von der wir das Wesentliche nicht wissen, einen neuen Namen zu geben. Um die Unterschiede zwischen den Worten des Dichters und denen des einfachen Neurotikers zu erklären, müßte man das Unterbewußte in Klassen einteilen: das eine wäre das der gewöhnlichen Sterblichen und das andere das der Künstler. Doch das ist noch nicht alles: im nicht gelenkten Denken – das heißt, im Traum oder beim Phantasieren – ist das Fließen von Bildern und Worten nicht ohne Sinn: »Es ist nämlich nachweisbar unrichtig, daß wir uns einem ziellosen Vorstellungsablauf hingeben (...) Es läßt sich zeigen, daß wir immer nur auf die uns bekannten Zielvorstellungen verzichten können und daß mit dem Aufhören dieser sofort unbekannte – wie wir ungenau sagen: unbewußte – Zielvorstellungen zur Macht kommen, die jetzt den Ablauf der ungewollten Vorstellungen determiniert halten. Ein Denken ohne Zielvorstellungen läßt sich durch unsere eigene Beeinflussung unseres Seelenlebens überhaupt nicht herstellen.«[1] Hier legt Freud den Finger in die Wunde. Der Begriff der Zielvorstellung ist unverzichtbar selbst bei unbewußten Vorgängen. Nur daß Freud, nachdem er den Menschen in verschiedene Schichten aufgeteilt hat: Bewußtsein, Unterbewußtsein usw., zwei verschiedene Zielvorstellungen annimmt: eine rationale, an der unser Wille beteiligt ist; und eine andere, uns fremde, »unbewußte« oder vom Menschen ignorier-

---

1 Sigmund Freud, *Traumdeutung*. 9. Auflage, Frankfurt 1961. S. 360.

te, rein triebhafte. In Wirklichkeit überträgt Freud den Begriff der Zielvorstellung auf die Libido und auf den Trieb, doch die grundlegende und entscheidende Erklärung bleibt er uns schuldig: welches ist der Sinn dieser triebhaften Zielvorstellung? Die »unbewußte« Zielvorstellung ist als solche keine Zielvorstellung, da sie des Gegenstandes und des Sinns ermangelt: sie ist reine Begierde, eine natürliche Mechanik. Doch damit nicht genug. Der Begriff des Ziels impliziert ein gewisses Gewahrwerden und Erkennen desjenigen, mag es auch noch so dunkel sein, was man erreichen will. Der Begriff des Ziels erfordert den des Bewußtseins. Die Psychoanalyse in allen ihren Zweigen ist bis heute nicht imstande gewesen, diese Fragen zufriedenstellend zu beantworten. Nicht einmal, sie sich richtig zu stellen.

Ähnliches läßt sich sagen von der Auffassung vom Dichter als »Stimme« oder »Ausdruck« der Geschichte. Auf welche Weise verwandeln sich die »geschichtlichen Kräfte« in Bilder und »diktieren« dem Dichter seine Worte? Niemand leugnet die Interrelation, die jedes geschichtliche Leben voraussetzt: der Mensch ist ein Knoten zwischenpersönlicher Kräfte. Die Stimme des Dichters ist immer eine gesellschaftliche und gemeinschaftliche, selbst im Falle größter Hermetik. Doch, wie in der Psychoanalyse, ist nicht klar ersichtlich, wie dieser »Lauf der Geschichte« oder der »Ökonomie«, diese »geschichtlichen Ziele« – dem menschlichen Willen so fremd wie die »Ziele« der Libido – wirklich Ziele sein können, ohne durch das Bewußtsein zu gehen. Im übrigen ist niemand *in* der Geschichte, als wäre diese eine »Sache« und wir, ihr gegenüber, eine andere: alle *sind* wir Geschichte und wir alle machen sie. Das Gedicht ist nicht das Echo der Gesellschaft, sondern es ist ihr Geschöpf und ihr Schöpfer zugleich, wie dies auch für die übrigen Tätigkeiten des

Menschen gilt. Schließlich sind weder der Sexus, noch das Unbewußte, noch die Geschichte rein äußere Wirklichkeiten, Gegenstände, Mächte oder Substanzen, die auf uns einwirken. Die Welt ist nicht außerhalb von uns; noch ist sie, strenggenommen, in uns. Wenn die Inspiration eine »Stimme« ist, die der Mensch in seinem eigenen Bewußtsein hört: ist es dann nicht besser, dieses Bewußtsein zu befragen? Es allein hat sie gehört, und es ist der ihr eigene Bereich.

Für den Intellektuellen – und auch für den gewöhnlichen Menschen – ist die Inspiration ein Problem, ein Aberglaube oder eine Tatsache, die den Erklärungen der modernen Wissenschaft widersteht. In jedem Fall kann er die Angelegenheit mit einem Achselzucken abtun und aus seinem Bewußtsein verbannen, so wie jemand ein Stäubchen von seinem Anzug schnippt. Dagegen müssen die Dichter sich ihr stellen und den Konflikt austragen. Die Geschichte der modernen Dichtung ist die der ständigen Zerrissenheit des Dichters, der zwischen der modernen Auffassung von der Welt und der zuweilen unerträglichen Anwesenheit der Inspiration gespalten ist. Die ersten, die diesen Konflikt erleben, sind die deutschen Romantiker. Sie sind es auch, die sich ihm mit klarstem und vollstem Bewußtsein stellen, und sie sind die einzigen – bis zur surrealistischen Bewegung –, die sich nicht darauf beschränken, ihn zu erleiden, sondern die ihn zu überwinden trachten. Nachkommen einerseits der Aufklärung und andererseits des »Sturm und Drang«, sehen sie sich zwischen dem Schwert des napoleonischen Reiches und der Reaktion der Heiligen Allianz sozusagen in einer Sackgasse. Fortwährend streiten sich in ihnen die Gegensätze.

Die Inspiration, an der diese Dichter und Denker hartnäckig festhalten, ist mit dem Subjektivismus und Idealismus, die die Romantik nicht weniger beharrlich predigt, unvereinbar. Doch eben dieser Zwang zur Alternative führt zu den kühnen und verwegenen Versuchen, sie zu überwinden. Wenn Novalis proklamiert, daß es »vielleicht die höchste Aufgabe der höhern Logik (ist), den Satz des Widerspruchs zu vernichten«: spielt er da, in der allgemeinsten Weise, nicht auf die Notwendigkeit an, den Gegensatz zwischen Subjekt und Objekt, der den modernen Menschen spaltet, aufzuheben und das Problem der Inspiration so ein für allemal zu lösen? Nur daß die Abschaffung des Satzes vom Widerspruch – zum Beispiel durch eine »Rückkehr zur Einheit« – auch die Vernichtung der Inspiration impliziert, das heißt, dieser Dualität von empfangendem Dichter und diktierender Macht. Deshalb sagt Novalis, daß die Einheit zerbricht, kaum daß man sie erreicht hat. Der Widerspruch entsteht, in einem endlosen Prozeß, aus der Identität. Der Mensch ist Pluralität und Dialog, unaufhörlich mit sich übereinstimmend und sich vereinigend, aber auch unaufhörlich sich spaltend. Unsere Stimme ist viele Stimmen. Unsere Stimmen sind eine einzige Stimme. Der Dichter ist zugleich Objekt und Subjekt des dichterischen Schaffens: er ist das Ohr, das hört, und die Hand, die schreibt, was seine Stimme diktiert. »Träumen und Nichtträumen zugleich – synthesiert ist die Operation des Genies.« Auch die aufnehmende Passivität des Dichters erfordert eine Aktivität, auf welche diese Passivität sich stützt. Novalis drückt dieses Paradox in einem denkwürdigen Satz aus: »Empfänglichkeit ist eine andere Art von Tätigkeit, in welcher die Tätigkeit sich offenbart: Eigenschaft der Tätigkeit.« Das Träumen des Dichters erfordert in einer tieferen Schicht das Wachen; und dieses schließt seinerseits in sich, daß es sich dem Traum überläßt. Worin besteht, unter solchen Umständen, das dichterische Schaffen? Der Dichter, sagt uns Novalis, wirke nicht, bewirke aber, daß es wirken könne. Die Sentenz ist funkelnd und schildert das Problem richtig. Doch wer ist dieses »es«, das das Bewirken voraussetzt? Wen oder was läßt der Dichter »wirken«? Novalis sagt es uns nicht eindeutig. Manchmal ist der, der »wirkt«, der Geist, das Volk, die Idee oder irgendeine andere großgeschriebene Macht. Manchmal ist es der Dichter selbst. Diese letztere Erklärung wollen wir genauer untersuchen.

Für die Romantiker ist der Mensch ein dichterisches Wesen. In der Natur des Menschen gibt es eine Art angeborene Fähigkeit – der Dichter, sagte Baudelaire, wird »mit Erfahrung geboren« –, die uns zum Dichten treibt. Diese Fähigkeit ist analog der Disposition zur Verehrung des Göttlichen, die uns die Wahrnehmung des Heiligen erlaubt: die Fähigkeit zu dichten ist eine Kategorie *a priori*. Die Erklärung ist nicht verschieden von der, die sich auf das »Gefühl der Abhängigkeit« stützt, um das Göttliche in der Subjektivität des Gläubigen zu begründen. Die Analogie zum protestantischen theologischen Denken ist nicht zufällig. Keiner dieser Dichter schied das Poetische völlig vom Religiösen, und viele Konversionen der deutschen Romantiker waren die Folge sowohl ihrer dichterischen Auffassung von der Religion als auch ihrer religiösen Auffassung von der Dichtung. Wiederholt sagt Novalis, daß Poesie so etwas wie Religion im Reinzustand ist und daß Religion nur praktische Poesie ist, gelebte und Tat gewordene Poesie. Die Kategorie des Poetischen ist somit nur einer der Namen für das Heilige. Ich brauche hier nicht zu wiederholen, was ich im vorhergehenden Kapitel[2] gesagt habe:

2 *Die dichterische Offenbarung.*

das wirklich Distinktive der religiösen Erfahrung besteht nicht so sehr in der Enthüllung unserer ursprünglichen Natur als in der Deutung dieser Enthüllung. Außerdem ist das dichterische Verfahren vom Wort nicht zu trennen. Dichten heißt in erster Linie benennen. Das Wort unterscheidet die dichterische Tätigkeit von jeder anderen. Dichten heißt mit Worten schaffen: Gedichte machen. Das Poetische ist nicht etwas Gegebenes, das sich von seiner Geburt an im Menschen befindet, sondern etwas, das der Mensch schafft und das umgekehrt den Menschen schafft. Das Dichterische ist eine Möglichkeit, weder eine Kategorie *a priori*, noch eine angeborene Fähigkeit. Aber eine Möglichkeit, die wir uns selbst schaffen. Indem wir benennen, indem wir mit Worten schaffen, schaffen wir ebendas, was wir benennen und was vorher nur als Drohung, Leere und Chaos existierte. Wenn der Dichter sagt, daß er nicht weiß, was er schreiben wird, will er damit sagen, daß er noch nicht weiß, wie das, was sein Gedicht benennen wird, heißt, und das es sich, bis es benannt ist, nur in der Form unverständlichen Schweigens darstellt. Leser und Dichter erschaffen sich, wenn sie dieses Gedicht schaffen, das existiert nur durch sie und damit sie wirklich existieren. Daher gibt es keine dichterischen Zustände, wie es auch keine dichterischen Worte gibt. Es ist das Eigentümliche der Dichtung, daß sie eine ständige Schöpfung ist und uns so aus uns selbst heraustreibt, uns aus uns vertreibt und uns zu unseren äußersten Möglichkeiten führt.

Weder die Angst noch das Glücksgefühl der Liebe, weder die Freude noch die Begeisterung sind dichterische Zustände an sich, denn das Poetische an sich gibt es nicht. Es sind Extremsituationen, die eben durch ihren extremen Charakter bewirken, daß alles, was uns umgibt, auch die tote Sprache des Alltags, in sich zusammenbricht. Es bleibt uns dann nur das Schweigen oder das Bild. Und dieses Bild ist eine Schöpfung, etwas, das es im ursprünglichen Gefühl nicht gab, etwas, das wir geschaffen haben, um das Unbenennbare zu benennen und das Unsagbare zu sagen. Deshalb lebt jedes Gedicht auf Kosten seines Schöpfers. Ist das Gedicht einmal geschrieben, ist das, was er vor dem Gedicht war und was ihn zum Schaffen trieb – dies Unsagbare: Liebe, Freude, Angst, Langeweile, Sehnsucht nach einem anderen Zustand, Einsamkeit, Zorn –, zum Bild geworden, dann ist es benannt worden und ist Gedicht, transparentes Wort. Nach der Schöpfung bleibt der Dichter allein; es sind andere, die Leser, die sich jetzt selbst erschaffen, indem sie das Gedicht wiedererschaffen. Die Erfahrung wird wiederholt, nur umgekehrt: vor dem Leser öffnet sich das Bild und zeigt ihm seinen durchscheinenden Abgrund. Der Leser beugt sich darüber und stürzt hinein. Und im Fallen – oder im Steigen, indem er durch die Säle des Bildes geht und sich dem Fließen des Gedichts überläßt – entäußert er sich seiner selbst und dringt in ein bisher unbekanntes oder unbeachtetes »anderes er selbst« ein. Der Leser wird, wie der Dichter, zum Bild: etwas, das sich projiziert und sich seiner selbst entäußert und zur Begegnung mit dem Unbenennbaren führt. In beiden Fällen ist das Poetische nicht etwas, das sich außerhalb von uns, im Gedicht, oder in uns befindet, sondern etwas, das wir schaffen und das uns schafft. Man könnte also den Satz von Novalis modifizieren: das Gedicht wirkt nicht, aber bewirkt, daß es wirken kann. Und el que hace ist der Mensch, der Schöpfer. Das Poetische ist nicht im Menschen als etwas Gegebenes, noch besteht das Dichten darin, das Poetische aus uns hervorzuholen, als handele es sich um »etwas«, das »jemand« in unserem Innern deponiert hat, oder mit dem wir geboren wurden.

Das Bewußtsein des Dichters ist keine Höhle, darin das Poetische als ein verborgener Schatz ruht. Gegenüber dem künftigen Gedicht ist der Dichter nackt und arm an Worten. Vor der Schöpfung existiert der Dichter als solcher nicht. Auch nicht nach ihr. Er ist Dichter dank dem Gedicht. Der Dichter ist ebenso eine Schöpfung des Gedichts wie das Gedicht eine Schöpfung des Dichters. Der Konflikt währt das ganze 19. Jahrhundert. Er dauert an und verschärft sich, und zugleich wird er verschwommen und undeutlich. Der Gegensatz ist schärfer und das Bewußtsein der Zerrissenheit größer; schwächer die Verstandesschärfe, ihn anzugehen, und der Mut, ihn aufzuheben. Keiner der großen Dichter des 19. Jahrhunderts, sei er Opfer, Zeuge oder Komplize der Inspiration, besitzt die Geistesschärfe eines Novalis. Sie alle zappeln in einem ausweglosen Widerspruch. Auf die Inspiration verzichten bedeutete, auf die Poesie selbst verzichten, das heißt, auf das einzige, was ihre Anwesenheit auf Erden rechtfertigte; ihre Existenz zu bejahen, war unvereinbar mit der Vorstellung, die sie von sich selbst und der Welt hatten. Daher lehnen diese Dichter die Welt häufig ab und verurteilen sie. Die Angriffe Baudelaires, die Verachtung Mallarmés, die Kritik Poes sind, vom moralischen Gesichtspunkt aus gesehen, durchaus berechtigt: die Welt, in der ihnen zu leben beschieden war, war abscheulich. (Wir wissen das, denn jene Zeiten sind der unmittelbare Ursprung der beispiellosen Scheußlichkeiten unserer Zeit.) Aber es genügt nicht, die Welt zu negieren, eine solche Negation und Verurteilung ist auch eine Art, sie zu erleben, ohne sie zu transzendieren, das heißt, sie passiv zu erleiden. Nichts ist scharfsinniger, nichts erhellt besser die Geheimnisse des dichterischen Vorgangs, seine Wüsten und Paradiese als die Beschreibungen von Baudelaire, Coleridge oder Mallarmé. Und gleichzeitig ist nichts weniger klar als die Erklärung und die Hypothesen, mit denen sie den Begriff der Inspiration mit der modernen Vorstellung von der Welt in Einklang zu bringen versuchen. Man lese nur irgendeinen der Haupttexte der modernen Poetik (zum Beispiel die *Philosophy of composition* von Poe) und man wird den verblüffenden Widerspruch zwischen ihrer Klarsicht und ihrer Blindheit feststellen. Der Kontrast zu den alten Texten ist aufschlußreich. Für die Dichter der Vergangenheit war die Inspiration etwas Natürliches, gerade weil das Übernatürliche einen Teil ihrer Welt ausmachte.

Ein Geist wie Dante, der seiner selbst völlig Herr ist, erzählt schlicht und einfach, daß Amor ihm im Traum diktiert und seine Gedichte inspiriert, und er fügt hinzu, daß diese Offenbarung sich zu bestimmten Stunden ereignet und bei Gelegenheiten, die das Eingreifen höherer Mächte eindeutig und völlig gewiß erscheinen lassen. »Als er diese Worte gesagt hatte, verschwand er, und mein Traum brach ab. Und später, als ich diese Vision überdachte, entdeckte ich, daß ich sie zur neunten Stunde des Tages gehabt hatte; weshalb ich, noch bevor ich mein Gemach verließ, beschloß, diese Ballade zu schreiben, in der ich den Auftrag meines Herrn (Amor) erfüllen würde; und dann schrieb ich die Ballade, die so beginnt (. . .)«[3] Die Bedeutung der Zahl 9 für Dante ist analog der Bedeutung, die die Zahl 7 für Nerval hat[4]. Für den

---

3 *Vita nuova*, XII.

4 Dante bemerkt, daß er im Alter von neun Jahren seiner Geliebten zum ersten Mal begegnet; daß er sie nach weiteren neun Jahren, genau um neun Uhr, wiedersieht; daß er die Visionen um neun Uhr morgens oder abends hat; daß Beatrice im Jahre 90 des 13. Jahrhunderts stirbt, das heißt, in einem Jahr, das neunmal die Zahl zehn ist, eine heilige Zahl. – Nerval weist an verschiedenen Stellen in *Aurelia* auf die Bedeutung der 7 in seinem Leben hin.

ersteren jedoch ist die Wiederkehr der Zahl 9 von klarer, wenngleich geheimnisvoller, heiliger Bedeutung, die den außergewöhnlichen Charakter seiner Liebe und die Heilsfunktion von Beatrice in reinerem Licht erscheinen läßt; für Nerval handelt es sich um eine zweideutige Zahl, bald unheilvoll, bald glückbringend, deren wahre Bedeutung schwer auszumachen ist. Dante akzeptiert die Offenbarung und bedient sich ihrer, um uns die Geheimnisse des Himmels und des Infernos zu enthüllen; Nerval erschrickt, ist fasziniert, und es kommt ihm nicht so sehr darauf an, uns seine Visionen mitzuteilen, als herauszufinden, was die Offenbarung ist: »Ich beschloß, meinen Traum festzuhalten und hinter sein Geheimnis zu kommen. Warum, so sagte ich mir, soll ich nicht mit meinem ganzen Willen gewappnet endlich diese mystischen Tore aufbrechen und meine Gefühle beherrschen, anstatt ihnen zu erliegen? Sollte es nicht möglich sein, diese so bezaubernde wie fürchterliche Chimäre zu bändigen, diesen Nachtgeistern, die mit unserer Vernunft ihr Spiel treiben, ein Gesetz aufzuzwingen?« Für Dante ist die Inspiration ein übernatürliches Mysterium, das der Dichter mit Andacht, Demut und Verehrung hinnimmt. Für Nerval ist sie eine Katastrophe und ein Geheimnis, das uns herausfordert und beleidigt. Ein Geheimnis, das es zu entschleiern gilt. Der Übergang von dem »zu enträtselnden Geheimnis« zu dem »zu lösenden Problem« geschieht unmerklich, er wird von Nervals Nachfolgern vollzogen.

Das Bedürfnis, über das dichterische Schaffen zu reflektieren, um ihm sein Geheimnis zu entreißen, kann nur erklärt werden als eine Folge der Neuzeit. Besser gesagt, in diesem Verhalten besteht die Modernität. Und das Unbehagen der Dichter beruht auf ihrer Unfähigkeit, sich als moderne Menschen und innerhalb unseres Weltbildes dieses seltsame Phänomen zu erklären, das uns und die Grundlagen der Neuzeit zu negieren scheint: im Schoße des Bewußtseins, im Ich, diesem Pfeiler der Welt, diesem einzigen Fels, der nicht birst, taucht plötzlich ein fremdes Element auf, das die Identität des Bewußtseins vernichtet. Unsere Konzeption der Welt mußte erst ins Wanken kommen, das heißt, die Neuzeit mußte in eine Krise geraten, damit das Problem der Inspiration in richtiger Weise gestellt werden konnte. In der Geschichte der Dichtung heißt dieser Augenblick: Surrealismus.

Der Surrealismus stellt sich als ein radikaler Versuch dar, den Zwiestreit zwischen Subjekt und Objekt, als welcher die Wirklichkeit uns erscheint, aufzuheben. Für die Alten existierte die Welt mit der gleichen Fülle wie das Bewußtsein, und die Beziehungen zwischen beiden waren klar und natürlich. Für uns nimmt ihre Existenz die Form des erbitterten Streits an: einerseits verflüchtigt sich die Welt und verwandelt sich in ein Bild des Bewußtseins; andererseits ist das Bewußtsein ein Abbild der Welt. Das surrealistische Unternehmen ist ein Angriff, der sich gegen die moderne Welt richtet, denn es will den Streit zwischen Subjekt und Objekt schlichten. Als Erbe der Romantik, will der Surrealismus jene Aufgabe vollbringen, die Novalis der »höheren Logik« zuwies: die »alte Antinomie«, die uns spaltet, zerstören. Die Romantiker negieren die Wirklichkeit – die gespenstische Schale einer einst von Leben erfüllten Welt – zugunsten des Subjekts. Der Surrealismus greift auch das Objekt an. Dieselbe Säure, die das Objekt auflöst, zerfrißt auch das Subjekt. Es gibt kein Ich, es gibt keinen Schöpfer, sondern so etwas wie eine poetische Kraft, die wirkt, wo sie will, und die zweckfreie und unerklärliche Bilder erzeugt.

Poesie kann von allen gemacht werden, da der dichterische Akt seinem Wesen nach unwillkürlich ist und sich immer als Negation des Subjekts äußert. Es ist die Aufgabe des Dichters, diese poetische Kraft an sich zu ziehen und aus ihr einen Leiter von hoher Spannung zu machen, der die Entladung von Bildern erlaubt. Subjekt und Objekt lösen sich zugunsten der Inspiration auf. Das »surrealistische Objekt« verflüchtigt sich: es ist ein Bett, das ein Ozean ist, der eine Höhle ist, die eine Mausefalle ist, die ein Spiegel ist, der der Mund von Kali ist. Das Subjekt verschwindet ebenfalls: Der Dichter verwandelt sich in das Gedicht, den Ort der Begegnung zweier Worte oder zweier Wirklichkeiten. Auf diese Weise will der Surrealismus die alternativen Positionen, den Gegensatz und den Solipsismus, zerbrechen. Entschlossen, drastisch durchzugreifen, verschließt er sich alle Ausgänge: es gibt weder Welt noch Bewußtsein. Auch nicht Bewußtsein der Welt oder Welt im Bewußtsein. Es gibt kein Entrinnen, außer durch das Dach: die Imagination. Die Inspiration manifestiert sich oder vergegenwärtigt sich in Bildern. Durch die Inspiration imaginieren wir. Und indem wir imaginieren, lösen wir Subjekt und Objekt auf, lösen uns selbst auf und heben den Gegensatz auf.

Im Unterschied zu den früheren Dichtern, die sich darauf beschränken, die Inspiration zu erleiden, benutzt der Surrealismus sie als Waffe. Er verwandelt sie in Idee und Theorie. Der Surrealismus ist keine Poesie, sondern eine Poetik, und darüber hinaus, und noch entschiedener, eine Vision der Welt. Als *äußere* Enthüllung bricht die Inspiration das subjektivistische Labyrinth auf: sie ist etwas, das uns überfällt, kaum daß das Bewußtsein schläfrig wird, etwas, das durch eine Tür eindringt, die sich nur öffnet, wenn sich die Türen des Wachens schließen. Als *innere* Enthüllung bringt sie unseren Glauben an die Einheit und Identität eben dieses Bewußtseins ins Wanken: es gibt kein Ich, und in jedem von uns streiten sich mehrere Stimmen. Die surrealistische Idee der Inspiration stellt sich dar als eine Zerstörung unserer Sicht der Welt, da sie die beiden Begriffe, die sie bilden, als reine Phantasmen denunziert. Zugleich postuliert sie eine neue Sicht der Welt, in der gerade die Inspiration die zentrale Stelle einnimmt. Die surrealistische Sicht der Welt gründet sich auf die gleichzeitig auflösende und neuschöpferische Aktivität der Inspiration. Der Surrealismus will eine poetische Welt schaffen, eine Gesellschaft gründen, in der die zentrale Stelle Gottes oder der Vernunft von der Inspiration eingenommen wird. So besteht die wahre Originalität des Surrealismus nicht allein darin, daß er aus der Inspiration eine Idee gemacht hat, sondern, radikaler noch, eine *Idee der Welt*. Dank dieser Verwandlung hört die Inspiration auf, ein nicht zu enträtselndes Geheimnis, ein leerer Aberglaube oder eine Anomalie zu sein, und wird eine Idee, die nicht im Widerspruch steht zu unseren Grundanschauungen. Das will nicht heißen, daß die Inspiration anderer Natur geworden wäre, sondern daß unsere Idee der Inspiration zum ersten Mal nicht unseren übrigen Anschauungen zuwiderläuft.

Alle modernen Dichter vor dem Surrealismus haben sich mit der Inspiration auseinandergesetzt, wollten ihr ihr Geheimnis entreißen – und das unterscheidet sie von den Dichtern des Barock, der Renaissance und des Mittelalters –, doch keiner von ihnen konnte die Inspiration völlig in das Bild einfügen, das sich der moderne Mensch von der Welt und von sich selbst macht. Bei allen gab es noch Rückstände aus früheren Zeitaltern. Und zudem: für sie bedeutete Inspiration, zur Vergangenheit zurückzukehren: mittelalterlich, griechisch, archaisch zu werden. Der Gotizismus der Romantiker, der allgemeine Archaismus der modernen Poesie und schließlich die Gestalt des Dichters als eines Verbannten mitten in der

Großstadt, haben ihren Grund in dieser Unmöglichkeit, die Inspiration heimisch zu machen. Der Surrealismus macht dem Widerspruch und der Verbannung ein Ende, indem er die Inspiration als eine Idee der Welt bejaht, ohne sie von einem äußeren Faktor: Gott, Natur, Geschichte, Rasse usw., abhängig zu machen. Die Inspiration ist etwas, das sich im Menschen ereignet, mit seinem Sein verschmilzt und nur durch den Menschen erklärt werden kann. Dies ist der Ausgangspunkt des *Ersten Manifestes.* Und darauf beruht die bis heute kaum zur Kenntnis genommene Originalität der Einstellung Bretons und seiner Freunde.

Während der »Forschungsperiode« der Bewegung – der Zeit des automatischen Schreibens, der Autohypnose, der provozierten Träume und der gemeinschaftlichen Spiele – nehmen die Dichter gegenüber der Inspiration eine doppelte Haltung ein: sie erleiden sie, aber sie beobachten sie auch. Die Mutigsten zögern nicht, alle Brücken hinter sich abzubrechen, um sie in jenen Gegenden zu suchen, aus denen wenige zurückkehren. Die surrealistische Aktivität erwies die Armseligkeit vieler unserer Auffassungen – besonders die, jedes menschliche Werk sei eine Frucht des »Willens« – und wies auf die verdächtige Häufigkeit hin, mit der bei großen Entdeckungen die »Unachtsamkeit«, der »Zufall« und die »Nachlässigkeit« im Spiele sind. Fasziniert – was den klaren Verstand nicht ausschließt – hat Breton versucht, den geheimnisvollen Mechanismus dessen zu ergründen, was er, nach Hegel, »objektiver Zufall« nennt, den Ort der Begegnung des Menschen mit dem »anderen«, den auserwählten Bereich der »Andersheit«. Frau, Bild, mathematisches oder biologisches Gesetz, alle diese Amerikas tauchen mitten im Ozean auf, während wir etwas anderes suchen oder wenn wir zu suchen aufgehört haben. Wie und warum kommt

es zu diesen Begegnungen? Wir wissen, daß es ein Magnetfeld gibt, einen Schnittpunkt, und das ist alles. Wir wissen, daß die »andere Stimme« durch die Lücken dringt, welche die Aufmerksamkeit unbewacht läßt, doch woher kommt sie, und warum verstummt sie so plötzlich, wie sie sich vernehmen ließ? Trotz der experimentellen Arbeit des Surrealismus gesteht Breton, daß »wir über die Herkunft dieser Stimme so wenig Bescheid wissen wie zuvor«. Immerhin wissen wir doch etwas: jedes Mal, wenn wir die »Stimme« hören, jedes Mal, wenn es zu der unerwarteten Begegnung kommt, scheinen wir uns selbst zu hören und etwas zu sehen, das wir schon einmal gesehen haben. Wir scheinen heimzukehren, noch einmal zu hören, uns zu erinnern. Mit dem Vorbehalt, auf dieses Gefühl des schon Gewußten, des schon Gehörten, des schon Gekannten, das uns der Einbruch der »Andersheit« gibt, zurückzukommen, möchten wir betonen, daß Bretons Eingeständnis überaus wertvoll ist: es verrät den inneren Widerstand des Autors von *Nadja* gegen die rein psychologische Deutung der Inspiration. Und das ist uns Anlaß, das Thema der Idee der Inspiration der Surrealisten auf eine konkretere Weise zu behandeln.
Seit der Romantik war das Ich des Dichters im direkten Verhältnis zur Verengung der poetischen Welt gewachsen. Der Dichter fühlte sich ebenso selbstverständlich Herr seines Gedichts – und ebenso unberechtigt – wie der Eigentümer sich Herr der Erzeugnisse seines Bodens oder seiner Fabrik fühlte. Als Antwort auf den Individualismus und den Rationalismus, die ihnen voraufgehen, betonen die Surrealisten den unbewußten, unwillkürlichen und gemeinschaftlichen Charakter jeder Schöpfung. Inspiration und Diktat des Unbewußten werden Synonyme: das eigentlich Poetische beruht auf den unbewußten Elementen, die, ohne daß der Dichter das

beabsichtigt, in seinem Gedicht zum Vorschein kommen. Die Poesie ist nicht-gelenktes Denken. Um den Dualismus von Subjekt und Objekt zu durchbrechen, nimmt Breton Freud zu Hilfe: das Poetische ist Enthüllung des Unbewußten, und deshalb ist es nie willentlich. Doch das Problem, das Breton nicht schlafen läßt, ist, wie Novalis das schon gesehen hatte, ein falsches Problem: sich dem Raunen des Unbewußten zu überlassen, erfordert einen Willensakt; die Passivität impliziert eine Aktivität, auf welche jene sich stützt. Ich halte es nicht für unbillig, das Wort Prä-meditation zu zerlegen, um zu zeigen, daß es sich um einen Akt handelt, der jeder Meditation voraufgeht, in dem etwas im Spiele ist, das wir auch Prä-reflexion nennen könnten. Die Kritik Heideggers an dem mechanischen und unreflektierten »Besorgen von Zuhandenem« – in dem der letzte Bezug, die »grundlegende Sorge« des Menschen, der Tod, nicht verschwindet, sondern, verdeckt, die Grundlage jedes Besorgens bleibt – ist voll und ganz anwendbar auf die surrealistische Lehre von der Inspiration. Die Enthüllungen des Unbewußten setzen eine Art Bewußtsein von diesen Enthüllungen voraus. Nur durch einen freien und willentlichen Akt kommen diese Enthüllungen ans Licht, geradeso wie die Zensur des ego ein vorheriges Wissen dessen voraussetzt, was zensiert werden wird. Wenn wir gewisse Wünsche oder Triebe verdrängen, tun wir es durch einen Willen, der sich maskiert und verkleidet, und damit machen wir ihn »unbewußt«, damit er uns nicht kompromittiert. Im Augenblick der Befreiung dieses »Unbewußten« wiederholt sich der Vorgang, nur umgekehrt: der Wille greift erneut ein und wählt erneut, doch jetzt unter der Maske der Passivität. In dem einen wie in dem anderen Fall ist das Bewußtsein im Spiel; in dem einen wie in dem anderen Fall findet eine Entscheidung statt, entweder um das, was uns stört, unbewußt zu machen, oder um es ans Licht zu bringen. Diese Entscheidung entspringt nicht einer einzigen Fähigkeit, dem Willen oder der Vernunft, sondern in ihr kommt die Gesamtheit des Menschen zum Ausdruck. Die Prä-meditation ist der entscheidende Wesenszug des Schaffensaktes und ermöglicht diesen erst. Ohne Prä-meditation gibt es keine Inspiration oder Enthüllung der »Andersheit«. Doch die Prä-meditation geht dem Willen, dem Wunsch oder jeder anderen Neigung des Geistes, sei sie bewußt oder unbewußt, vorauf. Denn alles Wollen und Verlangen hat, wie Heidegger gezeigt hat, seinen Wurzelgrund im Sein des Menschen selbst, der seit seiner Geburt eine »vorlaufende Entschlossenheit zum eigensten Seinkönnen des Daseins« ist. Und so können wir die Quelle der Inspiration weder im Unbewußten, noch im Bewußten, verstanden als »Teile« oder »Komposita« des Menschen, noch auch im Trieb, in der Passivität oder in der Wachsamkeit finden, da sie alle sich auf das Sein des Menschen gründen.

Breton hatte stets die Unzulänglichkeit der psychologischen Erklärung vor Augen, und selbst in den Zeiten größter Übereinstimmung mit den Ideen Freuds pflegte er zu wiederholen, daß die Inspiration für die Psychoanalyse ein nicht zu erklärendes Phänomen sei. Der Zweifel an den Möglichkeiten wirklichen Verständnisses durch die Psychologie hat ihn veranlaßt, zu okkultistischen Hypothesen zu greifen. Der Okkultismus aber hilft uns nur in dem Maße weiter, wie er aufhört, einer zu sein, das heißt, wenn er Enthüllung wird und uns zeigt, was er verbirgt. Wenn die Inspiration ein Geheimnis ist, dann machen die okkultistischen Erklärungen sie doppelt geheimnisvoll. Der Okkultismus maßt sich an, geradeso wie die Inspiration, eine Enthüllung der »Andersheit« zu sein; deshalb ist er unfähig, sie zu erklären, außer durch

Analogie. Wenn wir erfahren wollen, was die Inspiration ist, genügt es nicht zu sagen, sie sei so etwas wie die Enthüllung, welche die Okkultisten uns verheißen, da wir ebenso wenig wissen, worin diese Enthüllung besteht. Immerhin ist aufschlußreich, mit welcher Beharrlichkeit Breton zur Möglichkeit einer okkulten oder übernatürlichen Erklärung greift. Diese Beharrlichkeit verrät ebenso seine wachsende Unzufriedenheit angesichts der psychologischen Erklärung, wie auch die Persistenz des Phänomens der »Andersheit«. Und so ist es nicht so sehr die Idee der Inspiration, der bei Breton Bedeutung zukommt, als vielmehr die Tatsache, daß er aus der Inspiration eine Idee der Welt gemacht hat. Obgleich es ihm nicht gelingt, uns eine Beschreibung des Phänomens zu geben, verschleiert er es doch nicht, noch reduziert er es auf einen rein psychologischen Mechanismus. Dadurch, daß er die »Andersheit« in der Schwebe läßt, endet die surrealistische Lehre nicht in einer summarischen und letztlich oberflächlichen, psychologischen These, sondern bleibt offen in einer Frage. Der Surrealismus machte die Inspiration bei uns nicht nur als Idee der Welt heimisch, sondern legte, eben durch die eingestandene Unzulänglichkeit der angenommenen psychologischen Erklärung, den Kern des Problems bloß: die »Andersheit«. In ihr, und nicht in der Abwesenheit von Prä-meditation, besteht vielleicht die Antwort.

Die Schwierigkeiten, auf die große Geister wie Novalis und Breton gestoßen sind, beruhen vielleicht auf ihrer Auffassung vom Menschen als etwas Gegebenem, das heißt, als Besitzer einer Natur: das dichterische Schaffen ist ein Verfahren, bei dem der Dichter aus seinem Innern bestimmte Worte schöpft. Oder, wenn man die entgegengesetzte Hypothese anwendet, in ganz besonderen Augenblicken steigen aus der Tiefe des Dichters die Worte auf. Eine solche Tiefe aber gibt es nicht; der Mensch ist kein Ding und noch weniger ein statisches, unbewegliches Ding, auf dessen Grund Sterne und Schlangen, Juwelen und schlüpfrige Tiere ruhen. Ein gestreckter Pfeil, immer die Luft zerreißend, sich immer voraus-eilend, über sich selbst hinausstürzend, abgeschnellt, atemlos, schreitet der Mensch unaufhörlich voran und fällt, und bei jedem Schritt ist er ein *anderer* und er selbst. Die »Andersheit« liegt im Menschen selbst. Aus dieser Perspektive unablässigen Sterbens und Wiedererstehens, einer Einheit, die sich in »Andersheit« auflöst, um wieder eine neue Einheit zu bilden, ist es vielleicht möglich, das Rätsel der »anderen Stimme« zu ergründen.

Da sitzt der Dichter vor dem Blatt Papier. Es ist einerlei, ob er einen Plan hat oder nicht, ob er über das, was er schreiben will, lange nachgedacht hat, oder ob sein Bewußtsein so leer ist wie das makellose Blatt Papier, das ihn abwechselnd anzieht und abstößt. Der Akt des Schreibens impliziert als erste Bewegung ein Sichlösen von der Welt, gleichsam einen Sprung ins Leere. Jetzt ist der Dichter allein. All das, was vor einem Augenblick seine tägliche Welt war, was ihn gewöhnlich beschäftigte, verschwindet. Wenn der Dichter wirklich schreiben und nicht irgendeine literarische Zeremonie erfüllen will, bringt ihn sein Tun dahin, sich von der Welt zu trennen und alles – sich selbst nicht ausgenommen – in Frage zu stellen. Es können dann zwei Möglichkeiten entstehen: alles verflüchtigt sich, verliert an Gewicht, gerät ins Schweben und löst sich schließlich auf; oder aber, alles verschließt sich, wird in aggressiver Weise Gegenstand ohne Sinn, für das Licht der Bedeutung ungreifbare und undurchdringliche Materie. Die Welt öffnet sich: sie ist ein Abgrund, ein ungeheures Gähnen; die Welt – der

Tisch, die Wand, das Glas, die erinnerten Gesichter – verschließt sich und wird zu einer lückenlosen Mauer. In beiden Fällen bleibt der Dichter allein, ohne Welt, auf die er sich stützen kann. Es ist der Augenblick, die Welt neu zu schaffen und diese drohende äußere Leere wieder zu benennen: Tisch, Baum, Lippen, Gestirn, nichts. Doch auch die Worte haben sich verflüchtigt. Uns umgibt die Stille, die dem Wort voraufgeht. Oder die Kehrseite der Stille: das unsinnige, unübersetzbare Raunen, »the sound and the fury«, das Gemunkel, das Geräusch, das nichts sagt, das nur sagt: nichts. Indem er keine Welt mehr hat, hat der Dichter keine Worte mehr. Vielleicht weicht er in diesem Augenblick zurück, tut er einen Schritt hinter sich: er will sich der Sprache erinnern, aus seinem Innern all das holen, was er gelernt hat, diese schönen Worte, mit denen er, einen Augenblick zuvor, sich zur Welt Zugang verschafft hatte und die wie Schlüssel waren, die ihm alle Türen öffneten. Doch es gibt kein Zurück mehr, es gibt kein Innen mehr. Der Dichter, nach vorne geworfen, gespannt und aufmerksam, ist buchstäblich außer sich. Und wie er selber, sind die Worte weiter weg, immer weiter weg, lösen sich auf, kaum daß er sie berührt. Aus sich herausgeschleudert, kann er mit den Worten, mit der Welt, mit sich selbst nie eins sein. *Immer ist er jenseits seiner selbst.* Die Worte sind nirgendwo, sie sind nicht etwas Gegebenes, das auf uns wartet. Man muß sie erschaffen, man muß sie erfinden, so wie wir uns und die Welt jeden Tag erschaffen. Wie die Worte erfinden? Aus nichts kommt nichts. Auch wenn der Dichter aus dem Nichts schaffen könnte, welchen Sinn hätte es, »eine Sprache zu erfinden«? Sprache ist von Natur aus Zwiesprache. Sprache ist gesellschaftlich und setzt wenigstens zwei voraus: den, der spricht, und den, der zuhört. So ist das Wort, das der Dichter erfindet – dasjenige, das sich für einen Augenblick, der alle Augenblicke ist, verflüchtigt oder in einen undurchdringlichen Gegenstand verwandelt hat –, das aller Tage. Der Dichter holt es nicht aus sich hervor. Auch kommt es ihm nicht von außen. Es gibt weder ein Außen noch ein Innen, so wie es uns gegenüber keine Welt gibt: seitdem wir sind, sind wir *in* der Welt, und die Welt ist einer der konstituierenden Bestandteile unseres Seins. Und dasselbe ist der Fall mit den Worten: sie sind weder innen, noch außen, sondern sie sind wir selbst, sie bilden einen Teil unseres Seins. Sie sind unser eigenes Sein. Und da sie ein Teil von uns sind, sind sie fremde, gehören sie den anderen: sie sind eine der Formen unserer konstitutiven »Andersheit«. Wenn der Dichter sich von der Welt losgelöst fühlt, und alles, sogar die Sprache, ihm entflieht und sich auflöst, flieht er sich selbst und wird zunichte. Und in dem zweiten Augenblick, wenn er entschlossen ist, der Stille oder dem lärmenden und ohrenbetäubenden Chaos zu trotzen, und stottert und eine Sprache zu erfinden versucht, ist er selbst es, der sich erfindet und den Todessprung tut und wiedergeboren wird und ein anderer ist. Um er selbst zu sein, muß er ein anderer sein. Und dasselbe ist der Fall mit seiner Sprache: sie ist die seine, da sie den anderen gehört. Um sie sich wirklich zu eigen zu machen, greift er zum Bild, zum Adjektiv, zum Rhythmus, das heißt zu all dem, was sie distinkt macht. So sind seine Worte die seinen und nicht die seinen. Der Dichter lauscht nicht einer fremden Stimme, seine Stimme und seine Worte sind die fremden: sind die Worte und die Stimmen der Welt, denen er neuen Sinn gibt. Und nicht nur seine Worte und seine Stimme sind fremde; er selbst, sein ganzes Sein, ist etwas ewig Fremdes, etwas, das immer ein anderes ist. Das dichterische Wort ist Enthüllung unserer ursprünglichen Natur, denn durch das dichterische Wort nennt sich der Mensch wirklich einen anderen, und so ist er zugleich dieser und jener, er selbst und der andere. Das Gedicht macht unsere Natur durchscheinend, denn in seinem Schoß wird das Wort etwas, das allein dem Dichter gehört, ohne deshalb aufzuhören, der Welt zu gehören. Daher ist das dichterische Wort ebenso persönlich und momenthaft – eine Chiffre des Augenblicks der Schöpfung – wie geschichtlich. Als momenthafte und persönliche Chiffre sagen alle Gedichte das gleiche. Sie enthüllen einen Akt, der sich unablässig wiederholt: den der unaufhörlichen Zerstörung und Erschaffung des Menschen, seiner Sprache und seiner Welt, den Akt der ständigen »Andersheit«, in der das Menschsein besteht. Aber da es auch geschichtlich ist, da es gemeinschaftliches Wort ist, sagt jedes Gedicht etwas anderes und Einzigartiges: San Juan de la Cruz sagt nicht dasselbe wie Homer oder Racine; jeder bezieht sich auf seine Welt, jeder erschafft seine Welt neu.

Die Inspiration ist eine Manifestation der konstitutiven »Andersheit« des Menschen. Sie ist weder in unserem Innern zu finden, noch hinter uns, wie etwas, das plötzlich aus dem Schlamm der Vergangenheit auftaucht, sondern sie ist uns sozusagen voraus: ist etwas, oder besser, jemand, der uns einlädt, wir selbst zu sein. Und dieser Jemand ist unser Sein selbst. Aber in Wirklichkeit ist die Inspiration nirgendwo, sie ist nicht einfach da, noch ist sie etwas: sie ist ein Streben, ein Unterwegssein, eine Vorwärtsbewegung: auf das zu, das wir selbst sind. So ist das dichterische Schaffen Ausübung unserer Freiheit, ist unsere Entschlossenheit zu sein. Diese Freiheit ist, wie schon des öfteren gesagt wurde, der Akt, durch den wir über uns selbst hinausgehen, um in unserer Fülle zu sein. Freiheit und Transzendenz sind Äußerungen, Bewegungen der Zeitlichkeit. Die Inspiration, die »andere

Stimme«, die »Andersheit« sind in ihrem Wesen fließende, unablässig sich manifestierende Zeitlichkeit. Inspiration, »Andersheit«, Freiheit und Zeitlichkeit sind Transzendenz. Aber Transzendenz, Bewegung des Seins auf was zu? Auf uns selbst zu. Wenn Baudelaire sagt, daß unsere höchste und philosophischste Fähigkeit die Imagination sei, bekräftigt er eine Wahrheit, die sich auch so formulieren läßt: durch die Imagination – das heißt, durch die unserer wesentlichen Zeitlichkeit inhärente Befähigung, die ständige Begierde nach Verkörperung eben dieser Zeitlichkeit in Bilder zu verwandeln – können wir aus uns selbst heraustreten, über uns selbst hinausgehen und uns begegnen. In ihrer ersten Bewegung ist die Inspiration dasjenige, wodurch wir aufhören, wir selbst zu sein; in ihrer zweiten Bewegung ist dieses Aus-uns-Heraustreten ein ganzheitlicheres Wir-Sein. Die Wahrheit der – so offenkundig lügnerischen – Mythen und dichterischen Bilder beruht auf dieser Dialektik des Heraustretens und des Zurückkehrens, der »Andersheit« und der Einheit.
Der Mensch magnetisiert die Welt. Durch ihn und für ihn werden alle Wesen und Dinge, die ihn umgeben, sinnträchtig: sie haben einen Namen. Alles zielt auf den Menschen ab. Doch worauf zielt der Mensch ab? Er weiß es nicht genau. Er will ein anderer sein, sein Sein treibt ihn stets dazu, über sich selbst hinauszugehen. Und der Mensch verliert jeden Augenblick den Boden unter den Füßen, bei jedem Schritt stürzt er in die Tiefe und stößt auf diesen anderen, der zu sein er sich einbildet, und der ihm entwischt. Empedokles versichert, daß er Mann und Frau, Fels und »im Salzigen stummer Fisch« gewesen ist. Er ist nicht der einzige. Jeden Tag hören wir Sätze dieses Tenors: Wenn Herr Soundso in Begeisterung gerät, ist er »nicht wiederzuerkennen«, dann ist er ein »ganz anderer

Mensch«. Unser Name bietet auch einem Fremden Schutz, von dem wir nichts wissen, außer daß er wir selbst ist. Der Mensch ist Zeitlichkeit und Wandel, und die »Andersheit« ist die ihm eigene Seinsart. Der Mensch verwirklicht oder vollendet sich, wenn er ein anderer wird. Indem er ein anderer wird, gelangt er wieder zu sich selbst, erlangt sein ursprüngliches Sein wieder, das Sein vor dem Verderben oder dem Sturz in die Welt, vor der Spaltung in das Ich und den »anderen«.

Die Eigenart des Menschen besteht nicht so sehr darin, daß er ein mit Worten begabtes Wesen ist, als in dieser seiner Möglichkeit, ein »anderer« zu sein. Und weil er ein anderer sein kann, ist er ein mit Worten begabtes Wesen. Die Worte sind eines der Mittel, über die er verfügt, ein anderer zu werden. Nur daß diese dichterische Möglichkeit nur dann verwirklicht wird, wenn wir den Todessprung tun, das heißt, wenn wir wirklich aus uns selbst heraustreten und uns dem »anderen« hingeben, uns in ihm verlieren. Da, mitten im Sprung, ist der Mensch, über dem Abgrund schwebend, zwischen dem Diesen und Jenen, für einen blitzhaften Augenblick dieser und jener, das, was er war, und das, was er sein wird, Leben und Tod, in einem Er-selbst-Sein, das volles Sein ist, gegenwärtige Fülle. Der Mensch ist jetzt all das, was er sein wollte: Fels, Frau, Vogel, die anderen Menschen und die anderen Wesen. Er ist Bild, Hochzeit der Gegensätze, Gedicht, das zu sich selbst spricht. Schließlich ist er das Bild des im Menschen verwirklichten Menschen.

Die dichterische Stimme, die »andere Stimme«, ist meine Stimme. Das Sein des Menschen umfaßt bereits diesen anderen, der er sein will. »Die Geliebte«, sagt Machado, »ist eins mit dem Liebenden, nicht am Ende des erotischen Geschehens, *sondern an seinem Anfang.*« Die Geliebte ist schon in unserem Sein, als Begierde und »Andersheit«. Sein ist Erotik. Die Inspiration ist diese fremde Stimme, die den Menschen aus sich selbst hervorholt, um all das zu sein, was er ist, all das, wonach er sich sehnt: ein anderer Körper, ein anderes Sein. Die Stimme des Verlangens ist die Stimme des Seins selbst, denn das Sein ist nur Verlangen nach Sein. Jenseits, außerhalb von mir, in dem grünen und goldenen Dickicht, zwischen den zitternden Zweigen, singt das Unbekannte. Es ruft mich. Aber das Unbekannte wird innigst geliebt, *und deshalb wissen wir, mit dem Wissen der Erinnerung, woher die dichterische Stimme kommt und wohin sie geht.* Hier war ich schon. Der heimatliche Fels weist noch die Spuren meiner Schritte auf. Das Meer kennt mich. Dieser Stern dort leuchtete einmal zu meiner Rechten. Ich kenne deine Augen, das Gewicht deiner Zöpfe, die Wärme deiner Wange, die Wege, die in dein Schweigen führen. Deine Gedanken sind durchsichtig. In ihnen sehe ich mein Bild, abertausendmal verschmolzen mit dem deinen, bis es in Weißglut gerät. Durch dich bin ich ein Bild, durch dich bin ich ein anderes, durch dich bin ich. Alle Menschen sind dieser Mensch, der ein anderer ist und ich selbst. Ich ist du. Und auch er und wir und ihr und dieses und jenes. Die Fürwörter unserer Sprachen sind Modulationen, Flexionen eines heimlichen, unsagbaren anderen Fürworts, das sie alle birgt, Ursprung der Sprache, Ziel und Grenze des Gedichts. Die Sprachen sind Metaphern für dieses ursprüngliche Fürwort, das ich bin und die anderen, meine Stimme und die andere Stimme, alle Menschen und jeder einzelne. Die Inspiration ist ein Verlangen zu sein, aber auch und vor allem, ein Sicherinnern und eine Rückkehr zu meinem Sein. Eine *Rückkehr zum Sein.*

Obgleich Dichtung weder Religion noch Magie noch Denken ist, stützt sie sich, um als Gedicht sich zu verwirklichen, stets auf etwas, das außerhalb ihrer selbst liegt. Auf etwas ihr Fremdes, ohne das sie sich jedoch nicht verkörpern könnte. Das Gedicht ist Poesie und außerdem noch etwas anderes. Und dies, was es *außerdem* ist, ist nicht etwas Künstliches oder ihm Hinzugefügtes, sondern ein ihm wesentlicher Bestandteil. Ein reines Gedicht wäre das, in dem die Worte ihre besonderen Bedeutungen und ihren Bezug auf dieses oder jenes verlören und lediglich den Akt des Dichtens bezeichneten – ein Anspruch, bei dem das Gedicht dahinschwände, da die Worte nur Bezeichnungen für dieses und jenes sind, das heißt, für ihnen entsprechende und geschichtliche Gegenstände. Ein reines Gedicht könnte nicht aus Worten bestehen und wäre buchstäblich unsagbar. Andererseits bliebe ein Gedicht, das nicht gegen die Natur der Worte ankämpfte, indem es die Worte zwingt, über sich selbst und ihre Bedeutungen hinauszugehen, das somit nicht versuchte, die Worte das Unsagbare sagen zu lassen, eine bloße verbale Manipulation. Was das Gedicht charakterisiert, ist sowohl seine notwendige Abhängigkeit vom Wort als auch sein Kampf, dieses zu überschreiten. Dieser Umstand erlaubt es, sein Wesen als etwas Einzigartiges und Irreduzibles und zugleich als einen gesellschaftlichen Ausdruck zu betrachten, der von anderen geschichtlichen Manifestationen nicht zu trennen ist. Das Gedicht geht über die Worte hinaus, und die Geschichte macht nicht den ganzen Sinn des Gedichts aus; doch das Gedicht besäße keinen Sinn – es existierte nicht einmal – ohne die Geschichte, ohne die Gemeinschaft, von der es sich nährt und die es nährt.

Die Worte des Dichters, eben weil es Worte sind, sind die seinen und nicht die seinen. Einerseits sind sie geschichtlich: sie gehören einem Volk und einem Zeitpunkt der Sprache dieses Volkes: sie sind datierbar. Andererseits gehen sie jedem Datum vorauf: sie sind ein absoluter Anfang. Ohne das Gesamt von Umständen, das wir Griechenland nennen, würde es weder *Die Ilias* noch *Die Odyssee* geben; doch ohne diese Dichtungen hätte es auch nicht die geschichtliche Wirklichkeit, die Griechenland war, gegeben. Das Gedicht ist ein Gewebe aus Worten, die genau datierbar sind, und ein Akt, der allen Daten voraufgeht: der Ur-Akt, mit dem jede gesellschaftliche oder individuelle Geschichte beginnt; Ausdruck einer Gesellschaft und zugleich Grundlage dieser Gesellschaft, die Bedingung ihrer Existenz. Ohne das uns gemeinsame Wort gibt es kein Gedicht; ohne das dichterische Wort gibt es keine Gesellschaft, keinen Staat, keine Kirche oder irgendeine Gemeinschaft. Das dichterische Wort ist geschichtlich in zwei sich gegenseitig ergänzenden Hinsichten, die voneinander untrennbar sind und zueinander im Widerspruch stehen: insofern, als es ein gesellschaftliches Produkt ist, und insofern, als es die Voraussetzung für die Existenz jeder Gesellschaft ist.

Die Sprache, die das Gedicht nährt, ist letztlich nur Geschichte, Name für dieses oder jenes, Bezug und Bezeichnung, die auf eine in sich geschlossene geschichtliche Welt hinweist, deren Bedeutung sich in der ihrer zentralen Person, einem Menschen oder einer Gruppe von Menschen, erschöpft. Andererseits geht dieser ganze Komplex von Worten, Gegenständen, Umständen und Menschen, die einen Augenblick der Geschichte ausmachen, von einem Anfang aus, nämlich von einem Wort, das ihn stiftet und das ihm Bedeutung verleiht. Dieser Anfang ist weder geschichtlich, noch ist er etwas, das der

Vergangenheit angehört, er ist im Gegenteil stets gegenwärtig und bereit, sich zu verkörpern. Was uns Homer erzählt, ist keine datierbare Vergangenheit und, strenggenommen, nicht einmal Vergangenheit: es ist eine Zeitkategorie, die sozusagen über der Zeit schwebt, stets begierig, gegenwärtig zu werden. Es ist etwas, das sich erneut ereignet, sobald ein Lippenpaar die alten Hexameter spricht, etwas, das fortwährend beginnt und nicht aufhört, sich zu manifestieren. Die Geschichte ist der Ort, an dem das dichterische Wort sich verkörpert.

Das Gedicht ist Vermittlung zwischen einer Ur-Erfahrung und einem Komplex von späteren Taten und Erfahrungen, die Zusammenhang und Bedeutung nur erlangen in bezug auf diese erste Erfahrung, die das Gedicht konsekriert. Und dies gilt ebenso für die epische Dichtung wie für die lyrische und die dramatische. In allen erfährt die chronologische Zeit – das uns gemeinsame Wort, der gesellschaftliche oder individuelle Umstand – eine entscheidende Verwandlung: sie hört auf zu fließen, ist nicht länger Abfolge, Augenblick, der vor und nach anderen gleichen Augenblicken kommt, und wird der Beginn von etwas anderem. Das Gedicht zieht einen Trennungsstrich, der den privilegierten Augenblick vom Zeitstrom absondert: in diesem Hier und Jetzt nimmt etwas seinen Anfang: eine Liebe, eine heroische Tat, eine Vision der Gottheit, ein augenblickliches Staunen angesichts jenes Baumes dort oder der Stirn der Diana, die so glatt ist wie eine blanke Wand. Dieser Augenblick ist gesalbt mit einem besonderen Licht: er ist durch die Poesie geweiht worden, im besten Sinne des Wortes Weihe. Im Gegensatz zu den Axiomen der Mathematiker, den Wahrheiten der Physiker oder den Ideen der Philosophen, abstrahiert das Gedicht die Erfahrung nicht: diese Zeit ist lebendig, sie ist ein Augenblick, der erfüllt ist von seiner ganzen irreduziblen Besonderheit und stets bereit, in einem anderen Augenblick sich zu wiederholen, wiederzuentstehen und mit seinem Licht neue Augenblicke, neue Erfahrungen zu erhellen. Sapphos Liebschaften, Sappho selbst, sind unwiederholbar und gehören der Geschichte an; doch ihre Dichtung ist lebendig, sie ist ein Zeitfragment, das sich dank dem Rhythmus unbegrenzt wiederverkörpern kann. Doch ich tue unrecht, sie ein Fragment zu nennen, denn sie ist eine in sich vollständige Welt, eine einzigartige, archetypische Zeit, die nicht mehr Vergangenheit ist noch Zukunft, sondern Gegenwart. Und dieses Vermögen, immer schon und für immer Gegenwart zu sein, dank dem das Gedicht dem Zeitablauf und der Geschichte entrinnt, bindet es noch unerbittlicher an die Geschichte. Wenn es Gegenwart ist, existiert es nur in diesem Jetzt und Hier seiner Gegenwärtigkeit bei den Menschen. Um Gegenwart zu sein, muß das Gedicht bei den Menschen gegenwärtig werden, muß sich in der Geschichte verkörpern. Wie jede menschliche Schöpfung ist das Gedicht ein geschichtliches Produkt, Frucht einer bestimmten Zeit und eines bestimmten Ortes; aber es ist auch etwas, das das Geschichtliche übersteigt und in einer Zeit vor jeder Geschichte, am Anfang des Anfangs, sich ereignet. Vor, doch nicht außerhalb der Geschichte. Vor der Geschichte, weil das Gedicht archetypische Wirklichkeit ist, unmöglich zu datieren, absoluter Beginn, totale, sich selbst genügende Zeit. Innerhalb der Geschichte, weil es nur verkörpert lebt und wiederersteht, sich wiederholt im Augenblick der dichterischen Kommunion. Ohne die Geschichte – ohne die Menschen, die der Ursprung, die Substanz und das Ende der Geschichte sind – könnte das Gedicht weder entstehen noch sich verkörpern; umgekehrt gäbe es ohne das Gedicht keine Geschichte, da es weder Ursprung noch Beginn gäbe.

Wir können daraus folgern, daß das Gedicht in zweierlei Weise geschichtlich ist: zum einen als gesellschaftliches Produkt; zum andern als Schöpfung, die das Geschichtliche übersteigt, doch die, um wirklich zu existieren, sich in der Geschichte erneut verkörpern und sich bei den Menschen wiederholen muß. Und diese zweite Art seiner Geschichtlichkeit ergibt sich aus seiner besonderen Zeitkategorie: einer Zeit, die immer Gegenwart ist, eine potentielle Gegenwart, die sich jedoch nur verwirklichen kann, wenn sie in konkreter Weise in einem bestimmten Jetzt und Hier sich einstellt. Das Gedicht ist archetypische Zeit; und deshalb ist es Zeit, die in der konkreten Erfahrung eines Volkes, einer Gruppe oder einer Sekte sich verkörpert. Diese Möglichkeit, bei den Menschen sich zu verkörpern, macht es zum Quell: dem Gedicht entquillt eine ständige Gegenwart, die zugleich fernste Vergangenheit und unmittelbarste Zukunft ist. Diese zweite Geschichtlichkeit des Gedichts ist daher polemisch und widersprüchlich: was es einmalig macht und von den übrigen menschlichen Werken unterscheidet, ist die Tatsache, daß es die Zeit verwandelt, ohne von ihr zu abstrahieren; und dank ebendiesem Verfahren kehrt es, um sich ganz zu vollenden, zur Zeit zurück.
Von außen gesehen, weisen die Beziehungen zwischen Gedicht und Geschichte keinen Bruch auf: das Gedicht ist ein gesellschaftliches Produkt. Selbst wenn zwischen Gesellschaft und Poesie Zwietracht herrscht – wie in unserer Zeit – und die erstere die letztere zur Verbannung verurteilt, entrinnt das Gedicht der Geschichte nicht: es bleibt auch in seiner Einsamkeit ein geschichtliches Zeugnis. Einer zerrissenen Gesellschaft entspricht eine Dichtung wie die unsere. Jahrhundertelang, andererseits, konfiszierten Staaten und Kirchen die dichterische Stimme für ihre Zwecke. Fast nie handelte es sich dabei um einen

Akt der Gewalt: die Dichter stimmten mit diesen Zielen überein und zögerten nicht, mit ihrem Wort die Unternehmungen, Versuche und Institutionen ihrer Zeit zu konsekrieren. Ohne Zweifel glaubte San Juan de la Cruz, mit seinen Gedichten dem Glauben zu dienen – und tatsächlich tat er dies auch –, doch können wir den unendlichen Zauber seiner Poesie auf die theologischen Erläuterungen, die er uns in seinen Kommentaren gibt, beschränken? Basho hätte das, was er geschrieben hat, nicht geschrieben, hätte er nicht im japanischen 17. Jahrhundert gelebt; doch man braucht nicht an die Erleuchtung zu glauben, die der Zen-Buddhismus predigt, um sich in die Betrachtung der stillen Blume zu versenken, welche die drei Verse seines Haiku sind. Die Ambivalenz des Gedichts rührt nicht von der Geschichte her, verstanden als eine einheitliche und totale Wirklichkeit, die alle Werke umfaßt, sondern sie ist die Folge der dualen Natur des Gedichts. Der Konflikt liegt nicht in der Geschichte, sondern im Innern des Gedichts, und er besteht in der doppelten Bewegung des dichterischen Verfahrens: Verwandlung der geschichtlichen Zeit in archetypische und Verkörperung dieser archetypischen Zeit in einem bestimmten geschichtlichen Jetzt. Diese doppelte Bewegung macht die eigentümliche und paradoxe Seinsweise der Dichtung aus. Ihre Art, geschichtlich zu sein, ist polemisch: Bejahung eben dessen, was sie verneint: die Zeit und die Abfolge.

Dichtung fühlt man nicht: man spricht sie. Besser gesagt: die rechte Art, Dichtung zu fühlen, ist, sie zu sprechen. Nun aber ist jedes Sprechen immer ein Sprechen von etwas, ein Reden von diesem und jenem. Das dichterische Sprechen unterscheidet sich darin nicht von den anderen Arten zu sprechen. Der Dichter spricht von den Dingen, die seiner Welt angehören, auch dann, wenn er uns von anderen Welten spricht: die nächtlichen Bilder setzen sich zusammen aus Fragmenten der Tagbilder, die wiedererschaffen werden gemäß einem anderen Gesetz. Der Dichter entrinnt der Geschichte nicht, auch dann nicht, wenn er sie negiert oder ignoriert. Seine geheimsten oder persönlichsten Erfahrungen setzen sich um in gesellschaftliche, geschichtliche Worte. Doch zugleich, und mit denselben Worten, sagt der Dichter anderes: er enthüllt den Menschen. Diese Enthüllung ist der letzte Sinn jeder Dichtung und, wenn das auch fast nie explizit gesagt wird, der Grund jedes dichterischen Sprechens. In den Bildern und Rhythmen scheint mehr oder weniger deutlich eine Enthüllung durch, die sich nicht mehr auf das bezieht, was die Worte sagen, sondern auf etwas, das ihnen voraufgeht und worauf alle Worte des Gedichts sich gründen: die letzte Bestimmung des Menschen, die Bewegung, die ihn unablässig vorantreibt, wobei er immer neue Gebiete erobert, die, kaum betreten, zu Asche werden und ständig wiedererstehen, ersterben und wiedererstehen. Doch diese Enthüllung, die uns die Dichter machen, verkörpert sich immer im Gedicht, genauer, in den konkreten und bestimmten Worten dieses oder jenes Gedichts. Sonst wäre eine dichterische Kommunion nicht möglich: damit die Worte uns von diesem »anderen« sprechen, von dem jedes Gedicht spricht, ist es notwendig, daß sie uns auch von diesem und jenem sprechen.

Die latente Zwietracht in jedem Gedicht liegt in dessen Natur und bedeutet nicht Zerrissenheit. Das Gedicht ist eine Einheit, die sich nur durch völlige Verschmelzung der Gegensätze ergeben kann. Nicht zwei fremde Welten sind es, die sich in seinem Innern streiten: das Gedicht liegt im Kampf mit sich selbst. Deshalb ist es lebendig. Und aus diesem ständigen Streit – der sich als höhere Einheit, als glatte und kompakte Oberfläche äußert –

rührt auch das her, was man die Gefährlichkeit der Dichtung genannt hat. Auch wenn der Dichter am Altar der Gesellschaft kommuniziert und ganz aufrichtig die Anschauungen seiner Zeit teilt, ist er ein Wesen für sich. Er ist von Natur aus heterodox: immer sagt er *anderes*, auch wenn er genau dasselbe sagt, was die übrigen Menschen seiner Gemeinschaft sagen. Das Mißtrauen der Staaten und Kirchen gegenüber der Dichtung entsteht nicht allein aus dem natürlichen Imperialismus dieser Mächte: es ist die Art des dichterischen Sprechens, die Argwohn weckt. Es ist nicht so sehr das, was der Dichter sagt, sondern das, was seine Worte miteinbegreifen, ihre letzte, irreduzible Dualität, was seinem Sprechen einen Anflug von Befreiung verleiht. Der Vorwurf, der den Dichtern häufig gemacht wird, sie seien leichten Sinnes, zerstreut, geistesabwesend, nie ganz da, rührt von der Art ihres Sprechens her. Das dichterische Wort ist nie ganz von dieser Welt: es trägt uns immer über sie hinaus, zeigt uns andere Welten, andere Himmel, andere Wahrheiten. Die Dichtung scheint dem Gesetz der Schwerkraft der Geschichte zu entgehen, denn nie ist ihr Wort rein geschichtlich. Nie will das Bild dieses *oder* jenes sagen. Wie wir gesehen haben, ist eher das Gegenteil der Fall: das Bild sagt dieses und jenes zugleich. Es sagt sogar: dieses ist jenes.

Die duale Natur des dichterischen Wortes unterscheidet sich nicht von der des Menschen: eines zeitlichen und bedingten, doch immer auf das Absolute abzielenden Wesens. Aus diesem Konflikt entsteht Geschichte. So gesehen, ist der Mensch nicht reine Aufeinanderfolge, nicht bloße Zeitlichkeit. Wenn das Wesen der Geschichte allein in der Aufeinanderfolge eines Augenblicks auf den anderen, eines Menschen auf den anderen, einer Kultur auf die andere bestünde, würde sich der Wandel in Einförmigkeit auflösen und die Geschichte wäre Natur. Denn worin sie sich auch unterscheiden mögen, ist eine Pinie gleich der anderen, ein Hund gleich dem anderen; bei der Geschichte ist das Gegenteil der Fall: ein Mensch, welches immer die gemeinsamen Charakteristiken sein mögen, ist auf einen anderen Menschen, ein geschichtlicher Augenblick auf einen anderen geschichtlichen Augenblick irreduzibel. Und was den Augenblick zum Augenblick, die Zeit zur Zeit macht, ist der Mensch, der mit ihnen verschmilzt und sie so einmalig und absolut macht. Die Geschichte ist Geschehen, heroische Tat, ein Gesamt von bedeutsamen Augenblicken, weil der Mensch aus jedem Augenblick etwas sich selbst Genügendes macht und das Heute so vom Gestern trennt. In jedem Augenblick will er sich als Totalität verwirklichen, und jede seiner Stunden ist das Denkmal einer momentanen Ewigkeit. Um seiner Zeitlichkeit zu entrinnen, bleibt ihm nichts anderes übrig, als tiefer in die Zeit einzutauchen. Der Mensch vermag die Zeit nur zu besiegen, indem er mit ihr verschmilzt. Er erlangt nicht das ewige Leben, doch er schafft einen einmaligen, unwiederholbaren Augenblick und läßt so Geschichte entstehen. Seine Natur führt ihn dazu, ein anderer zu werden; nur wenn er der geworden ist, kann er ganz er selbst sein. Er gleicht dem mythischen Greif, von dem der XXXI. Gesang des Purgatoriums sagt, daß er »bald eines und bald das andere Wesen« offenbare.

Die dichterische Erfahrung ist nichts anderes als Enthüllung der menschlichen Natur, das heißt, dieses unablässigen Sich-Überschreitens, darin ihre wesentliche Freiheit liegt. Wenn die Freiheit Bewegung des Seins ist, ständiges Sich-Überschreiten des Menschen, muß diese Bewegung immer auf etwas bezogen sein. Und so ist es: sie zielt auf einen Wert oder auf eine bestimmte Erfahrung hin. Dichtung als Manifestation der Zeitlichkeit kann sich diesem Gesetz nicht entziehen. In der Tat ist das Charakteristikum des dichterischen Verfahrens das Sprechen, und jedes Sprechen bedeutet, von etwas sprechen. Aber was mag dieses Etwas sein? In erster Linie ist dieses Etwas geschichtlich und datierbar: es ist das, wovon der Dichter tatsächlich spricht, handle es sich um seine Liebschaft mit Galatea, um die Belagerung Trojas, um den Tod Hamlets, um den Geschmack des Weins an einem bestimmten Abend oder um die Farbe einer Wolke über dem Meer. Der Dichter konsekriert stets eine geschichtliche Erfahrung, die persönlich, gesellschaftlich oder beides zugleich sein kann. Doch indem uns der Dichter von all diesen Ereignissen, Empfindungen, Erfahrungen und Personen spricht, spricht er uns von *anderem:* von dem, was er gerade tut, von dem, was vor uns und in uns da ist. Er spricht uns vom Gedicht selbst, vom Akt des Schaffens und Benennens. Mehr noch: er bringt uns dahin, sein Gedicht zu wiederholen, es noch einmal zu erschaffen, jenes zu benennen, was es benennt; und indem er das tut, enthüllt er uns, was wir sind. Ich will damit nicht sagen, daß der Dichter eine Dichtung der Dichtung schafft – oder daß er in seinem Sprechen über dieses oder jenes plötzlich abschweift und von seinem eigenen Sprechen zu sprechen beginnt –, sondern daß wir, indem wir seine Worte neu erschaffen, auch sein Abenteuer neu erleben und die Freiheit ausüben, in der unsere Natur sich manifestiert. Auch wir verschmelzen mit dem Augenblick, um ihn besser zu überschreiten, und auch wir sind, um wir selbst zu sein, *andere.* Der Leser wiederholt die in den vorangegangenen Kapiteln[1] beschriebene Erfahrung. Diese Wiederholung der Erfahrung ist natürlich nicht

1 *Das Gedicht. Die dichterische Offenbarung.*

identisch mit der Erfahrung. Und eben weil sie das nicht ist, ist sie von Wert. Es ist durchaus möglich, daß der Leser nicht recht versteht, was das Gedicht sagt: es wurde vor vielen Jahren oder Jahrhunderten geschrieben, und die Sprache hat sich seitdem gewandelt; oder es wurde in einer abgelegenen Region verfaßt, wo man anders spricht. All das macht nichts. Wenn es wirklich zur dichterischen Kommunion kommt, das heißt, wenn das Gedicht noch die Kraft der Enthüllung besitzt, und wenn der Leser wirklich in sein elektrisches Feld gerät, kommt es zu einer Wiedererschaffung. Wie jedes wiedererschaffene Werk ist das Gedicht des Lesers nicht das genaue Abbild des vom Dichter geschriebenen. Doch wenn es mit ihm nicht übereinstimmt, was das »Dieses und Jenes« betrifft, ist es mit ihm doch völlig identisch, was den Akt des Schaffens selbst betrifft: der Leser erschafft den Augenblick wieder und erschafft sich selbst.

Das Gedicht ist ein Werk, das immer unvollendet ist, das immer darauf wartet, von einem neuen Leser vervollständigt und gelebt zu werden. Das Neuartige der großen Dichter der Antike rührt von deren Fähigkeit, andere zu sein, ohne aufzuhören, sie selbst zu sein. So verwandelt sich das, wovon der Dichter spricht (das »Dieses und Jenes«: die Rose, der Tod, der sonnige Nachmittag, der Sturm auf die Stadtmauer, das Sammeln der Standarten) für den Leser in das, was jedes dichterische Sprechen impliziert und was der Kern des dichterischen Wortes ist: die Enthüllung unserer Natur und ihre Versöhnung mit sich selbst. Diese Enthüllung ist kein Wissen von oder über etwas, denn dann wäre Dichtung Philosophie. Sie ist ein wirkliches Wieder-das-Sein, was, wie der Dichter uns enthüllt, wir sind; daher äußert sie sich nicht als Urteil: sie ist ein unerklärlicher Akt, der sich nur durch sich selbst erklärt und der nie eine abstrakte Form annimmt.

Es handelt sich nicht um eine Erklärung unserer Natur, sondern um eine Erfahrung, in der unsere Natur, sie selbst, sich enthüllt oder manifestiert. Und deshalb auch ist sie unlöslich verbunden mit einem konkreten Sprechen über dieses oder jenes. Die dichterische Erfahrung – gleich, ob ursprünglich oder von der Lektüre herrührend – lehrt uns nichts, noch sagt sie uns etwas über die Freiheit: sie ist die Freiheit selbst, die sich entfaltet, um etwas zu erreichen, und den Menschen so für einen Augenblick zu verwirklichen. Die unendliche Mannigfaltigkeit der Dichtungen, welche die Geschichte verzeichnet, hat ihren Grund im konkreten Charakter der dichterischen Erfahrung, die eine Erfahrung von diesem und jenem ist; doch bildet diese Mannigfaltigkeit auch eine Einheit, denn in allen »dieses und jenes« wird die menschliche Natur gegenwärtig. Unsere Natur besteht darin, daß sie sich mit nichts von dem identifiziert, worin sie sich verkörpert, doch auch darin, daß sie nur dann existiert, wenn sie sich in dem verkörpert, was nicht sie selbst ist.

Die Romantik war eine literarische Bewegung, aber auch eine Moral, eine Erotik und eine Politik. War sie keine Religion, so war sie doch mehr als eine Ästhetik und eine Philosophie: eine Art zu denken, zu fühlen, zu lieben, zu kämpfen, zu reisen, kurz, eine Art zu leben und eine Art zu sterben. Friedrich Schlegel sagt in einer seiner programmatischen Schriften, die Romantik strebe nicht nur nach der Auflösung und der Vermischung der literarischen Gattungen und der Ideen vom Schönen, sondern sie suche durch die widersprüchliche, aber zielgleiche Wirkung von Imagination und Ironie die Verschmelzung von Leben und Poesie, mehr noch: die Sozialisation der Poesie.

Das romantische Denken entfaltet sich in zwei Richtungen, die schließlich verschmelzen: die Suche nach jenem älteren Prinzip, das die Poesie zur Grundlage der Sprache und somit der Gesellschaft macht, und die Verbindung dieses Prinzips mit dem geschichtlich ablaufenden Leben. Wenn die Poesie die Ursprache der Menschen war, oder wenn die Sprache ihrem Wesen nach ein poetischer Vorgang ist, der darin besteht, die Welt als ein Gewebe von Symbolen und von Beziehungen zwischen diesen Symbolen zu betrachten, dann fußt jede Gesellschaft letztlich auf einem Gedicht; wenn die Revolution der Moderne in einer Bewegung der Rückkehr der Gesellschaft zu ihrem Ursprung besteht, zum Urvertrag unter Gleichen, so wird sie eins mit der Poesie. Blake sagte: »Im Geiste der Poesie sind alle Menschen gleich.«[1] Daher kommt es, daß die romantische Poesie auch Aktion sein will. Ein Gedicht ist nicht nur ein verbales Objekt, sondern auch ein

1 *All religions are one* (1788).

Glaubensbekenntnis und eine Tat. Sogar die Doktrin des »l'art pour l'art«, die diese Haltung zu negieren scheint, bestätigt sie und setzt sie fort: mehr als eine Ästhetik, war die Romantik eine Ethik, oft sogar eine Religion und eine Politik. Die moderne Poesie wirkt im Untergrund der Gesellschaft, und das Brot, das sie an ihre Gläubigen verteilt, ist eine vergiftete Hostie: Negation und Kritik. Aber diese Zeremonie im Dunkel ist auch eine Suche nach der verlorengegangenen Quelle, nach dem Wasser des Ursprungs.

Die Romantik entstand fast gleichzeitig in England und in Deutschland. Von diesen Ländern aus verbreitete sie sich, gleich einer geistigen Epidemie, über den ganzen europäischen Kontinent. Der Vorrang der deutschen und englischen Romantik beruht nicht nur auf ihrer zeitlichen Priorität, sondern auf ihrer großen poetischen Originalität ebenso wie auf ihrem kritischen Verstand. In beiden Sprachbereichen verband sich poetische Schöpfung und Reflexion über Dichtung mit einer Intensität, Tiefe und Neuartigkeit, zu der es in den übrigen Literaturen Europas keine Parallele gibt. Die kritischen Texte der englischen und deutschen Romantiker waren wahrhaft revolutionäre Manifeste und leiteten eine Tradition ein, die bis zum heutigen Tag fortdauert. Auch in der Verknüpfung von Theorie und Praxis, von Poesie und Poetik äußerte sich das romantische Streben nach Verschmelzung der Gegensätze: Kunst und Leben, zeitloses Altertum und zeitgenössische Geschichte, Imagination und Ironie. Durch den Dialog zwischen Poesie und Prosa sollte einerseits die Belebung der Poesie durch das Eintauchen in die Alltagssprache, andererseits die Idealisierung der Prosa und die Auflösung der Logik des Diskurses in die Logik des Bildes erreicht werden. Die Folgen dieser gegenseitigen Durchdringung waren das Prosagedicht und die periodische Erneuerung der Sprache der Poesie im 19. und 20. Jahrhundert durch immer stärkere Übernahmen aus der Volkssprache. Aber um 1800, wie später um 1920, bestand das Neue weniger darin, daß die Dichter in Prosa über die Poesie spekulierten, als darin, daß ihre Spekulationen die Grenzen der alten Poetik überschritten und daß sie verkündeten, die neue Poesie sei auch eine neue Art zu fühlen und zu leben.

Die Verbindung von Poesie und Prosa ist bei den englischen und deutschen Romantikern eine Konstante, wenn sie sich natürlicherweise auch nicht bei allen Dichtern mit derselben Intensität und auf die gleiche Weise äußert. Bei manchen, wie bei Coleridge und Novalis, besitzen Vers und Prosa, trotz der Interkommunikation zwischen beiden, eine deutliche Autonomie: *Kubla Khan* und *The rime of the ancient mariner* auf der einen, die kritischen Texte in der *Biographia literaria* auf der anderen Seite, die *Hymnen an die Nacht* und ihnen gegenüber die philosophische Prosa von *Blütenstaub*. Bei anderen Dichtern verschmelzen Inspiration und Reflexion in der Prosa ebenso wie in der Poesie. Weder Hölderlin noch Wordsworth sind – zu ihrem Glück – philosophische Dichter, aber bei beiden sucht der Gedanke sich in ein »sinnliches Bild« zu verwandeln. Schließlich ist bei einem Dichter wie Blake das dichterische Bild nicht zu trennen von der prophetischen Vision, so daß eine Grenzziehung zwischen Prosa und Poesie bei ihm unmöglich ist.

Welche Unterschiede zwischen diesen Dichtern auch bestehen mögen – ich brauche wohl kaum zu erwähnen, daß sie sehr groß sind –, so fassen doch alle die dichterische Erfahrung als eine Lebenserfahrung auf, an der der ganze Mensch teilhat. Ein Gedicht ist nicht nur eine verbale Wirklichkeit, sondern auch eine Tat. Der Dichter spricht, und indem er spricht, schafft er. Dieses Schaffen ist vor allem ein Sich-selbst-Schaffen. Die Poesie ist daher nicht nur Selbsterkenntnis, sondern auch Selbsterschaffung. Diese Erfahrung der Selbsterschaffung vollzieht der Leser nach – und so verkörpert sich die Poesie in der Geschichte. Im Grunde dieser Idee lebt immer noch der alte Glaube an die Macht des Wortes: die Poesie wird als eine magische Handlung gedacht und gelebt, durch welche die Realität verwandelt werden soll. Die Analogie von Magie und Poesie ist ein Thema, das im Laufe des 19. und 20. Jahrhunderts immer wieder auftaucht, das aber schon mit den deutschen Romantikern aufgekommen ist. Die Auffassung von der Poesie als magischer Kraft setzt eine aktive Ästhetik voraus. Ich möchte damit sagen, die Kunst hört auf, ausschließlich Darstellung und Betrachtung zu sein: sie ist auch ein Einwirken auf die Realität. Wenn die Kunst ein Spiegel der Welt ist, dann ist dieser Spiegel magisch: er verändert sie.

Die Ästhetik des Barock und die der Klassik hatten eine strikte Grenze zwischen Kunst und Leben gezogen. Waren auch ihre Ideen vom Schönen grundverschieden, so betonten doch beide den idealen Charakter des Kunstwerks. Dadurch, daß die Romantik der Inspiration, der Leidenschaft und der Sensibilität den Vorrang gab, verwischte sie die Grenze zwischen Kunst und Leben: das Gedicht wurde eine Lebenserfahrung, und das Leben erhielt die Intensität der Poesie. Für Calderón ist das Leben ein illusorisches Gut, weil es die Dauer und die Konsistenz der Träume hat; für die Romantiker ist es gerade das Traumhafte, das das Leben aus dem Horror der Monotonie erlöst. Sie machen aus dem Traum ein zweites Leben, ja sogar eine Brücke zum wahren Leben, zum Leben der Zeit des Anfangs.

Poesie ist Wiedergewinnung der Unschuld. Wie sollte man die religiösen Wurzeln dieser Haltung und deren enge Beziehung zur protestantischen Tradition übersehen? Die Romantik entstand nicht nur deswegen in England und Deutschland, weil sie einen Bruch mit der griechisch-römischen Ästhetik darstellt, sondern auch wegen ihrer geistigen Abhängigkeit vom Protestantismus. Die Romantik setzt den protestantischen Bruch fort. Durch die Verinnerlichung der religiösen Erfahrung auf Kosten des römischen Rituals, schuf der Protestantismus die seelischen und moralischen Voraussetzungen für die romantische Erschütterung. Die Romantik war vor allem eine Verinnerlichung der poetischen Schau. Der Protestantismus hatte das individuelle Bewußtsein des Gläubigen zum Schauplatz des religiösen Mysteriums gemacht: die Romantik war der Bruch mit der objektiven und weitgehend unpersönlichen Ästhetik der lateinischen Tradition und die Geburt des dichterischen Ichs als Ur-Realität.

Die Behauptung, die Romantik wurzele geistig in der Tradition des Protestantismus, mag kühn erscheinen, insbesondere wenn man bedenkt, daß mehrere deutsche Romantiker zum Katholizismus konvertierten. Der wahre Grund dieser Bekehrungen wird jedoch deutlich, sobald man sich daran erinnert, daß die Romantik eine Reaktion auf den Rationalismus des 18. Jahrhunderts war. Der Katholizismus der deutschen Romantiker war ein Anti-Rationalismus: ein Mißverständnis, genau wie ihre Bewunderung für Calderón. Die Lektüre des spanischen Dramatikers war für sie mehr ein Glaubensbekenntnis als eine echte Lektüre. Sie sahen in ihm die Negation Racines; sie übersahen aber, daß im Theater Calderóns nicht eine weniger strenge, sondern eine weit rigorosere Vernunft herrscht als bei dem französischen Dramatiker. Racines Theater ist ästhetisch und psychologisch: die menschlichen Leidenschaften; Calderóns Thea-

ter ist theologisch: die Erbsünde und die menschliche Freiheit. Die Romantiker verwechseln bei ihrer Calderón-Lektüre barocke und klassische Poesie mit peotischem Anti-Klassizismus und philosophischem Anti-Rationalismus.
Die literarischen Grenzen der Romantik stimmen mit den religiösen des Protestantismus überein. Es waren auch und vor allem sprachliche Grenzen: die Romantik entstand und erreichte ihren Höhepunkt bei Völkern, die keine Tochtersprachen Roms sprachen. Dem Bruch mit der Tradition, die bis dahin im Westen bestimmend ist, entspricht die Rückbesinnung auf andere Traditionen: die überlieferte Volksdichtung Deutschlands und Englands, die gotische Kunst, die keltische und germanische Mythologie und sogar – gegen das Bild, das die lateinische Tradition uns von Griechenland übermittelte – die Entdeckung oder Erfindung eines anderen Griechenlands, desjenigen Herders und Hölderlins, das später das Griechenland Nietzsches und auch unseres sein sollte. Dante wird auf seiner Höllenwanderung von Vergil, Faust wird von Mephistopheles begleitet. »Die Klassiker waren es«, sagte Blake in bezug auf Homer und Vergil, »nicht die Goten oder die Mönche, die Europa mit Krieg überzogen«, und er fügte hinzu: »Die griechische Form ist mathematisch, die gotische aber lebendig.« Und was Rom betrifft: »Ein Kriegerstaat bringt niemals Kunst hervor.«[2]
Seit der Romantik erkennt sich der Westen in einer anderen Tradition als der römischen; und diese Tradition ist nicht einheitlich, sondern vielfältig. Der Einfluß der Sprachen – germanische gegenüber romanischen – wirkt sich jedoch in noch tieferen Schichten aus. Es gibt – wie

2 *On Homer's poetry and on Vergil* (1820).

ich in der Folge zeigen werde – einen innersten Zusammenhang zwischen dem englischen und dem deutschen Vers, besser gesagt, den Systemen des Versbaus in beiden Sprachen und dem Wandel der Sensibilität und der Weltanschauung, den die Romantik bewirkte.

Die romantische Poesie beruht nicht nur auf einem Wandel von Sprache und Stil: sie beruht auch auf einem Wandel der Glaubensanschauungen, und das unterscheidet sie radikal von den anderen literarischen Strömungen und Stilrichtungen der Vergangenheit. Weder das Barock noch die Klassik stellten Brüche im Glaubenssystem des Westens dar. Um eine Parallele zur romantischen Revolution zu finden, muß man auf die Renaissance und vor allem auf die Zeit der provenzalischen Dichtung zurückgehen. Der Vergleich mit dieser ist besonders aufschlußreich, denn in der provenzalischen wie in der romantischen Dichtung besteht eine unbestreitbare, noch nicht genügend erforschte Korrespondenz zwischen der metrischen Erneuerung, der neuen Sensibilität und der zentralen Stellung der Frau in beiden Bewegungen. In der Romantik war die metrische Erneuerung an die Wiederaufnahme alter dichterischer Rhythmen deutscher und englischer Traditionen geknüpft. Die romantische Sicht der Welt und des Menschen, die Analogie, fußt auf einer Prosodie. Es ist eine mehr gefühlte als gedachte und eine mehr gehörte als gefühlte Weltanschauung.
Die Analogie begreift die Welt als Rhythmus: alles korrespondiert, weil alles Rhythmus und Reim ist. Die Analogie ist nicht nur eine kosmische Syntax, sie ist auch eine kosmische Prosodie. Wenn das Universum ein Text oder ein Gewebe von Zeichen ist, so wird die Rotation der Zeichen vom Rhythmus gelenkt. Die Welt ist ein Gedicht; das Gedicht seinerseits ist eine Welt aus Rhythmen

und Symbolen. Korrespondenz und Analogie sind nur andere Namen für diesen universalen Rhythmus.
Die analogische Weltsicht hatte ebenso Dante wie die Neuplatoniker der Renaissance inspiriert. Ihr Wiederaufleben in der romantischen Ära fällt mit der Verdrängung der Archetypen der Klassik und der Entdeckung der nationalen Tradition der Dichtung zusammen. Durch die Wiederbelebung überlieferter poetischer Rhythmen erneuern die englischen und die deutschen Romantiker die analogische Weltbetrachtung. Sicherlich, ein ursächlicher Zusammenhang von akzentuierendem Vers und analogischer Weltsicht läßt sich nur schwer beweisen; unschwer aber läßt sich suggerieren, daß eine geschichtliche Beziehung zwischen ihnen besteht, das heißt, daß das Erscheinen des ersteren in der romantischen Epoche untrennbar von dem der zweiten ist. Als Idee wurde die analogische Weltschau von okkulten, hermetischen und libertinen Sekten des 17. und 18. Jahrhunderts weitergetragen. Die englischen und die deutschen Dichter übersetzten die Idee der »Welt als Rhythmus« – und sie übersetzten sie wörtlich: sie »verwandelten« sie in Wort-Rhythmus, in Gedichte. Die Philosophen hatten die Welt als Rhythmus gedacht, die Dichter hörten diesen Rhythmus. Es war nicht die Sprache der Sphären, obgleich sie dies meinten, sondern die der Menschen.
Auch die Entwicklung des Verses in den romanischen Sprachen ist ein indirekter Beweis für die Korrespondenz zwischen akzentuierendem Vers und analogischer Weltsicht. Die metrischen Systeme der romanischen und germanischen Sprachen verhalten sich umgekehrt symmetrisch: in dem einen ist der Wortton für die Silbenzählung, in dem anderen die Silbenzählung für die rhythmische Verteilung des Worttons sekundär. Der vom Wortton getragene Rhythmus steht dem Tanz näher als dem

Diskurs, und so sind die Gefahren des englischen und des deutschen Verses nicht die lyrischen Syllogismen, sondern die Vermischung von Wort und Laut, die Verschwommenheit und das bloße rhythmische Geräusch: das Gegenteil der romanischen Prosodie. In den Ländern romanischer Zunge hatte sich der regelmäßige silbenzählende Vers fast überall durchgesetzt. Sein strengster und vollkommenster Ausdruck ist der französische Vers. Freilich spielte in den übrigen romanischen Sprachen der Wortton kaum eine geringere Rolle als die Regelmäßigkeit der Silbenzahl, so daß ein italienischer, spanischer oder portugiesischer Vers eine komplexe Einheit bildet. Die Vielfalt der Wortakzente gleicht in jedem Vers die Einförmigkeit der Silbenzählung wieder aus. Aber die Tendenz zur Regelmäßigkeit, die seit der Renaissance vorherrschte und die durch den Einfluß der französischen Klassik verstärkt wurde, blieb bis in die Epoche der Romantik ein konstanter Zug des romanischen Versbaus. Der rein silbenzählende Vers führt leicht zur abstrakten Messung: mehr zu Rechenwerk als zu Gesang und – was die Poesie des 18. Jahrhunderts beweist – mehr zu Beredsamkeit, Diskurs, versifizierter Argumentation. Gereimte rhythmische Prosa, nicht die lebendige Prosa der Umgangssprache, die Quelle aller Poesie, sondern die oratorische und intellektuelle des Diskurses. Zu Beginn des 19. Jahrhunderts hatten die romanischen Sprachen ihre Zauberkraft verloren; sie konnten nicht Vehikel eines antidiskursiven Denkens sein, das, wie das analogische, voll magischer Resonanzen und seinem Wesen nach rhythmisch ist.

Wie die Wiederkehr der Analogie in England und Deutschland mit der Rückkehr zu den überlieferten dichterischen Formen zusammenfällt, so in den lateinischen Ländern mit der Auflehnung gegen den regelmäßigen, silbenzählenden Vers. Diese Auflehnung war in der französischen Sprache heftiger und entschiedener als in der italienischen und spanischen, weil dort der silbenzählende Vers die Poesie vollständiger als in den anderen romanischen Sprachen beherrschte. Es ist bezeichnend, daß die großen Vorläufer der romantischen Bewegung in Frankreich zwei Prosaschriftsteller waren: Rousseau und Chateaubriand. Die analogische Weltschau entfaltet sich in der französischen Prosa leichter als in den abstrakten Metren der traditionellen Poesie. Nicht weniger bezeichnend ist, daß zu den wichtigsten Werken der echten französischen Romantik Nervals Roman *Aurelia* und eine Handvoll phantastischer Erzählungen Charles Nodiers zählen. Schließlich gehört zu den großen Schöpfungen der französischen Poesie des vergangenen Jahrhunderts das Prosagedicht, eine Form, die das romantische Bestreben, Poesie und Prosa zu vermischen, tatsächlich verwirklicht. Diese Form konnte nur in einer Sprache erfunden werden, in der die Armut an natürlichen Sprechakzenten die rhythmischen Möglichkeiten des freien Verses beträchtlich einengt. Und was den Vers betrifft: Hugo löst den Alexandriner auf und formt ihn neu; Baudelaire führt die Reflexion, den Zweifel, den Prosaismus, die Ironie ein – die geistige Zäsur, die versucht, wenn schon nicht das regelmäßige Metrum zu durchbrechen, so doch die Unregelmäßigkeit, die Ausnahme zu suggerieren. Rimbaud versucht sich in der Volksdichtung, im Lied, im freien Vers. Die Reform der Prosodie kulminiert schließlich in zwei Extremen: einerseits die gebrochenen, lebendigen Rhythmen Laforgues und Corbières, andererseits die Partitur-Konstellation von *Un coup de dé*. Die beiden ersten übten einen tiefen Einfluß auf die Dichter der beiden Amerika aus: Lugones, Pound, Eliot, Velarde; mit dem letzten entstand eine

Form, die weder in das 19. noch in die erste Hälfte des 20. Jahrhunderts, sondern in unsere Zeit gehört.

Diese flüchtige und weitgestreute Aufzählung sollte einzig und allein darauf hinweisen, daß die allgemeine Bewegung der französischen Romantik im vergangenen Jahrhundert als eine Auflehnung gegen die traditionelle silbenzählende Verskunst anzusehen ist. Und diese Auflehnung fällt mit der Suche nach dem dualen Prinzip zusammen, welches das Universum und das Gedicht gleichermaßen lenkt: der Analogie.

Die echte französische Romantik, habe ich eben gesagt ... Es gibt deren zwei: die eine ist die der Lehrbücher und Literaturgeschichten; sie umfaßt eine Reihe von eloquenten, sentimentalen und diskursiven Werken, welche die Namen Musset und Lamartine berühmt gemacht haben; die andere – für mich die eigentliche Romantik – umfaßt nur wenige Werke und Autoren: Nerval, Nodier, den späten Hugo und die sogenannten Kleinen Romantiker. Die wahren Erben der deutschen und englischen Romantik aber sind diejenigen Dichter, die, von Baudelaire bis zu den Symbolisten, nach den offiziellen Romantikern kommen. Von diesem Gesichtspunkt aus kann man Nerval und Nodier als ihre Vorläufer und Hugo als ihren Zeitgenossen ansehen. Diese Dichter vertreten eine andere Version der Romantik: eine andere und doch die gleiche, denn die Geschichte der modernen Lyrik ist eine überraschende Bestätigung des analogischen Prinzips: jedes Werk ist Negation und Auferstehung, ist die Verwandlung der anderen. Die französische Lyrik der zweiten Hälfte des 19. Jahrhunderts – sie symbolistisch nennen, hieße sie verstümmeln – ist unauflöslich mit der deutschen und englischen Romantik verknüpft. Sie ist ihre Verlängerung, aber auch ihre Metapher. Sie ist eine Übersetzung, in der die Romantik zu sich selbst zurückfindet, sich betrachtet und überschreitet, sich befragt und sich transzendiert. Sie ist die *andere* europäische Romantik.

In jedem der großen französischen Dichter dieser Epoche öffnet und schließt sich der Fächer analogiebildender Korrespondenzen. Ja, man kann die Geschichte der französischen Lyrik von Nervals *Chimères* bis zu Mallarmés *Un coup de dés* als eine große Analogie betrachten: jeder Dichter ist eine Strophe dieses Gedichts aus Gedichten, das die französische Poesie ist, und jedes Gedicht ist eine Version, eine Metapher für diesen vielgestaltigen Text. Wenn ein Gedicht ein System von Äquivalenzen ist, wie Roman Jakobson sagt: Reime und Alliterationen, die Echos, Rhythmen, die ein Spiel von Spiegelungen sind, Identität von Metaphern und Vergleichen, dann ist die französische Poesie letztlich ein System von Äquivalenz-Systemen, eine Analogie von Analogien. Dieses Analogien-System wiederum ist eine Analogie zu der Ur-Romantik der Deutschen und der Engländer. Will man, ohne gegen ihre Pluralität zu verstoßen, die europäische Dichtung als Einheit verstehen, so muß man sie als ein System von Analogien betrachten: jedes Werk ist eine einzigartige Realität und gleichzeitig eine Übersetzung der anderen Werke. Eine Übersetzung: eine Metapher.

Die Idee der universalen Korrespondenz ist wahrscheinlich so alt wie die menschliche Gesellschaft. Das ist erklärlich: die Analogie macht die Welt bewohnbar. Der natürlichen Kontingenz und dem Zufall setzt sie die Regel, dem Unterschied und der Ausnahme die Ähnlichkeit entgegen. So ist die Welt nicht länger ein von Zufall und Laune gelenktes Schauspiel, in dem die blinden Kräfte des Unvorhersehbaren walten, sondern sie gehorcht dem Rhythmus und seinen Wiederholungen und Konjunktionen. Sie ist ein Theater des Gleichklangs und der Begegnung, in dem alle Ausnahmen, auch die, ein Mensch zu sein, ihr Doppel und ihre Korrespondenz finden. Die Analogie ist die Herrschaft des Wortes *wie*, dieser Wortbrücke, die die Unterschiede und Gegensätze versöhnt, ohne sie zu tilgen. Die Analogie ist eine Erscheinung sowohl der primitiven Gesellschaften als auch der großen Kulturen vom Anfang der Geschichte; sie taucht in der Antike bei den Platonikern und bei den Stoikern auf, sie entfaltet sich in der Welt des Mittelalters, und verwandelt sich seit der Renaissance, in viele Glaubensformen und geheime Sekten verzweigt, in die Geheimreligion des Westens: Kabbala, Gnostik, Okkultismus, Hermetismus. Die Geschichte der modernen Poesie ist, von der Romantik bis in unsere Tage, von jenem Strom von Ideen und Glaubensanschauungen nicht zu trennen, die von der Analogie inspiriert worden sind. Gnostiker, Kabbalisten, Alchimisten und andere marginale Strömungen des 17. und 18. Jahrhunderts übten einen tiefgreifenden Einfluß nicht nur auf die deutschen Romantiker aus, sondern auch auf Goethe und seinen Kreis. Dasselbe gilt für die englischen und – natürlich – auch die französischen Romantiker. Die okkultistische Tradition des 17. und 18. Jahrhunderts wiederum ist mit einigen revolutionären sozialkritischen Bewegungen verwandt, die gleichzeitig freiheitlich und libertin waren. Der Glaube an die universale Analogie ist von Erotik durchtränkt: Körper und Seelen vereinigen und trennen sich nach denselben Gesetzen der Anziehung und der Abstoßung, die die Konjunktionen und Disjunktionen der Gestirne und aller stofflichen Substanzen bewirken. Es gibt eine astrologische und eine alchimistische Erotik, desgleichen eine subversive Erotik: die erotische Anziehung durchbricht die Gesetze der Gesellschaft und vereinigt die Körper ohne Unterschied von Rang und Stand.

Die Liebesastrologie bietet ein Modell sozialer Ordnung, die auf die kosmische Harmonie gegründet und der Ordnung der Privilegien, der Gewalt und der Autorität entgegengesetzt ist. Die Liebesalchimie als Vereinigung entgegengesetzter Prinzipien – des Männlichen und des Weiblichen – und deren Verwandlung in einen anderen Körper ist eine Metapher für Veränderung, Trennung, Vereinigung und Umwandlung der sozialen Substanzen (der Klassen) im Verlauf einer Revolution. Verbale Korrespondenzen: die Revolution ist der *Schmelztiegel*, in dem die *Amalgamierung* der verschiedenartigen Glieder des Sozialkörpers und deren Verwandlung in einen anderen Körper stattfindet. Die Erotik des 18. Jahrhunderts war eine revolutionäre Erotik mit okkulten Wurzeln, wie man aus den libertinen Romanen Restifs de la Bretonne ersehen kann. Von dem erotischen Mystizismus dieses Schriftstellers bis zur Konzeption einer von der Sonne leidenschaftlicher Anziehung gesteuerten Gesellschaft ist nur ein Schritt: dieser Schritt heißt Charles Fourier.
Fourier ist für die Geschichte der französischen Dichtung ebenso wichtig wie für die der revolutionären Bewegung. Er ist nicht weniger aktuell als Marx (und ich vermute, daß er noch aktueller wird). Fourier glaubt, wie Marx, die Gesellschaft werde von Gewalt, Zwang und Lüge regiert; doch im Unterschied zu Marx glaubt er, daß das, was die Menschen verbinde, die leidenschaftliche Anziehung, die Lust, sei. Das Wort *Lust* gehört nicht in Marx' Vokabular; eine Unterlassung, die einer Verstümmelung des Menschen gleichkommt. Für Fourier heißt, die Gesellschaft verändern, sie von den Hindernissen befreien, die der Befolgung der Gesetze der leidenschaftlichen Anziehung im Wege stehen. Diese Gesetze sind astronomische, psychologische und mathematische, aber auch literarische und poetische Gesetze.

In der Vorrede zur *Théorie des quatre mouvements et des destinées générales* faßt er seine Konzeption zusammen: »Die erste Wissenschaft, die ich entdeckte, war die Theorie der leidenschaftlichen Anziehung ... Bald wurde mir bewußt, daß die Gesetze der leidenschaftlichen Anziehung in allen ihren Einzelheiten den Gesetzen der stofflichen Anziehung entsprechen, wie Newton sie festgestellt hat: das Bewegungssystem der stofflichen Welt ist auch das der geistigen Welt. Ich nahm an, daß sich diese Analogie von den allgemeinen Gesetzen auf die besonderen Gesetze ausdehnen läßt; daß die Anziehung und andere Eigenschaften bei den Tieren, den Pflanzen und den Mineralen vielleicht in derselben Weise wie bei den Menschen und den Gestirnen koordiniert sind. So entdeckte ich die Analogie der vier Bewegungen: der materiellen, der organischen, der animalischen und der sozialen ... Kaum hatte ich diese beiden Theorien aufgestellt – die der Anziehung und die der Einheit der vier Bewegungen – begann ich, in dem Zauberbuch der Natur zu lesen.«[3] Es ist aufschlußreich, daß diese Darlegung mit einer literarischen und zugleich okkultistischen Metapher endet: die Natur als Buch, aber als ein Zauber- und Geheimbuch. Rotation der Analogie: das Prinzip, das die Welt und die Menschen bewegt, ist ein mathematisches und ein musikalisches Prinzip, das in einer seiner Phasen Gerechtigkeit, in einer anderen Leidenschaft und Lust heißt. Alle diese Bezeichnungen sind Metaphern, rhetorische Figuren: die Analogie ist ein poetisches Prinzip.

Die offizielle Kritik hatte Fouriers Einfluß ignoriert oder geschmälert. Dank den Hinweisen vor allem André Bretons, der als erster den französischen Utopisten als eines

3 Charles Fourier: *Théories des quatre mouvements et des destinées générales.* Paris 1967. Editions Anthropos.

der magnetischen Zentren unserer Zeit bezeichnete, wissen wir heute, daß es einen Punkt gibt, in dem revolutionäres und poetisches Denken sich kreuzen: die Idee der leidenschaftlichen Anziehung. Fourier ist, wie Sade, ein geheimer Autor, wenn auch aus anderen Gründen. Spricht man von dem Visionär Balzac, dem Autor von *Louis Lambert, Séraphita, La peau de chagrin, Melmoth reconcilié,* denkt man ausschließlich an Swedenborg und übersieht Fourier. Selbst Flora Tristan, die große Vorläuferin des Sozialismus und der Frauenemanzipation, begeht dieses Unrecht: »Fourier war ein Nachfolger Swedenborgs; aufgrund der Entdeckung der Korrespondenzen verkündete der schwedische Mystiker die Universalität der Wissenschaft und vermittelte Fourier das herrliche System der Analogien. Swedenborg verstand den Himmel und die Hölle als Systeme, die durch Attraktion und Antagonismus bewegt werden; Fourier wollte den himmlischen Traum Swedenborgs schon auf der Erde verwirklichen, indem er die Hierarchien der Engel in Phalansterien verwandelte.« Stendhal vermerkt über Fourier: »In zwanzig Jahren wird man vielleicht das Genie Fouriers anerkennen.« Wir schreiben jetzt 1972; im vergangenen April war sein 200. Geburtstag, und dennoch kennen wir sein Werk noch nicht gut. Vor kurzem entdeckte und veröffentlichte Simone Debout ein Manuskript, das von prüden Schülern versteckt worden war: *Le nouveau monde amoureux,* in dem Fourier sich als eine Art Anti-Sade und Anti-Freud entpuppt, obwohl seine Kenntnis der menschlichen Leidenschaften nicht weniger profund als die der genannten war. Gegen den Strom seiner – und unserer – Zeit, gegen eine tausendjährige Tradition behauptet Fourier, die Lust sei nicht notwendigerweise tödlich, wie Sade meint, ebenso wenig sei die Gesellschaft repressiv, wie Freud verkündet. Zu behaupten, die Lust sei etwas Gutes, ist im Westen skandalös, und Fourier ist wirklich ein skandalöser Autor: Sade und Freud bestätigen in gewisser Weise den negativen Modus, die pessimistische Vision des Juden- und Christentums.

Baudelaire machte die Analogie zur Mitte seiner Poetik, einer Mitte, die ständig schwankt, weil sie immer von der Ironie, vom Todesbewußtsein, von der Idee der Sünde erschüttert wird: vom Christentum. Vielleicht hat diese Ambivalenz (auch sein politischer Skeptizismus) ihn dazu getrieben, hart über Fourier zu urteilen. Aber diese Härte ist leidenschaftlich, eine umgekehrte Bewunderung: »Eines Tages kam Fourier und offenbarte uns allzu pompös die Geheimnisse der Analogie. Ich will den Wert einiger seiner minutiösen Entdeckungen nicht leugnen, obwohl ich glaube, daß sein Hirn allzu sehr auf materielle Genauigkeit bedacht war, um nicht in Irrtümer zu verfallen, statt mit einem Schlag die moralische Gewißheit der Intuition zu erreichen. Er hätte uns ebenso pretiös alle die ausgezeichneten Dichter offenbaren können, an denen die lesende Menschheit sich ebensogut bilden kann wie an der Betrachtung der Natur.«[4] Im Grunde wirft Baudelaire Fourier vor, daß er keine Poetik geschrieben hat, das heißt, er wirft ihm vor, nicht Baudelaire zu sein. Während das System des Universums für Fourier der Schlüssel zum Gesellschaftssystem ist, ist es für Baudelaire das Modell der dichterischen Schöpfung. Die Erwähnung Swedenborgs mußte kommen: »Swedenborg, der eine tiefe Seele besaß, hat uns gelehrt, der Himmel sei ein unendlicher Mensch und alles – Form, Farbe, Bewegung, Zahl, Geruch – sei, im Geistigen wie

4 *L'art romantique. Réflexions sur quelques-uns de mes contemporains* (1861), in *Œuvres*, Paris 1941, Gallimard, Bibliothèque de la Pléiade.

im Stofflichen, bedeutungsvoll aufeinander bezogen und einander entsprechend.« Eine wunderbare Stelle, die das schöpferische Wesen jeder wahrhaften Kritik offenbart: sie beginnt mit der Invektive und endet mit einer Vision der universalen Analogie. Auch Novalis vermerkte, den Körper einer Frau berühren, heiße den Himmel berühren, und Fourier: »Die Leidenschaft ist beseelte Mathematik.«
Baudelaires Auffassung enthält zwei wichtige Ideen: Die erste ist schon sehr alt und besagt: das Universum ist eine Sprache. Nicht eine in Ruhe, sondern eine in ständiger Bewegung befindliche Sprache: jeder Satz bringt einen anderen Satz hervor, jeder Satz sagt etwas anderes, und alle sagen das gleiche. In seinem Essay über Richard Wagner kommt er auf diese Idee zurück. Es überrasche ihn nicht, daß »die wahre Musik verschiedenen Gehirnen analoge Ideen eingibt . . . Überraschend wäre es vielmehr, wenn der Ton *nicht* Farbvorstellungen hervorrufen könnte, wenn Farben *nicht* die Vorstellung von einer Melodie vermitteln könnten und wenn Ton und Farbe ungeeignet wären, Ideen zu übersetzen; die Dinge haben immer in einer wechselseitigen Analogie ihren Ausdruck gefunden, und zwar seit dem Tag, an dem Gott die Welt als eine unteilbare und komplexe Ganzheit aussprach.« Baudelaire sagt nicht: »Gott schuf die Welt«, sondern: *»er sprach sie aus«*, er sagte sie. Die Welt ist ein Zusammenhang nicht von Dingen, sondern von Zeichen: was wir Dinge nennen, sind Wörter. Ein Berg ist ein Wort, ein Fluß ein anderes, eine Landschaft ist ein Satz. Alle diese Sätze befinden sich in ständiger Veränderung: die universale Korrespondenz bedeutet unaufhörliche Metamorphose. Der Text, der die Welt ist, ist kein feststehender Text: jede Seite ist Übersetzung und Metamorphose einer anderen, und so weiter. Die Welt ist die Metapher

einer Metapher. Sie verliert ihre Realität und verwandelt sich in eine Sprachfigur. Doch im Zentrum der Analogie klafft ein Loch: die Pluralität der Texte setzt voraus, daß es keinen Urtext gibt. Durch dieses Loch stürzen und verschwinden zugleich die Realität der Welt und der Sinn der Sprache. Doch war es nicht Baudelaire, sondern Mallarmé, der es wagen sollte, dieses Loch zu betrachten und aus der Betrachtung der Leere den Stoff seiner Dichtung zu machen.

Nicht weniger schwindelerregend ist eine andere Idee, von der Baudelaire besessen ist: wenn das Universum eine chiffrierte Schrift, eine verschlüsselte Sprache ist, ist dann der Dichter, im weitesten Sinne, etwas anderes als ein Entzifferer, ein Übersetzer? Jedes Gedicht ist eine Lektüre der Wirklichkeit; diese Lektüre ist eine Übersetzung; diese Übersetzung ist wiederum eine Schrift: eine abermalige Verschlüsselung der Realität, die entziffert wird. Das Gedicht ist das Doppel des Universums, eine Geheimschrift, ein mit Hieroglyphen bedeckter Raum. Ein Gedicht schreiben, heißt demnach, das Universum entschlüsseln, nur um es von neuem zu verschlüsseln. Unendliches Spiel mit der Analogie: der Leser wiederholt die Geste des Dichters: die Lektüre ist eine Übersetzung, die das Gedicht des Autors in das Gedicht des Lesers verwandelt.

Die Poetik der Analogie faßt die literarische Schöpfung als Übersetzung auf; diese Übersetzung ist eine vielfache und konfrontiert uns mit dem Paradox der Pluralität der Autoren. Einer Pluralität, die auf das folgende hinausläuft: der wahre Autor eines Gedichtes ist weder der Dichter noch der Leser, sondern die Sprache. Damit will ich nicht sagen, daß die Sprache die Realität des Dichters und des Lesers auslöscht, sondern daß sie diese umfaßt und miteinschließt: Dichter und Leser sind nur zwei existentielle Momente der Sprache. Wenn es wahr ist, daß beide sich der Sprache bedienen, um zu sprechen, ist es auch wahr, daß die Sprache durch sie spricht. Die Idee von der Welt als Text in Bewegung führt zur Auflösung des einzelnen Textes; schließlich führt die Idee vom Dichter als Übersetzer oder Entzifferer zur Auslöschung des Autors. Aber es war nicht Baudelaire, sondern es waren die Dichter der zweiten Hälfte des 20. Jahrhunderts, die aus diesem Paradox eine Methode des Dichtens machen sollten.

Die Analogie ist die Wissenschaft von den Korrespondenzen. Nur daß diese Wissenschaft ihre Existenz den Unterschieden verdankt; gerade weil dieses *nicht* jenes ist, kann eine Brücke zwischen diesem und jenem geschlagen werden. Die Brücke ist das Wort *wie* oder das Wort *ist*: dieses ist *wie* jenes, dieses *ist* jenes. Die Brücke tilgt nicht die Entfernung; sie ist eine Vermittlung; sie hebt auch die Unterschiede nicht auf: sie stellt zwischen unterschiedlichen Gliedern eine Beziehung her. Die Analogie ist die Metapher, in der die Andersheit sich als Einheit träumt und der Unterschied sich illusorisch als Identität entwirft. Durch die Analogie ordnet sich die wirre Landschaft der Pluralität und Heterogenität und wird verständlich. Die Analogie ist schließlich die Operation, vermittelst deren wir – durch das Spiel der Ähnlichkeiten – die Unterschiede akzeptieren. Die Analogie hebt die Unterschiede nicht auf: sie erlöst sie und macht ihre Existenz erträglich. Jeder Dichter wie jeder Leser ist ein einsames Bewußtsein: die Analogie ist der Spiegel, in dem sie sich erblicken. Die Analogie impliziert also nicht die Einheit der Welt, sondern ihre Pluralität, nicht die Identität des Menschen, sondern seine Gespaltenheit, sein ständiges Sich-von-sich-Abspalten. Die Analogie besagt, daß jedes Ding die Metapher eines anderen ist. Im Bereich der

Identität jedoch gibt es keine Metaphern: die Unterschiede gehen in der Einheit auf, und die Andersheit verschwindet. Das Wort *wie* verflüchtigt sich: das Sein ist mit sich selbst identisch. Die Poetik der Analogie konnte nur in einer Gesellschaft entstehen, die auf die Kritik gegründet – und von ihr angefressen ist. Die Analogie setzt der modernen Welt der linearen Zeit und der unendlichen Zerstückelung, der Zeit der Veränderung und der Geschichte, nicht die unmögliche Einheit, sondern die Vermittlung durch eine Metapher entgegen. Die Analogie ist das Mittel der Poesie, mit dem sie sich der Andersheit entgegenstellt. Baudelaire sieht die beiden Extreme, die das Bewußtsein des modernen Dichters spalten, mit gleicher Luzidität – und gleicher Grausamkeit. Die moderne Poesie, sagt er uns immer wieder, ist die *bizarre* Schönheit: sie ist einmalig, absonderlich, nicht regelmäßig, neuartig. Sie gehorcht nicht klassischer Regelmäßigkeit, sondern romantischer Originalität; sie ist unwiederholbar, sie ist nicht ewig, sondern sterblich. Sie gehört der linearen Zeit an; sie ist die Neuheit jedes einzelnen Tages. Ihr anderer Name ist Unglück, Bewußtsein der Endlichkeit. Grotesk, seltsam, bizarr, originell, sonderbar, einzig: alles das sind Bezeichnungen der romantischen und symbolistischen Ästhetik; sie sind nur verschiedene Arten, dasselbe Wort auszudrücken: *Tod.* In einer Welt, in der die Identität – oder die christliche Ewigkeit – verschwunden ist, verwandelt sich der Tod in die große Ausnahme, die alle andern absorbiert und Regeln und Gesetze annulliert. Das Mittel gegen die universale Ausnahme ist ein doppeltes: die Ironie – die Ästhetik des Grotesken, Bizarren, Einzigartigen – und die Analogie – die Ästhetik der Korrespondenzen.

Ironie und Analogie sind unvereinbar. Die erste ist die Tochter der linearen, sukzessiven, unwiederholbaren Zeit,

die zweite die Manifestation der zyklischen Zeit: die Zukunft liegt in der Vergangenheit und beide liegen in der Gegenwart. Die Analogie gehört der Zeit des Mythos an, mehr noch: sie ist sein Fundament. Die Ironie dagegen gehört in die historische Zeit; sie ist die Konsequenz (und das Bewußtsein von) der Geschichte. Die Analogie macht aus der Ironie eine weitere Variante im Fächer der Ähnlichkeiten; aber die Ironie zerreißt den Fächer. Die Ironie ist die Wunde, an der die Analogie verblutet; sie ist die Ausnahme, das schicksalhafte Verhängnis in der doppelten Bedeutung des Wortes: das Notwendige und das Unheilvolle. Die Ironie lehrt uns: wenn das Universum eine Schrift ist, ist jede Übersetzung dieser Schrift anders und das Konzert der Korrespondenzen ist ein babelisches Geschwätz. Das dichterische Wort endet in Geheul oder in Schweigen: die Ironie ist weder ein Wort noch ein Diskurs, sondern die Rückseite des Wortes, die Nicht-Kommunikation. Das Universum – sagt die Ironie – ist keine Schrift; wäre sie es, wären die Zeichen für den Menschen unverständlich, weil das Wort Tod in ihr nicht vorkommt, der Mensch aber sterblich ist.
Baudelaire war sich der Ambiguität der Analogie bewußt. In dem Sonett »Entsprechungen« schrieb er:

> Ein Tempel ist Natur, lebendig auferbaut,
> Die Pfeiler sprechen hier und dort in wirren Zungen;

Der Mensch durchquert diese Wort- und Sinnwälder, ohne die Sprache der Dinge je ganz zu verstehen: die Worte, die diese Säulen-Bäume von sich geben, sind *undeutlich;* wir haben das Geheimnis der kosmischen Sprache verloren, das der Schlüssel zur Analogie ist. Fourier sagte in ruhiger Unschuld, er lese im »Zauberbuche der Natur«. Baudelaire dagegen bekannte, er verstehe die Schrift dieses Buches nur undeutlich. Die Metapher vom Universum als Buch ist uralt und findet sich im letzten Gesang des Danteschen *Paradieses*: Der Dichter schaut das Geheimnis der Dreifaltigkeit, das Paradox der Andersheit, die die Einheit ist:

> In seine Tiefe schloß, vereint durch Lieben,
> wie in ein einzig Buch sich alles ein,
> was durch das Weltall steht zerstreut geschrieben:
>
> Substanz und Akzidens nach Art und Sein
> gleichsam in eins verschmolzen und verwoben,
> und was ich sag', ist nur ein blasser Schein

Die Pluralität der Welt – die Buchseiten, die von da nach dort treiben – ruht vereint im Heiligen Buch: Substanz und Akzidens vereinigen sich am Ende. Alles ist ein Abglanz dieser Einheit: die Worte des Dichters, die sie aussprechen, nicht ausgenommen. An einer späteren Stelle bezeichnet Dante die Vereinigung von Substanz und Akzidens als einen »Knoten«, und dieser Knoten ist die universale Form, die alle Formen einschließt. Der Knoten ist die Hieroglyphe für Gottesliebe. Fourier würde sagen: dieser Knoten sei nichts anderes als die »leidenschaftliche Anziehung«. Aber – wie wir alle – weiß Fourier weder *was* dieser Knoten *ist*, noch *woraus* er *besteht*. Fouriers Analogie ist, wie die Baudelaires und aller Modernen, ein Verfahren, eine Kombinatorik: die Dantes ist eine Analogie, die auf einer Ontologie beruht. Während für uns das Zentrum der Analogie die Leere ist, ist es für Dante ein Knoten: die Dreifaltigkeit, die das Eine und Viele, die Substanz und das Akzidens versöhnt. Daher kennt er das Geheimnis der Analogie – oder glaubt es zu kennen –, den Schlüssel, der ihm das Buch des

Universums erschließt; dieser Schlüssel ist wiederum ein Buch: die Heilige Schrift. Der moderne Dichter weiß das Gegenteil – oder glaubt es zu wissen: die Welt ist nicht lesbar: sie ist kein Buch. Negation, Kritik, Ironie sind ebenfalls ein Wissen, obgleich dem Dantes entgegengesetzt, ein Wissen, das nicht die Andersheit im Schoße der Einheit, sondern den Bruch der Einheit betrachtet: es ist ein abgründiges, ironisches Wissen.

Mallarmé schließt diese Periode ab und eröffnet die unsere. Er schließt sie ab mit genau derselben Metapher vom Buch. In seiner Jugend, die er isoliert in der Provinz verbringt, hat er die Vision vom *Werk*, einem Werk, das er mit dem der Alchimisten vergleicht, welche er »unsere Vorfahren« nennt. 1866 gesteht er seinem Freund Cazalis: »Ich bin vor zwei Abgründe getreten: der eine ist das Nichts, das ich ohne Kenntnis des Buddhismus gefunden habe, der andere ist das *Werk*.«[5] Das Werk: die Poesie angesichts des Nichts. Und er fügt hinzu: »Vielleicht wird der Titel meines Lyrik-Bandes ›Der Ruhm der Lüge‹ oder ›Die ruhmreiche Lüge‹ sein.« Mallarmé will den Gegensatz von Analogie und Ironie auflösen; er akzeptiert die Realität des Nichts – die Welt der Andersheit und der Ironie ist letzten Endes nichts als die Bekundung des Nichts –, aber er akzeptiert ebenso die Realität der Analogie, die Realität des dichterischen Werkes: Poesie als Maske des Nichts. Die Welt verwandelt sich in ein Buch, in ein unpersönliches Gedicht, das weder das Werk des Dichters Mallarmé ist, der in der geistigen Krise von 1866 verschwand, noch das irgendeiner anderen Person: durch den Dichter, der nur noch eine Transparenz ist, spricht die Sprache.

5 S. Mallarmé, *Correspondance*, édition de Henri Mondor et Jean-Pierre Richard (Paris, Gallimard, 1959).

Die Sprache, kristallisiert in einem unpersönlichen Werk, das nicht nur ein Doppel des Universums ist, wie die Romantiker und Symbolisten das möchten, sondern auch dessen Annullierung. Das Nichts, das die Welt ist, verwandelt sich in ein Buch, in das Buch schlechthin. Mallarmé hat uns Hunderte von Zetteln hinterlassen, auf denen er die physischen Eigenschaften dieses Buches beschreibt, das nur aus losen Blättern bestehen sollte: er legt fest, wie er diese Blätter angeordnet haben wollte, und wie sie bei jeder Lektüre so kombiniert werden sollten, daß jede Lektüre eine andere Version desselben Textes ergäbe; er bestimmt das Ritual jeder Lektüre einschließlich der Zahl der Teilnehmer und den Eintrittspreisen – Messe und Theater zugleich; er denkt über die Ausstattung der volkstümlichen Ausgabe nach (es sind seltsame Berechnungen des Verkaufspreises dabei, die an Balzac und an seine Finanzspekulationen erinnern). Dazu Reflexionen, vertrauliche Mitteilungen, Zweifel, Fragmente, Satzstücke . . . Das Buch existiert nicht. Es wurde nie geschrieben – die Analogie endet in Schweigen.

ÜBERSETZUNG
WORTKUNST UND WÖRTLICHKEIT

Sprechen lernen heißt, übersetzen lernen; fragt ein Kind seine Mutter nach der Bedeutung dieses oder jenes Wortes, so bittet es sie eigentlich um die Übersetzung eines ihm unbekannten Ausdrucks. Das Übersetzen innerhalb derselben Sprache ist, in dieser Hinsicht, von dem in eine Fremdsprache nicht wesentlich verschieden; und in der Geschichte aller Völker wiederholt sich die Erfahrung des Kindes: selbst abgelegene Volksstämme werden gelegentlich mit der Sprache eines fremden Volkes konfrontiert. Das Erstaunen, die Wut, das Entsetzen oder die komische Ratlosigkeit, die uns beim Anhören einer Fremdsprache überkommen, führen bald zum Zweifel an der eigenen. Die Sprache verliert ihre Universalität und entpuppt sich als eine Vielfalt von Sprachen, die alle einander fremd und unverständlich sind. In der Vergangenheit zerstreute die Übersetzung den Zweifel: gab es auch keine universale Sprache, so bildeten die einzelnen Sprachen doch eine universale Gesellschaft, in der sich, nach Überwindung gewisser Schwierigkeiten, alle verstanden. Und man verstand deshalb einander, weil die Menschen in den verschiedenartigen Sprachen doch immer das gleiche sagen. Die Universalität des Geistes war die Antwort auf die babylonische Sprachverwirrung: es gab viele Sprachen, aber ihr eigentlicher Gehalt war der gleiche. Pascal sah in der Vielfalt der Religionen einen Beweis für den Wahrheitsgehalt des Christentums. Mit dem Ideal universaler Verständlichkeit beantwortete die Übersetzung die Vielfalt der Sprachen. So wurde die Übersetzung nicht nur ein zusätzlicher Beweis, sondern eine Garantie für die Einheit des Geistes.

Die moderne Zeit hat diese Sicherheit zerstört. Durch die

Wiederentdeckung der unendlichen Vielfalt der Temperamente und Leidenschaften und angesichts der auffälligen Mannigfaltigkeit der Sitten und Einrichtungen erkannte sich der Mensch bald nicht mehr in seinen Mitmenschen. Bis dahin war der Wilde die Ausnahme gewesen, die durch Bekehrung oder Ausrottung – durch Taufwasser oder das Schwert – beseitigt werden mußte. Der Wilde, der in den Salons des 18. Jahrhunderts auftauchte, war ein neues Geschöpf und verkörperte – mochte er noch so perfekt die Sprache seiner Gastgeber sprechen – eine unaufhebbare Fremdheit. Er war nicht mehr Objekt der Bekehrung, sondern Anlaß zu Polemik und Kritik; seine originellen Ansichten, seine einfachen Sitten, ja sogar die Heftigkeit seiner Leidenschaften waren ein Beweis für die Torheit und Eitelkeit, wenn nicht sogar für das Niederträchtige von Taufe und Bekehrung. Die Richtung hatte sich geändert: auf die religiöse Suche nach universaler Identität folgte eine geistige Neugier, die darauf ausging, nicht weniger universale Unterschiede zu entdecken. Fremdartigkeit wurde nicht mehr als störend, sondern als beispielhaft empfunden. Das ist ebenso paradox wie aufschlußreich: der Wilde verkörperte die Sehnsucht des Zivilisierten, sein anderes Ich, seine verlorene Hälfte. Dieser Wandel spiegelt sich in der Übersetzung wider: sie wollte nicht mehr zeigen, daß letztlich alle Menschen identisch sind, sondern wurde zum Vehikel ihrer Besonderheiten. Hatte bisher ihre Funktion darin bestanden, über alle Unterschiede hinweg die Ähnlichkeiten darzutun, so belegte sie von nun an die Unüberwindlichkeit dieser Unterschiede, ob es sich um die Fremdartigkeit des Wilden oder um die unseres Nachbarn handelte.

Eine Betrachtung, die Dr. Johnson auf einer Reise anstellte, bringt diese neue Haltung gut zum Ausdruck: »*A blade of grass is always a blade of grass whether, in one country or another ... Men and women are my subjects of inquiry; let us see how these differ from those we have left behind.«* Dieser Satz hat zwei Bedeutungen; beide deuten den doppelten Weg an, den die moderne Zeit einschlagen sollte. Die erste betrifft die Trennung von Mensch und Natur – eine Trennung, die zu Gegnerschaft und Kampf führen sollte: die neue Aufgabe des Menschen ist nicht mehr die Sorge um das eigene Heil, sondern die Beherrschung der Natur; die zweite betrifft die Trennung der Menschen untereinander: die Welt ist nicht länger *eine* Welt, ein unteilbares Ganzes; sie scheidet sich in Natur und Kultur, und die Kultur wiederum in Kulturen, das heißt in eine Vielfalt von Sprachen und Gesellschaften: jede Sprache ist eine eigene Weltanschauung, jede Kultur eine eigene Welt.

Die Sonne, die in einem aztekischen Gedicht besungen wird, ist eine andere als die in einer ägyptischen Hymne, obgleich es dasselbe Gestirn ist. Mehr als zwei Jahrhunderte lang sammelten zuerst die Philosophen und Historiker, dann die Anthropologen und Linguisten Beweise für die unüberbrückbaren Unterschiede zwischen Individuen, Gesellschaften, Epochen. Die große Scheidung, kaum weniger tief als die zwischen Natur und Kultur, ist die zwischen Primitiven und Zivilisierten; sodann die Verschiedenheit und Heterogenität der Kulturen. Innerhalb jeder Kultur treten die Unterschiede wieder hervor: die Sprachen, die uns zu unserer Verständigung dienen, schließen uns auch in ein unsichtbares Netz von Lauten und Bedeutungen ein, so daß die einzelnen Völker Gefangene ihrer eigenen Sprachen sind. Auch innerhalb jeder Sprache tauchen Spaltungen auf: geschichtliche Epochen, soziale Klassen, Generationen. Und was die Beziehungen zwischen isolierten Individuen innerhalb ein und derselben Gemeinschaft angeht, so lebt jedes zwischen den vier Wänden seiner eigenen Sprache.

All das hätte die Übersetzer entmutigen müssen. Dem war nicht so: aufgrund einer in sich widersprüchlichen und zugleich ergänzenden Bewegung übersetzte man mehr und mehr. Der Grund dieser paradoxen Situation ist der folgende: einerseits hebt die Übersetzung die Unterschiede zwischen den Sprachen auf, andererseits zeigt sie uns um so deutlicher, daß unsere Nachbarn anders als wir denken und sprechen. Von dem einen Gesichtspunkt aus erscheint uns die Welt als eine Ansammlung von Unterschieden, von dem anderen aus als eine Überlagerung von Texten, derern jeder nur geringfügig vom anderen abweicht: Übersetzungen von Übersetzungen von Übersetzungen. Jeder Text ist einmalig und zugleich die Übersetzung eines anderen. Kein Text ist gänzlich original, weil die Sprache selbst ihrem Wesen nach bereits eine Übersetzung ist: zunächst der nichtverbalen Welt, sodann der verbalen, in der jedes Zeichen, und somit jeder Satz, die Übersetzung eines anderen Zeichens und eines anderen Satzes ist. Diese Argumentation läßt sich auch umkehren, ohne daß sie an Gültigkeit verliert: alle Texte sind einmalig, weil jede Übersetzung anders ist. Jede Übersetzung ist demnach, bis zu einem gewissen Grad, eine Erfindung und bildet einen einmaligen Text.

Durch die Entdeckungen der Anthropologie und der Linguistik wird zwar nicht die Übersetzung verurteilt, wohl aber die naive Vorstellung vom Übersetzen, das heißt die wörtliche Übersetzung, die wir bezeichnenderweise *sklavisch* nennen. Ich sage nicht, daß eine wörtliche Übersetzung unmöglich ist, sondern lediglich, daß sie keine Übersetzung ist. Sie ist eine meist zeilengerecht angelegte Anordnung von Wörtern, die uns hilft, den

Text in der Originalsprache zu lesen. Sie steht dem Wörterbuch näher als der Übersetzung, die immer ein literarischer Vorgang ist. In jedem Fall – die Übersetzungen wissenschaftlicher Werke nicht ausgenommen, bei denen lediglich der Sinn wiedergegeben werden muß – impliziert die Übersetzung eine Umwandlung des Originals. Diese Umwandlung kann nur literarischer Natur sein, weil jedes Übersetzen auf den nämlichen zwei Sprachmodi beruht, auf die sich, nach Roman Jakobson, alle literarischen Verfahren zurückführen lassen: auf der Metonymie und der Metapher. Der Originaltext kommt in der anderen Sprache – wie könnte er auch? – nie wieder zum Vorschein; dennoch ist er präsent, weil die Übersetzung – ohne es zu sagen – ihn ständig erwähnt oder in ein verbales Objekt verwandelt, das ihn, wenngleich als einen anderen, wiedergibt: Metonymie oder Metapher. Zum Unterschied von interpretierenden oder paraphrasierenden Übersetzungen, sind beide strenge Formen, die mit der Genauigkeit durchaus vereinbar sind: die erste ist eine indirekte Beschreibung, die zweite eine Gleichung aus Wörtern.

Am meisten hat man die Übersetzbarkeit von Poesie bestritten: ein seltsames Urteil, wenn man bedenkt, daß viele der schönsten Gedichte in den abendländischen Sprachen Übersetzungen sind und viele dieser Übersetzungen von großen Dichtern stammen. Der Kritiker und Linguist Georges Mounin schreibt in seinem vor wenigen Jahren veröffentlichten Buch[1] zu diesem Thema, daß man im allgemeinen – wenn auch ungern – zugebe, eine Übersetzung könne zwar die denotativen Bedeutungen eines Textes wiedergeben, die Wiedergabe der konnotativen Bedeutungen aber sei – nach fast einstimmiger Mei-

1 *Problèmes théoriques de la traduction,* Gallimard, 1963.

nung – unmöglich. Die Poesie, die aus Echos, Spiegelungen, Korrespondenzen zwischen Laut und Sinn bestehe, sei ein Gewebe aus Konnotationen und daher unübersetzbar.
Ich muß gestehen, daß dieser Gedanke mir zuwider ist, nicht nur, weil er meiner Vorstellung von der Universalität der Poesie widerspricht, sondern auch, weil er sich auf eine falsche Auffassung von Übersetzung gründet. Nicht jedermann ist meiner Meinung, und viele moderne Dichter behaupten, Poesie sei unübersetzbar. Vielleicht tun sie es aus unmäßiger Liebe zum Wortmaterial, oder sie sind der Subjektivität in die Falle gegangen. Einer tödlichen Falle, vor der Quevedo uns warnt: »Wasser des Abgrunds, in denen ich mich in mich selbst verliebte.« Ein Beispiel für diese Wortlüsternheit ist Unamuno, der in einer seiner lyrisch-patriotischen Anwandlungen sagt:

Ávila, Málaga, Cáceres,
Játiva, Mérida, Córdoba,
Ciudad Rodrigo, Sepúlveda,
Úbeda, Arévalo, Frómista,
Zumárraga, Salamanca,
Turéngano, Zaragoza,
Lérida, Zamarramala,
sind Namen von wahrer Größe,
unabhängig, treffend, gehaltvoll,
das unübersetzbare Mark
unserer spanischen Sprache.

»Das unübersetzbare Mark unserer spanischen Sprache« ist eine ausgefallene Metapher (Mark und Zunge?), aber vollständig übersetzbar und spielt auf eine universale Erfahrung an. Sehr viele Dichter haben dasselbe rhetorische Mittel benutzt, nur in andren Sprachen: die Wörterlisten sind verschieden, aber Kontext, Gefühl und Sinn sind analog. Es ist überdies merkwürdig, daß die unübersetzbare Essenz Spaniens aus einer Reihe von Namen keltiberischen, römischen, baskischen und arabischen Ursprungs bestehen soll. Es ist ebenso merkwürdig, daß Unamuno den Namen der katalanischen Stadt Ilerda ins Spanische (Lérida) übersetzt. Am seltsamsten ist, daß er Verse von Victor Hugo als Motto über sein Gedicht setzt, ohne zu merken, daß er damit die behauptete Unübersetzbarkeit dieser Namen widerruft:

Et tout tremble, Irún, Coïmbre,
Santander, Almodovar,
sitôt qu'on entend le timbre
des cymbales de Bivar.

Im spanischen und im französischen Text sind Sinngehalt und Gefühlswert die gleichen. Da Eigennamen, strenggenommen, unübersetzbar sind, begnügt sich Hugo damit, sie auf Spanisch zu wiederholen, ohne jeden Versuch, sie dem Französischen anzugleichen. Diese Wiedergabe ist wirkungsvoll, da solche Namen, die bar jeder genauen Bedeutung sind und durch ihre Verwandlung in Wort-Klapperschlangen zu wahren *Mantras* werden, in einem französischen Text fremdartiger als in einem spanischen klingen . . . Übersetzen ist sehr schwierig, nicht weniger schwierig, als mehr oder minder originelle Texte zu schreiben, aber es ist nicht unmöglich. Hugos und Unamunos Gedichte zeigen, daß die konnotativen Bedeutungen erhalten bleiben, wenn es dem Dichter-Übersetzer gelingt, die verbale Situation und den sie umgebenden poetischen Kontext wiederzugeben. Wallace Steffens hat uns eine Art archetypisches Bild dieser Situation in dieser herrlichen Stelle gegeben:

... the hard hidalgo
Lives in the mountainous character of his speech;
And in that mountainous mirror Spain acquires
The knowledge of Spain and of the hidalgo's hat –
A seeming of the Spaniard, a style of life,
The invention of a nation in an frase ...

Die Sprache wird zur Landschaft, und diese Landschaft ist ihrerseits eine Erfindung, die Metapher für eine Nation oder für ein Individuum. Eine verbale Topographie, in der alles Kommunikation, alles Übersetzung ist: die Sätze sind eine Kette von Bergen, und die Berge sind Zeichen, Ideogramme einer Kultur. Doch das Spiel mit den Echos und den verbalen Korrespondenzen ist nicht nur schwindelerregend, es verdeckt auch eine echte Gefahr. Wenn wir rings von Worten umgeben sind, kommt ein Augenblick, da uns schaudert: beängstigende Erfahrung, zwischen Namen zu leben und nicht zwischen Dingen. Befremdlichkeit, einen Namen zu haben:

Zwischen Binsen und frühem Abend,
wie seltsam, Federico zu heißen!

Auch diese Erfahrung ist universal: Garcia Lorca hätte dasselbe Befremden gespürt, hätte er Tom, Jean oder Chung-Tzu geheißen. Unseren Namen verlieren, heißt unseren Schatten verlieren; doch wenn wir nur noch ein Name sind, sind wir ein Schatten geworden. Das Fehlen einer Beziehung zwischen den Dingen und ihren Namen ist doppelt unerträglich: entweder verflüchtigt sich die Bedeutung, oder es entschwinden die Dinge. Eine Welt aus bloßen Bedeutungen ist ebenso unwirtlich wie eine Welt von Dingen ohne Bedeutung – ohne Namen. Erst die Sprache macht die Welt bewohnbar. Auf den Augenblick der Verstörung angesichts der Befremdlichkeit, Federico oder Sô Ji zu heißen, folgt unmittelbar die Erfindung eines anderen Namens, der in gewisser Weise die Übersetzung des alten Namens ist: die Metapher oder die Metonymie, die ihn nennen, ohne ihn auszusprechen.

In den letzten Jahren neigt man dazu – vielleicht infolge der weltweiten Vorherrschaft der Linguistik –, das eminent Literarische der Übersetzung zu bagatellisieren. Nein, es gibt keine Wissenschaft von der Übersetzung noch kann es sie geben, obwohl das Übersetzen wissenschaftlich erforscht werden kann und soll. Wie die Literatur eine besondere Funktion der Sprache ist, so ist die Übersetzung eine besondere Funktion der Literatur. Und die Übersetzungsmaschinen? Sobald es diesen Apparaten gelingt, wirklich zu *übersetzen*, führen sie einen literarischen Vorgang aus; dann machen sie genau das, was heute die Übersetzer machen: Literatur. Übersetzen ist eine Aufgabe, bei der – von den unentbehrlichen Sprachkenntnissen abgesehen – das Entscheidende die Initiative des Übersetzers ist, sei er nun eine von Menschen »programmierte« Maschine oder ein von Wörterbüchern umgebener Mensch. Hören wir, um uns davon zu überzeugen, Arthur Waley: *»A French scholar wrote recently with regard to translation: ›Qu'ils s'effacent derrière les textes et ceux-si, s'ils ont été vraiment compris, parleront d'eux-mêmes.‹ Except in the rather rare case of plain concrete statements such as:* The cat chases the mouse *there are seldom sentences that have exact word-to-word equivalents in another language. It becomes a question of choosing between various approximations . . . I have always found that it was I, not the text, that had to do the talking.«* Dieser Erklärung ist schwerlich etwas hinzuzufügen.

Theoretisch sollten nur Dichter Poesie übersetzen; aber Dichter sind selten gute Übersetzer, und zwar deswegen, weil sie ein fremdes Gedicht fast immer als Ausgangspunkt für ein eigenes betrachten. Der gute Übersetzer bewegt sich in umgekehrter Richtung: sein Ziel ist ein Gedicht, das zwar mit dem Original nicht identisch, aber doch ihm analog ist. Er entfernt sich von dem Gedicht nur, um ihm desto enger zu folgen. Jeder gute Übersetzer von Poesie ist – wie Arthur Waley – auch ein Dichter, oder er ist ein Dichter und zugleich ein guter Übersetzer – wie Nerval, als er »Faust« I übersetzt hat. Nerval gelangen auch ausgezeichnete *Nachdichtungen* Goethes, Jean Pauls und anderer deutscher Dichter. Die Nachdichtung ist die Zwillingsschwester der Übersetzung; sie ähneln sich, sollten aber nicht verwechselt werden. Sie sind wie Justine und Juliette, die beiden Schwestern aus Sades Romanen ... Der Grund der Unfähigkeit vieler Dichter, Poesie zu übersetzen, ist nicht nur ein rein psychologischer, mag auch die Egolatrie dabei eine Rolle spielen, sondern ein funktioneller: das Übersetzen von Dichtung ist, wie ich zeigen möchte, ein Vorgang, der dem Dichten analog ist, der jedoch in umgekehrter Richtung verläuft.

Jedes Wort hat eine Vielzahl virtueller Bedeutungen; in dem Augenblick, in dem ein Wort sich mit anderen verbindet, um einen Satz zu bilden, wird eine dieser virtuellen Bedeutungen aktuell und bestimmend. In der Prosa neigt die Bedeutung zur Eindeutigkeit, während die Bewahrung mehrerer Bedeutungen – wie oft gesagt wird – eines der Kennzeichen der Poesie ist, vielleicht ihr wichtigstes. In Wirklichkeit handelt es sich dabei um eine allgemeine Eigenschaft der Sprache; die Dichtung betont sie, doch abgeschwächt manifestiert sie sich auch in der gesprochenen Sprache und selbst in der Prosa. (Dieser

Umstand bestätigt, daß Prosa, im strengen Sinne des Wortes, keine reale Existenz hat: sie ist eine ideale Forderung des Denkens.) Die Kritiker haben sich eingehend mit dieser beunruhigenden Eigentümlichkeit der Poesie beschäftigt, ohne gewahrzuwerden, daß dieser Beweglichkeit und Unbestimmtheit der Bedeutungen eine andere, ebenso faszinierende Eigentümlichkeit entspricht: die Unverrückbarkeit der Zeichen. Poesie verwandelt die Sprache von Grund auf, und zwar in einer der Prosa entgegengesetzten Richtung. Auf der einen Seite entspricht der Beweglichkeit der Zeichen die Tendenz, eine Bedeutung festzulegen; auf der anderen entspricht der Vielzahl der Bedeutungen die Festlegung der Zeichen. Die Sprache ist demnach ein System beweglicher und bis zu einem gewissen Grad austauschbarer Zeichen: ein Wort kann durch ein anderes ersetzt, und jeder Satz durch einen anderen ausgedrückt (übersetzt) werden. Wollte man Pierce parodieren, könnte man sagen: die Bedeutung eines Wortes ist immer ein anderes Wort. Zum Beweis braucht man nur daran zu erinnern, daß die Frage: »Was besagt dieser Satz?« stets mit einem anderen Satz beantwortet wird. Kaum jedoch begeben wir uns in das Reich der Dichtung, verlieren die Wörter ihre Beweglichkeit und ihre Austauschbarkeit. Die Bedeutungen des Gedichtes sind vielfältig und schillernd, die Wörter desselben Gedichts einmalig und unersetzbar. Sie austauschen, hieße das Gedicht zerstören. Dichtung ist, ohne aufzuhören Sprache zu sein, ein Jenseits der Sprache.

Der Dichter, der in die Bewegung der Sprache, in das ständige Kommen und Gehen der Wörter vertieft ist, greift einige Wörter heraus – oder wird von ihnen ergriffen. Sie zusammenfügend, macht er ein Gedicht: ein verbales Objekt, das aus unersetzlichen und unbeweglichen Zeichen besteht. Der Ausgangspunkt des Übersetzers ist nicht die Sprache in Bewegung – der Rohstoff des Dichters –, sondern die im Gedicht festgelegte Sprache. Eine erstarrte und dennoch völlig lebendige Sprache. Sein Vorgehen ist dem des Dichters entgegengesetzt. Für ihn handelt es sich nicht darum, mit beweglichen Zeichen einen unverrückbaren Text zu konstruieren, sondern darum, den Text in seine Elemente zu zerlegen, die Zeichen wieder in Umlauf zu setzen und sie der Sprache zurückzugeben. Bis hierher ähnelt die Tätigkeit des Übersetzers der des Lesers und des Kritikers: jedes Lesen ist ein Übersetzen und jede Kritik ist, sei es auch nur ansatzweise, eine Interpretation. Aber Lesen ist ein Übersetzen innerhalb derselben Sprache, und die Kritik ist eine freie Version des Gedichtes, oder, genauer gesagt, eine Transposition. Für den Kritiker ist das Gedicht Ausgangspunkt für einen anderen, den eigenen Text, während der Übersetzer in einer anderen Sprache und mit anderen Zeichen ein dem Original analoges Gedicht hervorbringen muß. So verläuft die Tätigkeit des Übersetzers in der zweiten Phase der des Dichters parallel, mit dem einen wesentlichen Unterschied: der Dichter weiß beim Dichten noch nicht, wie sein Gedicht sein wird, während der Übersetzer beim Übersetzen weiß, daß das übersetzte Gedicht das Original wiedergeben muß, das er vor Augen hat. In beiden Phasen verläuft die Übersetzung parallel zum dichterischen Schaffen, wenngleich in umgekehrter Richtung. Das Ergebnis ist die Reproduktion des Originals in einem anderen Gedicht, das, wie schon gesagt, weniger eine Kopie als eine Umwandlung ist. Das Ideal der Übersetzung von Dichtung ist, wie Valéry es einmal unübertrefflich formulierte, die Erzeugung analoger Wirkung mit anderen Mitteln.

Übersetzen und Dichten sind eng verwandte Vorgänge. Einerseits ist, wie Baudelaire und Pound beweisen, Über-

setzen oft nicht von schöpferischer Tätigkeit zu unterscheiden, andererseits besteht zwischen beiden eine beständige Wechselwirkung, eine andauernde gegenseitige Befruchtung. Den großen schöpferischen Perioden der abendländischen Dichtung, von den Ursprüngen in der Provence bis in die Neuzeit, sind Kreuzungen unterschiedlicher dichterischer Traditionen vorhergegangen oder haben sie begleitet. Diese Kreuzungen nahmen zuweilen die Gestalt von Nachdichtungen, zuweilen die von Übersetzungen an. Von diesem Gesichtspunkt aus kann man die Geschichte der europäischen Dichtung als eine Geschichte der Verbindungen der verschiedenen Traditionen betrachten, die, wenn man von der arabischen Präsenz in der provenzalischen Lyrik oder von der des Haiku und der chinesischen Poesie in der modernen Dichtung absieht, die sogenannte Literatur des Abendlandes ausmachen.
Die Kritiker untersuchen die »Einflüsse«, aber dieser Terminus ist mißverständlich; vernünftiger wäre es, die Literatur des Westens als ein einheitliches Ganzes zu betrachten, in dem nicht die nationalen Traditionen – die englische, französische, portugiesische, deutsche Dichtung –, sondern Stile und Tendenzen die Hauptrolle spielen. Kein Stil und keine Tendenz war je nur national gewesen, nicht einmal der sogenannte »künstlerische Nationalismus«. Alle Stile haben die Sprachgrenzen überschritten: Donne steht Quevedo näher als Wordsworth; zwischen Góngora und Marino besteht eine offensichtliche Verwandtschaft, während nichts, außer der Sprache, Góngora mit dem Arcipreste de Hita verbindet, der gelegentlich an Chaucer erinnert. Stile sind Kollektiv-Erscheinungen; sie gehen von einer Sprache auf die andere über; die Werke, deren jedes in seinem Sprachboden wurzelt, sind einzigartig . . . Einzigartig, aber nicht iso-

liert, denn jedes entsteht und lebt in Beziehung zu anderen Werken in anderen Sprachen. So bedeutet weder die Vielfalt der Sprachen noch die Einzigartigkeit der Werke unaufhebbare Fremdheit oder Unbegreiflichkeit, sondern im Gegenteil: eine Welt aus Beziehungen, die aus Widersprüchen, Korrespondenzen, Vereinigungen und Trennungen bestehen.
In jeder Epoche schreiben die europäischen Dichter – jetzt auch die der beiden Subkontinente Amerikas – das gleiche Gedicht in verschiedenen Sprachen. Jede dieser Versionen ist zugleich ein anderes originales Gedicht. Gewiß, die Symmetrie ist nicht vollkommen; aber man braucht nur ein wenig zurückzutreten, um festzustellen, daß wir ein Konzert hören, in dem die Musiker mit verschiedenen Instrumenten, ohne Dirigenten und ohne Partitur, ein Kollektiv-Werk komponieren, in dem die Improvisation von der Übersetzung und die Invention von der Imitation nicht zu trennen sind: gelegentlich eilt einer der Musiker in einem inspirierten Solo voraus; kurz darauf folgen ihm die übrigen, nicht ohne Variationen einzuführen, die das ursprüngliche Motiv unkenntlich machen.
Am Ende des vergangenen Jahrhunderts hat die französische Dichtung mit einem einzigen Solo[1], das mit Baudelaire begann und mit Mallarmé endete, ganz Europa in Bewunderung und Aufruhr versetzt. Unter den ersten, die diese neue Musik wahrnahmen, waren die Dichter des hispanoamerikanischen Modernismo: sie ahmten sie nach und machten sie dadurch zu ihrer eigenen, verwandelten sie und gaben sie an Spanien weiter, das sie seinerseits nachschuf. Einige Zeit später erreichten die englischen Dichter etwas Ähnliches, doch mit anderen Instrumenten, anderer Tonart und andren Tempi: eine sparsamere und kritischere Version, in der Laforgue, und nicht Ver-

laine eine zentrale Rolle spielte. Die besondere Stellung des angloamerikanischen Modernismus trug wesentlich dazu bei, den Charakter dieser gleichzeitig symbolistischen und anti-symbolistischen Bewegung zu erklären: Pound und Eliot, darin Laforgue folgend, führten innerhalb des Symbolismus die Kritik am Symbolismus ein, die Verspottung dessen, was Pound die *»funny symbolist trappings«* nannte. Durch diese kritische Haltung waren sie darauf vorbereitet, etwas später statt einer »modernistischen« eine moderne Poesie zu schreiben und mit Wallace Stevens, William Carlos Williams und anderen ein neues Solo anzustimmen, das Solo der zeitgenössischen angloamerikanischen Dichtung.

Laforgues Rolle in der englischen Poesie und in der Poesie spanischer Sprache ist ein Beispiel für die gegenseitigen Abhängigkeiten von Kreation und Imitation, von Urtext und Übersetzung. Der Einfluß dieses französischen Dichters auf Eliot und Pound ist wohlbekannt, kaum aber der, den er auf Hispanoamerika ausübte: 1905 veröffentlichte der Argentinier Leopoldo Lugones, einer der großen Dichter spanischer Sprache und einer der am wenigsten erforschten, den Gedichtband *Los crepúsculos del jardín,* in dem einige Züge Laforgues zum ersten Mal in spanischer Sprache auftauchen: die Ironie, das Aufeinanderprallen von Umgangssprache und Literatursprache, die grellen Bilder, in denen eine städtische Absurdität der Absurdität einer zur grotesken Matrone stilisierten Natur an die Seite gestellt wird. Einige Gedichte dieses Bandes scheinen an einem dieser *»dimanches bannis de l'Infini«,* den Sonntagen der hispanoamerikanischen Fin-de-siècle-Bourgeoisie, geschrieben zu sein. 1909 veröffentlicht Lugones *Lunario Sentimental.* Dieses Buch war, trotz der Nachahmung Laforgues, eines der originellsten seiner Zeit, und man wird es auch heute noch mit Erstaunen und Entzücken lesen. Sein Einfluß auf die hispanoamerikanischen Dichter war gewaltig, doch wirkte er sich auf keinen glücklicher und anregender aus, als auf den Mexikaner López Velarde. 1919 veröffentlichte er *Zozobra*, das wichtigste Buch des hispanoamerikanischen Postmodernismo, das heißt, unseres anti-symbolistischen Symbolismus. Zwei Jahre vorher hatte Eliot *Pufrock and other observations* herausgebracht. In Boston, eben aus Harvard gekommen, ein protestantischer Laforgue; in Zacatecas, einem Priesterseminar entsprungen, ein katholischer Laforgue. Erotik, Blasphemie, Humor und, wie López Velarde sagte, eine »heimliche reaktionäre Traurigkeit«. Nicht lange danach, im Jahre 1921, starb der mexikanische Dichter im Alter von 33 Jahren. Sein Werk endet, wo das Eliots beginnt. Boston und Zacatecas: die Verbindung dieser zwei Namen macht uns lächeln, als wäre es eine dieser abstrusen Assoziationen, die Laforgue so sehr liebte. Zwei Dichter schreiben fast zur gleichen Zeit in verschiedenen Sprachen, ohne daß der eine auch nur von dem Dasein des anderen etwas ahnte, zwei verschiedene und gleichermaßen originelle Versionen von Gedichten, die wenige Jahre vorher ein Dritter in einer anderen Sprache geschrieben hatte.

Cambridge, 15. 7. 1970

ERKUNDUNG DER LATEINAMERIKANISCHEN LITERATUR

Wir haben alle eine mehr oder minder klare Vorstellung von dem Thema dieses Gesprächs. Sicherlich, es ist eines und viele; seine Ursprünge sind dunkel, seine Grenzen vage, sein Wesen wechselhaft und widersprüchlich, sein Ende unvorhersehbar. Das macht nichts: alle diese divergierenden Umstände und Eigenarten beziehen sich auf eine Gesamtheit von literarischen Werken: Gedichten, Erzählungen, Romanen, Dramen, Essays, die in den ehemaligen amerikanischen Besitzungen Spaniens in spanischer Sprache geschrieben wurden. Das ist unser Thema. Schon beim Namen beginnen die Zweifel: lateinamerikanische, iberoamerikanische, hispanoamerikanische, indoamerikanische Literatur? Ein Blick in die Wörterbücher vermag die Verwirrung nicht zu beseitigen, sondern vergrößert sie noch. So geben die spanischen Wörterbücher an, das Adjektiv »iberoamerikanisch« werde für diejenigen amerikanischen Völker benützt, die einst zu den Königreichen Spanien und Portugal gehörten. Die große Mehrheit der Brasilianer und Hispanoamerikaner akzeptiert diese Definition nicht, sondern zieht den Ausdruck »lateinamerikanisch« vor. Außerdem bezeichnet Iberia sowohl das alte Spanien als auch ein Land im antiken Vorderasien. Warum eine zweideutige Vokabel verwenden, die zwei verschwundene Völker bezeichnet, um eine eindeutige, zeitgenössische Realität zu benennen? »Indoamerikanisch« erscheint in den spanischen Wörterbüchern nicht einmal, obgleich »indoeuropäisch« und »indogermanisch« dort vorkommen. Dagegen verzeichnen dieselben Wörterbücher das häßliche Wort »amerindianisch«. Keinen Maya oder Quechua wird es freuen, wenn er erfährt, daß er ein »Amerindio« ist.

Jedenfalls taugt die Bezeichnung »indoamerikanisch« nicht: sie bezieht sich auf die indianischen Völker unseres Kontinents; ihre Literatur, die im allgemeinen mündlich überliefert ist, ist nur *ein* Kapitel in der Geschichte der amerikanischen Kulturen.
Auch das Wort »lateinamerikanisch« kommt in der Mehrzahl der spanischen Wörterbücher nicht vor. Die Gründe für diese Unterlassung sind bekannt: ich will sie nicht wiederholen, sondern nur daran erinnern, daß sie eher historischer und patriotischer als sprachlicher Art sind. Wenn das Wort »Lateiner« in einer seiner Bedeutungen heißt: »Angehöriger eines der europäischen Völker, die eine aus dem Lateinischen entstandene Sprache sprechen«, dann paßt diese Bezeichnung natürlich perfekt auf die amerikanischen Völker, die solche Sprachen ja sprechen.
Die lateinamerikanische Literatur ist diejenige Literatur Amerikas, die in Spanisch, Portugiesisch und Französisch – den drei lateinischen Sprachen unseres Kontinents – geschrieben ist. Fast allein durch Ausscheidung ergibt sich der richtige Titel für unser Thema: die hispanoamerikanische Literatur ist die Literatur derjenigen amerikanischen Völker, die Spanisch sprechen. Das ist eine historische, vor allem eine sprachliche Definition. Es gibt keine andere Möglichkeit, denn die grundlegende und bestimmende Realität einer Literatur ist ihre Sprache. Diese Realität kann nicht auf andere Realitäten und Begriffe zurückgeführt werden, seien sie historischer, ethnischer, politischer oder religiöser Natur. Die Realität Literatur deckt sich nie ganz mit den Realitäten Nation, Staat, Rasse, Klasse, Volk. Die mittelalterliche lateinische Literatur und die des klassischen Sanskrit – um zwei oft zitierte Beispiele anzuführen – wurden in Sprachen geschrieben, die heute nicht mehr lebendig sind. Zwar gibt es kein

Volk ohne Literatur, aber es gibt Literaturen ohne Volk. Es ist übrigens das Schicksal aller Literaturen, eines Tages in toten Sprachen geschriebene lebendige Werke zu sein. Die Unsterblichkeit der Literaturen ist abstrakt und heißt Bibliothek.

Die Malerei besteht aus Linien und Farben, die Formen sind; die Literatur setzt sich aus Buchstaben und Lauten zusammen, die Wörter sind. Wenn die Literatur durch die Materie bestimmt wird, die ihr Gestalt gibt, die Sprache also, dann ist die hispanoamerikanische Literatur nur ein Zweig aus dem spanischen Stamm. Das war die bis zum Ende des 19. Jahrhunderts vorherrschende Meinung. Niemand hat sich empört, wenn sie von den spanischen Kritikern immer wieder ausgesprochen wurde. Dafür gibt es eine Erklärung. Vor dem »Modernismo« war es nicht leicht, in der lateinamerikanischen Literatur eigenständige Züge zu entdecken. Zwar gab es seit der romantischen Epoche ein vages Streben nach einer sogenannten »literarischen Unabhängigkeit« von Spanien. Doch hat diese Idee, eine naive Übertragung liberaler politischer Programme auf die Literatur, trotz ihrer Popularität nichts Erwähnenswertes hervorgebracht. Der literarische Patriotismus war weniger schädlich als der sozialistische Realismus, aber ebenso steril. Die hispanoamerikanische Literatur entstand etwas später, ohne jede Proklamation, als eine allmähliche Loslösung von der spanischen.

Sie entsteht zuerst zaghaft in den Werken einiger Romantiker – ich denke vor allem an den denkwürdigen *Martín Fierro* von José Hernandez. Den Bruch vollziehen erst die Modernisten. Aber diese »modernistischen« Dichter negierten den spanischen Traditionalismus und Casticismo nicht so sehr um ihrer amerikanischen Originalität, als um der Universalität ihrer Poesie willen. Ihre Haltung ähnelt eher der Pounds und Eliots als der Whitmans. Wie später die nordamerikanischen Dichter, so versuchten Darío und andere Hispanoamerikaner am Anfang dieses Jahrhunderts sich in eine universale Tradition einzuordnen. Für den einen oder anderen bildete der französische Symbolismus die Brücke. Zum ersten Mal in unserer Geschichte hörten die Spanier auf das, was die Hispanoamerikaner sagten. Sie hörten es und gaben Antwort: so begann der Dialog zweier Literaturen innerhalb derselben Sprache.

Die Entstehung und Entwicklung der amerikanischen Literaturen in englischer, spanischer und portugiesischer Sprache ist ein einzigartiges Phänomen in der Geschichte der Weltliteratur. Im allgemeinen deckt sich das Leben einer Literatur mit dem der Sprache, in der sie geschrieben ist. Was unsere Literaturen angeht, so fällt ihre Kindheit mit der Reifezeit ihrer Sprache zusammen. Unsere »Primitiven« kommen nicht *vor*, sondern *nach* einer jahrhundertealten Tradition: sie sind die Nachkommen Spencers, Camões, Garcilasos. Unsere Literaturen beginnen mit dem Ende, und ihre Klassiker heißen Whitman, Darío, Machado de Assis. Die Sprache, die wir sprechen, ist eine Sprache, die aus ihrem Ursprungsort versetzt wurde. Schon entwickelt, kam sie auf unseren Kontinent, und wir haben sie durch unsere Werke in die amerikanische Erde eingepflanzt. Sie verbindet uns mit einer anderen Literatur und mit einer anderen Geschichte. Die Erde, auf der wir leben, fordert uns auf, sie zu benennen, und so gelangen die entwurzelten Wörter in diesen Boden und schlagen Wurzeln. Die Verbannung wird zur Verpflanzung.

Wann begannen wir, uns als andere zu fühlen? Wenn Ruiz de Alarcón seinen spanischen Zeitgenossen auch schon fremd vorkam – und er wußte das –, so zweifelte er doch nie an seinem Spaniertum und betrachtete seine Fremdheit als einen Mangel. Sor Juana Inés de la Cruz war sich ihres amerikanischen Wesens bewußt und nannte México mehr als einmal ihr Vaterland; sie zweifelte dennoch nicht an ihrer Herkunft: ihr Werk und ihre Person gehörten Spanien. In jenen Jahren begann sich in der kreolischen Sensibilität ein diffuser und konfuser Patriotismus, ein noch dunkles Streben nach einer Trennung von Spanien bemerkbar zu machen. Im 18. Jahrhundert nährten die Jesuiten diese Gefühle und begannen, sie unter geschichtlichen und politischen Gesichtspunkten zu formulieren. Die Vertreibung der Gesellschaft Jesu konnte diesen Prozeß nicht aufhalten, doch trug sie dazu bei, ihm eine andere Richtung zu geben: mehr und mehr suchten die Kreolen in Quellen, die ihrer eigenen Tradition fremd waren, nach einer politischen Philosophie, die ihren separatistischen Bestrebungen als Grundlage dienen konnte. Sie fanden sie in den Ideen der Unabhängigkeitsbewegung der Vereinigten Staaten und in denen der Französischen Revolution. Doch trennten diese sie von Spanien ebenso wie von sich selbst. Das Ergebnis unserer Unabhängigkeitsbewegung war dem der nordamerikanischen diametral entgegengesetzt. Besessen von dem mächtigen Gefühl, eine nationale Mission zu erfüllen, das diese Ideen in ihnen hervorriefen, schufen die Nordamerikaner ein neues, riesiges Land; die Hispanoamerikaner dagegen benutzten in ihren blutigen und fruchtlosen Streitigkeiten diese Ideen so lange als Wurfgeschoß, bis sie schließlich in viele Nationen und Pseudonationen zerfielen. Für die Nordamerikaner waren diese Ideen ein Spiegel, in dem sie sich wiedererkannten, und ein Modell, das sie inspirierte. Für uns waren sie Tarnung und Maske: die neuen Ideen brachten uns nicht zum Vorschein, sie verdeckten uns.

Die Spaltung zwischen den patriotischen Gefühlen der Kreolen und den politischen Ideen, die sie übernahmen, spiegelt sich auch auf dem Gebiet der Literatur wider. Das Aufkommen der Idee einer »literarischen Unabhängigkeit« habe ich schon erwähnt. Dieses Konzept ist der Ursprung eines hartnäckigen Vorurteils, nämlich des Glaubens an die Existenz von nationalen Literaturen. Als mißbräuchliche Anwendung der Idee der Nation auf die Literatur, war sie ein Hindernis für das richtige Verständnis unserer Literatur. Jedes unserer Länder behauptet, eine eigene Literaturgeschichte zu haben, und ausgezeichnete Kritiker, wie Pedro Henriquez Ureña und Cintio Vitier, haben über die sich unterscheidenden Züge der mexikanischen und der kubanischen Poesie geschrieben. Es lohnt kaum der Mühe, daran zu erinnern: wenn es auch nicht schwierig ist, berühmte kubanische oder argentinische Werke zu finden, so ist es doch schwierig, eine kubanische oder argentinische Literatur zu erkennen, die eigene Züge trägt und die vor allem durch sich selbst einen eigenen, für das historische und literarische Verständnis intellegiblen Bereich bildet. Toynbee behauptete mit Recht, die erste Bedingung eines historischen Objekts sei die, eine intellegible Einheit, das heißt, eine sich selbst genügende und relativ autonome Ganzheit zu sein. Eine gewachsene historische Gesellschaft ist eine Einheit dieses Typs.

Die Literatur ist ein Zusammenhang von Werken, Autoren und Lesern: eine Gesellschaft innerhalb einer Gesellschaft. Es gibt ausgezeichnete kolumbianische, nicaraguanische und venezolanische Dichter und Romanciers, aber es gibt keine kolumbianische, nicaraguanische und venezolanische Literatur. Alle diese vermeintlichen Nationalliteraturen sind nur als Teile der hispanoamerikanischen Literatur intellegibel. Der Argentinier Lugones ist ohne den Nicaraguaner Darío nicht denkbar, und der Mexikaner López Velarde nicht ohne Lugones. Die Geschichte der hispanoamerikanischen Literatur ist nicht die Summe der unzusammenhängenden und bruchstückhaften Literaturgeschichten eines jeden unserer Länder. Unsere Literatur besteht aus den Beziehungen – Zusammenstößen, Einflüssen, Dialogen, Polemiken, Monologen – zwischen einigen Persönlichkeiten und einigen literarischen Tendenzen und Stilen, die sich in einigen Werken kristallisierten. Diese Werke haben die nationalen Grenzen und die Ideologien überschritten. Die Einheit des uneinheitlichen Hispanoamerika liegt in seiner Literatur.

Wie soll man die hispanoamerikanische Literatur von der spanischen unterscheiden? Die Franzosen haben in ihrer Sprache eine seltsame Umschreibung für Werke belgischer, Schweizer, senegalesischer und antillanischer Autoren: *»Littératures d'expression française«*. Wer von uns würde es wagen, Darío und Vallejo *»poetas de expresión castellana«* zu nennen? Das Kastilische ist größer als Kastilien. Das offenkundige Paradox der hispanoamerikanischen Literatur besteht darin, daß sie zwar in kastilischer Sprache geschrieben ist, es jedoch offensichtlich eine Verrücktheit wäre, Neruda, Guiraldes, Rulfo als kastilische Autoren zu bezeichnen. Das Paradox liegt auf der Hand, denn wenn es zutrifft, daß Literaturen aus Wörtern bestehen, so trifft es auch zu, daß die Schriftsteller die Wörter verändern. Die hispanoamerikanischen Schriftsteller haben die kastilische Sprache verändert – und gerade diese Veränderung führte zur hispanoamerikanischen Literatur.

Über die Veränderung des Spanischen und das Verhältnis unserer Schriftsteller zu ihrer Sprache, das, wie jedes tiefe Verhältnis, heftig und leidenschaftlich war, sind manche

brillante Übertreibungen geschrieben worden. Wir Hispanoamerikaner sprächen eine Sprache, die nicht die unsere sei und die wir uns nur durch Gewalt aneignen könnten. Jedes echt hispanoamerikanische Werk sei die Verkörperung einer leidenschaftlichen Eroberung, ein halb religiöses, halb erotisches Mysterium, in dem der Schriftsteller die europäischen Wörter auf dem Altar der amerikanischen Authentizität opfere. Die hispanoamerikanischen Bücher trieften von Wörterblut: dem von Substantiven, Adjektiven, Adverbien und Verben, dem farblosen Blut der Syntax und Prosodie Kastiliens. Mit der Schreibmaschine bewaffnet, als wäre sie ein Obsidianmesser, verwandele sich der lateinamerikanische Schriftsteller in den Vollstrecker eines prächtigen, barbarischen Ritus: entweder sei er ein heroischer Liebhaber und jedes seiner Gedichte und jede seiner Erzählungen eine Darstellung des Raubs – nicht der Sabinerinnen, sondern der Wörter; oder er sei der Befreier, der Guerillero, der revolutionäre Caudillo, der die Sprache aus ihren Ketten löse. Alle diese Metaphern drücken die historischen, erotischen und politischen Obsessionen aus, die während der vergangenen zwanzig Jahre unsere Schriftsteller zur gleichen Zeit entflammt und geblendet haben.
In einem kleinen Essay – ein Sprühregen, der alle diese Feuerwerke zum Erlöschen brachte – hat Gabriel Zaid uns daran erinnert, daß wir Hispanoamerikaner dieselbe Sprache wie die Spanier sprechen. Allein schon deswegen kann unser Verhältnis zu Cervantes, Lope de Vega, Quevedo nicht viel anders als das ihre sein. In Antofagasta oder in Navojoa geboren zu sein, ist kein Grund, Góngora nicht zu verstehen. Die Schwierigkeiten sind anderer Art und haben nichts mit dem Geburtsort zu tun. Borges sagte einmal, der Unterschied zwischen Spaniern und Argentiniern bestehe darin, daß die einen schon ihren

Cervantes gehabt hätten, während die anderen ihn eines Tages noch haben könnten. Blendend formuliert, aber falsch: Cervantes gehört Borges mehr – wenn man überhaupt ein literarisches Werk wie irgendeine Sache besitzen kann – als einem Notar aus Madrid oder einem Schankwirt aus Valladolid. Außerdem ist die Einheitlichkeit der Sprache in Lateinamerika größer als in Spanien, weshalb ein Einwohner von Lima oder Santiago offensichtlich der Sprache des Cervantes näher steht als ein Katalane, Baske oder Galicier. Die Klassiker der kastilischen Literatur sind kein Alleineigentum der Halbinselspanier; sie gehören allen, die diese Sprache sprechen: sie sind unsere. Freilich genügt es nicht, diese Sprache zu sprechen. Kultur ist kein Erbstück, sondern eine Wahl, eine Treue und eine Disziplin: Strenge und Leidenschaft. Nein, die Wörter, die wir Hispanoamerikaner verwenden, sind – abgesehen von lokalen Eigentümlichkeiten und Besonderheiten des individuellen Stils – keine anderen als die der Spanier. Anders ist nur das Resultat: die Literatur.

Haben die Hispanoamerikaner eine andere Literatursprache als die Spanier? Ich bezweifle es. Über die Grenzen und den Ozean hinweg teilen sich Stile, Tendenzen, Persönlichkeiten mit. Es gibt Schriftsteller-Familien, aber diese Familien sind verwandt nicht vom Blut oder von der Geographie her, sondern durch den Geschmack, die Vorliebe, die Leidenschaft. Mehr als ein hispanoamerikanischer Schriftsteller kommt von Valle-Inclán her, der wiederum von Darío abhängt, der seinerseits bei Lugones in die Schule ging. Was folgt daraus? Wir müssen unterscheiden zwischen den literarischen Einflüssen, den zufälligen Ähnlichkeiten und den nicht reduzierbaren Unterschieden. Die ersten waren beiderseitig und tief. Literarische Stile, Manieren, Tendenzen sind nie national.

Stile durchfahren – wie Reisende – Länder und Köpfe, sie verwandeln die literarische Geographie ebenso wie die Sensibilität der Autoren und Leser. Es gibt expressionistische, barocke, romantische, klassische Länder. Das Expressionisten-Land liegt weder in México noch in Spanien noch in Perú, sondern in einigen mexikanischen, spanischen, peruanischen Autoren. Die Avantgarde-Nation ist nomadisch, obwohl sie eine Vorliebe für die Hauptstädte Südamerikas, Buenos Aires und Santiago de Chile, hat. Die Einflüsse und die Vorherrschaft dieses oder jenes Stils mit den zufälligen Ähnlichkeiten zwischen Autoren verschiedener Länder zu verwechseln, wäre ein glatter Irrtum. Letztere liegen fast immer tiefer und entspringen Ähnlichkeiten des Temperaments und des Genies.

Das literarische Kunstwerk ist das Ergebnis mehrerer Umstände, deren Zusammentreffen nicht vorhersehbar ist: der Charakter des Autors, seine Biographie, seine Lektüren, die Umwelt, in der er zu leben hatte, und andere Zufälligkeiten spielen dabei eine Rolle. Ähnliche Umstände bei verschiedenartigen Temperamenten bewirken antagonische, mindestens unähnliche Werke. Hinzu kommen die Religion, die Philosophie oder die Vorstellungen, die sich jeder einzelne über diese und die andere Welt macht. Jorge Guillén und José Gorostiza ähneln sich in ihrer Sensibilität und in der Bevorzugung bestimmter Autoren (Valéry); doch verzweigen sich diese Ähnlichkeiten und ergeben zwei gegensätzliche Visionen: den Spanier hebt die Welle des Seins, den Mexikaner begräbt sie. Die gleiche verbale Transparenz schreibt, mit ähnlicher Deutlichkeit, die beiden gegensätzlichen Einsilber: Ja und Nein.

Was die – wie ich sie nannte – nicht reduzierbaren Unterschiede angeht, so glaube ich an den Geist der

Völker und der Kulturen, das heißt, ich glaube, daß der spanische Charakter einer und der hispanoamerikanische ein anderer (oder eher andere) ist. Trotzdem scheint es mir zweifelhaft, daß man ein Bündel einzelner Züge als charakteristische Elemente unserer Literaturen herausgreifen kann. Sicher ist, daß wir Hispanoamerikaner seit dem Modernismo bis heute eine offenere und wachere Sensibilität für die Außenwelt gezeigt haben als die Spanier. Fast alle großen dichterischen Bewegungen dieses Jahrhunderts sind über hispanoamerikanische Dichter nach Spanien gelangt. Dasselbe hat sich, nebenbei bemerkt, im Bereich der englischen Sprache zugetragen: wie Darío und Huidobro in Spanien, so wurden Pound und Eliot in England des »ästhetischen Gallizismus« angeklagt. Der Kosmopolitismus, je nach Ansicht Ruhm oder Schande, wurde als einer der Charakteristika der lateinamerikanischen Literatur herausgestellt. Aber auch das Umgekehrte ist wahr: eine unserer Obsessionen ist der Amerikanismus in seinen verschiedenen Versionen – vom Criollismo zum Nativismo und Novomundismo – gewesen. Einer der bedeutendsten modernen Dichter unserer Sprache, Ramón López Velarde, besang mit Humor und Zärtlichkeit nicht Rom, Babylon oder Tenochtitlán, sondern Zacatecas, die »bizarre Hauptstadt meines Staates, die einen grausamen Himmel und eine rote Erde hat«. In der nordamerikanischen Dichtung treten dieselben Gegensätze auf und werden mit gleicher Leidenschaft vertreten: Vallejos Amerikanismus, im Gegensatz zu Huidobros Kosmopolitismus, entspricht der Haltung William Carlos Williams, im Gegensatz zu dem Europäismus Eliots.

Die Literatur ist das Reich der Ausnahmen und Besonderheiten. In diesem Reich zählen nicht die Familien und die Arten, sondern die Individuen, die Einzelexemplare:

nicht der barocke Stil, sondern Góngora oder Quevedo, nicht der Modernismo, sondern Martí oder Darío. Santayana wollte in bestmöglichem Englisch seine Gedanken und Erfahrungen als möglichst unenglischer mediterraner Spanier niederschreiben. Sein Ideal ist das aller Schriftsteller. Zwar spiegelt sich die Gesellschaft in der Literatur, aber noch häufiger widerspricht sie sich in ihr.

Was ich eben geschrieben habe, scheint das zu dementieren, was ich zu Beginn behauptet habe. Ich sagte anfangs, die hispanoamerikanischen Autoren hätten das Spanische verändert, und diese Veränderung hätte zur hispanoamerikanischen Literatur geführt. Jetzt behaupte ich, wir Hispanoamerikaner schrieben dieselbe Sprache wie die Spanier, hätten aber dennoch eine von der ihren verschiedene Literatur geschaffen. Wie verbleiben wir also? Der Widerspruch besteht, aber nicht in mir, sondern in der Literatur selbst. Das Wesen der Literatur ist widersprüchlich. Ja, jeder Schriftsteller verändert die Sprache, die er durch seine Geburt empfangen hat, aber in dieser Veränderung bleibt die Sprache erhalten und lebt fort. Der Schriftsteller verändert sie in sich selbst, er führt sie dazu, tiefer und voller das zu sein, was sie ist. In dieser Veränderung erfüllt die Sprache eine ihrer geheimsten und unvermutetsten Möglichkeiten. Prägnanz und Überraschung, dieser doppelte Sprachvollzug, in dem die stringenteste Logik eine Demonstration der Irrealität der Welt und der Zeit liefert, sind Eigenschaften, die wir heute dem Stil von Borges zuschreiben, die Borges aber nicht erfunden hat. Die Möglichkeiten, die sein Stil sichtbar und greifbar gemacht hat, liegen in der Natur des Spanischen beschlossen. Der Schriftsteller tut etwas Besseres als erfinden, er entdeckt, aber was er entdeckt, lag bereits – mehr als unmittelbar bevorstehende Erscheinung denn als Anwesenheit – in der Sprache verborgen. Die Schreibweise unserer besten Autoren scheint die Gesetze des Spanischen zu übertreten; mag sein, aber gerade in diesem Über-sich-Hinaustreten verwirklicht und vollendet sich, *ist* die Sprache. In diesem Sinne haben wir Hispanoamerikaner das Spanische verändert und sind ihm treu geblieben, indem wir es verändert haben. Es gibt keine schlimmere Untreue als den »Casticismo«, das Festhalten am urtümlich Spanischen.

Die Existenz der hispanoamerikanischen Literatur kann nicht bezweifelt werden: die Werke sind da, vor unseren Augen und vor unserem Geist. Viele sind bemerkenswert und einige sind wahrhaft einzigartig. Es kann auch nicht bezweifelt werden, daß diese Gedichte, Romane, Geschichten nur von Hispanoamerikanern geschrieben werden konnten und daß in diesen Büchern das Spanische, ohne aufzuhören, das zu sein, was es ist, schon nicht mehr das gleiche ist wie das der spanischen Schriftsteller. Ich muß hinzufügen, daß die gesamte lateinamerikanische Literatur ein Spätankömmling ist. Sie ist die jüngste aller westlichen Literaturen. Seit Beginn unserer Kultur sind die Literaturen des Westens erst nach und nach in Erscheinung getreten. Im 19. Jahrhundert tauchten zwei große Literaturen, die russische und die nordamerikanische, auf. Im 20. Jahrhundert sproß die lateinamerikanische mit ihren beiden Zweigen, dem hispanoamerikanischen und dem brasilianischen, hervor.

Bei anderen Gelegenheiten bin ich auf das eingegangen, was unser größter Mangel ist: das Fehlen einer Tradition kritischen Denkens, wie sie seit dem ausgehenden 17. Jahrhundert im übrigen Westen besteht. Ein Mangel, den wir mit Spanien und Portugal und, am anderen Ende unserer Welt, mit Rußland gemeinsam haben. Unsere Länder hatten kein 18. Jahrhundert, und unsere Modernität ist unvollständig. Aber diese Mängel machen uns noch nicht zu Bürgern jener »Dritten Welt«, die von den Ökonomen erfunden wurde und heute das Glöckchen ist, das die Demagogen schwingen, um die Schafherde zusammenzutreiben. Das Glöckchen lockt sie zur Schur und zur Schlachtbank.

Nein, wir schreiben in Spanisch, einer lateinischen Sprache. Wir sind ein Ferner Westen. Ein armer und ausgebluteter Kontinent, eine an der Grenze angesiedelte, exzentrische Kultur. Und warum unterschlagen, daß unsere Trostlosigkeit zuweilen von grellen, sonderbaren Lichtern durchzuckt wird? Armut, Gewalt, Unterdrückung, Intoleranz, anarchische Völker, Tyrannen aller Couleurs und die Herrschaft der Lüge auf der Rechten wie auf der Linken. Aber auch Imagination, Sensibilität, Höflichkeit, Sinnlichkeit, Freude, ein gewisser Stoizismus gegenüber dem Leben und dem Tod – Genie. López Velarde bezeichnete México als ein kastilisch-maurisches Land mit aztekischen Streifen. Die Formulierung paßt nicht ganz auf Venezuela oder Chile, aber der Hauptbestandteil ist allen hispanoamerikanischen Ländern gemeinsam: die Sprache und alles, was sie bedeutet. Die amerikanischen Völker, welche Sprachen auch immer sie sprechen, sind das Ergebnis der Expansion des Westens. Wir alle sprechen verpflanzte Sprachen.

Es ist nicht möglich, die Verschiedenheit der hispanoamerikanischen Literaturwerke auf ein paar charakteristische Züge zu reduzieren. Geht es den anderen Literaturen nicht ebenso? Wer könnte definieren, was die französische, die englische, die italienische Literatur ist? Racine und Chateaubriand, Pope und Wordsworth, Petrarca und Leopardi: jeder von ihnen lebt in einer anderen Welt, selbst wenn er in derselben Sprache schreibt. Warum sollten wir also darauf bestehen, das Wesen der hispanoamerikanischen Literatur zu definieren? Literaturen haben keinen bestimmten Charakter. Besser gesagt: Widerspruch, Ambiguität, Ausnahme und Unbestimmtheit sind Züge aller Literaturen. In jeder Literatur besteht zwischen Gegensätzen, Trennungen, Gabelungen ein ständiger Dialog. Die Literatur ist ein Gewebe von Affirmationen und Negationen, Zweifeln und Fragen. Die hispanoamerikanische Literatur ist kein bloßes Bündel von Werken, sondern ein Netz von Beziehungen zwischen diesen Werken. Jedes von ihnen ist, ausgesprochen oder unausgesprochen, eine Antwort auf das Werk eines Vorgängers, eines Zeitgenossen oder eines imaginären Nachfolgers. Unsere Kritik sollte diese widersprüchlichen Beziehungen erforschen und uns zeigen, wie diese sich ausschließenden Affirmationen und Negationen sich auf irgendeine Weise auch ergänzen. Manchmal träume ich von einer Geschichte der hispanoamerikanischen Literatur, die uns das große, vielfältige und fast immer heimliche Abenteuer einiger Köpfe im beweglichen Raum der Sprache erzählt. Die Geschichte unserer Literatur könnte uns ein wenig über die Mutlosigkeit hinwegtrösten, die unsere reale Geschichte in uns bewirkt.

LATEINAMERIKANISCHE POESIE?

Ich möchte mit einem Geständnis beginnen. Ich weiß, daß in den letzten 50 Jahren von lateinamerikanischen Dichtern Gedichte geschrieben worden sind, aber ich weiß nicht, ob es eine lateinamerikanische Lyrik gibt. Denselben Zweifel verspüre ich gegenüber Ausdrücken wie »englische Lyrik«, »französische Lyrik«. Der eine wie der andere bezeichnet verschiedenartige, ja manchmal nicht zu vereinbarende Realitäten: La Fontaine und Rimbaud, Dryden und Wordsworth. Neben dieser Schwierigkeit allgemeiner Art, gibt es noch eine besondere. Obwohl die Bezeichnung »lateinamerikanische Lyrik« ganz natürlich erscheint, ist sie es nicht: sie verbindet zwei unbekannte Größen.

Nach zwei Jahrtausenden ästhetischer Theorie – von Aristoteles bis Heidegger – leiden wir heute an einer Art philosophischem Schwindel, und niemand weiß mehr genau, was das Wort Lyrik eigentlich bedeutet. Dasselbe gilt im Bereich der Politik und Geschichte für den Ausdruck »Lateinamerika«. Hat er einen eindeutigen, einen mehrdeutigen oder gar keinen Sinn? Vielleicht ist er nur ein Etikett, das diese Realität am Siedepunkt – dieses Etwas, das noch keinen Namen hat, weil es noch keine eigene Existenz hat – verbirgt, anstatt sie zu benennen?

Ich zähle die Schwierigkeiten dieses Themas nicht aus rhetorischer Strategie auf, sondern um die Methode zu rechtfertigen, die ich in diesem Aufsatz anwenden will: Negation und Komparation. Bei der Unmöglichkeit, unsere Lyrik durch das zu definieren oder zu beschreiben, was sie ist, will ich versuchen, zu sagen, was sie *nicht* ist. Ich habe vor, das Feld zu bereinigen; wenn es bereinigt ist, dann mögen die Neugierigen kommen, um zu sehen – und vor allem, um zu hören: nicht die Lyrik, die von

Geburt aus stumm ist, sondern die Gedichte, diese verbalen Wirklichkeiten.
Wenn Poesie allem voran ein verbales Objekt ist (ein Gedicht), dann dürfte es schwerhalten, in ein und demselben Aufsatz verschiedenartige sprachliche Realitäten zu behandeln. In Lateinamerika werden verschiedene Sprachen gesprochen: Spanisch, Portugiesisch, Französisch und die Sprachen der Ureinwohner. Letztere sind die einzigen echt amerikanischen Sprachen – aber sie sind keine lateinischen. Zudem sind ihre Literaturen traditionsgebunden und fast überall nur mündlich überliefert, weshalb sie, strenggenommen, keine zeitgenössischen Literaturen sind. Die amerikanische Poesie französischer Zunge stellt uns vor ein merkwürdiges Problem: Wenn die haitianischen Dichter Lateinamerikaner sind, sind es dann auch die kanadischen, sofern sie französisch schreiben? Saint-John Perse wurde auf Gouadeloupe geboren und Aimé Césaire auf Martinique. Der erste ist der Autor der *Eloges,* der zweite der des *Cahier d'un retour au pays natal,* zwei Bücher, die zwei verschiedene Ansichten von den Antillen geben. Die Erwähnung dieser Werke, die so tief lateinamerikanisch und zugleich so eng mit der Tradition der französischen Poesie verknüpft sind, bringt den Begriff »lateinamerikanische Literatur« ins Wanken. In Wahrheit ist Lateinamerika ein historischer, soziologischer oder politischer Begriff, der eine Gesamtheit von Völkern, nicht eine Literatur bezeichnet.
Die Beziehungen zwischen der hispanoamerikanischen und der brasilianischen Literatur sind anderer Art. Die Kommunikation zwischen dem Portugiesischen und dem Spanischen bestand zu allen Zeiten. Muß man eigens daran erinnern, daß viele große portugiesische Dichter – Gil Vicente, Sá de Miranda, Camões – auch in Spanisch schrieben? Dennoch gehört die brasilianische Literatur

nicht zur hispanoamerikanischen. Sie besitzt Eigenständigkeit, ihr Charakter und ihre Physiognomie sind unverwechselbar. Brasilien ist mehr als eine Nation: es ist ein Sprachuniversum, das mit dem des Spanischen unvereinbar ist. Die Aussage: »Guimarães Rosa ist ein brasilianischer Schriftsteller« verweist nicht nur auf eine standesamtliche Eintragung, sondern auch auf eine Literatur. Zu sagen: »Darío ist der Dichter Nicaraguas«, heißt politische Grenzen mit literarischen Stilen verwechseln. Es gibt keine argentinische, kubanische oder venezolanische Literatur: der Mexikaner Pellicer steht dem Ecuatorianer Jorge Andrade näher als seinem Landsmann José Gorostiza. In Hispanoamerika haben die künstlerischen Tendenzen und die literarischen Stile – der »Nationalismus« nicht ausgenommen – zwar immer die Grenzen zu den hispanischen Nachbarn überschritten, vor denen Brasiliens aber Halt gemacht. Die großen brasilianischen Dichter Bandeira, Drummond der Andrade, Murilo Mendes, Cabral de Melo haben keinen Einfluß auf die hispanoamerikanische Lyrik ausgeübt. Auch die Gruppe der konkreten Dichter in São Paulo, die so viel und so berechtigtes Interesse in England gefunden hat, ist bei uns kaum bekannt geworden. Nur in Mexiko ist, meines Wissens, eine Anthologie konkreter brasilianischer Poesie erschienen.

Die literarischen Entwicklungen in Brasilien und Hispanoamerika fielen zwar zeitlich zusammen, liefen aber völlig unabhängig voneinander ab. Die Kritiker unterscheiden in der modernen brasilianischen Lyrik drei Phasen, denen drei Phasen der hispanoamerikanischen genau entsprechen: der Modernismo von 1920 bis zur Avantgarde; die Generation von 1945 bis zu der von Cintio Vitier und Alberto Girri; die »konkrete« Poesie bis zu der jungen Generation. Die Tendenzen, Einflüsse, Haltungen, Manifeste waren ähnlich: fast gleichzeitig entdeckten Brasilianer und Hispanoamerikaner den Dadaismus und die Kunst der Primitiven, den Surrealismus und ihre eigene Vergangenheit, Eliot und die Tradition, den Kosmopolitismus und den Nationalismus. Beide waren Opfer derselben Krankheiten, Entdecker derselben Wahrheiten, Verehrer derselben Götter – und doch bestand zwischen ihnen keinerlei Austausch. Ein aufmerksamer Beobachter wird sogar entdecken, daß die brasilianische Poesie sich in einer der unseren genau umgekehrt verlaufenden zeitlichen Ordnung entfaltet, nicht anders als bei den von Lévy-Strauss untersuchten Mythen, die aufgrund anderer Kombinationen derselben Elemente in jedem Stamm abgewandelt werden. Dem brasilianischen Modernismo fehlt der Radikalismus der hispanoamerikanischen Avantgarde: nichts und niemand ist Huidobro vergleichbar. Die repräsentativste Figur der Generation von 1945, Cabral de Melo, ist ein strenger, rigoroser Dichter, das Gegenteil des Barock eines Lezama Lima oder der Wörter-Vegetation eines Enrique Molina. Schließlich würde man unter den jungen Dichtern Hispanoamerikas eine Gruppe wie *Invenção* – Haraldo und Augusto de Campos, Décio Pignatari, Braga – vergeblich suchen. 1920 war die Avantgarde in Hispanoamerika, 1960 in Brasilien führend.

Die iberoamerikanische Literatur ist eine doppelte: eine in Portugiesisch und eine in Spanisch geschriebene. Die zweite ist mein Thema. Aber kaum ist das Thema umrissen, verzweigt es sich wieder. Wenn die spanische Sprache uns von den Brasilianern unterscheidet, was grenzt uns dann von den Spaniern ab? Vor allem gewisse sprachliche Unterschiede, insbesondere aber eine andere Haltung der eigenen Sprache gegenüber. Die Fachleute behaupten, die sprachliche Einheitlichkeit Hispanoamerikas sei größer als die Spaniens. Nichts ist natürlicher. Das Spanische wurde auf unseren Boden verpflanzt, als es schon eine fertige Sprache, das heißt, die Sprache eines Staates war, der sie zu seinem amtlichen und ausschließlichen Vehikel gemacht hatte: der Botschafter Karls V. hält, ungeachtet der Empörung und Bestürzung seiner Zuhörer, seine Rede vor dem päpstlichen Hof in Spanisch, und nicht in Latein. Das Schicksal der anderen Idiome der iberischen Halbinsel war dem der mittelalterlichen, von Kastilien unterworfenen Königreiche ähnlich. Allerdings war die Einheit Spaniens immer gefährdet, und daher kommt es, daß sowohl die separatistischen Bewegungen einzelner Regionen als auch die lokalen Sprachen und Dialekte überlebt haben. In Amerika hingegen hatte das Spanische nicht gegen das Katalanische, Baskische, Galicische und Mallorquinische zu kämpfen. Niemand von uns spricht Asturisch oder Valencianisch[1]. Zugleich ist das amerikanische Spanisch offener als das der Halbinsel, weil es den Einflüssen von außen stärker ausgesetzt ist: den Sprachen der Indios, dem Englischen, dem Französischen, den Italianismen der Einwanderer und den Afrikanismen der ehemaligen Sklaven. Das Sprachgewebe offenbart Unterschiede der Geschichte: in Spanien die Fortdauer des mittelalterlichen Pluralismus, in Amerika den Zentralismus des spanischen Weltreiches und am Ende dessen Zerfall in neunzehn Länder (wenn ich eine Kolonie, Puerto Rico, und mehrere von einheimischen Oligarchien und vom nordamerikanischen Im-

1 Es ist unmöglich, in diesem Aufsatz das Thema der indianischen Sprachen abzuhandeln. Es möge genügen, daran zu erinnern, daß sie von einigen Millionen Menschen gesprochen werden. Verschwänden sie – was durchaus möglich ist –, so wäre nicht nur Lateinamerika, sondern die ganze Menschheit ärmer: mit jeder Sprache, die ausstirbt, wird ein Bild des Menschen ausgelöscht.

perialismus erfundene Pseudo-Nationen dazurechne. Das Spanische Spaniens klebt mehr an der Erde und an den konkreten Dingen; es ist eine substantialistische Sprache, während das Spanische Amerikas sich weniger in den Boden zu versenken, als sich im Raum auszubreiten scheint. Der *Casticismo* gewisser spanischer Schriftsteller ist aufreizend, der *Mesticismo* einiger hispanoamerikanischer Schriftsteller nicht minder.

Auch die Einstellung zur Sprache ist verschieden: die unsere ist kritisch, die ihre vertrauend. Die Spanier haben keinen Abstand zu ihrer Sprache: keiner ihrer modernen Schriftsteller hat die Sprache je in Frage gestellt, und ein spanischer Wittgenstein oder Joyce muß erst geboren werden. Wir dagegen kritisieren seit unserer Unabhängigkeit unsere spanische Vergangenheit – auf Spanisch. Im 20. Jahrhundert hat zuerst Darío, dann Huidobro gefordert, man müsse das Spanische französisieren, um es amerikanisch zu machen. So ist das Spanische unsere und doch nicht unsere Sprache. Anders gesagt: das Spanische ist eine unserer Unsicherheiten: manchmal eine Maske, bisweilen eine Leidenschaft, nie eine Gewohnheit.

Die Spanier glauben an das, was sie sagen, selbst wenn sie lügen. Wir Hispanoamerikaner verstecken uns hinter den Wörtern; wir halten die Sprache für ein Kleid; reißen wir es ab, so reißen wir uns die Haut vom Leibe: wir entdekken, daß die Sprache der Mensch ist und daß wir aus Wörtern bestehen, gesagten und ungesagten, banalen wie häßlichen. Aber um diese Erfahrung zu machen, muß man sich dieser Enthäutungsprobe unterziehen, was wenige gewagt haben. Obwohl sich die Spanier ihrer Geschichte gegenüber kritisch verhalten haben, so war das Ziel ihrer Kritik – implizit oder explizit – doch immer die Regeneration oder die Restauration: die Rückkehr zu einem essentiellen, substantiellen, originalen Spanien. Es ist das Thema des »echten Spaniens«, das von Larra bis Unamuno und Machado reicht: ein elegisches Thema. Für die Hispanoamerikaner gibt es keine Rückkehr, weil es – wie in Argentinien und Chile – keine andere Geschichte als die unseres traurigen 19. Jahrhunderts gibt oder weil – wie in Peru und Mexiko – die Geschichte eine *andere*, das heißt die der präkolumbischen Welt, ist. Das eigentliche Argentinien liegt nicht in der Vergangenheit, noch ist es eine fertige Essenz; es ist eine tägliche Erfindung, etwas, das erst geschaffen werden muß. In Mexiko ist die Vergangenheit etwas, das man nicht aufgeben, zu dem man aber auch nicht zurückkehren kann: die Spannung zwischen einer fremden Vergangenheit und einer nicht weniger fremden Gegenwart.

Alle diese Alternativen werden in den dichterischen Bewegungen Hispanoamerikas sichtbar. Der Modernismo von 1890 und die Avantgarde von 1920 sind in Hispanoamerika entstanden und von dort nach Spanien verpflanzt worden. Beiden Revolutionen begegneten die Spanier zunächst mit Widerstreben, obwohl sie sie schließlich übernahmen, sie genial veränderten und – durch das Bad ihres Traditionalismus zogen (Unamuno, Machado, Jimenez im ersten Viertel des Jahrhunderts, Guillén, Lorca, Cernuda, Alberti, Aleixandre im zweiten). Das erste Unterscheidungsmerkmal der hispanoamerikanischen Poesie gegenüber der spanischen ist demnach ihre Sensibilität für die Zeit und ihre Entschlossenheit, sich der Modernität zu stellen und mit ihr zu verschmelzen: ihre Sehnsucht nach der Zukunft, möchte ich sagen. Das zweite Kennzeichen ist ihre Begier nach Neuem, ihr Kosmopolitismus. Die ersten Haikus in spanischer Sprache schreibt ein Mexikaner, José Juan Tablada, um 1918; drei Jahre später erscheint ein weiterer Band von ihm, der ideographische Gedichte enthält. Um die gleiche Zeit

veröffentlicht der Spanier Machado seine *Campos de Castilla* (1917), der Chilene Vincente Huidobro seine *Poemas Árticos* (1918).
Huidobros bestes Werk ist ein langes Gedicht: *Altazor.* Sein Held, ein Magier-Antipoet-Flieger-Komet verkörpert die traditionelle Vorstellung von Luzifer als einem rebellischen und gefallenen Engel. Die Bewegung widerlegt sich selbst und endet in Bewegungslosigkeit: die Modernität ist ein Abgrund, in den Altazor-Huidobro sich stürzt. Die Versuchung ist eine doppelte: auf der Höhe der Zeit zu stehen, oder in einem Raum, der alle Räume, alle Welten ist. Eine private Kosmopolis. Die Bibliothek von Babel steht weder in London noch in Paris, sondern in Buenos Aires. Ihr Bibliothekar, ihr Gott oder ihr Gespenst, heißt Jorge Luis Borges. Dieser argentinische Schriftsteller entdeckt, daß alle Bücher das Buch sind und daß sie, »schauerlich wie Spiegel«, alle dasselbe Wort wiederholen. Während Altazor nach einer Zeit hinter der Zeit sucht und in den Lüften entschwindet, befragt Borges die Spiegel und betrachtet das allmähliche Verschwinden der Bilder. Sein Werk möchte die Zeit widerlegen: es ist vielleicht nur die Fabel von der Eitelkeit aller Ewigkeiten, die wir, die Menschen, fabrizieren.
Eine andere Versuchung, eine andere Antwort auf die westliche Welt und die Modernität: eine Zeit finden, die *vor* der Zeit, ein Altertum, das vor der Geschichte liegt. Das erste große Buch Nerudas – ein Buch, das uns Spätere alle geprägt hat – heißt »Aufenthalt auf Erden«. Es ist weder Chile noch das präkolumbische Amerika, sondern eine mythische Geologie, ein Planet in Gärung, Fäulnis, Keimung, es ist der Ur-Teig. Kein Leben im Uterus, sondern eines in der Erde, »die Zeit, die von unterhalb des Ozeans her uns betrachtet«. Das Moderne

an diesem Buch ist die nicht-geschichtliche Vorzeit, in der alle Daten getilgt sind. Auf Nerudas erdhaftes, kosmogonisches Barbarentum antwortet César Vallejo mit seinem *Sermón de la barbarie.* Seine Lyrik ist religiös: eine Predigt; ihr Thema ist barbarisch: nicht die Erde des Uranfangs, sondern der ursprüngliche Mensch. Weder Indio noch Neger noch Mestize – obwohl er alle drei ist –, sondern der verwaiste Mensch. Wer ist dieser Verwaiste? Hier fließen Lateinamerikanismus, Marxismus und Christentum zusammen: er ist der enteignete Mensch Lateinamerikas, das Proletariat, die internationale Klasse ohne Land noch Vaterland, das vom Vater verlassene Opfer, der Mensch als Kollektiv-Christus. Die Mutter dieses universalen Verlassenen ist eine »unsterblich Gestorbene«, eine Tote, die weder die Kirche noch die Geschichte noch die Erde ist, sondern die »Lust, die uns zeugt, und die Lust, die uns verbannt«. Wo es keine Erde gibt, gibt es keine Beerdigung. Nur das Exil.

Alle vier Dichter, die ich erwähnt habe, gehören der Generation an, die meiner vorausging. Ihre Werke – das bedarf kaum einer Erwähnung – machen nicht die ganze hispanoamerikanische Poesie zwischen 1920 und 1945 aus; sie lassen sich auch nicht in die wenigen Sätze fassen, mit denen ich sie – für den Augenblick – zu umschreiben versucht habe. Ich habe ihre Namen als Symbole benützt oder, besser noch, als Hinweise auf gewisse Richtungen der lateinamerikanischen Poesie. Sie stellen vier Arten dar, die Modernität zu verkörpern und sie, in gewisser Weise, zu negieren; es sind vier Antworten auf dieselbe Frage. Im Gegensatz zu dem, was die Poesie ihrer spanischen Zeitgenossen implizit aussagt, gibt es für keinen von ihnen weder eine Ur-Substanz noch eine Vergangenheit, die es wiederzufinden gilt, sondern nur die Leere, die Verwaisung, die ungetaufte Erde des Anfangs, das

Gespräch, den Spiegel, vor allem aber die Suche nach dem Ursprung, das Wort als Grundlegung.

Das Los der spanischen Sprache in Amerika erinnert an eine Parallele: an das des Englischen auf demselben Kontinent. Die Analogie könnte sich als trügerisch herausstellen, wenn man nicht berücksichtigte, daß es sich wieder um eine umgekehrte Symmetrie handelt. Die Situation der Gesprächspartner war eine andere, und anders auch der Inhalt ihres Dialogs. Die angelsächsischen Kolonien waren echte Kolonien, mehr oder weniger dissidente Fortsetzungen der großen Abspaltung, die der englische Protestantismus war und ist. Die hispanoamerikanischen Kolonien dagegen waren nach dem Vorbild der katholischen Monarchie errichtete Vizekönigtümer. Auf der einen Seite kleine Gemeinden, zusammengehalten durch die Religion, die sie als eine besondere (und auserwählte) Gruppe innerhalb des Protestantismus konsekrierte; auf der anderen Seite eine bunt zusammengewürfelte, über ein riesiges Gebiet verstreute Bevölkerung, gelenkt aber von ein und derselben Kirche und einer komplexen bürokratischen Maschinerie unterworfen. Zwischen dem Protestantismus, den demokratischen Einrichtungen der Angelsachsen, der Idee des Fortschritts und dem Kapitalismus besteht ein organischer Zusammenhang. So läßt sich die Unabhängigkeitsbewegung der USA als ein Konflikt innerhalb des gleichen Systems, nicht als Bruch, sondern als Trennung, betrachten. Die hispanoamerikanische Unabhängigkeitsbewegung hingegen war eine Negierung der spanischen Vergangenheit: des Katholizismus und der absoluten Monarchie. Eine echte Revolution. Aus diesem Grunde kämpften zahlreiche spanische Liberale, wie Mina, auf der Seite der aufständigen Hispanoamerikaner: deren Kampf war auch der ihre. Die Angloamerikaner gründeten eine Gesellschaft, die, weit davon entfernt, ihren Ursprung zu negieren, nur die von der Reformation bereits eingeleitete große europäische Revolution wahrmachen wollte, während die Hispanoamerikaner darauf ausgingen, die alte Ordnung zu zerstören und den katholischen und monarchischen Universalismus durch den der Aufklärung und der Französischen Revolution zu ersetzen.

Der Widerstand gegen die angelsächsische Unabhängigkeit kam von außen, von der Metropole. In Hispanoamerika kam er auch von innen: die spanische Ordnung hatte im Boden Wurzeln geschlagen. Ich möchte anmerken, daß diese Verwurzelung nicht nur auf die Bekehrung von Millionen von Menschen zum Katholizismus und auf die bemerkenswerten kreativen Leistungen der Spanier auf kulturellem Gebiet zurückgeht, sondern auch darauf, daß alle Bewohner, selbst die an der Basis der Gesellschaftspyramide, an der Kolonialordnung teilhatten. Die spanischen Kolonien waren ein kompliziertes Netz von Einrichtungen, Gefühlen und Interessen, das Kreolen wie Indios und Mestizen umspannte. Zu ihren Schrecken gehörten die Sklaverei und die Feudalhörigkeit, nicht aber das Phänomen des Outcast. Vielleicht deshalb war unsere Unabhängigkeitsbewegung eine totgeborene Revolution; sie gab sich republikanische Verfassungen, die Feudalordnung aber ließ sie intakt und die Herrschaft der Metropole ersetzte sie durch die der Caudillos und Großgrundbesitzer. Unsere demokratischen Einrichtungen waren – und sind – Fassaden, gleich manchen heutigen asiatischen und afrikanischen »Sozialismen«: eine imaginäre Realität, aber pervers und dauerhaft. Seit damals ist die Lüge fester Bestandteil unseres politischen Lebens. Die Zerstückelung unseres Subkontinents und die Machenschaften des Imperialismus, insbesondere des nord-

amerikanischen, brachten unsere Unabhängigkeitsbewegung vollends zum Scheitern.
Die Angloamerikaner haben ihre Geschichte als kollektive Tat erlebt, in bezug auf welche sie sich solidarisch und für die sie sich verantwortlich fühlten. Daß dieses Gemeinschaftsunternehmen für Whitman ein Synonym für Freiheit und Brüderlichkeit, für Robert Lowell aber eines für Verbrechen war, ändert nichts an dieser Tatsache. Auf die eine wie auf die andere Weise bekräftigten die Dichter, je nach ihrer Zeit und ihrem Temperament, ihre Verantwortlichkeit und ihre Teilnahme. Sicherlich, der unglückliche Ausdruck »Bekenntnisdichtung« erinnert nicht nur an das Gitter des Beichtstuhls und an die Couch des Psychoanalytikers, sondern auch an die protestantische Besessenheit von dem Gedanken der Erbsünde (und ich ziehe das *andere* Thema des Westens, das Rousseaus und Blakes, das Thema der Erb-Unschuld vor). Aber das Bekenntnis wird zur Erlösung oder, genauer gesagt, zur Rechtfertigung, sobald es im Kontext einer Gesellschaft und ihrer geschichtlichen und moralischen Wirren steht. Die Haltung der Hispanoamerikaner ist genau umgekehrt. Vallejo, nicht weniger religiös und nicht weniger radikal als Lowell, fühlt sich nicht schuldig, sondern als Opfer. Auch Neruda, der kein Christ ist, fühlt sich nicht schuldig: er klagt an. Nein, wir haben unsere Geschichte nicht gelebt; wir haben sie erlitten wie eine Katastrophe oder eine Strafe. Unsere Helden sind die, die uns gegen die lokalen Tyrannen und, wie Juarez und Sandino, gegen ausländische Mächte verteidigen. Wir waren nicht Subjekt, sondern Objekt unserer Geschichte. Summa summarum: auf der einen Seite Rechtfertigung des Handelns oder Geständnis des Verbrechens, auf der anderen Klage oder Anklage: zwei Monologe.
Whitman und Pound sind vermutlich die repräsentativ-

sten Dichter der Vereinigten Staaten (die repräsentativsten heißt nicht notwendigerweise die besten). Beide proklamieren einen Universalismus, der im Grunde ein Nord-Amerikanismus ist. Beide verkünden, die USA hätten eine Berufung zur Weltmacht. Whitman nordamerikanisiert die Freiheit und macht aus seinem Land die auserwählte Heimat der »Kameradschaft«; Pound streut in seine *Cantos* chinesische Ideogramme, ägyptische Hieroglyphen und griechische und provenzalische Zitate. Seine Methode gleicht der der römischen Eroberer, die ihren Unterworfenen die Götter raubten. Eines fremden Gottes oder eines fremden Textes sich bemächtigen, sind magische Riten von ähnlicher Bedeutung: in beiden Fällen handelt es sich weniger um die Errichtung eines Weltmuseums für Trophäen als um die eines Heiligtums für wunderwirkende Idole. Der Ritus ist eine Huldigung und zugleich ein Sakrileg, eine Schändung: wie der Gott aus seinem Tempel, so wird der Text aus seinem Kontext ausgetrieben. Welcher Dämon übrigens hat Pound auf den Gedanken gebracht, Konfuzius könne der Lehrmeister der Vereinigten Staaten werden? Der Chinese fordert eine natürliche, auf die zyklische Zeit und unveränderliche Hierarchien gegründete Ordnung. Die USA aber haben sich seit ihrer Entstehung mit zwei anti-konfuzianischen Ideen identifiziert: mit dem Fortschritt und mit der Demokratie.

Whitmans Haltung ist im Grunde nicht anders. *Passage to India* sollte besser *Passage to USA* heißen. Das Gedicht besingt die Versöhnung zwischen Asien und Amerika: *»the older brother found, the younger melts in fondness in his arms.«* Aber diese Begegnung ist das Ergebnis eines höchst unberechtigten Eindringens: der nordamerikanische Dichter stellt sich als der geistige Nachkomme Alexanders, Tamerlans, Baburs, Vasco da

Gamas, Marco Polos, ja sogar des pittoresken lügnerischen Ibn Battuta dar. In seiner Begeisterung merkt Whitman nicht, daß *»old occult Brahma and tender junior Buddha«* seine Umarmung als ziemlich lästig empfinden könnten. Die Meditation eines Yogi stören, der in die Betrachtung des Einen oder in die Auflösung aller Bindungen, sogar der brüderlichen, versunken ist, dürfte zumindest eine Dreistigkeit sein. In dieser übertriebenen Herzlichkeit liegt etwas Raubtierhaftes, ein wahrhaft weltgieriger Appetit. Andere Völker haben sich mit der Zerstörung der Idole und der Texte der Toten und der Besiegten begnügt.

Die poetische Theorie der *Cantos,* die Methode der *Präsentation,* ist das Gegenteil einer Übersetzung. Es stimmt zwar, daß jede Übersetzung – im allgemeinen unbewußt – eine Umwandlung und damit Entstellung und Aneignung bedeutet. Dennoch ist das Ideal des Übersetzers die Objektivität, der Respekt vor dem Original, mit anderen Worten, die Anerkennung des *anderen.* Übersetzen ist eine zivilisierte Tätigkeit, weil sie, wie die Nachahmung, aus der Verehrung des Exemplarischen oder Einzigartigen entspringt. Ihre Wurzeln sind ethischer wie ästhetischer Art, denn Verehrung schließt Treue nicht aus, sondern verlangt sie. Dafür sind die chinesischen und tibetanischen Übersetzungen der buddhistischen Sutras und Sastras ein Beispiel. Deshalb ist das Übersetzen auch eine zivilisatorische Tätigkeit: es präsentiert uns ein Bild des anderen und zwingt uns dadurch, anzuerkennen, daß die Welt nicht bei uns selber endet und daß *der* Mensch *die* Menschen ist.

Pound war ein großer Übersetzer und in diesem Sinne ein großer Zivilisator, nicht nur für die englischsprachige Welt. Vergeblich wird man im Französischen, Spanischen, Italienischen eine Übersetzung des *Shi-king* suchen, die der seinen gleichkommt. Doch fußt die Methode der *Cantos* auf einer falschen Analogie: was Pound die »Präsentation« nennt, ist oft nur eine Nebeneinanderstellung. Außerdem ist seine Schrift in keinem Falle wirklich ideographisch, nicht einmal dann, wenn er chinesische Ideogramme in seinen Diskurs einfügt. In seinem Kontext, der ein Kontext der linearen, phonetischen Schrift des Westens ist, sind die chinesischen Zeichen keine echten Ideogramme mehr. Denn wenn die Funktion aller Zeichen die des Bedeutens ist, was bedeuten dann Ideogramme in einem englisch geschriebenen Text? Eines von beiden: entweder sind sie Zitate, die der Übersetzung bedürfen – und die kann nur nicht-ideographisch sein –, oder es sind bloße magische Striche, das heißt Zeichen, die die Kraft des Bedeutens verloren haben.

Mein Einwand ist weniger ein ästhetischer – schließlich ist Pound ein großer Dichter – als vielmehr ein moralischer. Abgesehen von ihrer Naivität, ist seine Theorie – man muß es sagen, selbst wenn es sich skandalös anhört – barbarisch und arrogant zugleich. Barbarei und Arroganz des Eroberers: Rom, nicht Babel. Es ist wahr, daß man die *Cantos* in gewisser Weise als eine der Bibliothek Borges' entrissene Dichtung ansehen könnte. Mit einem Unterschied: Pounds Dichtung hat einen Sinn – oder will ihn haben: sie ist das Abbild des »historischen Prozesses«, das »Stammesmärchen«. Ein Märchen, das für Borges, der mehr Buddhist als Konfuzianer ist, keinen Sinn hat. Pounds Bibliothek ist eine Gesamtheit von Zeichen, deren Signifikate jedoch im Widerspruch stehen zu den Zeichen, denen der Dichter Sinn verleihen will (und manchmal auch verleiht). Borges' Bibliothek ist ein System von Zeichen, die durch Kombinationen ihre an sich schon vage Bedeutungen mehr und mehr verlieren. Für den argentinischen Schriftsteller sind Pounds »Ideen in

Aktion« die Kehrseite der Ideen, oder besser, die Kehrseite der Idee von Ideen. Die Gründung von Buenos Aires, ein Lieblingsthema von Borges, ist keine Handlung, sondern eine Idee – eine *Hypothese*. Die Dichter der Vereinigten Staaten sind zur Zukunft, das heißt, zum Fortschritt verdammt. Ob sie ihn besingen oder kritisieren, macht keinen Unterschied. Wir Hispanoamerikaner sind dazu verdammt, nach dem Ursprung zu suchen oder – was abermals das gleiche ist – ihn zu erfinden. Wenn wir uns in irgend etwas gleichen, dann darin, daß uns in der Gegenwart nicht wohl ist. Wir sind Flüchtlinge aus allen Ewigkeiten, die zyklische Zeit des Konfuzius nicht ausgenommen.

Obwohl ich in diesem Aufsatz literarische Betrachtungen vielleicht allzu sehr mit historischen vermischt habe, glaube ich nicht an die Allmacht der Geschichte. Dagegen glaube ich an die Souveränität der Poesie. Eines der schönsten Gedichte, das ich (in Übersetzung) gelesen habe, ist ein Totengesang der Pygmäen, eines Volkes ohne Geschichte. Doch Geschichte und Poesie überschneiden sich, und gelegentlich decken sie sich. Die Geschichte schafft Gestalten und Zeichen, die der Dichter erkennen und entziffern muß. Kein Zweifel, daß von Bolívar zu Zapata und von Zapata zu Castro – einem Aristokraten, einem Bauern und einem Revolutionär aus dem Mittelstand – eine gewisse Kontinuität besteht: nicht im Bereich der Ideen, sondern in den tiefen, vielleicht unbewußten Absichten: in dem, was die einen die »Logik der Geschichte«, die anderen »Schicksal« nennen.
Ein hispanoamerikanischer Dichter kann dieser Kontinuität nicht empfindungslos gegenüberstehen: das Wort des Ursprungs finden und eine Gesellschaft gründen, sind im wesentlichen keine sich widersprechenden, son-

dern sich ergänzende Aufgaben. Wenn Geschichte und Poesie sich reimen, so heißt diese Übereinstimmung beispielsweise Whitman; besteht Nicht-Übereinstimmung zwischen ihnen, heißt die Dissonanz Baudelaire. In diesem Fall bleibt der Lyrik nichts anderes übrig, als sich zurückzuziehen, sich auf sich selbst zu gründen: Mallarmés *»action restreinte«*. Die Gefahren dieser Nicht-Übereinstimmung sind: das unverantwortliche Lied oder das Schweigen – es sei denn, dieses Schweigen löse sich auf in *Un coup de dé*, was nur einmal in jedem Jahrhundert vorkommt. Die Gefahren der Übereinstimmung sind belegt durch den tragischen Fall Majakowski und die nur bedauerlichen eines Aragon, eines Neruda und so vieler anderer.

Poesie und Geschichte ergänzen sich, *vorausgesetzt, daß der Dichter die Distanz zu wahren weiß*. Jede Macht, auch eine großzügige, revolutionäre, tendiert aufgrund eines Naturgesetzes zur Neutralisierung und Annullierung nicht nur der Heterodoxien, sondern der Unterschiede. Meine Generation hat beide Extreme, die Nicht-Übereinstimmung und die Übereinstimmung[2] kennengelernt. Die Mehrheit hat der einen wie der anderen Versuchung, dem Selbstgespräch wie der Rhetorik einer Begeisterung je nach Losung, widerstanden. Einige Dichter meiner Generation haben eine Anzahl Gedichte geschrieben, die zu den schönsten der hispanoamerikanischen Literatur dieses Jahrhunderts gehören. Aber nicht das, sondern etwas anderes möchte ich hervorheben: nämlich, daß die besten von ihnen bis jetzt nicht vergessen haben, daß die Poesie, auch in der Übereinstimmung, Nicht-

---

2 Ich habe von ihr nicht gesprochen, erstens aus Scham, zweitens, weil dieser Text kein Panorama der zeitgenössischen hispanoamerikanischen Poesie darstellt.

Übereinstimmung ist. Ich predige nicht Heterodoxie, obwohl mich von meinem Temperament her Heterodoxien anziehen. Ich behaupte nur, daß Lyrik nicht auf Ideen und Systeme reduzierbar ist. Sie ist die *andere* Stimme. Weder das Wort der Geschichte noch das der Anti-Geschichte, sondern die Stimme, die in der Geschichte immer etwas *anderes* sagt – die gleiche Stimme, von Anfang an. Ich weiß nicht, wie ich erklären oder definieren soll, worin dieser Unterschied besteht, dieser Ton, der sie, ohne sie zu isolieren, einzigartig und anders macht. Ich kann nur sagen, daß sie die Fremdheit und die Vertrautheit in Person ist. Es genügt, ihr zuzuhören, um sie zu erkennen.

Delhi, 1967

Im Jahre 1690 veröffentlicht der Bischof von Puebla, Manuel Fernandez de Santa Cruz, Sor Juana Inés' Kritik an dem berühmten Sermon des Jesuitenpaters Antonio de Viera über *Die Vortrefflichkeit Christi.* Diese sogenannte *Carta Athenagórica* ist Sor Juanas einzige theologische Schrift oder wenigstens die einzige, die auf uns gekommen ist. Der Brief, im Auftrag geschrieben und »nur widerstrebend, einmal, weil es sich um sakrale Dinge handelt, vor denen man ehrfürchtige Scheu haben soll, zum andern, weil es so aussehen könnte, als wollte ich jemanden anfechten, wogegen ich eine natürliche Abneigung habe«, fand sofortigen Widerhall. Daß eine mexikanische Nonne sich erkühnte, mit ebenso viel Strenge wie intellektuellem Mut den berühmten Beichtvater der Christine von Schweden zu kritisieren, war ungewöhnlich. Aber wenn schon die Kritik an Vieira Erstaunen erregte, so mußte die eigenartige Auffassung der Dichterin von der Gunst Gottes selbst ihre Bewunderer erschreckt haben. Sie behauptete nämlich, Gottes größte Wohltaten seien negativ: »Jemanden belohnen, heißt ihm wohltun, jemanden strafen, heißt ihm wohltun, Belohnungen versagen, ist die größte Belohnung, keine Güte bezeigen, die höchste Form der Güte.« Bei einer Nonne, die eine Liebhaberin von Dichtung und Wissenschaft war, die sich mehr um das Wissen als um das Heil kümmerte, lief diese Idee Gefahr, nicht nur als eine bloße theologische Subtilität angesehen zu werden. Wenn die größte göttliche Gunst die Gleichgültigkeit sein sollte, war dann nicht jeder Willkür Tür und Tor geöffnet?
Der Bischof von Puebla, Herausgeber und Freund der Nonne, hielt mit seiner Mißbilligung nicht zurück. Unter dem Pseudonym Sor Filotea de la Cruz erklärt er in dem

der *Carta Athenagórica* vorangestellten Sendschreiben: »Obwohl Ihr scharfer Verstand sie (die negativen Wohltaten) Güte nennt, halte ich sie für Strafen.« In der Tat gibt es für Christen kein Leben außerhalb der Gnade, und selbst die Freiheit ist deren Widerschein.[1] Der Prälat gab sich übrigens nicht damit zufrieden, seine Meinungsverschiedenheit gegenüber Sor Juanas Theologie zu bekunden, sondern zeigte offen seine entschiedene und scharfe Mißbilligung ihrer intellektuellen und literarischen Neigungen: »Ich will nicht behaupten, daß Sie Ihren Sinn ändern werden, wenn Sie auf Ihre Bücher verzichten, sondern daß Sie ihn bessern werden, wenn Sie das Buch Christi lesen . . . Schade, daß ein so hoher Geist sich derart auf das niedere irdische Wissen einläßt, daß er nicht mehr in das einzudringen wünscht, was im Himmel geschieht; möge er, wenn er sich schon auf den Boden herabläßt, nicht noch tiefer sinken und in Betracht ziehen, was in der Hölle geschieht.« Der Brief des Bischofs konfrontiert Sor Juana mit dem Problem ihrer Berufung, ja, radikaler noch, mit ihrem ganzen Leben. Die theologische Diskussion tritt in den Hintergrund.

Die *Antwort an Sor Filotea de la Cruz* ist Sor Juanas letzte Schrift. In diesem Antwortbrief, der eine kritische Autobiographie, eine Verteidigung ihres Rechtes auf Wissen und ein Bekenntnis zur Begrenztheit alles menschlichen Wissens ist, kündigt sich die endgültige Unterwerfung an. Zwei Jahre später verkauft sie ihre Bücher und überläßt sich den Mächten des Schweigens. Sie war reif für den Tod, sie konnte der Epidemie des Jahres 1695 nicht entkommen. Ich fürchte, daß man die

---

1 Zu den wenigen Dingen, die man in ihrer Zelle fand, gehört die unvollendete Romanze »zum Dank an Europas unnachahmliche Federn, die mit ihrem Lobe ihre Werke erhoben«.

Bedeutung ihres Werkes wie die ihres Lebens nicht verstehen kann, ohne vorher den Sinn ihres Verzichts auf das Wort verstanden zu haben. Hören auf das, was uns ihr Schweigen sagt, ist mehr als eine barocke Umschreibung für »Verständnis«. Denn, wenn Schweigen »etwas Negatives« ist: das Verschweigen ist es nicht. Die Funktion des Schweigens ist »nichts zu sagen«, was nicht dasselbe ist wie »etwas nicht zu sagen«. Das Schweigen ist nicht sagbar, ist der tönende Ausdruck des Nichts; das Verstummen ist voller Bedeutung: »Auch von denjenigen Dingen, die man nicht aussprechen kann, muß man wenigstens sagen, daß sie unaussprechlich sind, damit man versteht, daß Verstummen nicht heißt: nicht wissen, was man sagen soll, sondern, daß man in Worten die Fülle dessen, was zu sagen wäre, nicht aussprechen kann.« Was aber verschweigen uns Sor Juanas letzte Jahre? Und gehört das, was sie verschweigen, in den Bereich des Schweigens, das heißt des Unsagbaren, oder in den des Verstummens, das durch Anspielungen und Zeichen spricht?

Sor Juanas Krise fällt mit den Unruhen und öffentlichen Miseren zusammen, die das ausgehende 17. Jahrhundert Mexikos verdüstern. Der Schluß, erstere sei die Wirkung der letzteren, scheint nicht vernünftig, denn lineare Erklärungen erfordern immer einen dritten Punkt, der seinerseits einen weiteren erforderlich macht. Die Kette der Ursachen und Wirkungen ist unendlich. Andererseits läßt sich die Kultur nicht so durch die Geschichte erklären, als handle es sich um getrennte Ordnungen: hier die Welt der Fakten, dort die Welt der Werke. Die Fakten sind von den Werken nicht zu trennen. Der Mensch bewegt sich in der Welt der Werke. Kultur ist Geschichte. Und man kann hinzufügen: das Eigentliche der Geschichte ist die Kultur, und es gibt keine andere Geschichte als die der Kultur, das heißt die der Werke der Menschen, die der Menschen in ihren Werken. In diesem Sinn sind Sor Juanas Schweigen und die Tumulte von 1692 Fakten, die in enger Beziehung stehen und die nur innerhalb der Geschichte der kolonialen Kultur Mexikos verständlich sind. Beide sind Folgen einer geschichtlichen Krise, die bis heute wenig erforscht ist.

Im weltlichen Bereich gründete Neu-Spanien auf dem harmonisch und hierarchisch geordneten Zusammenleben vieler Rassen und Völker im Schatten der Habsburger Monarchie; im geistlichen Bereich auf der Universalität der christlichen Offenbarung. Die Überlegenheit der spanischen Monarchie gegenüber dem aztekischen Staat war nicht grundsätzlich verschieden von der der neuen Religion: beide stellten eine offene Ordnung dar, die Menschen aller Rassen in sich aufzunehmen vermochte. Die weltliche Ordnung war überdies gerecht, da sie sich auf die christliche Offenbarung stützte, auf ein göttliches, vernünftiges Wort. Auf das vernünftige Wort zu verzichten – zu verstummen – und die *Audiencia,* das Symbol des Staates, niederzubrennen, waren Taten von ähnlicher Bedeutung. In ihnen äußert Neu-Spanien sich als Negation. Aber dieses Negieren gilt nicht einer äußeren Macht: durch diese Taten negiert die Kolonie sich selbst und verzichtet auf ihr Sein, ohne daß irgendeine Affirmation aus dieser Negation hervorgegangen wäre. Der Dichter verstummt, der Intellektuelle tritt ab, das Volk meutert. Die Krise mündet in Schweigen. Alle Türen fallen zu. Die Kolonialgeschichte erweist sich als ein Abenteuer ohne Ausweg.

Man verfälscht möglicherweise den Sinn der kolonialen Krise, wenn man der Versuchung nachgibt, sie als eine Prophezeiung der Unabhängigkeit zu betrachten. Sie wäre es, wenn die Unabhängigkeit nur die letzte Konsequenz der Auflösung des spanischen Weltreiches gewesen wäre. In Wirklichkeit ist sie mehr und etwas substantiell anderes: eine Revolution, das heißt, eine Ablösung der kolonialen durch eine andere Ordnung. Mit anderen Worten: ein gänzlicher Neubeginn der Geschichte Lateinamerikas. Entgegen einer landläufigen Meinung ging das unabhängige Mexiko nicht aus der kolonialen Welt hervor[2]: es gab einen deutlichen Bruch, und danach wurde eine staatliche Ordnung auf Prinzipien und Institutionen gegründet, die von den alten radikal verschieden waren. Daher kommt es, daß unser 19. Jahrhundert unserer kolonialen Vergangenheit fremd gegenüberstand. Niemand erkannte sich mehr in der Tradition Neu-Spaniens, weil diese in der Tat nicht die der Liberalen war, die die Unabhängigkeit verwirklichten. Über ein Jahrhundert lang hat Mexiko ohne Vergangenheit gelebt.

Wenn die Krise, die die Epoche der österreichischen Monarchie abschloß, kein Vorzeichen der Unabhängigkeitsbewegung war, welchen Sinn hatte sie dann? Der Pluralität der Völker und Sprachen der prähispanischen Welt gegenüber präsentierte sich Neu-Spanien als eine einheitliche Konstruktion, in deren universaler Ordnung Raum war für alle Völker und alle Menschen. In Sor Juanas *Villancicos* bekennt sich eine buntgemischte Menge in Náhuatl, Latein und Spanisch zu einem einzigen Glauben und zu einer einzigen Loyalität: der koloniale Katholizismus war ebenso universal wie die Monarchie; in seinem Himmel fanden, fast unverhüllt, alle Götter der überlieferten Mythologien ihren Platz. Von

---

2 Allerdings bleiben viele koloniale Züge bis 1857 und sogar bis in unsere Tage erhalten, aber als bloßes Beharren, als Hindernis und hartnäckiges Sich-selbst-Überleben: als Fakten, die ihren geschichtlichen Sinn verloren haben.

ihren Göttern verlassen, stellen die Indios durch die Taufe ihre Verbindungen mit dem Göttlichen wieder her und nehmen im Diesseits wie im Jenseits einen Platz ein. Die Entwurzelung durch die Conquista wird kompensiert durch die Entdeckung einer neuen, überirdischen Heimat. Indessen, der Katholizismus kam als fertige und schon in der Defensive befindliche Religion nach Mexiko. Wenige nur haben darauf hingewiesen, daß der Höhepunkt der katholischen Religion in Amerika mit ihrem Niedergang in Europa zusammenfällt: was dort Untergang war, wurde für uns Aufgang. Der neue Glaube war eine jahrhundertealte Religion mit einer subtilen, komplexen Philosophie, die weder für inbrünstiges Forschen noch für spekulative Zweifel Raum ließ. Dieser Unterschied im historischen Rhythmus – die Wurzel der Krise – läßt sich auch auf anderen Gebieten, von der Wirtschaft bis zur Literatur, beobachten. In allen Bereichen war die Lage ähnlich: es gab nichts zu erfinden, nichts hinzuzufügen, nichts vorzuschlagen. Kaum entstanden, war Neu-Spanien schon eine üppige Blume und zu einer vorzeitigen, starren Reife verdammt. Diese Reife verkörpert Sor Juana. Ihr dichterisches Werk ist eine ausgezeichnete Musterkollektion der Stile des 16. und 17. Jahrhunderts. Sicherlich ist sie da und dort – zum Beispiel, wenn sie Jacinto Polo de Medina nachahmt – ihrem Vorbild überlegen, doch ohne neue Welten entdeckt zu haben. Dasselbe gilt für ihre Theaterstücke; und zum höchsten Lob ihres »Göttlichen Narziß« kann man nur sagen, er sei Calderóns *Autos sacramentales* ebenbürtig. (Nur im »Ersten Traum« übertrifft sie ihre Meister, was noch zu begründen sein wird.) Im ganzen gesehen, geht Sor Juana nie über den Stil ihrer Zeit hinaus. Es war ihr nicht möglich, die Formen zu zerbrechen, die sie in so subtiler Weise gefangenhielten und in denen sie sich so elegant

bewegte. Sie zu zerstören, hätte für sie bedeutet, sich selbst zu vernichten. Der Konflikt war unlösbar, weil der einzige mögliche Ausweg die Zerstörung der Grundlagen der kolonialen Welt erfordert hätte.
War es schon nicht möglich, die Prinzipien, auf die jene Gesellschaft sich stützte, zu negieren, ohne sich selbst aufzugeben, so wäre es doch möglich gewesen, andere aufzustellen. Doch weder die Tradition noch die Geschichte Neu-Spaniens hatte andere Lösungen anzubieten. Sicherlich, zwei Jahrhunderte später übernahm man andere Prinzipien; doch darf man nicht vergessen, daß sie von außen – aus Frankreich – kamen und daß sie dazu bestimmt waren, eine neue Gesellschaft zu begründen. Am Ende des 17. Jahrhunderts hatte die koloniale Welt die Kraft, sich zu erneuern, verloren; dieselben Prinzipien, die sie hatten entstehen lassen, erstickten sie nun.
Der Akt, die irdische Welt zu verneinen und die überirdische zu bejahen, konnte für Sor Juana nicht die gleiche Bedeutung haben wie für die großen Geister der Gegenreformation oder die Missionare Neu-Spaniens. Der Verzicht auf diese Welt bedeutet für Teresa de Ávila und Ignatius von Loyola nicht Abdankung oder Schweigen, sondern nur ein anderes Vorzeichen: die Geschichte, und mit ihr das menschliche Tun, öffnet sich dem Überirdischen und erreicht so eine neue Fruchtbarkeit. Selbst die Mystik besteht weniger darin, diese Welt zu verlassen, als darin, das persönliche Leben in die sakrale Geschichte einzubinden. Der Katholizismus, ob militant, evangelisch oder reformiert, erfüllt die Geschichte mit Sinn, und die Verneinung dieser Welt führt schließlich zur Bejahung der geschichtlichen Tat. Demgegenüber öffnet sich der entschieden persönliche Teil des Werkes der Sor Juana weder der Aktion noch der Kontemplation, sondern dem Erkennen, und Erkennen heißt für sie: unvoreingenom-

menes Befragen dieser Welt. Diese neue Art der Erkenntnissuche war im Rahmen ihres historischen Universums unmöglich. Mehr als zwanzig Jahre lang beharrt Sor Juana auf ihrem Weg. Sie gibt erst nach, als die Türen endgültig zufallen. Der Konflikt war in ihr selbst radikal: Erkenntnis ist Traum. Als die Geschichte sie gegen Ende ihres Lebens aus ihrem Traum weckt, verstummt sie. Ihr Erwachen beendet den goldenen Traum des Vizekönigtums. Wer ihr Verstummen nicht versteht, wird auch die eigentliche Bedeutung des »Ersten Traums« und der »Antwort an Sor Filotea de la Cruz« nicht verstehen. Wissen ist unmöglich und jedes Wort mündet in Schweigen. Nur wer ihr Verstummen versteht,

entziffert die Seligkeit
zwischen den Lettern der Verwüstung.

Doppeldeutige Seligkeit. Alles in ihr – Berufung, Seele, Körper – ist ambivalent. Sie ist noch ein Kind, als sie von ihrer Familie mit Verwandten nach Mexico-Stadt geschickt wird. Mit dreizehn ist sie Gesellschaftsdame der Marquesa de Mancera, der Vizekönigin von Neu-Spanien. Durch die Biographie des Padre Calleja erreicht uns das Echo der Feste und Wettstreite, bei denen Juana als Wunderkind glänzt. Da sie schön und unabhängig ist, fehlt es ihr nicht an Liebhabern. Aber sie will nicht »die weiße Wand sein, die jeder besudeln möchte«. Sie nimmt das Ordensgewand, weil es »bei meiner gänzlichen Ablehnung der Ehe das am wenigsten unpassende und das dezenteste war, das ich wählen konnte«. Wir wissen heute, daß sie ein uneheliches Kind war. Hätte sie die Ehe vorgezogen, wenn sie es nicht gewesen wäre? Man muß es zumindest bezweifeln.
Sor Juana scheint aufrichtig zu sein, wenn sie von ihrer

intellektuellen Berufung spricht: weder mangelnde irdische Liebe noch der Drang zum Göttlichen trieben sie in die Zelle. Das Kloster ist ein Notbehelf, eine vernünftige Lösung; es bietet Zuflucht und Einsamkeit; es ist keine Eremitenhöhle, sondern Ruhesitz, Laboratorium, Bibliothek, Salon; da empfängt man Besuche, führt Gespräche, liest Verse, erörtert Probleme, hört gute Musik. Vom Kloster aus nimmt sie am geistigen und am höfischen Leben teil. Unablässig schreibt sie Verse, Komödien, Villancicos, Loas, musikalische Traktate, moralische Reflexionen. Gedichte und Geschenke, Glückwünsche, Bittschriften, gereimte Burlesken wandern zwischen dem Palast des Vizekönigs und dem Kloster hin und her. Sie ist das verhätschelte Kind, die zehnte Muse.
In ihren Villancicos tauchen neben dem Kongolesisch der Schwarzen und der rauhen Sprache der Basken auch die »zarten Redewendungen des Mexikanischen« auf. Sor Juana gebraucht alle diese seltsamen Spezereien sehr bewußt, ja mit einer gewissen Koketterie:

Was für magische Infusionen
haben die kräuterkundigen Indios
meiner Heimat in meine Schriften
als Zaubermittel gegossen?

Es wäre ein Irrtum, die Ästhetik des Barock – die der Exotik der Neuen Welt ihre Tore öffnete – mit nationalistischen Bestrebungen zu verwechseln. Eher läßt sich das Gegenteil behaupten. Sor Juanas von Sigüenza y Góngora übernommene Vorliebe für die einheimischen Sprachen belegt weniger eine Vorahnung künftiger Nationalität als ein lebendiges Bewußtsein von der Universalität des Weltreiches: Indios, Kreolen, Mulatten und Spanier bilden ein einziges Ganzes. Ihre Beschäftigung mit den

Religionen aus der Zeit vor Cortés, erkennbar in der Loa, die dem »Göttlichen Narziß« vorausgeht, hat denselben Sinn. Die Aufgabe der Kirche ist keine andere als die des Imperiums: die Gegensätze versöhnen, das heißt, die Unterschiede in einer höheren Wahrheit aufheben. Eines der ständigen Themen in Sor Juanas Dichtung ist die Liebe. Sie soll geliebt haben und geliebt worden sein. Sie selbst läßt das in ihren Gedichten durchblicken, obwohl sie in der »Antwort an Sor Filotea« darauf hinweist, daß sie alle ihre Schriften, außer dem »Ersten Traum«, im Auftrag geschrieben habe. Gleichgültig, ob ihre Liebeserlebnisse fremde oder eigene, ob sie erlebt oder geträumt waren: durch die Dichtung wurden sie die ihren. Ihre Erotik ist intellektuell, womit ich nicht sagen will, daß es ihr an Tiefe oder Echtheit gebricht. Wie alle großen Liebenden gefällt sie sich in der Dialektik der Leidenschaft und, auf sinnliche Art, auch in deren Rhetorik, was nicht dasselbe ist wie die nur rhetorische Leidenschaft mancher Dichterinnen. Die Männer und Frauen ihrer Gedichte sind Bilder, Schatten, »von der Phantasie gehämmert«. Doch ihr Platonismus ist nicht ohne Inbrunst. Sie empfindet ihren Körper als eine Flamme ohne Geschlecht:

Und ich weiß, daß mein Körper,
weder dem einen noch dem andern sich schenkend,
neutral ist oder abstrakt, solange
er nur die Seele hingibt.

Das Problem ist brennend, und so läßt sie es stehen, »damit andere es lüften«, denn man darf nichts ausklügeln, was man besser nicht wissen sollte. Ihre Haltung gegenüber den zwei Geschlechtern ist nicht weniger doppeldeutig. Die Männer in ihren Gedichten sind immer

Abwesenheit, Verachtung, flüchtige Schatten. Dagegen strahlen ihre Frauenporträts, und in besonders hellem Glanz die der Vizeköniginnen, unter deren Protektion sie stand: das der Marquesa de Mancera und das der Gräfin Paredes. Die *Romance en esdrújulas,* in der sie »die schöne Gestalt der Frau von Paredes« schildert, ist eines der denkwürdigen Gedichte Gongorinischer Poesie. Diese Leidenschaft soll kein Ärgernis erregen:

Daß du eine Frau bist und abwesend,
ist kein Hindernis, dich zu lieben,
denn du weißt, daß die Seelen
nichts wissen von Entfernung und Geschlecht.

In fast allen ihren Liebesgedichten – auch in den Gedichten, die von ihrer Freundschaft zu Filis und Lisis handeln – erscheint derselbe Gedanke: »Reine Liebe, ohne Verlangen nach schnöder Lust kann dasselbe empfinden wie profane Liebe.« Es wäre übertrieben, von Homosexualität zu sprechen, aber nicht zu übersehen ist, daß sie selbst aus der Doppeldeutigkeit ihrer Empfindungen kein Hehl macht. In einem ihrer tiefsinnigsten Sonette sagt sie:

Magst spotten du des eng Umfangens,
das deine Form im Geist umschlossen hielt,
was richtet's aus, des Arms, der Brust zu spotten,
wenn meine Phantasie dir ein Gefängnis schafft?

Ihre Liebeserlebnisse – wahr oder erfunden – waren zweifellos keuscher Art. Sie verliebte sich in den Körper mit ihrer Seele. Doch wer vermöchte die Grenzen zwischen dem einen und dem andern zu ziehen? Für uns sind Körper und Seele dasselbe oder fast dasselbe: unsere Vorstellung vom Körper ist mit Geist durchsetzt – und umgekehrt. Sor Juana lebt in einer Welt, die auf den Dualismus gegründet ist. Für sie war das Problem leichter zu lösen, sowohl im geistigen Bereich als auch in dem ihres Verhaltens. Als die Marquesa de Mancera stirbt, fragt sie sich:

Getrennt ist, was in Laura schöne Einheit war.
Unsterbliche Seele, seliger Geist,
warum verließest du so schönen Körper?
Körper, wozu entließest du solch eine Seele?

Sor Juana bewegt sich zwischen den Schatten ungreifbarer Körper und flüchtiger Seelen. Nur die Gottesliebe ist für sie konkret und ideal zugleich. Doch ist Sor Juana keine mystische Dichterin: in ihren religiösen Gedichten ist die Gottheit ein abstraktes Wesen. Gott ist Idee, Begriff, und selbst dort, wo sie offensichtlich den Mystikern folgt, sträubt sie sich, das Irdische mit dem Himmlischen zu vermischen. Ihre Gottesliebe ist eine Vernunftliebe.

Ihre große Liebe war jedoch eine andere. Schon als Kind neigt sie zu den Geisteswissenschaften. Als junges Mädchen faßt sie den Plan, Männerkleider anzulegen, um die Universität besuchen zu können. Zur Autodidaktik gezwungen, klagt sie: »Wie hart ist das Studium dieser seelenlosen Buchstaben, denen die lebendige Stimme des Meisters fehlt.« Und sie fügt hinzu: »Alle diese Mühen nahm ich aus Liebe zur Wissenschaft auf mich; oh, wenn es aus reiner Liebe zu Gott geschehen wäre, wie es hätte sein sollen, wie groß wäre mein Verdienst!« Ihre Klage ist ein Geständnis: die Erkenntnis, nach der sie strebt, ist nicht die in den heiligen Schriften gesammelte. Wenn die Theologie die »Königin der Wissenschaften« ist, dann hält sie sich in deren Grenzgebieten, der Physik und der

Logik, der Rhetorik und der Jurisprudenz, auf. Doch ihre Wißbegier ist nicht die des Spezialisten; sie strebt nach der Integration der einzelnen Wahrheiten und besteht auf der Einheit der Wissenschaften. Die Vielfalt beeinträchtigt das Gesamtverständnis nicht, erfordert es vielmehr, denn alle Wissenschaften entsprechen sich: sie sind die Kette, von der die Alten sich vorstellten, sie käme aus Jupiters Munde und alle Dinge hingen an ihr, wie Kettenglieder, eins mit dem andern verbunden.«
Ihr Interesse für die Wissenschaften ist beeindruckend. In den Versen des »Ersten Traums« beschreibt sie mit einer Pedanterie, die uns lächeln macht, die Vorgänge der Ernährung, die Phänomene des Traums und der Phantasie, die Heilkraft gewisser Gifte, die ägyptischen Pyramiden, die Zauberlaterne, die

an der weißen Wand
allerlei Phantasiegestalten spiegelt,
vom Schatten nicht weniger begünstigt
als vom Licht, das in zitterndem Widerschein . . .

Alles vermischt sich: Theologie und Naturwissenschaft, barocke Rhetorik und echtes Staunen vor dem Universum. Innerhalb der spanischen Tradition ist diese Haltung ungewöhnlich. Für die großen Spanier mündet die Wissenschaft in die heldische Tat oder in die Negation der Welt (eine sozusagen positive Negation). Für Sor Juana wird die Welt zum Problem. Alles wird ihr Anlaß, scharfsinnige Fragen zu stellen; ja, ihr ganzes Wesen spitzt sich zu einer einzigen Frage zu. Das Universum ist ein riesiges Labyrinth, aus dem die Seele keinen Ausweg finden kann: »Auf Syrten des Unmöglichen strandend, bei jedwedem Kurs, dem sie zu folgen versucht«. Nichts ist von diesem rationalen Rätselraten entfernter als das

Weltbild, das uns die spanischen Klassiker hinterlassen haben: bei ihnen sind Wissen und Handeln eins. Wissen ist Wirken, und alles Wirken, wie alles Wissen, ist auf das Jenseits bezogen. Jedes zweckfreie Wissen gilt in dieser Tradition als Blasphemie oder Irrsinn.
Die Kirche verurteilte Juana nicht als Irrsinnige oder Gotteslästerin, aber sie beklagte ihre »Abwege«. In der »Antwort« berichtet sie, man habe sie damit »gedemütigt und gequält: solche Studien schickten sich nicht in die Sancta Ignorantia; man müsse verderben und auf solcher Höhe mit all seiner Klugheit und Hellsicht zunichte werden«. Doppelte Einsamkeit: die des Bewußtseins und die der Frau. Eine – »sehr fromme und arglose Oberin, der jedes Studium als ein Fall für die Inquisition galt«, befiehlt ihr, die Studien einzustellen. Ihr Beichtvater zieht die Schlinge noch enger, indem er ihr zwei Jahre lang jeden geistlichen Beistand vorenthält. Solchem Druck zu widerstehen, war ebenso schwierig, wie vorher unter den Schmeicheleien des Hofes nicht den Kopf zu verlieren. Sor Juana bleibt hartnäckig. Auf die Schriften der Kirchenväter gestützt, verteidigt sie ihr Recht – und das aller Frauen – auf Erkenntnis. Und nicht nur das Recht auf Wissen, sondern auch auf regelrechten Unterricht: »Was ist Unschickliches daran, daß eine ältere Dame die Erziehung junger Mädchen übernimmt?«
Vielseitig, von tausend Dingen zugleich angezogen, dient ihr das Studium zugleich zur Verteidigung und zum Rückzug auf sich selbst. Man nimmt ihr die Bücher weg: ihr bleibt das Denken, das in einer Viertelstunde mehr ausrichtet als das Lesen in vier Jahren. Nicht einmal im Traum kann sie sich befreien »von der ständigen Bewegung meiner Vorstellungskraft, ja es pflegt diese in ihm freier und ungehemmter zu wirken, zu argumentieren und Verse zu machen, deren ich einen sehr langen Kata-

log anlegen könnte«. Das Geständnis ist besonders wertvoll, da es uns den Schlüssel zu ihrem Hauptwerk liefert: der Traum ist ein Wachsein, nur länger anhaltend und luzider; Träumen heißt Erkennen. Gegen das Tagwissen erhebt sich ein anderes, notwendigerweise rebellisches, das außerhalb des Gesetzes steht und einer Strafe unterworfen ist, die den Geist mehr stimuliert als einschüchtert. Es erübrigt sich darauf hinzuweisen, wie sehr diese Auffassung, die dem »Ersten Traum« zugrunde liegt, mit bestimmten Zielen der modernen Dichtung in Einklang steht.

Die beste und verständlichste Beschreibung des Themas des »Ersten Traums« verdanken wir Pater Calleja: »Da es Nacht war, schlief ich und träumte, ich wollte alle Dinge auf einmal umfassen, aus denen das Universum besteht; ich konnte es weder aufgeteilt nach Kategorien noch als ein einziges Ungeteiltes – erkennen. Ich war enttäuscht, als es dämmerte und ich erwachte.« Sor Juana gibt an, sie habe das Gedicht in absichtlicher Nachahmung der *Soledades* geschrieben. Aber der »Erste Traum« ist eine Dichtung des nächtlichen Staunens, während die Góngoras eine des mittäglichen Staunens ist. Hinter den Bildern des Dichters aus Córdoba ist nichts, denn seine Welt ist bloßes Bild, reiner Abglanz der Erscheinung. Sor Juanas Universum, arm an Farben, aber reich an Schatten, Abgründen, plötzlichen Helligkeiten, ist ein Labyrinth von Symbolen, ein Delirium der Vernunft. Der »Erste Traum« ist das Gedicht der Erkenntnis. Das unterscheidet ihn von der Dichtung Góngoras und, noch deutlicher, von jeder Dichtung des Barock. Aber gerade das verbindet ihn in überraschender Weise mit der deutschen romantischen Dichtung und durch sie mit der unserer Zeit.

An manchen Stellen widersteht der barocke Vers dem

ungewöhnlichen Verfahren, Begriffe und abstrakte Formeln in Bilder umzusetzen. Die Sprache wird abrupt und pedantisch. An anderen Stellen, den besten und dichtesten, ist der Ausdruck schwindelerregend vor heller Geistigkeit. Sor Juana erschafft eine abstrakte, sinnverwirrende Landschaft aus Kegeln, Obelisken, Pyramiden, aus geometrischen Abgründen und bedrohlichen Bergspitzen. Ihre Welt hat ebensoviel von der Mechanik wie vom Mythos. Die Kugel und das Dreieck beherrschen ihren leeren Himmel. Poesie der Wissenschaft, aber auch des nächtlichen Schreckens. Das Gedicht beginnt mit der Herrschaft der Nacht über die Welt, wenn alles schläft und vom Traum überwunden ist. Es schlafen der König und der Räuber, die Liebenden und der Einsiedler. Der Körper ruht, sich selbst überlassen. Vermindertes Leben des Körpers – maßloses Leben des Geistes, der nun der Last des Körpers ledig ist. Die Nahrung, in Wärme umgesetzt, erzeugt Empfindungen, welche die Phantasie in Bilder verwandelt. Von der Höhe der aus allen Geisteskräften – Gedächtnis und Imagination, Urteilskraft und Phantasie – gebildeten Pyramide herab, betrachtet die Seele die Phantasmen der Welt und vor allem jene Figuren des Geistes, die »verstandeshelle Sterne« ihres inneren Himmels sind. In ihnen erschafft sie sich immer wieder neu. Schließlich löst sie sich von dieser Betrachtung, um den Blick allem Erschaffenen zuzuwenden. Die Vielfalt der Welt blendet sie und läßt sie schließlich erblinden. Die Seele – ein vernunftbegabter Adler – stürzt hinab in »die Ungeschiedenheiten eines Meeres von Schrecken«. Der Sturz vernichtet sie nicht. Unfähig zum Flug, klettert sie nach oben, mühsam, Schritt für Schritt; besteigt die Pyramide, teilt die Welt in Kategorien und Stufen der Erkenntnis ein: »der Mangel, nicht mit einem einzigen Akt der Intuition alles Geschaffene erkennen zu können«, muß durch die Methode ausgeglichen werden.

Das Gedicht beschreibt den Gang des Denkens, eine Spirale, die vom Unbelebten aufsteigt zum Menschen und seinem Symbol: dem Dreieck, einer Figur, in der das Tierische und das Göttliche konvergieren. Der Mensch ist der Schnittpunkt der Schöpfung, Punkt höchster Lebensspannung, immer zwischen zwei Abgründen: »Stolze Niedrigkeit . . . anheimgegeben liebender Vereinigung«. Aber die Methode vermag die Mängel des Geistes nicht auszugleichen. Der Verstand kann die Bande nicht erkennen, die das Unbelebte mit dem Belebten, das Vegetative mit dem Animalischen, das Tier mit dem Menschen verbinden. Nicht einmal in die einfachsten Erscheinungen vermag er einzudringen: die Individuen sind ebenso irreduzibel wie die Gattungen. Dunkel ahnt sie, daß die unendliche Vielfalt der Schöpfung auf einem einzigen Gesetz beruht; doch ist dieses Gesetz nicht faßbar. Die Seele schwankt. Vielleicht ist es besser, den Rückweg anzutreten. Beispiele von Mahnungen an Vermessene, von Fehlschlägen anderer, tauchen auf. Die Warnung wird zur Herausforderung, und der Geist wird kühner, da er sieht, daß andere nicht zögerten, »in ihrem Scheitern ihren Namen zu verewigen«. Das Gedicht füllt sich mit prometheischen Bildern: der Akt des Erkennens, nicht die Erkenntnis selbst, ist der Lohn des Kampfes. Die gestürzte Seele findet Halt und indem sie ihre Ängste zum Ansporn nimmt, schickt sie sich an, neue Ziele anzusteuern. In diesem Augenblick fordert der fastenmüde Körper sein Recht. Die Sonne tritt hervor. Die Bilder lösen sich auf: die Erkenntnis ist ein Traum. Doch der Sieg der Sonne ist partiell und zyklisch. Sie triumphiert auf der einen Welthälfte, auf der anderen ist sie besiegt. Die rebellische Nacht, »sich kräftigend in ihrem Sturz«,

errichtet ihre Herrschaft in den Ländern, die von der Sonne verlassen wurden. Dort träumen andere Seelen Sor Juanas Traum weiter. Das Universum, welches das Gedicht uns offenbart, ist doppel-deutig: Wachsein ist Traum, die Niederlage der Nacht ist deren Sieg. Der Traum von der Erkenntnis besagt auch: die Erkenntnis ist ein Traum. Jede Affirmation schließt eine Negation ein.
Sor Juanas Nacht ist nicht die fleischliche Nacht der Liebenden, auch nicht die der Mystiker. Eine Nacht, intellektuell, stolz und starr wie ein unermeßliches Auge, eine Nacht, frei über der Leere errichtet, eine strenge Geometrie, ein schweigender Obelisk, starr emporgespannt zum Himmel. Dieser vertikale Impuls ist das einzige, was an die Nächte der spanischen Mystiker erinnert. Aber die Mystiker sind, wie man auf Bildern El Grecos erkennen kann, wie angesaugt von himmlischen Kräften. Im »Ersten Traum« verschließt sich der Himmel: die Höhen sind jedem Flug feind. Schweigen gegenüber dem Menschen: das Streben nach Erkenntnis ist untersagt und rebellisch die Seele, die von der Erkenntnis träumt. Nächtliche Einsamkeit des Bewußtseins, Durst, Schwindel, Atemnot. Und dennoch: nicht alles ist widrig.
In der Einsamkeit und im Sturz bestärkt sich der Mensch in sich selbst; Wissen ist Traum; aber dieser Traum ist alles, was wir über uns wissen, und in ihm liegt unsere Größe. Ein Spiel von Spiegeln, in dem sich die Seele verliert, sooft sie zu sich kommt, und sich findet, sooft sie sich verliert: die Erregung dieses Gedichtes fließt aus dem Bewußtsein dieses Doppelsinnes. Sor Juanas schwindelerregende, zyklische Nacht offenbart uns plötzlich ihre feste Mitte: der »Erste Traum« ist das Gedicht nicht der Erkenntnis, sondern des *Aktes des Erkennens.* Und so verwandelt Sor Juana ihr geschichtliches und ihr persön-

liches Schicksal und macht aus ihrer Niederlage einen Sieg, den Gesang ihres Schweigens. Wieder einmal nährt sich die Poesie von Geschichte und Biographie. Wieder einmal geht sie über beide hinaus.

Paris, 1950

DER MODERNISMO

> ... die Rasse, die Leben mit den
> pythagoreischen Zahlen schafft.
> *Rubén Darío*

Unsere Schulbücher bezeichnen das 16. und das 17. Jahrhundert als das Goldene Zeitalter; Juan Ramón Jiménez sagte, sie seien aus vergoldeter Pappe gewesen; richtiger wäre es, sie die Jahrhunderte der spanischen Raserei zu nennen. Mit der gleichen Phrenesie, mit der die Spanier Nationen vernichten und gründen, schreiben, malen und träumen sie. Extreme: sie sind die ersten, die die Welt umsegeln, und die Erfinder des Quietismus. Nach Raum gierend und todessüchtig. Fruchtbar bis zur Verschwendung, schreibt Lope de Vega über tausend Comedias; karg bis zur Knauserei, beschränkt sich das Werk von San Juan de la Cruz auf drei Gedichte und ein paar Gesänge und Lieder. Ein fröhliches oder verinnerlichtes, blutiges oder frommes Delirium: alle Schattierungen und alle Richtungen. Ein luzides Delirium bei Cervantes, Velázquez, Calderón; ein conceptistisches Labyrinth bei Quevedo, ein Wald verbaler Stalaktiten bei Góngora. Doch auf einmal, als handle es sich um die Vorstellung eines Zauberkünstlers und nicht um eine historische Realität, entvölkert sich die Bühne. Da ist nichts, weniger als nichts: die Spanier leben das Leben von Phantasmen. Es wäre zwecklos, im ganzen 18. Jahrhundert nach einem Swift oder einem Pope, nach einem Rousseau oder einem Laclos zu suchen. In der zweiten Hälfte des 19. Jahrhunderts gibt es hier und da Tupfer zaghaften Grüns: Bécquer, Rosalía de Castro. Nichts, das sich mit Coleridge, Leopardi oder Hölderlin vergleichen ließe; niemand, der an Baudelaire heranreichte. Zum Ende des Jahrhunderts

ändert sich alles, und zwar ebenso plötzlich. Völlig unerwartet stürmt eine Gruppe von Dichtern die Bühne; am Anfang werden sie wenig gehört, und viele machen sich über sie lustig. Einige Jahre später, und dank eben jener, die die seriöse Kritik als aus der Art geschlagen und »französisiert« bezeichnet hatte, lebt die spanische Sprache auf. Sie ist lebendig. Ist nicht so üppig wie zur Barockzeit, aber dafür weniger emphatisch. Schneidender und transparenter.
Der letzte Dichter der Barockzeit war eine mexikanische Nonne: Sor Juana Inés de la Cruz. Ebenfalls auf amerikanischem Boden entstand zwei Jahrhunderte später jene Richtung, die der Sprache ihre Vitalität zurückgeben sollte. Der Modernismo ist in zweierlei Hinsicht von Bedeutung: einerseits brachte er vier oder fünf Dichter hervor, die an die große, am Ende des 17. Jahrhunderts abgerissene oder zum Stillstand gekommene hispanische Tradition wieder anknüpften; andererseits belebte er die Sprache, indem er Fenster und Türen aufstieß. Der Modernismo war eine Schule der Dichtung; aber er war auch eine Schule des Tanzes, ein Feld sportlicher Betätigung, ein Zirkus und eine Maskerade. Nach dieser Erprobung konnte das Kastilische härtere Prüfungen und gefährlichere Abenteuer bestehen. Als das verstanden, was er wirklich war – eine Bewegung, deren Grund und Ziel eben die Bewegung war –, hat er noch nicht geendet: die Avantgarde von 1927 und die Versuche der zeitgenössischen Poesie sind mit diesem großen Beginn eng verbunden. Zu seiner Zeit fand der Modernismo glühende Anhängerschaft und stieß auf nicht minder heftige Gegnerschaft. Einige begegneten ihm mit Zurückhaltung: Miguel de Unamuno machte aus seiner Feindschaft keinen Hehl, und Antonio Machado versuchte Distanz zu wahren. Gleichviel: beide sind vom Modernismo geprägt.

Ihre Dichtung wäre eine andere ohne die Errungenschaften und Funde der hispanoamerikanischen Dichter; und ihre Diktion, vor allem dort, wo sie ganz offensichtlich von Ton und Art der Innovatoren abrücken will, ist eine Art unfreiwilliger Huldigung an eben das, was sie ablehnt. Gerade weil ihr Werk eine Reaktion ist, ist es von dem, was es negiert, nicht zu trennen: es geht über Rubén Darío nicht hinaus, sondern steht ihm gegenüber. Nichts ist natürlicher: der Modernismo war die Sprache der Epoche, ihr historischer Stil, und alle Dichter waren dazu verurteilt, seine Luft zu atmen.

Jede Sprache, die der Freiheit nicht ausgenommen, wird am Ende zu einem Gefängnis; und es gibt einen Punkt, an dem sich Geschwindigkeit von Unbeweglichkeit nicht mehr unterscheiden läßt. Die großen modernistischen Dichter waren die ersten, die sich dagegen auflehnten, und in ihrem Werk der Reife gehen sie über die Sprache, die sie selbst geschaffen haben, hinaus. Sie bereiten so, jeder auf seine Weise, die Subversion der Avantgarde vor: Lugones ist der direkte Vorläufer der neuen mexikanischen Poesie (Ramón López Velarde) und der neuen argentinischen Poesie (Jorge Luis Borges); Juan Ramón Jiménez war der Lehrmeister der Generation von Jorge Guillén und Federico García Lorca; Ramón del Valle-Inclán ist auf dem modernen Theater präsent und wird es in immer stärkerem Maße sein . . . Darío nimmt eine zentrale Stelle ein, auch wenn man wie ich der Ansicht ist, daß von den großen Modernisten er am wenigsten aktuell ist. Er ist kein lebendiger Einfluß, sondern ein Bezugspunkt; ein Ausgangspunkt oder ein Zielpunkt, eine Grenze, die man erreichen oder überschreiten muß. Sein wie er oder nicht sein wie er: auf beide Weise ist Darío im Geist der zeitgenössischen Dichter gegenwärtig. Er ist der Gründer.

Die Geschichte des Modernismo beginnt 1880 und endet 1910. Sie ist oft erzählt worden, ich will nur an das Wesentliche erinnern. Die spanische und hispanoamerikanische Romantik brachte mit zwei oder drei kleineren Ausnahmen wenige bemerkenswerte Werke hervor. Keiner unserer romantischen Dichter war sich der wahren Bedeutung dieses großen Wandels klar bewußt. Die Romantik kastilischer Sprache war eine Schule der Rebellion und Deklamation, kein »Sehen« in der Bedeutung, die Achim von Arnim diesem Wort gab: »Nennen wir die heiligen Dichter auch Seher und ist das Dichten ein Sehen höherer Art zu nennen ...« Mit diesen Worten proklamiert die Romantik den Primat der dichterischen Vision über die religiöse Offenbarung. Bei uns fehlt auch die Ironie, die etwas ganz anderes ist als der Sarkasmus oder die Invektive: Zersetzung des Gegenstandes durch Einschaltung des Ich; Ernüchterung des Bewußtseins, das unfähig ist, die Distanz, die es von der Außenwelt trennt, aufzuheben; verrückter Dialog zwischen dem unendlichen Ich und dem endlichen Raum oder zwischen dem sterblichen Menschen und dem unvergänglichen Universum. Auch fehlt die Verbindung zwischen Traum und Wachen; es gibt weder die Ahnung, daß die Wirklichkeit eine Konstellation von Symbolen ist, noch den Glauben an die schöpferische Phantasie als der höchsten Kraft des Verstandes. Kurz, es fehlt das Bewußtsein vom geteilten Sein und das Streben nach Einheit. Die Armut unserer Romantik ist noch bestürzender, wenn man sich erinnert, daß Spanien für die deutschen und englischen Dichter das auserwählte Land des romantischen Geistes war: der Jenaer Kreis entdeckte Calderón; Shelley übersetzte einige von dessen Theaterstücken; eines der Hauptwerke der deutschen Romantik, der gewaltige, gedankentiefe *Titan,* ist voller Ironie, Magie und anderer phantastischer

Elemente, die Jean Paul wahrscheinlich einem der weniger gelesenen (moderneren) Werke Cervantes' entnahm: *Die Mühen und Leiden des Persiles und der Sigismunda* ... Als die Woge der Romantik verebbt, ist die Landschaft trostlos: die spanische Literatur schwankt zwischen Rhetorik und Causerie, zwischen Akademie und Café.

Die Quelle der Inspiration unserer Romantiker war Frankreich gewesen. Obgleich in diesem Land die Romantik (Nerval und den Victor Hugo von *Das Ende Satans* ausgenommen) nicht über Gestalten verfügt, die denen der Deutschen und Angelsachsen vergleichbar wären, hat uns die nachfolgende Generation eine Reihe von Werken geschenkt, die den Versuch der Romantiker vollenden und zugleich über ihn hinausgehen. Baudelaire und seine großen Nachfahren verleihen der Romantik ein Bewußtsein, will sagen: eine *signifikante Form;* außerdem – und vor allem – machen sie aus der Poesie eine totale, zugleich verbale und geistige, Erfahrung. Das Wort benennt die Welt nicht nur, sondern es gründet sie – oder verändert sie. Das Gedicht wird ein Raum voller lebendiger Zeichen: Belebung des Schreibens durch den Geist und durch die Seele. Im letzten Drittel des 19. Jahrhunderts sind die Grenzen der Poesie, die Grenzen zum Unbekannten, in Frankreich zu finden. In den Werken seiner Dichter kommt die romantische Inspiration zu sich und reflektiert sich. Die Begeisterung, für Novalis der Ursprung der Poesie, verwandelt sich in die Reflexion Mallarmés: das geteilte Bewußtsein rächt sich an der Opakheit des Gegenstandes und hebt ihn auf. Doch die spanischen Schriftsteller fühlen sich trotz der Nähe zu diesem magnetischen Zentrum, das die französische Poesie war (oder vielleicht eben deswegen), von dem Abenteuer dieser Jahre nicht angezogen. Dagegen begriffen die

Hispanoamerikaner, unzufrieden mit dem Geschwätz und der Steifheit, die in Spanien herrschten, daß man in einer Sprache, die das Geheimnis der Metamorphose und der Überraschung eingebüßt hat, nichts Persönliches sagen kann. Sie fühlen, daß sie anders sind als die Spanier, und wenden sich fast instinktiv Frankreich zu. Sie ahnen, daß dort nicht eine neue Welt entsteht, aber eine neue Sprache. Sie machen sie sich zu eigen, um mehr sie selbst zu sein, um besser ausdrücken zu können, was sie sagen wollen. Die Reform der hispanoamerikanischen Modernisten besteht somit in erster Linie darin, daß sie die moderne europäische Poesie assimilieren und sich zu eigen machen. Ihr unmittelbares Vorbild war die französische Poesie nicht nur deshalb, weil sie für sie am zugänglichsten war, sondern weil sie in ihr, und mit Recht, den anspruchsvollsten, kühnsten und vollständigsten Ausdruck der Bestrebungen jener Zeit sahen.

In seiner ersten Etappe stellt sich der Modernismo nicht als eine in sich geschlossene Bewegung dar. An verschiedenen Orten, fast zur gleichen Zeit, tauchen einzelne Persönlichkeiten auf: José Martí in New York, Julián del Casal in Havanna, Manuel Gutiérrez Nájera und Salvador Díaz Mirón in Mexiko, José Asunción Silva in Bogotá, Rubén Darío in Santiago de Chile. Schon bald lernen sie einander kennen und stellen fest, daß ihre individuellen Versuche Teil eines allgemeinen Wandels der Sensibilität und der Sprache sind. Nach und nach bilden sich kleine Gruppen und Zirkel; es erscheinen Periodika wie die *Revista Azul* von Gutiérrez Nájera; die diffusen Richtungen kristallisieren sich, und es bilden sich zwei Zentren ihrer Tätigkeit, eines in Buenos Aires und ein anderes in Mexiko. Es ist dies die Periode der sogenannten zweiten modernistischen Generation. Rubén Darío ist der Verbindungspunkt zwischen den beiden Perioden.

Der vorzeitige Tod der meisten Initiatoren und seine Gaben als Kritiker und Inspirator machen ihn zum sichtbaren Haupt der Bewegung. Die neuen Dichter sind sich klarer als ihre Vorläufer bewußt, daß sie der erste wirklich unabhängige Ausdruck der hispanoamerikanischen Literatur sind. Es macht ihnen nichts aus, daß man sie aus der Art geschlagen nennt: sie wissen, daß niemand sich selbst findet, wenn er seinen Geburtsort nicht verläßt. Der französische Einfluß war vorherrschend, doch es gab nicht nur ihn. Mit Ausnahme von José Martí, der die englische und nordamerikanische Literatur kannte und liebte, sowie von Silva, »leidenschaftlicher Leser von Nietzsche, Baudelaire und Mallarmé«[1], gingen die ersten Modernisten vom Kult mit den französischen Romantikern zu dem mit den Parnassiens über. Auf der Höhe ihrer Aktivität verbindet die zweite Generation »die Art der Parnassiens, die reich sind an Vision, mit jener der Symbolisten, die reich sind an Musikalität«[2]. Ihre Neugier war groß und umfassend, doch ihre Begeisterung trübte ihr Urteil oft. Sie bewunderten in gleichem Maße Gautier und Mendès, Heredia und Mallarmé. Die Folge literarischer Porträts, die Rubén Darío in einer argentinischen Zeitung veröffentlichte und die fast alle in *Los raros* (1894) aufgenommen wurden, ist ein Register ihrer bevorzugten Dichter. In diesen Artikeln alternieren die Namen Poe, Villiers de l'Isle-Adam, Léon Bloy, Nietzsche, Verlaine, Rimbaud und Lautréamont mit Namen zweitrangiger Schriftsteller und mit solchen, die heute völlig vergessen sind. Nur ein Schriftsteller spanischer Sprache ist darunter: der Kubaner José Martí; und ein

1 Max Henríquez Ureña, *Breve historia del modernismo,* México, 1962.
2 Enrique Anderson Imbert, *Historia de la literatura hispanoamericana,* México, 1962.

Portugiese: Eugenio de Castro, der Initiator des *vers libre*. In manchen Fällen ist der Instinkt Daríos erstaunlich: er war außerhalb Frankreichs der erste, der sich mit Lautréamont beschäftigte. (Sogar in Frankreich, wenn ich mich recht erinnere, hatten vorher nur Léon Bloy und Rémy de Gourmont über Ducasse geschrieben. Zudem vermute ich, daß er der erste Schriftsteller kastilischer Sprache war, der – in einem Valle-Inclán gewidmeten Sonett – Sade erwähnt.) Dieser Liste müßte man natürlich viele andere Namen hinzufügen. Es genüge, die hervorragendsten zu nennen. In erster Linie Baudelaire und sogleich darauf Jules Laforgue, beide bestimmend für die zweite modernistische Generation; die belgischen Symbolisten; Stefan George, Wilde, Swinburne und, mehr als Beispiel und Ansporn, denn als direktes Vorbild, Whitman. Obgleich nicht alle ihre Idole Franzosen waren, sagte Darío einmal, vielleicht um die spanischen Kritiker zu ärgern, die ihn des »geistigen Gallizismus« bezichtigten: »Der Modernismo ist nichts anderes als der kastilische Vers und die kastilische Prosa, die durch das feine Sieb des guten französischen Verses und der guten französischen Prosa hindurchgegangen sind.« Aber es wäre falsch, wollte man die Bewegung auf eine bloße Nachahmung Frankreichs reduzieren. Die Originalität des Modernismo besteht nicht in seinen Einflüssen, sondern in seinen Werken.

Seit 1888 gebraucht Darío das Wort *Modernismo*, um die Bestrebungen der hispanoamerikanischen Dichter zu bezeichnen. 1898 schreibt er: »Der neue Geist, der heute eine kleine, aber triumphierende und stolze Gruppe von Schriftstellern und Dichtern des spanischen Amerika beseelt: der Modernismo . . .« Später wird er sagen: die Modernen, die Modernität. Während seiner langen Tätigkeit als Kritiker hört er nicht auf zu wiederholen, daß das

Erkennungszeichen der neuen Dichter, ihre *raison d'être*, der Wille zur Modernität sei. So wie der Begriff *Avantgarde* eine Metapher ist, die eine kriegerische Konzeption der literarischen Aktivität verrät, verrät das Wort *Modernist* eine Art naiven Glauben an die Vorzüge der Zukunft oder genauer, der Gegenwart. Der erste Begriff beinhaltet eine räumliche Sicht der Literatur; der zweite eine zeitliche Konzeption. Die Avantgarde will einen Platz erobern; der Modernismo will diesen jetzt gleich einnehmen. Nur jene, die sich nicht ganz in der Gegenwart fühlen, jene, die sich außerhalb der lebendigen Geschichte wissen, postulieren die Zeitgenossenschaft als Ziel. Zeitgenosse Goethes oder Tamerlans zu sein, ist ein glücklicher oder unglücklicher Zufall, bei dem unser Wille nicht im Spiel ist; wünschen, ihr Zeitgenosse zu sein, impliziert den Willen, am Geschehen der Zeit, und sei es ideell, teilzunehmen, eine uns fremde Geschichte zu teilen, sie auf irgendeine Weise zu der unseren zu machen. Es handelt sich um Affinität und Distanz – und um das Bewußtsein von dieser Situation. Die Modernisten wollten nicht Franzosen sein, sie wollten modern sein. Der Fortschritt der Technik hatte die geographische Distanz zwischen Amerika und Europa zum Teil aufgehoben. Diese Nähe machte uns unsere geschichtliche Ferne spürbarer. Nach Paris oder London zu gehen hieß nicht, einen anderen Kontinent zu besuchen, sondern einen Sprung in ein anderes Jahrhundert zu machen. Man hat gesagt, daß der Modernismo eine Flucht vor der amerikanischen Wirklichkeit war. Es wäre richtiger zu sagen, daß er eine Flucht aus der lokalen Gegenwart war, die in ihren Augen einen Anachronismus darstellte, und die Suche nach einer universalen Gegenwart, der einzigen und wahren Gegenwart. Für Rubén Darío und seine Freunde waren Modernität und Kosmopolitismus syn-

onyme Begriffe. Sie waren nicht antiamerikanisch; sie wollten ein Amerika, das sich mit Paris und London auf der gleichen Höhe der Zeit befände.
Die reinste und unmittelbarste Manifestation der Zeit ist das Jetzt. Die Zeit ist das, was gerade geschieht: die Aktualität. Die geographische und die geschichtliche Ferne, das Exotische und das Archaische, verschmelzen, wenn sie mit der Aktualität in Berührung kommen, zu einer augenblicklichen Gegenwart: sie werden Präsenz. Die Vorliebe der Modernisten für die fernste Vergangenheit und die fernsten Länder – mittelalterliche und byzantinische Legenden und Gestalten des präkolumbianischen Amerika und des Nahen und Fernen Ostens, die die europäische Sensibilität in jenen Jahren entdeckte oder erfand – ist eine der Formen ihres Verlangens nach Gegenwart. Doch nicht die Maschine, Essenz der modernen Welt, fasziniert sie, sondern die Werke des *art nouveau*. Die Modernität ist nicht die Industrie, sondern der Luxus. Nicht die gerade Linie: die Arabeske von Aubrey Beardsley. Ihre Mythologie ist die Gustave Moreaus (dem Julián de Casal eine Reihe von Sonetten widmet); ihre geheimen Paradiese sind die des Huysmans von *A Rebours;* ihre Höllen die von Poe und Baudelaire. Ein Marxist könnte mit einem gewissen Recht sagen, daß es sich um die Literatur einer nicht werktätigen Klasse ohne historische Aufgabe handelt, die kurz vor dem Aussterben steht. Man könnte erwidern, daß ihre Negation des Nützlichen und ihre Erhebung der Kunst zum höchsten Gut etwas mehr sind als ein Hedonismus von Großgrundbesitzern: sie sind eine Auflehnung gegen die gesellschaftlichen Zwänge und eine Kritik der schändlichen lateinamerikanischen Gegenwart. Zudem verbinden sich bei einigen dieser Dichter die extremsten ästhetischen Positionen mit politischem Radikalismus: man braucht

nur an José Martí, den Befreier Kubas, und an Manuel González Prada, einen unserer ersten Anarchisten, zu erinnern. Lugones war einer der Gründer des argentinischen Sozialismus, und viele Modernisten nahmen aktiv an den Kämpfen ihrer Zeit teil: Valencia, Chocano, Díaz Mirón, Vargas Vila ... Der Modernismo war keine Schule der politischen Abstinenz, sondern der künstlerischen Reinheit. Sein Ästhetizismus entspringt nicht moralischer Indifferenz. Er ist auch kein Hedonismus. Für die Modernisten ist die Kunst eine Passion, in der religiösen Bedeutung des Wortes, eine Passion, die wie alle Passionen ein Opfer fordert. Die Liebe zur Modernität ist kein Kult mit der Mode: sie ist der Wille, an der geschichtlichen Fülle teilzuhaben, was den Lateinamerikanern bis dahin verwehrt war. Die Modernität ist nichts anderes als die Geschichte in ihrer unmittelbarsten und reichsten Form. Aber auch in ihrer beängstigendsten: ein von Ahnungen erfüllter Augenblick, Zugang zum Geschehen der Zeit. Sie ist die Zeitgenossenschaft. Dekadent und barbarisch, ist die moderne Kunst eine Pluralität historischer Zeiten, des Ältesten und des Neuesten, des Nächstliegenden und des Abgelegensten, eine Totalität von Präsenzen, die das Bewußtsein in einem einzigen Augenblick erfassen kann:

und sehr achtzehntes Jahrhundert und sehr alt
und sehr modern; kühn, kosmopolitisch ...

Es bleibt freilich ein Paradox, daß die hispanoamerikanische Poesie, kaum geboren, sich für kosmopolitisch erklärt. Wie heißt diese Kosmopolis? Sie ist die Stadt der Städte. Ninive, Paris, New York, Buenos Aires: es ist die transparenteste und trügerischste Form der Gegenwart, da sie weder einen Namen hat, noch einen Platz im Raum einnimmt. Der Modernismo ist eine abstrakte Passion, auch wenn seine Dichter sich darin gefallen, jede Art von seltenen Gegenständen anzuhäufen. Diese Gegenstände sind Zeichen, keine Symbole: sie sind austauschbar. Masken, eine Folge von Masken, die ein gespanntes und begieriges, ständig fragendes Gesicht verbergen. Ihre maßlose Liebe für runde und volle Formen, für prächtige Gewänder und bunte Welten, verrät eine Obsession. Es ist nicht die Liebe zum Leben, sondern der *horror vacui*, der alle diese glänzenden und klangvollen Metaphern hervorbringt. Die ständige Suche nach dem Fremdartigen, vorausgesetzt, es ist neu – und nach dem Neuen, vorausgesetzt, es ist einzigartig – ist Begierde mehr nach Präsenz als nach Gegenwart. Ist der Modernismo Verlangen nach Zeit, so wissen doch seine besten Dichter, daß es eine nicht verkörperte Zeit ist. Die Gegenwart, die auf den ersten Blick eine Fülle von Zeiten zu sein scheint, erweist sich als Mangel an Zeiten und als Verlassenheit: es bewohnen sie weder die Vergangenheit noch die Zukunft. Als eine Bewegung, die dazu verurteilt ist, sich selbst zu negieren, da das einzige, was sie bejaht, die Bewegung ist, ist der Modernismo ein leerer Mythos, eine unbewohnte Seele, Sehnsucht nach der wahren Präsenz. Dies ist das ständige und zentrale Thema, das geheime und nie ganz offen behandelte Thema der besten modernistischen Dichter.

Jede Revolution, die künstlerischen Revolutionen nicht ausgenommen, postuliert eine Zukunft, die auch eine Rückkehr ist. Auf dem Fest der Göttin Vernunft feiern die Jakobiner die Zerstörung einer ungerechten Gegenwart und den unmittelbar bevorstehenden Anbruch eines Goldenen Zeitalters, das der Geschichte voraufgeht: die natürliche Gesellschaft Rousseaus. Die revolutionäre Zukunft ist eine bevorzugte Manifestation der zyklischen

Zeit: sie kündigt die Wiederkehr einer archetypischen Vergangenheit an. So ist die revolutionäre Aktion par excellence – der Bruch mit der unmittelbaren Vergangenheit und die Errichtung einer neuen Ordnung – zugleich eine Restauration: die einer unvordenklichen Vergangenheit, die der Ursprung der Zeiten ist. Revolution bedeutet Rückkehr oder Wiederkehr, sowohl in der ursprünglichen Bedeutung des Wortes – Umlauf der Gestirne und anderer Körper –, als auch in derjenigen unserer Sicht der Geschichte. Es handelt sich dabei um mehr als ein bloßes Überleben des archaischen Denkens. Selbst Engels konnte dieser geradezu spontanen Neigung unseres Denkens nicht widerstehen und machte aus dem »primitiven Kommunismus« Morgans die erste Etappe der menschlichen Evolution. Die Revolution befreit uns von der alten Ordnung, damit auf einer höheren geschichtlichen Ebene die ursprüngliche Ordnung wiederkehre. Die Zukunft, die der Revolutionär uns in Aussicht stellt, ist eine Verheißung: die Erfüllung von etwas, das als Same des Lebens verborgen im Schoß der Zeiten ruht. Die revolutionäre Ordnung bedeutet das Ende der schlechten Zeiten und den Anfang der wahren Zeit. Dieser Anfang ist ein Beginn, aber vor allem ist er ein Ursprung. Mehr noch: er ist ebendas, worauf die Zeit sich gründet. Welches immer sein Name sein mag – Vernunft, Gerechtigkeit, Brüderlichkeit, natürliche Harmonie oder Logik der Geschichte –, es ist etwas, das den geschichtlichen Zeiten voraufgeht oder das diese auf irgendeine Weise determiniert. Es ist der *Anfang* par excellence, ist das, was den Lauf der Zeit lenkt. Die Schwerkraft der Zeit, das, was ihrer Bewegung Sinn verleiht und ihre Gärung fruchtbar macht, ist ein Fixpunkt: diese Vergangenheit, die ein ständiger Anfang ist.

Obgleich der Modernismo die unaufhörliche Ankunft

des Jetzt besingt, seine Verkörperung in dieser und jener glorreichen oder schrecklichen Form, tritt seine Zeit auf der Stelle, läuft, ohne sich zu bewegen. Er hat eben deshalb keine Zukunft, weil er von jeder Vergangenheit abgeschnitten worden ist. Als Ästhetik des Luxus und des Todes ist der Modernismo eine nihilistische Ästhetik. Nur daß es sich um einen Nihilismus handelt, der mehr erlebt als verarbeitet, mehr von der Sensibilität erlitten als geistig durchdrungen wird. Einige Modernisten, Darío als erster, merken, daß die Modernität nur ein Sichdrehen im leeren Raum ist, eine Maske, mit der das verzweifelte Bewußtsein sich gleichzeitig beruhigt und außer sich gerät. Diese Suche, wenn es eine Suche nach etwas ist und nicht eine Zerstreuung, ist Sehnsucht nach einem Ursprung. Der Mensch verfolgt sich selbst, wenn er diesem oder jenem Phantasma nachläuft: er ist auf der Suche nach seinem Anfang. Sobald der Modernismo sich reflektiert, hört er auf, als Richtung zu existieren. Das gemeinsame Abenteuer erreicht sein Ende, und es beginnt die individuelle Erforschung. Es ist der größte Augenblick der modernistischen Passion: der Augenblick der Klarheit, der auch der des Todes ist.

Suche nach einem Ursprung, Wiedererlangung eines Erbes: nichts scheint den anfänglichen Bestrebungen der Bewegung konträrer zu sein. 1896, auf dem Höhepunkt der reformistischen Begeisterung, verkündet Darío: »Wir neuen amerikanischen Dichter kastilischer Sprache haben von der geistigen Unabhängigkeit von Spanien (...) rasch zu der Strömung übergehen müssen, die heute in der ganzen Welt bestimmte Gruppen verbindet, welche den Kult und das Leben einer kosmopolitischen und universalen Kunst bilden.« Im Unterschied zu den Spaniern stellt Darío das Universale dem Kosmopolitischen nicht gegenüber; im Gegenteil, die neue Kunst ist universal, weil sie kosmopolitisch ist. Sie ist die Kunst der Großstadt. Die moderne Gesellschaft »erbaut das Babel, wo alle sich verstehen«. (Ich weiß nicht, ob alle sich in den neuen Babels verstehen, doch die zeitgenössische Wirklichkeit, wie man an der Geschichte der künstlerischen Bewegung des 20. Jahrhunderts ablesen kann, bestätigt die Ansicht Daríos über den kosmopolitischen Charakter der modernen Kunst.) Seine Opposition zum Nationalismus – in jenen Jahren sagte man »casticismo«* – ist begründet in seiner Liebe zur Modernität, und daher ist seine Kritik an der Tradition auch eine Kritik an Spanien. Die antispanische Haltung hat einen doppelten Grund: einerseits drückt sie den Willen aus, der alten Metropolis den Rücken zu kehren: »Unsere Bewegung hat uns eine von der kastilischen Sprache unabhängige Sonderstellung gegeben«; andererseits setzt sie Spaniertum mit Traditionalismus gleich: »Die Evolution, die das Kastilische zu seiner Wiedergeburt führte, mußte in Amerika stattfinden, da Spanien sich einen Wall von Tradition geschaffen hat und von Spaniertum starrt.«

Als Reform der Sprache war der Modernismo eine Syntax, eine Prosodie, ein Vokabular. Seine Dichter bereicherten die Sprache mit Entlehnungen aus dem Französischen und dem Englischen; sie gingen verschwenderisch mit Archaismen und Neologismen um; und sie waren die ersten, die die Umgangssprache benutzten. Andererseits wird oft vergessen, daß in den modernistischen Gedichten eine große Anzahl von Amerikanismen und Indigenismen auftaucht. Ihr Kosmopolitismus schloß weder die Errungenschaften des französischen naturalistischen Romans noch die amerikanischen linguistischen Formen

* Vorliebe bzw. Eintreten für Reinheit und Urwüchsigkeit in Brauchtum und Stil. *A. d. Ü.*

aus. Ein Teil des modernistischen Wortschatzes ist veraltet, wie auch die Möbel und Gegenstände des *art nouveau* altmodisch geworden sind; der Rest ist in den Strom der Sprache eingegangen. Sie bekämpften nicht die Syntax des Kastilischen; vielmehr gaben sie ihr die Natürlichkeit zurück und vermieden die latinisierenden Inversionen und die Emphase. Ihre Sprache war überspannt, doch nicht schwülstig; oft war sie kitschig, nie steif. Trotz ihrer Schwäne und Gondeln gaben sie dem spanischen Vers eine Geschmeidigkeit und Schlichtheit, die nie vulgär war und die sich für die zwei Tendenzen der zeitgenössischen Poesie wunderbar eignen sollte: die Liebe zum ungewöhnlichen Bild und zur poetischen Nüchternheit.
Die Reform betraf vor allem die Prosodie, denn in der Erforschung der rhythmischen Möglichkeiten unserer Sprache war der Modernismo großartig. Das Interesse der modernistischen Dichter an den metrischen Problemen war ein theoretisches und ein praktisches. Mehrere schrieben Lehrbücher der Verskunst: Manuel González Prada zeigte auf, daß die kastilischen Metren, gleichgültig wie lang sie sind, aus Zwei-, Drei- und Vierfüßlern bestehen, steigenden oder fallenden; Ricardo Jaimes Freyre wies darauf hin, daß es sich um prosodische Perioden von nicht mehr als neun Silben handelt. Für beide Dichter ist der Silbenakzent das wesentliche Element des Verses. Beide holten sich Anregung bei der Lehre von Andrés Bello, der schon 1835, gegen die in Spanien vorherrschende Meinung, gesagt hatte, daß jede metrische Einheit sich zusammensetzt aus prosodischen Klauseln – ähnlich den griechischen und römischen Versfüßen, nur daß sie durch den Akzent bestimmt werden und nicht durch die Quantität der Silben. Der Modernismo knüpft so wieder an die Tradition des unregelmäßi-

gen Versbaus an, der so alt ist wie die Sprache selbst, wie Pedro Henríquez Ureña nachgewiesen hat. Doch lösten nicht die theoretischen Schlußfolgerungen die metrische Reform aus, sondern diese war die natürliche Folge der poetischen Aktivität. Kurz, die Neuheit des Modernismo bestand in der Erfindung von Metren; seine Originalität in der Wiederbelebung des akzentuierten Rhythmus.

In bezug auf den Rhythmus, wie bei allem übrigen, war unsere Romantik auf halbem Wege stehengeblieben. Die modernistischen Dichter folgten dem Bestreben der Romantiker nach größerer rhythmischer Freiheit und unterwarfen diese einer Strenge, die sie in Frankreich gelernt hatten. Doch das französische Vorbild war nicht das einzige. Die rhythmischen Übersetzungen Poes, der deutsche Vers, der Einfluß Eugenio de Castros und die Lehre Whitmans gingen den ersten zur Hälfte freien Gedichten vorauf; und im Endstadium des Modernismo führte der Mexikaner José Juan Tablada, Vorläufer der Avantgarde, das Haiku ein, eine Form, die Juan Ramón Jiménez unzweifelhaft beeindruckt hat, und wahrscheinlich auch Antonio Machado, wie jeder aufmerksame Leser feststellen kann. Es würde zu weit führen, alle Experimente und Innovationen der Modernisten aufzuzählen: das Wiederaufleben des anapästischen und des provenzalischen Elfsilbers; der Bruch – dank dem Enjambement – mit der strengen Trennung der Halbverse des Alexandriners; die Mode des Neun- und Zwölfsilbers; die alternierende Betonung; die Erfindung von Langversen bis zu zwanzig und mehr Silben; die Mischung verschiedener Versmaße von jeweils gleicher Silbenzahl (Dreifüßler oder Vierfüßler); die ametrischen Verse; die Rückkehr zu bestimmten traditionellen Formen etc. . . . Der Reichtum an Rhythmen im Modernismo ist einzig in der Geschichte der Sprache, und deren Reform bereitete die Assimilation des Prosagedichts und des *vers libre* vor. Doch besonders hervorheben möchte ich, daß der Kosmopolitismus die hispanoamerikanischen Dichter dazu führte, viele Okulationen und Kreuzungen zu versuchen; und dank dieser Experimente entdeckten sie die wahre Tradition der spanischen Poesie: den rhythmischen Versbau. Diese Entdeckung war kein Zufall. Sie war mehr als nur eine Rhetorik: sie war eine Ästhetik und vor allem eine Vision der Welt, eine Art sie zu erfahren und ihr Ausdruck zu geben.

Durch einen scheinbar verwickelten, doch im Grunde natürlichen Prozeß führt die Suche nach einer modernen, kosmopolitischen Sprache die hispanoamerikanischen Dichter zur Wiederentdeckung der spanischen Tradition. Ich sage *die* und nicht *eine* spanische Tradition, denn die, welche die Modernisten entdeckten, ist eine andere als jene, welche die Puristen verteidigten: sie ist die zentrale und älteste Tradition. Und eben deshalb erschien sie ihnen als diese unvordenkliche Vergangenheit, die auch ein ständiger Anfang ist. Von den Traditionalisten ignoriert, erweist sich dieser Strom als universal; er ist derselbe Anfang, von dem sich die großen Romantiker und Symbolisten haben leiten lassen: der Rhythmus als Quelle des dichterischen Schaffens und als Schlüssel zum Universum. Es handelt sich somit nicht allein um eine Restauration. Mit der Rückgewinnung der spanischen Tradition fügt der Modernismo ihr etwas Neues hinzu, das es in dieser Tradition vorher nicht gab. Der Modernismo ist ein wahrer Beginn. Wie der französische Symbolismus war die Bewegung der Hispanoamerikaner zugleich eine Reaktion auf die Vagheit und Gefälligkeit der Romantiker und auf unsere eigentliche Romantik: das Universum ist ein System von Entsprechungen, regiert vom Rhythmus; alles ist chiffriert, alles reimt sich; jede natürliche Form sagt etwas, die Natur sagt sich selbst in jeder ihrer Verwandlungen; Dichter sein heißt nicht, der Herr des Rhythmus sein, sondern derjenige, der ihn überträgt; die höchste Imagination ist die Analogie ... In der ganzen modernistischen Poesie klingt ein Echo der *Vers dorés* wider: *un mystère d'amour dans le métal repose; tout est sensible.*

Der modernistische Dichter hat eine ständige Sehnsucht nach der kosmischen Einheit, aber er ist auch fasziniert von der Mannigfaltigkeit, in der sie sich manifestiert: »Die himmlische Einheit, die du als gegeben voraussetzt«, sagt Darío, »wird in dir mehrere Welten entstehen lassen.« Dispersion des Seins in Formen, Farben, Schwingungen; Verschmelzung der Bedeutungen zu einer. Die dichterischen Bilder sind die Manifestationen, die zugleich geistigen und sinnlichen Verkörperungen dieses vielfältigen und einzigen Rhythmus. Diese Art und Weise, die Welt zu sehen, zu hören und zu fühlen, wird für gewöhnlich mit psychologischen Begriffen erklärt: der Synästhesie. Eine Überreizung der Nerven, eine Störung der Psyche. Doch es ist mehr als das: eine Erfahrung, an der der ganze Mensch teilhat. Gefühlsdichtung, hat man gesagt; ich würde sagen: Dichtung, die trotz ihres extremen Individualismus nicht die Seele des Dichters affirmiert, sondern die der Welt. Daher seine Gleichgültigkeit, seine zuweilen offene Feindschaft gegenüber dem Christentum. Die Welt ist weder eingestürzt noch hat Gott seine Hand von ihr abgezogen. Sie ist keine Welt der Verdammnis: sie ist bewohnt vom Geist, ist die Quelle dichterischer Inspiration und der Archetyp jeder Entwicklung: »Liebe deinen Rhythmus und rhythmisiere dein Tun ...« Die Poesie spanischer Sprache hatte nie gewagt, dergleichen zu bejahen, nie hatte sie in der Natur die Wohnung des Geistes, noch im Rhythmus den möglichen Zugang – nicht zur Errettung des Menschen, sondern zu seiner Versöhnung mit dem Kosmos gesehen. Die anarchistische Leidenschaft unserer Romantiker, ihre Rebellion gegen »Thron und Altar« haben nichts zu tun mit dieser Sicht des Universums, in der die Eschatologie des Christentums kaum Platz hat und in der selbst die Gestalt Christi nur eine der Formen ist, in welcher sich der Große Zyklus manifestiert. Es ist unerklärlich, daß unsere Kritik auf diese Anschauungen nicht eingegangen ist. Und dieselbe Kritik hat den modernistischen Dichtern, vor allem in Spanien, Oberflächlichkeit vorgeworfen! Der Modernismo beginnt als eine Ästhetik des Rhythmus und mündet in eine Vision vom Rhythmus des Universums. Er entdeckt so eine der ältesten, unter Christentum und Rationalismus jahrhundertelang verschütteten Bestrebungen der menschlichen Psyche. Seine Revolution war eine Auferstehung. Eine doppelte Entdekkung: mit ihm zeigte sich zum ersten Mal die amerikanische Sensibilität im Bereich der hispanischen Literatur; und er machte die spanische Dichtung zum Ort der Begegnung zwischen der urtümlichen Wesensart des amerikanischen Menschen und der europäischen Dichtung. Gleichzeitig entdeckte er eine versunkene Welt und erneuerte die Bande zwischen der spanischen Tradition und dem modernen Geist. Und noch etwas kommt hinzu: die Bewegung der hispanoamerikanischen Dichter ist durchdrungen von einer Idee, die der kastilischen Tradition fremd ist: die Dichtung ist eine Enthüllung, die sich von der religiösen Offenbarung unterscheidet. Sie ist die Enthüllung des Ursprungs, des wahren *Anfangs*. Von der Romantik bis zum Surrealismus sagt die moderne Poesie nichts anderes. In dieser Sicht der Welt besteht nicht nur die Originalität des Modernismo, sondern auch seine Modernität.

FERNANDO PESSOA
DER SICH SELBST UNBEKANNTE

Dichter haben keine Biographie. Ihr Werk ist ihre Biographie. Pessoa, der an der Wirklichkeit dieser Welt stets zweifelte, würde es wohl ohne zu zögern gutheißen, wenn ich mich direkt seinen Gedichten zuwendete und die Umstände und Zwischenfälle seines Erdenlebens außer acht ließe. Nichts in seinem Leben ist außergewöhnlich – nichts, außer seine Gedichte. Ich glaube nicht, daß sein »Fall« – man kommt nicht darum herum, dieses widerwärtige Wort zu gebrauchen – sie erklärt; ich glaube jedoch, daß im Licht seiner Gedichte sein »Fall« aufhört, einer zu sein. Sein Geheimnis ist übrigens in seinem Namen beschlossen: *Pessoa* bedeutet im Portugiesischen Person und kommt von *persona*, der Maske der römischen Schauspieler. Maske, Scheinperson, niemand: Pessoa. Seine Geschichte könnte man reduzieren auf das Hin und Her zwischen der Irrealität seines täglichen Lebens und der Realität seiner Fiktionen. Diese Fiktionen sind die Dichter Alberto Caeiro, Álvaro de Campos, Ricardo Reis und vor allem Fernando Pessoa selbst. Es ist daher nicht unnütz, an die wichtigsten Fakten seines Lebens zu erinnern, doch sollte man sich stets vor Augen halten, daß es sich um die Spuren eines Schattens handelt. Der wahre Pessoa ist ein anderer.

Er wird 1888 in Lissabon geboren. Im Kindesalter wird er durch den Tod seines Vaters Halbwaise. Seine Mutter heiratet wieder; 1896 übersiedelt sie mit ihren Kindern nach Durban, Südafrika, wohin ihr zweiter Mann als Konsul Portugals geschickt worden war. Englische Erziehung. Der angelsächsische Einfluß auf Denken und Werk des zweisprachigen Dichters bleibt beständig. 1905, als er die Universität von Kapstadt besuchen will,

muß er nach Portugal zurückkehren. 1907 verläßt er die Philosophische Fakultät der Universität von Lissabon und gründet eine Druckerei. Ein Mißerfolg. Dieses Wort wird in seinem Leben öfter vorkommen. Er arbeitet hinfort als »Auslandskorrespondent«, das heißt als ambulanter Verfasser von Geschäftsbriefen in Englisch und Französisch, eine bescheidene Tätigkeit, mit der er fast sein ganzes Leben lang sein Brot verdienen wird. Einmal öffnen sich ihm, wenn auch mit Zurückhaltung, die Tore einer Universitätslaufbahn; mit dem Stolz der Schüchternen lehnt er das Angebot ab. Ich sagte *Zurückhaltung* und *Stolz*, vielleicht hätte ich sagen sollen *Unlust* und *Realitätssinn:* 1932 bewirbt er sich um den Posten eines Archivars in einer Bibliothek und wird abgewiesen. Doch es gibt keine Rebellion in seinem Leben: gerade nur eine an Verachtung grenzende Bescheidenheit.
Seit seiner Rückkehr aus Afrika verläßt er Lissabon nicht mehr. Zuerst wohnt er in einem alten Haus zusammen mit einer altjüngferlichen Tante und einer verrückten Großmutter; danach bei einer anderen Tante; eine Zeitlang auch bei seiner Mutter, die erneut Witwe geworden ist; und die restlichen Jahre wohnt er mal hier, mal dort. Mit seinen Freunden trifft er sich auf der Straße und im Café. Einsamer Trinker in Tavernen und Wirtshäusern der Altstadt. Weitere Details? 1916 plant er, sich als Astrologe niederzulassen. Der Okkultismus hat seine Gefahren, und einmal sieht sich Pessoa in eine Sache verwickelt, die die Polizei gegen den englischen Magier und »Sataniker« Aleister Crowley angezettelt hatte, der auf der Durchreise in Lissabon nach Adepten für seinen erotisch-mystischen Orden suchte. 1920 verliebt er sich, zumindest glaubt er das, in ein Ladenmädchen; das Verhältnis dauert nicht lange: »Mein Schicksal«, schreibt er in einem Abschiedsbrief, »gehorcht einem anderen Ge-

setz, dessen Existenz Sie nicht einmal ahnen . . .« Von anderen Liebschaften weiß man nicht. Es gibt eine Unterströmung schmerzlicher Homosexualität in der *Ode Marítima* (Meeres-Ode) und in der *Saudaçao a Walt Whitman* (Gruß an Walt Whitman), große Gedichte, eine Ankündigung derer, die fünfzehn Jahre später García Lorca als *Poeta en Nueva York* (Dichter in New York) schreiben sollte. Doch Álvaro de Campos, professioneller Provokateur, ist nicht der ganze Pessoa. Es gibt andere Dichter in Pessoa. Da er »züchtig« ist, sind alle seine Leidenschaften imaginär; besser gesagt, sein großes Laster ist die Imagination. Deshalb rührt er sich nicht vom Stuhl. Und es gibt noch einen Pessoa, der weder dem Alltagsleben noch der Literatur gehört: der Jünger, der Initiierte. Über diesen Pessoa kann und soll nichts gesagt werden. Offenbarung, Täuschung, Selbsttäuschung? Alles zusammen, vielleicht. Pessoa, wie der Meister in einem seiner hermetischen Sonette, *weiß und schweigt*.

Anglomane, kurzsichtig, höflich, scheu, schwarzgekleidet, zurückhaltend und schlicht, ein Kosmopolit, der den Nationalismus predigt, *feierlicher Erforscher nichtiger Dinge,* ein Humorist, der nie lächelt und uns das Blut in den Adern gefrieren läßt, Erfinder anderer Dichter und Zerstörer seiner selbst, Verfasser von Paradoxen, die so klar sind wie Wasser und wie dieses atemberaubend: *sich verstellen heißt, sich erkennen,* ein geheimnisvoller Mensch, der das Geheimnis nicht kultiviert, geheimnisvoll wie der Mond am Mittagshimmel, das schweigsame Phantasma des portugiesischen Mittags: wer ist Pessoa? Pierre Hourcade, der ihn gegen Ende seines Lebens kennenlernte, schreibt: »Nie wagte ich es, wenn ich mich von ihm verabschiedete, mich noch einmal umzudrehen; ich hatte Angst zu sehen, wie er sich verflüchtigt, in Luft auflöst.« Habe ich etwas vergessen? Er starb 1935 in Lissabon an einer Leberkolik. Er hinterließ drei Bändchen mit Gedichten in englischer Sprache, einen schmalen Band mit portugiesischen Gedichten und eine Truhe voller Manuskripte. Noch sind nicht alle seine Werke veröffentlicht.[1]

Sein öffentliches Leben, irgendwie muß man es ja nennen, verläuft im Halbdunkel. Literatur der Randzone, eines schlecht beleuchteten Gebiets, in dem sich – Verschwörer oder Mondsüchtige? – die undeutlichen Gestalten Álvaro de Campos, Ricardo Reis und Fernando Pessoa bewegen. Augenblicksweise geraten sie ins Scheinwerferlicht des Skandals und der Polemik. Danach wieder Dunkel. Die Fast-Anonymität und die Fast-Berühmtheit. Jeder kennt den Namen Fernando Pessoa, doch wenige wissen, wer er ist und was er macht. Ansehen eines Schriftstellers in Portugal, Spanien und Hispanoamerika bedeutet in der Praxis: »Ihr Name kommt mir so bekannt vor, sind Sie nicht Journalist oder Filmregisseur?« Ich vermute, daß Pessoa eine solche Verwechslung gar nicht unangenehm war. Er kultivierte sie eher noch. Zeiten hektischer literarischer Tätigkeit, gefolgt von Perioden der Unlust. Wird er von der Arbeitswut auch nur selten und anfallsweise gepackt – Handstreiche, um die paar Leute der offiziellen Literatur in Schrecken zu ver-

---

1 Es liegen vor:
Antinous. Gedichte (englisch). 1918; *35 Sonnets*. 1918
English Poems. Drei Bände. 1922; *Mensagem*. 1935
Páginas de doutrina estética. 1946
Obras Completas: Poesie de Fernando Pessoa; Poesias de Álvaro de Campos; Poemas de Alberto Caeiro; Odes de Ricardo Reis; Mensagem de Fernando Pessoa. Fünf Bände. 1945-1951
Poesias inéditas. 1955

setzen –, ist er in seiner einsamen Arbeit doch beharrlich. Wie alle großen Faulenzer verbringt er sein Leben damit, Verzeichnisse von Werken aufzustellen, die er nie schreiben wird; und wie es bei Willensschwachen ebenfalls vorkommt, wenn sie nur leidenschaftlich und einfallsreich sind, schreibt er, um nicht zu platzen, um nicht verrückt zu werden, fast verstohlen, am Rande seiner großen Pläne jeden Tag ein Gedicht, einen Artikel, eine Betrachtung. Zerstreuung und Anspannung. Alles trägt denselben Stempel: diese Texte wurden aus zwingender Notwendigkeit geschrieben. Und ebendas, die Notwendigkeit, unterscheidet einen echten Schriftsteller von einem, der nur Talent hat.

Seine ersten Gedichte schreibt er zwischen 1905 und 1908 in Englisch. In jener Zeit las er Milton, Shelley, Keats, Poe. Später entdeckt er Baudelaire und verkehrt mit mehreren »portugiesischen Subpoeten«. Nur allmählich kehrt er zu seiner Muttersprache zurück, obgleich er nie aufhören wird, in Englisch zu schreiben. Bis 1912 wiegt der Einfluß der symbolistischen Dichtung und des »Saudosismo« (Erinnerungskult) vor. In diesem Jahr veröffentlicht er seine ersten Arbeiten in der Zeitschrift *A Águia* (Der Adler), dem Organ der »portugiesischen Renaissance«. Seine Mitarbeit bestand in einer Artikelserie über die portugiesische Poesie. Es ist für Pessoa typisch, daß er sein Schriftstellerdasein als Literaturkritiker beginnt. Nicht minder bezeichnend ist der Titel eines seiner Texte: *Na Floresta do Alheamento* (Im Wald der Entfremdung). Das Thema der Entfremdung und der Suche nach sich selbst, im verzauberten Wald oder in der abstrakten Stadt, ist mehr als ein Thema: es ist der Stoff seines Werkes. In diesen Jahren ist er auf der Suche nach sich selbst; bald wird er sich erfinden.

Im Jahre 1913 lernt er zwei junge Männer kennen, die in

dem kurzen futuristischen Abenteuer seine treuesten Gefährten sein werden: den Maler Almada Negreira und den Dichter Mario de Sá-Carneiro. Weitere Freundschaften: Armando Côrtes-Rodrigues, Luis de Montaevor, José Pacheco. Noch gefangen vom Zauber der »dekadenten« Poesie, versuchen diese jungen Leute vergebens, die symbolistische Richtung zu erneuern. Pessoa erfindet den »Paulismo«. Und plötzlich, durch Sá-Carneiro, der in Paris lebt und mit dem er eine fieberhafte Korrespondenz führt, die Entdeckung des großen modernen Aufstands: Marinetti. Die Fruchtbarkeit des Futurismus ist unbestreitbar, obgleich sein Glanz später durch die wiederholte Abdankung seines Gründers verblaßt ist. Die Bewegung fand sofort Widerhall, wahrscheinlich weil sie weniger eine Revolution, denn eine Meuterei war. Sie war der erste Funke, der Funke, der das Pulverfaß zur Explosion brachte. Der Brand breitete sich schnell aus, von einem Ende Europas zum anderen, von Moskau bis Lissabon. Drei große Dichter: Apollinaire, Majakowski und Pessoa. Das darauffolgende Jahr, 1914, sollte für den Portugiesen das Jahr der Entdeckung werden, oder genauer, das der Geburt: es erscheinen Alberto Caeiro und dessen Schüler, der Futurist Álvaro de Campos und der Klassizist Ricardo Reis.
Auf die Freisetzung der Heteronyme, ein inneres Ereignis, folgt die öffentliche Tat: *Orfeu:* die Explosion. Im April 1915 erscheint die erste Nummer der Zeitschrift; im Juli die zweite und letzte. Wenig? Eher zuviel. Die Gruppe war nicht homogen. Schon der Name »Orpheus« zeigt deutlich den symbolistischen Einschlag. Selbst bei Sá-Carneiro, trotz dessen Ungestüm, stellen die portugiesischen Kritiker fest, daß der »Decadentismo« fortdauert. Bei Pessoa ist die Spaltung eindeutig: Álvaro de Campos ist ein ganzer Futurist, während Fer-

nando Pessoa immer noch ein »paulistischer« Dichter ist. Die Öffentlichkeit nahm die Zeitschrift mit Entrüstung auf. Die Texte von Sá-Carneiro und Campos bewirkten, daß die Journalisten, wie üblich, tobten. Auf die Beschimpfungen folgte der Spott; auf den Spott Schweigen. Der Kreis schloß sich. Ist etwas geblieben? In der ersten Nummer war die *Ode triunfal* (Triumph-Ode) erschienen; in der zweiten die *Ode marítima.* Die erste Ode ist ein Gedicht, das ungeachtet seiner Ticks und seiner Künsteleien bereits den direkten Ton von *Tabacaria* (Tabakladen) hat, die Erkenntnis der Gewichtlosigkeit des Menschen gegenüber dem Schwergewicht des gesellschaftlichen Lebens. Das zweite Gedicht ist mehr als nur das Feuerwerk der futuristischen Poesie: ein großer Geist deliriert mit lauter Stimme, und sein Schrei ist nie animalisch noch übermenschlich. Der Dichter ist kein »kleiner Gott«, sondern ein gefallener Mensch. Die beiden Gedichte gemahnen eher an Whitman denn an Marinetti, an einen grüblerischen und negativen Whitman. Doch das ist noch nicht alles. Der Widerspruch ist System, bildet die Kohärenz seines Lebens: zur gleichen Zeit schreibt er *O Guardador de Rebanhos* (Der Hirte), ein postumes Buch von Alberto Caeiro, die latinisierenden Gedichte von Reis und *Epithalamium* und *Antinous,* »zwei meiner englischen Gedichte, sehr indezent und deshalb in England nicht zu veröffentlichen«.

Das Abenteuer *Orfeu* wird jäh unterbrochen. Angesichts der Angriffe der Journalisten, und wohl auch erschrocken über die Maßlosigkeit Álvaro de Campos', machen einige nicht mehr mit. Sá-Carneiro, immer unstet, kehrt nach Paris zurück. Ein Jahr darauf begeht er Selbstmord. 1917 ein neuer Versuch: die einzige Nummer von *Portugal Futurista,* herausgegeben von Almada Negreira, in der das *Ultimatum* von Álvaro de Campos erscheint. Es fällt heute schwer, diesen Schwall von Invektiven zu lesen, obgleich einige ihre heilsame Virulenz bewahrt haben: »D'Annunzio, Don Juan auf Patmos; Shaw, kalte Geschwulst des Ibsenismus; Kipling, Schrotthandel-Imperialist . . .« Die Episode *Orfeu* endet mit der Auflösung der Gruppe und dem Tod eines ihrer Anführer. Man wird fünfzehn Jahre warten müssen, bis eine neue Generation kommt. Nichts ist daran ungewöhnlich. Das Erstaunliche ist das Auftreten der Gruppe, die ihrer Zeit und ihrer Gesellschaft voraus ist. Was wurde in diesen Jahren in Spanien und in Hispanoamerika geschrieben?

Die folgende Periode ist relativ glanzlos. Pessoa veröffentlicht zwei Bändchen mit englischen Gedichten, *35 Sonnets* und *Antinous* (beide 1918), die von der Londoner *Times* und vom *Glasgow Herald* sehr höflich und mit wenig Begeisterung besprochen werden. 1922 erscheint der erste Beitrag Pessoas für *Contemporânea*, eine neue literarische Zeitschrift: *O Banqueiro Anarquista* (Der anarchistische Bankier). In diesen Jahren auch hat er seine politischen Anwandlungen: Lobeshymnen auf den Nationalismus und das autoritäre Regime. Die Wirklichkeit öffnet ihm die Augen und nötigt ihn zum Widerruf: bei zwei Anlässen widersetzt er sich der Staatsgewalt, der Kirche und der Gesellschaftsmoral. Das erste Mal, um Antonio Botto zu verteidigen, den Autor von *Canções*, in denen die uranische Liebe besungen wird. Das zweite Mal opponiert er gegen den »Kampfbund der Studenten«, der unter dem Vorwand, mit der sogenannten »Sodom-Literatur« Schluß zu machen, das freie Denken verfolgte. Cäsar ist immer Moralist. Álvaro de Campos verteilt ein Flugblatt: *Aviso por causa da moral* (Ein Wort in Sachen Moral); Pessoa veröffentlicht eine Erklärung; und der Angegriffene, Raúl Leal, verfaßt das Flugblatt:

Uma lição de moral aos estudantes de Lisboa e o descaramento da Igreja Católica (Eine Morallektion für die Studenten von Lissabon und die Dreistigkeit der katholischen Kirche). Der Schwerpunkt hat sich von der freien Kunst auf die Freiheit der Kunst verlagert. Unsere Gesellschaft ist so beschaffen, daß der schöpferische Mensch zur Heterodoxie und zur Opposition verurteilt ist. Der klarsichtige Künstler weicht dieser moralischen Gefahr nicht aus.

Im Jahre 1924 eine neue Zeitschrift: *Atena.* Sie bringt es nur auf fünf Nummern. Nie war ein zweiter Aufguß gut. In Wirklichkeit ist *Atena* eine Brücke zwischen *Orfeu* und den jungen Leuten von *Presença* (1927). Jede Generation wählt sich scheint's ihre eigene Tradition. Die neue Gruppe entdeckt Pessoa: endlich hat er Gesprächspartner gefunden. Zu spät, wie immer. Kurz darauf, ein Jahr vor seinem Tode, ereignet sich der groteske Zwischenfall: ein Dichter-Wettbewerb, ausgeschrieben vom Ministerium für Nationale Propaganda. Das Thema war natürlich ein Lied zum Ruhme der Nation und des Reiches. Pessoa schickt *Mensagem* (Botschaft), Gedichte, die eine »okkultistische« und symbolische Interpretation der portugiesischen Geschichte sind. Das Buch muß die beamteten Juroren des Wettbewerbs in große Verlegenheit gebracht haben. Sie verliehen ihm den Preis »zweiter Klasse«. Es war sein letzter literarischer Versuch.

Alles beginnt am 8. März 1914. Doch es ist besser, hier einen Auszug aus einem Brief Pessoas an einen der jungen Männer von *Presença,* Adolfo Casais Monteiro, zu zitieren: »Gegen 1912 kam ich auf den Gedanken, einige Gedichte heidnischer Art zu schreiben. Ich entwarf ein paar Sachen in freien Versen (nicht im Stil von Álvaro de Campos) und gab dann den Versuch auf. Doch im Halbdunkel sah ich verschwommen das Bild der Person, die diese Verse schrieb (ohne mein Wissen war Ricardo Reis geboren). Anderthalb oder zwei Jahre später kam ich auf den Einfall, Sá Carneiro einen Streich zu spielen, einen etwas verzwickten bukolischen Dichter zu erfinden und ihn so zu präsentieren, ich weiß nicht mehr wie, als wäre er ein wirkliches Wesen. Ich verbrachte damit mehrere Tage, doch es wollte mir nicht gelingen. Eines Tages, als ich es schon aufgegeben hatte – es war der 8. März 1914 – stellte ich mich vor eine hohe Kommode, nahm einen Stapel Papier und begann im Stehen zu schreiben, wie ich das nach Möglichkeit immer tue. Und ich schrieb über dreißig Gedichte hintereinander, in einer Art von Ekstase, die ich nicht näher beschreiben kann. Es war der triumphale Tag meines Lebens, nie werde ich so einen noch einmal erleben. Ich begann mit einem Titel, *O Guardador de Rebanhos.* Und dann erschien jemand in mir, dem ich sofort den Namen Alberto Caeiro gab. Entschuldigen Sie das Absurde des Satzes: in mir war mein Meister erschienen. Das war mein unmittelbares Gefühl. Und es war so stark, daß ich, kaum waren die dreißig Gedichte geschrieben, auf einem neuen Blatt Papier, ebenfalls in einem Zuge *Chuva obliqua* (Schräger Regen) von Fernando Pessoa schrieb. Unmittelbar und bis zum Ende (. . .) Es war die Rückkehr von Fernando Pessoa-Alberto Caeiro zu Fernando Pessoa schlechthin. Oder besser: es war die Reaktion Fernando Pessoas auf seine Nichtexistenz als Alberto Caeiro (. . .) Als Caeiro erschienen war, versuchte ich sogleich, unbewußt und instinktiv, Schüler für ihn zu entdecken. Ich entriß den latent existierenden Ricardo Reis seinem falschen Heldentum, fand für ihn einen Namen und glich ihn sich selber an, denn in diesem Augenblick *sah* ich ihn schon. Und plötzlich, entgegengesetzter Herkunft zu Reis, tauchte gebieterisch noch eine Person auf. In einem Zug, ohne Unterbrechung noch Verbesserung, entstand die *Ode triunfal* von Álvaro de Campos. Die Ode mit diesem Namen und der Mensch mit seinem Namen.« Ich weiß nicht, was diesem Bekenntnis hinzuzufügen wäre.

Die Psychologie bietet uns verschiedene Erklärungen. Pessoa selbst, der sich für seinen Fall interessierte, findet zwei oder drei. Eine krude pathologische: »Wahrscheinlich bin ich ein neurasthenischer Hysteriker (. . .) und das erklärt recht oder schlecht den organischen Ursprung der Heteronyme.« Ich würde nicht sagen, »recht oder schlecht«, sondern kaum. Die Fragwürdigkeit dieser Hypothesen besteht nicht darin, daß sie falsch wären: sie sind unvollständig. Ein Neurotiker ist ein Besessener; ist derjenige, der seine psychischen Störungen meistert, ein Kranker? Der Neurotiker erleidet seine Obsessionen; der schöpferische Mensch wird ihrer Herr und wandelt sie um. Pessoa erzählt, daß er seit seiner Kindheit mit imaginären Personen lebte. (»Ich weiß natürlich nicht, ob sie es sind, die nicht existieren, oder ob ich es bin, der nicht existiert: in diesen Dingen dürfen wir nicht dogmatisch sein.«) Die Heteronyme sind umgeben von einer wabernden Menge von Halbwesen: der Barón de Teive; Jean Seul, französischer satirischer Journalist; Bernardo Soares, Gespenst des gespenstischen Vicente Guedes; Pacheco, eine blasse Kopie Campos' . . . Nicht alle sind Schriftsteller: es gibt einen Mr. Cross, unermüdlicher Teilnehmer an den Wettbewerben in Silben- und Kreuzworträtseln der englischen Zeitschriften (ein unfehlbares Mittel, wie Pessoa glaubte, um reich zu werden), Alexander Search und andere. All das – wie seine Einsamkeit, sein heimlicher Alkoholismus und vieles andere – wirft ein Licht auf seinen Charakter, aber erklärt uns nicht seine Gedichte, worauf allein es uns ankommt.

Gleiches ist zu sagen von der »okkultistischen« Hypothese, zu der Pessoa, der viel zu kritisch ist, zwar nicht offen greift, doch auf die er immerhin anspielt. Bekanntlich verraten die Geister, die den Medien die Feder führen, auch wenn es die Geister von Euripides oder Victor Hugo sind, eine erstaunliche literarische Ungewandtheit. Manche Leute vermuten, daß es sich um eine »Mystifikation« handelt. Der Irrtum ist ein doppelt grober: weder ist Pessoa ein Lügner, noch ist sein Werk Schwindel. Der moderne Geist hat etwas schrecklich Vulgäres: Im wirklichen Leben dulden die Leute jede Art von schändlichen Wirklichkeiten, aber die Existenz der Fabel können sie nicht ertragen. Und eben das ist Pessoas Werk: eine Fabel, eine Fiktion. Wenn man vergißt, daß Caeiro, Reis und Campos dichterische Schöpfungen sind, vergißt man zuviel. Wie jede Schöpfung, wurden diese Dichter im Spiel geboren. Kunst ist Spiel – und anderes. Doch ohne Spiel gibt es keine Kunst.

Die Authentizität der Heteronyme hängt von ihrer poetischen Kohärenz, von ihrer Wahrscheinlichkeit ab. Sie waren notwendige Schöpfungen, andernfalls hätte Pessoa sein Leben nicht darauf verwandt, sie zu leben und zu erschaffen; was heute zählt, ist nicht, daß sie für ihren Autor notwendig gewesen sind, sondern ob sie das auch für uns sind. Pessoa, ihr erster Leser, zweifelte nicht an ihrer Wirklichkeit. Reis und Campos sagten Dinge, die er vielleicht nie gesagt haben würde. Indem sie ihm widersprachen, gaben sie ihm Ausdruck; indem sie ihm Ausdruck gaben, zwangen sie ihn, sich zu erfinden. Wir schreiben, um zu sein, was wir sind, oder um das zu sein, was wir nicht sind. In dem einen wie in dem anderen Fall suchen wir uns selbst. Und wenn wir das Glück haben, uns zu finden – ein Zeichen von Schöpfung –, werden wir entdecken, daß wir ein Unbekannter sind. Immer der

andere, immer er, untrennbar mit uns verbunden und uns ein Fremder, mit deinem Gesicht und mit dem meinen, du immer bei mir und immer allein.
Die Heteronyme sind keine literarischen Masken: »Das, was Fernando Pessoa schreibt, gehört zwei Arten von Werken an, die wir orthonym und heteronym nennen könnten. Man kann nicht sagen, daß sie anonyme oder pseudonyme Werke sind, da sie es wirklich nicht sind. Das pseudonyme Werk ist das des Autors in Person, nur daß er es mit einem anderen Namen zeichnet; das heteronyme ist das des Autors, der seiner Person entäußert ist (. . .).« Gérard de Nerval ist das Pseudonym von Gérard Labrunie: dieselbe Person und dasselbe Werk; Caeiro ist ein Heteronym von Pessoa: es ist unmöglich, sie zu verwechseln. Auch der Fall Antonio Machado ist ein anderer. Abel Martín und Juan de Mairena sind nicht ganz und gar der Dichter Antonio Machado. Sie sind Masken, doch durchsichtige Masken: ein Text von Machado unterscheidet sich nicht von einem Text von Mairena. Zudem ist Machado von seinen Fiktionen nicht besessen, es sind keine Geschöpfe, die ihn heimsuchen, ihm widersprechen oder ihn negieren. Dagegen sind Caeiro, Reis und Campos die Helden eines Romans, den Pessoa nie geschrieben hat. »Ich bin ein dramatischer Dichter«, bekannte er in einem Brief an J. G. Simões. Trotzdem ist die Beziehung zwischen Pessoa und seinen Heteronymen nicht gleich der des Dramatikers oder Romanciers zu seinen Personen. Er ist kein Erfinder von Dichter-Persönlichkeiten, sondern ein Schöpfer von Dichter-Werken. Das ist ein wesentlicher Unterschied. Wie A. Casais Monteiro sagt: »Er erfand die Biographien für die Werke und nicht die Werke für die Biographien.« Diese Werke und die im Hinblick auf sie, für oder gegen sie geschriebenen Gedichte Pessoas sind sein dichteri-

sches Werk. Er selbst wird zu einem der Werke seines Werks. Und er hat nicht einmal das Vorrecht, der Kritiker dieser Clique zu sein: Reis und Campos behandeln ihn ziemlich herablassend; der Barón de Teide grüßt ihn nicht immer; Vicente Guedes, der Archivar, sieht ihm so ähnlich, daß er sich selbst ein wenig bemitleidet, wenn er ihn in einem Wirtshaus des Viertels trifft. Er ist der behexte Zauberer, von seinen Phantasmagorien so völlig besessen, daß er sich von ihnen beobachtet, gar verachtet oder bemitleidet fühlt. Unsere Werke beurteilen uns ...

Alberto Caeiro ist mein Lehrmeister. Diese Aussage ist der Prüfstein eines ganzen Werkes. Und man könnte hinzufügen, daß das Werk Caeiros die einzige positive Aussage ist, die Pessoa gemacht hat. Caeiro ist die Sonne, und um sie kreisen Reis, Campos und Pessoa selbst. In ihnen allen gibt es Partikel der Negation oder der Irrealität: Reis glaubt an die Form, Campos an die Sinneswahrnehmung, Pessoa an die Symbole. Caeiro glaubt an nichts: er existiert. Die Sonne ist das von sich erfüllte Leben; die Sonne sieht nicht, denn alle ihre Strahlen sind Blicke, die sich in Wärme und Licht verwandelt haben; die Sonne hat kein Bewußtsein ihrer selbst, denn bei ihr sind Denken und Sein ein und dasselbe. Caeiro ist all das, was Pessoa nicht ist, und zudem all das, was kein moderner Dichter sein kann: der mit der Natur versöhnte Mensch. Der Mensch vor dem Christentum, gewiß, aber auch noch vor der Arbeit und vor der Geschichte. Vor dem Bewußtsein. Caeiro negiert durch die bloße Tatsache seiner Existenz nicht nur die symbolistische Ästhetik Pessoas, sondern alle Ästhetiken, alle Werte, alle Ideen. Bleibt nichts? Alles bleibt, aber frei von den Phantasmen und Spinnweben der Kultur. Die Welt existiert, weil meine Sinne mir das sagen; und indem sie mir das sagen, sagen sie mir, daß auch ich existiere. Ja, ich werde sterben, und auch die Welt wird sterben, doch sterben heißt leben. Die Aussage Caeiros annulliert den Tod; indem er das Bewußtsein negiert, negiert er das Nichts. Er behauptet nicht, daß alles *ist*, denn das hieße, eine Idee zu vertreten; er sagt, daß alles *existiert*. Und mehr noch: er sagt, daß nur ist, was existiert. Alles übrige sind Täuschungen. Campos setzt dann das Tüpfelchen auf das i: »Mein Lehrmeister Caeiro war kein Heide; er war das Heidentum.« Ich würde sagen: ein Bild des Heidentums.

Caeiro hat kaum Schulen besucht.[2] Als er erfuhr, daß man ihn einen »materialistischen Dichter« nannte, wollte er wissen, was das für eine Lehre sei. Als er Campos' Erklärung hörte, war er zuhöchst verwundert: »Das ist eine Idee von Geistlichen ohne Religion! Sie sagen, sagen Sie, der Raum sei unendlich? In welchem Raum haben sie das gesehen?« Vor seinem verblüfften Schüler behauptete Caeiro, der Raum sei endlich: »Was keine Grenzen hat, existiert nicht . . .« Der andere entgegnete: »Und die Zahlen? Nach der 34 kommt die 35 und dann die 36 und so fort . . .« Caeiro sah ihn mitleidig an: »Aber das sind doch nur Zahlen!« und fuhr *mit umwerfender Kindlichkeit* fort: »Gibt es eine Zahl 34 etwa in der Wirklichkeit?« Eine andere Anekdote: man fragte ihn: »Sind Sie mit sich selbst zufrieden?« Und er antwortete: »Nein, ich bin zufrieden.« Caeiro ist kein Philosoph, er ist ein Weiser. Die Denker haben Ideen: für den Weisen sind Leben und

---

2 In Lissabon 1889 geboren; starb dort 1915. Er verbrachte fast sein ganzes Leben in einem Landhaus in Ribatejo. Werke: *O Guardador de Rebanhos* (1911-1912); *O Pastor Amoroso; Poemas Inconjuntos* (1913-1915).

Denken nichts voneinander Geschiedenes. Deshalb ist es unmöglich, die Ideen Sokrates' oder Laotses darzulegen. Sie hinterließen keine Lehren, sondern eine Handvoll Anekdoten, Rätsel und Gedichte. Chuang Tzu, redlicher als Platon, will uns keine Philosophie vermitteln, sondern ein paar kurze Geschichten erzählen: die Philosophie ist von der Erzählung untrennbar, sie ist Erzählung. Die Lehre des Philosophen reizt zur Widerlegung; das Leben des Weisen ist unwiderlegbar. Kein Weiser hat je verkündet, daß die Wahrheit erlernbar sei; alle, oder fast alle, haben gesagt, daß das einzige, wofür sich zu leben lohnt, die *Erfahrung* der Wahrheit ist. Caeiros' schwacher Punkt sind nicht seine Idee (diese Schwäche ist eher seine Stärke), sondern die Irrealität der Erfahrung, die er zu verkörpern behauptet.

Adam in einem Landhaus der portugiesischen Provinz, ohne Frau, ohne Kinder und ohne Schöpfer: ohne Bewußtsein, ohne Arbeit und ohne Religion. Eine Sinnlichkeit unter Sinnlichkeiten, ein Existieren unter Existenzen. Hier und jetzt ist Stein Stein und Caeiro Caeiro. Danach wird jeder etwas anderes sein. Oder das gleiche. Gleiches oder Verschiedenes: alles ist gleich, da alles verschieden ist. Benennen heißt sein. Das Wort, mit dem er den Stein benennt, ist nicht der Stein, aber es ist geradeso wirklich wie der Stein. Caeiro will die Wesen nicht benennen, und deshalb sagt er uns nie, ob der Stein ein Achat oder ein Kiesel ist, ob der Baum eine Pinie oder eine Steineiche ist. Auch will er keine Beziehungen zwischen den Dingen herstellen; das Wort *wie* kommt in seinem Vokabular nicht vor. Jedes Ding ist in seine eigene Wirklichkeit vertieft. Wenn Caeiro spricht, so deshalb, weil der Mensch ein Lebewesen ist, das sprechen kann, so wie der Vogel ein Lebewesen ist, das fliegen kann. Der Mensch spricht wie der Fluß fließt oder der Regen fällt. Der unschuldige Dichter braucht die Dinge nicht zu benennen; seine Worte *sind* Bäume, Wolken, Spinnen, Eidechsen. Nicht die Spinnen, die ich sehe, sondern die, die ich sage. Caeiro wundert sich angesichts der Idee, daß die Wirklichkeit nicht greifbar sei: hier liegt sie vor uns, man braucht sie nur zu berühren. Man braucht nur zu sprechen.

Es wäre ein Leichtes, Caeiro zu beweisen, daß die Wirklichkeit nie mit Händen zu greifen ist und daß wir sie erobern müssen (auch auf die Gefahr hin, daß sie sich in dem Augenblick, da wir sie erhaschen, verflüchtigt oder zu etwas anderem wird: Idee, Utensil). Der unschuldige Dichter ist ein Mythos, aber ein Mythos, der die Poesie begründet. Der wirkliche Dichter weiß, daß die Worte und die Dinge nicht das gleiche sind, und deshalb, um zwischen dem Menschen und der Welt wieder eine, sei es auch ungesicherte, Einheit herzustellen, benennt er die Dinge mit Bildern, Rhythmen, Symbolen und Vergleichen. Die Worte sind nicht die Dinge: sie sind die Brücken, die wir zwischen ihnen und uns schlagen. Der Dichter ist das Bewußtsein der Worte, das heißt, das Heimweh nach der wirklichen Wirklichkeit der Dinge. Doch auch die Worte waren Dinge, bevor sie Namen von Dingen wurden. Sie waren es im Mythos vom unschuldigen Dichter, das heißt, vor der Geburt der Sprache. Die opaken Worte des wirklichen Dichters evozieren das Sprechen vor der Geburt der Sprache, die geahnte paradiesische Übereinstimmung. Unschuldiges Sprechen: ein Schweigen, in dem nichts gesagt wird, weil alles gesagt ist, alles sich selbst sagt. Die Sprache des Dichters nährt sich von diesem Schweigen, das unschuldiges Sprechen ist. Pessoa, ein wirklicher Dichter und ein skeptischer Mensch, mußte einen unschuldigen Dichter erfinden, um seine eigene Poesie zu rechtfertigen. Reis, Campos und

Pessoa sagen sterbliche und geschichtliche Worte, Worte des Untergangs und der Auflösung: sie sind die Vorahnung der Einheit oder das Heimweh nach ihr. Wir hören sie vor dem Hintergrund des Schweigens dieser Einheit. Es ist kein Zufall, daß Caeiro jung stirbt, noch bevor seine Schüler ihr Werk beginnen. Er ist ihre Grundlage, das Schweigen, das sie nährt.

Caeiro, der von den Heteronymen der Natürlichste und Schlichteste ist, ist der am wenigsten Wirkliche. Er ist es durch ein Übermaß an Wirklichkeit. Der Mensch, zumal der moderne Mensch, ist nicht ganz wirklich. Er ist kein kompaktes Seiendes wie die Natur oder die Dinge; das Bewußtsein seiner selbst ist seine substanzlose Wirklichkeit. Caeiro ist eine absolute Bejahung des Existierens, und deshalb scheinen uns seine Worte Wahrheiten einer anderen Zeit, jener Zeit, in der alles ein und dasselbe war. Sinnlich wahrnehmbare und unberührbare Gegenwart: sobald wir sie benennen, verflüchtigt sie sich! Die Maske der Unschuld, die Caeiro uns zeigt, ist nicht die Weisheit: weise sein heißt, sich mit dem Wissen abfinden, daß wir nicht unschuldig sind. Pessoa, der das wußte, war der Weisheit näher.

Das andere Extrem ist Álvaro de Campos.[3] Caeiro lebt in der zeitlosen Gegenwart der Kinder und der Tiere; der Futurist Campos im Augenblick. Für den ersteren ist sein Dorf die Mitte der Welt; der andere, Kosmopolit, hat keine Mitte; er lebt verbannt in diesem Nirgendwo, das

---

3 Er wird am 15. Oktober 1890 in Tariva geboren. Das Datum stimmt mit seinem Horoskop überein, sagt Pessoa. Jüdischer Abstammung. Besuch des Gymnasiums; anschließend in Glasgow Ausbildung zum Schiffsbauingenieur. Reisen in den Orient. Künstliche und andere Paradiese. Verfechter einer nicht-aristotelischen Ästhetik, die er bei drei Dichtern verwirklicht sieht: bei Whitman, Caeiro und bei sich selbst. Trug ein Monokel. Jähzornig, gefühllos.

überall ist. Trotzdem ähneln sie sich: beide kultivieren den freien Vers; beide tun dem Portugiesischen Gewalt an; beide verschmähen nicht die Prosaismen. Sie glauben nur an das, was sie berühren können, sie sind Pessimisten, sie lieben die konkrete Wirklichkeit, nicht jedoch ihresgleichen, sie verachten die Ideen und leben außerhalb der Geschichte, der eine in der Fülle des Seins, der andere im äußersten Mangel an Sein. Caeiro, der unschuldige Dichter, ist das, was Pessoa nicht sein konnte; Campos, der vagabundierende Dandy, was er hätte sein können, aber nicht war. Sie sind Pessoas unmögliche Lebensmöglichkeiten.

Campos' erstes Gedicht ist von trügerischer Originalität. Die *Ode triunfal* ist dem Anschein nach ein brillantes Echo Whitmans und der Futuristen. Doch sobald man dieses Gedicht mit jenen vergleicht, die in denselben Jahren in Frankreich, Rußland und anderen Ländern geschrieben wurden, wird man den Unterschied gewahr.[4] Whitman glaubte tatsächlich und fest an den Menschen und an die Maschinen; besser gesagt, er glaubte, daß der *natürliche Mensch* mit den Maschinen nicht unvereinbar sei. Sein Pantheismus umfaßte auch die Industrie. Die meisten seiner Nachkommen hegen solche Illusionen nicht. Einige sehen in den Maschinen ein wunderbares Spielzeug. Ich denke an Valéry Larbaud und seinen *Barnabooth*, der mit Álvaro de Campos mehr als eine Ähnlichkeit besitzt.[5] Die Einstellung Larbauds zur Maschine

---

4 Im Spanischen gab es bis zur Generation von Lorca und Neruda nichts Vergleichbares. Es gab lediglich die Prosa des großen Ramón Gómez de la Serna. In Mexiko war ein zaghafter Anfang zu verzeichnen, doch nur ein Anfang: Tablada. Erst 1918 entsteht die moderne Poesie spanischer Sprache wirklich. Doch ihr Initiator, Vicente Huidobro, ist ein Dichter mit einem ganz anderen Ton.

5 Es scheint mir geradezu unmöglich, daß Pessoa das Buch von Lar-

ist epikureisch; die der Futuristen visionär. Sie betrachten sie als Mittel zur Vernichtung des falschen Humanismus, allerdings auch des *natürlichen Menschen*. Sie wollen die Maschine nicht vermenschlichen, sondern eine ihr ähnliche neue Gattung Mensch schaffen. Ausgenommen vielleicht Majakowski, doch selbst er ... Die *Ode triunfal* ist weder epikureisch noch romantisch noch triumphal: sie ist ein Gesang des Zorns und der Niederlage. Und darauf beruht ihre Originalität.

Eine Fabrik ist »eine tropische Landschaft«, bevölkert mit riesigen lasziven wilden Tieren. Eine endlose Hurerei von Rädern, Kolben und Rollen. In dem Maße wie der mechanische Rhythmus schärfer wird, verwandelt sich das Paradies aus Eisen und Elektrizität in eine Folterkammer. Die Maschinen sind Geschlechtsorgane der Zerstörung: Campos möchte von diesen rasenden Propellern zerfetzt werden. Diese seltsame Vision ist nicht so phantastisch, wie es scheint, und nicht nur eine Obsession von Campos. Die Maschinen sind Nachbildung, Vereinfachung und Vervielfachung der Lebensprozesse. Sie bezaubern uns und erfüllen uns mit Entsetzen, weil sie uns zugleich das Gefühl von Intelligenz und Unbewußtsein geben: alles, was sie machen, machen sie gut, doch sie wissen nicht, was sie machen. Ist nicht dies ein Bild des modernen Menschen? Doch die Maschinen sind nur eine Seite der heutigen Zivilisation. Die andere ist die gesell-

---

baud nicht gekannt hat. Die endgültige Ausgabe von *Barnabooth* erschien 1913, dem Jahr des intensiven Briefwechsels mit Sá-Carneiro. Ein merkwürdiges Detail: Larbaud besuchte Lissabon im Jahre 1926; Gómez de la Serna, der damals dort lebte, stellte ihn den jungen Schriftstellern vor, die ihm ein Bankett gaben. In dem Bericht, den er über diese Episode schrieb *(Lettre de Lisbonne*, in *Jaune bleu blanc)*, spricht Larbaud lobend von Almada Negreira, doch Pessoa erwähnt er nicht. Kannten sie sich?

schaftliche Promiskuität. Die *Ode triunfal* endet mit einem Aufschrei; in ein Bündel, eine Kiste, ein Paket, ein Rad verwandelt, verliert Álvaro de Campos den Gebrauch des Wortes: er zischt, er kreischt, er klappert, er hämmert, er knattert, er birst. Das Wort Caeiros evoziert die Einheit des Menschen, des Steins und des Insekts; das Campos' das zusammenhanglose Geräusch der Geschichte. Pantheismus und Panmaschinismus, zwei Möglichkeiten, das Bewußtsein zu vernichten.

Tabacaria ist das Gedicht des wiedererlangten Bewußtseins. Caeiro fragt sich, was bin ich?; Campos: wer bin ich? Von seinem Zimmer aus betrachtet er die Straße: Autos, Passanten, Hunde, alles wirklich und alles hohl, alles ganz nah und dabei so fern. Gegenüber, selbstsicher wie ein Gott, änigmatisch lächelnd wie ein Gott, sich die Hände reibend wie Gott Vater nach seiner entsetzlichen Schöpfung, taucht der Besitzer des Tabakladens auf und verschwindet wieder. Da kommt in seine Kramladen-Tempel-Höhle Esteva, der Unbekümmerte, Esteva *ohne Metaphysik*, der spricht und ißt, der Gefühle hat und politische Meinungen und der die gebotenen Feiertage einhält. Von seinem Fenster, seinem Bewußtsein, aus betrachtet sich Campos die beiden Marionetten und, sie sehend, sieht er sich selbst. Wo ist die Wirklichkeit: in mir oder Esteva? Der Inhaber des Tabakladens lächelt und antwortet nicht. Als futuristischer Dichter behauptet Campos zuerst, daß die einzige Wirklichkeit die Sinnesempfindung ist, ein paar Jahre später fragt er sich, ob er selbst irgendeine Wirklichkeit besitzt.

Indem er das Bewußtsein seiner selbst annulliert, negiert Caeiro die Geschichte; jetzt ist es die Geschichte, die Campos negiert. Ein marginales Leben: seine Geschwister, wenn er welche hat, sind die Prostituierten, die Herumtreiber, der Dandy, der Bettler, das Gesindel der

Unter- wie der Oberschicht. Seine Rebellion hat nichts zu tun mit den Ideen der Erlösung oder der Gerechtigkeit: *Nein: alles andere, nur keine Gründe haben! Alles, nur nicht die Menschheit wichtig nehmen! Alles, nur keine Menschenfreundlichkeit!* Campos rebelliert auch gegen die Idee der Rebellion. Sie ist keine Tugend, kein Bewußtseinszustand – sie ist das Bewußtsein eines Gefühls: »Ricardo Reis ist Heide aus Überzeugung; Antonio Mora aus Intelligenz; ich bin es aus Rebellion, das heißt, vom Temperament her.« Seine Sympathie für die Elenden ist gefärbt von Verachtung, doch diese Verachtung fühlt er vor allem für sich selbst:

Ich habe Sympathie für alle diese Leute,
Vor allem, wenn sie keine Sympathie verdienen.
Ja, auch ich bin Vagabund und aufdringlicher Bettler (. . .)
Ein Vagabund und Bettler sein heißt nicht, ein Vagabund und Bettler sein:
Es heißt, außerhalb der gesellschaftlichen Rangordnung stehen (. . .)
Heißt, kein Staatsanwalt, kein fester Angestellter, keine Prostituierte sein,
Kein Anwärter auf Armenrecht, kein ausgebeuteter Arbeiter,
Kein Kranker mit unheilbarem Leiden,
Keiner, der nach Gerechtigkeit dürstet, auch kein Hauptmann der Kavallerie,
Heißt, kurz und gut, nicht diese Gesellschaftsmenschen der Romanciers sein,
Die sich mit Buchstaben vollstopfen, weil sie Grund haben, Tränen zu weinen,
Und sich gegen die Gesellschaft auflehnen, weil sie den überschüssigen Verstand haben, das zu tun (. . .)

Ihre Streunerei und Bettelei sind durch keinen äußeren Umstand bedingt; sie sind Unheilbare ohne Erlösung. Ein solcher Herumtreiber sein heißt, *seelisch einsam sein.* Und weiter unten, mit dieser Brutalität, die Pessoas Ärgernis erregte: *Ich kann nicht einmal Zuflucht nehmen zu Meinungen über soziale Verhältnisse* (...) *Ich bin bei Verstand. Nichts da von Ästhetik mit Herz: ich bin bei Verstand. Scheiße! Ich bin bei Verstand.*

Das Bewußtsein der Verbannung ist seit anderthalb Jahrhunderten ein permanentes Merkmal der modernen Poesie. Gérard de Nerval gibt vor, Prinz von Aquitanien zu sein; Álvaro de Campos wählt die Maske des Vagabunden. Der Wandel ist aufschlußreich. Troubadour oder Bettler, was verbirgt diese Maske? Nichts vielleicht. Der Dichter ist das Bewußtsein seiner geschichtlichen Irrealität. Nur, wenn dieses Bewußtsein sich von der Geschichte zurückzieht, versinkt die Gesellschaft in ihrer eigenen Opakheit, sie wird Esteva oder der Besitzer des Tabakladens. Manch einer wird sagen, daß Campos' Einstellung nicht »positiv« ist. Auf solche Kritik entgegnete A. Casais-Monteiro: »Das Werk Pessoas ist *tatsächlich* ein negatives Werk. Es dient nicht als Vorbild, es lehrt weder zu regieren noch regiert zu werden. Es dient ganz im Gegenteil dazu, den Geist zum Ungehorsam zu erziehen.«

Campos ist nicht, wie Caeiro, darauf aus, alles zu sein, sondern alle zu sein und überall zu sein. Die Dispersion in die Pluralität bezahlt er mit dem Verlust der Identität. Ricardo Reis wählt die andere in der Poesie seines Lehrmeisters latente Möglichkeit.[6] Reis ist ein Eremit, wie

---

6 In Oporto 1887 geboren. Er ist derjenige der Heteronyme, der am ehesten ein mediterraner Typ ist: Caeiro war blond und blauäugig; Campos »zwischen weiß- und dunkelhäutig«, groß, hager und von internationaler Erscheinung; Reis »mattbraun«, dem südlichen Spanier und Portugiesen schon ähnlicher. Die *Odes* sind nicht sein einziges

Campos ein Vagabund ist. Seine Eremitage ist eine Philosophie und eine Form. Die Philosophie ist eine Mischung aus Stoizismus und Epikureismus. Die Form ist das Epigramm, die Ode und die Elegie der klassizistischen Dichter. Nur daß der Klassizismus eine Nostalgie ist, das heißt, eine Romantik, die nicht um sich weiß oder die sich maskiert. Während Campos seine langen Monologe schreibt, die der Introspektion immer näher sind als der Hymne, bosselt sein Freund Reis kleine Oden über die Freude, die Flucht der Zeit, die Rosen Lydias, die trügerische Freiheit des Menschen, die Eitelkeit der Götter. In einer Jesuitenschule erzogen, Arzt von Beruf, Monarchist, seit 1919 in Brasilien in der Verbannung lebend, Heide und Skeptiker aus Überzeugung, Latinist durch Erziehung, lebt Reis außerhalb der Zeit. Er scheint, aber ist es nicht, ein Mann der Vergangenheit: er hat gewählt, in einer zeitlosen Weisheit zu leben. Cioran wies kürzlich darauf hin, daß unser Jahrhundert, das so viele Dinge erfunden hat, nicht geschaffen hat, was wir am nötigsten brauchen. So ist es denn nicht verwunderlich, daß einige in der östlichen Tradition danach suchen: im Taoismus, im Zen-Buddhismus: in Wirklichkeit erfüllen diese Lehren die gleiche Funktion wie die Moral-Philosophien am Ausgang der Antike. Reis' Stoizismus ist eine Möglichkeit, nicht in der Welt zu sein – und dabei in ihr zu bleiben. Seine politischen Anschauungen haben einen ähnlichen Stellenwert: sie sind kein Programm, sondern eine Negation der Umstände seiner Zeit. Er haßt Christus nicht, doch er liebt ihn auch nicht; er verabscheut das

---

Werk. Man weiß, daß er ein *Ästhetisches Streitgespräch zwischen Ricardo Reis und Álvaro de Campos* geschrieben hat. Seine kritischen Bemerkungen über Caeiro und Campos sind ein Muster von verbaler Genauigkeit und ästhetischem Verstand.

Christentum, obgleich er, schließlich ein Ästhet, im Hinblick auf Jesus zugibt, daß »seine schwermütige, schmerzliche Art uns etwas gegeben hat, das uns fehlte«. Reis' wahrer Gott ist das Schicksal, und alle, Menschen und Mythen, sind seiner Herrschaft unterworfen.
Reis' Form ist bewundernswert und eintönig, wie alles, was von kunstreicher Vollkommenheit ist. In diesen kleinen Gedichten bemerkt man, von der Vertrautheit mit den lateinischen und griechischen Originalen abgesehen, eine kluge, durch Destillation gewonnene Mixtur aus der lusitanischen Klassik und der ins Englische übersetzten *Anthologia Graeca*. Die Korrektheit seiner Sprache beunruhigte Pessoa: »Caeiro schreibt ein schlechtes Portugiesisch; Campos schreibt es hinlänglich gut, obgleich ihm Fehler unterlaufen und er zum Beispiel sagt *›eu próprio‹* statt *›eu mesmo‹*; Reis schreibt es besser als ich, doch mit einem Purismus, den ich für übertrieben halte.« Die somnambule Übertreibung Campos' schlägt ins Gegenteil um und wird zur übertriebenen Genauigkeit von Reis. Weder die Form noch die Philosophie rechtfertigen Reis: sie rechtfertigen ein Phantasma. Die Wahrheit ist, daß auch Reis nicht existiert, und er weiß das. Klarsichtig, mit einer Klarsicht, die tiefer dringt als die erbitterte von Campos, betrachtet er sich:

Ich weiß nicht, wessen sie ist, meine Vergangenheit,
Die ich erinnere,
Ein anderer war ich, auch erkenn ich mich nicht,
Wenn meine Seele
Jene fremde erfühlt, die ich fühlend erinnere.
Von Tag zu Tag verlassen wir uns,
Nichts Gewisses, das uns mit uns verbindet,
Wir sind, wer wir sind, und was
Wir waren, ist etwas von innen Geschautes.

Das Labyrinth, in dem Reis sich verirrt, ist das seiner selbst. Der innere Blick des Dichters, etwas ganz anderes als Introspektion, rückt ihn in die Nähe Pessoas. Obgleich beide feste Versmaße und Formen benutzen, verbindet der Traditionalismus sie nicht, da sie verschiedenen Traditionen angehören. Was sie verbindet, ist das Gefühl der Zeit – nicht als etwas, das vor unseren Augen abläuft, sondern als etwas, wozu wir werden. Dem Augenblick verhaftet, affirmieren Caeiro und Campos freiweg das Sein oder den Mangel an Sein. Reis und Campos verirren sich auf den Gebirgspfaden ihres Denkens, in einer Wegbiegung finden sie sich und, indem sie eins werden mit sich selbst, umarmen sie einen Schatten. Das Gedicht ist nicht der Ausdruck des Seins, sondern das Gedenken dieses Augenblicks der Einswerdung. Ein leeres Monument: Pessoa baut dem Unbekannten einen Tempel; Reis, der karger ist, schreibt ein Epigramm, das auch ein Epitaph ist:

Mag das Verhängnis, außer ihn zu erblicken,
Mir alles versagen: Stoiker ohne Härte,
Des Schicksals eingemeißelten Spruch
Genießen, Letter um Letter.

Álvaro de Campos zitierte einen Ausspruch von Ricardo Reis: *Ich hasse die Lüge, weil sie eine Ungenauigkeit ist.* Diese Worte könnte man auch auf Pessoa beziehen, vorausgesetzt, daß man Lüge nicht mit Imagination oder Genauigkeit mit Strenge verwechselt. Die Poesie von Reis ist präzis und einfach wie eine Linearzeichnung; die von Pessoa exakt und komplex wie die Musik. Komplex und mannigfaltig, geht sie in verschiedene Richtungen: die Prosa, die Poesie in Portugiesisch und die Poesie in Englisch (die französischen Gedichte kann man als irrelevant außer acht lassen). Die Prosaschriften, obgleich noch nicht vollständig veröffentlicht, lassen sich in zwei große Gruppen einteilen: die mit seinem Namen gezeichneten und die seiner Pseudonyme, insbesondere des Barón de Teive, verarmter Aristokrat, und Bernardo Soares', »Handlungsgehilfe«. An verschiedenen Stellen betont Pessoa, daß sie keine Heteronyme sind: »Beide schreiben in einem Stil, der, ob gut oder schlecht, der meine ist . . .« Es ist nicht unbedingt notwendig, sich mit den englischen Gedichten zu befassen; sie sind von literarischem und psychologischem Interesse, doch fügen sie der englischen Poesie, wie mir scheint, nicht viel hinzu. Das dichterische Werk in Portugiesisch, von 1902 bis 1935, umfaßt *Mensagem,* die lyrische Dichtung und die dramatischen Gedichte. Diese letzteren sind meines Erachtens von marginaler Bedeutung. Auch wenn man sie beiseite läßt, bleibt ein umfangreiches dichterisches Werk.

Ein erster Unterschied: die Heteronyme schreiben in einer einzigen Richtung und in einer einzigen zeitlichen Strömung. Pessoa gabelt sich wie ein Delta, und jeder seiner Arme bietet uns das Bild, die Bilder, eines Augenblicks. Die lyrische Dichtung verzweigt sich in *Mensagem,* den *Cancioneiro* (Liederbuch) (mit den noch nicht veröffentlichten und verstreuten Gedichten) und in die hermetischen Gedichte. Wie immer, entspricht die Klassifizierung nicht der Wirklichkeit. *Cancioneiro* ist ein symbolistisches Buch, durchsetzt von Hermetismen, obgleich der Dichter nicht direkt zu den Bildern der okkulten Tradition greift. *Mensagem* ist vor allem ein Buch der Heraldik – und die Heraldik ist ein Zweig der Alchimie. Letztlich sind die hermetischen Gedichte in Form und Geist symbolistische; man braucht kein »Initiierter« zu sein, um zu ihnen Zugang zu finden, noch setzt ihr dichterisches Verständnis besondere Kenntnisse voraus.

Diese Gedichte, wie sein übriges Werk, verlangen vielmehr ein tiefes und differenziertes Verständnis. Zu wissen, daß Rimbaud sich für die Kabbala interessierte und daß er Poesie mit Alchimie gleichsetzte, ist nützlich und bringt uns sein Werk näher; doch um wirklich in es einzudringen, brauchen wir etwas mehr und etwas weniger. Pessoa definierte dieses Etwas wie folgt: Zuneigung, Intuition, Intelligenz, Verständnis und, das Heikelste: Gnade. Mag sein, daß diese Aufzählung übertrieben erscheint. Doch ich sehe nicht, wie man ohne diese fünf Voraussetzungen Baudelaire, Coleridge oder Yeats wirklich lesen kann. Allerdings bietet die Poesie Pessoas weniger Schwierigkeiten als die Hölderlins, Nervals, Mallarmés . . . Bei allen Dichtern der modernen Tradition ist die Poesie ein System von Symbolen und Analogien, entsprechend dem der hermetischen Wissenschaften. Ihm entsprechend, nicht mit ihm identisch: das Gedicht ist eine Konstellation von Zeichen, die ihr eigenes Licht haben.

Pessoa faßte *Mensagem* als ein *Ritual* auf; oder auch: als ein esoterisches Buch. Wenn man die äußere Perfektion in Betracht zieht, ist dieses sein vollkommenstes Werk. Aber es ist ein fabriziertes Buch, womit ich nicht sagen will, daß es unaufrichtig sei, sondern daß es aus den Spekulationen und nicht aus den Intuitionen des Dichters entstanden ist. Auf den ersten Blick ist es eine Hymne zum Ruhme Portugals und die Prophezeiung eines neuen Reiches (des Fünften), das nicht materiell sein wird, sondern geistig; seine Herrschaft wird sich über den geschichtlichen Raum und die geschichtliche Zeit hinaus erstrecken (ein mexikanischer Leser wird sofort an die »kosmische Rasse« von Vasconcelos gemahnt). Das Buch ist eine Galerie historischer und legendärer Personen, die ihrer überlieferten Wirklichkeit entrückt und in Allegorien einer anderen Tradition und einer anderen Wirklichkeit verwandelt werden. Vielleicht ohne sich seines Tuns voll bewußt zu sein, verflüchtigt Pessoa die Geschichte Portugals und stellt statt dessen eine andere, rein geistige dar, die deren Negation ist. Der esoterische Charakter von *Mensagem* verbietet uns, es als ein rein patriotisches Gedicht zu lesen, wie einige offizielle Kritiker das gern möchten. Man muß hinzufügen, daß sein Symbolismus es nicht einlöst. Damit die Symbole tatsächlich symbolkräftig werden, müssen sie aufhören zu symbolisieren, müssen sinnlich wahrnehmbar werden, lebendige Geschöpfe und keine musealen Embleme. Wie in jedem Werk, in dem mehr der Wille, denn die Inspiration im Spiel ist, gibt es in *Mensagem* wenige Gedichte, die diesen »Stand der Gnade« erreichen, der die Poesie vor der schönen Literatur auszeichnet. Doch diese wenigen leben in demselben magischen Raum der besten Gedichte des *Cancioneiro* und einiger seiner hermetischen Sonette. Es ist unmöglich zu beschreiben, worin dieser Raum besteht; für mich ist es der der Poesie schlechthin, ein wirkliches, greifbares Gebiet, das von einem *anderen* Licht erhellt wird. Es macht nichts, daß es wenige Gedichte sind. Benn sagte: *Keiner auch der großen Lyriker unserer Zeit hat mehr als sechs bis acht vollendete Gedichte hinterlassen (. . .) also um diese sechs Gedichte die dreißig bis fünfzig Jahre Askese, Leiden und Kampf.*

Der *Cancioneiro*: eine Welt aus wenigen lebendigen Wesen und vielen Schattengebilden. Es fehlt die Frau, die zentrale Sonne. Ohne Frau löst das Universum des sinnlich Wahrnehmbaren sich auf, es gibt weder festes Land noch Wasser noch Verkörperung des nicht Greifbaren. Es fehlen die schrecklichen Lüste. Es fehlt die Leidenschaft, diese Liebe, die Verlangen ist nach einem einzigen Sein, welches es auch sei. Da ist ein vages Gefühl der

Brüderlichkeit mit der Natur: Bäume, Wolken, Steine, alles flüchtig, alles in einem zeitlichen Vakuum schwebend. Irrealität der Dinge, Abbild unserer Irrealität. Da ist Negation, Überdruß und Trostlosigkeit. In dem *Livro de Desassossêgo* (Buch der Unrast), von dem nur Bruchstücke bekannt sind, beschreibt Pessoa seine geistige Landschaft: »Ich gehöre einer Generation an, die ohne Glauben an das Christentum geboren wurde, und die auch keinen Glauben mehr in all die anderen Anschauungen setzte; wir waren von der sozialen Gleichheit, von der Schönheit oder vom Fortschritt nicht begeistert; wir suchten nicht in Orienten und Okzidenten nach anderen religiösen Formen (jede Kultur hat eine innige Beziehung zu der Religion, die sie vertritt; indem wir die unsrige verloren, verloren wir alles); einige von uns widmeten sich der Eroberung des Alltags; wir, aus besserem Hause, verzichteten auf die res publica, wollten nichts und verlangten nichts; andere wieder frönten dem Kult der Konfusion und des Lärms: sie meinten zu leben, wenn sie sich selbst hörten, sie meinten zu lieben, wenn sie auf die Äußerlichkeiten der Liebe stießen; und wir, die übrigen, *Rasse der Endzeit, der geistigen Grenze der Toten Zeit,* leben in Negation, Unzufriedenheit und Trostlosigkeit.« Dieses Porträt ist nicht das Pessoas, aber es ist der Hintergrund, von dem seine Gestalt sich abhebt und mit dem sie manchmal verschwimmt. Geistige Grenze der Toten Zeit: der Dichter ist ein leerer Mensch, der in seiner Hilflosigkeit eine Welt schafft, um seine wahre Identität zu entdecken. Pessoas ganzes Werk ist eine Suche nach der verlorenen Identität.

In einem seiner Gedichte, die am häufigsten zitiert werden, sagt er: *Der Dichter ist ein Simulant, der so perfekt täuscht, daß er selbst noch simuliert, der Schmerz, den er wirklich fühlt, sei simuliert.* Indem er die Wahrheit sagt, lügt er; indem er lügt, sagt er die Wahrheit. Wir haben es nicht mit einer Ästhetik zu tun, sondern mit einem Glaubensbekenntnis. Die Poesie ist die Enthüllung der Irrealität des Dichters:

Zwischen dem Mondschein und dem Laub,
Zwischen der Ruhe und dem Wald,
Zwischen dem Nacktsein und dem Nachtwind
Zieht ein Geheimnis vorüber,
Folgt dem Vorüberziehn meiner Seele.

Was da vorüberzieht: ist es Pessoa oder ein anderer? Die Frage stellt sich ihm im Laufe der Jahre und mit weiteren Gedichten immer wieder. Er weiß nicht einmal, ob das, was er schreibt, seins ist. Besser gesagt, er weiß, daß es das nicht ist, obgleich es das ist: »Warum lasse ich mich hinters Licht führen und meine, daß meins ist, was meins ist?« Die Suche nach dem Ich – verloren und gefunden und wieder verloren – endet im Ekel: »Brechreiz, Lust zu nichts: leben, um nicht zu sterben.«
Nur aus dieser Perspektive kann man die volle Bedeutung der Heteronyme verstehen. Sie sind eine literarische Erfindung und eine psychologische Notwendigkeit, doch sie sind noch mehr. In gewissem Sinne sind sie das, was Pessoa hätte sein können oder hatte sein wollen; in anderem, tieferem Sinne das, was er *nicht* sein wollte: eine Persönlichkeit. Zum einen machen sie reinen Tisch mit dem Idealismus und den intellektuellen Überzeugungen ihres Erfinders; zum anderen zeigen sie, daß die unschuldige Weisheit, der Marktplatz und die philosophische Eremitage Selbstbetrug sind. Der Augenblick ist so unbewohnbar wie die Zukunft; und der Stoizismus ist ein Mittel, das tötet. Und trotzdem führt die Vernichtung des Ich, denn ebendas sind die Heteronyme, zu einer

geheimen Fruchtbarkeit. Die wahre Einöde ist das Ich, und nicht nur, weil es uns in uns selbst einsperrt und uns so dazu verurteilt, mit einem Phantasma zu leben, sondern auch weil es alles, was es anrührt, zum Welken bringt. Die Erfahrung Pessoas, vielleicht ohne daß er selbst das gewollt hat, steht in der Tradition der großen Dichter der Moderne seit Nerval und den deutschen Romantikern. Das Ich ist ein Hindernis, ist *das* Hindernis. Deshalb ist jedes rein ästhetische Urteil über sein Werk unzulänglich. Wenn man auch zugeben muß, daß nicht alles, was er geschrieben hat, von der gleichen Qualität ist, so ist doch alles, oder fast alles, geprägt von den Spuren seiner Suche. Sein Werk ist ein Schritt auf das Unbekannte zu. Es ist eine Passion.

Pessoas Welt ist weder diese Welt noch die andere. Das Wort Abwesenheit könnte sie definieren, falls man unter Abwesenheit einen fließenden Zustand versteht, in dem Anwesenheit sich auflöst und Abwesenheit Ankündigung ist – wovon? –, Augenblick ist, in dem das Gegenwärtige nicht mehr ist und andeutungsweise jenes sich zeigt, das vielleicht sein wird. Die städtische Wüste bedeckt sich mit Zeichen: die Steine sagen etwas, der Wind, das erleuchtete Fenster und der einsame Baum an der Ecke sagen etwas, alles sagt etwas, nicht das, was ich sage, sondern etwas anderes, immer etwas anderes, eben das, was sich nie sagen läßt. Abwesenheit ist nicht nur Mangel, sondern auch Vorahnung einer Anwesenheit, die sich nie ganz zeigt. Hermetische Gedichte und Gesänge dekken sich: in der Abwesenheit, in der Irrealität, die wir sind, ist etwas gegenwärtig. Staunend unter Leuten und Dingen, geht der Dichter durch eine Straße der Altstadt. Er betritt einen Park, und die Blätter regen sich. Sie sind im Begriff, etwas zu sagen ... Nein, sie haben nichts gesagt. Irrealität der Welt im letzten Licht des Tages.

Alles ist reglos, in Erwartung. Der Dichter weiß jetzt, daß er keine Identität hat. Wie diese Häuser, fast golden, fast wirklich, wie diese in der Abendstunde schwebenden Bäume, ist auch er sich selbst entrückt. Und der andere, der Doppelgänger, der wahre Pessoa erscheint nicht. Er wird nie erscheinen: es gibt keinen anderen. Was erscheint, sich einschleicht, ist das andere, das, was keinen Namen hat, was man nicht benennen kann und was unsere armen Worte erbetteln. Ist es die Poesie? Nein: die Poesie ist das, was übrig bleibt und uns tröstet, das Bewußtsein der Abwesenheit. Und von neuem, kaum vernehmlich, ein Raunen von etwas: Pessoa oder das nahe Bevorstehen des Unbekannten.

Paris, 1961

ANTONIO MACHADO – DER DICHTER DER ZEIT

In der Gestalt Antonio Machados verbinden sich Prosa und Poesie, Leben und Werk auf die natürlichste Weise. Sein Dichten ist Denken; sein Denken Reflexion des Gedichts über sich selbst. Um der Poesie willen tritt Machado aus sich heraus, gewahrt er die Zeit und die Formen, in denen diese sich entfaltet: die Landschaft, die Geliebte, den Zitronenbaum vor der weißen Mauer; durch das Denken gelangt er wieder zu sich, wird seiner selbst gewahr. Poesie und Reflexion sind Lebensvorgänge. Doch sein Leben ist nicht die Grundlage seines Werkes. Es ist eher umgekehrt: das Leben Machados, des undurchsichtigen Lehrers aus Soria, des zerstreuten Einsiedlers, stützt sich auf das Werk Machados, des Dichters und Philosophen. So wie seine ersten Gedichte nur voll verstanden werden können im Licht seiner letzten Meditationen, ist sein Leben nur durch sein Werk verständlich. Es ist dessen Schöpfung. Und die seines Todes. Mit seinem Tode erlangt sein Leben volle Bedeutung; oder richtiger: als er stirbt, zwei Tage nachdem er mit den Resten der Volksarmee die französische Grenze überschritten hat, wird sein Leben schließlich Wirklichkeit, es vollendet sich. Vorher war es nur Traum und Reflexion gewesen: ein Träumen oder ein Träumen davon, daß er träume, Verlangen, in etwas ihm Fremdem sich zu verwirklichen, bei dessen Berührung er schließlich er selbst werden könnte. Machado sagte, daß er bei dem wichtigsten Ereignis seines Lebens nicht dabei gewesen sei, obgleich er sich in seinen Träumen oft daran erinnert habe: an den Nachmittag, als seine Eltern sich ineinander verliebten. Ich bin sicher, daß er sich im Sterben an jene Begegnung nicht nur erinnerte: die Liebenden jenes sonnigen Nachmittags am Ufer des Guadalquivir mit seinen

Wassern und Segelbooten begannen wirklich zu existieren.
Man darf Natürlichkeit nicht mit Simplizität verwechseln. Niemand ist natürlicher als Machado; nichts ist verhaltener als diese Natürlichkeit. Seine Poesie ist so klar wie Wasser. So klar wie fließendes Wasser und wie dieses nicht greifbar. Die Masken – Abel Martín, Juan de Mairena –, hinter denen Machado sich verbirgt, damit mit größerer Freiheit der Philosoph Machado sprechen könne, sind durchsichtige Masken. Hinter dieser Transparenz verschwindet Machado. Er entzieht sich aus »Treue zu seiner eigenen Maske«. Abel Martín, Metaphysiker aus Sevilla, Juan de Mairena, Turn- und Rhetorik-Lehrer, Erfinder einer Singmaschine, sind und sind nicht Machado: der Dichter, der Philosoph, der Lehrer für französische Sprache, der Jakobiner, der Verliebte, der Einsiedler. Die Maske, identisch mit dem Gesicht, ist verhalten. Jedesmal, wenn sie zu sprechen beginnt, lächelt sie: es gibt da noch etwas Ungesagtes. Um Abel Martíns erotische Metaphysik zu verstehen, müssen wir zu Juan de Mairenas Kommentaren greifen. Diese führen uns zu den Gedichten Machados. Jede Person schickt uns zu einer anderen. Jedes Fragment ist die Chiffre, das Echo, die Anspielung auf ein geheimes Ganzes. Deshalb ist es unmöglich, sein Werk nur teilweise zu lesen. Man muß es als Ganzes sehen. Oder besser gesagt: man muß jeden seiner Teile als Ganzes sehen, da jeder das Abbild dieser verborgenen Einheit ist.
Das Werk Machados ist unteilbar, doch es hat verschiedene Schichten. Durch jede Schicht scheint die nächste hindurch. Machados Klarheit ist abgründig. Ihn lesen heißt, immer tiefer in eine endlose Transparenz eindringen: in ein Bewußtsein, das sich selbst widerspiegelt. Die Masken Machados scheinen uns sagen zu wollen, daß sie

mehr sind als Masken: sie sind die Formen, in denen ein ständig sich bewegendes Gesicht festgehalten ist. Die Verhaltenheit ist eine Herausforderung und verfolgt nur den Zweck, unsere Begierde zu erregen. Machado, der Grübler, weiß, daß er sich nur im Anderen enthüllen kann, in einem ihm Entgegengesetzten, der eine Ergänzung ist: der Dichter im Philosophen, der Verliebte in der Abwesenheit, der Einsiedler in der Menge, der Gefangene seines Ich im Du der Geliebten oder im Wir des Volkes.

Abel Martín befragt seinen Schöpfer: er möchte wissen, wer der Dichter Antonio Machado war und was er mit seinen Gedichten sagen wollte. Wahrscheinlich, läßt dieser durchblicken, nichts, was grundverschieden wäre von dem, was seine Prosa zum Ausdruck bringt, oder von dem, was noch klarer und bündiger sein Leben und sein Tod aussagen: das Ich, das Selbstbewußtsein, ist die dem modernen Menschen eigene Art zu leben. Es ist seine Grundbedingung, ihr verdankt er alles, was er ist. Aber es ist eine Bedingung, an der er erstickt und die ihn am Ende zum Krüppel macht. Um zu sein, und damit das Ich sich verwirkliche und seine Fülle erlange, bedarf es der Verwandlung: das Ich sehnt sich nach dem Du, das eine nach dem andern, »der Mensch ist Begierde, das zu sein, was er nicht ist«. Doch die Vernunft beharrt darauf, mit sich selbst identisch zu bleiben, und reduziert die Welt auf das Bild, das sie sich von ihr macht. Indem sie sich behauptet, negiert sie die Objektivität. Abel Martín hält alle Formen, in denen das Bewußtsein das Objektive gewahrt, für bloßen Schein, da in ihnen allen das Objekt sich auf die Tyrannei der Subjektivität reduziert. Allein in der Liebe ist es möglich, das völlig »Andere« zu gewahren, ohne es auf das Bewußtsein zu reduzieren. Das erotische Objekt – »das dem Liebenden sich widersetzt wie ein Magnet, der anzieht und abstößt« – ist keine Vorstellung, sondern wahre Präsenz: »Die Frau ist die uns zugekehrte Seite des Seins.« Indem er das irreduzible erotische Objekt gewahrt – der Ausdruck ist nicht widersprüchlich, da das Objekt irreduzibel ist nur für die Vernunft –, streift der Liebende die Grenzen der wahren Objektivität und überschreitet sich, wird ein anderer. Machado ist der Dichter der Liebe, sagt uns seine Maske, der Philosoph Abel Martín.

In den Gedichten Machados erscheint die Liebe fast immer als Nostalgie oder Erinnerung. Der Dichter bleibt der Subjektivität verhaftet: »Die Geliebte kommt nicht zum Stelldichein: die Geliebte ist Abwesenheit.« Die metaphysische Erotik Machados ist keineswegs platonisch. Seine Frauen sind keine Archetypen, sondern Wesen aus Fleisch und Blut; ihre Wirklichkeit jedoch ist gespenstisch: sie sind hohle Präsenzen. Und der in sie Verliebte ist Onan oder Don Juan, die beiden Pole der einsamen Liebe. Geliebte und Liebender haben nur die Abwesenheit gemeinsam, sie sind beide der Zeitlichkeit verhaftet, die sie aus sich selbst hinausschleudert und sie zugleich isoliert. Die Abwesenheit ist der reinste Ausdruck der Zeitlichkeit. Aus dem erotischen Dialog wird ein Monolog: der der verlorenen Liebe, der der ersehnten Liebe. Der Dichter ist allein mit der Zeit, gegenüber der Zeit. Das Gedicht Machados ist kein Liebeslied: indem er die Stunden der Zeit zählt, besingt er sie. Machado ist der Dichter der Zeit, sagt uns Juan de Mairena, sein Kritiker.

Als Dichter der Zeit trachtet Machado danach, eine zeitliche Sprache zu schaffen, die lebendiges Wort in der Zeit ist. Er verachtet die Barockkunst, weil diese die Zeit in konzeptuelle Gefängnisse einsperren will und sie auf diese Weise tötet. Er will sie lebendig haben, wie Bécquer

und Velázquez, die die Zeit wie einen Vogel in einen Käfig stecken. Die Poesie der Zeit wird diejenige sein, die sich vom conceptistischen Ausdruck am weitesten entfernt: sie spricht konkret, fließend und gemeinverständlich: die Volkssprache. Seine Liebe zur Sprache des Volkes ist verbunden mit seiner Liebe zur traditionellen Poesie: für Gómez Manrique und den *Romanzero.* Machados Traditionalismus ist das Gegenteil von dem, was man »Vergangenheitskult« nennt; es handelt sich eher um einen Kult mit der Gegenwart, mit dem, was stets gegenwärtig ist. Er ist ein traditioneller Dichter, weil das Volk die einzige lebendige Tradition Spaniens ist. Alles übrige – Kirche, Aristokratie, Armee: die Vergangenheit – ist ein hohler Bau, der gerade durch sein Streben nach Zeitlosigkeit die lebendige Gegenwart, das traditionelle Spanien des Volkes, unterdrückt und entstellt.
Nun aber ist die Sprache der Zeit sicher nicht die Sprache, die in den alten Städten Kastiliens gesprochen wird. Zumindest ist es nicht die unserer Zeit. Es sind nicht unsere Worte. Das Idiom der modernen Großstadt ist, wie Apollinaire und Eliot das sahen, ein anderes. Machado reagiert auf die Rhetorik von Rubén Darío, indem er zur Tradition zurückkehrt; doch andere Abenteuer – und nicht die Rückkehr zum Romanzero – erwarteten Jahre später die Poesie spanischer Sprache. Huidobro, Vallejo, Neruda und andere hispanoamerikanischen Dichter suchen und finden die neue Sprache: die unserer Zeit. Es war unmöglich, Machado und Unamuno in ihrer Rückkehr zu traditionellen Formen zu folgen, und daher ihr geringer Einfluß auf die neuen Dichter. Das gleiche gilt für den »españolismo« mancher seiner Gedichte (in der engen und stickigen Bedeutung, die dieses Wort für uns Hispanoamerikaner hat). Die Verhaltenheit zeigt sich hier noch deutlicher und wird ambivalent. Denn Macha-

do – im Gegensatz zu Juan Ramón Jiménez – ist der erste, der den Tod der symbolistischen Dichtung voraussagt; zudem ist er der erste von seinen Zeitgenossen und unmittelbaren Nachkommen, der sich der Situation des Dichters in der modernen Welt bewußt ist. Andererseits verschließt er die Augen vor dem Abenteuer der modernen Kunst. Bekanntlich besteht dieses Abenteuer vor allem darin, die Poesie der Stadt zu entdecken, die Sprache der Großstadt zu verwandeln, und nicht darin, zur traditionellen Sprache zurückzukehren. Machado verstand unsere Situation, doch seine Poesie gibt ihr nicht Ausdruck. In dieser Hinsicht ist seine Prosa ergiebiger als seine Poesie.

Die Zeit entrinnt ihm. Um sie wiederzuerlangen, um sie wieder zu leben, wird er sie denken müssen. Der Dichter der Zeit ist auch ihr Philosoph. Die Reflexion über die Zeit führt ihn dazu, an den Tod zu denken. Der Mensch projiziert sich in die Zeit: jedes Leben ist Projektion in eine Zeit, die keine andere Perspektive hat als den Tod. Machado stellt sich dem Tod, aber er denkt ihn nicht auf stoische Art, als etwas vom Leben Grundverschiedenes, und auch nicht auf christliche Art – als Durchgang oder als Sprung von dieser Welt in die andere. Der Tod ist Teil des Lebens. Leben und Tod sind zwei Hälften ein und derselben Sphäre. Der Mensch verwirklicht sich im Tode. Nur daß für den spanischen Dichter, im Gegensatz zu Rilke, der Tod nicht die Verwirklichung des Ich ist: *das Ich läßt sich nicht verwirklichen.* Der Subjektivität verhaftet, der Zeit verhaftet, verwirklicht sich der Mensch, wenn er sich überschreitet: *wenn er ein anderer wird.* Der Tod verwirklicht uns, wenn wir, weit davon entfernt, unseren eigenen Tod zu sterben, mit anderen und für andere sterben. In einem der letzten Texte, die wir von Machado besitzen, kurz vor dem Fall Barcelonas geschrieben, sagt uns der Dichter, daß der Held, der Soldat des Volkes, die spanischen Milizen »die einzigen (sind), die diese Freiheit zum Tode, von der Heidegger spricht, verwirklichen«. Und er fügt hinzu: »Das plötzliche Verschwinden des *señorito* (Stutzer) und das nicht weniger plötzliche Erscheinen von *señorío* (Würde) in den Gesichtern der Milizangehörigen gehen Hand in Hand. Denn der Tod ist Männersache, und nur der Mann, nie der Stutzer, kann ihm ins Auge sehen. Um für andere zu sterben, muß man für andere leben, bis zum Tode das Leben der anderen bejahen. Am Ende seines Lebens spricht Machado den Feinden des spanischen Volkes die Möglichkeit ab, sich zu überschreiten, mit ihrem Tod den anderen Leben zu schenken. Diese Leute sind dazu verdammt, einen schlimmen Tod zu sterben, allein zu sterben. Ihr Tod ist fruchtlos.

Die Meditation über den Tod wird so zu einer neuen Reflexion über das, was er selbst »die dem Menschen wesenhafte Heterogenität« nannte. Der Mensch ist reine Erotik, Begierde nach dem »Anderssein«: der Mann verwirklicht sich in der Frau, das Ich in der Gemeinschaft. Die persönlichste Poesie wird jene sein, welche der universalsten und allgemeinsten Vision Ausdruck gibt. Machado wird sich bewußt, daß es zwischen seiner Poesie und seinem Denken einen Widerspruch gibt. Und er rechtfertigt seine persönliche Lyrik wie folgt: der moderne Dichter singt sich selbst, weil er keine Themen für eine Kommunion findet. Wir erleben das Ende einer Welt und einer Denkart: das Ende der bürgerlichen Lyrik, das Ende des kartesianischen Ich. An den Grenzen der Liebe und des Todes, eingeschlossen in seiner Einsamkeit, singt der Dichter den Gesang der Zeit: er zählt die Stunden, die fehlen, bis alle Masken fallen und der Mensch, seiner selbst schließlich ledig, mit dem Menschen sich versöhnt.

Nur das Volk, »das späte Kind der siechen Bourgeoisie«, wird dank dem revolutionären Wandel, der auf die Natur des Menschen seine Wirkung ausüben wird, die Schale der Subjektivität, das Gefängnis aus Bergkristall des kartesianischen Ich aufbrechen können. Die erotische Metaphysik Abel Martíns, Juan de Mairenas Angst vor der Zeit, die Einsamkeit Antonio Machados münden in die Geschichte.

Machado hat die wesentlichen Themen der Poesie und der Philosophie unserer Zeit intuitiv erkannt. Seine Sicht des Menschen als *Heterogenität und Anderssein* scheint mir den Kern selbst, das zentrale Thema der zeitgenössischen Philosophie, zu berühren: sein Mißtrauen gegenüber der Hegelschen Dialektik – Ursprung so vieler Übel unserer Zeit – und sein Insistieren, das Identitätsprinzip mit neuen Augen zu sehen, zeigen ebenfalls, und sehr deutlich, daß die Kritik, die die Philosophie an sich selbst und an ihren Grundlagen übt, mit den höchsten Bestrebungen der Poesie zusammenfällt. Novalis dachte, die höhere Logik würde den Satz des Widerspruchs außer Kraft setzen. Das Werk Machados zeigt einen Weg, diese künftige Logik zu erreichen. Andererseits hat niemand von uns mit solcher Klarheit des Verstandes den Konflikt des modernen Dichters gelebt, der, aus der Gesellschaft verbannt, am Ende aus sich selbst verbannt ist und im Labyrinth seines eigenen Bewußtseins umherirrt. Der Dichter findet sich selbst nicht, weil er die Anderen verloren hat. Alle haben wir die gemeinsame Sprache, das konkrete menschliche Gegenüber verloren. Unser Dichter hielt diesen Widerspruch tapfer aus. Immer verweigerte er sich der Transzendenz, die der Glaube an einen Schöpfer-Gott ihm anbot. Für Machado ist Gott ein Geschöpf des Menschen (Gott ist der Schöpfer der »großen Null«, und seine einzige Schöpfung ist das Nichts). Blasphemisch und verhalten, leidenschaftlich und skeptisch, verweigert sich Machado allem – außer dem Menschen. Aber sein Ausgangspunkt – und darauf beruht seine große Originalität und der Reichtum seines Werkes – ist nicht das Selbstbewußtsein, sondern die Abwesenheit, die Sehnsucht nach dem Du. Dieses Du ist nicht das generische Gegenüber, das der Gläubiger an einer Partei oder einer Kirche hat. Das Du des Dichters ist ein individuelles, irreduzibles Wesen. Konkrete Metaphysik der Liebe und, sagen wir das Wort, der *Nächstenliebe.* Gemäß einer Dialektik der Liebe findet der Mensch von Machado sich nur, wenn er sich ganz hingibt. Es gibt einen Augenblick, in dem aus dem Du der Liebe ein Wir wird. 1936, beim Feuerschein der brennenden Kirchen, konnte der Dichter zum ersten Mal dieses Wir, in dem alle Gegensätze sich auflösen, ansichtig werden. In den reinigenden Flammen unterschied sich das Gesicht des spanischen Volkes nicht von dem der Liebe und dem des Todes. Die Freiheit hatte sich verkörpert. Abel Martín, Juan de Mairena, Antonio Machado waren nicht allein. Sie hatten aufgehört, Masken zu sein: sie begannen zu sein. Sie konnten sterben: sie hatten gelebt.

Paris, April 1951

Jorge Guillén nimmt in der modernen Poesie spanischer Sprache eine zentrale Stelle ein, und zwar in paradoxer Weise: sein Werk ist eine Insel und zugleich die Brücke, welche die Überlebenden des Modernismo und die Generation von 98 mit der von 1927 verband. Seine drei großen Vorgänger, die das Gedicht als Meditation (Unamuno) oder als Exklamation (Jiménez) oder als Wort in der Zeit (Machado) verstanden, betrachteten das Erscheinen seiner ersten Werke sicherlich als Häresie. Machado nahm kein Blatt vor den Mund. 1929 schreibt er in einem Artikel, nachdem er »die neuen bewundernswerten Bücher von Jorge Guillén und Pedro Salinas« begrüßt hatte:

»Diese Dichter – Guillén vielleicht mehr als Salinas – wollen nach Stierkämpferart jenen zentralen Bereich unserer Psyche überspringen, in dem seit je die Lyrik erzeugt wurde (...) Sie sind reicher an Ideen als an Intuitionen (...), sie geben uns in jedem Bild das letzte Glied einer Kette von Ideen (...) Diese in artifizieller Weise hermetische Lyrik ist eine barocke Form der alten bürgerlichen Kunst.«

Einige Jahre später, 1931, wiederholt er:

»Ich fühle mich uneins mit den Dichtern von heute. Sie neigen dazu, der Lyrik den Charakter der Zeitlichkeit zu nehmen (...) vor allem durch den Gebrauch von Bildern, die mehr im Dienst der Idee als der Emotion stehen ... Der Intellekt hat noch nie gesungen, das ist nicht seine Aufgabe.«

In anderen Schriften habe ich mich mit den Ideen Machados über die Poesie beschäftigt; daher will ich hier nur wiederholen, daß seine Kritik an den modernen Dichtern

Teil seiner Ablehnung der Ästhetik des Barock ist. Abgesehen davon, daß seine Verurteilung des Barock ungerecht ist, ist es falsch, das Barock mit der modernen Kunst gleichzusetzen. Beide, der Barockdichter und der moderne Dichter, sind der Auffassung, daß die Metapher – Bild oder ingeniöser gedanklicher Ausdruck – der wichtigste Bestandteil des Gedichts ist; ihre Funktion ist es, mittels der Entdeckung unerwarteter Beziehungen zwischen den Gegenständen Überraschung zu bewirken, das »Wunder, das über den Verstand geht«. Doch während das moderne Bild die Beziehungen zwischen den Dingen intensiviert und stets danach trachtet, dynamisch und zeitlich zu sein, sind der barocke conceptistische Ausdruck und die barocke Metapher gefrorene Bewegung. Die Poesie unseres 17. Jahrhunderts will bezaubern, ihr Ziel ist die Schönheit; die moderne Poesie ist eine Explosion oder eine Erforschung: Zerstörung oder Entdeckung der Wirklichkeit. Die eine ist eine Ästhetik; die andere eine Religion, ein Glaubensbekenntnis oder ein Akt der Verzweiflung. Das barocke Gedicht ist ein verbales Denkmal: eine Klassik, die sich reflektiert und sich erneuert; das moderne Gedicht ist ein Emblem, ein Komplex von Zeichen: eine Romantik, die sich reflektiert und sich zerstört. Kurz, das barocke Gebäude ist ein Renaissancebau, der sich im schillernden Wasser eines Flusses spiegelt; das moderne Gedicht ruht auf einem Abgrund: sein Fundament ist die Kritik und sein Baustoff ist der diskontinuierliche Strom des Bewußtseins.

Angesichts der Bestrebungen der Avantgarde scheinen auch mir die Gedichte Guilléns so etwas wie ein stilles Ärgernis. Still wegen ihrer Zurückhaltung; ein Ärgernis wegen ihrer offensichtlichen Negation der Zeit. (Schon wieder die Zeit.) Wie Unamuno, Machado und Jiménez, betonte auch die Avantgarde die Identität von Wort und Zeitablauf, nur tat sie dies radikaler und klarer. Dem »unerschöpflichen Gemurmel« der surrealistischen Inspiration zu lauschen; dem selbstmörderischen Akt des dadaistischen »Unsinns« zu frönen (der heute bis zum Erbrechen von Epigonen nachgeahmt wird, die aus ihm eine Routine ohne Risiko gemacht haben); zu glauben, wie Huidobro, daß das Bild nur Flug ist (und so das Erschaffen mit dem Abschießen verwechseln) . . . waren und sind nichts anderes als verschiedene Möglichkeiten, das Wort in der Zeit aufzulösen. Und die Ultraisten? Der argentinische und spanische Ultraismo hatte keine Ästhetik – er hatte einen großen Dichter, Jorge Luis Borges, der von der Zeit nicht minder besessen war, obgleich nicht als Ablauf, sondern als Wiederholung oder Stillstand der Bewegung: als ewige Wiederkehr oder Ewigkeit. Was Jorge Guillén somit von seinen Vorgängern trennt, ist ebendas, was ihn mit seinen Zeitgenossen verbindet: das Bild; und er unterscheidet sich von diesen durch seine Auffassung vom Gedicht. Für die Surrealisten und Dadaisten ist das, was zählt, die poetische Erfahrung, nicht das Gedicht; der Creacionismo reduziert die Poesie auf den verbalen Gegenstand, das Gedicht. Im Vorwort zur angloamerikanischen Anthologie von *Cántico* definiert Guillén mit einem Satz die Absicht, die er verfolgte: »Es war unerläßlich, Gedicht und Poesie weitmöglichst gleichzusetzen.« Er war der Auffassung, daß die Zeit des Gedichts weder die der Natur ist (falls die Natur eine Zeit hat) noch die des Menschen. Da es ein Zeichen ist, ist das Wort Notation des Ablaufs; eine Notation, die ihrerseits Ablauf ist und sich ändert. Diese Notationen, Worte, die Rhythmen sind, und Rhythmen, die Worte sind, erzeugen in ihren verschiedenen Querverbindungen und Gegenüberstellungen eine andere Zeit:

ein Gedicht, in dem wir, ohne aufzuhören, den Ablauf der menschlichen Stunden zu hören, andere Stunden hören. Jene, die Luis de León in der Stille der sternklaren Nacht hörte. Man könnte von den Gedichten Guilléns dasselbe sagen, was man von der Musik sagt: »Eine Maschine, um die Zeit zu töten.« Ich ziehe jedoch eine weniger knappe und genauere Formel vor: eine Maschine, die die Zeit tötet, um sie in einer anderen Zeit wiederzuerwecken. Eine Symbolmaschine und selber ein Symbol der Welt, die jeden Tag vor unseren Augen erschaffen wird.

Guilléns Einstellung zur Sprache war nicht so theoretisch wie die seiner Vorgänger und Zeitgenossen, sondern konkreter. Er fragte sich nicht, was die Sprache ist, sondern wie die Worte beschaffen sind und auf welche Weise wir sie gruppieren müssen, um dieses seltsame Gebilde zu schaffen, das man Gedicht nennt. Eine Auswahl und Zusammenstellung von Ausdrücken und Wörtern, bildet das Gedicht einen Komplex ruhiger Zeichen auf der Seite; sobald wir sie lesen, beginnen sie zu leben, sie leuchten oder erlöschen: sie bedeuten etwas. Das Gedicht ist ein Mechanismus von Bedeutungen und Rhythmen, den der Leser in Gang setzt. Es ist sonderbar, daß man Guillén in Spanien und in Amerika vorgeworfen hat, er sei ein intellektueller Dichter. In Wirklichkeit waren die einzigen intellektuellen Dichter dieser Zeit zwei Hispanoamerikaner: der Mexikaner José Gorostiza und der Argentinier Jorge Luis Borges. Sie sind Dichter der Zeit – nicht *in* der Zeit, wie Machado es sein wollte. (Alle sind wir in der Zeit, alle sind wir Zeit, doch nur wenige fragen sich, was eigentlich verstreicht, wenn Zeit verstreicht: diese sind die wahren Dichter der Zeit. Borges und Gorostiza gehören der großen Tradition der intellektuellen Poesie an: Coleridge, Leopardi, Valéry . . .) Obgleich wir aus Guilléns Werk eine Lehre herausfiltern können – Jaime Gil de Biedma hat das mit viel Talent getan –, wollte der kastilische Dichter keine Reflexionen anstellen, sondern singen. Die Reflexion ist nicht in seinem Gesang: sie trägt ihn. Guillén ist der am wenigsten intellektuelle Dichter seiner Generation, was nicht bedeutet, daß er der am wenigsten intelligente ist, sondern vielleicht das Gegenteil: seine Intelligenz wirkt in den Gedichten, nicht außerhalb von ihnen. Wie jede Intelligenz ist die seine kritisch; wie jede schöpferische Kritik ist sie unsichtbar: sie ist nicht in dem zu finden, was er sagt, sondern darin, wie er es sagt, und vor allem in dem, was er nicht sagt. Das Schweigen ist Teil der Sprache, und einen echten Dichter erkennt man eher an seiner Art zu schweigen, als am Wohlklang seiner Worte. Guilléns Intelligenz ist nicht spekulativ; sie ist Wissen in Aktion, sensibler Verstand: Gefühl für Gewicht und Wärme, Farbe und Bedeutung der Worte, das fast unkörperliche einsilbige Wort nicht ausgenommen.

Handwerkerverstand im Dienst des Schaffens: eine Form des Instinkts. Nur daß es ein wacher Instinkt ist, fähig, sich selbst zu reflektieren. Deshalb ist er auch ein Bewußtsein. Kein Wunder, daß man Guillén mit Valéry verglichen hat. Obgleich seine ersten Gedichte die Lektüre des französischen Dichters verraten, ist die Ähnlichkeit oberflächlich; ich will damit sagen: es handelt sich um eine Ähnlichkeit im Äußerlichen, nicht in der Färbung, im Tonfall und in der Bedeutung. Bei beiden Dichtern trachtet das Wort nach Transparenz, doch die physischen und geistigen Wirklichkeiten, die wir durch diese Transparenz hindurch sehen, sind ganz verschiedene. Die Klarheit Valérys ist ein Akt des Bewußtseins, das sich selbst so lange betrachtet, bis es sich annulliert. Die Worte spiegeln nicht die Welt wider; diese Busen und

Schlangen, diese Inseln und Säulen in seinen Gedichten sind eine Landschaft sinnlich wahrnehmbarer Zeichen, Fiktionen, die das Bewußtsein ersinnt, um sich zu beweisen, daß es existiert. Das Thema von *La jeune Parque* ist das Bewußtsein von sich selbst; wenn das von *Le cimetière marin* auch nicht das der Inexistenz dieses Bewußtseins ist, so doch das seiner Irrealität: das Ich ist verurteilt, sich zu denken, ohne jemals die gleißende Haut des Meeres zu berühren. *Plus je pense à toi, Vie, moins tu te rends a la pensée* ... (Je mehr ich dich denke, Leben, desto weniger ergibst du dich dem Denken ...) Das Bewußtsein, »heimlich bewaffnet mit seinem Nichts«, lebt von dem, was es tötet. Der Dialog Valérys ist einer mit sich selbst: *Cántico* ist »der Dialog zwischen dem Menschen und der Schöpfung«. Die Transparenz Guilléns spiegelt die Welt wider und sein Wort ist ständiger Wille zur Verkörperung. Selten hat die kastilische Sprache eine solche körperliche und geistige Fülle erlangt. Totalität des Wortes. Man hat Guillén den Dichter des Seins genannt. Das trifft zu, wofern man das Sein nicht als Idee oder Essenz begreift, sondern als Präsenz. In *Cántico* *erscheint* das Sein tatsächlich. Es ist die Welt, die Wirklichkeit dieser Welt. Mannigfache und all-eine Präsenz, tausend wunderbare oder schreckliche Erscheinungen, zu einer starken, freudigen Bejahung verschmolzen. Freude ist Kraft, nicht Macht. Sie ist das große Ja, mit dem das Sein sich feiert und sich selbst besingt.

Das Wort Guilléns schwebt nicht über dem Abgrund. Es kennt den Taumel der Begeisterung, nicht den Schwindel angesichts der Leere. Die Erde, die sein Wort trägt, ist diese Erde, auf der wir Tag für Tag gehen, »wunderbar, nicht magisch«: ein Wunder, das die Physik in einer Formel erklärt, und das der Dichter mit seiner Exklamation begrüßt. Fest auf dem Boden zu stehen, ist eine

Wirklichkeit, die den Dichter in Begeisterung versetzt; doch auch das Fliegen begeistert ihn, und aus demselben Grunde: der Sprung ist nicht weniger wirklich als die Schwerkraft. Guillén ist kein realistischer Dichter: sein Thema ist die Wirklichkeit. Eine Wirklichkeit, die uns Gewohnheit, mangelnde Vorstellungskraft oder Angst (nichts schreckt uns so sehr wie die Wirklichkeit) nicht sehen lassen; wenn wir sie aber sehen, bezaubert uns ihre Fülle oder sie erdrückt uns. *Fülle,* betont Guillén, nicht Pracht. Fülle des Seins: die Dinge sind, was sie sind, und deshalb sind sie exemplarisch. Dagegen ist der Mensch nicht, was er ist. Guillén weiß das, und daher ist *Cántico* keine Hymne auf den Menschen: es ist das Preislied, das der Mensch der Welt singt: das Sein, das weiß, daß es nichts ist, dem Sein, das vor Sein strotzt. Die Wolke, das Mädchen, die Pappel, das Auto, das Pferd – alles sind Präsenzen, die ihn begeistern. Es sind die Gaben des Seins, Geschenke, die uns das Leben macht. Als Dichter der Präsenz ist Guillén der Sänger der Gegenwart: »Die Vergangenheit und die Zukunft sind Ideen. Wirklich ist nur die Gegenwart.« Das Jetzt, in dem alle Präsenzen sich entfalten, ist ein Konvergenzpunkt: wenn die Einheit des Seins in der Zeit zerstiebt, sammelt sich das so Zerstobene im Augenblick. Die Gegenwart ist der Blickpunkt der Einheit, die momentane Klarheit, die sie enthüllt. *Cántico* ist eine mit den Sinnen erfaßbare Ontologie . . . Doch ich reduziere viele Intuitionen, Augenblicke des Erstaunens, Exklamationen, auf Gedanken und Begriffe und entstelle so gewisse tägliche und außergewöhnliche Erfahrungen. Von der großen Woge des Lebens emporgetragen, ruft der Dichter aus: »Singen, singen ohne Absicht.« Ohne Absicht, nicht ohne Maß. Die Freude entspringt dem Reichtum an Rhythmen; und die Freude ist ihrerseits rhythmisch. Onomatopöie und

Kehrreim fügen sich der Zahl und besitzen Bedeutung: »Mármara, mar, maramar ...« Singen ohne Absicht, nicht ohne Rhythmus und Sinn.
Die Verherrlichung der Welt und des Augenblicks war Anlaß, daß mehrere Kritiker eine gewisse Affinität zwischen dem spanischen Dichter und Whitman feststellten. Guillén selbst hat wiederholt auf eine Verwandtschaft mit dem Autor von *Leaves of grass* (Grashalme) hingewiesen. Doch die Ähnlichkeit ist trügerisch. Whitman sieht das Sein mehr als Bewegung, denn als Präsenz. Die Betrachtung der Bewegung, die bei anderen Schwindel verursacht (nichts ist von Dauer, Schöpfung und Zerstörung, gestern und morgen, gut und böse sind Synonyme), wird bei dem angloamerikanischen Dichter zur Feier der Zukunft. Seine Wirklichkeit heißt Zukunft: nicht das, was wir sehen, sondern das, was kommen wird. Hinter Guillén steht der alte hispanische und katholische Begriff der Substanz; hinter Whitman die Idee des Werdens. Und darüber hinaus: die Vorstellung der Welt als Tat: Wirklichkeit ist das, was ich schaffe. Deshalb ist Whitman ein Dichter, dessen natürlicher Platz in der Geschichte ist – zumal wenn man wie er der Auffassung ist, daß Geschichte bedeutet: Volk auf dem Weg in die Zukunft. Die wahre Landschaft Whitmans ist nicht die Natur, sondern die Geschichte: das, was die Menschen mit der Zeit machen, nicht das, was die Zeit mit uns macht. Nach *Cántico* hat Guillén ein weiteres Buch geschrieben: *Clamor* (Klage). Dessen Thema sind die »negativen Elemente: Leid, Unordnung, Tod«. Satire, Elegie, Moral: der Dichter gegenüber der Geschichte unserer Zeit. Die Unterschiede springen ins Auge. Für Guillén ist die Geschichte das Böse; für Whitman die unwiderstehliche Bewegung des kosmischen Lebens, das sich hier und jetzt in der Ruhmestat eines Volkes verkörpert, das zur Uni-

versalität bestimmt ist. Der kastilische Dichter steht dem, was geschieht, *gegenüber*, und deshalb schreibt er Satiren und Elegien, Formen, die eine Distanz und ein Urteil implizieren; der Angloamerikaner weiß sich eins mit der aufsteigenden Bewegung der Geschichte – er ist die Geschichte selbst, und sein Gesang ist die Feier, nicht die Beurteilung dessen, was gerade geschieht.

Clamor zeigt uns eine andere Seite des Menschen Guillén und beweist die Richtigkeit des Ausspruchs von Camus: »solitaire: solidaire.« Doch ich fürchte, daß uns dieses Buch kein anderes Gesicht seiner Poesie zeigt. Guillén ist nicht Whitman. Auch ist er nicht Majakowski. Das ist nicht verwunderlich: für die Spanier und die Hispanoamerikaner ist Geschichte nicht das, was wir gemacht haben oder machen, sondern das, was wir die anderen mit uns haben machen lassen. Seit über drei Jahrhunderten ist Geschichte zu erleiden unsere Art, Geschichte zu leben. Guillén hat sie wie die meisten Spanier seiner Generation erlitten: Krieg, Unterdrückung, Verbannung. Trotzdem ist die Geschichte nicht seine Passion, auch wenn er sich ehrlich mit ihr auseinandersetzt. Wenn es einen Dichter kastilischer Sprache gibt, für den die Geschichte zugleich Wahl und Schicksal, geteiltes und verteiltes Leid gewesen ist, ist dieser Dichter César Vallejo. Der Peruaner urteilt nicht; wie Whitman nimmt er teil, aber passiv: er ist nicht der Akteur, sondern das Opfer. So ist auch er die Geschichte. Das Thema Guilléns ist umfassender und universaler als das Vallejos, aber auch äußerlicher: Guillén zeigt das Böse, er sühnt es nicht. Das Böse ist nicht nur das, was uns widerfährt, sondern auch das, was wir anderen zufügen. Diese Erkenntnis ist einer der wenigen Zugänge zur wirklichen Geschichte, und sie führte zu dem großen Erfolg von *La chute* (Der Fall), einem exemplarischen, wenngleich verfehlten Buch. (Man muß das einmal sagen, auch wenn es gerade Mode ist, Camus geringzuschätzen.) Man möge mich verstehen: wenn ich sage, daß Guillén das Böse nicht verinnerlicht, daß er es nicht zu seinem macht und es somit weder heraufbeschwört noch exorzisiert, mache ich ihm weder seine moralische Haltung zum Vorwurf, noch beschuldige ich ihn des Manichäismus. Das Nachlassen der inneren Spannung in vielen Passagen von *Clamor* bestätigt nur, daß die Universalität eines Dichters, und Guillén ist ein universaler Dichter, nicht abhängt vom Ausmaß seiner moralischen, philosophischen oder ästhetischen Auseinandersetzung, sondern von der Verdichtung seiner poetischen Vision. Die einen schreiben *Cánticos* oder die *Anabasis*, die anderen *Pisaner Gesänge* oder, wie Vallejo, *Poemas humanos*.

Guilléns Einfluß auf die Poesie unserer Sprache ist tief und fruchtbar gewesen. Tief, weil Guillén das Gegenteil einer Mode war: die Wahl einiger weniger Dichter; fruchtbar, weil er ein beispielhafter Kritiker war und uns lehrte, daß jedem Sagen Schweigen innewohnt, jedem Schaffen Kritik. Von Anfang an war er ein Lehrmeister, sowohl für seine Zeitgenossen, als auch für uns später Geborene. Federico García Lorca war der erste, der das erkannte; ich bin sicher, daß ich nicht der letzte sein werde. Auch seine Vorläufer waren sich der Bedeutung seiner Poesie bewußt, und die Kritik Machados ist gefärbt von Bewunderung. Ich führe Machado an, weil er meiner Ansicht nach der Antipode Guilléns ist – was Machado selbst besser wußte als sonst jemand. Zwei Dichter, die ich bewundere, griffen ihn erbittert an. Kleinlichkeit bei den Großen findet man häufig bei uns: ich erinnere an Quevedo, Góngora, Lope de Vega, Mira-deamescua. Ich erwähne die Toten, weil ich mich an einige nicht minder berühmte Lebende lieber nicht erinnern möchte. Aber Guillén ist kein großer Dichter wegen des Einflusses, den er ausgeübt hat, sondern wegen der Vollkommenheit seiner Werke. Seine Gedichte sind wahre Gedichte: in sich geschlossene verbale Gegenstände, beseelt von der Kraft des Herzens und des Geistes. Diese Kraft heißt Begeisterung. Ihr anderer Name: Inspiration. Und noch ein anderer: Treue, Vertrauen in die Welt und in das Wort. In die Welt des Wortes ebenso wie in das Wort der Welt: *Cántico.* Angesichts des Schauspiels des Universums – nicht angesichts der Geschichte – sagte er einmal: *el mundo está bien hecho* (die Welt ist gut gemacht). In Bezug auf sein Werk bräuchte man nichts anderes zu sagen als ebendies: es ist gut gemacht.

Delhi, 25. August 1965

LUIS CERNUDA
DIE WIRKLICHKEIT UND DAS VERLANGEN

Im Jahre 1961 widmete der *Mercure de France* Pierre Reverdy, der vor kurzem gestorben war, eine Sondernummer. Luis Cernuda steuerte ein paar Seiten bei, doch nicht so sehr das, was sie uns über Reverdy sagen, macht sie für uns wertvoll, sondern das, was sie indirekt über Cernuda selbst aussagen: seine Identifizierung poetischer Gewissenhaftigkeit mit ethischer Reinheit, seine Vorliebe für das wesentliche Wort, das er, nicht immer zu Recht, dem entgegensetzte, was er die Prunksucht der spanischen und französischen Tradition nannte. Doch ich erinnere an diesen Artikel nicht wegen der Affinität zwischen dem französischen und dem spanischen Dichter – obgleich der Einfluß des ersteren auf den letzteren einen Kommentar wert wäre –, sondern weil sich das, was Cernuda vor drei Jahren über das Schicksal der toten Dichter schrieb, heute liest, als wäre es über seinen eigenen Tod gedacht und geschrieben worden: »Welches Land nimmt seine Dichter gern auf sich? Ich meine die lebenden Dichter, denn was die toten betrifft, gibt es bekanntlich kein Land, das die seinen nicht verehrt.« Spanien ist da keine Ausnahme. Nichts natürlicher, als daß die literarischen Zeitschriften in Spanien Hommages auf den Dichter veröffentlichen: »Nun Cernuda tot ist, wollen wir ihn hochleben lassen!«; nichts natürlicher auch, als daß Dichter und Kritiker, in schöner Eintracht, mit derselben grauen Schicht von Lobeshymnen das Werk eines Geistes überziehen, der mit bewundernswerter, unbeugsamer Hartnäckigkeit nie aufgehört hat, uns seine *Abtrünnigkeit* zu versichern. Nun der Dichter begraben ist, können wir ohne Gefahr über sein Werk sprechen und es das sagen lassen, was der Dichter unserer

Meinung nach gesagt haben sollte: wo er Trennung schrieb, werden wir Vereinigung lesen; Gott, wo er Dämon sagte; Vaterland statt ungastliches Land; Seele statt Körper. Und wenn die »Interpretation« unmöglich ist, werden wir die verbotenen Worte – Zorn, Lust, Ekel, Knabe, Alptraum, Einsamkeit ... eben streichen. Ich will damit nicht sagen, daß alle seine Lobredner aus Schwarz Weiß machen wollen, noch daß sie das ganz wider besseres Wissen tun. Es handelt sich nicht um vorsätzliche Lüge, sondern um barmherzige Beschönigung. Vielleicht ohne sich dessen bewußt zu sein, getrieben von dem aufrichtigen Wunsch, ihre Bewunderung für ein Werk zu rechtfertigen, das ihr Gewissen mißbilligt, machen sie aus einer besonderen und einzigen Wahrheit – die bisweilen unerträglich und abstoßend ist, wie alles, was wirklich faszinierend ist – eine allgemeine, harmlose Wahrheit, die für alle annehmbar ist. Ein großer Teil dessen, was in den letzten Monaten über Cernuda geschrieben wurde, könnte über jeden anderen Dichter geschrieben worden sein. Einer hat sogar behauptet, daß der Tod ihn seinem Vaterland zurückgegeben habe (»ein toter Hund beißt nicht mehr«). Ein Kritiker, der behauptet, sein Werk gut zu kennen und es zu bewundern, wagt zu schreiben: »Dem Dichter gebrach es an etwas, das ich als tragisch empfinde: er war nicht fähig, eine andere Art von Liebe anzuerkennen als die romantische Liebe; offenbar blieben ihm die eheliche Liebe, die Elternliebe und die Kindesliebe verschlossen.« Ein anderer wünscht dem Dichter, er möge eine Welt gefunden haben, wo zwischen Wirklichkeit und Verlangen Harmonie besteht. Hat dieser Skribent sich gefragt, wie dieses Paradies aussehen mag und welches seine Engel und Götter sind?

Das Werk Cernudas ist eine Erforschung seiner selbst; eine stolze Bejahung, letztlich nicht ohne Bescheidenheit, seiner unabänderlichen Andersartigkeit. Er selbst sagte es: »Ich habe nur wie jeder Mensch versucht, meine Wahrheit zu finden, die meine, die sicher weder besser noch schlechter ist als die der anderen, sondern nur eine andere.« Sein Andenken zu ehren kann nicht darin bestehen, ihm Denkmäler zu setzen, die, wie alle Denkmäler, den Toten verbergen, sondern diese andere Wahrheit zu ergründen und sie der unseren entgegenzuhalten. Nur so kann seine Wahrheit, gerade weil sie eine andere und unversöhnliche ist, uns unserer eigenen Wahrheit näherbringen, die weder besser noch schlechter ist als die seine, sondern nur die unsrige ist. Das Werk Cernudas ist ein Weg zu uns selbst. Darin besteht sein moralischer Wert. Denn abgesehen davon, daß Cernuda ein großer Dichter ist – oder vielmehr, weil er es ist –, ist er einer der ganz wenigen Moralisten, die Spanien hervorgebracht hat, in dem Sinne, wie Nietzsche der große Moralist des modernen Europas ist und, wie er selbst sagte, »sein erster Psychologe«. Die Poesie Cernudas ist eine Kritik unserer Werte und Glaubensanschauungen; in ihr sind Zerstörung und Schöpfung untrennbar miteinander verbunden, denn das, was sie bejaht, impliziert die Auflösung dessen, was die Gesellschaft für richtig, heilig oder unveränderlich hält. Wie das Werk Pessoas, ist das seine subversiv, und seine geistige Fruchtbarkeit besteht eben darin, daß es die Systeme der allgemeinen Moral, sowohl diejenigen, die sich auf die Autorität der Tradition gründen, als auch diejenigen, die uns die Sozialreformer bieten, auf eine harte Probe stellt. Ich meine nicht, daß man mit ihm übereinstimmen muß, sondern daß wir, wenn wir seine Poesie wirklich lieben, *hören* müssen, was sie uns sagt. Sie fordert von uns keine barmherzige Versöhnung; sie erwartet von uns das Schwierigste: ihre Anerkennung.

I

Ich beabsichtige nicht, mich im folgenden mit Cernudas Werk in seiner Gesamtheit zu befassen. Ich schreibe, ohne seine bedeutendsten Bücher zur Hand zu haben, und außer dem, was mir nach jahrelangem Umgang mit seinen Schriften im Gedächtnis geblieben ist, besitze ich nur ein paar Gedichte in einer Anthologie, der dritten Auflage von *Ocnos* und *Desolación de la Quimera* (Trauer der Schimäre). Einmal habe ich geschrieben, daß sein Werk, im Gegensatz zu den verbalen Konstruktionen anderer Dichter, dem langsamen Wachsen eines Baums vergleichbar ist. Dieses Bild war nur zur Hälfte richtig: die Bäume wachsen spontan und naturgemäß, doch sie haben kein Bewußtsein. Ein Dichter ist der, der sich seines Schicksals bewußt ist, das heißt: der, der schreibt, weil ihm gar nichts anderes übrigbleibt – und der das weiß. Der, der Komplize seines Schicksals ist – und sein Richter. Bei Cernuda sind Spontaneität und Reflexion unlösbar miteinander verbunden, und jede Etappe seines Werks ist ein neuer Versuch des Ausdrucks und eine Meditation über das, was es ausdrückt. Er hört nicht auf, immer tiefer in sich selbst einzudringen, und er fragt sich unablässig, ob er auch wirklich Fortschritte macht. So kann man *La realidad y el deseo* (Die Wirklichkeit und das Verlangen) als eine geistige Biographie lesen, als eine Folge gelebter Augenblicke und als Reflexion über diese Lebenserfahrungen. Daher ihr moralischer Charakter.

Kann eine Biographie poetisch sein? Nur unter der Voraussetzung, daß die Anekdoten sich in Gedichte verwandeln, das heißt, nur wenn die Ereignisse und die Daten aufhören, geschichtlich zu sein, und beispielhaft werden. Doch beispielhaft nicht in der didaktischen Bedeutung des Wortes, sondern in der von »bemerkenswerte Tat«, wie wenn wir sagen: ein einzigartiges Beispiel. Oder auch: Mythos, ideale Handlung und wirkliche Fabel. Die Dichter bedienen sich der Legenden, um uns wirkliche Begebenheiten zu erzählen; und mit den wirklichen Begebenheiten schaffen sie Fabeln, Beispiele. Die Gefahren einer poetischen Biographie sind doppelte: das nicht verlangte Bekenntnis und der nicht erbetene Rat. Cernuda vermeidet diese Extreme nicht immer, und nicht selten läßt er sich zu Vertraulichkeiten hinreißen oder zu einer »Moral von der Geschichte«. Gleichviel: das Beste in seinem Werk lebt in diesem wirklichen und imaginären Raum des Mythos. Ein Raum, der so vieldeutig ist wie die Gestalt in ihm. Als wirkliche Fabel und ideale Geschichte ist *La realidad y el deseo* der Mythos vom modernen Dichter. Von einem Menschen, der sich vom *poète maudit* unterscheidet, mag er auch von ihm abstammen. Die Tore des Inferno haben sich geschlossen, und dem Dichter bleibt nicht einmal mehr die Zuflucht Aden oder Äthiopien; auf den fünf Kontinenten umherirrend, lebt er immer in demselben Zimmer, spricht mit denselben Leuten und sein Exil ist das aller. Das wußte Cernuda nicht – er war zu sehr mit sich selbst beschäftigt, zu vertieft in seine eigene Besonderheit –, doch sein Werk ist eins der beeindruckendsten Zeugnisse dieser wirklich einzigartigen Situation des modernen Menschen: wir sind zur Einsamkeit der Promiskuität verdammt, und unser Gefängnis ist so groß wie die Erde. Es gibt weder einen Ausgang noch einen Eingang. Wir wandern vom Gleichen zum Gleichen. Sevilla, Madrid, Toulouse, Glasgow, London, New York, México, San Francisco: war Cernuda wirklich in diesen Städten? Wo liegen diese Orte eigentlich?

In *La realidad y el deseo* kommen alle Lebensalter des Menschen vor. Alle, außer der Kindheit, die nur heraufbeschworen wird als eine versunkene Welt, deren Geheimnis man vergessen hat. (Welcher Dichter wird uns, nicht die Vision der Kindheit oder die Nostalgie nach ihr, sondern die Kindheit selbst schenken: wer wird den Mut und die Gabe haben, wie die Kinder zu sprechen?) Man könnte diesen Gedichtband in vier Teile teilen: das Knabenalter, die Lehrjahre, in denen er uns mit seiner vorzüglichen Meisterschaft in Erstaunen setzt; die Jugend, der große Augenblick, in dem er die Leidenschaft und sich selbst entdeckt, eine Periode, der wir seine schönsten Blasphemien und seine besten Liebesgedichte verdanken – Liebe zur Zeit; die Zeit der Reife, die als Kontemplation der irdischen Mächte beginnt und in einer Meditation über die menschlichen Werke endet; und schließlich, schon an der Grenze des Alters, der schärfere und nachdenklichere Blick, die sachlichere und bittere Stimme. Verschiedene Zeiten ein und desselben Wortes. In jeder Periode gibt es wunderbare Gedichte, doch ich will mich mit der Jugenddichtung befassen *Un río un amor* (Ein Strom, eine Liebe), *Los placeres prohibidos* (Die verbotenen Lüste), *Donde habite el olvido* (Wo das Vergessen wohnt), *Invocaciones* (Anrufungen), nicht weil in diesen Büchern der Dichter völlig Herr seiner selbst ist, sondern gerade weil er es noch nicht ist: es ist der Augenblick, da die Ahnung noch nicht zur Gewißheit geworden ist, noch die Gewißheit zur Formel. Seine ersten Gedichte scheinen mir eine Übung, deren Vollkommenheit Affektiertheit nicht ausschließt, eine gewisse Künstelei, von der er sich nie ganz befreit hat. Die Bücher aus seiner Reifezeit kommen einer gipsernen Klassik, das heißt, einem Klassizismus gefährlich nahe: da sind zu viele Götter und Gärten; da ist die Neigung, Eloquenz mit Diktion zu verwechseln, und es ist sonderbar, daß Cernuda, ständiger Kritiker dieses unseres Hangs zur »Getragenheit«, ihn nicht bei sich selbst bemerkt hat. Schließlich, in seinen letzten Gedichten, nehmen die Reflexion, die Explikation und auch die Schmähung zuviel Raum ein und verdrängen den Gesang; die Sprache hat nicht den Fluß der Rede, sondern die Trockenheit der Abhandlung. Und trotzdem gibt es in allen diesen Perioden Gedichte, die mich erleuchtet haben und von denen ich mich habe leiten lassen, Gedichte, zu denen ich immer wieder zurückkehre und die mir immer etwas Wesentliches enthüllen. Das Geheimnis dieser Faszination ist ein doppeltes. Wir haben es mit einem Menschen zu tun, der in jedem Wort, das er schreibt, sich ganz gibt, und dessen Stimme untrennbar ist von seinem Leben und seinem Tod; dabei erreicht uns dieses Wort nie unmittelbar: zwischen ihm und uns ist der Blick des Dichters, die Reflexion, die Distanz schafft und so die wahre Kommunikation ermöglicht. Das Bewußtsein gibt dem, was das Wort sagt, Tiefe, geistige Resonanz; das Denken entfaltet einen geistigen Raum, der dem Wort Bedeutsamkeit gibt. Das Bewußtsein gibt diesem so umfangreichen und mannigfaltigen Werk die Einheit. Als schicksalhafter Dichter ist er dazu verurteilt zu sprechen und zu bedenken, was er sagt. Deshalb sind seine besten Gedichte, wenigstens für mich, die jener Jahre, in denen spontane Diktion und Denken eins werden; oder die jener Augenblicke der Reife, in denen die Passion, der Zorn oder die Liebe ihm die alte Begeisterung zurückgeben, jetzt in einer härteren und klareren Sprache.

Als Biographie eines modernen Dichters Spaniens, ist *La realidad y el deseo* auch die Biographie eines europäischen poetischen Bewußtseins. Denn Cernuda ist in eben dem Sinn ein europäischer Dichter, in dem Lorca oder Machado, Neruda oder Borges keine Europäer sind. (Das Europäertum dieses letzteren ist sehr amerikanisch:

es ist eine der Möglichkeiten, die wir Hispanoamerikaner haben, wir selbst zu sein, oder vielmehr, uns zu erfinden. Unser Europäertum bedeutet weder Entwurzelung noch Rückwendung zur Vergangenheit: es ist ein Versuch, angesichts eines Raumes ohne Zeit einen zeitlichen Raum zu schaffen und uns so zu verkörpern.) Natürlich sind die Spanier Europäer, doch der Geist Spaniens ist polemisch: er liegt mit sich im Streit, und jedes Mal, wenn er einen Teil seiner selbst angreift, greift er einen Teil Europas an. Vielleicht ist der einzige spanische Dichter, der sich ganz selbstverständlich als Europäer fühlt, Jorge Guillén; deshalb fühlt er sich, ebenso selbstverständlich, in Spanien völlig heimisch. Cernuda dagegen wollte mit aller Macht Europäer sein, so wie andere seiner Zeitgenossen unbedingt Andalusier, Madrider oder Katalanen sein wollten. Sein Europäertum ist polemisch und geprägt von Antispaniertum. Doch Widerwillen gegen das Heimatland haben nicht nur die Spanier; er ist in der modernen Poesie Europas und Amerikas häufig zu finden. (Ich denke an Pound und Michaux, an Joyce und Breton, an cummings . . . Die Liste wäre endlos.) So ist Cernuda antispanisch gesinnt aus zwei Gründen: wegen seines polemischen Spaniertums und wegen seiner Modernität. Einerseits gehört er dadurch zu den heterodoxen Spaniern; andererseits ist sein Werk eine allmähliche Zurückgewinnung des europäischen Erbes, eine Suche nach dieser Hauptströmung, von der Spanien sich seit langem entfernt hat. Es handelt sich nicht um Einflüsse – obgleich er, wie jeder Dichter, verschiedenen ausgesetzt war, fast ausnahmslos ihm förderlichen –, sondern um eine Erforschung seiner selbst, nicht seiner Psyche, sondern seiner Geschichte.

Cernuda entdeckt den modernen Geist durch den Surrealismus. Er selbst hat wiederholt von dem verführerischen

Reiz gesprochen, den die Poesie von Reverdy, Lehrmeister der Surrealisten und auch sein eigener, auf ihn ausgeübt hat. Er bewunderte an Reverdy die »poetische Askese« – vergleichbar, wie er sagt, der von Bracque –, die es ihm ermöglicht, ein Gedicht mit einem Minimum an Wortmaterial zu schaffen; doch noch mehr als die Sparsamkeit der Mittel bewundert er seine *Verhaltenheit.* Dieses Wort ist einer der Schlüssel zu Cernudas Stil. Selten haben ein so kühnes Denken und eine so starke Leidenschaft sich derart züchtiger Ausdrücke bedient. Reverdy war nicht der einzige Franzose, für den er Sympathie hegte. In einem Brief aus dem Jahre 1929, in Madrid geschrieben, bittet er einen Freund in Sevilla, ihm mehrere Bücher zurückzuschicken (*Les pas perdus* von André Breton, *Le Libertinage* und *Le paysan de Paris* von Louis Aragon) und fügt hinzu: »Azorín, Valle-Inclán, Baroja: was geht mich all diese stupide, unmenschliche, verkommene spanische Literatur an!« Die »Casticistas« brauchen daran keinen Anstoß zu nehmen. In denselben Jahren fanden Breton und Aragon, daß die französische Literatur geradeso unmenschlich und stupide sei. Wir haben diese schöne Ungezwungenheit verloren; wie schwer ist es heute, unverschämt, in ungerechter Weise gerecht zu sein, wie man das 1920 sein konnte.
Was verdankt Cernuda den Surrealisten? Die Brücke zwischen der französischen Avantgarde und der Poesie unserer Sprache war bekanntlich Vicente Huidobro. Nach dem chilenischen Dichter vervielfachten sich die Kontakte, und Cernuda war weder der erste noch der einzige, der die Faszination des Surrealismus gespürt hat. Es wäre ein Leichtes, die Spuren aufzuzeigen, die manche Surrealisten in seiner Poesie und selbst in seiner Prosa hinterlassen haben: Paul Eluard, René Crevel und, obgleich es sich um einen Schriftsteller handelt, der sein

Antipode ist, der brillante Louis Aragon (der Frühzeit). Doch im Unterschied zu Neruda, Lorca oder Villaurrutia war der Surrealismus für Cernuda mehr als nur eine Stillehre, mehr als eine Poetik oder eine Schule für Wortassoziationen und Wortbilder: er war ein Versuch, die Poesie im Leben zu verkörpern, eine Subversion, die sowohl die Sprache als auch die Institutionen betraf. Eine Moral und eine Leidenschaft. Cernuda war der erste, und fast der einzige, der die wahre Bedeutung des Surrealismus als einer Bewegung der Befreiung erfaßte und sich zu eigen machte – Befreiung nicht der Poesie, sondern des Bewußtseins: die letzte große geistige Erschütterung des Westens. Zur psychischen Erschütterung durch den Surrealismus kommt die Entdeckung von André Gide hinzu. Dank dem französischen Moralisten akzeptiert er sich selbst; fortan wird seine Homosexualität weder Krankheit noch Sünde sein, sondern frei auf sich genommenes und gelebtes Schicksal. Wenn Gide ihn mit sich selbst versöhnt, wird der Surrealismus ihm dazu dienen, seine psychische und vitale Rebellion in den Dienst einer umfassenderen und totaleren Subversion zu stellen. Die »verbotenen Lüste« schlagen eine Brücke zwischen dieser Welt von »Gesetzen und Ratten« und der untergründigen Welt des Traums und der Inspiration: sie sind das irdische Leben in all seiner stillen Pracht (»Glieder aus Marmor«, »Blumen aus Eisen«, »irdische Planeten«) und sie sind auch das höchste geistige Leben (»stolze Einsamkeiten«, »denkwürdige Freiheiten«). Die Frucht, die uns diese schwer zu erringenden Freiheiten bieten, ist die des Geheimnisses, »dessen Geschmack keinerlei Bitterkeit verdirbt«. Die Poesie wird aktiv; der Traum und das Wort stürzen die »anonymen Statuen«: in der großen »Stunde der Rache kann ihr Glanz eure Welt zerstören«. Später gab Cernuda die surrealistische Schreibweise und ihre Ticks auf, doch seine Grundanschauung blieb, obgleich seine Ästhetik eine andere war, die seiner Jugendjahre.

Der Surrealismus ist eine Tradition. Mit dem kritischen Instinkt, der die großen Dichter auszeichnet, verfolgte Cernuda die Strömung zurück: Mallarmé, Baudelaire, Nerval. Obgleich er diesen drei Dichtern stets treu war, blieb er bei ihnen nicht stehen. Er ging bis zur Quelle, dem Ursprung der modernen westlichen Poesie: der deutschen Romantik. Eines der Themen Cernudas ist der Dichter gegenüber der feindlichen oder indifferenten Welt der Menschen. Er wird bereits in seinen ersten Gedichten angeschnitten und entfaltet sich von *Invocaciones* an mit immer düsterer Intensität. Hölderlin und seine Gestalten sind ihm Vorbild; schon bald verwandeln sich diese Bilder in ein anderes, das ebenso bezaubernd ist wie furchtbar: in das des Dämons. Kein christlicher Teufel, abstoßend oder schreckenerregend, sondern ein Heide, fast ein Knabe. Er ist sein Doppelgänger. Dieser wird stets gegenwärtig bleiben in seinem Werk, obgleich er sich mit den Jahren verändert und sein Wort immer bitterer und hoffnungsloser wird. In dem Bild des Doppelgängers, einem nie greifbaren Ab-bild, sucht Cernuda sich selbst, aber er sucht auch die Welt: er will sich vergewissern, daß er existiert und daß die anderen existieren. Die anderen: eine Menschenrasse, die sich von den Menschen unterscheidet.

Neben dem Teufel, die Gesellschaft der toten Dichter. Die Lektüre Hölderlins, Jean Pauls und Novalis', die Blakes und Coleridges bedeutet mehr als nur eine Entdeckung: ein Wiedererkennen. Cernuda kehrt zu den Seinen zurück. Diese großen Namen sind für ihn lebendige Personen, unsichtbare, aber verläßliche Fürsprecher. Er spricht mit ihnen, als spräche er mit sich selbst. Sie sind seine wahre Familie und seine heimlichen Götter. Sein Werk ist in Gedanken an sie geschrieben. Sie sind mehr als nur ein Modell, ein Vorbild oder eine Quelle der Inspiration: sie sind ein Blick, der über ihn urteilt. Er muß sich ihrer würdig erweisen. Und er kann dies nur, indem er seine Wahrheit bejaht, indem er er selbst ist. Erneut taucht das Thema Moral auf. Doch nicht Gide mit seiner psychologischen Moral, sondern Goethe ist es, der ihn in dieser neuen Etappe leitet. Er sucht keine Rechtfertigung, sondern ein Gleichgewicht; das, was der junge Nietzsche »Genesung« nannte, das vergessene Geheimnis des griechischen Heidentums: den heroischen Pessimismus, Schöpfer der Tragödie und der Komödie. Oft sprach er von Griechenland, von seinen Dichtern und Philosophen, von seinen Mythen und vor allem von seiner Idee des Schönen: etwas, das weder physisch noch körperlich ist, das vielleicht nur ein Gleichklang ist, ein Maß. In *Ocnos,* wo er von der »schönen Erkenntnis« spricht – weil er die Schönheit erkennt oder weil alles Erkennen Schönheit ist? – sagt er, daß Schönheit Maß ist. Und so, auf einem Weg, der von der surrealistischen Rebellion zur deutschen und englischen Romantik führt und von dort zu den großen Mythen des Abendlandes, erlangt Cernuda sein doppeltes Erbe als Dichter und als Spanier wieder: die europäische Tradition, das Wissen und die Würze des mediterranen Mittags. Was als polemische Leidenschaft und Maßlosigkeit begonnen hatte, endete mit der Anerkennung des Maßes. Eines Maßes, freilich, in das andere Dinge, die auch abendländisch sind, nicht passen. Unter ihnen zwei der größten: das Christentum und die Frau. Das »Anderssein« in seinen totalsten Manifestationen: die andere Welt und die andere Hälfte dieser Welt. Jedoch macht Cernuda aus der Not eine Tugend und schafft eine Welt, in der zwei wesentliche Elemente, eins des Christentums und eins der Frau, nicht fehlen: die Introspektion und das Mysterium der Liebe.

Ich habe noch nicht von einem anderen Einfluß gesprochen, der sich sowohl in seiner Poesie als auch in seiner Kritik ausprägte, insbesondere seit *Las nubes* (Die Wolken) (1940): von der modernen Poesie englischer Sprache. In seiner Jugend liebte er Keats und später fühlte er sich von Blake angezogen, doch diese beiden Namen, zumal der letztere, gehören zu dem, was man seine dämonische oder subversive Seite nennen könnte: sie schürten seine moralische Aufsässigkeit. Sein Interesse für Wordsworth, Browning, Yeats und Eliot ist von anderer Art: bei ihnen sucht er weniger eine Metaphysik als ein ästhetisches Bewußtsein. Das Geheimnis des literarischen Schaffens und das Thema der letzten Bedeutung der Poesie – ihr Verhältnis zur Wahrheit, zur Geschichte und zur Gesellschaft – haben ihn immer beschäftigt. In den Reflexionen der englischen Dichter fand er, auf andere oder der seinen ähnliche Art formuliert, Antworten auf diese Fragen. Ein Beweis für dieses Interesse ist das Buch, das er dem dichterischen Denken der englischen Lyriker widmete. Ich glaube mich nicht zu irren, wenn ich meine, daß von den lebenden Schriftstellern T. S. Eliot derjenige war, der einen tieferen Einfluß auf den Cernuda der Reifezeit ausübte. Ich wiederhole: einen ästhetischen Einfluß, keinen moralischen oder metaphysischen: die Lektüre Eliots hatte nicht die befreiende Wirkung, die seine Entdeckung Gides hatte. Der englische Dichter läßt ihn die poetische Tradition mit neuen Augen sehen, und viele von Cernudas Studien über spanische Dichter sind mit der Genauigkeit und der Objektivität, aber auch den gelegentlichen Kaprizen geschrieben, die den Zauber, aber auch die Gefahr des kritischen Stils

Eliots ausmachen. Doch das Vorbild dieses Dichters ist nicht nur in seinen kritischen Meinungen zu erkennen, sondern auch in seinem dichterischen Schaffen. Seine Begegnung mit Eliot fällt zusammen mit einem Wandel in seiner Ästhetik; nachdem er den Surrealismus durchgemacht hat, ist es ihm nicht darum zu tun, neue Formen zu suchen, sondern sich auszudrücken. Nicht eine Norm, sondern ein Maß, etwas, das ihm weder die modernen Franzosen noch die deutschen Romantiker geben konnten. Eliot hatte ein ähnliches Bedürfnis gespürt, und nach *The waste land* gießt er seine Poesie in immer traditionellere Formen. Ich wüßte nicht zu sagen, ob dieses regressive Verhalten bei Cernuda und bei Eliot ihrer Poesie zustatten kam oder ihr abträglich war; einerseits machte es sie ärmer, da Überraschung und Erfindung, diese Flügel des Gedichts, aus ihrem Werk der Reife zum Teil verschwinden; andererseits wären sie ohne diesen Wandel womöglich verstummt oder sie hätten sich in einer fruchtlosen Suche erschöpft, wie das selbst großen schöpferischen Menschen wie Pound und cummings widerfährt. Und bekanntlich gibt es nichts Eintönigeres als den professionellen Innovator. Kurz, die Poesie und die Kritik Eliots dienten ihm dazu, den Romantiker, der er immer war, zu zügeln.

Seit er zu schreiben begann, spürte Cernuda eine Vorliebe für das lange Gedicht. Für den modernen Geschmack ist Poesie vor allem verbale Verdichtung, weshalb das lange Gedicht sich einer fast unüberwindlichen Schwierigkeit gegenübersieht: Ausdehnung und Verdichtung, Entwicklung und Intensität, Einheit und Vielfalt zu verbinden, ohne aus dem Werk eine Sammlung von Bruchstücken zu machen und auch ohne zu dem plumpen Mittel der Erweiterung zu greifen. *Un coup de dés*, höchste verbale Verdichtung in etwas mehr als zweihundert Zeilen, von denen einige aus einem einzigen Wort bestehen, ist ein Beispiel, für mich das größte, für das, was ich meine. Nicht beim kurzen, sondern beim langen Gedicht muß man von der Schere Gebrauch machen; der Dichter muß ohne Skrupel von seiner Gabe des Weglassens Gebrauch machen, wenn er etwas schreiben will, das nicht weitschweifig, in sich zersplittert oder diffus ist. Die Verhaltenheit, die Kunst, das Verschwiegene zu sagen, ist das Geheimnis des kurzen Gedichts; im langen Gedicht wirken solche Aussparungen nicht suggestiv, sie *sprechen* nicht, sondern sie sind gleichsam die Zäsuren des musikalischen Raums. Mehr als eine Schrift, sind sie eine Architektur. Schon Mallarmé hatte *Un coup de dés* mit einer Partitur verglichen, und Eliot hat eine seiner großen Dichtungen *Four Quartets* genannt. Cernuda hielt dieses Gedicht für das beste, das Eliot geschrieben hatte, und wiederholt sprachen wir über die Gründe dieser Bevorzugung, denn ich neigte mehr zu *The waste land* – das übrigens auch als eine musikalische Konstruktion betrachtet werden muß.

Obgleich unser Dichter die Kunst des langen Gedichts nicht bei Eliot gelernt hat – er hatte schon früher lange Gedichte geschrieben und einige von ihnen zählen zum Vollkommensten, was er gemacht hat –, klärten die Ideen des englischen Schriftstellers die seinen und änderten zum Teil seine Auffassungen. Doch die Ideen sind eine Sache, eine andere Sache ist das Temperament. Man würde in seinem Werk umsonst nach den Prinzipien der *Harmonie*, des *Kontrapunkts* oder der *Polyphonie* suchen, von denen Eliot und Saint-John Perse sich leiten ließen; und nichts ist dem »Simultaneismus« Pounds oder Apollinaires ferner als die lineare, der Vokalmusik ähnliche Entwicklung des Gedichts von Cernuda. Die Melodie ist lyrisch, und Cernuda ist lediglich, und das genügt, ein lyrischer Dichter. So war die Form, die seiner Natur am besten entsprach, der Monolog. Er schrieb immer Monologe, und man könnte sogar sagen, daß sein Werk ein langer Monolog ist. Die englische Poesie lehrte ihn zu sehen, wie der Sologesang zu sich selbst kommen, sich verdoppeln und sich befragen kann: sie lehrte ihn, daß der Monolog immer ein Dialog ist. In einer seiner Studien erwähnte er das Beispiel Robert Brownings; ich würde Pound, der sich des Monologs von Browning als erster bediente, hinzurechnen. (Man vergleiche zum Beispiel den Gebrauch der Frage in *Near Perigord* und in den langen Gedichten des späten Cernuda.) Und in diesem Zusammenhang sollte ich etwas über ein Thema sagen, das ihn stark beschäftigte und über das er Seiten schrieb, die von tiefer Einsicht zeugen: die Beziehungen zwischen der gesprochenen Sprache und dem Gedicht.

Cernuda weist darauf hin, daß der erste, der das Recht des Dichters proklamierte, »the language really used by man« zu gebrauchen, Wordsworth war. Obgleich es nicht ganz stimmt, daß dieser Vorläufer der Urheber des sogenannten »Prosaismus« der zeitgenössischen Poesie war, tut man gut daran, zwischen dieser Idee von Wordsworth und der Herders, der in der Poesie die »Stimme des Volkes« sah, zu unterscheiden. Die Volkssprache, falls es sie wirklich gibt und sie keine Erfindung der deutschen Romantik ist, ist ein Erbe der Feudalzeit. Der Kult, der mit ihr getrieben wird, ist Nostalgie. Jiménez und Antonio Machado verwechselten die »Volkssprache« immer mit der gesprochenen Sprache, und deshalb setzten sie diese mit dem traditionellen Gesang gleich. Jiménez meinte, die »Volkskunst« sei nur die traditionelle Nachahmung der Kunst der Aristokratie; Machado glaubte, daß die wahre Aristokratie im Volke zu finden sei und daß die Folklore die am meisten verfeinerte Kunst wäre. So verschieden uns diese Gesichtspunkte erscheinen: beide verraten eine nostalgische Sicht der Vergangenheit. Die Sprache unserer Zeit ist eine andere: sie ist das in der Großstadt gesprochene Idiom, und die ganze moderne Poesie seit Baudelaire hat diese Sprache zum Ausgangspunkt einer neuen Lyrik gemacht. Wiewohl Reaktion auf die Ästhetik des Exquisiten und des Seltenen, welche die hispanischen Dichter in Mode gebracht hatten, ist die Schlichtheit der sogenannten spanischen Volksdichtungen nicht weniger artifiziell als die Kompliziertheit der Modernisten. Von Jiménez beeinflußt, bevorzugten die Dichter der Generation Cernudas die Romanze und das Lied. Cernuda verfiel nie der Unnatur des nachgeahmten Volkstümlichen (einer Unnatur, der wir allerdings einige der bezauberndsten Gedichte unserer modernen Lyrik verdanken) und versuchte, so zu schreiben, wie man spricht; oder besser gesagt: er wollte als materia prima der poetischen Umwandlung nicht die Sprache der Bücher, sondern die des Gesprächs benutzen. Er traf sie nicht immer. Häufig ist sein Vers prosaisch, in dem Sinne wie die *geschriebene* Prosa, nicht das lebendige Gespräch, prosaisch ist, mehr gedacht und konstruiert als gesprochen. Durch die Wahl seiner Worte, die fast alle der »gehobenen« Sprache angehören, und durch die kunstvolle Syntax spricht Cernuda eher »wie ein Buch«, denn daß er schreibt, »wie man spricht«. Das Wunderbare ist, daß solches Schreiben sich plötzlich zu funkelnden Ausdrücken verdichtet.

Cernuda sah in Campoamor einen Vorläufer des poetischen Prosaismus; wenn er es wäre, wäre er ein kläglicher Vorläufer. Man darf das philosophische Tischgespräch nicht mit Poesie verwechseln. In Wirklichkeit ist der einzige moderne spanische Dichter, der die gesprochene Sprache ungezwungen benutzt hat, der heute vergessene

José Moreno Villa. (Sein einziges Buch: *Jacinta la pelirroja* erschien 1929.) Die ersten, die die poetischen Möglichkeiten der prosaischen Sprache nutzten, waren, mag es auch sonderbar erscheinen, die hispanoamerikanischen Modernisten: Darío und vor allem Leopoldo Lugones. In Campoamors Gedichten verkommt die Rhetorik des fin de siècle zu Ausdrücken, die pseudophilosophische Gemeinplätze sind, und ist so ein Beispiel für das, was Breton »image descendante« nannte. Die Modernisten stellen die Umgangssprache der Kunstsprache gegenüber, um im Innern des Gedichts einen Zusammenstoß zu bewirken, wie etwa in *Augurios* von Rubén Darío, oder sie machen, wie Lugones in *Lunario sentimental*, aus der Sprache der Großstadt die materia prima des Gedichts. Gegen 1915 machte sich der Mexikaner López Velarde die Lehre des argentinischen Dichters zunutze, und es gelang ihm, die literarische Sprache mit der gesprochenen zu verschmelzen. Es wäre langweilig, alle hispanoamerikanischen Dichter anzuführen, die nach López Velarde aus dem Prosaismus eine poetische Sprache machten; sechs Namen mögen genügen: Borges, Vallejo, Pellicer, Novo, Lezama Lima, Sabines ... Am merkwürdigsten ist, daß all dies nicht in der englischen Poesie seinen Ausgang nimmt, sondern bei Eliots und Pounds Lehrmeister: dem Symbolisten Jules Laforgue. Der Autor von *Complaintes,* nicht Wordsworth, ist für die Engländer wie für die Hispanoamerikaner der Urheber dieser Richtung.

Oft wird gesagt, daß Cernuda und, ganz allgemein, die Dichter seiner Generation eine Periode der spanischen Poesie »abschließen«. Ich gestehe, daß ich nicht verstehe, was man damit sagen will. Um etwas abzuschließen – falls es sich nicht um ein endgültiges Versiegen handelt –, ist es nötig, daß etwas oder jemand eine neue

Periode einleitet. Ohne gehässige Vergleiche ziehen zu wollen, scheint mir, daß die heutigen spanischen Dichter keine neue Bewegung eingeleitet haben; ich würde sogar sagen, daß sie sich, wenigstens auf dem Gebiet der Sprache und der Vision – und das ist es, was in der Poesie zählt – erstaunlich zurückhaltend zeigten. Das ist kein Vorwurf: die zweite romantische Generation war nicht minder bedeutend als die erste, und sie verzeichnete einen großen Namen: Baudelaire. Neuheit ist nicht das einzige Kriterium der Dichtung. In Spanien hat es einen Stilwandel gegeben, keinen Bruch. Dieser Wandel ist natürlich, und man darf ihn nicht mit einer neuen Ära verwechseln. Cernuda schließt weder eine Epoche ab, noch leitet er eine neue ein. Seine Poesie, unverwechselbar und distinkt, ist Teil einer weltweiten Richtung, die in spanischer Sprache mit einiger Verspätung gegen Ende des vergangenen Jahrhunderts beginnt und die nach wie vor besteht. Innerhalb dieser geschichtlichen Periode nimmt seine Generation in Hispanoamerika und in Spanien eine zentrale Stelle ein. Und eine der zentralen Gestalten dieser Generation ist er, Luis Cernuda. Er war nicht der Schöpfer einer gemeinsamen Sprache noch eines Stils, wie es zu ihrer Zeit Rubén Darío und Juan Ramón Jiménez waren, oder uns näher, Vicente Huidobro, Pablo Neruda und Federico García Lorca. Aber seine Bedeutung, und was ihm künftigen Einfluß sichern wird, liegt vielleicht darin, daß Cernuda ein einsamer Dichter und ein Dichter für Einsame ist.

In einer Tradition, die die Worte gebraucht und mißbraucht hat, doch die selten über sie nachgedacht hat, verkörpert Cernuda das Gewissen der Sprache. Ein ähnlicher Fall ist Jorge Guillén, doch während die Poesie dieses letzteren, um den Jargon der Philosophen zu gebrauchen, im Bereich des Seins lebt, ist die Cernudas

eine zeitliche: ihr Reich ist das menschliche Dasein. Mehr denn *Reflexion,* gibt es bei beiden poetische Meditation. Die Poesie des ersteren ist ein extremer und totaler Vorgang: das Wort kommt zu sich selbst und negiert sich als Bezeichnung der Welt, um nur seine Eigenbedeutung zu sein und sich so selbst aufzuheben. Der poetischen Reflexion verdanken wir einige der Haupttexte der modernen Poesie des Westens, Gedichte, in denen unsere Geschichte zugleich akzeptiert und vernichtet wird: Negation ihrer selbst und der traditionellen Bedeutungen, der Versuch, eine andere Bedeutung zu schaffen. Die Spanier haben selten Mißtrauen gegenüber dem Wort empfunden, selten haben sie dieses Schwindelgefühl gehabt, das den ankommt, der die Sprache als *Zeichen der Nichtigkeit* sieht. Für Cernuda besteht die Meditation darin, sich – in der fast ärztlichen Bedeutung von Pflege – über ein anderes Geheimnis zu beugen: das unseres eigenen Vergehens. Das Leben, nicht die Sprache. Zwischen Leben und Denken ist das Wort nicht der Abgrund, sondern die Brücke. Meditation: Meditation. Das Wort ist Ausdruck der Distanz zwischen dem, was ich bin, und dem, was ich eben jetzt bin; auch ist es die einzige Möglichkeit, diese Distanz zu überwinden. Durch das Wort hält mein Leben inne, ohne doch innezuhalten, und es sieht, wie es sich selbst sieht; durch das Wort gelange ich zu mir und überschreite mich, ich schaue mich und verwandle mich in einen anderen – in *ein anderes Ich selbst,* das sich über meine Misere lustig macht und in dessen Spott meine ganze Erlösung besteht.
Die Spannung zwischen dem seiner selbst nicht bewußten Leben und dem Selbstbewußtsein löst sich im transparenten Wort. Nicht in einem unmöglichen Jenseits, sondern hier, im Augenblick des Gedichts, vereinen sich Wirklichkeit und Verlangen. Und diese Umarmung ist

derart innig, daß sie nicht nur das Bild der Liebe, sondern auch das des Todes heraufbeschwört: in der Brust des Dichters, »einer Laute gleich, kann nur der Tod, er allein, die verheißene Melodie zum Klingen bringen«. Wenige moderne Dichter, gleich welcher Sprache, geben uns dieses schaurige Gefühl, einem Menschen gegenüber zu stehen, der *wahrspricht*, wirklich besessen von der Unausweichlichkeit und der Luzidität der Passion. Wenn man in einem Satz den Platz bestimmen könnte, den Cernuda in der modernen Poesie unserer Sprache einnimmt, würde ich sagen, daß er der Dichter ist, der nicht für alle spricht, sondern für den Einzelnen, der wir alle sind. Und er trifft uns, den je Einzelnen, der wir sind, im Zentrum, das nicht »Ruhm, Glück oder Ehrgeiz heißt«, sondern die *Wahrheit über uns selbst*. Für Cernuda war Selbsterkenntnis der Zweck der Poesie, doch ebenso und mit der gleichen Intensität, war die Poesie für ihn ein Versuch, sein eigenes Bild zu schaffen. *La realidad y el deseo* ist mehr als eine poetische Biographie: die Geschichte eines Geistes, der, indem er sich erkennt, sich verwandelt.

II

Es ist zur Gewohnheit geworden, zu sagen, daß Cernuda ein Dichter der Liebe sei. Das stimmt, und in diesem einen Thema haben alle anderen ihren Ursprung: Einsamkeit, Überdruß, Verherrlichung der natürlichen Welt, Kontemplation der menschlichen Werke . . . Doch man muß zunächst von dem sprechen, woraus er nie einen Hehl gemacht hat: seine Liebe ist uranisch, und er kannte keine andere, noch sprach er von einer anderen. Und das ohne jede Zweideutigkeit; mit bewundernswertem Mut, denkt man an die Prüderie der Öffentlichkeit und der literarischen Medien in Hispanoamerika, schrieb er

Knabe, wo andere es vorziehen, vagere Substantive zu gebrauchen. »Die Wahrheit meiner selbst«, sagte er in einem Jugendgedicht, »ist die Wahrheit meiner wahren Liebe.« Seine Aufrichtigkeit ist weder Lust am Skandal noch Herausforderung der Gesellschaft (seine Herausforderung ist eine andere): sie ist intellektuelle und moralische Ehrensache. Außerdem läuft man Gefahr, die Bedeutung seines Werkes nicht zu verstehen, wenn man über seine Homosexualität hinwegsieht oder sie abschwächt, nicht weil seine Poesie auf diese Leidenschaft reduziert werden kann – das wäre geradeso falsch, wie sie zu ignorieren –, sondern weil sie der Ausgangspunkt seines dichterischen Schaffens ist. Seine erotischen Neigungen erklären seine Poesie nicht, doch ohne sie wäre sein Werk ein anderes. Seine »andersgeartete Wahrheit« trennt ihn von der Welt; und eben diese Wahrheit führt ihn in der Folge dazu, eine andere Wahrheit zu entdekken, die seine und die aller.

Gide ermutigte ihn, die Dinge bei ihren Namen zu nennen; das zweite Buch seiner surrealistischen Periode hat zum Titel: *Los placeres prohibidos.* Er nennt die »Lüste« nicht, wie man hätte erwarten können, *placeres malditos.* Wenn es schon einer gewissen Forschheit bedarf, 1930 ein solches Buch in Spanien zu veröffentlichen, bedarf es in noch höherem Maße der Klarsicht, um der Versuchung zu widerstehen, die Rolle des zur Rebellion Verurteilten zu spielen. Diese Rebellion ist zweischneidig: derjenige, der sich als »maudit« betrachtet, konsekriert die göttliche oder gesellschaftliche Autorität, die ihn verdammt: der Fluch schließt ihn in negativer Weise in die Ordnung, die er verletzt, mit ein. Cernuda fühlt sich nicht als *maudit:* er fühlt sich ausgeschlossen. Und er beklagt das nicht: er erwidert jeden Schlag mit einem Gegenschlag. Der Unterschied zu einem Schriftsteller wie Genet ist aufschlußreich. Genets Herausforderung der Gesellschaft ist eher symbolisch denn real, und deshalb, um seinem Verhalten die Gefährlichkeit zu geben, war er gezwungen, weiterzugehen: Lobpreis des Diebstahls und des Verrats, Verherrlichung der Verbrecher. In einer Gesellschaft dagegen, wo die Ehre der Ehemänner noch zwischen den Beinen der Frauen liegt und der »machismo« eine kontinentale Krankheit ist, setzte die Offenheit Cernudas ihn jeder Art von realen, physischen und moralischen Gefahren aus. Andererseits ist Genet geprägt vom Christentum – einem negativen Christentum; das Zeichen der Erbsünde ist seine Homosexualität, oder genauer, durch sie und in ihr zeigt sich ihm der ererbte Makel; alle seine Handlungen und seine Werke sind Herausforderung und Huldigung des Nichts an das Sein. Bei Cernuda taucht das Schuldbewußtsein kaum auf, und den Werten des Christentums setzt er andere entgegen, die seinen, die er für die einzig wahren hält. Es würde schwerhalten, einen Schriftsteller spanischer Sprache zu finden, der weniger christlich ist. Genet mündet in die Negation der Negation: die Neger in seinem schönen Theaterstück, die Weiße sind, die Neger sind, die Weiße sind. Es ist das, was Nietzsche den »unvollständigen Nihilismus« nannte, den man weder transzendiert noch auf sich nimmt, den an sich selbst zu erleiden man sich begnügt. Ein Christentum ohne Christus. Die Subversion Cernudas ist einfacher, radikaler und gesünder.

Sich als homosexuell bekennen heißt hinnehmen, daß man anders ist als die anderen. Doch wer sind die anderen? Die anderen sind die Welt – und die Welt gehört den anderen. In dieser Welt verfolgt man mit dem gleichen Ingrimm den Homosexuellen, den Revolutionär, den Schwarzen, den Proletarier, den enteigneten Bürger, den einsamen Dichter, den Bettler, den Exzentriker und den

Heiligen. Die anderen verfolgen alle und niemanden. Sie sind alle und niemand. Das »Gesunde« ist die durch Gesetzeskraft geheiligte Kollektivkrankheit. Sind sie wirklich, die anderen? Ob eine Mehrheit ohne Gesicht oder eine allmächtige Minderheit: sie sind eine Versammlung von Gespenstern. Mein Körper ist wirklich; ist die Sünde wirklich? Die Gefängnisse sind wirklich, sind es auch die Gesetze? Zwischen dem Menschen und dem, woran er rührt, gibt es einen Bereich der Irrealität: das Böse. Die Welt ist auf einer Negation errichtet, und die Institutionen – Religion, Familie, Besitz, Staat, Vaterland – sind grausame Verkörperungen dieser universalen Negation. Diese irreale Welt zerstören, auf daß am Ende die wahre Wirklichkeit sich zeige ... Jeder Jugendliche – und nicht nur ein homosexueller Dichter – kann (und muß) solche Überlegungen anstellen. Cernuda akzeptiert sich als andersgeartet; das moderne Denken, insbesondere der Surrealismus, lehrt ihn, daß wir alle andersgeartet sind. Homosexualität wird zum Synonym für Freiheit; der Trieb ist kein blinder Impuls: er ist Tat gewordene Kritik. Alles, selbst der Körper, bekommt eine *moralische Färbung*. In diesen Jahren hängt er dem Kommunismus an (1930). Eine kurze Anhängerschaft, denn auf diesem Gebiet, wie auf vielen anderen, sind die Trojaner so stumpf wie die Tyrer. Die Bejahung seiner eigenen Wahrheit läßt ihn die der anderen erkennen: »Durch meinen Schmerz verstehe ich, daß andere ungeheuer leiden ...«, wird er Jahre später sagen. Obgleich er unser gemeinsames Schicksal teilt, bietet er uns keine Allheilmittel. Er ist ein Dichter, kein Reformator. Er bietet uns seine »wahre Wahrheit«, diese Liebe, die die einzige Freiheit ist, die er verherrlicht, die einzige Freiheit, für die er stirbt.

Die wahre Wahrheit, die seine und die aller, heißt Verlangen. In einer Tradition, die mit ganz wenigen Ausnahmen – man kann sie an den Fingern einer Hand aufzählen, von *La Celestina* und *La lozana andaluza* (Die schöne Andalusierin) bis Rubén Darío, Valle-Inclán und García Lorca – »Lust« gleichsetzt mit »angenehmem Gefühl, seelischem Behagen oder Vergnügen«, vertritt Cernuda leidenschaftlich den Primat der Erotik. Diese Leidenschaftlichkeit beruhigt sich mit den Jahren, doch die Lust wird in seinem Werk immer einen zentralen Platz einnehmen, neben ihrem komplementären Gegenteil: der Einsamkeit. Sie sind das Paar, das seine Welt regiert, diese »Landschaft aus verzücktem Staub«, die das Verlangen mit strahlenden Körpern, schönen und leuchtenden Raubtieren bevölkert. Das Schicksal des Wortes *Verlangen* (désir) verbindet sich, von Baudelaire bis Breton, mit dem der Poesie. Seine Bedeutung ist nicht psychologisch. Schillernd und sich selbst gleichbleibend, ist es Energie, Wille zur Verkörperung der Zeit, Lebenstrieb oder Todessehnsucht: es hat keinen Namen und es hat alle Namen. Was oder wer ist es, das nach dem verlangt, nach dem uns verlangt? Obgleich es die Form des Schicksals annimmt, erfüllt es sich nicht ohne unsere Freiheit, und unser ganzer freier Wille liegt in ihm beschlossen. Wir wissen nichts vom Verlangen, außer daß es sich in Bildern kristallisiert und daß diese Bilder nicht aufhören, uns zu quälen, bis sie Wirklichkeit werden. Kaum daß wir sie berühren, verschwinden sie. Oder sind wir es, die verschwinden? Die Imagination ist das Verlangen in Bewegung. Es ist das Bevorstehende, das, was die Erscheinung hervorruft; und es ist die Ferne, die sie auslöscht. Mit einer gewissen Trägheit neigt man dazu, in den Gedichten Cernudas reine Variationen über einen alten Gemeinplatz zu sehen: die Wirklichkeit zerstört das Verlangen zuletzt, unser Leben ist ein ständiges Oszillieren zwischen Entbehrung und Sättigung. Mir scheint, daß die Gedichte noch etwas anderes sagen, etwas, das gewisser und schrecklicher ist: wenn das Verlangen wirklich ist, ist die Wirklichkeit irreal. Das Verlangen macht das Imaginäre wirklich, die Wirklichkeit irreal. Das ganze Sein des Menschen ist der Schauplatz dieser ständigen Verwandlung; in seinem Körper und in seiner Seele durchdringen und verwandeln Verlangen und Wirklichkeit sich gegenseitig, vereinigen sich und trennen sich. Das Verlangen bevölkert die Welt mit Bildern, und zugleich entvölkert sie die Wirklichkeit. Nichts kann es befriedigen, denn es macht die lebendigen Wesen zu Phantasmen. Es nährt sich von Schattengebilden, oder vielmehr: unsere menschliche Wirklichkeit, unsere Substanz, Zeit und Blut, nährt seine Schattengebilde.

Zwischen Verlangen und Wirklichkeit gibt es einen Schnittpunkt: die Liebe. Das Verlangen ist umfassender als die Liebe, doch das Liebesverlangen ist das stärkste aller Verlangen. Allein in diesem Verlangen nach einem Wesen unter allen Wesen entfaltet sich das Verlangen voll und ganz. Derjenige, der die Liebe kennt, wünscht sich nichts anderes mehr. Die Liebe enthüllt dem Verlangen die Wirklichkeit: dieses ersehnte Bild ist mehr als ein Körper, der sich auflöst: es ist Seele, Bewußtsein. Übergang vom erotischen Objekt zur geliebten Person. Durch die Liebe berührt das Verlangen schließlich die Wirklichkeit: der andere existiert. Diese Entdeckung ist fast immer schmerzlich, da sich uns die Existenz des anderen zugleich als ein Körper, der durchdrungen wird, und als undurchdringliches Bewußtsein darstellt. Die Liebe ist die Entdeckung der fremden Freiheit, und nichts ist schwieriger, als die Freiheit der anderen anzuerkennen, zumal die eines Menschen, den man liebt und nach dem einen verlangt. Und darin besteht der Widerspruch der

Liebe: das Verlangen trachtet danach, sich durch die Zerstörung des ersehnten Objekts zu vollenden; die Liebe entdeckt, daß dieses Objekt unzerstörbar ist – und unersetzlich. Bleibt das Verlangen ohne Liebe oder die Liebe ohne Verlangen. Ersteres verurteilt uns zur Einsamkeit: diese austauschbaren Körper sind irreal; letzteres ist nicht menschlich: kann man das lieben, nach dem einen nicht verlangt?

Cernuda war sehr empfindlich für diese wahrhaft tragische Natur der Liebe, jeder Liebe. In seinen Jugendgedichten stößt das Ungetüm seiner Leidenschaft blindlings mit der unerwarteten Existenz eines unabänderlichen fremden Bewußtseins zusammen, und diese Entdeckung erfüllt ihn mit Zorn und Leid. (Später, in einem Prosatext, spielt er auf den »Egoismus« der Jugendlieben an.) In den Büchern der Reifezeit findet sich häufig das Thema der abendländischen mystischen Liebespoesie: *La amada en el amado transformada* (Die Geliebte, in den Geliebten verwandelt). Doch die Vereinigung, das letzte Ziel der Liebe, kann nur gelingen, wenn man erkennt, daß der andere ein von mir verschiedenes und freies Wesen ist: wenn unsere Liebe, anstatt zu versuchen, diese Verschiedenheit aufzuheben, zu einem Raum wird, darin sie sich entfalten kann. Die Liebesvereinigung bedeutet nicht Übereinstimmung (wäre sie es, wären wir mehr als Menschen), sondern sie ist ein Zustand ständiger Beweglichkeit, wie das Spiel, oder, wie die Musik, ständigen Harmonierens. Cernuda hat seine andersgeartete Wahrheit immer bejaht: sah er oder erkannte er die der anderen? Sein Werk gibt eine doppelte Antwort. Wie fast alle Menschen – zumindest wie all jene, die wirklich lieben, und das sind nicht viele – ist er in dem Augenblick der Leidenschaft abwechselnd Anbeter und Widersacher seiner Liebe; danach, in der Stunde der Besinnung, kommt

er zu der bitteren Einsicht, daß, wenn er nicht so geliebt wurde, wie er sich das gewünscht hatte, es vielleicht daran lag, daß er selbst nicht mit völliger Selbstlosigkeit zu lieben verstand. Um zu lieben, sollten wir uns selbst besiegen, den Konflikt zwischen Verlangen und Liebe aufheben – ohne weder das eine noch das andere zu unterdrücken. Eine schwierige Verbindung von kontemplativer Liebe und tätiger Liebe. Nicht ohne Kämpfe und Bedenken trachtete Cernuda nach dieser höchsten Vereinigung; und dieses Trachten bestimmt die Richtung, in die sich seine Poesie entwickelt: die Heftigkeit des Verlangens, ohne je aufzuhören, Verlangen zu sein, neigt dazu, sich in Kontemplation der geliebten Person zu verwandeln. Doch beim Schreiben dieses Satzes kommen mir Zweifel: kann man im Falle Cernuda von geliebter Person sprechen? Ich denke nicht nur an die besondere Art der homosexuellen Liebe mit dem ihr eigenen Narzißmus und ihrer Abhängigkeit von der kindlichen Welt, was sie launenhaft, tyrannisch und anfällig macht für die Krankheit der Eifersucht – sondern auch an die beunruhigende Insistenz des Dichters, die Liebe als eine fast unpersönliche Fatalität zu betrachten.
In einem Gedicht in *Como quien espera el alba* (Wie einer den Morgen erwartet) (1947) sagt er: »El amor es lo eterno y no lo amado« (Die Liebe ist das Ewige und nicht das Geliebte). Fünfzehn oder zwanzig Jahre vorher hatte er das gleiche gesagt, mit größerer Erbitterung: »No es el amor quien muere, somos nosotros mismos« (Nicht die Liebe stirbt, wir selber sterben). In dem einen wie in dem anderen Fall bejaht er den Primat der Liebe über die Liebenden, doch in dem Jugendgedicht liegt der Akzent auf der Sterblichkeit des Menschen und nicht auf der Unsterblichkeit der Liebe. Der Unterschied im Ton zeigt die Richtung seiner geistigen Entwicklung: in dem zwei-

ten Text ist die Liebe nicht mehr unsterblich, sondern ewig, und aus dem »Wir« wird »das Geliebte«. Der Dichter ist nicht beteiligt: er schaut zu. Er geht von der tätigen Liebe zur kontemplativen Liebe über. Bemerkenswert ist, daß diese Wandlung nicht seine Grundanschauung ändert: nicht die Menschen sind es, die sich in der Liebe verwirklichen, sondern die Liebe ist es, die sich der Menschen bedient, um sich zu verwirklichen. Die Idee vom Menschen als »Spielzeug der Leidenschaft« ist ein konstantes Thema seiner Poesie. Erhebung der Liebe und Erniedrigung der Menschen. Unsere Geringwertigkeit kommt von unserer Sterblichkeit: wir sind Wandlung und halten den Wandlungen der Leidenschaft nicht stand; wir trachten nach Ewigkeit und ein Augenblick der Liebe vernichtet uns. Seines spirituellen Halts beraubt – der *Seele*, wie Platoniker und Christen ihn nannten –, ist das Geschöpf nicht eine Person, sondern eine momentane Verdichtung der nicht-menschlichen Kräfte: Jugend, Schönheit und anderer magnetisch anziehender Formen, in denen die Zeit oder die Energie sich manifestieren. Das Geschöpf ist reine Erscheinung, ohne etwas dahinter. Cernuda gebraucht selten die Worte Seele oder Bewußtsein, wenn er von seinen Lieben spricht; auch erwähnt er nicht einmal ihre besonderen Kennzeichen noch jene Eigenschaften, die, wie man gemeinhin sagt, den Menschen *Persönlichkeit* verleihen. In seiner Welt herrscht nicht das Antlitz als Spiegel der Seele, sondern der Körper. Man wird nicht verstehen, was dieses Wort für den spanischen Dichter bedeutet, wenn man nicht gewahr wird, daß er im menschlichen Körper die Chiffre des Universums sieht. Ein junger Körper ist ein Sonnensystem, ein Kern physischer und psychischer Strahlungen. Der Körper ist ein Springquell von Energie, ein Quell »psychischer Materie« oder *mana*, eine Substanz, die weder geistig noch physisch ist, eine Kraft, die den Primitiven zufolge die Welt bewegt. Wenn wir einen Körper lieben, vergöttern wir nicht eine Person, sondern eine Verkörperung dieser kosmischen Kraft. Die Liebesdichtung Cernudas geht von der Vergötterung über zur Verehrung, vom Sadismus zum Masochismus; er leidet und genießt in der Begierde, das, was wir lieben, zu bewahren und zu zerstören (worin der Konflikt zwischen Verlangen und Liebe besteht), doch den anderen ignoriert er. Es ist eine Betrachtung des rein Geliebten, nicht des Geliebten als Person. So sieht er in dem fremden Bewußtsein nur sein eigenes fragendes Gesicht. Dies war seine »wahre Wahrheit, die Wahrheit seiner selbst«. Und da ist noch eine andere Wahrheit: jedesmal, wenn wir lieben, verlieren wir uns: sind wir andere. Die Liebe verwirklicht nicht das Ich: sie eröffnet dem Ich eine Möglichkeit, sich zu ändern, sich zu *verwandeln*. In der Liebe erfüllt sich nicht das Ich, sondern die Person: das Verlangen, ein anderer zu sein. Das Verlangen nach dem Sein.

Wenn Lieben Verlangen ist, vermag kein Gesetz außer dem des Verlangens selbst es zu bändigen. Für Cernuda ist die Liebe Bruch mit der Gesellschaftsordnung und Vereinigung mit der natürlichen Welt. Und sie ist Bruch nicht nur, weil seine Liebe verschieden ist von jener der Mehrheit, sondern auch, weil jede Liebe die menschlichen Gesetze bricht. Die Homosexualität ist keine Ausnahme; die wahre Ausnahme ist die Liebe. Die Leidenschaft Cernudas – und auch sein Zorn, seine Blasphemien und Sarkasmen – hat einen uns allen gemeinsamen Ursprung: seit ihren Anfängen hat die Poesie des Abendlandes nicht aufgehört zu verkünden, daß die Liebesleidenschaft, die für unsere Kultur tiefste Erfahrung, ein Übertreten der Gesetze, ein gesellschaftliches Verbrechen ist.

Die Worte Melibeas in *La Celestina,* einen Augenblick bevor sie sich vom Turm stürzt, Worte des Falls und des Verderbens, aber auch der Anklage gegen ihren Vater, können alle Liebespaare wiederholen. Selbst in einer Gesellschaft wie der der Hindu, die aus der Liebe nicht die Leidenschaft par excellence gemacht hat, verliebt sich der Gott Krishna, wenn er sich verkörpert und Mensch wird; und seine Liebschaften sind ehebrecherisch. Man muß es wieder und wieder sagen: die Liebe, jede Liebe, ist unmoralisch. Stellen wir uns eine Gesellschaft vor, die sich von der unsrigen und von all jenen, die die Geschichte gekannt hat, unterscheidet, eine Gesellschaft, in der die größte erotische Freiheit herrscht, die infernalische Welt Sades oder die paradiesische, die uns die modernen Sexologen verheißen: in ihr würde die Liebe ein größerer Skandal sein als bei uns. Natürliche Leidenschaft, Enthüllung des Seins in der geliebten Person, Brücke zwischen dieser und der anderen Welt, Schau des Lebens oder des Todes: die Liebe öffnet uns die Tore eines Zustands, der sich den Gesetzen der gewöhnlichen Vernunft und der gängigen Moral entzieht. Nein, Cernuda verteidigte nicht das Recht der Homosexuellen auf ihr eigenes Leben (dies ist die Aufgabe der Gesetzgebung), sondern er verherrlichte als die äußerste Erfahrung des Menschen die Liebesleidenschaft. Eine Leidenschaft, die diese oder jene Form annimmt, immer eine andere und trotzdem immer die gleiche. Eine einzigartige Liebe zu einer einzigartigen Person – obgleich diese der Veränderung, der Krankheit, dem Verrat und dem Tode unterworfen ist. Dies war die einzige Ewigkeit, nach der er sich sehnte, und die einzige Wahrheit, die er für gewiß hielt. Nicht die Wahrheit des Menschen: die Wahrheit der Liebe.

In einer von der Kritik der Vernunft und dem Sturm der Leidenschaft verheerten Welt werden die sogenannten

Werte zu Asche. Was überlebt? Cernuda kehrt zur Natur der Antike zurück, und in ihr entdeckt er nicht Gott, sondern die Gottheit selbst, die Mutter der Götter und Mythen. Die Macht der Liebe kommt nicht von den Menschen, diesen schwachen Wesen, sondern von der Energie, die alle Dinge bewegt. Die Natur ist für Cernuda weder Materie noch Geist: sie ist Bewegung und Form, bloße Erscheinung und unsichtbarer Hauch, Wort und Schweigen. Sie ist eine Sprache, und noch mehr: eine Musik. Ihr Wandel verfolgt keinerlei Zweck; sie ignoriert die Moral, den Fortschritt und die Geschichte: wie Gott genügt es ihr, zu sein. Und so wie Gott kann sie sich nicht überschreiten, da sie keine Grenzen hat, ihre ganze Transzendenz besteht darin, sich fortwährend zu kontemplieren und zu reflektieren, sie ist ein unablässiger Wechsel von Erscheinungen und ein sich immer Gleichbleibendes. Ein Spiel ohne Ende, das nichts bedeutet und in dem wir keinerlei Erlösung oder Verdammung finden können. Zuzusehen, wie sie mit uns spielt, mit ihr zu spielen, mit ihr und in ihr zugrunde zu gehen – das ist unser Schicksal. In dieser Sicht der Welt haben die *Fröhliche Wissenschaft* und vor allem Leopardis Pessimismus Spuren hinterlassen. Eine Welt ohne Schöpfer, obgleich von einem dichterischen Hauch beseelt, etwas, das man vielleicht religiösen Atheismus nennen könnte. Gewiß, manchmal erscheint auch Gott: er ist das Wesen, mit dem Cernuda spricht, wenn er mit niemandem spricht, und das lautlos verschwindet wie eine sich auflösende Wolke. Man möchte meinen, eine Verkörperung des Nichts, die wieder zu Nichts wird. Dagegen ist die Verehrung (in der Bedeutung von Ehrfurcht vor dem Heiligen und dem Göttlichen), die Himmel und Berge, ein Baum, ein Vogel oder das Meer, immer wieder das Meer, ihm einflößen, von seinem ersten bis zu seinem letzten Buch eine Konstante. Er ist ein Dichter der Liebe, aber auch der natürlichen Welt. Ihr Geheimnis faszinierte ihn. Er geht von der Verschmelzung mit den Elementen zu ihrer Betrachtung über, eine Entwicklung, die parallel zu der seiner Liebesdichtung verläuft. Manchmal sind seine Landschaften angehaltene Zeit, und in ihnen denkt das Licht wie in einigen Bildern von Turner; andere sind angelegt mit der Geometrie von Poussin, einem Maler, den er als einer der ersten wiederentdeckte. Auch vor der Natur macht der Mensch keine gute Figur: Jugend und Schönheit bewahren ihn nicht vor seiner Unbedeutendheit. Cernuda sieht in unserer Geringwertigkeit kein Zeichen des Sündenfalls und noch weniger das Anzeichen für eine künftige Erlösung. Die Nichtigkeit des Menschen ist endgültig. Er ist eine Luftblase des Seins.

Cernudas Negation führt zur Verherrlichung von Wirklichkeiten und Werten, die von unserer Welt herabgesetzt werden. Seine Zerstörung ist Schöpfung, oder genauer, Wiedererweckung verborgener Mächte. Gegenüber der traditionellen Religion und Moral und den Surrogaten, die uns die Industriegesellschaft bietet, vertritt er das widersprüchliche Paar Verlangen-Liebe; angesichts der einsamen Promiskuität der Städte die einsame Natur. Wo hat der Mensch seinen Ort? Er ist zu schwach, um die Spannung zwischen Liebe und Verlangen auszuhalten; auch ist er kein Baum noch Wolke oder Fluß. Zwischen der Natur und der Leidenschaft, die beide nicht menschlich sind, gibt es unser Bewußtsein. Unser Elend besteht darin, daß wir Zeit sind; und zwar Zeit, die endet. Dieser Mangel ist Reichtum: da wir endlich sind, sind wir Erinnerung, Verstand, Wille. Der Mensch erinnert sich, erkennt und wirkt: er dringt ein in die Vergangenheit, die Gegenwart und die Zukunft. In seinen Händen ist die Zeit ein knetbarer Stoff; indem er aus ihr die materia prima seines Denkens, seiner Taten und Werke macht, rächt sich der Mensch an der Zeit.

In Cernudas Dichtung gibt es drei Zugänge zur Zeit. Der erste ist das, was er *acorde* nennt: plötzliches Innewerden (durch eine Landschaft, einen Körper oder ein Musikstück) eines Paradoxes: *sehen,* wie die Zeit stillsteht, ohne daß sie aufhörte zu fließen: »Zeitloser Augenblick (. . .) Fülle, die, im Laufe des Lebens immer wiederkehrend, stets die gleiche ist (. . .) Ihr am ähnlichsten ist das Durchdringen eines anderen Körpers im Augenblick der Ekstase.« Wir alle, Kinder oder Verliebte, haben Ähnliches gefühlt; was den Dichter von den anderen unterscheidet, ist die Häufigkeit dieser Zustände und vor allem das Bewußtsein von ihnen und das Bedürfnis, sie zum Ausdruck zu bringen. Ein anderer Weg, verschieden von dem der Verschmelzung mit dem Augenblick, ist der der Kontemplation. Wir sehen irgendeine Wirklichkeit – eine Baumgruppe, das Dunkel, mit dem sich in der Abenddämmerung ein Zimmer füllt, einen Steinhaufen am Wegrand –, wir sehen, ohne uns dessen bewußt zu sein, bis das, was wir sehen, sich langsam als das nie Gesehene enthüllt und zugleich als das schon immer Gesehene: »Schauen, schauen (. . .) die Natur verbirgt sich gern und man muß sie überraschen, indem man sie lange, leidenschaftlich anschaut (. . .) Blick und Wort machen den Dichter aus.« Sehen wir die Dinge oder sehen sie uns an? Und sind das, was wir sehen, die Dinge oder ist es die Zeit, die sich in einer Erscheinung verdichtet und diese dann auflöst? Bei dieser Erfahrung vermittelt der Abstand; der Mensch verschmilzt nicht mit der äußeren Wirklichkeit, doch sein Blick schafft zwischen ihr und seinem Bewußtsein einen Raum, der der Enthüllung Vorschub leistet. Das, was Pierre Schneider die Vermittlung nennt. Der dritte Weg ist das Sehen der menschlichen

Werke und des eigenen Werks. Von *Las Nubes* (Die Wolken) an ist es eines seiner Hauptthemen und kommt im wesentlichen in zwei Richtungen zum Ausdruck: im Doppelgänger (Gestalten des Mythos, der Dichtung oder der Geschichte) und in der Meditation über die Werke der Kunst. Durch sie findet er Zugang zur geschichtlichen, menschlichen Zeit.

In einer Bemerkung zu einer von Gerardo Diego herausgegebenen Anthologie seiner Gedichte sagt er, daß das Leben von Gestalten des Mythos oder der Dichtung, wie des *Hyperion* von Hölderlin, das einzige sei, das ihm lebenswert erscheine. Man darf das nicht als Herausforderung oder schroffe Bemerkung verstehen; er war immer der Meinung gewesen, daß die Wirklichkeit des Alltags an Irrealität krankt und daß die wahre Wirklichkeit die der Imagination ist. Was das tägliche Leben irreal macht, ist der trügerische Charakter der Kommunikation zwischen den Menschen. Ihr Umgang miteinander ist Betrug oder zumindest eine unfreiwillige Lüge. In der Welt der Imagination sind Dinge und Menschen integrer; das Wort verhehlt nicht, sondern enthüllt. In *Dístico español* (Spanisches Distichon), einem seiner letzten Gedichte, wird die wahre Wirklichkeit Spaniens für ihn ein »hartnäckiger Alptraum: es ist das Land der Toten und alles in ihm wird tot geboren«; diesem Spanien hält er ein anderes gegenüber, ein imaginäres und trotzdem wirklicheres, bevölkert von »geliebten Helden in einer heroischen Welt«, weder engstirnig noch rachsüchtig, sondern, in Cervantes Tradition des Großmuts, »duldend die ihnen zuwiderlaufende Treue«. Das Spanien der Romane von Galdós führt ihm vor Augen, daß das tägliche Leben dramatisch ist und daß das Paradox, lebendig zu sein, auch im obskursten Dasein pocht«. Es ist nicht verwunderlich, daß er sich unter all diesen Romanfiguren in

Salvador Monsalud wiedererkennt, dem »französisierten« Revolutionär und absonderlichen Liebhaber, der sich nie dem Widersinn ergibt, den wir Wirklichkeit nennen. Und welcher hispanoamerikanische Junge wollte nicht irgendwann einmal Salvador Monsalud sein wollen: sich in Genara und Adriana verlieben; gegen die »Ultras« kämpfen und auch gegen den »Scharlatan, der mit seinem argentinischen Gesabber das Volk täuscht«; wollte sich nicht zwischen Abscheu und Mitleid hin- und hergerissen fühlen angesichts des verrückten, in dieselbe Frau verliebten Bruders, des somnambulen karlistischen Guerilleros, des Brudermörders Carlos Garrote; wer wollte am Ende nicht Soledad begegnen, dieser Wirklichkeit, die wirklicher und stärker ist als alle Leidenschaften?
Mit wem spricht der Dichter, wenn er sich mit einem Helden des Mythos oder der Literatur unterhält? Jeder von uns hat einen geheimen Gesprächspartner in sich. Er ist unser Doppelgänger und noch etwas mehr: der, der uns widerspricht, unser Vertrauter, unser Richter und unser einziger Freund. Wer nicht mit sich selbst spricht, wird nicht fähig sein, mit den anderen wirklich zu sprechen. Wenn Cernuda mit den Geschöpfen des Mythos spricht, spricht er mit sich selbst, doch auf diese Weise spricht er mit uns. Es ist ein Zwiegespräch, das indirekt unsere Antwort erheischt. Der Augenblick des Lesens ist ein Jetzt, in dem, wie in einem Spiegel, der Dialog zwischen dem Dichter und seinem imaginären Besucher sich verdoppelt in dem Dialog zwischen dem Leser und dem Dichter. Der Leser sieht sich in Cernuda, der sich seinerseits in einem Phantasma sieht. Und jeder sucht in der imaginären Person seine eigene Wirklichkeit, seine Wahrheit. Neben den Gestalten des Mythos und der Dichtung die historischen Gestalten: Góngora, Larra, Tiberius, Rebellen, Randfiguren, Verbannte. Durch die

Dummheit ihrer Zeitgenossen oder durch das Verhängnis ihrer Leidenschaften, sind sie auch Masken, *personae*. Cernuda verbirgt sich nicht hinter ihnen; im Gegenteil, durch sie erkennt er sich und ergründet sich selbst. Die alte literarische Verstellung hört auf, wenn sie zur Introspektion wird. In dem Ludwig von Bayern gewidmeten Gedicht, ebenfalls eines seiner letzten Werke, ist der König allein im Theater und lauscht der Musik, »eins mit dem Mythos, dem er nachsinnt: die Melodie hilft ihm, *sich selbst zu erkennen, sich in das zu verlieben, was er selbst ist*«. Indem er vom König spricht, spricht Cernuda von sich, doch nicht zu sich; er lädt uns ein, seinem Mythos nachzusinnen und den Akt, den er vollzogen hat, zu wiederholen: die Selbsterkenntnis durch das fremde Werk.

Angesichts des Escorial, eines Gemäldes von Tizian oder in der Musik Mozarts wird er einer größeren Wahrheit inne als der seinen, obgleich sie dieser nicht widerspricht noch sie ausschließt. In den Kunstwerken bedient sich die Zeit der Menschen, um sich zu erfüllen. Nur daß es eine konkrete, vermenschlichte Zeit ist: eine Epoche. Das Verschmelzen mit dem Augenblick oder die Kontemplation des Zeitablaufs sind Erfahrungen in der Zeit und der Zeit, doch gewissermaßen außerhalb der Geschichte; die Betrachtung des Kunstwerks ist Erfahrung der geschichtlichen Zeit. Einerseits ist das Werk das, was man gemeinhin eine geschichtliche Manifestation nennt, es ist eine bestimmte Zeit; andererseits ist es ein Archetyp dessen, was der Mensch mit seiner Zeit machen kann: sie in Stein, Musik oder Wort verwandeln, ihr Form geben und Sinn einflößen. Sie dem Verständnis der anderen öffnen: sie gegenwärtig machen. Die Betrachtung des Kunstwerks impliziert ein Zwiegespräch: das Anerkennen einer Wahrheit, die eine andere ist als die unsere, und die uns

trotzdem direkt betrifft. Das Kunstwerk ist eine Präsenz der ständig gegenwärtigen Vergangenheit. So unvollkommen und dürftig unsere Erfahrung sein mag, wir wiederholen den Akt des Schöpfers und durchlaufen den Prozeß in der dem Künstler entgegengesetzten Richtung; wir kommen über die Betrachtung des Werks zum Verständnis dessen, was es entstehen ließ: eine Situation, eine konkrete Zeit. Das Zwiegespräch mit den Kunstwerken besteht nicht nur darin, zu hören, was sie sagen, sondern auch darin, sie neu zu schaffen, sie als Gegenwärtigkeiten wiederzuerleben: ihre Gegenwart zu erwecken. Es ist dies eine schöpferische Wiederholung. Im Falle Cernuda dient ihm die Erfahrung außerdem dazu, besser zu verstehen, was seine Mission als Dichter ist. Auf den anfänglichen Bruch mit der Gesellschaftsordnung folgt, ohne Widerruf der rebellischen Haltung, die bis zu seinem Tode im wesentlichen die gleiche bleiben wird, die Teilnahme an der Geschichte. Durch die fremden Werke wird er sich seiner Aufgabe bewußt: die Geschichte ist nicht nur Zeit, in der man lebt und stirbt, sondern auch Zeit, die sich in Werk und Tat verwandelt.
Wenn Cernuda dieses oder jenes Werk betrachtet, ahnt er diese Verschmelzung des individuellen Willens des Künstlers mit dem fast immer unbewußten Willen seiner Zeit und seiner Welt. Er entdeckt, daß er nicht nur schreibt, um die »Wahrheit seiner selbst« zu sagen; seine wahre Wahrheit ist auch die seiner Sprache und die seiner Umwelt. Der Dichter gibt »den stummen Mündern der Seinen« Stimme und befreit sie so. Die »Anderen« sind die »Seinen« geworden. Doch diese Wahrheit zu sagen besteht nicht darin, die Gemeinplätze der Kanzel, der Rednerbühne, des Ministerrats oder des Radios zu wiederholen. Die Wahrheit aller ist nicht unvereinbar mit dem Bewußtsein des einsamen Menschen, noch ist sie

weniger subversiv als die individuelle Wahrheit. Diese Wahrheit, die man nicht verwechseln darf mit den Meinungen der Mehrheit oder der Minderheit, ist verborgen, und es ist Aufgabe des Dichters, sie zu entdecken, sie zutage zu fördern. Der mit den Jugendgedichten begonnene Kreis schließt sich: Negation der Welt, die wir wirklich nennen, und Bejahung jener wirklichen Wirklichkeit, die das Verlangen und die schöpferische Imagination enthüllen; Verherrlichung der Mächte der Natur und Erkennen der Aufgabe des Menschen auf Erden: Werke schaffen, aus der toten Zeit Leben schaffen, dem blinden Zeitablauf Bedeutung verleihen; Ablehnung einer falschen Tradition und Entdeckung einer Geschichte, die noch nicht aufgehört hat und in die sein Leben und sein Werk als ein neuer Akkord sich einfügen. Am Ende seines Lebens schwankt Cernuda zwischen der Wirklichkeit seines Werkes und der Irrealität seines Lebens. Sein Buch war sein wahres Leben, und an ihm hat er Stunde um Stunde gearbeitet, so wie jemand, der einen Bau aufführt. Er baute mit lebendiger Zeit und sein Wort war der *Stein des Anstoßes.* Er hat uns ein in jeder Hinsicht *erhebendes* Werk hinterlassen.

Delhi, 24. Mai 1964

Es ist aufschlußreich, daß die Veranstalter dieser Vortragsreihe der Meinung waren, der Surrealismus sei eines der großen Themen unserer Zeit[1]. Von Tag zu Tag wird klarer, daß das von der westlichen Zivilisation errichtete Gebäude für uns ein Gefängnis, ein blutiges Labyrinth, ein kollektives Schlachthaus geworden ist. Es ist daher kein Wunder, daß wir die Wirklichkeit in Frage stellen und nach einem Ausweg suchen. Eben das will der Surrealismus: er ist eine radikale Infragestellung dessen, was von unserer Gesellschaft bis heute für unveränderlich gehalten wurde, wie auch ein verzweifelter Versuch, einen Ausweg zu finden. Gewiß nicht auf der Suche nach Erlösung, sondern nach dem *wahren Leben*. Der Roboter-Welt der heutigen Gesellschaft stellt der Surrealismus die Phantasmen des Verlangens gegenüber, die immer bereit sind, sich in dem Gesicht einer Frau zu inkarnieren. Noch vor fünf oder sechs Jahren wäre dieser Vortrag unmöglich gewesen. Kritiker mit feierlich-ernster Miene – professionelle und immer zu voreilige Totengräber – hatten uns bedeutet, daß der Surrealismus passé sei. Nicht ohne hämisches Vergnügen war ihm von den Notaren des Geistes der Totenschein ausgestellt worden. Zur Erleichterung aller schlief der Surrealismus jetzt schon den ewigen Schlaf der anderen Schulen des Jahrhundertbeginns: Futurismus, Kubismus, Imagismus, Dadaismus, Ultraismo, usw. Es genügte also, daß der Literaturhistoriker seine kleine Leichenrede hielt, damit wir zur Tagesordnung zurückkehrten. Das alltägliche Wunderbare war gestorben. In Wirklichkeit hatte es nie exi-

1 »Die großen Themen unserer Zeit«, eine 1954 von der Universidad Nacional de México veranstaltete Vortragsreihe.

stiert. Es gab nur das Alltägliche: die Arbeitsmoral, das »im Schweiße deines Angesichts sollst du dein Brot essen«, die solide Welt des klassischen Humanismus und der wunderbaren Atomwissenschaft.
Doch der Leichnam war lebendig. So lebendig, daß er aus seinem Grab sprang und erneut vor uns erschien, mit demselben schrecklichen und unschuldigen Gesicht, dem Gesicht jähen Gewitters, dem Gesicht einer Feuersbrunst, dem Gesicht und der Gestalt einer Fee mitten in einem verzauberten Wald. Diesem Mädchen folgen, das lächelt und irre redet, mit ihr tief in das grüne und goldene Dickicht eindringen, wo jeder Baum eine lebende singende Säule ist, heißt zur Kindheit zurückkehren. Diesem Ruf folgen heißt, sich aufmachen, die Fähigkeiten des Kindes wiederzuerlangen. Diese Fähigkeiten – größer vielleicht als die unserer stolzen Wissenschaft – haben sich in jedem von uns erhalten. Sie sind kein vergrabener Schatz, sondern die geheimnisvolle Macht, die aus dem Tautropfen einen Diamanten macht und aus dem Diamanten den Schuh von Aschenputtel. Sie machen unser natürliches Wesen aus und sie heißen: Imagination und Verlangen. Der Mensch ist ein Wesen, das imaginiert, und selbst seine Vernunft ist nur eine der Formen dieses ständigen Imaginierens. Im Grunde heißt Imaginieren: über sich hinausgehen, sich projizieren, sich ständig überschreiten. Als ein Wesen, das imaginiert, weil es begehrt, ist der Mensch fähig, die ganze Welt in ein Bild seines Verlangens zu verwandeln. Und deshalb ist er ein liebendes Wesen, er sehnt sich nach einer Präsenz, die das lebendige Bild, die Verkörperung seines Traums ist. Von Verlangen getrieben, trachtet er danach, mit diesem Bild zu verschmelzen und sich seinerseits in ein Bild zu verwandeln. Ein Spiel von Spiegeln, ein Spiel von Echos, Körper, die sich unter der beständigen Sonne der Liebe

unablässig auflösen und neu erschaffen. Die Maxime von Novalis: *»Der Mensch ist Bild«*, hat der Surrealismus sich zu eigen gemacht. Aber auch das Umgekehrte ist wahr: *Das Bild verkörpert sich im Menschen.*
Nichts ist für einen gewissen heutigen Geisteszustand bezeichnender, als daß man, ohne mit der Wimper zu zucken, das Vorhandensein von Strömungen der Vergangenheit, die als surrealistisch bezeichnet werden können, akzeptiert – die deutsche Romantik, die *gothic novel* als naheliegende Beispiele –, sich jedoch weigert, sie in der Gegenwart anzuerkennen. Gewiß, es gibt einen surrealistischen Stil, der seine ursprüngliche Fähigkeit, in Erstaunen zu setzen, verloren hat und zu einer Manier, zu einem Rezept geworden ist. Der Surrealismus ist eine der Früchte unserer Epoche und gegen die Zeit nicht gefeit; doch zugleich ist unsere Epoche vom Licht des Surrealismus überflutet, und seine Vegetation aus Flammen und Edelsteinen hat ihren ganzen Körper überzogen. Und diese prächtigen Narben werden schwerlich verschwinden, ohne daß unsere Epoche selbst verschwindet. Diese Narben bilden ein Sternbild von Werken, auf die wir unmöglich verzichten können, ohne uns selbst aufzugeben. Andererseits geht der Surrealismus über die Bedeutung dieser Werke hinaus, weil er keine Schule ist (obgleich er eine Gruppe oder Sekte bildet) noch eine Poetik (wenn auch eins seiner wesentlichen Postulate poetischer Art ist: die befreiende Macht der Inspiration) noch eine Religion oder politische Partei. Der Surrealismus ist eine Geisteshaltung. Vielleicht die älteste und beständigste, die mächtigste und geheimste.
In *Arcane 17* spricht André Breton von einem Stern, der die anderen verblassen läßt: der Morgenstern, Luzifer, Engel der Rebellion. Sein Licht bilden drei Elemente: die Freiheit, die Liebe und die Poesie. Jedes von ihnen

spiegelt sich in den anderen beiden, wie drei Sterne, deren Strahlen sich kreuzen und so einen einzigen Stern bilden. So heißt von der Freiheit sprechen, zugleich von der Poesie und von der Liebe sprechen. Als eine Bewegung totaler Rebellion, aus dem Dadaismus und seiner großen Erschütterung hervorgegangen, proklamiert sich der Surrealismus als eine zerstörerische Aktivität, die mit den Werten der rationalistischen und christlichen Kultur Schluß machen will. Im Unterschied zum Dadaismus ist er auch ein revolutionäres Unternehmen, das darauf abzielt, die Wirklichkeit zu verwandeln und sie so zu zwingen, sie selbst zu sein. Der Surrealismus geht von keiner Theorie der Wirklichkeit aus; auch ist er keine Lehre von der Freiheit. Es geht ihm vielmehr darum, die Selbstbestimmung des Menschen im Nahkampf mit dem Wirklichen zu aktivieren. Von Anfang an unterscheidet der Surrealismus nicht zwischen der poetischen Erkenntnis der Wirklichkeit und deren Verwandlung: Erkennen ist ein Akt, der das, was erkannt wird, verwandelt. Die poetische Aktivität ist wieder ein magischer Vorgang.

Für uns ist die wirkliche Welt eine Ansammlung von Dingen oder Wesenheiten. Vor der Neuzeit besaß diese Welt eine gewisse Intentionalität, war durchdrungen vom Willen Gottes. Die Menschen, die Natur und selbst die Dinge waren von etwas durchdrungen, das sie transzendierte; sie besaßen einen Wert: sie waren gut oder schlecht. Der Gedanke der Nützlichkeit – der nur eine neuzeitliche Degradierung des Begriffs des Guten ist – färbte später unseren Begriff von der Wirklichkeit. Die Wesenheiten und Gegenstände, die die Welt ausmachen, sind für uns nützliche, unbrauchbare oder schädliche Dinge geworden. Nichts entgeht dieser Auffassung von der Welt als vielseitig Brauchbarem: weder die Natur noch die Menschen noch selbst die Frau: alles dient uns zu etwas, alle sind wir Instrumente. Und diejenigen, die an der Spitze der sozialen Pyramide diese ungeheure ruinöse Maschinerie bedienen, sind ebenfalls Utensilien, sind ebenfalls Werkzeuge, die sich mechanisch bewegen. Die Welt hat sich in eine gigantische Maschine verwandelt, die im Leeren kreist und sich unaufhörlich von ihren Abfällen nährt. Nun, der Surrealismus weigert sich, die Welt als eine Ansammlung von guten und schlechten Dingen zu betrachten, die einen erfüllt vom göttlichen Sein, die anderen vom Nichts zernagt; daher seine antichristliche Haltung. Ebenso weigert er sich, die Wirklichkeit als ein Konglomerat nützlicher oder schädlicher Dinge zu betrachten; daher sein Antikapitalismus. Der Gedanke der Moral und der Gedanke der Nützlichkeit sind ihm fremd. Schließlich betrachtet er die Welt auch nicht in der Weise, wie ein reiner Wissenschaftler das tut, das heißt als Gegenstand oder Gruppe von Gegenständen, bar jeden Wertes und vom Betrachter losgelöst. Nie können wir den Gegenstand an sich sehen; immer ist er erhellt von dem Auge, das ihn betrachtet, immer ist er geformt von der Hand, die ihn streichelt, ihn preßt oder ihn ergreift. Der Gegenstand, der sich in seiner lächerlichen Wirklichkeit eingerichtet hat wie ein König auf einem Vulkan, verändert auf einmal seine Form und verwandelt sich in etwas anderes. Das Auge, das ihn betrachtet, macht ihn weich wie Wachs; die Hand, die ihn berührt, formt ihn wie Ton. Der Gegenstand wird subjektiviert. Oder wie ein Held von Achim von Arnim sagt: »Mit Not unterscheide ich, was mit den Augen der Wirklichkeit ich seh, von dem, was ich mit den Augen der Imagination sehe.« Offensichtlich handelt es sich um dieselben Augen, nur daß sie verschiedenen Mächten dienen. Und so beginnt eine umfassende Verwandlung der Wirklichkeit. Der surrealistische Gegenstand wird als Kind des Verlangens geboren: die Versammlung von Bergen ist wieder das Abendmahl von Riesen; die Flecken an der Wand werden lebendig, beginnen zu fliegen und sind ein Schwarm Vögel, die mit ihren schrecklichen Schnäbeln der gefesselten Schönen den Leib zerfetzen.

Für diese Subversion der Wirklichkeit liefern die Bilder des Traums gewisse Archetypen. Und nicht nur die des Traums; andere, ähnliche Zustände, vom Wahnsinn bis zum Tagtraum, bewirken Störungen und Wiederanpassungen unserer Sicht des Wirklichen. Getreu diesem Programm simulieren Breton und Eluard in dem Buch *La conception immaculée* (Die unbefleckte Empfängnis) das Denken der Geisteskranken; eine Zeitlang bedient Dalí sich der »kritischen Paranoia«; Aragon schreibt *Une Vague de Rêves.* In der Tat handelte es sich dabei um eine Flut von Bildern, die geeignet sind, die Wirklichkeit zu zerrütten. Ein weiteres Verfahren, das Erscheinen des Ungewöhnlichen zu bewirken, besteht darin, einen gewöhnlichen Gegenstand von seinem ihm angestammten Platz zu nehmen und ihn woanders hinzustellen (»Die Begegnung einer Nähmaschine und eines Regenschirms auf einem Seziertisch«). Keine Waffe ist so stark wie die des Humors: Der Absurdität der Welt begegnet das Bewußtsein mit einer anderen, und der Humor stellt so zwischen Objekt und Subjekt gleichsam ein »unentschieden« her. Alle diese Methoden – und viele andere – waren nicht, noch sind sie, zweckfreie Übungen ästhetischer Art. Ihr Zweck ist subversiv: diese Wirklichkeit zerstören, die eine wankende Zivilisation uns als die einzig wahre aufgezwungen hat.

Der destruktive Charakter dieser Verfahren ist nur ein erster Schritt; ihr Endziel ist es, die Wirklichkeit zu entblößen, sie ihres äußeren Scheins zu berauben, damit

sie am Ende ihr wahres Gesicht zeige. Das Sein verbirgt sich gern: die Poesie will es wieder zutage treten lassen. Auf irgendeine Weise, in einem günstigen Augenblick, steigt die verborgene Wirklichkeit aus ihrem Grab von Gemeinplätzen und stimmt mit dem Menschen überein. In diesem paradiesischen Augenblick sind wir das erste und einzige Mal, für einen Augenblick und für immer, wirklich. Sind wir sie und wir. Durch den Humor vernichtet und von der Imagination neu erschaffen, stellt sich die Welt nicht mehr als ein Horizont von brauchbaren Dingen dar, sondern als ein Magnetfeld. Alles ist lebendig: alles spricht oder gibt Zeichen von sich; die Gegenstände und die Worte verbinden oder trennen sich gemäß bestimmten geheimnisvollen Winken; der Efeu, der die Mauer erstürmt, ist das grüne und goldene Haar von Melusine. Raum und Zeit werden wieder das, was sie für die Primitiven waren: eine lebendige Wirklichkeit, mit unheilvoller oder wohltätiger Macht ausgestattet, kurz, etwas Konkretes und Qualitatives, nicht bloße meßbare Ausdehnung.
Wenn aber die Welt durchlässig wird für das Verlangen, frei wird von den utilitaristischen Vorstellungen und sich der Subjektivität ergibt: was geschieht mit dem Subjekt? Hier bekommt die Subversion eine gefährlichere und radikalere Tönung. Wenn das Objekt subjektiviert wird, löst das Ich sich auf. »Seit Achim von Arnim«, sagt Breton, »ist die ganze Geschichte der modernen Poesie die der Freiheiten, welche die Dichter sich mit dem Gedanken des Ich bin genommen haben.« Und so ist es: Am Rande eines Bildnisses von Nerval findet sich ein Wort von seiner Hand, das Jahre später, kaum modifiziert, auch Rimbaud als Identifikation dienen wird. Nerval schrieb: »Ich bin der andere«; und Rimbaud: »Ich ist ein anderer.« Man sage nicht, es handle sich um Koinzi-

denzen: es handelt sich um eine Affirmation, die sehr alt ist und die alle Dichter seit Blake und den deutschen Romantikern unermüdlich wiederholt haben. Der Gedanke des Doppelgängers – der Kafka und Rilke verfolgt hat – greift sogar Platz im Bewußtsein eines Dichters wie Guillaume Apollinaire, der für die andere Welt dem Anschein nach völlig unempfänglich war:

Je me disais Guillaume il est temps que tu viennes
Un jour je m'attendais moi-même
Pour que je sache enfin celui-là que je suis . . .

Der noch gelinde Schrecken, mit dem Apollinaire sich selbst erwartete, verwandelt sich in das wilde Entsetzen von Antonin Artaud: »ausschwitzend die Sophisterei des Selbst mit sich selbst«. In einem Buch von Benjamin Péret, *Je sublime,* zersprüht der Zeitstrom das Ich zu tausend farbigen Tropfen, wie das Wasser einer Kaskade im Sonnenlicht. Mit einem Abstand von mehr als zweitausend Jahren entdeckt die abendländische Poesie etwas, das die zentrale Lehre des Buddhismus ausmacht: das Ich ist eine Täuschung, ein Schwarm von Empfindungen, Gedanken und Begierden.

Die systematische Zerstörung des Ich – oder besser gesagt: die Objektivierung des Subjekts – wird mittels verschiedener Techniken erreicht. Die bemerkenswerteste und wirksamste ist das automatische Schreiben, mit anderen Worten: das Diktat des nicht gesteuerten Denkens, das sich nicht bevormunden läßt von der Moral, der Vernunft oder dem künstlerischen Geschmack. Nichts ist schwieriger, als diesen Zustand höchsten Gelöstseins zu erreichen. Alles widersetzt sich dieser passiven Phrenesie, angefangen mit dem Druck von außen bis zu unserer eigenen inneren Zensur und dem sogenannten »kritischen

Verstand«. Vielleicht ist es nicht unangebracht, hier zu sagen, wie ich über das »automatische Schreiben« denke, nachdem ich es einige Male praktiziert habe. Obgleich man versichert, daß es eine experimentelle Methode sei, glaube ich nicht, daß es experimentell noch überhaupt eine Methode ist. Als Experiment erscheint es mir unrealisierbar, wenigstens absolut gesehen. Und statt als eine Methode betrachte ich es eher als ein Ziel: es ist kein Verfahren, um einen Zustand vollkommener Spontaneität oder Unschuld zu erreichen, sondern wäre bereits, wenn er sich erreichen ließe, dieser Zustand. Jedoch, wenn wir diese Unschuld erlangen – wenn sprechen, träumen, denken und tun schon eins geworden sind –, wozu schreiben? Der Zustand, nach dem das »automatische Schreiben« trachtet, schließt jedes Schreiben aus. Doch es handelt sich um einen unerreichbaren Zustand. Es tatsächlich praktizieren, und nicht als eine psychologische Übung, würde voraussetzen, daß man eine absolute Freiheit erlangt hätte oder, was dasselbe ist, eine nicht minder absolute Abhängigkeit: einen Zustand, der die Unterschiede zwischen dem Ich, dem Über-Ich und dem Unbewußten aufhöbe. Der aber ist unserer psychischen Natur konträr. Ich bestreite natürlich nicht, daß es uns, in vereinzelter, unzusammenhängender und fragmentarischer Form, nicht gewisse wertvolle Aufschlüsse über den Mechanismus der Sprache und des Denkens gäbe. Insofern mag Breton recht haben, wenn er daran festhält, daß es trotz allem eines der sichersten Verfahren ist, »um dem Wort des Menschen seine ursprüngliche Unschuld und schöpferische Kraft zurückzugeben«. Im übrigen wird kein Schriftsteller leugnen, daß seine besten Sätze, seine reinsten Bilder fast immer diejenigen sind, die mitten in seiner Arbeit plötzlich wie geheimnisvolle Einfälle auftauchen. Dasselbe ereignet sich in unserem täglichen

Leben: immer gibt es einen seltsamen Einbruch, einen glücklichen oder unseligen »Zufall«, der alle Voraussicht des gesunden Menschenverstandes lächerlich macht. Jenseits ihres fragwürdigen Wertes als kreative Methode kann das automatische Schreiben verglichen werden mit den geistlichen Übungen der Mystiker und, vor allem, mit den Praktiken des Zen-Buddhismus: es handelt sich dabei darum, einen paradoxen Zustand aktiver Passivität zu erreichen, in dem das »ich denke« ersetzt wird durch ein geheimnisvolles »es denkt«. Worauf es also ankommt, ist, uns dieser fiktiven Persönlichkeit zu entledigen, die die Welt uns aufzwingt oder die wir uns selbst geschaffen haben, um uns gegenüber der Außenwelt zu behaupten. Das Ich erstickt uns und verbirgt uns unser wahres Sein. Das Ich negieren heißt nicht, das Sein negieren:

Suis-je Amour ou Phébus? Lusignan ou Biron?

Der Verzicht auf die persönliche Identität impliziert nicht einen Verlust des Seins, sondern gerade seine Wiedererlangung. Der Dichter ist jetzt alle Menschen. Die Natur läßt ihre Masken fallen und zeigt sich so wie sie ist. Das Bestreben, »alle Menschen zu sein«, das die meisten großen Dichter haben, ist notwendig verbunden mit der Zerstörung des Ich. Das poetische Unternehmen besteht nicht so sehr darin, die Persönlichkeit zu unterdrücken, als sie aufzubrechen und sie zum Schnittpunkt des Subjektiven und des Objektiven zu machen. Der Surrealismus will den alten Gegensatz zwischen dem Ich und der Welt, dem Innen und dem Außen aufheben, indem er Dinge schafft, die innen und außen zugleich sind. Wenn meine Stimme nicht mehr die meine ist, sondern die aller, warum nicht ein neues Experiment wagen: die Gemeinschaftspoesie? Die dichterischen Mythen, die großen Bilder der Dichtung sind in allen Sprachen Gegenstand gemeinschaftlicher Kommunion. Die Surrealisten wollen nicht nur an den poetischen Hervorbringungen teilhaben, sie trachten danach, diese Teilhabe in eine neue Form des Schaffens zu verwandeln. Mehrere Gedichtbände wurden von Breton, Eluard, Char und anderen gemeinsam geschrieben. Zur gleichen Zeit kommt es in der Dichtung wie in der bildenden Kunst zu jenen Spielen, die dazu bestimmt sind, durch den Zusammenprall zweier oder mehrerer poetischer Äußerungen das blendende Bild erstehen zu lassen.

Die ersten Jahre der surrealistischen Aktivität waren sehr fruchtbar. Sie veränderten nicht nur die Sensibilität der Epoche, sie brachten auch eine neue Poesie und eine neue Malerei hervor. Doch ging es nicht darum, eine neue Kunst zu schaffen, sondern einen neuen Menschen. Das Goldene Zeitalter aber wollte aus den Trümmern dieser so heftig bekämpften Wirklichkeit nicht entstehen. Im Gegenteil, die Situation des Menschen wurde von Mal zu Mal abscheulicher. Auf die Periode, die das *Erste Manifest* einleitet, folgt eine andere, die von Sorgen sozialer Art beherrscht wird. Im Denken Bretons, Aragons und ihrer Freunde nistet sich ein Zweifel ein: erfordert die Emanzipation des menschlichen Geistes, das Ziel des Surrealismus, nicht eine vorherige Befreiung des Menschen aus seiner sozialen Lage? Nach mehreren internen Auseinandersetzungen beschließen die Surrealisten, sich der Dritten Internationale anzuschließen. Und so verwandelt sich *La Révolution Surrealiste* in *Le Surrealisme au Service de la Révolution*. Doch die politischen Revolutionäre zeigten nicht viel Sympathie für so unabhängige Mitstreiter. Der bürokratische Apparat der Kommunistischen Partei wies schließlich all jene ab, die sich nicht unterordnen konnten oder wollten. Während mehrerer

Jahre wechselten Versöhnungsversuche ab mit dem Abbruch der Beziehungen. Am Ende sah man ein, daß eine Verbindung unmöglich war. Ohne Zweifel war es der immer stärker werdende autoritäre und antidemokratische Charakter des stalinistischen Kommunismus, die Enge und Strenge seiner politisch-ästhetischen Doktrinen und vor allem die Repression, für die unter anderem die Moskauer Prozesse Symptom waren, was dazu beitrug, daß der Bruch irreparabel wurde. Trotzdem befand sich der Surrealismus noch einige Jahre mit den wesentlichen Thesen des Marxismus, wie Leo Trotzki sie darstellte, in Übereinstimmung. 1938 besucht André Breton Trotzki in Mexiko und verfaßt zusammen mit dem alten Revolutionär ein berühmtes Manifest: *Für eine unabhängige revolutionäre Kunst.* (Dieser Text erschien in der ganzen Welt mit den Unterschriften von André Breton und Diego Rivera.)

Trotz der Generosität und der hohen Ziele Leo Trotzkis, lag zuviel Trennendes zwischen dem historischen Materialismus und der Haltung des Surrealismus. Die Unmöglichkeit, am sozialen Kampf direkt teilzunehmen, war und ist für den Surrealismus kränkend. In einem kürzlich erschienenen Buch kommt Breton nicht ohne Bitterkeit auf das Thema zurück: »Die Geschichte wird zeigen, ob diejenigen, die heute das Monopol der sozialen Veränderung der Welt für sich fordern, für die Befreiung des Menschen kämpfen oder ob sie sie einer noch schlimmeren Sklaverei ausliefern. Der Surrealismus, der sich in bezug auf den Willen zu einer umfassenderen Befreiung als Bewegung erklärt und organisiert hat, konnte im System des Kommunismus keine Ansatzstelle finden . . .« Auf seine eigenen Mittel angewiesen, hat der Surrealismus immer wieder versichert, daß die Befreiung des Menschen total sein muß. Im Schoß einer Gesellschaft, in der es wirklich keine Herren mehr gibt, wird eine Poesie entstehen, die, wie die Mythen der Vergangenheit, die Schöpfung aller sein wird. Der Mensch wird dann die Versöhnung von Denken und Handeln, von Verlangen und Frucht, von Wort und Ding erleben. Das automatische Schreiben würde nicht länger ein Bestreben sein: sprechen hieße erschaffen.

Der Surrealismus stellt die Wirklichkeit in Abrede; doch auch die Wirklichkeit stellt die Freiheit des Menschen in Abrede. Es gibt Reihen voneinander unabhängiger Ereignisse, die sich an bestimmten Orten und in besonderen Augenblicken überschneiden. Welche Bedeutung kommt dem zu, was wir Schicksal, Zufall oder, um mit Hegel zu sprechen, *objektiver Zufall* nennen? In mehreren Büchern – *Nadja, L'amour fou, Les vases communiquants* (Die kommunizierenden Röhren) – weist Breton auf die Seltsamkeit so manchen Zusammentreffens von Umständen hin. Handelt es sich bloß um Koinzidenz? Das Problem auf solche Weise zu lösen, verriete treuherzigen Realismus oder schülerhaften Positivismus. Der Ort, an dem Freiheit und Notwendigkeit sich kreuzen: was ist der objektive Zufall? Engels hatte gesagt: »Die Kausalität kann begriffen werden nur in Verbindung mit der Kategorie des objektiven Zufalls, einer Manifestationsform der Notwendigkeit.« Für Breton ist der objektive Zufall der Schnittpunkt des Verlangens – oder der menschlichen Freiheit – und der äußeren Notwendigkeit. Ich glaube nicht, daß jemand eine endgültige Antwort auf dieses »Problem der Probleme« gegeben hat. Doch wenn Bretons Antwort uns nicht zu befriedigen vermag, hört doch seine Frage nicht auf, uns zu quälen. Wir alle sind schon Protagonisten oder Zeugen eines unerklärlichen Zusammentreffens gewesen. Dieses Zusammentreffen ist, um zufällige Funde von Personen anzuführen, die dem Surrealismus ganz fern stehen, der Virus für Pasteur, das Penicillin für Fleming, ein Reim für Valéry. Und ist nicht in unserem täglichen Leben die Liebe in souveräner Weise die glühende Verkörperung des objektiven Zufalls? Die Fragen, die Breton und Eluard in der Zeitschrift *Minotaure* stellten: »Welches war die wichtigste Begegnung in Ihrem Leben? – Inwieweit machte Ihnen diese Begegnung den Eindruck des Notwendigen oder des Zufälligen?«, können auch wir uns stellen. Und ich bin sicher, daß die meisten antworten werden, diese wichtige, entscheidende Begegnung, die uns mit ihrer goldenen Pranke für immer zeichnen sollte, heiße Liebe, geliebte Person. Und keiner von uns könnte mit Bestimmtheit sagen, ob diese Begegnung zufällig oder notwendig war. Wir könnten höchstens sagen, daß, wenn sie zufällig war, sie die zwingende Macht der Notwendigkeit besaß; und daß sie, wenn sie notwendig war, die köstliche Unbestimmtheit des Zufälligen besaß. Der objektive Zufall ist eine paradoxe Form der Notwendigkeit, die Form der Liebe par exellence. Verbindung der doppelten Souveränität von Freiheit und Schicksal. Die Liebe entdeckt uns die höchste Form der Freiheit: freie Wahl der Notwendigkeit.

Die Liebe ist ausschließlich und einzig, weil in der geliebten Person Freiheit und Notwendigkeit sich verbinden. In einem seiner schönsten Bücher, *L'amour fou*, hat Breton die verzehrende, totale Natur der einzigen Liebe hervorgehoben: »Delirium der absoluten Gegenwärtigkeit im Schoß der versöhnten Natur.« Die wahre Liebe, die freie und befreiende Liebe, ist immer ausschließlich und verhindert jeden Treuebruch: »Es gibt keinen ärgeren Sophismus als zu behaupten, der Geschlechtsakt sei notwendig begleitet von einem Nachlassen der erotischen Spannung zwischen zwei Menschen, einem Nachlassen, das in der Wiederholung dahin führe, daß sie einander müde werden (...) Es ist nicht schwer, die beiden Grundirrtümer aufzudecken, die einer solchen Ansicht Vorschub leisten: der eine ist gesellschaftlicher, der andere moralischer Art. Der gesellschaftliche Irrtum, gegen den es kein anderes Heilmittel gäbe als die Zerstörung der ökonomischen Grundlagen der augenblicklichen Gesellschaft, ist dem Umstand zuzuschreiben, daß es dem, der liebt, nicht wirklich erlaubt ist, aus freier Wahl sich zu entscheiden, daß dort, wo eine solche Wahl ausnahmsweise und annähernd sich durchsetzt, dies in einer Atmosphäre der Nicht-Wahl geschieht, die jedem Gelingen feind ist (...) Der moralische Irrtum (...) gründet in dem Unvermögen der meisten Menschen, sich frei zu machen von allen Bedenken, die der Liebe fremd sind, von jeder Furcht wie jedem Zweifel (...) Die Erfahrung des Künstlers wie die des Wissenschaftlers ist hier eine große Hilfe: beide zeigen, daß alles, was aufgebaut wird und Bestand hat, zuvor diese völlige Hingabe forderte. Die Liebe muß jenen bitteren Nachgeschmack verlieren, den beispielsweise die Poesie nicht kennt. Ein solches Unterfangen kann aber sein Ziel nicht erreichen, solange dem niederträchtigen christlichen Gedanken der Sünde noch nicht überall der Garaus gemacht ist.« Das heißt, daß man die Unschuld wiedererlangen muß. Es ist nicht verwunderlich, daß ein anderer großer Zeitgenosse Bretons, der Engländer D. H. Lawrence, sich in ähnlichen Worten ausdrückt. Das wahre Thema unserer Zeit – und aller Zeiten – ist das der Wiedererlangung der Unschuld durch die Liebe.

Der Liebe »diesen bitteren Nachgeschmack nehmen, den die Poesie nicht kennt«! Was ist demnach die Poesie für Breton? Er selbst sagt es uns in einem Gedicht:

Die Poesie wird im Bett gemacht wie die Liebe
Ihre zerwühlten Laken sind die Morgenröte der Dinge
Die Poesie wird in den Wäldern gemacht
. . . .
Die poetische Umarmung ist gleich der fleischlichen
Umarmung
Solange sie dauern
Verhindern sie den Sturz ins Elend der Welt.

Poesie und Liebe sind ähnliche Akte. Die poetische Erfahrung und die Liebeserfahrung öffnen uns die Türen zu einem elektrischen Augenblick. Dort ist die Zeit keine Abfolge; gestern, heute und morgen verlieren jede Bedeutung: es gibt nur ein Immer, das auch ein Hier und ein Jetzt ist. Die Mauern des geistigen Gefängnisses fallen; Raum und Zeit umfangen sich, verflechten sich und breiten zu unseren Füßen einen lebendigen Teppich aus, eine Vegetation, die uns mit ihren tausend Pflanzenhänden bedeckt, die uns mit ihren tausend Wasseraugen entblößt. Das Gedicht ist wie die Liebe ein Akt, bei dem Geborenwerden und Sterben, diese beiden sich widersprechenden Extreme, die uns zerreißen und die menschliche Natur so prekär machen, sich verbinden und eins werden. Lieben heißt sterben, haben unsere Mystiker gesagt; aber auch, und eben darum, geboren werden. Der unerschöpfliche Charakter der Liebeserfahrung ist nicht verschieden von dem der Poesie. René Char schreibt: »Das Gedicht ist die verwirklichte Liebe des Verlangens, das Verlangen bleibt.«
Der ganze Mensch hat an der erotischen Begegnung teil, badet in ihrem blendenden Licht. Und wenn die Spannung verschwindet und die Welle uns ans Ufer des Alltags spült, glänzt dieses Licht immer noch und öffnet ein wenig den Vorhang unserer Natur. Dann erkennen

wir uns und erinnern uns, was wir wirklich sind. Das »frühere Leben« kehrt wieder: es ist eine Frau, die irdische Wohnung des Mannes, die Göttin mit entblößter Brust, die lächelnd am Ufer des Mittelmeers steht, während das Wasser des Meeres mit der Sonne sich mischt; es ist Xochiquetzal, die mit dem Rock aus Maisblättern und Feuer, die mit dem Nebelrock, eine funkensprühende Gestalt im Gewitter; es ist Persephone, die aus der Unterwelt emporsteigt, wo sie die Narzisse, die Blume des Verlangens, geschnitten hat. Paul Eluard entdeckt die Identität von Liebe und Poesie:

Du gibst der Welt einen Körper immer denselben
Den deinen
Du bist die Ähnlichkeit

Die Frau ist die Ähnlichkeit. Und ich würde sagen: die Entsprechung. Alles reimt sich, alles ruft und antwortet einander. Wie die Alten geglaubt und die Dichter und die Esoteriker seit je behauptet haben, besteht die Welt aus Gegensätzen, die sich gemäß einem bestimmten geheimen Rhythmus verbinden und wieder trennen. Die poetische Erkenntnis – die Imagination, die Fähigkeit, Bilder zu schaffen, in deren Schoß die Gegensätze sich versöhnen – läßt uns die kosmische Analogie ahnen. Baudelaire sagte: »Die Imagination ist die wissenschaftlichste unserer Fähigkeiten, weil allein sie imstande ist, die universale Analogie zu begreifen, dasjenige, was eine mystische Religion Entsprechung nennen würde (. . .) Die Natur ist ein Wort, eine Allegorie, ein Modell (. . .)« Das obsessive Wiederholen von Bildern und Mythen durch die Jahrhunderte hindurch, durch Individuen und Völker, die einander nicht gekannt haben, läßt sich rational nur erklären, wenn man den archetypischen Charakter der

Welt und des poetischen Wortes akzeptiert. Gewiß, der Mensch hat den Hauptschlüssel des Kosmos und seiner selbst verloren; innerlich zerrissen, von der Natur geschieden, der Marter der Zeit und der Arbeit unterworfen, Sklave seiner selbst und der anderen, ein entthronter König, in einem Labyrinth umherirrend, das keinen Ausgang zu haben scheint, kreist der Mensch unaufhörlich um sich selbst. Manchmal, für einen der Zeit mühsam abgetrotzten Augenblick, weicht der Alp. Die Poesie und die Liebe entdecken ihm die Existenz dieses höheren Ortes, wo, wie es im *Zweiten Manifest* heißt: »Das Leben und der Tod, das Wirkliche und das Imaginäre, die Vergangenheit und die Zukunft, das Mitteilbare und das nicht Mitteilbare, das Hohe und das Niedrige nicht länger als Gegensätze wahrgenommen werden.«

Es ist noch zu früh, eine dieser Bilanzen zu ziehen, die Kritiker und Historiker so lieben. Heute wagt niemand zu bestreiten, daß der Surrealismus in hohem Maße dazu beigetragen hat, die Sensibilität unserer Zeit zu formen. Überdies hat er diese Sensibilität zu einem guten Teil erst geschaffen. Doch hat sich das surrealistische Unternehmen nicht darauf beschränkt, den verborgensten Tendenzen unserer Zeit Ausdruck zu geben und die künftigen vorwegzunehmen; diese Bewegung wollte sich in der Geschichte verkörpern und die Welt mit den Waffen der Imagination und der Poesie verändern. Die größten Dichter des Abendlandes haben nichts anderes versucht. Angesichts der Trümmer der sakralen Welt des Mittelalters und zugleich angesichts der industriellen und utilitaristischen Wüste, die die rationalistische Zivilisation geschaffen hat, begreift sich die moderne Poesie als ein neues Sakrales, fern jeder Kirche und jedes Fideismus. Novalis hat gesagt: »Die Poesie ist die natürliche Religion des Menschen.« Blake betonte stets, daß seine Bücher die »heiligen Schriften« des neuen Jerusalem seien. Getreu dieser Tradition sucht der Surrealismus ein neues außerreligiöses Sakrales, das sich gründet auf die dreifache Achse: Freiheit, Liebe und Poesie. Der surrealistische Versuch ist an einer Wand gescheitert. Die Poesie in den Mittelpunkt der Gesellschaft stellen, aus ihr die wahre Nahrung der Menschen machen und das Mittel, sich selbst zu erkennen und sich zu wandeln, erfordert auch eine totale Befreiung eben dieser Gesellschaft. Nur in einer freien Gesellschaft wird die Poesie Gemeingut sein, eine kollektive Schöpfung, an der alle teilhaben. Das Scheitern des Surrealismus belehrt uns über ein anderes Scheitern, das vielleicht noch schwerer wiegt: das des revolutionären Versuchs. Dort, wo die alten Religionen und Tyranneien ein Ende genommen haben, leben die primitiven Kulte und die grausamen Idolatrien wieder auf. Niemand weiß, was uns die nächsten dreißig oder vierzig Jahre bringen werden. Wir wissen nicht, ob alles in Schutt und Asche sinken, ob die Saat der verbrannten Erde aufgehen oder ob das kalte Inferno, das die Welt seit dem Ende des Krieges paralysiert, fortdauern wird. Ebensowenig läßt sich vorhersagen, welche Zukunft der Surrealismus haben wird. Doch eines weiß ich: wie die gnostischen Sekten der ersten christlichen Jahrhunderte, wie die häretischen Katharer, wie die Gruppen von Illuminaten in der Renaissance und in der Romantik, wie die Tradition der Geheimwissenschaften, die seit dem Altertum nicht aufgehört haben, die größten Geister zu beschäftigen, wird der Surrealismus – in dem, was er an Bestem und Wertvollstem besitzt – eine Einladung und ein Zeichen bleiben: eine Einladung zum inneren Abenteuer, zur Wiederentdeckung unserer selbst; und ein Zeichen des Einvernehmens, dasselbe, das uns durch die

Jahrhunderte hindurch die großen Mythen und die großen Dichter geben. Dieses Zeichen ist ein Blitz: bei seinem aufzuckenden Licht werden wir ein wenig von dem Geheimnis unserer Natur schauen.

México, 1954

(Im Jahre 1955 schickte André Breton an eine Reihe von Soziologen, Ethnologen, Philosophen, Kunsthistorikern und -kritikern, Psychologen, Esoterikern, Magiern und Dichtern einen Fragebogen zum Thema *magische Kunst*. In der Folge die Antworten, die ich auf diese Fragen gab.)

I. Kürzlich wurde gesagt (J. A. Rony, *La Magie*), daß »die Zivilisation die Fiktion der Magie nur zunichte gemacht hat, um die Magie der Fiktion in der Kunst zu vergrößern«. Würden Sie dieser Meinung beipflichten? Da der alte Magier und der moderne Künstler (der erste, indem er auf die Wirklichkeit, der zweite, indem er auf das Imaginäre einwirkt, dessen Rückwirkung auf die Wirklichkeit, früher oder später, unleugbar ist) auf Mittel und Wege sinnen, *die Welt zu bezaubern:* würden Sie daraus folgern, daß beide demselben Leitfaden folgen, und welcher *Natur* ist Ihrer Meinung nach dieser Faden?

Die moderne Anthropologie hält es – im Gegensatz zu Frazer – für höchst unwahrscheinlich, daß es einst ein »magisches Zeitalter« gegeben hat, aus dem sich durch aufeinanderfolgende Revolutionen das religiöse, das philosophische und das wissenschaftlichen Denken herausgelöst hätten. In Wirklichkeit ist der Glaube an die Magie von Anbeginn der Zeiten bis in unsere Tage mit allen menschlichen Tätigkeiten unlösbar verbunden. Insgeheim oder offen durchzieht die Magie die Kunst aller Epochen, weshalb es unmöglich ist, die geschichtlichen Grenzen der »magischen Kunst« aufzuzeigen, noch sie auf einige stilistische Merkmale zu beschränken.

Wenn die Kunst die Magie auch nicht substituiert, gibt es doch in jedem Kunstwerk gewisse Elemente, die imstande sind, aus ihm, einem Gegenstand ästhetischer Betrachtung, in gewissem Maße ein Instrument von magischer Wirkung zu machen. Zum Beispiel ist von Bedeutung, daß in *La vita nuova* die Zahl Neun vorkommt, eine Ziffer, der für Dante unbestreitbare Kräfte innewohnen. Die Vorzugsstellung der Zahl Neun in Dantes Werk – wie die der Sieben in dem Nervals – beruht im Grunde auf ihrer Bedeutung als astrologisches Zeichen. Zwischen Magie und Kunst besteht eine ständige Wechselbeziehung: die Poesie entdeckt Korrespondenzen und Analogien, die mit Magie zu tun haben, und erzeugt so eine Art Wortzauber; dem Dichter wie dem Leser dient das Gedicht als magischer Talisman, der buchstäblich fähig ist, sie zu verwandeln.

Nicht ohne ihrer ursprünglichen Natur Gewalt anzutun, versteifen wir uns darauf, viele Erzeugnisse der sogenannten archaischen Kulturen – Skulpturen, Gemälde, Zauberformeln, Formeln der Geisterbeschwörung und Gebete – »Kunstgegenstände« zu nennen. Für ihre unbekannten Schöpfer bestand der Wert dieser Werke in ihrer Wirksamkeit, nicht in ihrer Schönheit; die primitive »magische Kunst« trachtet nicht nach Ausdruck: *sie ist ausdrucksvoll, weil sie wirksam sein will.*[1] Nun ist unsere Einstellung gegenüber den Werken der »magischen Kunst« aber nicht einer falschen historischen Perspektive zuzuschreiben. Wir alle wissen, daß diese Gegenstände

1 Dies trifft für die meisten künstlerischen Manifestationen anderer Kulturen zu: bei ihrer Entstehung waren sehr wenige Werke, die wir künstlerisch nennen, zu dieser zweckfreien, ästhetischen Betrachtung bestimmt, die für Kant das Wesen der Kunst ausmachte. Nicht einmal die Griechen begriffen die Kunst als Selbstzweck und jedes dichterische Werk gehörte für sie in den Bereich der *paideia.*

Instrumente magischer Wirkung waren. Es handelt sich demnach um etwas Einfacheres und zugleich Entscheidenderes: unsere Auffassung von der Kunst, verstanden als reine, zweckfreie Betrachtung, hat einen wesentlichen Wandel erfahren. Die Exemplare »magischer Kunst«, die unsere Museen anhäufen, sind keine neue Beute des unersättlichen abendländischen Geschichtsbewußtseins, sondern sie sind eins der Anzeichen für den Verfall der Kunstauffassung der Renaissance. Das Betrachten eines Kunstwerkes oder eines Gedichts genügt uns nicht mehr: wir wollen, und sei es nur für einen Augenblick, das Gedicht selbst sein.

II. Ist die »magische Kunst«, im weitesten Sinne, der Ausdruck eines unveräußerlichen Bedürfnisses des Geistes und des Herzens, das zu befriedigen weder die Wissenschaft noch die Religion imstande sind? Besteht für die Magie, in dem Maße, wie sie die Mächte der Natur und des Verlangens wenigstens empirisch zu versöhnen und zu vereinigen sucht, die Möglichkeit, wenigstens prinzipiell rehabilitiert zu werden? Würde diese Rehabilitierung gefährlich, unheilvoll oder wünschenswert sein?

Das Spezifikum der Magie ist, daß sie die Welt als ein Ganzes begreift, dessen Teile verbunden sind durch einen Strom geheimer Sympathie. Das Ganze ist beseelt und jeder Teil steht mit diesem Ganzen in lebendiger Verbindung. Oder, um die Formel der Stoiker zu gebrauchen: Sympátheia tôn hólon. Daher kommt es, daß der magische Gegenstand immer doppelt oder dreifach ist und daß er sich vor unseren Augen abwechselnd verhüllt und enthüllt, sich so als das *jamais vu* und das *déjà vu* darbietet. Alles hat das Bestreben, aus sich herauszutreten und sich in ihm Verwandtes oder in sein Gegenteil zu verwandeln: dieser Stuhl kann sich in einen Baum verwandeln, dieser Baum in einen Vogel, dieser Vogel in ein Mädchen, dieses Mädchen in einen Granatapfelkern, den ein anderer Vogel im Hof eines persischen Palastes aufpickt. Der magische Gegenstand öffnet vor uns einen wetterleuchtenden Abgrund: *er lädt uns ein, uns zu wandeln und andere zu sein, ohne aufzuhören, wir selbst zu sein.* Das Interesse unserer Zeit an der »magischen Kunst« ist nicht Ausdruck einer neuen ästhetischen Neugierde, sondern hat viel tiefere Wurzeln: wir wissen, daß unser Wesen immer brennendes Verlangen ist, ein »anderer« zu sein, und daß wir nur wir selbst sein werden, wenn wir fähig sind, ein anderer zu sein. Wir erheischen von der Kunst das Geheimnis der Verwandlung und suchen in jedem Werk, gleich aus welcher Epoche und welchen Stils, diese Fähigkeit zur Metamorphose, die das Wesen der magischen Handlung ausmacht.

Es ist einleuchtend, daß niemand zu den magischen Praktiken unserer Ahnen zurückkehren will (obgleich es nicht mehr möglich ist, sie als bloßen und dummen Aberglauben zu betrachten). Doch die Magie – oder genauer: die Auffassung von der Welt als einer umfassenden *Society of life*[2], in der Magie, Poesie, Mythos, Philosophie und Wissenschaft ihren Ursprung haben – ist im Bewußtsein der Menschen immer gegenwärtig, und zwar in einem Maße, daß sie ihnen wesenseigen zu sein scheint. Auf diese Anschauung vom Menschen und der Natur gründeten sich die Systeme der Philosophie, die Dogmen der Religionen und die Wissenschaftstheorien. Diese Gebäude sind dann und wann eingestürzt, doch nie wurde dieses Grundgefühl dadurch beeinträchtigt. Ohne Zwei-

2 E. Cassirer, *An Essay on Man.*

fel ist es die Wesensart des Menschen – seine unmittelbarste, ursprünglichste und älteste Wesensart – sich selbst als Teil eines lebendigen Ganzen zu fühlen. Und das zeigt sich in den beiden Extremen unserer Lebensmöglichkeiten: Einsamkeit und Gemeinsamkeit. In der Tat, mögen wir uns abgetrennt, entwurzelt, in die Welt geworfen fühlen oder uns mit der Natürlichkeit desjenigen, der nach Hause kommt, in ihrer Mitte einrichten: unser Grundgefühl ist es, Teil eines Ganzen zu sein. In unserer Zeit dominiert die Einsamkeit. Der Mensch fühlt sich vom Strom des Lebens abgeschnitten; und um dieses Gefühl der Verwaisung und Verstümmelung zu kompensieren, nimmt er seine Zuflucht zu jeder Art von Ersatz: politische Religionen, verrohende kollektive Zerstreuungen, sexuelle Promiskuität, totaler Krieg, Massenselbstmord usw. Der unpersönliche und destruktive Charakter unserer Zivilisation tritt in dem Maße stärker zutage, wie in dem Menschen das Gefühl der Einsamkeit wächst. »Wenn die Götter sterben«, sagt Novalis, »werden die Phantasmen geboren.« Unsere Phantasmen haben sich in abstrakten und grausamen Gottheiten verkörpert: Polizei-Institutionen, politischen Parteien, Staatsoberhäuptern ohne Gesicht. Unter diesen Umständen kann Rückkehr zur Magie nicht bedeuten, die Fruchtbarkeitsriten wieder einzuführen oder im Chor zu tanzen, um den Regen anzuziehen, sondern erneut die exorzistischen Kräfte des Lebens zu gebrauchen: unsere Verbindung mit dem Ganzen wiederherzustellen und unsere Beziehung zur Welt erotisch, elektrisch zu machen. *Mit dem Denken berühren und mit dem Körper denken.* Die Schleusen öffnen, die Einheit wiedererlangen. Kurz, sich die alte und noch lebendige Auffassung von der Welt als einem lockeren System von Korrespondenzen und nicht als einer blinden Verkettung von Ursachen und Wirkungen zu eigen machen. Sich zur Wirklichkeit der Magie bekennen, bedeutet nicht, die Wirklichkeit der Phantasmen der Magie zu akzeptieren, sondern zu ihren Anfängen zurückzukehren, die der Ursprung des Menschen selbst sind.

Unsere Haltung gegenüber der Magie kann nicht verschieden sein von jener, die André Malraux gegenüber der Religion vorschlägt: »Seit fünfzig Jahren werden dem Menschen von der Psychologie die Dämonen wieder eingesetzt. Die Aufgabe des kommenden Jahrhunderts wird es sein, die Götter wieder einzusetzen.« Wenn die Geschichte des Menschen verstanden werden kann als die seiner Entfremdung gegenüber seinen eigenen mythischen Schöpfungen, muß dann der Mensch von heute nicht umgekehrt verfahren und damit beginnen, sich selbst zurückzugewinnen?

Die Haltung des Surrealismus gegenüber der Inspiration zeigt den Weg, dem gefolgt werden könnte. Wie man weiß, wurde die Inspiration bis zur Renaissance als ein Mysterium betrachtet. Sowohl für Platon wie für Dante war die Inspiration eine übernatürliche Offenbarung: ein Numen sprach durch den Mund des Dichters. Aber es war ein Mysterium, kein Problem: nichts Natürlicheres, als daß das Übernatürliche in den Menschen sich verkörpert und seine Sprache spricht. Seit Descartes hat sich unsere Auffassung von der äußeren Wirklichkeit von Grund auf gewandelt: die alten göttlichen Mächte sind verschwunden und die Natur hat aufgehört, ein lebendiges Ganzes zu sein. Damit verschwand das antike Weltbild, ohne daß andererseits die Inspiration verschwunden wäre, die »die andere Stimme« blieb, die per definitionem »fremde Stimme«. Aber wem konnte in einer von Göttern entvölkerten Welt diese »andere Stimme« gehören? Zwischen der Inspiration und unserer Vorstellung von der Welt erhob sich eine Mauer. Die Inspiration verwandelte sich, und aus dem heiligen Mysterium wurde ein psychologisches Problem. Es ist nicht verwunderlich, daß sich im Laufe des 19. Jahrhunderts die Versuche mehrten, das Ärgernis einer Wirklichkeit abzuschwächen oder verschwinden zu lassen, die für das Weltgerüst, so wie Philosophen und Wissenschaftler es gedacht hatten, geradezu eine Herausforderung war. Das Unbehagen von Dichtern und Philosophen bestand in ihrer Unfähigkeit, sich *als moderne Menschen* ein Phänomen zu erklären, das die Fundamente der Neuzeit geradezu zu negieren schien: da, in der Tiefe des Bewußtseins, im Ich, dem Pfeiler der Welt, dem einzigen Fels, der nicht birst, tauchte auf einmal ein fremdes Element auf, das die Einheit und Identität des Bewußtseins zerstörte. Unsere Auffassung von der Welt mußte erst ins Wanken kommen, das heißt, die Neuzeit mußte in eine Krise geraten, damit das Problem richtig gestellt werden konnte. In der Geschichte der Poesie heißt dieser Augenblick der Surrealismus. Im Unterschied zu ihren unmittelbaren Vorgängern bejahten die surrealistischen Dichter die experimentelle Wirklichkeit der Inspiration, ohne ihre Abhängigkeit von einer äußeren Macht (Götter, Geschichte, Ökonomie, Libido, Muse usw.) zu postulieren. Die Inspiration ist etwas, das sich im Menschen ereignet, das mit seinem Wesen verschmilzt und das allein durch den Menschen und in ihm erklärt werden kann. Das ist der Ausgangspunkt des *Ersten Manifestes.*

Dies ist nicht der Augenblick, diese Ideen zu untersuchen, weil weder sie noch ihre Richtigkeit hier zur Debatte stehen. Das Entscheidende war, daß die Inspiration in unsere Vorstellung von der Welt mit einbezogen wurde. Dank dem Surrealismus ist die Inspiration nicht ein übernatürliches Mysterium noch ein bloßer Aberglaube oder eine Krankheit. Sie ist eine Wirklichkeit, die zu unseren Grundauffassungen nicht im Widerspruch steht, eine Möglichkeit, die allen Menschen gegeben ist und die es ihnen erlaubt, über sich selbst hinauszugehen.[3] Unsere Haltung gegenüber der Magie muß sich im gleichen Sinne orientieren: man muß sie auf menschliche Begriffe zurückführen, sie als eine Tatsache ansehen, die sich im Bewußtsein des Menschen ereignet, und sie darüber hinaus als das betrachten, was sie wirklich ist: als einen konstitutiven Bestandteil dieses Bewußtseins.

III. Welches sind einem Gegenstand der »magischen Kunst« gegenüber Ihre Untersuchungs- oder Erkenntnismethoden?

Meiner Meinung nach ist die einzig gültige Methode der Erkenntnis der »magischen Kunst« – wie jeder Kunst – die direkte, reine, unvermittelte Erfahrung. Das einzige, was zählt, ist die Spontaneität der persönlichen Reaktionen. Dieses Kriterium ist nicht so willkürlich wie man auf den ersten Blick meinen möchte. Ich habe festgestellt, daß alle Reaktionen des Betrachters von dieser Art von Werken – vom Entsetzen bis zur Faszination – auf dieses Schema zurückgeführt werden können: das Gefühl, vor dem »anderen« zu stehen, das heißt, vor etwas, das uns fremd ist und das uns zurückstößt, doch das uns andererseits auch einlädt, einen Schritt nach vorn zu tun und mit seinem Wesen zu verschmelzen. Taumel, Verwunderung, Wiedererkennen. Entsetzen und zugleich das Verlangen, in das einzudringen, was uns und unsere Gewißheit, persönliches, autonomes Bewußtsein zu sein, derart an-

3 Die in diesem und dem vorhergehenden Abschnitt angedeuteten Gedanken habe ich in meinem Buch *El arco y la lira*, México 1955, darzulegen und zu entwickeln versucht.

greift und zersetzt. Die beiden sich widersprechenden Gefühlsregungen versöhnen sich in dem Wunsch, den »Todessprung« zu tun und das »andere Ufer« zu erreichen. Kurz, die Skala von Empfindungen – Verwunderung, Entsetzen, Taumel, Faszination, Versinken im Gegenstand – beschwört immer das alte Bild der Metamorphose herauf.

IV. Sind die magischen Gegenstände imstande, in Ihr persönliches Leben einzugreifen?

Ich vermute, daß wir alle, mehr oder weniger lange, magische Gegenstände besessen haben. Ich habe beobachtet, daß sie mit bestimmten Abschnitten unseres Lebens zusammenfallen, doch daß, sobald ihre Macht schwindet – oder der Gemütszustand, der ihnen diese geheimnisvolle Eigenschaft verlieh, sich ändert –, sie uns für immer aus dem Blick geraten. Einmal aus den Augen verloren, findet man sie nicht wieder. Es scheint mir jedoch unerläßlich, zwischen einem »magischen Gegenstand« – der vielleicht nur der passive, zeitweilige Depositär unserer Emotion ist – und einem Werk der »magischen Kunst« zu unterscheiden. Diesem letzteren wohnen – wenn es wirklich ein Kunstwerk ist – unzweifelhafte Kräfte der Faszination inne, die nicht allein von der Subjektivität abhängen, obgleich sie, um sich zu entwikkeln, dieser Sympathie bedürfen, ohne die es zwischen Werk und Betrachter keine Beziehung gibt. Jedes Kunstwerk besitzt diese unzweifelhafte Kraft der Verkörperung und Enthüllung: es ist eine ständige Möglichkeit der Verwandlung, die allen Menschen offensteht.

México, 1955

ANDRÉ BRETON
ODER DIE SUCHE NACH DEM ANFANG

Es ist unmöglich, über André Breton in einer Sprache zu schreiben, die nicht die der Leidenschaft ist. Zudem wäre es unwürdig. Für ihn war die Macht des Wortes nicht verschieden von jener der Leidenschaft, und diese war in ihrer höchsten und spannungsreichsten Form nichts anderes als Sprache im wilden Reinzustand: Poesie. Breton: die Sprache der Leidenschaft – die Leidenschaft der Sprache. Seine ganze Suche, die Erforschung unbekannter psychischer Gebiete war und mehr als das, bestand in der Wiedereroberung eines verlorenen Reichs: des Wortes des Anfangs, des Menschen, der den Menschen und den Kulturen voraufgeht. Der Surrealismus war sein Ritterorden, und sein ganzer Kampf war eine *Suche nach dem heiligen Gral.* In der überraschenden Entwicklung, die das spanische Wort *querer* durchgemacht hat, kommt die Art seiner Suche sehr gut zum Ausdruck; *querer* kommt von *quaerere* (suchen, untersuchen), doch im Spanischen änderte es bald seine Bedeutung und bezeichnet heute den leidenschaftlichen Wunsch, das Verlangen. *Querer:* leidenschaftliche, liebende Suche. Eine Suche nicht nach der Zukunft noch nach der Vergangenheit, sondern nach diesem Konvergenzpunkt, der zugleich der Anbeginn und das Ende aller Zeiten ist: der Tag vor dem Anfang und nach dem Ende. Seine Empörung über den »niederträchtigen christlichen Gedanken der Sünde« ist mehr als eine Ablehnung der traditionellen Werte des Abendlandes: sie ist Bejahung der ursprünglichen Unschuld des Menschen. Das unterscheidet ihn von fast allen seinen Zeitgenossen und von denen, die nach ihm kamen. Für Bataille sind Erotik, Tod und Sünde austauschbare Zeichen, die in ihren Kombinationen mit erschreckender

Monotonie dieselbe Bedeutung wiederholen: die Nichtigkeit des Menschen, seine heillose Ver-worfenheit. Auch für Sartre ist der Mensch die Folge eines Fluchs, sei dieser ontologisch oder historisch, heiße er Angst oder Lohnarbeit. Beide, sowohl Bataille wie Sartre, sind rebellische Söhne des Christentums. Breton ist anderer Herkunft. Aufgrund seines Lebens und seines Werkes war er nicht so sehr ein Erbe von Sade und Freud wie von Rousseau und Meister Eckehart. Er war kein Philosoph, sondern ein großer Dichter und überdies, im alten Sinne des Wortes, ein Mann von Ehre. Seine Unduldsamkeit gegenüber dem Gedanken der Sünde war Ehrgefühl: tatsächlich schien sie ihm eine *Schande* zu sein, etwas, das nicht den Menschen, aber die Menschenwürde verletzt. Der Glaube an die Sünde war mit seinem Begriff vom Menschen unvereinbar. Diese Überzeugung, die ihn zu vielen modernen Philosophien und zu allen Religionen in Opposition brachte, war im Grunde auch religiös: sie war ein Glaubensbekenntnis. Das Seltsamste – man darf wohl sagen: das Wunderbare – ist, daß dieser Glaube ihn nie verließ. Er denunzierte Kleinmut, Lauheit und Verrat, nie aber dachte er, daß unsere Schuld uns angeboren wäre. Er war ein Mann von parteiischer Gesinnung ohne die geringste Spur von Manichäismus. Für Breton waren Sündigen und Geborenwerden keine Synonyme.

Der Mensch, selbst der durch den Neokapitalismus und den Pseudosozialismus unserer Tage erniedrigte, ist ein wunderbares Wesen, weil er bisweilen *spricht*. Die Sprache ist das Merkmal, das Kennzeichen – nicht seines Sündenfalls, sondern seiner wesentlichen Unverantwortlichkeit. Durch das Wort können wir Zugang zum verlorenen Reich gewinnen und die alte Macht wiedererlangen. Diese Macht ist nicht unsere. Der Inspirierte, der Mensch, der wahrspricht, sagt nichts aus sich heraus:

durch seinen Mund spricht die Sprache. Der Traum ist dem Hervorbrechen des Wortes günstig, weil er ein affektiver Zustand ist: seine Passivität ist Aktivität des Verlangens. Der Traum ist leidenschaftlich. Auch darin war seine Opposition zum Christentum religiöser Art: um sich selbst sagen zu können, zerstört die Sprache das Bewußtsein. Die Poesie macht vor dem Ich des Dichters nicht halt: sie löst es in die größere und mächtigere Wirklichkeit der Sprache auf. Das Schaffen von Poesie erfordert Selbstaufgabe, den Verzicht auf das Ich. Es ist schade, daß der Buddhismus Breton nicht interessiert hat: auch diese Tradition zerstört die Illusion des Ich, wenn auch nicht zugunsten der Sprache, sondern des Schweigens. (Ich muß hinzufügen, daß dieses Schweigen stummes Wort ist, ein Schweigen, das seit mehr als zweitausend Jahren unaufhörlich Bedeutungen ausstrahlt.) Ich erinnere an den Buddhismus, weil ich glaube, daß die »écriture automatique« so etwas wie ein neuzeitliches Äquivalent der buddhistischen Meditation ist; ich glaube nicht, daß sie eine Methode ist, um Gedichte zu schreiben, auch ist sie kein rhetorisches Rezept: sie ist eine psychische Übung, eine Konvokation und eine Invokation, zu dem Zweck, die Schleusen des Wortstroms zu öffnen. Der poetische Automatismus ist, wie Breton selbst das des öfteren betont hat, der Askese benachbart: er impliziert einen Zustand schwer zu erreichender Passivität, die ihrerseits den Fortfall jeder Kritik und Selbstkritik verlangt. Er ist eine radikale Kritik der Kritik, ein Infragestellen des Bewußtseins. Auf seine Weise ist er ein Weg der Reinigung, eine Methode der Negation, die darauf abzielt, daß die wahre Wirklichkeit erscheine: die ursprüngliche Sprache.

Grundlage der »écriture automatique« ist der Glaube an die Identität von Sprechen und Denken. Der Mensch spricht nicht, weil er denkt, sondern er denkt, weil er spricht; besser gesagt, Sprechen unterscheidet sich nicht von Denken: Sprechen heißt Denken. Breton rechtfertigt seine Auffassung mit folgender Bemerkung: »Wir verfügen, um uns auszudrücken, nur über eine *einzige* verbale Struktur, die in kategorischer Weise jede andere, scheinbar mit dem gleichen Sinn befrachtete Struktur ausschließt.« Was man dieser kategorischen Formel als erstes entgegenhalten könnte, ist die Tatsache, daß wir es sowohl in der Sprache des Alltags als auch in der geschriebenen Prosa mit Sätzen zu tun haben, die mit anderen Worten gesagt werden können, oder auch mit denselben, nur anders geordneten. Breton könnte entgegnen, und mit Recht, daß von einer Version zur anderen nicht nur die syntaktische Struktur sich ändert, sondern auch, und sei es unmerklich, der Gedanke. Jede Veränderung in der Wortfügung hat eine Veränderung der Bedeutung zur Folge. Strenggenommen sind, was wir Synonyme nennen, nur Übersetzungen oder Entsprechungen innerhalb einer Sprache; und was wir Übersetzung nennen, ist Übertragung oder Interpretation. Worte wie *nirvana, dharma, tao* oder *jen* sind wirklich unübersetzbar; dasselbe gilt für *Physik, Natur, Demokratie, Revolution* und andere Begriffe des Abendlandes, die in Sprachen, denen unsere Tradition fremd ist, keine genaue Entsprechung haben. Je enger die Beziehung zwischen Wortfügung und Bedeutung – Mathematik und Poesie, nicht zu reden von nicht artikulierten Sprachen wie Musik und Malerei –, desto schwieriger ist die Übersetzung. In dem einen wie in dem anderen Extrem der Sprache – der Exklamation und der Gleichung – ist es unmöglich, das Zeichen von seinen beiden Hälften zu trennen: Signifikat und Signifikant sind dasselbe. Breton befindet sich so, vielleicht ohne es zu wissen, in Gegensatz zu Saussu-

re: die Sprache ist nicht nur eine willkürliche Übereinkunft zwischen Laut und Bedeutung: die Linguisten beginnen es heute selbst einzusehen.
Bretons Gedanken über die Sprache waren magischer Art. Nicht nur unterschied er nie zwischen Magie und Poesie, er war auch immer der Meinung, daß letztere faktisch eine Kraft sei, eine Substanz oder Energie, die fähig ist, die Wirklichkeit zu verändern. Zudem waren diese Gedanken von einer Genauigkeit und von einem Scharfsinn, die ich wissenschaftlich zu nennen wage. Einerseits betrachtete er die Sprache als einen autonomen, mit eigener Macht ausgestatteten Strom, als eine Art universalen Magnetismus; andererseits begriff er diese erotische Kraft als ein System von Zeichen, die dem doppelten Gesetz der Affinität und der Opposition, der Ähnlichkeit und der Andersheit unterstehen. Diese Betrachtungsweise ist gar nicht weit entfernt von jener der modernen Linguisten: die Worte und die sie bildenden Elemente sind Kraftfelder, wie die Atome und ihre Teilchen. Die Anziehung zwischen Silben und Worten ist nicht verschieden von jener der Gestirne und Körper. Der alte Analogiebegriff taucht wieder auf: die Natur ist Sprache, und diese ist ihrerseits ein Doppel von jener. Die natürliche Sprache wiedererlangen heißt, zur Natur vor dem Sündenfall und der Geschichte zurückkehren: die Poesie ist das Zeugnis der ursprünglichen Unschuld. Der *Contrat social* ist für Breton die verbale, poetische Übereinstimmung von Mensch und Natur, von Wort und Denken. Aus dieser Perspektive kann man die so oft wiederholte Versicherung, der Surrealismus sei eine Bewegung totaler Befreiung, nicht eine poetische Schule, besser verstehen. Als Mittel zur Wiedererlangung der unschuldigen Sprache und zur Erneuerung des ursprünglichen Paktes, ist die Poesie die Gründungsschrift des

Menschen. Der Surrealismus ist revolutionär, weil er eine Rückkehr zum Anfang des Anfangs ist.
Die ersten Gedichte Bretons zeigen deutlich die Spuren einer passionierten Lektüre Mallarmés. Selbst in Augenblicken größter verbaler Gewalt und Freiheit hat er dieser Vorliebe für das zugleich präzise und preziöse Wort nicht entsagt. Das schillernde Wort, die widerstrahlende Sprache. Er war ein »manieristischer« Dichter im guten Sinne des Wortes; innerhalb der europäischen Tradition ist er ein Nachkomme Góngoras, Marinos, Donnes – Dichter, die er vielleicht gar nicht gelesen hat und die seine poetische Moral, fürchte ich, ablehnte. Wortpracht und intellektuelles, leidenschaftliches Ungestüm. Eine seltsame, wenn auch nicht seltene Verbindung von Prophetie und Ästhetizismus, die aus seinen besten Gedichten schöne Gegenstände und zugleich geistige Testamente macht. Das ist vielleicht der Grund für seine Verehrung Lautréamonts, des Dichters, der die *Form* der psychischen Explosion fand. Daher auch, obgleich er sie für unvermeidlich und als »revolutionäre Notwendigkeit« begrüßenswert hält, seine unverhohlene Abneigung gegen die simplifizierende Brutalität Dadas. Seine Vorbehalte anderen Dichtern gegenüber waren anderer Art. Seine Bewunderung für Apollinaire ist ein wenig verhalten, weil Poesie für Breton Erschaffung von Wirklichkeiten durch das Wort war und nicht reine verbale Erfindung. Er liebte das Neue und die Überraschung in der Kunst, doch das Wort *Erfindung* mochte er nicht: dagegen leuchtet in vielen seiner Texte mit eindeutigem Glanz das Substantiv *Enthüllung*. Sagen ist die höchste Tätigkeit: das Verborgene enthüllen, das verschüttete Wort erwecken, das Erscheinen unseres Doppelgängers bewirken, diesen anderen erschaffen, der wir sind und der zu sein wir nie ganz aufhören.

Enthüllung bedeutet Auferstehung, Bloßlegung, Initiation. Es ist ein Wort, das an den Ritus und die Zeremonie gemahnt. Ausgenommen als Mittel zur Provokation, zur Beschimpfung oder Aufreizung des Publikums, verabscheute Breton Darbietungen unter freiem Himmel: das Fest sollte in den Katakomben gefeiert werden. Jede der surrealistischen Ausstellungen drehte sich um eine widersprüchliche Achse: Skandal und Geheimnis, Konsekration und Profanierung. Konsekration und Konspiration sind blutsverwandte Worte: Enthüllung ist auch Rebellion. Der *andere,* unser Doppelgänger, negiert die trügerische Kohärenz und Zuverlässigkeit unseres Bewußtseins, diesen Pfeiler aus Rauch, der unser stolzes philosophisches und religiöses Gebäude stützt. Die *anderen,* Proletarier und Kolonialsklaven, die Mythen der Primitiven und revolutionäre Utopien, bedrohen die Anschauungen und Institutionen des Abendlandes nicht weniger stark. Den einen wie den anderen, Fourier wie dem Papua in Neu-Guinea, gibt Breton die Hand. Rebellion und Enthüllung, Sprache und Leidenschaft sind Manifestationen einer einzigen Wirklichkeit. Der wahre Name dieser Wirklichkeit ist gleichfalls ein doppelter: Unschuld und Wunder. Der Mensch ist Schöpfer von Wundern, ist Dichter, weil er ein unschuldiges Wesen ist. Die Kinder, die Frauen, die Verliebten, die Inspirierten und selbst die Verrückten sind die Verkörperung des Wunderbaren. Alles, was sie tun, ist ungewöhnlich, und sie wissen es nicht. Sie wissen nicht, was sie tun: sie sind dafür nicht verantwortlich, sind unschuldig. Magneten, Blitzableiter, Hochspannungsleitungen: ihre Worte und ihre Taten sind unsinnig und haben trotzdem einen Sinn. Sie sind die verstreuten Zeichen einer in ständiger Bewegung befindlichen Sprache, die vor unseren Augen einen Fächer widersprüchlicher Bedeutungen entfaltet, die am Ende einen einzigen und letzten Sinn ergeben. Durch sie und in ihnen spricht die Welt zu uns und spricht mit sich selbst.

Ich habe hier einige seiner Worte angeführt: Enthüllung und Rebellion, Unschuld und Wunder, Leidenschaft und Sprache. Es gibt ein weiteres: Magnetismus. Breton war eins der Gravitationszentren unserer Zeit. Er glaubte nicht nur, daß wir Menschen den Gesetzen der Anziehung und der Abstoßung unterstehen, sondern auch, daß seine eigene Person eine Verkörperung dieser Kräfte sei. Alle, die wir mit ihm verkehrten, verspürten die Doppelbewegung des Schwindels: die Faszination und die Zentrifugalkraft. Ich gestehe, daß mich ziemlich lange der Gedanke beunruhigte, ich könnte etwas tun oder sagen, das seine Mißbilligung erregen würde. Ich glaube, daß es vielen seiner Freunde ähnlich ging. Vor wenigen Jahren lud Buñuel mich ein, im engeren Kreis einen seiner Filme zu sehen. Am Schluß der Vorführung fragte er mich: Wird Breton finden, daß der Film in der Tradition des Surrealismus steht? Ich führe Buñuel nicht allein deshalb an, weil er ein großer Künstler ist, sondern weil er ein Mann von wirklich außergewöhnlicher Integrität und geistig völlig unabhängig ist. Diese Gefühle, die alle, die mit Breton verkehrten, teilten, haben nichts zu tun mit Furcht oder Ehrfurcht vor dem bedeutenden Mann (obgleich ich glaube, daß, wenn es bedeutende Menschen gibt, Breton zu ihnen gehörte). Nie sah ich zu ihm auf wie zu einem Meister, geschweige denn wie zu einem Papst, um den abscheulichen Ausdruck zu gebrauchen, den irgendwelche schmierigen Kerle verbreitet haben. Trotz meiner Freundschaft zu ihm, war meine Aktivität in der surrealistischen Gruppe eher peripher. Sein Wohlwollen und sein Großmut beschämten mich jedoch immer, vom Beginn unserer Bekanntschaft bis zum Ende seines Lebens. Nie habe ich den Grund seiner Nachsicht mit mir erfahren: vielleicht weil ich Mexikaner bin und er Mexiko immer geliebt hat? Ergänzend zu diesen Betrachtungen privater Natur möchte ich sagen, daß ich bei vielen Gelegenheiten schreibe, als hielte ich stille Zwiesprache mit ihm: Rede, Gegenrede, Übereinstimmung, Auseinandergehen der Meinungen, Hochachtung, alles zusammen. Eben jetzt habe ich dieses Gefühl.

In meiner Jugend, in einer Periode der Zurückgezogenheit und Schwärmerei, las ich zufällig einige Seiten, die, wie ich später sah, das 5. Kapitel von *L'amour fou* bilden. Dort erzählt Breton von seiner Besteigung des Pico del Teide auf Teneriffa. Dieser Text, den ich fast zur gleichen Zeit las wie *The marriage of heaven and hell*, öffnete mir die Türen zur modernen Poesie. Er war eine *Ars amatoria*, nicht in der trivialen Art Ovids, sondern gleichsam eine Initiation in etwas, das mir das Leben und der Orient später bestätigt haben: die Ähnlichkeit oder, besser gesagt, die Identität der geliebten Person und der Natur. Ist das Wasser weiblich oder ist die Frau Wellenschlag, nächtlicher Fluß, Strand in der Morgendämmerung, vom Wind tätowiert? Wenn wir Menschen eine Metapher der Welt sind, ist das Paar die Metapher *par excellence*, der Punkt, wo alle Kräfte aufeinandertreffen, der Ursprung aller Formen. Das Paar ist aufs neue wiedergewonnene Zeit, Zeit vor der Zeit. Allen Widerständen zum Trotz habe ich versucht, dieser Entdeckung treu zu bleiben; das Wort *Liebe* hat von der Macht, die es über mich hat, nichts verloren. Oder wie er sagt: »Nimmer wird man sich dieses Laubwerks des Goldenen Zeitalters entschlagen können.« In allen seinen Schriften, von den ersten bis zu den letzten, findet sich dieser hartnäckige Glaube an ein paradiesisches Zeitalter, verbunden mit der Vision des Ur-Paars. Die Frau ist die Brücke, Ort der Versöhnung der natürlichen und der menschlichen Welt. Sie ist konkrete Sprache, verkörperte Enthüllung: »Die Frau ist nichts anderes als ein von Vokalen überlaufender Kelch.«

Jahre später lernte ich Benjamin Péret, Leonora Carrington, Wolfgang Paalen, Remedios Varo und andere Surrealisten kennen, die während des Zweiten Weltkriegs in Mexiko Zuflucht gesucht hatten. Der Frieden kam und ich traf Péret in Paris wieder. Er nahm mich in das Café an der Place Blanche mit. Während einer langen Zeit sah ich Breton häufig. Obgleich der regelmäßige Umgang für den Austausch von Gedanken und Gefühlen nicht immer vorteilhaft ist, spürte ich mehr als einmal diesen Strom, der die Gesprächspartner wirklich verbindet, auch wenn ihre Meinungen voneinander abweichen. Von allen diesen Gesprächen werde ich eins nie vergessen, das wir im Sommer 1964 führten, kurz bevor ich nach Indien zurückkehrte. Ich erinnere mich daran nicht deshalb, weil es das letzte war, sondern wegen der Atmosphäre, in der es geführt wurde. Es ist dies nicht der Augenblick, diese Episode zu erzählen. (Eines Tages, ich hab's mir fest vorgenommen, werde ich sie erzählen.) Für mich war es eine *Begegnung*, in der Bedeutung, die Breton diesem Wort gab: Vorbestimmung und zugleich freie Wahl. In jener Nacht, als wir beide allein durch das Viertel der Markthallen gingen, kam das Gespräch auf ein Thema, das ihn stark beschäftigte: die Zukunft der surrealistischen Bewegung. Ich erinnere mich, daß ich ihm ungefähr folgendes sagte: für mich sei der Surrealismus die heilige Krankheit unserer Zeit, so etwas wie die Lepra im Mittelalter oder die spanischen »Alumbrados« im 16. Jahrhundert; als notwendige Negation des Westens würde er so lange leben wie die moderne Zivilisation, unabhängig von den politischen Systemen und Ideolo-

gien, die in der Zukunft vorherrschen mögen. Meine Begeisterung beeindruckte ihn, doch er entgegnete: Die Negation lebt im Verhältnis zur Affirmation, und diese im Verhältnis zu jener; ich bezweifle sehr, daß die Zeit, die jetzt beginnt, als Affirmation oder Negation definiert werden kann: wir treten jetzt in eine neutrale Zone ein, und die surrealistische Rebellion wird sich in Formen ausdrücken müssen, die weder Negation noch Affirmation sind. Wir befinden uns jenseits von Mißbilligung oder Billigung ... Es ist zu vermuten, daß eben dieser Gedanke die letzte Ausstellung der Gruppe beherrschte: die völlige Absonderung. Es war nicht das erste Mal, daß Breton die »Okkultation« des Surrealismus forderte, doch selten tat er das mit solcher Entschiedenheit. Vielleicht dachte er, daß die Bewegung ihre Fruchtbarkeit nur wiedererlangen würde, wenn sie fähig wäre, sich in eine unterirdische Kraft zu verwandeln. Zurück in die Katakomben? Ich weiß nicht. Ich frage mich, ob in einer Gesellschaft wie der unseren, in der die alten Gegensätze verschwunden sind – nicht zugunsten des Prinzips der Identität, sondern einer Art allgemeiner Annullierung und Entwertung –, das, was Mallarmé die »beschränkte Aktion« nannte, noch einen Sinn hat: Ist Publizieren noch eine Form der Aktion oder eine Art und Weise, die Aktion in der Anonymität der Öffentlichkeit aufgehen zu lassen?
Oft wird gesagt, die Zweideutigkeit des Surrealismus bestehe darin, daß er eine Bewegung von Dichtern und Malern sei, die sich, dieser Tatsache ungeachtet, dagegen verwahrte, mit ästhetischen Kriterien beurteilt zu werden. Aber ist das nicht bei allen Kunstrichtungen der Vergangenheit und bei allen Werken der großen Dichter und Maler der Fall? Die »Kunst« ist eine Erfindung der Ästhetik, die ihrerseits eine Erfindung der Philosophen

ist. Nietzsche begrub beide und tanzte auf ihrem Grab: was wir Kunst nennen, ist Spiel. Der Wille der Surrealisten, die Grenzen zwischen Kunst und Leben zu verwischen, ist nicht neu; neu sind die Worte, in denen er sich äußerte, und neu ist die Bedeutung seiner Aktion. Weder »künstlerisches Leben« noch »Lebenskunst«: zum Ursprung des Wortes zurückkehren, zu dem Augenblick, da Sprechen gleichbedeutend ist mit Erschaffen. Ich weiß nicht, welche Zukunft die surrealistische Gruppe haben wird; ich bin aber sicher, daß die Strömung, die von der deutschen Romantik und von Blake zum Surrealismus führt, nicht verschwinden wird. Der Surrealismus wird am Rande fortbestehen, er wird die *andere* Stimme sein.

Der Surrealismus, sagen die Kritiker, ist nicht mehr die Avantgarde. Abgesehen davon, daß ich gegen diesen militärischen Begriff eine Abneigung habe, glaube ich nicht, daß die Neuheit, das Ausharren an der Spitze des Geschehens, das wesentliche Charakteristikum des Surrealismus ist. Nicht einmal Dada trieb diesen frenetischen Kult mit dem stets Neuen, das zum Beispiel die Futuristen postulierten. Weder Dada noch der Surrealismus vergötterten die Maschinen. Der Surrealismus profanierte sie: unproduktive Maschinen, »Staubkulturen«, weiche Uhren. Die Maschine als Methode der Kritik – der Maschinenwelt und der Menschen, des Fortschritts und seiner Possen. Ist Duchamp der Anfang oder das Ende der Malerei? Mit seinem Werk und noch mehr mit seiner das Werk negierenden Haltung schließt Duchamp eine Periode der Kunst des Abendlands (die der Malerei im eigentlichen Sinne) ab und leitet eine neue ein, die nicht mehr »künstlerisch« ist: die Überführung der Kunst ins Leben, der Sprachen in den undurchbrechbaren Kreis des Wortspiels, die Verwandlung der Vernunft in ihr philo-

sophisches Gegengift – das Lachen. Duchamp löst die Modernität mit derselben Geste auf, mit der er die Tradition abtut. Bei Breton gibt es überdies die Vision der Zeit, nicht als Abfolge, sondern als ständige, wenngleich unsichtbare Präsenz einer unschuldigen Gegenwart. Die Zukunft erschien ihm faszinierend, weil sie das Territorium des Unerwarteten ist: nicht das, was der Vernunft zufolge sein wird, sondern was der Imagination nach sein könnte. Die Zerstörung der gegenwärtigen Welt könnte die wahre Zeit erscheinen lassen, die nicht geschichtlich ist, sondern natürlich, die nicht vom Fortschritt regiert wird, sondern vom Verlangen. Solcherart war, wenn ich nicht irre, seine Vorstellung von einer anarcho-kommunistischen Gesellschaft. Nie war er der Meinung, daß es zwischen den Mythen und den Utopien, der Poesie und den revolutionären Programmen einen wesentlichen Widerspruch gäbe. Er las Fourier, wie wir etwa die Veden oder das Popol Vuh lesen, und die Gedichte der Eskimos waren für ihn revolutionäre Prophezeiungen. In seinem Geist verbanden sich die älteste Vergangenheit und die fernste Zukunft auf die natürlichste Weise. So auch war sein Materialismus kein gewöhnlicher »Szientismus«, noch war sein Irrationalismus Haß auf die Vernunft.
Die Entschlossenheit, Gegensätzliches zu vereinbaren – Sade und Rousseau, Novalis und Roussel, Juliette und Héloïse, Marx und Chateaubriand –, zeigt sich in seinen Schriften und in seinen Taten immer wieder. Nichts ist dieser Haltung ferner als die so anpassungsfähige Toleranz des Skeptizismus. In der Welt des Denkens haßte er den Eklektizismus und in der der Erotik die Promiskuität. Das Beste in seinem Werk, in der Prosa ebenso wie in der Poesie, sind die Seiten, die inspiriert sind von dem Gedanken der Erwähltheit und dem korrelativen der Treue gegenüber dieser Erwähltheit, sei es in der Kunst

oder in der Politik, in der Freundschaft oder in der Liebe. Dieser Gedanke war die Achse seines Lebens und stand im Mittelpunkt seiner Konzeption der einzigen Liebe: von der Freiheit geschliffener Glanz der Leidenschaft, unveränderlicher Diamant. Unsere Zeit hat die Liebe aus den Kerkern des vergangenen Jahrhunderts nur befreit, um aus ihr einen anonymen Zeitvertreib zu machen, ein Konsumgut unter anderen in einer Gesellschaft vielbeschäftigter Konsumenten. Bretons Vision ist die Verneinung fast alles dessen, was heute für Liebe und auch für Erotik gehalten wird (ein weiteres Wort, das so abgegriffen ist wie eine Scheidemünze). Es ist schwer, seine vorbehaltlose Zustimmung zum Werk Sades ganz zu verstehen. Die Entschiedenheit seiner Negation beeindruckte und begeisterte ihn, doch wie diese in Übereinstimmung bringen mit dem Glauben an die Liebe, dem Wesenskern des Goldenen Zeitalters? Sade prangert die Liebe an: sie ist Heuchelei oder, noch schlimmer, Täuschung. Sein System ist wahnhaft, nicht inkohärent. Seine Negation ist nicht weniger total als die Affirmation des heiligen Augustinus. Beide lehnen jeden Manichäismus mit der gleichen Entschiedenheit ab; für den christlichen Heiligen hat das Böse keine ontologische Realität; für Sade ermangelt das, was wir das Gute nennen, der Realität: seine Version des *Contrat social* sind die Statuten der *Gesellschaft der Freunde des Verbrechens.*

Bataille versuchte, Sades Monolog in einen Dialog zu verwandeln und stellte der absoluten Erotik einen nicht minder absoluten Gesprächspartner gegenüber: den christlichen Gott. Das Ergebnis war Schweigen und Gelächter: die »Atheologie«. Das Undenkbare und Unbenennbare. Breton wollte in die Erotik wieder die Liebe einführen oder, genauer, die Erotik durch die Liebe konsekrieren. Abermals: seine Opposition zu allen Religionen impliziert einen Willen zur Konsekration. Und darüber hinaus: einen Willen zur Versöhnung. In seinem Kommentar zu einer Passage der *Nouvelle Justine* – die Episode, in der einer der Teilnehmer sein Sperma in die Lava des Ätna mischt – bemerkt Breton, daß solches Handeln Ausdruck der Liebe zur Natur sei, »eine Art leidenschaftlicher Wahnsinn, über den nicht zu rechten ist«. Gewiß, seine Bewunderung Sades war nahezu grenzenlos, und immer war er der Meinung, daß »solange man die Vorstellung von der Transzendenz eines irgendwie beschaffenen Guten nicht losgeworden ist, die überschwengliche Darstellung des eingeborenen Bösen den höchsten revolutionären Wert behalten wird«. Davon abgesehen, schlägt in dem Dialog zwischen Sade und Rousseau der Pendel unwiderstehlich zugunsten des letzteren aus, des Freundes des ursprünglichen Menschen, des Liebhabers der Natur. Die Liebe ist keine Täuschung: sie ist die Vermittlung zwischen dem Menschen und der Natur, der Punkt, an dem der Magnetismus der Erde und der des Geistes sich kreuzen.

Jede der Facetten seines Werkes spiegelt die anderen wider. Diese Spiegelung ist nicht die passive des Spiegels: sie ist keine Wiederholung, sondern eine Widerrede. Eine Garbe entgegengesetzter Lichter, ein Dialog von Strahlen. Magnetismus, Enthüllung, brennendes Verlangen nach Unschuld und, ebenso hochfliegend, Verachtung. Hochfliegend? Ja, in der erhabenen Bedeutung des Wortes: wie ein Falke, ein Vogel der Höhe und des Höhenflugs. Er war ein Erhabener, ein Erhöhter, seine Poesie erhebt uns. Vom Körper der Frau und des Mannes sagte er, sie seien unsere einzigen Hochaltäre. Und der Tod? Jeder Mensch wird mehrmals geboren und stirbt mehrmals. Es ist nicht das erste Mal, daß Breton gestorben ist. Er wußte das besser als jeder andere: jedes seiner

Hauptwerke ist die Geschichte einer Auferstehung. Ich weiß, daß es jetzt anders ist und daß wir ihn nicht wiedersehen werden. Dieser Tod ist keine Täuschung. Indes erlebte Breton gewisse Augenblicke, hatte bestimmte Einsichten, die die Negation der Zeit und dessen bedeuten, was wir den normalen Aspekt des Lebens nennen. Ich nenne diese Augenblicke poetisch, obgleich sie allen Menschen gemeinsame Erfahrungen sind: mit dem einzigen Unterschied, daß der Dichter sie erinnert und sie in Worten, Klängen, Farben wiederzuverkörpern sucht. Derjenige, der diese Augenblicke erlebt hat und fähig ist, ihrer Bedeutung innezuwerden, weiß, daß man das Ich nicht bewahren kann, da es nicht existiert. Er weiß auch – und das hat Breton selbst immer wieder betont –, daß die Grenzen zwischen Traum und Wachen, Leben und Tod, Zeit und zeitloser Gegenwart fließend und nicht genau festzulegen sind. Wir wissen nicht, was Sterben in Wirklichkeit bedeutet, außer daß es das Ende des Ich ist – das Ende der Gefangenschaft. Breton sprengte dieses Gefängnis mehrmals, er weitete die Zeit aus oder negierte sie und lebte so für einen unermeßlichen Augenblick in Einklang mit der *anderen* Zeit. Diese Erfahrung, Kern seines Lebens und seines Denkens, ist stichfest und unantastbar: sie ist eine Erfahrung jenseits der Zeit, jenseits des Todes – jenseits von uns. Das zu wissen, versöhnt mich mit seinem jetzigen Tod und mit jedem Sterben.

Delhi, 1966

HENRI MICHAUX
DIE EXPEDITION INS UNENDLICHE

Henri Michaux hat in den letzten Jahren drei Bücher veröffentlicht, in denen er von seinen Begegnungen mit dem Meskalin berichtet[1]. Hinzu kommt eine Reihe verblüffender Zeichnungen – die meisten schwarz-weiß, andere farbig –, die kurz nach jedem Versuch ausgeführt wurden. Prosa, Gedichte und Zeichnungen durchdringen, erweitern und erhellen einander gegenseitig. Die Zeichnungen sind nicht nur Illustrationen der Texte. Michaux' Malerei ist nie von seiner Poesie abhängig gewesen: es handelt sich um zugleich autonome und komplementäre Welten. Doch im Falle der Meskalin-Erfahrung bilden die Linien und die Worte ein schwer zu trennendes Ganzes. Formen, Gedanken und Empfindungen verflechten sich, als wären sie ein einziges, schwindelerregendes Wesen. Die Zeichnungen, weit davon entfernt, *Illustrationen* des geschriebenen Wortes zu sein, sind gewissermaßen ein *Kommentar*. Der Rhythmus und die Bewegung der Linien gemahnen an eine ungewöhnliche Notenschrift, nur daß wir nicht eine Notierung von Tönen und Gedanken vor uns haben, sondern eine aus Taumel, Zerrissenheit und Versammlung des Seins. Als Schnitte in die Rinde der Zeit, auf halbem Weg zwischen dem ideographischen Zeichen und der magischen In-

---

1 *Misérable miracle* (1956); *L'infini turbulent* (1957) (dt.: *Turbulenz im Unendlichen*, Frankfurt 1961) und *Paix dans les brisements* (1959). In den *Lettres Nouvelles* (Nr. 35) erschien ein kurzer Text von Michaux über die halluzinogenen Pilze: *La Psilocybine (Expérience et autocritique)*. Zu diesem letzteren Thema siehe das Buch von Roger Heim und *R. G. Wasson: Les chamipgnons hallucinogènes du Mexique*, Paris 1958. – Seitdem erschien von Michaux *Les grandes épreuves de l'esprit et les innombrables petits* (1966) (dt.: *Die großen Zerreißproben*, Frankfurt 1970).

schrift, als »eher fühlbare denn lesbare« Schriftzeichen und Schreibformen, sind diese Zeichnungen eine Kritik an der poetischen und malerischen Schrift, das heißt, eine Erweiterung des Zeichens und des Bildes, ein Jenseits des Wortes und der Linie.

Malerei und Poesie sind Sprachen, mittels derer Michaux sich bemüht hat, etwas zu sagen, das eigentlich unsagbar ist. Als Dichter begann er zu malen, als er sah, daß dieses neue Medium ihm die Möglichkeit geben würde, das zu sagen, was seine Poesie nicht mehr sagen konnte. Aber geht es ums Sagen? Vielleicht hat Michaux nie etwas sagen wollen. All sein Trachten ist darauf gerichtet, mit diesem *per definitionem* unausdrückbaren und nicht kommunizierbaren Bereich in Berührung zu kommen, wo die Bedeutungen verschwinden, von der Evidenz aufgezehrt werden. Gehaltlose und überquellende Mitte, leer und voll von sich zugleich. Das Zeichen und das Bezeichnete – die Distanz zwischen dem Gegenstand und dem Bewußtsein, das ihn betrachtet – verflüchtigen sich angesichts der bedrückenden Anwesenheit, die nur *ist.* Michaux' Werk – Gedichte, wirkliche und imaginäre Reisen, Malerei – ist eine lange, in Windungen verlaufende Expedition in einige unserer Unendlichkeiten – die geheimsten, die fürchterlichsten und auch die lächerlichsten –, immer auf der Suche nach dem unendlichen *anderen.*

Michaux reist in seinen Sprachen: Linien, Worte, Farben, Pausen, Rhythmen. Und er scheut sich nicht, einem Wort das Rückgrat zu brechen, wie der Reiter, der nicht zögert, ein Reittier zu Tode zu hetzen. Um wo anzukommen? In diesem Nirgendwo, das überall ist und hier. Eine Vehikel-Sprache, doch auch eine Messer-Sprache und eine Grubenlampe. Eine Brenneisen-Sprache und eine Bandagen-Sprache, eine Nebel-Sprache und ein Nebelhorn im Nebel. Spitzhackenhieb gegen den Fels und Funke in tiefer Nacht. Die Worte werden wieder Werkzeuge, Verlängerungen der Hand, des Auges, des Denkens. Nicht-künstlerische Sprache. Scharfe und schneidende Worte, auf ihre unmittelbarste und aggressivste Funktion reduziert: sich Bahn zu brechen. Es handelt sich jedoch um eine paradoxe Nützlichkeit, da die Worte nicht mehr im Dienst der Kommunikation stehen, sondern des nicht Kommunizierbaren. Ein unmenschliches und vielleicht übermenschliches Unternehmen. Die außerordentliche Spannung der Sprache Michaux' rührt daher, daß ihre ganze stählerne Kraft von einem Willen gelenkt ist, der auf die Begegnung mit etwas abzielt, das das Unwirksame *par excellence* ist: der Zustand des Nichtwissens, das das absolute Wissen ist, das Denken, das nicht mehr denkt, weil es mit sich selbst eins geworden ist, die unendliche Transparenz, der unbewegliche Strudel.

Misérable miracle beginnt mit den Worten: »Dies ist eine Erforschung. Mittels des Wortes, des Zeichens, der Zeichnung. Erforscht wird das Meskalin.« Am Ende des Buches fragte ich mich, ob das Experiment nicht das umgekehrte Ergebnis hatte: der Dichter Michaux, vom Meskalin erforscht. Eine Erforschung oder ein Zusammenstoß? Eher das letztere. Ein Zweikampf mit der Droge, mit dem Beben der Erde, mit dem Beben des von seinem inneren Feind erschütterten Wesens, einem Feind, der mit unserem eigenen Sein verschmilzt, einem Feind, der von uns nicht zu unterscheiden, nicht zu trennen ist. Ein Zusammenstoß mit dem Meskalin: ein Zusammenstoß mit uns selbst, mit dem unbekannten Bekannten. Dem Doppelgänger, der als Maske unser Gesicht trägt. Das Gesicht, das zerfließt und sich in eine ungeheure

spöttische Fratze verwandelt. Der Dämon. Der Clown. Der da bin nicht ich. Der da bin ich. Eine quälende lachhafte Erscheinung. Und wenn man sich umsieht: da ist niemand. Auch ich habe mich von mir selbst entfernt. Raum, Raum, reine Vibration. Ein großes Geschenk, eine Gabe von Göttern: das Meskalin ist ein Fenster, durch das der Blick endlos umherschweift, ohne etwas anderes zu finden als seinen Blick. Ich gibt es nicht: es gibt den Raum, die Vibration, die unaufhörliche Lebhaftigkeit. Kämpfe, Schrecken, Exaltationen, Paniken, Wonnen: ist es Michaux oder das Meskalin? Alles war bereits in Michaux, alles gab es schon in seinen früheren Büchern. Das Meskalin war eine *Bestätigung*. Meskalin: der Beweis. Der Dichter sah seinen inneren Raum im äußeren. Übergang des Inneren ins Äußere – ein Äußeres, das das Innere selbst ist, der Kern der Wirklichkeit. Ein furchtbares, unbeschreibliches Schauspiel. Michaux kann sagen: Ich trat aus meinem Leben heraus, um einen Schimmer des Lebens zu sehen.
Alles beginnt mit einer Vibration. Eine unmerkliche Bewegung, die von Minute zu Minute stärker wird. Wind, langes Pfeifen, scharfer Orkan, eine Flut von Gesichtern, Formen, Linien. Alles stürzt ein, schreitet fort, steigt auf, verschwindet, taucht erneut auf. Schwindelerregende Auflösung und Verdichtung. Luftblasen, Luftblasen, Kiesel, Steinchen. Felsen aus Gas. Linien, die sich überschneiden, Flüsse, die sich vereinigen, endlose Verzweigungen, Mäander, Deltas, wandernde Wüsten, fliegende Wüsten. Verwerfungen, Sinterungen, Zerbröckelungen, Rekonstitutionen. Zerbrochene Worte, Verknüpfung von Silben, Hurerei von Bedeutungen. Zerstörung der Sprache. Das Meskalin herrscht durch Schweigen – und schreit, schreit ohne Mund, und wir stürzen in sein Schweigen! Rückkehr zu den Vibrationen, Eintritt in

Wellenbewegungen. Wiederholungen: Das Meskalin ist ein »Unendlichkeitsmechanismus«. Heterogenität, ständiges Hervorsprudeln von Bruchstücken, Partikeln, Brocken. Aufgeregte Sequenzen. Nichts ist fest. Lawinen, Herrschaft der Un-Zahl, ein greuliches Wuchern. Brandig gewordener Raum, krebskranke Zeit. Gibt es keine Mitte? Geschüttelt vom Windstoß des Meskalins, eingesogen von dem abstrakten Strudel, findet der westliche Mensch von heute keinen Halt mehr. Er hat die Namen vergessen, Gott heißt nicht mehr Gott. Der Azteke oder der Tarahumara brauchte den Namen nur auszusprechen, damit die Gegenwart des Göttlichen in ihren unendlichen Manifestationen erschien. Die Einheit und die Vielheit der Alten. Wir, in Ermangelung von Göttern: Gewimmel und Zeit. Die Namen sind uns abhanden gekommen. Uns bleiben »die Ursachen und Wirkungen, die Vordersätze und die Folgesätze«. Ein Raum, der angefüllt ist mit Nichtssagendem. Die Heterogenität ist Wiederholung, amorphe Masse. *Misérable miracle.*

Die erste Begegnung mit dem Meskalin endet mit der Entdeckung eines »Unendlichkeitsmechanismus«. Die endlose Erzeugung von Farben, Rhythmen und Formen erweist sich am Ende als eine erschreckende und lächerliche Kaskade von Tand. Wir sind Jahrmarktsmillionäre. Die zweite Versuchsreihe *(L'infini turbulent)* rief unerwartete Reaktionen und Visionen hervor. Ständigen physiologischen Schüben und einer unerbittlichen psychischen Spannung ausgesetzt, öffnete sich der Mensch. Die Erforschung des Meskalins war verheerend wie eine Feuersbrunst oder ein Erdbeben; nur das Wesentliche blieb bestehen, jenes, das, weil es unendlich schwach ist, unendlich stark ist. Wie heißt diese Kraft? Handelt es sich um eine Kraft, um eine Macht oder eher um das Fehlen von Macht, um die völlige Hilflosigkeit des Menschen? Ich neige zum letzteren. Diese Hilflosigkeit ist unsere Stärke. Im letzten Augenblick, wenn nichts mehr in uns ist – Verlust des Ich, Verlust der Identität –, findet die Verschmelzung mit etwas Fremdem statt, das trotzdem das Unsrige ist, das einzige wirklich Unsrige. Die Lücke, das Loch, das wir sind, füllt sich bis zum Überlaufen, bis es zur Quelle wird. In der größten Dürre quillt das Wasser hervor. Vielleicht gibt es zwischen dem Sein des Menschen und dem Sein des Universums einen Verbindungspunkt. Im übrigen nichts Positives: Loch, Abgrund, turbulente Unendlichkeit. Verlassenheit, Entrücktheit – doch nicht Wahnsinn. Die Irren sind Gefangene ihres Wahns, der sozusagen ein ontologischer Irrtum ist: den Teil für das Ganze nehmen. Gleich weit entfernt von Vernunft und Wahnsinn, ist die Vision, die Michaux schildert, eine totale: Schau des Dämonischen und des Göttlichen – es bleibt einem nichts anderes übrig, als diese Worte zu gebrauchen – als unteilbare Wirklichkeit, als die höchste Wirklichkeit. Des Menschen oder des Universums? Ich weiß es nicht. Vielleicht des Welt-Menschen. Des von der Welt durchdrungenen, von ihr eroberten Menschen.

Die Begegnung mit dem Dämonischen war vor allem die Entdeckung einer transhumanen – und daher unendlich perversen – Erotik. Eine psychische Vergewaltigung, ein hinterlistiges Aufbrechen, Ausbreiten und Entfalten der geheimsten Anlagen des Menschen. Nichts Sexuelles. Eine unendlich sinnliche Welt, aus der der menschliche Körper und die menschliche Gestalt verschwunden waren. Nicht der »Sieg der Materie« oder des Fleisches, sondern die Vision der Kehrseite des Geistes. Abstrakte Laszivität: »Auflösung – das richtige Wort, es ging mir jäh auf ... Wonne des Zerfließens.« Die teuflische Versuchung, auf die alle großen Mystiker (Christen, Buddhisten, Araber) sich bezogen haben. Ich gestehe jedoch, daß ich diese Passage nicht ganz begreife. Vielleicht ist Michaux' Abscheu nicht so sehr auf die Berührung mit dem Eros zurückzuführen wie auf die Vision der kosmischen Wirrnis, das heißt, auf die Entdeckung des Chaos. Zutage liegende Eingeweide des Seins, Kehrseite des Anwesenden: das Chaos ist der Urteig, die antike Unordnung und zugleich die Matrix der Welt. Ich habe eine ähnliche Empfindung gehabt, obgleich sie bei weitem nicht so stark war und nur die obersten Schichten meines Bewußtseins berührte, und zwar in dem langen heißen Sommer in Indien während meines ersten Aufenthalts im Jahre 1952. In den großen keuchenden Schlund gestürzt, erschien mir die Welt eine ungeheure, vielfache Hurerei. Ich bekam damals eine Ahnung von der Bedeutung der Architektur von Konarak und der erotischen Askese. Die Vision des Chaos ist eine Art rituelles Reinigungsbad, eine Wiedergeburt durch das Eintauchen in den Urquell, eine wahre Rückkehr zum »früheren Leben«. Die Primitiven, die taoistischen Chinesen, die Griechen des archaischen Zeitalters und andere Völker fürchten die Berührung mit dem Schrecklichen nicht. Die Haltung des Westens ist krankhaft. Ist moralisch. Immer abgrenzend, immer scheidend, spaltet die Moral den Menschen. Zur Einheit der Vision zurückkehren heißt, Körper, Seele und Welt wieder versöhnen. Zum Schluß des Versuchs erinnert Michaux ein Fragment eines tantrischen Gedichts:

Sich nicht beflecken lassend,
alle Freuden genießend,
an alles rührend wie der Wind,
alles durchdringend wie der Äther,
badet der Yogi, immer rein,
im ewigen Fluß.
Er genießt alle Freuden und nichts befleckt ihn.

Die Schau des Göttlichen – untrennbar von der des Dämonischen, da beide Offenbarungen der *Einheit* sind – begann mit dem »Erscheinen der Götter«. Tausende, hunderttausende, einer nach dem anderen, in langen Reihen, eine Unzahl edler Gesichter, ein Horizont wohltuender Anwesenheit. Sprachloses Erstaunen und Wiedererkennen. Doch vorher: ein Gewoge von Weiß. Überall das Weiß, tönend, glänzend. Und Licht, Meere von Licht. Dann verschwanden die göttlichen Bilder, ohne daß die stille und freudige Kaskade des Seins zu fließen aufhörte. Bewunderung: »Ich pflichte bei der göttlichen Vollkommenheit der Fortdauer des Seins durch die Zeiten, eine Fortdauer, die derart schön ist – schön bis zur Bewußtlosigkeit –, daß die Götter, wie das *Mahabharata* sagt, daß selbst die Götter eifersüchtig werden und sie bewundern kommen.« Vertrauen, Glaube (an was? schlicht Glaube), das Gefühl, mit der Vollkommenheit, die vergeht (und nicht vergeht), zu vergehen, unablässig, sich selber gleich. Ein Augenblick entsteht, steigt auf, öffnet sich und verschwindet in dem Moment, da ein anderer Augenblick entsteht und aufsteigt. Glück auf Glück. Das unsägliche Gefühl des Verlassenseins und der Geborgenheit. Auf die Vision der Götter folgt die Nicht-Vision: wir sind im Zentrum der Zeit. Diese Reise ist eine Rückkehr: Abkehr, Verlernen, Rückkehr zur Geburt. Beim Lesen dieser Seiten von Michaux erinnerte ich mich an einen Gegenstand, den mir vor einigen Jahren der Maler Paalen zeigte: ein Stück Quarz, in das das Bild des alten Tláloc* geschnitten war. Paalen trat an ein Fenster und hielt es gegen die Sonne:

Vom Licht berührt
Wird der Quarz zum Wasserfall.
Auf seinen Fluten treibt, ein Kind, der Gott.

Die Nicht-Vision: fern der Gegenwart, der Geschichte, der Absichten, der Berechnungen, des Hasses und der Liebe, »jenseits aller Entschlüsse und Unentschlossenheit, *jenseits* jeder Vorliebe«, kehrt der Dichter zurück zu einer ewigen Geburt und lauscht dem »endlosen Gedicht ohne Reime, ohne Musik, ohne Worte, das unaufhörlich das Universum spricht«. Die Erfahrung des Göttlichen ist Teilnahme an einem Unendlichen, das Maß und Rhythmus ist. Zwangsläufig kommen einem die Worte Wasser, Musik, Licht, großer offener und widerhallender Raum über die Lippen. Das Ich verschwindet, doch die Lücke, die es gelassen hat, nimmt kein anderes Ich ein. Kein Gott, sondern das Göttliche. Kein Glaube, sondern das ihm vorhergehende Gefühl, das jeden Glauben, jede Hoffnung nährt. Kein Gesicht, sondern das Sein ohne Gesicht, das Sein, das alle Gesichter ist. Friede im Krater, Wiederversöhnung des Menschen – dessen, was vom Menschen bleibt – mit der totalen Anwesenheit.
Zu Beginn seines Experiments schreibt Michaux: »Ich will die mediokre Natur des Menschen erforschen.« Dieser Satz – übrigens auf das ganze Werk Michaux' und auf das jedes großen Künstlers anwendbar – erwies sich seltsamerweise als falsch. Die Erforschung zeigte, daß der

* Regengott bei den alten Mexikanern. *A. d. Ü.*

Mensch kein mediokres Wesen ist. Ein Teil seiner selbst – von allem Anfang an vermauert und verdunkelt – ist auf das Unendliche hin geöffnet. Die sogenannte menschliche Natur ist ein Schnittpunkt anderer Kräfte. Vielleicht ist unsere Natur nicht menschlich.

In seinem ersten Text über die bildenden Künste (Der Salon von 1845) schreibt Baudelaire mit dem ihm eigenen Ungestüm angesichts eines Gemäldes, das darstellt, wie der sterbende Kaiser Mark Aurel seinen stoischen Freunden den jungen Commodus anbefiehlt: »Hier sind wir mitten in Delacroix, das heißt, wir haben eins der vollkommensten Beispiele dafür vor Augen, was das Genie in der Malerei vermag.« Einige Zeilen danach erklärt er in einem einzigen Satz den Grund seiner Faszination vor diesem philosophisch-historischen Bild: »Diese Ausgewogenheit des Grün und des Rot erfreut unser Herz.« Nicht das Motiv noch die Gestalten, sondern die Beziehung zwischen zwei Farben, einer kalten und einer warmen. Die Präsenz, die das Gemälde in sich versammelt, ist weder das Bild der Geschichte, noch das der Philosophie, sondern der Einklang zwischen einem Blau und einem Inkarnat, einem Gelb und einem Violett. Körper und Seele – oder die heidnische und die christliche Tradition –, auf eine visuelle Schwingung reduziert: Musik für die Augen. Zehn Jahre später, wiederum angesichts der Malerei von Delacroix, ist er noch expliziter und entschiedener: »Vor allem muß man betonen, daß ein Bild von Delacroix, aus einer Entfernung betrachtet, die zu groß ist, als daß man das Motiv analysieren oder auch nur erkennen könnte, in der Seele unmittelbar einen Eindruck der Fülle hervorruft, sei er glücklich oder melancholisch (. . .) Es ist, als ob diese Farbe – man verzeihe mir diese Winkelzüge der Sprache, um äußerst delikate Gedanken auszudrücken – selbst dächte, unabhängig von den Gegenständen, die sie bekleidet.« Ein Bild betrachten heißt, es hören: verstehen, was es sagt. Die Malerei, die Musik ist, ist auch und vor allem Sprache.

Die Idee der Sprache impliziert die der Übersetzung: Maler ist derjenige, der das Wort ins Bildnerische übersetzt; der Kritiker ist ein Dichter, der die Linien und die Farben in Worte übersetzt. Der Künstler ist der universale Übersetzer. Allerdings ist diese Übersetzung eine Umwandlung. Diese besteht bekanntlich in der Deutung nicht-sprachlicher Zeichen durch sprachliche Zeichen – oder umgekehrt. Jede dieser »Übersetzungen« ist in Wirklichkeit ein anderes Werk, weniger eine Kopie, als eine Metapher des Originals. Ich werde auf dieses Thema noch zu sprechen kommen; vorerst möchte ich darauf hinweisen, daß Baudelaire mit derselben Leidenschaftlichkeit, mit der er versichert, daß der einzige Zugang zum Bild die Analogie (die »Übersetzung«) ist, behauptet, daß die Farbe denkt, und zwar *unabhängig* von den Gegenständen, die sie bekleidet. Ich werde meinen Kommentar mit einer kritischen Untersuchung dieser Behauptung beginnen.

In der Sinneserfahrung ist die Analogie zwischen Malerei und Sprache vollkommen. Diese besteht in der Kombination einer begrenzten Anzahl von Lauten; jene in der Kombination einer Reihe von Linien und Farben. Die Malerei untersteht den gleichen Gesetzen von Gegensatz und Affinität, die auch die Sprache regieren; im einen Fall erzeugt die Kombination visuelle Formen, im anderen verbale. Wie das Wort, das eine Skala virtueller Bedeutungen enthält, von denen sich eine gemäß seiner Stellung innerhalb des Zusammenhangs im Satz aktualisiert, besitzt auch die Farbe keinen Wert an sich: sie ist nur eine Relation, »der Einklang zweier Töne«. Deshalb kann sie nicht absolut definiert werden: »die Farben existieren nur relativ«. Das gleiche gilt für die Zeichnung, die nur ein System von Linien, ein Komplex von Beziehungen ist. Sowie man aber den Bereich des sinnlich Wahrnehmbaren verläßt – Laut in der Sprache, Farbe und Linie in der Malerei –, stellt man einen beträchtlichen Unterschied fest: Ein Satz (Verbindung von Worten) läßt sich durch einen anderen Satz übersetzen; ein Bild (Verbindung von Farben und Linien) läßt sich durch einen Satz übersetzen. Der Übergang vom sinnlich Wahrnehmbaren zum Intelligiblen vollzieht sich nicht im Innern der Malerei, sondern außerhalb von ihr: der *Sinn* entfaltet sich in einer nicht-malerischen Welt. Oder anders ausgedrückt: die Sprache der Malerei ist ein System von Zeichen, das seine Bedeutung in anderen Systemen findet. Baudelaire selbst sagt es: die Farbe ist ein Kleid oder, um noch einmal die musikalische Metapher zu gebrauchen, Begleitung.

Alle malerischen Werke aller Kulturen, ausgenommen die rein ornamentalen und die der Moderne, haben zwei Ebenen: eine rein malerische und eine außer- oder metamalerische. Die erstere besteht aus den Beziehungen zwischen den Farben und den Linien; diese Beziehungen schaffen, oder genauer, *weben* die zweite Ebene: einen wirklichen oder imaginären Gegenstand. Die malerische Ebene verweist uns auf eine Darstellung, und diese auf eine Welt, die nicht mehr die der Malerei ist. Allerdings ist jede Darstellung symbolisch, und deshalb ist der gemalte Gegenstand nie eine Kopie noch eine Reproduktion des Originals. Eine weitere bemerkenswerte Eigentümlichkeit: je weniger repräsentativ der Gegenstand, desto weniger malerisch die Malerei, und desto mehr neigt sie dazu, mit der Schrift gleich zu werden. Zum Beispiel die Arabeske in der islamischen Kultur, die Farben an den Mauern von Teotihuacán und in den mexikanischen Gesetzbüchern, die tantrische Malerei im hinduistischen und buddhistischen Indien. In dieser letzteren denken und sprechen die Farben und Linien selbst, da sie sich, an der Grenze zwischen dem Wort und der

Malerei, als Diskurs artikulieren. Wenn wir eine Rolle tantrischer Malereien betrachten, sehen wir nicht, wie auf einer Rolle chinesischer Malerei, eine Aufeinanderfolge von Szenen und Landschaften, sondern wir *lesen* ein Ritual. Die Malerei befreit sich von der Tyrannei der Darstellung nur, um in die Knechtschaft der Schrift zu geraten. So sind die bildnerischen Werte nicht autonom: sie bilden immer die Darstellung eines wirklichen oder ideellen Gegenstandes. Ohne sie gäbe es keine Darstellung; ohne die Darstellung würde die Malerei nichts bedeuten.

Der Gegenstand, derjenige, der sich unseren Augen darbietet oder den wir uns vorstellen, erscheint nie so, wie er ist. Die Erscheinungsform der Präsenz ist die Darstellung. Das Sein ist unsichtbar und wir sind dazu verurteilt, es durch ein aus Symbolen gewebtes Gewand zu sehen. Die Welt ist ein Schwarm von Zeichen. Die Darstellung bedeutet die Distanz zwischen der vollen Präsenz und unserem Blick: sie ist das Zeichen unserer wechselnden und endlichen Zeitlichkeit, das Mal des Todes. Aber ebenso ist sie die Brücke, wenn schon nicht zur reinen und von sich selbst erfüllten Präsenz, so doch zu ihrem Abbild: unsere Antwort auf den Tod und auf das Sein, auf das Undenkbare und das Unsagbare. Wenn die Darstellung auch keine Aufhebung der Distanz ist – der Sinn deckt sich nie ganz mit dem Sein –, so ist sie doch die Verwandlung der Präsenz, ihre Metapher.

Keine Kultur hat die Beziehung zwischen dem Malerischen und dem Meta-Malerischen, den bildnerischen Werten und der Darstellung in Zweifel gezogen. Das mehr oder weniger klare Bewußtsein dieser Beziehung verhinderte, wie mir scheint, eine Verwechslung der einen Ebene mit der anderen: das Distinktive, das »Sehenswerte«, waren weder das Motiv noch der dargestellte

Gegenstand, sondern die Malerei selbst, obgleich notwendigerweise immer in Relation zu dem, was sie darstellte. Die Farbe und die Linie bildeten die Darstellung, und diese gab jenen Bedeutung. Doch sowie die Malerei beginnt, ihre Autonomie zu erlangen, wird diese Beziehung widersprüchlich. Obwohl dieser Prozeß schon in der Renaissance beginnt, ist, vom Gesichtspunkt der Kritik aus gesehen, der Anfang der Spaltung die Ästhetik von Kant: die Betrachtung des Schönen legt den Akzent auf das Malerische. Gleichzeitig unterzieht die moderne Philosophie die herkömmlichen Systeme, Gewißheiten und Anschauungen einer gründlichen Kritik; die alten Bedeutungen lösen sich auf, und mit ihnen die Darstellungen. Von Baudelaire an zerbricht die Beziehung: Farben und Linien hören auf, der Darstellung zu dienen, und trachten danach, selbst zu bedeuten. Die Malerei webt keine Präsenz: sie selbst ist Präsenz. Dieser Bruch erschließt zwei Wege, die auch Abgründe sind. Wenn die Farbe und die Zeichnungen wirklich Präsenz sind, hören sie auf, Sprache zu sein, und das Bild kehrt in die Welt der Dinge zurück. Das ist das Schicksal eines großen Teils der zeitgenössischen Malerei gewesen. Die andere Richtung, von Baudelaire vorausgeahnt, verdichtet sich zu der Formel: die Farbe denkt, die Malerei ist Sprache. Es ist der andere Weg der modernen Kunst, der Weg der Läuterung.

Indem die Malerei auf die Darstellung, die ihr Bedeutung gab, verzichtete, wurde sie zu einem Bündel von Zeichen, projiziert in einen von Bedeutungen leeren Raum. Der alte von der Darstellung eingenommene Raum leert sich oder, besser gesagt, füllt sich mit Rätseln an: was sagt die Malerei? Die Beziehungen zwischen dem Betrachter und dem Werk erfahren eine radikale Umkehrung: das Werk ist nicht mehr eine Antwort auf die Frage des Betrachters, sondern es selbst wird zur Frage. Die Antwort (oder die Bedeutung) hängt von dem ab, der das Bild betrachtet. Die Malerei lädt uns ein zur Betrachtung – nicht dessen, was sie zeigt, sondern einer Präsenz, welche die Farben und die Formen evozieren, ohne sie je ganz zu erkennen zu geben: eine wirklich unsichtbare Präsenz. Die Malerei ist eine Sprache, die nicht fähig ist zu sprechen, außer durch Auslassung und Anspielung: das Bild zeigt uns die Zeichen einer Abwesenheit.

Die erste Folge des Bruchs war das Ersetzen der wörtlichen Deutung durch die analogische, das Ende der Kritik als Urteil und das Entstehen der dichterischen Kritik. Nicht weniger entscheidend war die Okkultation der Präsenz. Die alte Malerei wies nicht nur auf eine Präsenz hin, sondern schuf, indem sie darstellte, Transparenz: nicht die Verkörperung der Präsenz, sondern ihre Verwandlung. Wenn die Darstellung der Malerei Sinn verlieh, so beseelte die Malerei die Darstellung: sie hauchte ihr Leben ein. Indem sie ihr Form gab, verwandelte sie sie in sichtbares und greifbares Bild. Seit Baudelaire denkt die Malerei und spricht nicht, ist Sprache und bedeutet nichts; sie ist strahlende Materie und Form, doch sie hat aufgehört, Bild zu sein. Ich folgere daraus: die Originalität Baudelaires besteht nicht allein darin, daß er als einer der ersten eine Ästhetik der modernen Malerei formuliert hat; man muß hinzufügen, daß er uns eine Ästhetik des Verzichts auf Verkörperung geboten hat.

Im ganzen kritischen Werk Baudelaires herrscht eine widersprüchliche Spannung. Der Gegensatz zwischen dem Malerischen und dem Meta-Malerischen, der schließlich zugunsten des ersteren aufgelöst wird, taucht in der ebenfalls widersprüchlichen Beziehung zwischen »dem Ewigen und dem Vergänglichen«, dem Idealbild und der singulären Schönheit, wieder auf. Wie die Farbe, verweigern sich das Ewige und das Vergängliche jeder gesonderten Definition. Das Ewige ist das Unbestimmte schlechthin, das, was dem Modernen als Hintergrund dient, von dem es sich abhebt. Die Beschreibungen Baudelaires sind negativ und bezwecken, den statischen und undifferenzierten Charakter sowohl des Ewigen als auch des klassischen Schönheitsideals hervorzuheben. Dagegen sind das Moderne und sein Äquivalent im Raum: das Singuläre und das Absonderliche, dynamisch und affirmativ; sie sind die Neuheit – eine Neuheit, die in die Gegenwart ein uraltes Prinzip wieder einführt. Die Haltung Baudelaires impliziert erneut eine Umkehrung der herkömmlichen Perspektive. Früher definierte die Vergangenheit, die vermeintliche Verwahrerin des Ewigen, die Gegenwart; und sie definierte sie genau: die künstlerische Schöpfung war eine Nachahmung der Archetypen, seien diese die Werke des Altertums oder die Natur selbst. Heute ist das Ewige abhängig von der Gegenwart: einerseits ist die Gegenwart die Kritik der Tradition, so daß jeder Augenblick zugleich eine Widerlegung der Ewigkeit und deren Verwandlung in eine vorübergehende Neuheit ist; andererseits ist das Ewige nicht eines, sondern vieles, es gibt ebensoviele Schönheitsbegriffe wie Rassen, Epochen und Kulturen: »Jedes Volk ist akademisch, wenn es die anderen beurteilt; jedes Volk ist barbarisch, wenn es von einem anderen beurteilt wird.« Freisprechung der Kunst der nicht-europäischen Völker: »Das Schöne ist immer absonderlich.« Aber was ist das Absonderliche? Noch einmal: es ist nichts, außer einer Relation.

Man kann Baudelaires Zurückhaltung angesichts der Definitionen gut verstehen: es ist unmöglich, ein System zu errichten, das sich auf den Wert des Transitorischen und des Besonderen gründet, da das eine wie das andere von Natur aus gerade das sind, was der Definition sich entzieht: die unbekannte Größe, welche die Systeme sprengt. Gerade weil das Moderne und das Absonderliche wechselnde und unvorhersehbare, obgleich stets gegenwärtige Wirklichkeiten sind, ist jedes System illusorisch, nicht ausgenommen jene, die da behaupten, sich auf einen ewigen Kanon zu gründen. Das System ist »eine Art Verurteilung, die uns zu ständigem Widerruf treibt (...) Um der Scheußlichkeit dieser philosophischen Apostasien zu entgehen, habe ich mich stolz der Bescheidenheit ergeben: ich begnüge mich damit, zu fühlen«. Eine Ästhetik, die auf die Reflexion verzichtet, eine kopflose Kunst? Eher eine Ästhetik, die sich mit den Scheußlichkeiten und den Wundern der Aufeinanderfolge befaßt, eine Kunst, die fasziniert ist von dem neuerlichen Erscheinen des Zeichens des Todes in jeder lebendigen Form.

Da sich die Modernität nun einmal nicht definieren läßt, gibt Baudelaire uns eine Aufzählung. Das Alte ist das öffentliche Schaugepränge; das Moderne ist das private Leben. Im einen Fall Hierarchie und Zeremonie; im anderen Demokratie und Schlichtheit. Ob ihrer Farbenpracht und ihres Schnitts machten die früheren Kleider aus dem Leben ein Schauspiel und entzückten den, der sie trug; die modernen Kleider, schwarz oder braun, sind Ausdruck der allgemeinen Gleichheit und dienen nicht dazu, zur Schau zu stellen, sondern zu verbergen. Die alte Mode trennt, kennzeichnet: sie unterscheidet; die moderne ist »eine Livree der Trostlosigkeit ... ein riesiger Aufzug von Totengräbern; Politiker, Liebespaare, Bürger: allesamt Totengräber. Alle begehen wir ein Begräbnis«. Hier haben wir es erneut mit dem Gesetz des Kontrastes oder des komplementären Gegensatzes zu tun: in einer uniformierten Gesellschaft sind die Menschen, welche die Aufmerksamkeit auf sich ziehen, nicht die ausgeprägten Individuen wie im Altertum, sondern die Exzentriker und die am Rande der Gesellschaft lebenden Menschen: der Dandy, der Künstler, die Kriminellen, »les filles entretenues«, der in der Menge verlorene Einsame, der Bettler, der Vagabund. Nicht die bemerkenswerten Menschen: die Ausnahmemenschen. Die moderne Schönheit ist die Seltsamkeit. Nebenbei: was würde Baudelaire wohl sagen angesichts der Vergesellschaftung des Dandyismus in Carnaby Street? Unsere Modernität ist das genaue Gegenteil der seinen: wir haben aus der Exzentrizität ein allgemeines Konsumgut gemacht. Drei Epochen des Westens: im ancien régime wird das private Leben als Zeremonie gelebt; im 19. Jahrhundert als geheimer Roman; und im 20. Jahrhundert wird das private Leben in der Öffentlichkeit gelebt.

Für Baudelaire ist das Moderne das Gegenteil von Öffentlichkeit; es ist das Ungewöhnliche, immer vorausgesetzt, daß es privat und darüber hinaus geheim ist. Daher die große Bedeutung von Schminke und Masken, die zugleich enthüllen und verbergen. Bei den Frauen ist das Moderne die »geheime Distinktion«, eine Art »teuflischer oder göttlicher Heroismus«: der Alkoven als Höhle der Zauberin oder Heiligtum der blutgierigen Priesterin. Ebenfalls modern sind die Laune, die Melancholie, die Geringschätzung, die Hypersensibilität, die Synästhesien, die Spiritualität, der Hang zum Grenzenlosen, die Träumerei, das Reisen – nicht um Länder zu erobern, sondern um der Welt des Fortschritts zu entfliehen. Kurz: die Subjektivität, die innere Schönheit. Aus Gegensätzen bestehend, ist die Modernität auch die Aktualität der Straße, die bunt zusammengewürfelte Menge und die Moden. Es gibt einen altertümlichen Tod und einen modernen. Herkules begeht Selbstmord, weil »seine Tunika ihn unerträglich brannte«, Cato der Jüngere, weil »er nichts mehr für die Freiheit zu tun vermag« und Kleopatra, weil sie »ihren Thron und ihren Geliebten verliert ... doch keiner zerstört sich selbst, um »angesichts der Seelenwanderung in eine andere Haut zu schlüpfen«, wie der Held von Balzac. Was ist die Modernität anderes als das Verlangen nach Veränderung – und noch mehr: das *Bewußtsein* der Veränderung? Die Alten hatten einen Begriff von der Vergangenheit, und von ihm aus beurteilten sie die Veränderungen der Gegenwart; die modernen Menschen haben einen Begriff vom Wandel, und von ihm aus beurteilen sie die Vergangenheit und die Gegenwart. Dieses Bewußtsein hat einen anderen Namen: *Unglück.* Es ist das Mal, das die Erwählten auf der Stirn tragen, und in ihm resümieren sich das Absonderliche, das Regellose und das Mißgestalte, alles Attribute der modernen Schönheit. Das Zeichen der Modernität ist ein Stigma: die von der Zeit verwundete, vom Tod gezeichnete Präsenz.

Im Altertum, gleich ob heidnisches Schicksal oder christliche Vorsehung waltete, konnte der Mensch der Ewigkeit nicht entrinnen; der moderne Mensch ist zum Jetzt, zur Unbeständigkeit verurteilt. Es gibt keine Rast. Gleichviel: es gibt einen Augenblick, in dem die Zeit, da sie nicht zum Stillstand kommen kann, zu sich selbst kommt; einen Augenblick nicht außerhalb der Zeit, sondern vor der Geschichte, einen Augenblick, der die *Kehrseite* der Gegenwart ist. Es ist der ursprüngliche Augenblick, und in ihm offenbart sich die Modernität als Altertum ohne Daten: die Zeit des Wilden. Indem sie die Idee ewiger Schönheit zerstört, öffnet die Modernität die Tore zur Welt der Barbaren: die modernste Kunst wird somit die älteste sein. Daher die Größe Delacroix': seine Malerei ist »Kannibalen-Malerei«. Mit geradezu wütiger Begeisterung preist Baudelaire die »Wildheit« des Malers, seine Affinität zum aztekischen Priester und seinem Obsidian-Messer, gleich der »Siegeshymne« ausgebrochenen Feuers, den zerstörerischen und »molochhaften« Charakter seines Werks. Delacroix' Farbflecken gemahnen an die Blutrünstigkeit mancher tropischer Sonnenuntergänge, an die dicke Schicht heißer Asche auf Ruinen. Der ursprüngliche Augenblick bringt die Zeit nicht zum Stillstand: er ist die andere Seite der Aktualität, so wie die Barbarei die Kehrseite der Zivilisation ist. Gefangener der Relation, hängt einer vom anderen ab: der Wilde ist nur der Gesichtspunkt des zivilisierten Menschen. Zudem ist die »Wildheit«, wie die Nachfolger Baudelaires beweisen sollten, nicht weniger mannigfaltig als die Modernität: es gibt ebenso viele künstlerische Stile wie primitive Gesellschaften. Die Wildheit ist eine weitere Illusion der Modernität. Zugleich ist sie eine Kritik an der Modernität. Wildheit, Modernität und Tradition sind Manifestationen der kritischen Kunst, das heißt, der polemischen und geschichtlichen Kunst. Indem Baudelaire die Begriffe Wildheit und Modernität einführt, bezieht er die Kritik in das Schaffen mit ein, erfindet er die kritische Kunst. Vorher ging die Kritik dem Schaffen vorauf oder folgte ihm; heute begleitet sie es und ist, könnte man meinen, seine Bedingung. So wie die Kritik durch die Analogie schöpferisch wird, ist auch die Schöpfung kritisch, da sie geschichtlich ist. In ständigem Kampf mit der Vergangenheit, befindet sich die moderne Kunst im Kampf mit sich selbst. Die Kunst unserer Epoche lebt von der Modernität und stirbt mit ihr.

Ebenso aus der Perspektive der Sprache wie aus der der Geschichte gesehen, mündet Baudelaires Reflexion in ein

unhaltbares Paradox, das nichtsdestoweniger die Wirklichkeit der modernen Malerei ist: der Triumph des Malerischen bedeutet den Verzicht auf Verkörperung der Präsenz, der Sieg der Modernität ist ihr Ruin, der ursprüngliche Augenblick löst die Geschichte nicht auf, sondern bestätigt sie, die Ästhetik des Besonderen negiert sich selbst, und der schöpferische Zufall wird zu mechanischer Wiederholung. Zerrissen durch die Feindschaft der Gegensätze, sucht Baudelaire in der Analogie ein System, das die Spannungen, ohne sie aufzuheben, in Einklang bringt. Die Analogie ist die höchste Funktion der Imagination, da Analyse und Synthese, Übersetzen und Schaffen in ihr zusammenfließen. Sie ist Erkenntnis und Verwandlung der Wirklichkeit zugleich. Einerseits ist sie ein Bogen, der verschiedene geschichtliche Perioden und Kulturen verbindet; andererseits ist sie eine Brücke zwischen verschiedenen Sprachen: Poesie, Musik, Malerei. Als das eine ist sie, wenn nicht »das Ewige«, so doch das, was alle Zeiten und alle Räume in einem Bild ausdrückt, welches, ständig sich verändernd, sich erweitert und fortwährt. Als das andere verwandelt sie Kommunikation in Schöpfung: das, was die Malerei sagt, ohne es zu sagen, verwandelt sich in das, was die Musik malt, ohne es zu malen, und das, was, ohne es je ausdrücklich zu erwähnen, das dichterische Wort ausdrückt.
Der Unterschied zur alten Analogie besteht in folgendem: der Künstler des Mittelalters besaß eine Welt von Zeichen, die allen gemeinsam waren und für die es einen einzigen Schlüssel gab: die Bibel; der moderne Künstler verfügt über ein Repertoire heterogener Zeichen, und statt heiligen Schriften sieht er sich einer Menge einander widersprechender Bücher und Traditionen gegenüber. Eben deshalb mündet die modernde Analogie in die Dispersion der Bedeutung. Die analogische Übersetzung

ist eine rotierende Metapher, die eine weitere Metapher erzeugt, die ihrerseits eine weitere hervorruft, usw. Was sagen alle diese Metaphern? Nichts, was die Malerei nicht schon gesagt hat: die Präsenz verbirgt sich in dem Maße, wie die Bedeutung sich auflöst.

In vielen Gedichten und kritischen Betrachtungen hat Baudelaire eindeutig gesagt, welches der *letzte Sinn* der Analogie ist. Besonders explizit sind die Seiten, die er der Musik Wagners widmet. Mehr als eine Reflexion über die Analogie, sind diese Seiten der Bericht über eine einzigartige Erfahrung, die man nur *Entkörperung der Präsenz* nennen kann. Als er die Ouvertüre zu Lohengrin hört, fühlt er sich der »Fesseln der Schwerkraft« ledig, so daß er sich, gewiegt von der Musik, in einer Einöde sieht, »mit einem unermeßlichen Horizont und einem alles erfüllenden matten Licht; die Unermeßlichkeit ohne anderes Dekor als sie selbst. Bald hatte ich das Gefühl einer noch schärferen Klarheit; die Intensität des Lichtes nahm so schnell zu, daß die Wörter der Wörterbücher nicht ausreichen würden, um diese unaufhörlich neu entstehende Überfülle von Glut und Weiße auszudrücken. Da erfaßte ich voll und ganz die Idee einer Seele, die sich in einer lichterfüllten Atmosphäre bewegt, eine Ekstase aus Wollust und Weisheit . . .« Die Gefühle von Erhabenheit und Wollust sind eng verbunden mit denen des Verlustes des Körpers und mit diesem gleißenden Licht, das die Vernichtung aller Farben bedeutet. Leer von sich selbst, ruht sein Sein in einer Unermeßlichkeit, die nichts enthält außer sich selbst. Mehrmals verwandelt sich der Begriff der Zeit in den eines Raums, der sich »bis zu den denkbar äußersten Grenzen« erstreckt. Eine Grenzerfahrung; der Raum erstreckt sich so weit, daß er in Wirklichkeit unsichtbar und undenkbar ist: der Nicht-Raum, die Nicht-Zeit. Und in dieser Annullierung besteht die Ekstase der Erkenntnis: im fließenden Raum untergegangen, gibt der Dichter seine Identität auf und verschmilzt mit der leeren Weite. Die kritische Kunst gipfelt in einer letzten Negation: Baudelaire betrachtet buchstäblich *nichts*. Besser gesagt: er betrachtet eine Metapher des Nichts. Eine Transparenz, die, wenn sie nichts verbirgt, auch nichts widerspiegelt – nicht einmal sein fragendes Gesicht. Die Ästhetik der Analogie ist die Ästhetik der Vernichtung der Präsenz.

Baudelaires Denken verlieh fast allen künstlerischen Bewegungen unserer Epoche, vom Impressionismus bis heute, ein kritisches und ästhetisches Bewußtsein. Die Idee der Malerei als autonome und sich selbst genügende Sprache wird von den meisten Künstlern unserer Zeit geteilt, und auf ihr beruht die abstrakte Malerei. Ein gleiches ist zu sagen vom sowohl polemischen als auch magischen Wert des Wortes Modernität und von denen, die sich von ihm herschreiben: das Neue, die Avantgarde (obgleich Baudelaire aus seiner Abneigung gegen diese letztere keinen Hehl machte). Man braucht wohl kaum daran zu erinnern, daß eine konstante Note der modernen Kunst der Gebrauch von Verfahren und Stilen gewesen ist, die sich von der Tradition der Renaissance und der griechisch-römischen Tradition immer mehr entfernten: von der Negerkunst bis zur präkolumbianischen Kunst und von der Kindermalerei bis zur Malerei der Schizophrenen: Pluralität der Schönheitsbegriffe. Der Vorrang der Spontaneität, die Kommunikation zwischen Wachen und Träumen, die Nostalgie nach einem am Ursprung der Zeiten verlorenen Wort und die Verherrlichung der Kindheit sind Themen, die im Impressionismus wieder auftauchen. Die Reduktion der Schönheit auf das Singuläre, das Charakteristische oder Ungestalte: der

Expressionismus. Die schöpferische Funktion der Analogie, die Ästhetik der Überraschung: Breton, Apollinaire.

Man könnte gewissermaßen sagen, daß die moderne Kunst Baudelaire verwirklicht hat. Es wäre auch legitim zu sagen, daß sie ihn verleugnet hat. Die beiden Behauptungen schließen einander nicht aus; sie ergänzen sich vielmehr: die Situation 1967 ist sowohl die Negation derjenigen von 1860, als auch ihr Resultat. In den letzten Jahrzehnten ist die Beschleunigung der Veränderungen so stark gewesen, daß sie praktisch einer Widerlegung des Wandels gleichkommt: Unbeweglichkeit und Wiederholung. Das gleiche ist der Fall bei der immer größeren Produktion von Werken, die den Anspruch erheben, außergewöhnlich und einmalig zu sein: davon abgesehen, daß die meisten Geschöpfe emsiger Nachahmung und nicht der Imagination sind, macht das Ganze den Eindruck einer riesigen Ansammlung bunt zusammengewürfelter Gegenstände – ein Gewirr von Ramsch. Marcel Duchamp fragt sich: »Es überschwemmt uns ein Ozean von Bildern . . ., wo sind die Speicher und die Keller, die sie fassen könnten?« Die Modernität negiert sich schließlich selbst: die Avantgarde von 1967 wiederholt die Taten und Gesten derjenigen von 1917. Wir erleben das Ende der Idee der modernen Kunst. Das erste, was die Künstler und die Kritiker somit tun müßten, wäre, die rigorose Kritik, der Baudelaire die Idee der Tradition unterzogen hat, auf den Begriff der Modernität anzuwenden.

Die Ästhetik der Modernität fällt zusammen mit bestimmten Wandlungen in der Produktion, der Verteilung und der Bewertung der Werke. Die Autonomie der Malerei – ihre Trennung von den anderen Künsten und ihr Anspruch, sich als eine sich selbst genügende Sprache zu konstituieren – vollzieht sich parallel zur Einrichtung des

Museums, dem Entstehen der kommerziellen Galerie und dem Auftreten des professionellen Kunstkritikers und des Sammlers. Es ist eine Bewegung, die, wie wir alle wissen, in der Renaissance beginnt und deren Höhepunkt zusammenfällt mit dem des Kapitalismus und der freien Marktwirtschaft. Gleiches gilt für die Entwicklung der Formen der künstlerischen Produktion, von den Werkstätten der Renaissance und der Barockzeit bis zum individuellen Produzenten unserer Tage. Doch was ich hervorheben möchte, ist ein zweifaches Phänomen: einerseits hörten die Bilder auf, einem System von allgemeinen Bedeutungen und Anschauungen anzugehören, und wurden mehr und mehr individueller Ausdruck, der darauf abzielte, ebenfalls individuelle Verbraucher zu befriedigen; andererseits, dem alten gemeinschaftlichen Raum, der Kirche oder dem Palast, entzogen, konstituierten sie sich als autonomer Raum. Sowohl in geistiger und gesellschaftlicher als auch in materieller Hinsicht wurden die Bilder transportable Gegenstände. Dieser Umstand ermöglichte ihre Aufnahme in den Handel.

Ambivalenz des Bildes: es ist Kunst, einmaliger Gegenstand; es ist Ware, etwas, das wir transportieren und an diese oder jene Wand hängen können. Nichts natürlicher, als daß eine Gesellschaft, welche die Dinge vergöttert und aus dem wirtschaftlichen Austausch die höchste Form der Kommunikation gemacht hat, Museen baut und die Privatsammlungen vermehrt: sie sind das Gegenstück zu den Banken und Kaufhäusern. Der Fetischismus der Dinge ist etwas anderes als die Idolatrie der Bilder. Das eine ist die Leidenschaft des Besitzers als Sklave dessen, was er besitzt, unabhängig von der Bedeutung des Gegenstandes; das andere ist eine religiöse Passion für das, was der Gegenstand darstellt. Die Kunstwerke sind einmalig, doch sie sind auch austauschbar: sie werden verkauft; die Idole sind weder einmalig noch austauschbar: ein Heiligenbild kann für ein anderes eingetauscht werden nur mittels des angemessenen Ritus. Unsere Gesellschaft preist den Maler und seine Werke unter der Bedingung, daß sie aus ihnen Tauschgegenstände machen kann.

Die Kritik der Ästhetik der Modernität erfordert gleichfalls eine Kritik des Marktes und des magisch-merkantilen Charakters des Kunstwerkes. Immer wieder haben sich die Künstler gegen diese Situation empört. Dada unterminierte den Begriff des Kunstwerkes und zeigte den lächerlichen Charakter des Kultes mit der Kunst auf; der Surrealismus erweckte das Bild zu neuem Leben und wertete das Malerische ab. Trotzdem befinden sich die ready-mades von Duchamp und die Visionen von Max Ernst und Miró in den Museen. In den letzten Jahren bemühen sich junge Künstler, aus einer anderen Perspektive heraus, dem Käfig des Marktes zu entrinnen. Von diesen Versuchen möchte ich, wegen der Radikalität des Programms, den des *Groupe de recherche d'art visuel* hervorheben. Diese Künstler haben es gewagt, den Stier bei den Hörnern zu packen. Mit anderen Worten: sie bekämpfen das System an seiner Basis. Als erstes kehren sie zur Teamarbeit zurück. Angesichts Hunderter von Malern auf der Suche nach einer unmöglichen und letztlich seichten Originalität, wies schon Baudelaire darauf hin, daß sie besser daran getan hätten, redlich im Atelier eines Meisters zu arbeiten. Auch die Malerei hätte dabei gewonnen: »Eine große Produktion ist nur ein Denken mit tausend Armen.« Der *Groupe de recherche d'art visuel* ersetzt das Atelier durch das Laboratorium, die handwerkliche Produktion durch die Forschung, die Idee des Meisters und Dienstherrn durch die Künstlervereinigung und stellt in den Mittelpunkt ihrer gedanklichen

Beschäftigungen dieses *Denken,* von dem Baudelaire spricht und das nur ein anderer Name für Imagination ist. Schluß mit dem Berufs-Aberglauben: »Wer nur Geschicklichkeit besitzt, ist ein Dummkopf.« Schluß mit dem Fanatismus des Einmaligen, sowohl durch die Vervielfältigung jedes Werks als auch dadurch, daß jedes ein Gegenstand ist, der uns einlädt, ihn zu ergänzen und zu verwandeln. Schluß mit der Idee des Betrachters zugunsten des schöpferischen Spiels: der *Groupe* bietet Situationen, die eine gemeinsame Reaktion der Teilnehmer bewirken.

Das Werk löst sich in Leben auf, aber das Leben wird zum Fest. Dieses Wort erinnert sofort an einen der Mythen der Modernität: an den Wilden Baudelaires, an Bretons »Menschen der Ferne«. Nur daß es sich jetzt nicht darum handelt, zur Kunst der Primitiven zurückzukehren, noch deren Anschauungen wiederzubeleben, sondern gerade dank unserer Maschinen eine gemeinsame Form zu finden, die Zeit zu konsumieren und zu vollenden. Le Parc hat gesagt, daß ein Bild so lange währt wie ein Blick. Das ist richtig, wenn dieser Blick ein Zeichen des Einvernehmens ist, das wir mit dem Werk austauschen . . . Ich weiß nicht, ob die Erzeugnisse des *Groupe* wie die seiner Vorgänger in den Museen enden werden. Höchstwahrscheinlich. Doch gleichviel: ich habe den Versuch dieser jungen Künstler angeführt, weil mir ihr Programm ein Symptom unter anderen für das Verschwinden der »Idee der Modernität« zu sein scheint, so wie Baudelaire und seine Nachfolger, von den Impressionisten bis zu den abstrakten Malern, sie konzipierten. Ich bin sicher, daß wir gegenwärtig das Ende des »Kunstwerks« und das Ende der Auffassung der Kunst als reine Hervorbringung von Gegenständen erleben. Der Begriff der Substanz ist im Schwinden nicht nur in der zeitgenössischen Physik und Philosophie, sondern selbst in der Welt der Ökonomie: der Gebrauchswert verdrängt mehr und mehr den Wert des Beständigen. Ich möchte zum Schluß sagen, daß meine Idee des Festes sich von der, die uns diese jungen Künstler vorschlagen, unterscheidet. Das Fest, das mir vorschwebt, wäre nicht nur Verteilung und Vollendung des Gegenstandes, sondern es hätte, im Unterschied zu dem der Primitiven, überhaupt keinen Gegenstand: weder Gedenken eines Datums noch Rückkehr zur ursprünglichen Zeit, es wäre – es bleibt nichts anderes übrig, als der Sprache Gewalt anzutun – Auflösung der Zeit, *Erzeugung von Vergessen.*

Das Wiederaufleben des Festes ist eine der *Lösungen* für die zeitgenössische Kunst, sowohl auf dem Gebiet der visuellen Künste als auch auf dem der Ton- und Wortkünste: Auflösung des Künstlerischen im Zeitstrom und Kristallisierung der geschichtlichen Zeit zu einem geschlossenen Raum. Das Fest hebt für einen Augenblick den Gegensatz zwischen der Präsenz und der Darstellung, dem Zeitlosen und dem Geschichtlichen, dem Zeichen und dem bezeichneten Gegenstand auf. Es ist eine Darbietung, aber es ist auch eine Vollendung: die Präsenz verkörpert sich nur, um unter den Tischgenossen aufgeteilt und konsumiert zu werden. So nimmt der Streit zwischen dem Ewigen und dem Vergänglichen an einem seiner Extreme ein Ende. Doch aus der Asche des Festes entsteht erneut die Zwietracht zwischen dem Malerischen und dem Meta-Malerischen. Gibt es einen anderen Weg?

Aufs Geratewohl und geleitet vom Prinzip der Analogie, das auch das des komplementären Gegensatzes ist, wage ich eine Hypothese: der andere Pol des Festes ist die Kontemplation. Wenn das Fest einem Mangel in unserer Massengesellschaft abhilft, hilft die Kontemplation einem anderen Mangel in unserer Gesellschaft von Einsamen ab. Die Kunst der Kontemplation erzeugt Gegenstände, doch sie betrachtet sie nicht als Dinge, sondern als Zeichen: Ausgangspunkte zur Entdeckung einer anderen Wirklichkeit, sei diese die Präsenz oder die Leere. Ich schreibe *zur Entdeckung,* da in einer Gesellschaft wie der unseren die Kunst uns weder Bedeutungen noch Darstellungen bietet: sie ist eine Kunst auf der Suche nach der Bedeutung. Eine Kunst auf der Suche nach der Präsenz oder der Leere, in der die Bedeutungen sich auflösen. Diese Kunst der Kontemplation könnte den Begriff des *Werks* nur einlösen, wenn sie, anstatt in ihm einen Gegenstand, ein Ding zu sehen, ihm seine wahre Funktion zurückgäbe: die, eine *Brücke* zu sein zwischen dem Betrachter und dieser Präsenz, auf welche die Kunst stets anspielt, ohne sie je ganz zu benennen.

Nach über hundert Jahren Modernität ist unsere Situation ähnlich derjenigen der Person in *Kantan,* diesem Stück des Nô-Theaters, das von Waley bewundernswert übersetzt wurde: ein junger Pilger findet ein Obdach in einer Herberge und streckt sich, müde vom Wandern, auf einer Matte aus; während die Wirtin ihm eine Handvoll Reis kocht, träumt er, daß er den Thron Chinas besteigt, und, so als wäre er unsterblich, fünfzig Jahre in Glanz und Herrlichkeit lebt: in den wenigen Minuten, die der Reis zum Kochen brauchte, und er, um aufzuwachen. Wie der buddhistische Pilger können wir uns fragen: hat sich etwas geändert? Wenn wir antworten: nichts hat sich geändert, weil alle Änderungen aus dem Stoff des Traums bestehen, bejahen wir unausgesprochen, daß wir uns geändert haben. Bevor wir diesen Traum träumten, hätten wir so nicht antworten können; um zu erkennen, daß die Änderungen schimärisch sind, müssen wir uns ändern. Wenn wir bejahend antworten, geraten wir ebenfalls in Widerspruch zu uns selbst: unsere Veränderung besteht darin, daß uns klar wird, daß alle Veränderungen illusorisch sind, die unsere nicht ausgenommen. Die Kunst und die Kritik des 20. Jahrhunderts sind Gefangene dieses Paradoxes gewesen. Vielleicht besteht die einzige Antwort darin, sich die Frage nicht zu stellen, aufzustehen und erneut auf die Suche nach der Präsenz zu gehen, nicht so, als wenn nichts geschehen wäre, sondern so, als wenn alles geschehen wäre – dieses Alles, das identisch ist mit dem Nichts.

Delhi, Dezember 1967

SAINT-JOHN PERSE
EIN MODERNER HYMNUS

Im Jahre 1904, noch ein Jüngling, schreibt Saint-John Perse seine erste bekannte Dichtung: *Images à Crusoé* (Bilder für Crusoe); 1959 veröffentlicht er *Chronique* (Chronik), seine jüngste Dichtung[1]. Ein halbes Jahrhundert liegt zwischen diesen beiden Werken. Trennt es sie oder verbindet es sie? Beides zugleich. Wenig ist von der Welt geblieben, die Perses Jugend umgab. Ganze Gesellschaften sind verschwunden, andere sind erschienen und jene, die den Sturm überstanden haben, haben sich so geändert, daß niemand zu sagen vermöchte, ob es wirklich noch die gleichen sind. Was in diesen fünfzig Jahren vergangen ist, ist mehr als nur die Zeit. Sicher, es ist nicht das erste Mal, daß große Umwälzungen stattfinden. Früher jedoch wurde das tägliche Leben der Menschen, die durch Arbeit und Ritus dem zyklischen Rhythmus der Natur verbunden waren, durch die Gründung und die Vernichtung von Reichen kaum in Mitleidenschaft gezogen. Das eigentliche Leben war nicht geschichtlich. Bis zum vergangenen Jahrhundert besteht die Trennung zwischen privatem Leben und öffentlichem Geschehen fort; außer in seltenen Augenblicken – die Revolution von 1848, die Kommune – geht die Geschichte an Baudelaire, Rimbaud oder Mallarmé vorbei. Heute beherrscht die Geschichte nicht nur den ganzen Erdball – es gibt keine von ihr unberührten Völker und Länder mehr –, sie bemächtigt sich auch unseres Denkens, entvölkert unsere heimlichen Träume, treibt uns aus unseren Häusern und stürzt uns in die Leere der Öffentlichkeit. Der moderne

1 Seitdem hat Saint-John Perse eine weitere Dichtung veröffentlicht: *Oiseaux* (Vögel).

Mensch hat entdeckt, daß das geschichtliche Leben das unbehauste Leben ist, Saint-John Perse weiß das besser als jeder andere. Doch was die Geschichte trennt, die Poesie vereint es wieder.

Wenn wir die Bücher von Perse wiederlesen, werden wir bemerken, daß von *Éloges* (Preislieder) bis zu *Chronique* ununterbrochen der gleiche Wortstrom fließt. Die Sprache resorbiert die Ereignisse, verwandelt sie und erlöst sie sozusagen. Alles, was sich in diesen fünfzig Jahren ereignet hat, das persönliche Abenteuer des Dichters nicht ausgenommen, mündet in ein Werk. Die Zwietracht, der Bruch, die Verbannung, die Liebe und die Liebschaften, das Staunen, die Zerstörung und die Geburt der Städte, das Versagen der Sprache und das unerträgliche Fieber des Himmels im Westen sind die Bilder und Reime einer umfangreichen Dichtung. Die Zersplitterung unserer Welt erweist sich am Ende als lebendige Einheit. Nicht als Einheit des Systems, das den Widerspruch ausschließt und immer nur eine einseitige Sicht ist, sondern als die des dichterischen Bildes. Man hat gesagt, daß der Historiker ein umgekehrter Prophet ist, ein Wahrsager des Vergangenen; man könnte hinzufügen, daß der Dichter ein Historiker ist, der das, was sich ereignet, imaginiert. Und das Erstaunlichste ist, daß seine Bilder wahrer sind als die sogenannten historischen Dokumente. Wer wissen möchte, was sich in der ersten Hälfte des 20. Jahrhunderts wirklich ereignet hat, wird eher zu ein paar dichterischen Werken greifen müssen, als zum fragwürdigen Zeugnis der Zeitungen. Eins dieser Werke ist das von Saint-John Perse.

Images à Crusoé endet mit einem Satz, der zugleich eine Erinnerung und eine Prophezeiung ist: *Tu attendais l'instant du départ, le lever du grand vent qui te descellerait d'un coup, comme un typhon, divisant les nuées devant l'attente de tes yeux* . . . (»Du wartetest, daß er käme, der Augenblick des Aufbruchs, die Heraufkunft des großen Windes, der dich losreißen würde mit einem Schlag, wie ein Taifun, die Wolken teilend vor der Erwartung deiner Augen . . .«) Die erste Strophe von *Chronique* antwortet auf die letzte seines Jugendwerkes wie folgt: *Grand âge, nous voici: fraîcheur du soir sur les hauteurs, souffle du large sur tous les seuils, et nos fronts mis à nu pour de plus vastes cirques* . . . (»Hohe Zeit, hier sind wir. Frische des Abends auf den Höhen, Atem der offenen See auf allen Schwellen, und unsere Stirnen entblößt, größeren Weiten zulieb . . .«) Perse kommt zum Stelldichein, das er sich selbst gab, als er zwanzig war. Das Alter bedeutet nicht Resignation: die Welt bleibt offen, und das bevorzugte Bild des Dichters ist immer noch das des Weges. Das Alter bedeutet nicht: der Sessel am Kamin, sondern die Nacht im Freien. *Chronique* ist eine weitere Strophe der Dichtung, sie nimmt das Anfangsthema wieder auf und kündigt ein neues Abenteuer an. Ein neues? Immer das gleiche, immer ein anderes. Jedes Buch von Perse ist eine Strophe eines einzigen Gedichts; und jede dieser großen Strophen ist ein Gedicht für sich. Einheit und Vielheit.

Was ist das Thema dieser Dichtung, welche Geschichte erzählen diese Strophen, die *Éloges, Anabase* (Anabasis), *Exil, Vents* (Winde), *Amers* (See-Marken), *Chronique* heißen? Das Werk beginnt als Gesang: Preis der natürlichen Welt, des Kindesalters des Menschen. Meer, Himmel und Erde, durch die ernsten und staunenden Augen eines Kindes gesehen. Feier einer Kindheit und Abschied von einer Kindheit, ihrer *großzügigen Fabel* und der Fülle ihres Tisches. Das erste Buch, die erste Strophe, ist die Ankündigung einer Reise: *Alle Wege der Welt fressen mir aus der Hand.* Von *Éloges* bis zu *Anabase* war nur ein Schritt. Perse, nunmehr entschlossen, der Fremde zu sein,

tat ihn ohne Nostalgie: es gibt weder einen Weg zurück, noch eine Rückkehr ins Land der Geburt. *Anabase* ist der Bericht von den Wanderungen und Bewegungen – im Raum, in der Zeit und im Bereich des Traums – der Völker und der Kulturen, der Feier der Gründung der Gesetze und der Städte, der Evokation der großen Wandervögel: *Terre arable du songe! Qui parle de bâtir?* (»Pflügbares Land des Traums! Wer spricht von Bauen«!)
Von *Anabase* an verbindet sich das Schicksal des Fremden mit dem des Regens, des Schnees und der Winde: Bilder des Wandels und der Wanderung, mächtige Verdichtungen des Wortes *Exil.* Geschichten unserer Zeit, gewiß, doch auch der Bericht von einer Verbannung, die kein Ende nimmt, denn jede menschliche Geschichte ist die Geschichte einer Verbannung. Selbst der Planet ist ein schweifender Körper.
Das Abenteuer von Perse ist das Gegenteil einer Weltumseglung. Jede Station ist ein Ausgangspunkt, bedeutet lediglich eine kurze Rast, bevor die Tagesreise fortgesetzt wird. Die geometrische Figur, die dieses Universum regiert, ist nicht der Kreis, sondern die Spirale. Die Dichtung von Perse will gelesen werden als eine Übung in geistiger Unerschrockenheit. Seine Gedichte bieten uns keinen Schutz vor der Nacht und dem Unwetter: sie sind ein Lager unter offenem Himmel. Keine Verwurzelung: ein Flügelschlagen. Sein Thema ist ein mannigfaches und einziges: die Zeiten, die Zeit. Geschichte ohne Personen, weil die einzige Person der Geschichte ein Wesen ohne Namen und Gesicht, halb Fleisch, halb Traum, ist: der Mensch, der wir alle sind und auch nicht sind. Eine Fahrt ohne Seekarte noch Kompaß, weil die Städte, die Häfen, die Inseln, diese ganze geographische Phantasmagorie sich auflöst, kaum daß wir sie berühren. Chronik der Stürme und der Meeresstillen, Annalen des Windes, Buch

des Meeres und der Ströme, Stein des Himmels, auf dem, wie auf einer Stele, die Zeichen für die guten und die schlechten Jahre zu lesen sind. Die Dichtung von Perse entfaltet sich jenseits von Optimismus und Pessimismus, gleichgültig gegenüber dem Streit der Namen und dem kleinlichen Gezänk der Moral und der Bedeutungen. Ihre Moral ist eine andere, ihre Begeisterung ist eine andere, ihre gewaltige Kraft ist eine andere. Das Thema von Perse ist die Zeit, unsere Substanz. Dichtung der Zeit, die uns begräbt und verbannt. Wenn wir Menschen etwas sind, dann sind wir eine Metapher der Zeit. Ein Bild des Schweifens.

Annalen, Chronik, Reisebericht: Epik. Nur haben wir es mit einer besonderen epischen Dichtung zu tun. Ihre Form, vielleicht die einzige, die eine Zeit wie die unsere vertragen konnte, hat mit der herkömmlichen wenig Ähnlichkeit. (Nebenbei sei erwähnt, daß unser Jahrhundert es sich zur Aufgabe gemacht hat, die Epik wiederzubeleben. Selbst der Roman, fast völlig vom Geist der Analyse beherrscht, verzichtet heute auf Psychologie. In seinen kühnsten Manifestationen – Vision der Einheit und Neuerschaffung der Sprache – nähert er sich wieder der Poesie.) Das erste, was den Leser von *Anabase* oder von *Vents* befremdet, hat er die Schwierigkeiten, die jede Dichtung einem unaufmerksamen Blick bietet, erst einmal überwunden, ist das Fehlen von Erzählung. Der Dichter spricht von Emigrationen, Eroberungen, Reisen, Riten, von der Erfindung von Techniken, von der Entdeckung neuer Länder, Wahlen von Würdenträgern, Konzilen, Usurpationen und Festen, ohne daß sich dies Gewoge von Jahrhunderten und Ereignissen zu einer linearen Erzählung fügt. Wir befinden uns im Auge des Zyklons. Geschichte ist Bewegung, doch wir kennen nicht die Richtung dieser Bewegung. Kennen die Histori-

ker sie etwa? Anstatt der immer nur provisorischen Erklärungen der Geschichtsphilosophen, gibt uns der Dichter das Gefühl vom geschichtlichen Leben und enthüllt uns dessen Sinn. Der *Sinn* ist nicht die Richtung der Ereignisse (die im übrigen niemand kennt): der Sinn der Geschichte ist nicht in der Ferne, in der Vergangenheit oder in der Zukunft zu finden, sondern im Hier und Jetzt. Auf dieser Erde und in ebendiesem Augenblick baut der Mensch Städte, gründet Monarchien, hält Versammlungen ab, verfaßt Gesetze, schreibt Gedichte oder bereitet seinen Untergang vor. Mit einem Wort, er kämpft gegen den Tod an, er macht aus jeder seiner Stunden ein Werk oder eine Tat: ein Denkmal oder eine Ruine. Obgleich die Dichtung von Perse nicht die lineare Form des Erzählens annimmt, ist ihr Stoff episch. Mit einer Fülle von Beispielen, die Zeugnis überaus reicher Lebenserfahrung ist, entfaltet sie vor unseren Augen die zugleich bewundernswerte und lächerliche Mannigfaltigkeit der Werke, Beschäftigungen und Taten der Menschen. Ohne zu Philosophien Zuflucht zu nehmen, zeigt sie uns den unmittelbaren Sinn der Geschichte: schaffen oder zugrunde gehen.
Wenn die Erzählung, im Wirbel der Bewegung aufgelöst, verschwindet: was geschieht mit den Helden? Alle tragen eine Maske. Keiner hat einen Eigennamen: der Fremde, der Regent, der Usurpator, die Tragödinnen, der Amtsschreiber, die Vizekönige, der Finanzier, der Astrologe ... Ämter, Würden, Berufe – einige so alt wie die Zivilisation, andere imaginär. Menschen aller Klassen und jede Klasse von Menschen. Wie im Werk von Joyce verschmelzen alle Personen zu einer. Und diese einzige Person spricht nie mit ihrer eigenen Stimme. Kaum bricht sie das Schweigen, erscheint sie als eine Vielzahl von Stimmen und wechselnder Präsenzen. Dialog oder Mo-

nolog? Bald ein Chorgedicht, bald Rezitation, Meditation oder Gebet einer einzigen Stimme. Die Frau ist die Frauen, und die Frauen sind das Meer. Der Fremde ist der Dichter, und der Dichter ist die Sprache. Der Wind, die Wolken, die Felsen, das Meer – allmächtig und allgegenwärtig in Perses Geist –, die großen Bäume, die Erze, das Tier-, Stein- und Pflanzenreich und die anderen Reiche, auch sie sind Personen. Der Dichter ist der Chronist der Regenfälle, der Historiker der Schneefälle. Die großen Tage der Geschichte verbinden sich mit Naturerscheinungen. Der Sturm, der Blitz, der Sommer sind Teil heroischer Taten. Oder ist es umgekehrt: versteht Perse die Geschichte als Naturgeschichte? Vielleicht weder das eine noch das andere. Die Sicht ist umfassend: Geschichte und Natur sind Dimensionen des Seins, Extreme ein und desselben Abenteuers. Und der Mensch? Auch der Mensch ist Abenteuer, eine Wette, die das Leben mit sich selber abgeschlossen hat. In *Chronique* findet sich folgender sonderbare Satz, der ein wenig Licht wirft auf das, was man vielleicht den »Transhumanismus« von Perse nennen könnte: *Nous passons, et, de nul engendrés, connaît-on bien l'espèce où nous nous avançons?* (»Wir gehn vorüber und, von keinem gezeugt, kennt man denn das Geschlecht, in dem wir vorwärtsschreiten?«) Im Zentrum der Dichtung steht der Mensch, doch als ein transitorisches Wesen gesehen, das sich auf ein andres Stadium zubewegt: *Nous sommes pâtres du futur ...* (»Wir sind Hirten der Zukunft ...«)

Klassifizierungen sind heikel. Die Dichtung von Saint-John Perse hat weniger Ähnlichkeit mit den herkömmlichen epischen Dichtungen, als mit den heiligen Schriften des Orients oder mit den Kosmogonien der Maya. Neben diesen religiösen Texten müßte man die Geschichtsbücher anführen, nicht die der Historiker, sondern die der

Akteure: Bernal Díaz, Babur. Andererseits knüpft sein Werk an die moderne Tradition an und baut sie aus, insbesondere die, die von Claudel und Segalen ausgeht. Diese Tradition geht zurück auf Mallarmé und seine Konzeption der beschriebenen Seite als einem belebten Raum. Im Falle dieser drei Dichter verbindet sich dieser Raum mit der Vision der weiten Ebenen Zentralasiens. Bei unserem Dichter gibt es noch ein anderes irdisches Element, das nicht minder stark ist. Man vergißt oft, daß es, wenn es einen tatarischen Saint-John Perse gibt, auch einen Saint-John Perse der amerikanischen Tropen und des amerikanischen Meeres gibt: die Welt von *Éloges* ist die der Antillen. In diesem Werk verbinden sich die weiten Räume der asiatischen Nomaden mit den flimmernden Inseln der Karibik. Die Bedeutung, die in der Inspiration des französischen Dichters der Geographie zukommt, mag diese wirklich oder imaginär sein, zeigt uns einmal mehr, daß sein Bild der Geschichte weder das unserer Schulbücher noch das unserer Philosophen ist; Perses Sicht der Zukunft ist die eines Raums, den es zu durchwandern oder zu erobern gilt: nicht ein Punkt, den man erreichen muß, sondern eine Gegend, die man bevölkern muß. Der Raum ist erotisch: *Jeunes femmes! et la nature d'un pay s'en trouve toute parfumée* . . . (»Junge Frauen! und die Natur eines ganzen Landes duftet nach ihnen . . .«) *Amers* enthält eines der großen Liebesgedichte der modernen französischen Dichtung. Und die *Récitation a l'éloge d'une reine* (Anrufung zum Preise einer Königin) und . . . Warum an weitere Gedichte erinnern? Aufzählungen sind langweilig. Geschichte, Geographie, Reisebilder und Erotik: Perses Dichtung gipfelt in einem Gesang über das Singen selbst. Es ist das Wort, das nicht diese oder jene Tat verherrlicht, sondern den Urakt, den reinen Akt, das Wort der schöpferischen Kraft. Ist es da verwunderlich, daß es zum Lob der höchsten menschlichen Tat wird: des Gedichts. Als Feier der Sprache ist die Dichtung von Perse eine Rückkehr zum Ursprung des Gedichts: zur Hymne. Jubel angesichts des Lebens, Bejahung des Lebens, Lob. Dichtung, die keine Götter kennt, doch die in deren Quell badet: *Vraiment j'habite la gorge d'un dieu* (»Wahrlich, ich wohne in eines Gottes Schlund«). Unsere schreckliche Zeit ist nicht nur Zweifel und Negation. Ein Dichter akzeptiert sie in ihrer Gesamtheit. Kein wahrer Dichter ist Manichäer. Das Gute und das Böse, die Schattenseite und die lichte Seite sind keine voneinander geschiedenen Entitäten, sondern die Vorderseite und die Kehrseite des Seins, das immer das gleiche ist – auch wenn es nie dasselbe ist. Der Dichter ignoriert den Streit: sein Gesang ist Lob.

Paris, Mai 1961

ELIOT UND POUND
DIE SUCHE NACH DER TRADITION

Die ersten Manifestationen der Avantgarde waren kosmopolitisch und polyglott: Marinetti schreibt seine Manifeste in Französisch und setzt sich in Moskau und Sankt Petersburg mit den russischen Kubofuturisten auseinander; Chlebnikow und seine Freunde erfinden das *Zaum*, die trans-rationale Sprache; Duchamp stellt in New York aus und spielt Schach in Buenos Aires; Picabia arbeitet in New York, Barcelona und Paris und erregt überall Ärgernis; Arthur Cravan lehnt es ab, sich in Paris mit Apollinaire zu duellieren, doch in Madrid boxt er gegen den schwarzen Champion Jack Johnson, und mitten in der Revolution begibt er sich nach Mexiko, wo er, wie Quetzalcóatl, mit einem kleinen Boot in den Gewässern des Golfs untergeht; die ersten Gedichte von Cendrars sind Berichte über Ostern in New York und über eine endlose Reise mit der transsibirischen Bahn; Diego Rivera begegnet in Montparnasse Ilja Ehrenburg und findet sich wenige Jahre später auf den Seiten von *Julio Jurenito* wieder; Vicente Huidobro kommt aus Chile nach Paris, arbeitet mit den Dichtern zusammen, die sich zu jener Zeit Kubisten nannten, und gründet gemeinsam mit Pierre Reverdy die Zeitschrift *Nord-Sud*. Die Explosion Dada vergrößert das babylonische Sprachengewirr noch: der Elsässer Arp, die Deutschen Hugo Ball und Richard Huelsenbeck, der Rumäne Tristan Tzara, der Französisch-Cubaner Francis Picabia. Einige sind zweisprachig: Arp schreibt Deutsch und Französisch, Ungaretti Italienisch und Französisch, Huidobro Spanisch und Französisch. Die Vorliebe für das Französische verrät, daß die französische Avantgarde in der Entwicklung der modernen Dichtung die Hauptrolle spielte. Ich erwähne diese allgemein bekannte Tatsache deshalb, weil viele nordamerikanische und englische Kritiker sie nicht wahrhaben wollen. Die Kritiker nicht und manchmal nicht einmal die Dichter; 1961 verstieg sich Pound in einem Interview zu der Behauptung: »If Paris had been as interesting as Italy in 1924, I would have stayed in Paris«.[1]

Die Bewegung der Avantgarde beginnt in englischer Sprache etwas später als auf dem Kontinent und in Lateinamerika. Die ersten Bücher von Pound und Eliot sind noch geprägt von Laforgue, Corbière und selbst von Gautier. Während die Dichter englischer Sprache beim *imagism* bleiben, der eine zaghafte Reaktion auf den Symbolismus ist, veröffentlicht Apollinaire *Alcools* und gibt Max Jacob dem Prosagedicht eine neue Form. Die große schöpferische Periode der angloamerikanischen Avantgarde beginnt mit der endgültigen Ausgabe der ersten *Cantos* (1924), *The waste land* (1922) und einem kleinen, höchst anziehenden, doch wenig bekannten Buch von William Carlos Williams: *Kora in Hell, Improvisations* (1920). Das Erscheinen dieser Bücher fällt zusammen mit dem Beginn der zweiten Periode der europäischen Avantgarde: dem Surrealismus. Zwei einander entgegengesetzte Versionen der modernen Bewegung, die eine in Rot, die andere in Weiß.

Mit diesen kurzen Bemerkungen wollte ich lediglich auf den kosmopolitischen Charakter der Avantgarde hinweisen, aber auch darauf, daß die Dichtung englischer Sprache Teil einer allgemeinen Strömung ist. Nach den Daten zu schließen, ist es nicht wahrscheinlich, daß Eliot und Pound, wie einige Kritiker meinen, allein die symbolisti-

---

1 Cf. Hugh Kenner, *The Pound era* (Berkeley: University of California Press, 1971). Das Interview, mit D. C. Bridson, erschien in der Nummer 17 von *New Directions* (1961).

sche Tradition kannten und an Apollinaire, Reverdy, Dada und dem Surrealismus vorübergegangen sind. Harry Levin hat den Einfluß Apollinaires auf E. E. Cummings nachgewiesen, der ja auch Freund und Übersetzer von Aragon war; die Beziehung zwischen *Kora in Hell* und dem Prosagedicht, so wie es zu jener Zeit von den Surrealisten kultiviert wurde, ist eindeutig und direkt; und Wallace Stevens kannte die zeitgenössische französische Dichtung bestens – doch wir möchten gern etwas mehr über die Jahre wissen, in denen der große Wandel beginnt. Das Paris, das Pound und Eliot kennenlernten, war das kosmopolitische Paris des ersten Drittels dieses Jahrhunderts, Schauplatz einander ablösender künstlerischer und literarischer Revolutionen. Immer wieder, und bis zum Überdruß, hat man von dem Einfluß Laforgues auf Eliot gesprochen; dagegen hat niemand die Ähnlichkeit zwischen der poetischen Collage von Pound und Eliot und der »simultaneistischen« Struktur von *Zone*, *Le musicien de Saint-Merry* und anderen Gedichten Apollinaires untersucht. Ich will nicht die Originalität der nordamerikanischen Dichter bestreiten, sondern darauf hinweisen, daß die dichterische Bewegung englischer Sprache voll verständlich ist nur im Kontext der Dichtung des Westens. Das gleiche gilt für die anderen Richtungen: ohne Dada, der in Zürich entstand und von Tzara in Frankreich eingeführt wurde, wäre der Surrealismus nicht erklärbar. Nicht ohne Dada und nicht ohne die deutsche Romantik. Ebenso ist der spanische und argentinische Ultraismo nicht erklärbar ohne Huidobro, der wiederum nicht erklärbar ist ohne Reverdy.

Die Beispiele, die ich angeführt habe, wollen keine lineare Vorstellung von der Geschichte der Literatur vermitteln, sondern deren Komplexität und übernationalen Charakter unterstreichen. Eine Literatur ist eine Sprache, doch keine isolierte: sie steht in ständiger Beziehung mit anderen Sprachen, mit anderen Literaturen. Eliot findet, daß die Verbindung einander widersprechender oder verschiedenartiger Erfahrungen ein Charakteristikum der »metaphysischen« englischen Dichter ist. Doch ein Charakteristikum ist nicht einmalig: die Verbindung der Gegensätze – Paradox, Metapher – findet man in der ganzen europäischen Dichtung dieser Zeit. Die konsequente Trennung von Sensibilität und Imagination – von klassizistischem Geist und Miltonscher und romantischer Eloquenz – ist ebenfalls ein allgemeines europäisches Phänomen. Deshalb sagt Eliot, daß »Jules Laforgue und, in vielen seiner Gedichte, Tristan Corbière der ›Schule von Donne‹ näher stehen als irgendein moderner englischer Dichter«.[2] Vielleicht hätte er das gleiche von López Velarde gesagt, hätte er ihn lesen können. Die Literatur des Westens ist ein Gewebe von Beziehungen. Dieses Gewebe besteht aus Mustern, in deren Verflechtung und Entflechtung der Bewegungen, die Dichterpersönlichkeiten – und der Zufall erkennbar werden. Im folgenden will ich versuchen aufzuzeigen, wie die dichterischen Bestrebungen der ersten Hälfte dieses Jahrhunderts einige der Muster, welche die Romantik ein Jahrhundert zuvor entworfen hatte, wiederholen, wenn auch im entgegengesetzten Sinne. Das Bild ist das gleiche, nur umgekehrt. Das Gegensatz-Verhältnis zwischen den germanischen und den romanischen Sprachen taucht im 20. Jahrhundert wieder auf und hat die Tendenz, sich in zwei Extremen zu kristallisieren: in der Dichtung englischer Sprache und in der französischen Dichtung. Ich werde auch auf die Dichtung spanischer Sprache Bezug nehmen,

---

2 »The metaphysical poets« (1921), in *Selected essays* (New York: Harcourt Brace, 1932).

nicht nur, weil diese Sprache die meine ist, sondern weil die neuere Zeit, ebenso in Spanien wie in Amerika, eine der reichsten Perioden unserer Geschichte ist. Ich bin mir bewußt, daß ich große Bewegungen und Gestalten beiseite lasse – den italienischen und den russischen Futurismus, den deutschen Expressionismus, Rilke, Benn, Pessoa, Ungaretti, Montale, die Griechen, die Brasilianer, die Polen . . . Sicherlich wäre die Sicht eines deutschen oder italienischen Dichters eine andere. Mein Gesichtspunkt ist einseitig: er ist der eines hispanoamerikanischen Dichters.

Die Romantik war nicht nur eine Reaktion auf die Ästhetik der Klassik, sondern auch auf die griechisch-lateinische Tradition in der Gestalt, welche die Renaissance und die Barockzeit ihr gegeben hatten. Die Klassik war schließlich nur die letzte und radikalste Manifestation dieser Tradition. Die Rückkehr zu den nationalen dichterischen Traditionen (oder die Schaffung dieser Traditionen) war eine Negation der zentralen Tradition des Westens. Nicht umsonst waren die ersten Manifestationen der Romantik, neben der *gothic novel* und der Rückwendung zum Mittelalter, das orientalische Milieu im »Vathek« und die unermeßliche Weite Amerikas in den »Natchez«. Gotische Kathedralen und Abteien, Moscheen, Hindu-Tempel, amerikanische Wüsten und Wälder: sie waren mehr als nur Bilder, sie waren Zeichen der Negation. Ob wirklich oder imaginär, jedes Gebäude und jede Landschaft war eine Polemik gegen die Tyrannei Roms und seines Erbes. In seinen dichtungskritischen Essays bleibt Blanco White nicht beim Einfluß der französischen Klassik stehen, sondern geht bis zur Wurzel: der Ursprung des Übels, mit dem unsere Dichtung behaftet ist, liege im 16. Jahrhundert und heiße italienische

Renaissance. Eloquenz, Ebenmaß, Petrarkismus: Symmetrie, die die spanische Dichtung ihrer eigenen Natur entfremdet, Geometrie, die sie erstickt und nicht sie selbst sein läßt. Um ihr wahres Wesen wiederzuerlangen, sollten die spanischen Dichter dieses Erbe abschütteln und zu ihrer eigenen Tradition zurückkehren. Blanco White sagt nicht, welches diese Tradition ist, nur daß es eine *andere* ist. Eine andere Tradition als die, welche Garcilaso, Góngora und die klassischen Dichter gleichermaßen in Ehren hielten. Die zentrale Tradition Europas wird zur Verirrung. Zu einem von außen auferlegten Zwang. Sie war das vereinigende Element gewesen, die Brücke zwischen den Sprachen, den Mentalitäten und den Nationen: jetzt ist sie etwas ihr Aufgezwungenes. Die Romantik gehorcht derselben Zentrifugalkraft wie der Protestantismus. Wenn sie auch kein Schisma ist, so bedeutet sie doch Trennung, Abspaltung.

Der Bruch mit der zentralen Tradition des Westens hatte zur Folge, daß viele Traditionen auftauchten; die Vielfalt von Traditionen führte zur Anerkennung verschiedener Begriffe von Schönheit; der ästhetische Relativismus war die Rechtfertigung der Ästhetik des Wandels: indem die kritische Tradition sich selbst negiert, behauptet sie sich. Innerhalb dieser Tradition bedeutet die angloamerikanische dichterische Bewegung des 20. Jahrhunderts einen großen Wandel, eine große Negation und eine große Neuheit. Der Bruch besteht darin, daß sie, weit davon entfernt, eine Negation der zentralen Tradition zu sein, eine Suche nach dieser Tradition ist. Keine Revolte, sondern eine Restauration. Ein Kurswechsel: Wiedervereinigung und nicht Trennung. Obgleich Eliot und Pound verschiedene Vorstellungen von dem hatten, worin diese Tradition eigentlich bestand, war ihr Ausgangspunkt doch der gleiche: das Bewußtsein der Abspaltung, zu fühlen und zu wissen, daß man abseits steht. Es ist eine doppelte Abspaltung: eine persönliche und eine geschichtliche. Sie gehen nach Europa, nicht als Verbannte, sondern auf der Suche nach dem Ursprung; ihre Reise führt nicht ins Exil, sondern ist eine Rückkehr zu den Quellen. Es ist eine Bewegung in die Whitman entgegengesetzte Richtung: nicht die Erforschung der unbekannten Räume, des amerikanischen Jenseits, sondern die Rückkehr nach England. Doch England, seit der Reformation von Europa getrennt, ist nur ein Glied der zerbrochenen Kette. Der Anglizismus Eliots war ein Europäismus; Pound, der radikaler war, tat den Sprung von England nach Frankreich und von Frankreich nach Italien.

Dem Wort *Zentrum* begegnet man in den Schriften der beiden Dichter immer wieder, zumeist in Verbindung mit dem Wort Ordnung. Tradition wird gleichgesetzt mit der Idee eines universalen Konvergenzpunktes, einer irdischen und himmlischen Ordnung. Die Poesie ist Suche nach und manchmal Vision dieser Ordnung. Für Eliot ist das geschichtliche Bild der spirituellen Ordnung die christliche Gesellschaft des Mittelalters. Die Vorstellung der modernen Welt als Auflösung der christlichen Ordnung des Mittelalters findet sich bei vielen Schriftstellern dieser Zeit, doch bei Eliot ist es mehr als eine Vorstellung: es ist ein Schicksal und eine Vision. Etwas Gedachtes und Erlebtes – ein Ausdruck: eine Sprache. Wenn die Modernität die Auflösung der christlichen Ordnung ist, steht sein individuelles Schicksal als moderner Dichter und Mensch genau in diesem geschichtlichen Kontext. Die moderne Geschichte ist Verfall, Trennung, Auflösung; aber sie ist auch der Weg der Läuterung und Wiederversöhnung. Das Exil ist kein Exil: es ist die Rückkehr zur Zeit ohne Zeit. Der Christ nimmt die Zeit nur auf sich, um sie zu verwandeln. Die Poesie Eliots verwandelt sich in eine religiöse Sicht der modernen Geschichte des Westens.

Im Falle Pounds ist die Idee der Tradition verworrener und schillernder. Verworren, weil es weniger eine Idee ist, denn eine Aneinanderreihung von Bildern; schillernd, weil sie sich – wie der Greif, den Dante im Purgatorium sah – fortwährend verwandelt und dabei doch die gleiche bleibt. Darin besteht vielleicht sein tiefer Amerikanismus: seine Suche nach der zentralen Tradition ist nur eine weitere, die extreme Form der Tradition der Suche. Seine ungewollte Ähnlichkeit mit Whitman ist erstaunlich: beide lassen den Westen hinter sich, nur daß der eine auf die Suche geht nach einem pantheistisch-mystischen Verströmen (Indien) und der andere auf die nach einer Weisheit, welche die Ordnung des Himmels mit der der Erde in Einklang bringt (China). Pound fühlte sich vom System des Konfuzius ähnlich angezogen wie die Jesuiten im 18. Jahrhundert, und so wie die ihre, ist seine Faszination eine politische Passion: die Jesuiten glaubten, ein christliches China wäre das Modell der Welt; Pound träumte von konfuzianischen Vereinigten Staaten. Der außerordentliche Reichtum und die Komplexität der Bezüge, Anspielungen und Echos anderer Epochen und Kulturen machen die *Cantos* zu einem kosmopolitischen Text, zu einem wahren poetischen Babel (in dieser Bezeichnung ist nichts Pejoratives). Trotzdem sind die *Cantos* in erster Linie eine nordamerikanische Dichtung, geschrieben für die Nordamerikaner – was natürlich nicht hindert, daß sie uns alle fasziniert. Die verschiedenen Episoden, Gestalten und Texte in der Dichtung sind *Beispiele*, die der Dichter seinen Landsleuten vor Augen hält. Sie alle zielen auf ein universales, oder genauer, auf ein imperiales Modell ab. Darin unterscheidet Pound sich von Whitman. Der eine träumte von einer nationalen, wenn auch weltweiten Gesellschaft, die am Ende die Demokratie verwirklichen würde; der andere von einer Weltnation als der Erbin aller Kulturen und Reiche. Pound spricht von der Welt, doch denkt er dabei immer an sein Vaterland, an eine Weltmacht. Der Nationalismus Whitmans war ein Universalismus; der Universalismus Pounds ist ein Nationalismus. Damit erklärt sich Pounds Verherrlichung des politischen und moralischen Systems des Konfuzius: im chinesischen Reich sah er ein Modell für die Vereinigten Staaten. Daher auch seine Bewunderung für Mussolini. Das Auftauchen Justinians in den letzten *Cantos* entspricht ebenfalls dieser imperialen Sicht.

Die Mitte der Welt ist nicht der Ort, wo sich das religiöse Wort manifestiert, wie das bei Eliot der Fall ist; sie ist der Quell der Kraft, welche die Menschen anspornt und in einem gemeinschaftlichen Werk eint. Die Ordnung Pounds ist hierarchisch, obgleich seine Hierarchien sich nicht auf das Geld gründen. Seine Passion war weder die Freiheit noch die Gleichheit, sondern die Größe und die Gerechtigkeit unter den Ungleichen. Seine Nostalgie nach der Agrargesellschaft war keine Nostalgie nach der demokratischen Dorfgemeinschaft, sondern nach den alten imperialen Gesellschaften wie China und Byzanz, zwei großen bürokratischen Reichen. Sein Irrtum bestand darin, daß seine Vision dieser Kulturen die riesige Last des Staates, welche die Bauern, Handwerker und Kaufleute erdrückt, ignorierte. Sein Antikapitalismus, wie man in seinem berühmten *Canto* gegen den Wucher sieht, ist Ausdruck eines echten und berechtigten Abscheus vor der modernen Welt, doch seine Verurteilung des Aufgelds ist die gleiche wie die der katholischen Kirche im Mittelalter. Auch hier liegt eine Verwechslung

vor: der Kapitalismus ist nicht der Wucher, noch ist er das Horten des exkrementiellen Goldes, sondern er ist dessen Sublimierung und Verwandlung in Sozialprodukte durch die Arbeit des Menschen. Das Thesaurieren des Wucherers bringt den Reichtum zum Stocken, es entzieht ihn dem Umlauf, wohingegen die Produkte des Kapitalismus ihrerseits produktiv sind: sie sind im Umlauf und vermehren sich. Pound ignorierte Adam Smith, Ricardo und Marx – das Abc der Ökonomie und unserer Welt.
Seine exkrementielle Obsession ist verbunden mit seinem Haß auf den Wucher und mit seinem Antisemitismus. Die andere Seite dieser Obsession ist sein Sonnenkult. Das Exkrement ist teuflisch und irdisch; sein Bild, das Gold, verbirgt sich in den Eingeweiden der Erde und in den Schatztruhen, diesen symbolischen Eingeweiden des Wucherers. Doch es gibt noch ein anderes Bild des Exkrements, das seine Verwandlung ist: die Sonne. Das exkrementielle Gold des Wucherers verschwindet in der Tiefe, die Sonne in der Höhe scheint für alle. Zwei antithetische Bewegungen: das Exkrement kehrt in die Erde zurück, die Sonne breitet sich über sie aus. Pound sah sehr wohl den Gegensatz zwischen diesen beiden Bildern, doch er sah nicht den Konnex, die kontradiktorische Beziehung, die sie verbindet. In allen imperialen Emblemen und Visionen nehmen die Sonne oder ihr Homolog – der Sonnenvogel, der Adler – den zentralen Platz ein. Der Herrscher ist die Sonne. In der Ordnung des Himmels – das Kreisen der Planeten und der Jahreszeiten um eine Achse aus Licht – findet sich das Rezept, um die Erde zu regieren. Ordnung, Rhythmus, Tanz: soziale Harmonie, Gerechtigkeit jener dort oben, Treue dieser hier unten. Der Traum Pounds ist wie der Fouriers, obgleich im entgegengesetzten Sinne, eine Analogie des Sonnensystems.

Für Eliot ist Dichtung die Vision der göttlichen Ordnung von hier aus, von der Welt im Strom der Geschichte aus; für Pound ist sie die augenblickliche Wahrnehmung der Verschmelzung der natürlichen (göttlichen) Ordnung mit der menschlichen Ordnung. Archetypische Augenblicke: die Tat des Helden, das Gesetz des Gesetzgebers, die Waage des Herrschers, das Werk des Künstlers, das Erscheinen der Göttin, »kaum verschleiert von einer Wolke, einem Blatt, das auf der Strömung schaukelt« (*Canto* 80). Die Geschichte ist Inferno, Purgatorium, Himmel, Limbus – und die Dichtung ist die Erzählung, der Bericht von der Reise des Menschen durch diese Welten der Geschichte. Nicht nur die Erzählung: auch die objektive Darstellung der Augenblicke der Ordnung und der Unordnung. Die Dichtung ist *paideia:* diese Augenblicksvisionen, die, wie Diana die Wolkenschleier, das Dunkel der Geschichte zerreißen, sind weder Ideen noch Dinge: sie sind Licht. Alle Dinge, die sind, sind Lichter (*Canto* 74). Doch Pound ist nicht beschaulich: diese Lichter sind Taten und regen uns zur Tat an.

Die Suche nach der zentralen Tradition war ein Rekognoszieren, in der militärischen Bedeutung des Wortes: eine Polemik und eine Entdeckung. Polemik: die Geschichte der englischen Dichtung, betrachtet als allmähliche Trennung von der zentralen Tradition. Chaucer, sagt Pound im *ABC of reading*, nimmt am intellektuellen Leben des Kontinents teil, er ist ein Europäer, doch Shakespeare »sieht schon von außen nach Europa«. Entdeckung: jene Werke finden, die wirklich der zentralen Tradition angehören, und aufzeigen, was sie verbindet. Die europäische Dichtung ist ein lebendiges und zusammenhängendes Ganzes. Pound fragt sich: »Wer kann die besten Gedichte von Donne verstehen, wenn er sie nicht mit Cavalcanti in Beziehung bringt?« Eliot seinerseits

entdeckt Ähnlichkeiten zwischen den »metaphysischen« Dichtern und einigen französischen Symbolisten, und zwischen beiden und den florentinischen Dichtern des 13. Jahrhunderts. Wiederherstellung einer durchgängigen Tradition von den provenzalischen Dichtern bis Baudelaire: nicht eine Versammlung von Phantasmen, sondern lebendiger Werke. Im Mittelpunkt: Dante. Er ist die Waage, der Prüfstein. Eliot liest Baudelaire aus der Perspektive Dantes, und *Les fleurs du mal* verwandeln sich in einen modernen Kommentar zum Inferno und zum Purgatorium. Eingeklemmt zwischen der *Odyssee* und der *Commedia*, schreibt Pound eine epische Dichtung, die ebenfalls ein Inferno, ein Purgatorium und ein Paradies ist. Die *Commedia* ist keine epische, sondern eine allegorische Dichtung: die Reise des Dichters durch die drei Welten ist eine Allegorie des Buches vom Exodus, das seinerseits eine Allegorie der Geschichte der Menschheit vom Sündenfall bis zum Jüngsten Gericht ist, die wiederum nur eine Allegorie des Umherirrens der menschlichen Seele ist, welche am Ende durch die göttliche Liebe erlöst wird. Das Thema der *Commedia* ist die Rückkehr zum Schöpfer; das der *Cantos* ist ebenfalls die Rückkehr, doch eine Rückkehr wohin? Im Laufe der Reise hat der Dichter den Zielort vergessen. Der Stoff der *Cantos* ist episch; die Dreigliederung ist theologisch. Säkularisierte Theologie: autoritäre Politik. Pounds Faschismus war, bevor er ein moralischer Irrtum wurde, ein literarischer Irrtum, eine Verwechslung der Gattungen.
Das Sammeln von Bruchstücken war keine Arbeit von Antiquaren, sondern ein Sühne- und Versöhnungsritus. Ein Abbüßen der Sünden des Protestantismus und der Romantik. Die Ergebnisse waren widersprüchlich. Auf ihrer Expedition zur Rückgewinnung der zentralen Tradition kam Pound weiter als bis nach Rom – bis in das

China des 6. Jahrhunderts vor Christus –, während Eliot auf halbem Wege stehenblieb, in der anglikanischen Kirche verblieb. Pound entdeckte nicht eine, sondern viele Traditionen, und er schloß sich allen an; indem er die Vielheit wählte, wählte er das Nebeneinander und den Synkretismus. Eliot wählte nur eine Tradition, doch seine Vision war nicht minder exzentrisch. Die Exzentrizität war keine Verirrung der beiden Dichter, sie ist im Ursprung der Bewegung selbst und in deren widersprüchlicher Natur beschlossen. Der angloamerikanische *modernism* verstand sich selbst als ein Wiederaufleben der Klassik. Mit eben diesem Ausdruck *(classical revival)* beginnt *Romanticism and classicism*[3], ein Essay von T. E. Hulme, dem Inspirator Eliots und Freund von Pound. Der junge englische Dichter und Kritiker hatte in den Ideen von Charles Maurras und in dessen Bewegung, der Action Française, eine Ästhetik und eine Politik gefunden. Hulme wies auf den engen Zusammenhang zwischen Revolution und Romantik hin: »Die Revolution war das Werk der Romantik« (Rousseau). Eine Simplifikation: aus der anfänglichen Affinität zwischen Romantik und Revolution wurde, wie man gesehen hat, ein Gegensatz. Die Romantik war ein Antirationalismus; der revolutionäre Terror empörte die Romantiker wegen seiner Systematik und seiner vorgeblichen Rationalität. Robespierre hatte den Adel, wie Heine in seiner Antwort an Madame de Staël sagte, mit der gleichen Folgerichtigkeit enthauptet, mit der Kant die Ideen der alten Metaphysik geköpft hatte. Obgleich Hulme die ästhetischen Vorstellungen der deutschen Romantiker kritisierte: an eben diese erinnert seine Einstellung und die seines Kreises:

---

3 In *Speculations. Essay on humanism and the philosophy of art* (London, Routledge and Kegan Paul Ltd., 1964).

der Haß auf die Revolution verband sich bei den einen wie bei den anderen mit der Sehnsucht nach der christlichen Welt des Mittelalters. Es ist ein Gedanke, der bei allen deutschen Romantikern auftaucht und den Novalis in seinem Essay *Die Christenheit oder Europa* zum Ausdruck brachte. Die neue christliche Gesellschaft, die, Novalis zufolge, aus den Trümmern des rationalistischen und revolutionären Europas entstehen würde, könnte am Ende die vom Heiligen Römischen Reich Deutscher Nation vorgebildete Einheit verwirklichen. Der Klassizismus von Hulme, Eliot und Pound war ein Romantizismus, der nicht um sich wußte.

Maurras' Bewegung berief sich auf die griechisch-römische und mittelalterliche Tradition: Klassik, Rationalismus, Monarchie, Katholizismus. Man braucht wohl nicht daran zu erinnern, daß diese Tradition keine einheitliche ist, sondern von Beginn an dual und widersprüchlich: Heraklit/Parmenides, Monarchie/Demokratie. Zudem ist heute die Hauptströmung die der Reformation, der Romantik und der Revolution, und die marginale ist jene, die Eliot und seine Freunde restaurieren wollten. In der modernen Geschichte Frankreichs war Maurras' Bewegung die einer politischen Splittergruppe. Zur geschichtlichen Marginalität kommt die religiöse Häresie hinzu: Rom verurteilte die Bewegung. Der Rationalismus Maurras' schloß weder den Autoritätskult noch die gewaltsame Unterdrückung der Kritik noch den Antisemitismus aus. Sein poetischer Klassizismus war ein Archaismus; und in seinen politischen Anschauungen war der Grundgedanke, der der Nation, eine romantische Idee. Auf der Suche nach der zentralen Tradition folgte der angloamerikanische *modernism* einer Sekte, die in der Religion schismatisch war und in der Ästhetik marginal. Wer liest heute die Gedichte von Maurras? Glücklicherweise war die antiromantische Einstellung von Hulme, Eliot und Pound nicht so engstirnig wie die Maurras'. Nicht so engstirnig und nicht so kohärent: sie ersannen eine poetische Tradition, in der Gestalten eine Rolle spielten, welche die Romantiker immer als die ihren betrachtet hatten. Die bedeutendsten: Dante und Shakespeare. Beide Namen waren Schlachtrufe gegen die klassische Ästhetik und die Hegemonie Racines gewesen. Die Einbeziehung der »metaphysischen« Dichter – der englischen Variante der Barockdichtung und des europäischen Conceptismus – paßte auch nicht ganz zu dem, was man gemeinhin unter Klassik versteht. Hulme rechtfertigte diese Verletzungen der klassischen Orthodoxie elegant: »Ich gebe zu, daß Racine der Höhepunkt der Klassik ist ... doch Shakespeare ist der Klassiker der Bewegung.« Scharfsinnig, aber nicht überzeugend.

Während sich der angloamerikanische *modernism* bei Maurras Anregung holte, entdeckten die jungen französischen Dichter Lautréamont und Sade. Der Unterschied konnte nicht größer sein. In Europa hatten die Bewegungen der Avantgarde einen starken romantischen Einschlag, von den zaghaftesten, wie dem deutschen Expressionismus, bis zu den radikalsten, wie dem Futurismus Italiens und Rußlands. Dada und der Surrealismus waren, das braucht man wohl kaum zu sagen, ultraromantisch. Der extreme Formalismus einiger dieser Richtungen – Kubismus, Konstruktivismus, abstrakte Kunst – scheint meine Behauptung zu widerlegen. Er widerlegt sie nicht: der Formalismus der modernen Kunst ist eine Negation des Naturalismus und des Humanismus der griechisch-römischen Tradition. Seine geschichtlichen Quellen liegen außerhalb der klassischen Tradition des Westens: in der Negerkunst, der präkolumbianischen Kunst und der Kunst Ozeaniens. Der Formalismus setzt die von der Romantik begonnene Tendenz, der griechisch-römischen Tradition andere Traditionen entgegenzusetzen, nicht nur fort, sondern betont sie noch. Der moderne Formalismus zerstört die Idee der Darstellung – im Sinne des griechisch-römischen und des Renaissance-Illusionismus – und unterwirft die menschliche Gestalt der Stilisierung einer rationalen oder leidenschaftlichen Geometrie, wenn er sie nicht überhaupt aus dem Bild verbannt. Man wird sagen, daß der Kubismus eine Reaktion auf den Romantizismus des Impressionismus und der Fauves war. Das ist richtig, doch ist der Kubismus nur verständlich innerhalb des widersprüchlichen Kontextes der Avantgarde, so wie Ingres uns nur einsichtig wird in Beziehung zu Delacroix. In der Geschichte der Avantgarde ist der Kubismus der Augenblick der Vernunft, nicht der des Klassizismus. Eine Vernunft, die über dem Abgrund schwebt, zwischen den Fauves und den Surrealisten. Was die Geometrien Kandinskys und Mondrians angeht: sie sind geprägt von Okkultismus und Hermetismus und setzen so die tiefgreifendste und anhaltendste Richtung der romantischen Tradition fort. Die europäische Avantgarde, selbst in ihren rigorosesten und rationalsten Manifestationen – Kubismus und abstrakte Kunst – setzte die romantische Tradition nicht nur fort, sondern verstärkte sie noch. Ihre Romantik war widersprüchlich: eine kritische Leidenschaft, die sich ständig selbst negiert, um sich zu behaupten.

Gegensätze, die jene der romantischen Epoche wiederholen, wenn auch in umgekehrter Weise: Pound verurteilt Góngora gerade zu der Zeit, als die jungen spanischen Dichter ihn zu ihrem Lehrmeister erklären; für Breton sind die Mythen der Kelten und die Gralssage Zeugnisse der *anderen* Tradition – der Tradition, die Rom negiert und die nie ganz christlich war –, während für Eliot dieselben Mythen spirituelle Bedeutung erst erlangen, sofern sie mit dem römisch-katholischen Christentum in Verbindung stehen; Pound sucht in der Provence eine Poetik, die Surrealisten sehen in der provenzalischen Dichtung eine doppelt subversive Erotik – gegenüber der bürgerlichen Gesellschaft wegen ihrer Verherrlichung des Ehebruchs; gegenüber der herrschenden Promiskuität wegen ihrer Feier des *amour unique* –; die europäische Avantgarde bejaht die Ästhetik der Ausnahme, Eliot will die religiöse Ausnahme – die protestantische Trennung – in die christliche Ordnung Roms wieder einbeziehen, und Pound trachtet danach, die geschichtliche Besonderheit, welche die Vereinigten Staaten sind, in eine universale Ordnung einzufügen; Dada und die Surrealisten zerreißen die Gesetzbücher und speien auf die Altäre und die Institutionen, Eliot glaubt an die Kirche und an die Monarchie, Pound hält den Vereinigten Staaten das Bild eines Staatsoberhauptes vor Augen, der Führer, Philosoph und Retter in einem ist, eine Mischung aus Konfuzius, Malatesta und Mussolini; für die europäische Avantgarde ist die ideale Gesellschaft außerhalb der Geschichte zu finden – sie ist die Welt der Primitiven oder die Stadt der Zukunft, die undatierbare Vergangenheit oder die kommunistische und anarchistische Utopie –, während die Archetypen, die uns Eliot und Pound anbieten, Weltreiche und Kirchen sind, geschichtliche Modelle; Dada negiert die Werke der Vergangenheit ebenso wie die der Gegenwart, die angloamerikanischen Dichter bemühen sich um die Rekonstruktion einer Tradition; für die einen, die Surrealisten, schreibt der Dichter das, was das Unbewußte ihm diktiert, für sie heißt Poesie, die *andere Stimme* transkribieren, die in jedem von uns spricht, wenn wir die Stimme des Tagbewußtseins zum Schweigen bringen; für die Angloamerikaner ist Poesie

Technik, Beherrschung, Meisterschaft, Klarheit; Breton war Trotzkist und Eliot Monarchist. Die Liste der Gegensätze ist endlos. Selbst noch in den politischen und moralischen »Irrtümern« findet sich die Symmetrie des Gegensatzes: dem Faschismus Pounds entspricht der Stalinismus Aragons, Eluards und Nerudas.
Die Surrealisten glauben an die subversive Macht des Verlangens und an die revolutionäre Funktion der Erotik. Der Spanier Cernuda sieht in der Lust nicht nur ein Explodieren des Körpers, sondern eine moralische und politische Kritik an der christlichen und bürgerlichen Gesellschaft: »Nieder mit den anonymen Statuen/Vorschriften aus Nebel/Ein Funke jener Lüste dort/Glänzt in der Stunde der Rache/Sein Glanz kann eure Welt zerstören«.[4] Die unterschiedliche Bewertung der Träume und Visionen ist nicht weniger bemerkenswert und aufschlußreich als die der Erotik. Eliot bemerkte, daß »Dante in einer Epoche (lebte), als die Menschen noch Gesichte hatten (. . .) Heute haben wir lediglich Träume, und wir haben vergessen, daß Gesichte zu haben früher eine interessantere, diszipliniertere und bedeutsamere Art zu träumen war als die unsere. Wir sind sicher, daß unsere Träume von unten kommen, und wahrscheinlich deshalb hat sich der Wert unserer Träume vermindert«.[5]
Die Surrealisten preisen die Träume und die Visionen, doch im Unterschied zu Eliot ziehen sie keinen Trennungsstrich zwischen ihnen: beide kommen von unten, beide sind Enthüllungen des Abgrunds und der »anderen Seite« des Menschen – der dunklen, der körperlichen. Es ist der Körper, der in den Träumen spricht.
Alle diese Gegensätze lassen sich zu einem verdichten:

4 *Los placeres prohibidos* (1931).
5 »Dante« (1929, in *Selected essays*).

die europäische Avantgarde bricht mit allen Traditionen und setzt so die romantische Tradition des Bruchs fort; die angloamerikanische Bewegung bricht mit der romantischen Tradition. Anders als der Surrealismus, ist manche Revolution eine Restauration. Der Protestantismus und die Romantik hatten die angelsächsische Welt von der religiösen und ästhetischen Tradition Europas abgeschnitten: der angloamerikanische *modernism* ist eine Rückkehr zu dieser Tradition. Eine Rückkehr? Ich habe schon auf seine ungewollte Ähnlichkeit mit der deutschen Romantik hingewiesen. Seine Negation der Romantik war ebenfalls romantisch: die Neuinterpretation der Romantik und der provenzalischen Dichter durch Pound und Eliot war nicht weniger exzentrisch als ein Jahrhundert vorher die Calderón-Lektüre der deutschen Romantiker. Der Stellenwert der Begriffe verkehrt sich, doch verschwinden weder die Begriffe noch die Beziehung zwischen ihnen. Der angloamerikanische *modernism* ist eine *andere* Version der europäischen Avantgarde, so wie der französische Symbolismus und der hispanoamerikanische *Modernismo* andere Versionen der Romantik waren. Versionen sind Metaphern und Metaphern sind Transmutationen.

Die »Restauration« der Angloamerikaner war ein nicht weniger tiefgreifender und radikaler Wandel als die »Revolution« der Surrealisten. Das trifft nicht nur für die *Cantos* und für *The waste land* zu – das spätere Werk Eliots verliert in dem Maße an poetischer Spannung wie es an kontextueller Klarheit und Festigkeit der religiösen Überzeugungen gewinnt –, sondern auch für die Poesie von e. e. cummings, Wallace Stevens, Marianne Moore und William Carlos Williams. Ich habe mich fast ausschließlich auf Pound und Eliot bezogen, weil es bei ihnen eine kritische und programmatische Seite gibt,

welche die anderen Dichter dieser Generation nicht haben. Ich glaube übrigens nicht, daß diese Dichter weniger bedeutend sind als Pound und Eliot. Doch »bedeutend« ist ein dummes Wort: jeder Dichter ist einzig in seiner Art und unersetzlich. Die Poesie ist nicht meßbar, ist weder klein noch groß – ist nur Poesie. Ohne die verbalen Explosionen cummings', Ergebnis äußerster und bewundernswerter poetischer Verdichtung, ohne die transparente Dichte des Wallace Stevens der *Esthétique du mal* und der *Notes toward a supreme fiction*, Gedichte, in denen, wie in *The prelude*, der Blick des Dichters (doch schon ernüchtert und ohne die romantischen und avantgardistischen Illusionen) eine Brücke zwischen der »Seele und dem Himmel« spannt; ohne die Gedichte Williams, die, wie derselbe Stevens sagte, uns »eine neue Kenntnis von der Wirklichkeit« geben, würde die moderne angloamerikanische Poesie sehr verarmen. Und wir auch.
Der angloamerikanische Kosmopolitismus stellte sich als radikaler Formalismus dar. Gerade dieser Formalismus – poetische Collagen bei Pound und Eliot, verbale Transgressionen und Kombinationen bei cummings und Stevens – verbindet den *modernism* der Angelsachsen mit der europäischen und lateinamerikanischen Avantgarde. Obgleich er erklärte, eine Reaktion auf die Romantik zu sein, war der angloamerikanische Formalismus nur eine weitere, extremere Manifestation der Dualität, welche die moderne Dichtung seit ihrem Entstehen regiert: die Analogie und die Ironie. Das poetische System Pounds besteht darin, daß er Bilder als Schwärme von Zeichen auf der Buchseite präsentiert. Ideogramme, keine festen, sondern in Bewegung befindliche, gleich einer Landschaft, die man von einem Schiff aus sieht, oder genauer, so wie die Gestirne verschiedene Bilder ergeben, je nachdem, in welcher Konstellation sie auf dem Blatt des Himmels

zueinander stehen. Das Wort Konstellation läßt einen sofort an Musik denken, und beim Gedanken an Musik mit seinen vielfältigen Assoziationen, vom erotischen Einklang der Körper bis zur politischen Übereinstimmung zwischen den Menschen, drängt sich der Name Mallarmé auf. Wir befinden uns im Zentrum der Analogie.

Pound ist kein Schüler Mallarmés, doch das Beste in seinem Werk gehört in die mit *Un coup de dés* begonnene Tradition. Sowohl in den *Cantos* als auch in *The waste land* ist die Analogie ständig zerrissen durch die Kritik, durch das ironische Bewußtsein. Bei Mallarmé und auch bei Duchamp hört die Analogie auf, eine Vision zu sein, und wird zu einem System von Verwandlungen. Wie die industriell-erotische, ironisch-mythische Dualität von *La mariée mise à nu par ses célibataires, même* sind alle Personen in *The waste land* wirklich und mythisch. Umkehrbarkeit der Zeichen und der Bedeutung: bei Duchamp ist Artemis ein *pin-up-girl,* und bei Eliot verwandelt sich das Bild des Himmels und seiner kreisenden Gestirne in das eines Packs Karten, von einer Kartenlegerin auf einem Tisch ausgelegt. Das Bild der Karten führt uns zu dem der Würfel und dieses wiederum zu dem der Konstellationen. In dem Spiegel des leeren Zimmers, das »Das Sonett auf x« beschreibt, sieht Mallarmé, wie die sieben Sternenlichter des Großen Bären als sieben Noten sich abzeichnen, die »den Himmel mit diesem verlassenen Zimmer der Welt verbinden«. In *Arcane 17* (wiederum das Tarot und die Magie der Karten) sieht André Breton vom Fenster seines Zimmers aus die Nacht als doppelte Nacht, als die irdische und als die der Geschichte des 20. Jahrhunderts, bis der schwarze Kubus des Fensters, wie der Spiegel bei Mallarmé, allmählich heller wird und ein Bild erscheint: »sieben Blumen, die sich in sieben Sterne verwandeln«. Das Rotieren der Zeichen ist eine wahre Spirale, in deren Windungen, abwechselnd maskiert und nackt, ein Schwesternpaar auftaucht, verschwindet und erneut auftaucht: die Analogie und die Ironie. Ein anonymes Gemeinschaftsgedicht, von dem jeder von uns nicht nur Autor oder Leser, sondern eine Strophe, eine Handvoll Silben ist.

WILLIAM CARLOS WILLIAMS
DER DIOGENES DER ZEITGENÖSSISCHEN POESIE

Für James Laughlin

Im ersten Drittel unseres Jahrhunderts vollzog sich in den Literaturen englischer Sprache ein Wandel, der Poesie und Prosa, Sensibilität und Syntax, Imagination und Prosodie gleichermaßen betraf. Dieser Wandel – ähnlich den Vorgängen etwa zur gleichen Zeit in anderen Teilen Europas und Lateinamerikas – war ursprünglich das Werk einer Handvoll Dichter, fast alle Nordamerikaner. In dieser Gruppe von Gründern nimmt William Carlos Williams eine zentrale Stelle und zugleich eine Sonderstellung ein: im Unterschied zu Pound und Eliot zog er es vor, sich in einer Kleinstadt in der Umgebung von New York zu vergraben, statt das Land zu verlassen und nach London oder Paris zu gehen; und im Unterschied zu Wallace Stevens und E. E. Cummings, die ebenfalls entschlossen waren, in den Vereinigten Staaten zu bleiben, die jedoch kosmopolitischer Gesinnung waren, war Williams von Anfang an auf der Suche nach einem poetischen (Nord-)Amerikanismus. In der Tat ist Amerika, wie er in einem schönen Essayband *(In the American grain)* darlegt, keine Gegebenheit, sondern etwas, das wir alle erst dabei sind zu schaffen, mit unseren Händen, unseren Augen, unserem Hirn und unseren Lippen. Die Wirklichkeit Amerikas ist materiell, geistig, visuell und vor allem verbal: ob der Amerikaner nun Spanisch, Englisch, Portugiesisch oder Französisch spricht, er spricht eine Sprache, die sich von der original europäischen unterscheidet. Mehr als eine Wirklichkeit, die wir entdecken oder schaffen, ist Amerika eine Wirklichkeit, die wir in Worte fassen.

William Carlos Williams wurde 1885 in Rutherford, New Jersey, geboren. Sein Vater war Engländer und seine Mutter Puertoricanerin. Er studierte Medizin an der Universität von Pennsylvanien. Dort lernte er Pound kennen – eine Freundschaft, die das ganze Leben dauern sollte – und die Dichterin H. D. (Hilda Doolittle), die die beiden jungen Dichter in ihren Bann zog. Nach der Promotion und einer kurzen Zeit pädiatrischer Studien in Leipzig, ließ er sich 1910 endgültig in Rutherford nieder. Zwei Jahre später heiratete er Florence Herman. Eine Ehe fürs ganze Leben. Und ebenfalls sein ganzes Leben widmete er sich der Medizin und der Poesie. Obgleich er in der Provinz lebte, war Williams kein Provinzler: er war mit den künstlerischen und intellektuellen Strömungen unseres Jahrhunderts zutiefst vertraut, reiste wiederholt nach Europa und war befreundet mit englischen, französischen und hispanoamerikanischen Dichtern. Seine literarischen Freundschaften und Feindschaften waren vielseitig und intensiv: Pound, Marianne Moore, Wallace Stevens, Eliot (den er bewunderte und kritisierte), E. E. Cummings und einige jüngere wie James Laughlin und Louis Zukofsky. Sein Einfluß und seine Freundschaft waren bestimmend sowohl für Allen Ginsberg als auch für die Poesie Creeleys, Duncans und die des Engländers Tomlinson. (Poetische Gerechtigkeit: ein junger englischer – und sehr englischer – Dichter wird ausgerechnet von jemandem gelobt, der sein Leben lang eine Art von poetischem Antianglizismus betrieb und nicht müde wurde zu wiederholen, daß das (nord-)amerikanische Idiom nicht das Englische sei.) Im Jahre 1951 erlitt er den ersten Anfall von Lähmung, den er jedoch zwölf Jahre überlebte. Seine literarische Tätigkeit in dieser Zeit war von seltener Fruchtbarkeit: Gedichtbücher, eine Übersetzung von Quevedo, Memoiren, Vorträge und

Lesungen seiner Gedichte im ganzen Land. Er starb am 4. März 1963 dort, wo er geboren wurde und gelebt hatte: in Rutherford.

Sein Werk ist umfangreich und vielfältig: Poesie, Roman, Essay, Theaterstücke, Autobiographie. Seine Poesie ist in vier Bänden gesammelt worden: *Collected Earlier Poems* (1906-1939), *Collected Later Poems* (1940-1946), *Pictures from Brueghel* (1950-1962) und *Paterson* (1946-1958), ein langes Gedicht in fünf Büchern. Hinzu kommt ein schmaler Band mit Prosagedichten, die mitunter an die automatischen Texte erinnern, die zur gleichen Zeit Breton und Soupault schrieben: *Kora in Hell, Improvisations* (1920). Doch indem er sich eine von der französischen Dichtung geschaffene poetische Form zu eigen macht, ändert Williams sie und macht aus ihr eine Methode zur Erforschung der Sprache und der tiefen Schichten des kollektiven Unbewußten. *Kora in Hell* ist ein Buch, das nur von einem nordamerikanischen Dichter hat geschrieben werden können, und man muß es aus der Perspektive eines späteren Buches lesen, das die Achse des (Nord-) Amerikanismus von Williams ist, seiner *Ars Poetica: In the American grain* (1925). Ich will mich hier nicht mit seinen Romanen, Kurzgeschichten und Theaterstücken befassen. Es genügt zu sagen, daß sie Erweiterungen, Ausstrahlungen seiner Poesie sind. Die Grenze zwischen Prosa und Vers, immer schwer zu ziehen, ist fließend bei diesem Dichter: sein freier Vers grenzt an die Prosa, nicht an die geschriebene, sondern an die gesprochene, an die Alltagssprache; und seine Prosa ist immer rhythmisch, wie ein vom poetischen Wellenschlag bespültes Ufer – nicht durch den Vers, sondern durch die verbale Ebbe und Flut, die den Vers schaffen.

Seit er zu schreiben begann, bekundete Williams sein Mißtrauen gegenüber den Ideen. Es war dies eine Reaktion auf die symbolistische Ästhetik, eine Reaktion, die von den meisten Dichtern dieser Zeit geteilt wurde (erinnern wir an López Velarde), und in der, in seinem Fall, der nordamerikanische Pragmatismus und sein Arztberuf sich verbanden. In einem berühmten Gedicht beschrieb er seine Suche: »Bilde ein Ganzes: Gedanken sind nur in Dingen.« Nur daß die Dinge immer auf der anderen Seite sind: das »Ding selbst« ist unberührbar. So geht Williams nicht von den Dingen aus, sondern von der sinnlichen Wahrnehmung. Aber die Sinneswahrnehmung ist gestaltlos und momentan; man kann mit bloßen Sinneswahrnehmungen nichts gestalten noch schaffen: das Ergebnis wäre das Chaos. Die Sinneswahrnehmung ist ambivalent: sie verbindet uns mit den Dingen, und sie trennt uns zugleich von ihnen. Sie ist die Öffnung, durch die wir in die Dinge eindringen, durch die wir sie aber auch wieder verlassen, wobei wir uns darüber klar werden, daß wir keine Dinge sind. Damit die sinnliche Wahrnehmung der Gegenständlichkeit der Dinge entspreche, muß sie verdinglicht werden. Die Sprache ist der Mittler der Verwandlung: aus den Sinneswahrnehmungen werden verbale Gegenstände. Ein Gedicht ist ein verbaler Gegenstand, in dem zwei einander widersprechende Eigenschaften verschmelzen: die Lebhaftigkeit der sinnlichen Wahrnehmung und die Gegenständlichkeit der Dinge.

Die Empfindungen verwandeln sich in verbale Dinge mittels einer Kraft, die für Williams nicht wesentlich verschieden ist von der Elektrizität, dem Dampf oder dem Gas: der Imagination. In einigen Reflexionen von 1923 (als »dislocated prose« zwischen die Gedichte der ersten Ausgabe von *Spring and All* eingeschoben) sagt Williams, daß die Imagination »eine schöpferische Kraft (ist), die Gegenstände schafft«. Das Gedicht ist weder ein Doppelgänger der sinnlichen Wahrnehmung noch des

Dinges. Die Imagination stellt nicht dar, sondern bringt hervor. Ihre Hervorbringungen sind Gedichte, Gegenstände, die es in der Wirklichkeit vorher nicht gab. Die dichterische Imagination schafft Gedichte, Bilder und Kathedralen, wie die Natur Pinien, Wolken und Krokodile hervorbringt. Williams dreht der traditionellen Ästhetik den Hals um: die Kunst ahmt nicht die Natur nach: sie ahmt ihre schöpferischen Verfahren nach. Sie kopiert nicht ihre Hervorbringungen, sondern ihre Art des Hervorbringens. »Die Kunst ist kein Spiegel, der die Natur widerspiegelt, sondern die Imagination rivalisiert mit den Werken der Natur. Der Dichter verwandelt sich in Natur und wirkt wie sie.« Es ist unglaublich, daß unsere Kritiker nicht die erstaunliche Ähnlichkeit bemerkt haben zwischen diesen Gedanken und denen, die in denselben Jahren (strenggenommen etwas früher) Vicente Huidobro in Deklarationen und Manifesten äußerte.[1] Gewiß, es handelt sich um Gedanken, die bei vielen Dichtern und Künstlern dieser Epoche auftauchen (zum Beispiel bei Reverdy, der Huidobro in die moderne Dichtung einführte), doch die Ähnlichkeit zwischen dem Nordamerikaner und dem Lateinamerikaner ist frappant. Beide kehren mit fast denselben Worten die aristotelische Ästhetik um und passen sie der modernen Zeit an: die Imagination ist, wie die Elektrizität, eine Energie, und der Dichter ist derjenige, der diese Energie überträgt.

---

1 Ich beziehe mich auf die hispanoamerikanischen Kritiker. Bekanntlich haben sich die Kritiker englischer Sprache, sei es aus Geringschätzung oder aus Unkenntnis, um die hispanischen Literaturen wenig gekümmert. Ein Beispiel: in *Anatomy of Criticism*, dem hervorragenden Buch des hervorragenden Kritikers Northrop Frye zum Thema westliche Literatur werden nur drei Namen hispanischer Schriftsteller erwähnt, und die auch nur beiläufig: Cervantes, Calderón de la Barca und Camões.

Die Dichtungstheorien Williams' und der »Creacionismo« Huidobros sind Zwillinge, doch feindliche Zwillinge. Huidobro sieht in der Poesie ein Homolog der Magie und will Poesie machen, wie der primitive Schamane Regen *macht*, Williams versteht die dichterische Imagination als eine Aktivität, die die Wissenschaft ergänzt und mit ihr rivalisiert. Nichts liegt Williams ferner als die Magie. In einer Anwandlung von infantilem Egotismus sagte Huidobro: »Der Dichter ist ein kleiner Gott«, ein Ausspruch, den der nordamerikanische Dichter mißbilligt hätte. Ein weiterer Unterschied: Huidobro wollte verbale Gegenstände schaffen, die keine Nachahmungen realer Gegenstände wären, die diese sogar negierten. Kunst als eine Methode, sich der Wirklichkeit zu entziehen. Der Titel eines seiner Bücher ist ebenfalls eine Definition seines Vorhabens: *Horizonte Cuadrado* (Quadratischer Horizont). Ein unmöglicher Versuch: man braucht nur die Bilder der abstrakten Maler mit denen zu vergleichen, die uns die Mikroskope und Teleskope liefern, um uns darüber klar zu werden, daß wir aus der Natur nicht heraus können. Für Williams *trennt* der Künstler – bezeichnenderweise stützt er sich auf das Beispiel von Juan Gris – die Dinge der Imagination von den Dingen der Wirklichkeit: die kubistische Wirklichkeit ist nicht die des Tisches, der Tasse, der Pfeife und der Zeitung der wirklichen Welt, sondern eine *andere* Wirklichkeit, die nicht minder real ist. Diese *andere* Wirklichkeit negiert nicht die Wirklichkeit der realen Dinge: sie ist etwas *anderes*, das zugleich dasselbe ist. »Der Berg und das Meer auf einem Bild von Juan Gris«, sagt Williams, »sind nicht der Berg und das Meer, sondern ein Bild des Berges und des Meeres.« Das Ding-Gedicht ist nicht das Ding: es ist etwas anderes, das mit dem Ding Zeichen des Einvernehmens wechselt.

Williams' nicht-nachahmender Realismus bringt ihn in die Nähe zweier anderer Dichter: Jorge Guillén und Francis Ponge. (Ich zeige Übereinstimmungen auf, nicht Einflüsse.) Eine Zeile von Guillén erklärt ihre gemeinsame Aversion gegen Symbole: »Die Vöglein piepsen, ohne auf Anmut zu sinnen.« Verschwinden die Anmut und dieser Vorsatz? Nein: sie schleichen sich in das Gedicht ein, ohne daß der Dichter es merkt. Das »Sinnen auf Anmut« gibt es nicht schon bei den wirklichen Vögeln, sondern erst in dem Text. Das Ding-Gedicht ist ebenso unerreichbar wie das Gedanken-Gedicht der symbolistischen Dichtung. Die Worte sind Dinge, aber Dinge, die etwas bezeichnen. Wir können die Bedeutung nur abschaffen, indem wir die Zeichen abschaffen, das heißt, die Sprache selbst. Zudem müßten wir das Universum abschaffen. Alle Dinge, die der Mensch berührt, nehmen Bedeutung an. Vom Menschen betrachtet, tauschen die Dinge ihr Sein gegen die Bedeutung ein: sie sind nicht, sie bedeuten. Selbst »keine Bedeutung haben« ist eine Art und Weise, Bedeutung auszustrahlen. Das Absurde ist eines der Extreme, zu dem die Bedeutung führt, wenn sie ihr Gewissen prüft und sich fragt, welche Bedeutung hat die Bedeutung? Ambivalenz der Bedeutung: sie ist der Spalt, durch den wir in die Dinge eindringen, und der Spalt, durch den das Sein aus ihnen entweicht.

Die Bedeutung untergräbt das Gedicht unaufhörlich; sie will seine Wirklichkeit als sinnlich wahrnehmbaren Gegenstand und einzigartiges Ding auf einen Gedanken, eine Definition oder auf eine »Botschaft« reduzieren. Um das Gedicht vor den Verheerungen der Bedeutung zu bewahren, betonen die Dichter die materielle Seite der Sprache. In der Poesie sind die physischen Eigenschaften des Zeichens, klangliche oder visuelle, nicht etwa weniger wichtig, sondern wichtiger als die semantischen. Besser gesagt: die Bedeutung kehrt zum Klang zurück und wird dessen Dienerin. Der Dichter wirkt auf die Nostalgie ein, die das Bezeichnete nach dem Bezeichnenden empfindet. Bei Ponge wird dies erreicht durch ein ständiges Spiel zwischen Prosa und Poesie, phantastischem Humor und »gesundem Menschenverstand«. Das Ergebnis ist ein neues Etwas: das *objeu.* Wir können uns über die Bedeutung lustig machen, sie auflösen und pulverisieren, nicht jedoch sie vernichten: ganz oder in lebendigen Teilen und sich windend wie die Teile der zerstückten Schlange, taucht die Bedeutung wieder auf. Die schöpferische Beschreibung der Welt verwandelt sich einerseits in Kritik der Welt (der Moralist Ponge), andererseits in *proème* (der *preziöse* Ponge, so etwas wie ein Gracián der Gegenstände). Bei Guillén mündet die Feier der Welt und der Dinge in Geschichte, Satire, Elegie: wiederum die Bedeutung. Williams' Lösung für die doppelte Natur der Sprache – die Worte sind Dinge und sie sind Bedeutung – ist eine andere. Er ist kein Europäer mit einer Geschichte hinter sich, die schon abgeschlossen ist, sondern er hat sie noch vor sich, sie ist erst noch zu machen. Weder straft er die Poesie mit der Moral der Prosa, noch macht er aus dem Humor einen Meister des Verzichts auf Gesang. Im Gegenteil: die Prosa ist der Boden, auf dem die Poesie wächst, und der Humor ist der Sporn der Imagination. Williams ist ein Sämann poetischer Saaten. Die (nord-) amerikanische Sprache ist ein in die Erde gesenktes Samenkorn, das nur wird aufgehen und Frucht bringen können, wenn es von der dichterischen Imagination begossen und beschienen wird.

Eine teilweise, immer nur teilweise und provisorische, Versöhnung zwischen der Bedeutung und dem Ding. Die Bedeutung – Kritik der Welt bei Guillén und Kritik der Sprache bei Ponge – wird bei Williams eine aktive Kraft im Dienst der Dinge. Die Bedeutung *schafft*, sie ist die Geburtshelferin der Gegenstände. Seine Kunst will »Menschen und Steine durch die Metapher wiederversöhnen«, den (Nord-)Amerikaner mit seiner Landschaft, das sprechende Wesen mit dem stummen Gegenstand. Das Gedicht ist eine Metapher, in der die Gegenstände sprechen und die Worte aufhören, Gedanken zu sein, um sich in sinnlich wahrnehmbare Gegenstände zu verwandeln. Das Auge und das Ohr: der gehörte Gegenstand und das sichtbar gewordene Wort. Zum einen war Williams der Lehrmeister und Freund der sogenannten »Objektivisten«: Zukofsky, Oppen; zum anderen derjenige der Black-Mountain-Gruppe: Olson, Duncan, Creeley. Die Imagination sieht nicht nur: sie hört; und sie hört nicht nur: sie spricht. Auf seiner Suche nach dem (nord-)amerikanischen Idiom findet (hört) Williams das Grundmaß, ein Versmaß mit variablem Versfuß, doch auf der Grundlage triadischer Betonung. »Wir verstehen uns auf nichts«, sagt er, »außer auf den Tanz: das Maß ist alles, was wir kennen.« Das Ding-Gedicht ist ein verbaler, rhythmischer Gegenstand. Sein Rhythmus bedeutet die Verwandlung der Sprache eines ganzen Volkes. Mittels der Sprache schafft Williams den Sprung von den Dingen und der sinnlichen Wahrnehmung in die Welt der Geschichte.

Paterson ist das Ergebnis dieser gedanklichen Beschäftigungen. Williams geht vom Ding-Gedicht zum Dinge-System-Gedicht über. Ein einheitliches und ein vielfältiges System: einheitlich wie eine Stadt, die ein einziger Mensch wäre, vielfältig wie eine Frau, die viele Blumen wäre. *Paterson* ist die Biographie einer Stadt im Industriegebiet des Ostens der Vereinigten Staaten und die Geschichte eines Menschen. Stadt und Mensch verschmelzen im Bild eines Wasserfalls, der mit ohrenbetäubendem Getöse aus dem steinernen Munde des Berges herabstürzt. Paterson ist am Fuße dieses Berges gegründet worden. Der Wasserfall ist die Sprache selbst, die Menschen, die nie wissen, was sie sagen, und die immer auf der Suche nach dem Sinn dessen sind, was sie sagen. Der Wasserfall und der Berg, der Mann und die Frau, der Dichter und die Menschen, das vorindustrielle und das industrielle Zeitalter, das auf mangelnden Zusammenhang hindeutende Rauschen des Wasserfalls und die Suche nach einem Maß, einer Bedeutung. *Paterson* gehört der von der modernen nordamerikanischen Poesie geschaffenen Dichtungsgattung an, die zwischen der Äneis und der Volkswirtschaftslehre, der Göttlichen Komödie und dem Journalismus oszilliert. Umfangreiche Fragmentensammlungen, von denen Pounds *Cantos* das imponierendste Beispiel sind.

Alle diese Dichtungen, ebenso besessen von dem Wunsch, der (nord-)amerikanischen Wirklichkeit *Ausdruck zu geben,* wie von dem, sie zu *schaffen,* stehen in der zeitgenössischen Nachkommenschaft Whitmans, und sie alle trachten danach, auf die eine oder andere Weise die Prophezeiung der *Leaves of Grass* zu erfüllen. Und bis zu einem gewissen Grade gelingt ihnen das auch, nur eben in negativer Weise. Whitmans Thema ist die Verkörperung der Zukunft in (Nord-)Amerika. Hochzeit des Konkreten und des Universalen, der Gegenwart und der Zukunft: die (nord-)amerikanische Demokratie ist die Universalisierung des nationalen Menschen Europas und seine Verwurzelung in einem besonderen Land und einer besonderen Gesellschaft. Die Besonderheit besteht darin, daß diese Gesellschaft und dieses Land keine Tradition darstellen, sondern eine in die Zukunft geschleuderte Gegenwart sind. Pound, Williams und selbst Crane sind das genaue Gegenteil dieses Versprechens: was ihre

Dichtungen uns zeigen, sind die Ruinen dieses Vorhabens. Ruinen, die nicht minder großartig und eindrucksvoll sind als die anderen. Die Kathedralen sind die Ruinen der christlichen Ewigkeit, die Stupas die der buddhistischen Leere, die griechischen Tempel die der *polis* und der Geometrie, doch die nordamerikanischen Großstädte und ihre Umgebung sind die lebendigen Ruinen der Zukunft. An diesen riesigen Industriemüllhalden sind die Philosophie und die Moral des Fortschritts gescheitert. Mit der modernen Welt endet der Titanismus der Zukunft, dem gegenüber die Titanismen der Vergangenheit – der Inka, Römer, Chinesen, Ägypter – kindlichen Sandburgen ähneln.

Die Dichtung Williams' ist komplex und unterschiedlich. Neben magischen und realistischen Splittern von großer Intensität gibt es lange zusammenhanglose Stücke. Angesichts der *Cantos* und *The waste land* geschrieben, und manchmal auch gegen sie, ist ihr noch die Auseinandersetzung des Autors mit diesen beiden Werken anzusehen. Wesentlich hierauf beruht ihre Begrenztheit; ihre Lektüre ist abhängig von anderen Lektüren, so daß das Urteil des Lesers zwangsläufig zu einem Vergleich wird. Die Vision, die Pound und Eliot von der modernen Welt hatten, war eher düster. Ihr Pessimismus war geprägt von Nostalgien nach der Feudalzeit und von vorkapitalistischen Anschauungen; deshalb verwandelte sich ihre berechtigte Verurteilung des Geldes und der Modernität in eine konservative und, im Fall Pounds, faschistische Einstellung. Obgleich Williams' Weltsicht auch keine optimistische ist – wie könnte sie es auch sein? –, gibt es in ihr keine Reminiszenzen an andere Epochen. Dies könnte ein Vorteil sein, ist aber in Wirklichkeit ein Nachteil: Williams hat kein philosophisches oder religiöses System, keine Ideen und Glaubensanschauungen, die ein in sich geschlossenes Ganzes bildeten. Dasjenige, das die jüngste Tradition ihm bot (Whitman), war nicht zu gebrauchen. Es gibt gleichsam ein Vakuum in der Konzeption Williams' (nicht in seinen kurzen Gedichten), die das Vakuum der zeitgenössischen nordamerikanischen Kultur selbst ist. Das Christentum von *The waste land* ist eine verdorrte Wahrheit, die, meiner Ansicht nach, nicht wieder grünen wird, doch es war eine zentrale Wahrheit, die, wie das Licht eines erloschenen Sterns, uns noch *erreicht*. Nichts Ähnliches finde ich in *Paterson*. Der Vergleich mit den *Cantos* fällt für Williams auch nicht günstig aus. Die Vereinigten Staaten sind eine imperiale Macht, und wenn Pound auch nicht ihr Vergil sein konnte, war er doch immerhin ihr Milton: sein Thema ist der Verfall einer Großmacht. Die Vereinigten Staaten eroberten zwar die Welt, aber sie verloren ihre Seele, ihre Zukunft – diese universale Zukunft, an die Whitman glaubte. Wahrscheinlich wurde Williams von seiner Integrität und Moral daran gehindert, die imperiale Seite seines Landes, dessen dämonische Dimensionen, zu sehen.

Paterson besitzt weder die Einheit von *The waste land*, noch dessen religiöse Authentizität – mag die Religiosität Eliots auch eine negative sein. Die *Cantos* ihrerseits sind eine unvergleichlich umfassendere und reichere Dichtung als die Williams', sie sind einer der wenigen zeitgenössischen Texte auf der Höhe unserer schrecklichen Zeit. Was macht das schon! Die Größe eines Dichters mißt man nicht am Format, sondern an der Intensität und an der Vollkommenheit seiner Werke. Auch an ihrer Lebendigkeit. Williams ist der Autor der *lebendigsten* Gedichte der modernen nordamerikanischen Dichtung. Yvor Winters sagt mit Recht: »Herrick ist nicht so groß wie Shakespeare, doch vielleicht nicht minder vortrefflich, und er wird so lange Resonanz finden wie jener . . .

Williams wird fast so unvergänglich sein wie Herrick; am Ende dieses Jahrhunderts wird er neben Wallace Stevens als einer der besten Dichter seiner Generation anerkannt sein . . .« Eine Prophezeiung, die sich eher erfüllt hat, als Winters dachte. Was seine Ansichten über eine Dichtung der Neuen Welt betrifft: ist Williams wirklich der amerikanischste (nord-)amerikanische Dichter seiner Zeit? Ich weiß es nicht und es ist mir auch egal. Dagegen weiß ich, daß er der frischeste und der klarste ist. Frisch wie ein Strahl Quellwasser, klar und rein wie das gleiche Wasser in einem Glaskrug auf einem unpolierten Holztisch in einem weißgetünchten Zimmer in Nantucket. Wallace Stevens nannte ihn einmal »eine Art Diogenes der zeitgenössischen Poesie«. Seine Laterne, die am hellichten Tag brennt, ist eine kleine Sonne, die ihr eigenes Licht hat. Eine Doppelgängerin der Sonne und deren Widerpart: diese Laterne erhellt Gebiete, die dem Tageslicht nicht zugänglich sind.
Im Sommer 1970, am Churchill College (Cambridge), habe ich zehn Gedichte von Williams übersetzt. Später, während zwei weiterer Eskapaden, in Veracruz und in Zihuatanejo, übersetzte ich die übrigen. Meine Übersetzungen sind keine wörtlichen Übersetzungen: Wörtlichkeit ist nicht nur nicht möglich, sondern sogar sträflich. Auch sind sie (wie gern ich es wollte) keine Nachdichtungen: sie sind Annäherungen und bisweilen Transponierungen. Was ich am meisten bedaure, ist, daß ich im Spanischen keinen Rhythmus gefunden habe, der dem Williams' entspricht. Doch anstatt auf das endlose Thema der Übersetzung von Poesie zu sprechen zu kommen, will ich lieber erzählen, wie ich Williams kennenlernte. 1955, wenn ich mich recht erinnere, schickte mir Donald Allen eine englische Übersetzung eines Gedichts von mir (*Himno entre ruinas*, Hymne zwischen Ruinen). Diese

Übersetzung beeindruckte mich doppelt: sie war großartig, und ihr Verfasser war William Carlos Williams. Ich machte mir Hoffnungen, ihn kennenzulernen, und bei einem meiner Aufenthalte in New York bat ich Donald Allen, mich zu Williams mitzunehmen, wie er mich vorher schon zu Cummings geführt hatte. Eines Nachmittags besuchten wir ihn in seinem Haus in Rutherford. Er war schon halb gelähmt. Das Haus war ein Holzhaus, wie es in den Vereinigten Staaten häufig ist, und es war mehr das Haus eines Arztes, denn das eines Schriftstellers. Nie habe ich einen weniger affektierten Menschen gesehen. Das Gegenteil von einem Orakel. Ganz erfüllt von der Poesie, nicht von seiner Rolle als Dichter. Humor, Ungezwungenheit und dieses Sich-nicht-ernst-Nehmen, das uns Romanen völlig abgeht. In jedem französischen, italienischen, spanischen und lateinamerikanischen Schriftsteller – zumal wenn er ein Atheist und ein Revolutionär ist – steckt ein Kleriker; bei den Nordamerikanern wird die professionelle Schale durch die im wahrsten Sinne des Wortes *demokratische* Schlichtheit, Sympathie und Menschlichkeit aufgebrochen. Es hat mich immer erstaunt, daß in einer Welt, in der die Lebensbedingungen so hart sind wie in den Vereinigten Staaten, einer unversiegbaren Quelle gleich die Herzlichkeit sprudelt. Vielleicht ist sie auf die religiösen Ursprünge der nordamerikanischen Demokratie zurückzuführen, die die Religionsgemeinschaft in den politischen Bereich übertrug und sie aus dem geschlossenen Raum der Kirche ins Freie, auf den öffentlichen Platz führte. Die religiöse protestantische Demokratie ging der politischen Demokratie vorauf. Bei uns war die Demokratie ursprünglich antireligiös, und von Anfang an war es nicht ihr Bestreben, die Gesellschaft gegenüber der Regierung zu stärken, sondern diese gegenüber der Kirche.

Williams war weniger gesprächig als Cummings, und was er sagte, erweckte mehr Sympathie denn Bewunderung. Wir sprachen von Mexiko und den Vereinigten Staaten. Und natürlich kamen wir auf das Thema des verschiedenen Ursprungs zu sprechen. Wir, sagte ich ihm, ersticken am Überfluß der Ursprünge und Vergangenheiten, aber euch erdrückt die riesige Last der einstürzenden Zukunft. Er pflichtete mir bei und schenkte mir eine Broschüre, die ein junger Dichter soeben veröffentlicht hatte und die ein Vorwort von Williams enthielt: es handelte sich um *Howl* von Allen Ginsberg. Ich besuchte ihn später noch einmal, kurz vor seinem Tode. Obgleich ihm die Krankheit hart zugesetzt hatte, hatten seine Gemütsstimmung und sein Geist darunter nicht gelitten. Wiederum sprachen wir von den drei oder vier oder sieben Amerika: dem roten, dem weißen, dem schwarzen, dem grünen, dem violetten . . . Flowsie, seine Frau, leistete uns Gesellschaft. Während wir sprachen, mußte ich an *Asphodel* denken, sein großes Liebesgedicht, das er im Alter geschrieben hatte. Jetzt, da ich mich an dieses Gespräch erinnere und diese Zeilen schreibe, breche ich im Geiste die farblose Blume und atme ihren Duft. »Ein seltsamer Duft«, sagt der Dichter, »ein geistiger Duft«. In Wirklichkeit ist es gar kein Duft, »außer für die Imagination«. Ist dies nicht die beste Definition der Poesie: eine Sprache, die nichts sagt, außer für die Imagination? In einem anderen Gedicht vergleicht er seine Poesie ebenfalls mit einer Blume, mit dem »Steinbrech, der den Fels sprengt«. Imaginäre Blumen, doch wirken sie auf die Wirklichkeit ein, sie sind momentane Brücken zwischen den Menschen und den Dingen. So macht der Dichter die Welt bewohnbar.

Zihuatanejo, 20. Januar 1973

Von schöner Gestalt. Kein Geschenk des Himmels: von unten emporgewachsen. Ocker, die Farbe gebrannten Honigs. Farbe einer vor tausend Jahren begrabenen und gestern ausgegrabenen Sonne. Den noch warmen Leib überziehen frische grüne und orangefarbene Linien. Kreise, Mäander: Reste eines versprengten Alphabets? Der Bauch einer Schwangeren, der Hals eines Vogels. Wenn du seine Öffnung mit der Handfläche zu- und aufdeckst, antwortet es dir mit tiefem Rauschen, dem Sprudeln hervorquellenden Wassers; wenn du mit den Fingerknöcheln an den Bauch pochst, klingt es vom Gekicher kleiner Silbermünzen, die auf Fliesen fallen. Es spricht viele Sprachen, die Sprache des Tons und des Erzes, die der Luft zwischen den Wänden des Hohlwegs, die der Wäscherinnen beim Waschen, die des grollenden Himmels, die des Regens. Gefäß aus gebranntem Ton: stell es nicht in die Vitrine zu den Raritäten. Es wäre dort am falschen Platz. Seine Schönheit ist verbunden mit der Flüssigkeit, die es enthält, und mit dem Durst, den es löscht. Seine Schönheit ist körperlich: ich sehe sie, ich berühre sie, ich rieche sie, ich höre sie. Wenn es leer ist, muß man es füllen; ist es voll, muß man es leeren. Ich nehme es am gebogenen Henkel, hebe es hoch, neige es über eine Schale, in die ich Milch oder Pulque gieße – lunare Flüssigkeiten, welche die Türen des Morgens und des Abends, des Erwachens und des Schlafens öffnen und schließen. Es ist kein Gegenstand zum Betrachten, es dient dazu, uns zu trinken zu geben.

Ein Krug aus Glas, ein Korb aus Weidengeflecht, ein *huipil** aus einer Baumwolldecke, eine Schale aus Holz:

* Mexikanisch für *güipil* = langes, ärmelloses Hemd der Indianerinnen und der weiblichen Landbevölkerung. *A. d. Ü.)*

schöne Gegenstände nicht trotz, sondern dank ihrer Nützlichkeit. Die Schönheit ist ihnen Zugabe wie den Blumen ihr Durft und ihre Farbe. Ihre Schönheit ist von ihrer Funktion nicht zu trennen: sie sind schön, weil sie nützlich sind. Die Gegenstände des Handwerks gehören einer Welt an, in der man keinen Unterschied macht zwischen dem Nützlichen und dem Schönen. Diese Trennung ist nicht so alt wie man meint: viele Gegenstände, die in unseren Museen und in Privatsammlungen angehäuft werden, gehörten jener Welt an, in der die Schönheit kein für sich genommener, sich selbst genügender Wert war. Die Gesellschaft war in zwei große Bereiche geteilt, das Profane und das Sakrale. In dem einen Bereich war die Schönheit der Nützlichkeit, im anderen der magischen Wirksamkeit untergeordnet. Ob es sich um einen Gebrauchsgegenstand, einen Talisman oder ein Symbol handelte: die Schönheit war die Aura des Gegenstandes, die – fast immer unwillkürliche – Folge der heimlichen Beziehung zwischen seinem Aussehen und seinem Zweck. Das Aussehen: wie etwas beschaffen ist; der Zweck: wofür es geschaffen ist. Heute erscheinen uns alle diese Gegenstände, die ihres geschichtlichen Zusammenhangs, ihrer spezifischen Funktion und ihrer ursprünglichen Bedeutung beraubt sind, rätselhafte Götter, die unsere Verehrung erheischen. Der Übergang von der Kathedrale, dem Palast, dem Nomadenzelt, dem Boudoir der Kurtisane und der Höhle des Zauberers zum Museum bedeutete eine religiös-magische Verwandlung: die Dinge wurden zu Ikonen. Diese Idolaterie begann in der Renaissance, und seit dem 18. Jahrhundert ist sie eine der westlichen Religionen (die andere ist die Politik). Schon Sor Juana Inés de la Cruz machte sich mitten in der Barockzeit über den ästhetischen Aberglauben lustig: »Die Hand einer Frau«, sagt sie, »ist weiß und schön, weil sie aus Fleisch und Blut, nicht, weil sie aus Elfenbein oder Silber ist; ich schätze sie nicht, weil sie kostbar aussieht, sondern weil sie zupackt.«

Die Religion der Kunst entstand wie die Religion der Politik aus den Trümmern des Christentums. Die Kunst erbte von der alten Religion die Macht, die Dinge zu heiligen und ihnen so etwas wie Ewigkeit zu verleihen: die Museen sind unsere Tempel, und die Gegenstände, die in ihnen gezeigt werden, sind der Geschichte entzogen. Die Politik – genauer: die Revolution – übernahm die andere Funktion der Religion: den Menschen und die Gesellschaft zu verändern. Die Kunst war eine Askese, ein spiritueller Heroismus; die Revolution war die Errichtung einer universalen Kirche. Die Aufgabe des Künstlers bestand in der Verwandlung des Gegenstandes; die des revolutionären Leaders in der Änderung der menschlichen Natur. Picasso und Stalin. Der Prozeß ist ein doppelter gewesen: im Bereich der Politik wurden aus den Ideen Ideologien und aus den Ideologien Idolatrien; ihrerseits wurden aus den Kunstgegenständen Idole und die Idole verwandelten sich in Ideen. Wir betrachten die Kunstwerke mit der gleichen Andacht – obgleich mit weniger Gewinn –, mit der der Weise des Altertums den Sternenhimmel betrachtete: diese Bilder und diese Skulpturen sind wie die Himmelskörper reine Ideen. Die Religion der Kunst ist ein Neuplatonismus, der nicht wagt, sich zu seinem Namen zu bekennen – wofern sie nicht ein heiliger Krieg gegen die Ungläubigen und Häretiker ist. In der Geschichte der modernen Kunst kann man zwei Strömungen feststellen: die kontemplative und die militante. Zur ersteren gehören Richtungen wie der Kubismus und die abstrakte Kunst; zur letzteren Bewegungen wie der Futurismus, der Dadaismus und der Surrealismus. Die Mystik und der Kreuzzug.

Die Bewegung der Gestirne war für die Alten das Bild der Vollkommenheit: die himmlische Harmonie betrachten bedeutete, sie zu hören, und sie zu hören bedeutete, sie zu verstehen. Diese religiöse und philosophische Anschauung taucht in unserer Auffassung von der Kunst wieder auf. Bilder und Skulpturen sind für uns nicht schöne oder häßliche Dinge, sondern intellektuelle und sinnlich wahrnehmbare Wesenheiten, geistige Wirklichkeiten, Formen, in denen die Ideen sich manifestieren. Vor der ästhetischen Revolution war der Wert der Kunstwerke auf einen anderen Wert bezogen. Dieser Wert war der Nexus zwischen Schönheit und Bedeutung: die Kunstgegenstände waren Dinge, die sinnlich wahrnehmbare Formen waren, die Zeichen waren. Die Bedeutung eines Werkes war eine vielfache, doch alle seine Bedeutungen standen in bezug zu einem letzten Sinn, in der die Bedeutung und das Sein einen unlösbaren Knoten bildeten: die Gottheit. Auf die Gegenwart übertragen: für uns ist der Kunstgegenstand eine eigenständige und sich selbst genügende Wirklichkeit, und sein letzter Sinn liegt nicht jenseits des Werkes, sondern in ihm selbst. Es ist eine Bedeutung jenseits – oder diesseits – der Bedeutung; will sagen: sie hat keinen Bezug mehr. Wie der christliche Gott bedeuten die Bilder Pollocks nichts: sie sind.
In den modernen Kunstwerken löst die Bedeutung sich auf in die Ausstrahlung des Seins. Der Akt des Betrachtens verwandelt sich in einen intellektuellen Vorgang, der auch ein magischer Ritus ist: betrachten heißt verstehen und verstehen heißt kommunizieren. Neben der Gottheit und ihren Gläubigen, die Theologen: die Kunstkritiker. Ihre Elaborate sind nicht minder abstrus als die der Scholastiker und der byzantinischen Kirchenlehrer, obgleich sie weniger rigoros sind. Die Fragen, die Origenes, Albertus Magnus, Abaelard und Thomas von Aquin

bewegten, tauchen in den Disputen unserer Kunstkritiker wieder auf, nur maskiert und banalisiert. Mit dieser Ähnlichkeit nicht genug: zu den Göttern und den Theologen, die sie deuten, kommen die Märtyrer hinzu. Im 20. Jahrhundert haben wir erlebt, wie der Sowjet-Staat die Dichter und Künstler mit der gleichen Grausamkeit verfolgte, mit der die Dominikaner die Albigenser ausrotteten.

Es ist natürlich, daß der Aufstieg und die Heiligung des Kunstwerks immer wieder zu Rebellionen und Profanierungen geführt hat. Den Fetisch aus seiner Nische holen, ihn besudeln, ihn mit Eselsohren und Eselschwanz durch die Straßen führen, ihn durch den Schmutz schleifen, ihn aufschlitzen und zeigen, daß er voller Sägemehl ist, daß er nichts und niemand ist und daß er nichts bedeutet – und ihn dann wieder auf den Thron erheben. Der Dadaist Huelsenbeck sagte in einem Augenblick der Erbitterung: »Die Kunst braucht eine Tracht Prügel.« Er hatte recht, nur daß die Striemen, die diese Peitschenhiebe auf dem Körper des dadaistischen Gegenstandes hinterließen, wie die Orden auf der Brust der Generäle wirkten: sie gaben ihnen mehr Ansehen. Unsere Museen sind angefüllt mit Anti-Kunstwerken und Werken der Gegen-Kunst. Geschickter als Rom, hat die Religion der Kunst alle Schismen assimiliert.

Ich bestreite nicht, daß die Betrachtung dreier Sardinen auf einem Teller oder eines Dreiecks, verbunden mit einem Rechteck, uns geistig bereichern kann; ich meine jedoch, daß die Wiederholung dieses Akts schnell zu einem langweiligen Ritus ausartet. Deshalb forderten die Futuristen, angesichts des kubistischen Neuplatonismus, man müsse zum Gegenstand zurückkehren. Die Reaktion war heilsam, aber auch naiv. Die Surrealisten waren scharfsinniger und bestanden darauf, daß das Kunstwerk eine Aussage enthalten müsse. Da es eine Dummheit

gewesen wäre, das Werk auf seinen Gehalt oder auf seine Botschaft zu reduzieren, griffen sie einen Gedanken auf, den Freud in Umlauf gebracht hatte: den *latenten Gehalt*. Was das Kunstwerk sagt, ist nicht sein augenfälliger Gehalt, sondern das, was es sagt, ohne es zu sagen: das, was hinter den Formen, Farben und Worten ist. Auf diese Weise hat man den theologischen Knoten, den das Sein und die Bedeutung bilden, ohne ihn ganz zu lösen, gelockert, um die vieldeutige Beziehung zwischen den beiden Begriffen so weit wie möglich zu erhalten.
Der Radikalste war Duchamp: das Werk wird mit den Sinnen erfaßt, doch damit nicht genug. Das Werk ist kein Ding: es ist ein Fächer von Zeichen, der uns beim Öffnen und Schließen seine Bedeutung abwechselnd sehen läßt und verbirgt. Das Kunstwerk ist ein Zeichen des Einvernehmens, das die Bedeutung und die Nicht-Bedeutung miteinander austauschen. Bei dieser Einstellung besteht die Gefahr – eine Gefahr, der Duchamp (fast) immer entgangen ist –, ganz auf die andere Seite zu geraten und nur noch die Idee ohne die Kunst, die *trouvaille* ohne die Sache zu haben. Ebendas ist seinen Nachahmern widerfahren. Man muß hinzufügen, daß sie häufig sowohl die Kunst als auch die Idee einbüßen. Es erübrigt sich zu sagen, daß die Kunst nicht Idee ist: Kunst ist Sache der Sinne. Langweiliger als die Betrachtung der *nature morte* ist die Spekulation mit der Pseudoidee. Die moderne Religion der Kunst dreht sich um sich selbst, ohne den Weg des Heils zu finden: sie geht von der Negation der Bedeutung durch den Gegenstand über zur Negation des Gegenstandes durch die Bedeutung.

Die industrielle Revolution war die andere Seite der Revolution der Kunst. Der Heiligung des Kunstwerkes als eines einzigartigen Gegenstands entsprach die immer größere Produktion von einander gleichen und immer perfekteren Gebrauchsgegenständen. Wie die Museen, füllten sich unsere Häuser mit sinnreichen Apparaten. Zuverlässige, dienstbereite, stumme und anonyme Werkzeuge. Am Anfang spielten bei der Herstellung von Gebrauchsgegenständen ästhetische Erwägungen kaum eine Rolle. Besser gesagt, diese Erwägungen führten zu ganz anderen Ergebnissen, als die Fabrikanten vermuteten. Die Häßlichkeit vieler Gegenstände aus der Vorgeschichte des industriellen Designs – eine Häßlichkeit nicht ohne Reiz – ist dem ihm Aufgesetzten zuzuschreiben: das »künstlerische« Element, im allgemeinen von der akademischen Kunst der Zeit übernommen, wird dem eigentlichen Gegenstand hinzugefügt. Das Ergebnis ist nicht immer unglücklich gewesen, und viele dieser Gegenstände – ich denke an die der viktorianischen Epoche und auch an die des »modern style« – gehören der Familie der Sirenen und Sphinxe an. Eine Familie, beherrscht von dem, was man die Ästhetik des Mißverhältnisses nennen könnte. Im allgemeinen ist die Entwicklung der industriell hergestellten Gebrauchsgegenstände der der Kunststile gefolgt. Fast immer sind sie Derivate – manchmal eine Karikatur, manchmal eine glückliche Kopie – der gerade herrschenden Kunstrichtung gewesen. Das industrielle Design ist hinter der zeitgenössischen Kunst zurückgeblieben und hat die Stile imitiert, als diese ihre anfängliche Neuheit schon eingebüßt hatten und nahe daran waren, ästhetische Gemeinplätze zu werden.

Das zeitgenössische Design hat versucht, auf andere Weise – die ihr eigene – einen Kompromiß zwischen Nützlichkeit und Ästhetik zu erreichen. Manchmal hat es ihn erzielt, doch ist das Ergebnis widersinnig gewesen. Das ästhetische Ideal der funktionellen Kunst ist es, die

Nützlichkeit des Gegenstandes im direkten Verhältnis zur Verminderung seiner Materialität zu erhöhen. Die Vereinfachung der Formen drückt sich in der Formel aus: dem Maximum an Brauchbarkeit entspricht ein Minimum an Präsenz. Eine Ästhetik von eher mathematischer Gesetzmäßigkeit: die *Eleganz* einer Gleichung besteht in der Einfachheit und in der Notwendigkeit ihrer Lösung. Das Ideal des Designs ist die Unsichtbarkeit: die funktionellen Gegenstände sind um so schöner, je weniger sichtbar sie sind. Eine merkwürdige Übertragung der arabischen Märchen und Legenden auf eine Welt, die von der Wissenschaft und den Begriffen der Nützlichkeit und des maximalen Ertrags regiert wird: der Designer träumt von Gegenständen, die, wie die Djinne, unberührbare Diener sind. Ganz anders der handwerkliche Gegenstand, der eine physische Präsenz ist, die wir mit den Sinnen wahrnehmen und an dem das Nützlichkeitsprinzip ständig zunichte wird zugunsten der Tradition, der Phantasie und selbst der Laune. Die Schönheit des industriellen Designs ist konzeptueller Art: wenn sie etwas ausdrückt, so die Richtigkeit einer Formel. Sie ist das Zeichen einer Funktion. Ihre Rationalität schließt sie in eine Alternative ein: sie ist brauchbar oder sie ist nicht brauchbar. Im letzteren Fall muß man sie auf den Müll werfen. Der handwerkliche Gegenstand nimmt uns nicht allein wegen seiner Nützlichkeit für sich ein. Er lebt in Komplizenschaft mit unseren Sinnen, und deshalb fällt es uns so schwer, uns von ihm zu trennen. Es hieße, einen Freund hinauszuwerfen.

Es gibt einen Augenblick, da der industrielle Gegenstand sich schließlich in eine Präsenz mit einem ästhetischen Wert verwandelt: wenn er unbrauchbar wird. Dann wird er zu einem Symbol oder Emblem. Die Lokomotive, die Whitman besingt, ist eine Maschine, die zum Stillstand gekommen ist und die in ihren Waggons keine Reisenden noch Güter mehr befördert: sie ist ein starres Denkmal der Geschwindigkeit. Die Schüler Whitmans – Valery Larbaud und die italienischen Futuristen – verherrlichten die Schönheit der Lokomotiven und Eisenbahnen gerade in dem Augenblick, als die anderen Verkehrsmittel – das Flugzeug, das Auto – sie zu verdrängen begannen. Die Lokomotiven dieser Dichter sind gleich den künstlichen Ruinen des 18. Jahrhunderts: sie sind eine Ergänzung der Landschaft. Der Kult mit dem Maschinellen ist ein Naturalismus *à rebours:* Nützlichkeit, die nutzlose Schönheit wird, Instrument ohne Funktion. Durch die Ruinen kehrt die Geschichte wieder zur Natur zurück, gleich, ob es sich um die Trümmer Ninives handelt oder um einen Lokomotiven-Friedhof in Pennsylvania. Die Liebe zu den unbrauchbar gewordenen Maschinen und Apparaten ist nicht nur ein Beweis mehr für die unheilbare Nostalgie des Menschen nach der Vergangenheit, sie verrät auch ein Manko der modernen Sensibilität: unsere Unfähigkeit, Schönheit und Nützlichkeit zu verbinden. Eine doppelte Verurteilung: die Religion der Kunst verwehrt es uns, das Nützliche als schön zu betrachten; der Kult der Nützlichkeit führt uns dazu, die Schönheit nicht als eine Präsenz, sondern als eine Funktion aufzufassen. Diesem Umstand ist es vielleicht zuzuschreiben, daß die Technik eine so karge Lieferantin von Mythen ist: die Luftfahrt verwirklicht einen alten Traum, den es in allen Gesellschaften gibt, doch sie hat keine Gestalten geschaffen, die mit Ikarus und Phaeton vergleichbar wären.

Der industrielle Gegenstand trachtet danach, als Form zu verschwinden und mit seiner Funktion eins zu werden. Sein Sein ist seine Bedeutung, und seine Bedeutung ist, nützlich zu sein. Er bildet den Gegensatz zum Kunstwerk. Der handwerkliche Gegenstand ist Vermittlung:

seine Formen gehorchen nicht der Ökonomie der Funktion, sondern dem Vergnügen, das immer einen Aufwand bedeutet und das keine Regeln kennt. Der industrielle Gegenstand duldet nichts Überflüssiges; der Handwerker findet Gefallen an Verzierungen. Seine Vorliebe für das Dekorative ist ein Überschreiten der Nützlichkeit. Der Schmuck des handwerklichen Gegenstandes hat für gewöhnlich keinerlei Funktion, und deshalb, seiner unerbittlichen Ästhetik folgend, läßt der Industriedesigner ihn fort. Das Fortbestehen und die Proliferation des schmückenden Elements beim handwerklichen Gegenstand weisen auf einen Zwischenbereich zwischen Nützlichkeit und ästhetischer Betrachtung hin. In der Handwerkskunst gibt es ein ständiges Hin und Her zwischen Nützlichkeit und Schönheit; dieses Hin und Her hat einen Namen: Gefallen. Die Dinge sind gefällig, weil sie nützlich *und* schön sind. Die kopulative Konjunktion (und) definiert das Handwerk, so wie die disjunktive Konjunktion die Kunst und die Technik definiert: Nützlichkeit *oder* Schönheit. Der handwerkliche Gegenstand befriedigt ein Bedürfnis, das nicht minder gebieterisch ist als Durst und Hunger: das Bedürfnis, uns der Dinge, die wir sehen und berühren, zu erfreuen, zu welchem täglichen Gebrauch sie immer bestimmt sein mögen. Dieses Bedürfnis läßt sich nicht reduzieren auf das mathematische Ideal, das das industrielle Design normt, noch auf die Strenge der Religion der Kunst. Das Gefallen, das wir am handwerklichen Gegenstand haben, verdankt sich einer doppelten Überschreitung: des Kultes der Nützlichkeit und der Religion der Kunst.

Von Hand gemacht, weist der handwerkliche Gegenstand, wirklich oder metaphorisch, noch die Fingerabdrücke desjenigen auf, der es geschaffen hat. Diese Spuren sind nicht die *Signatur* des Künstlers, sie sind kein

Name; sie sind auch kein Warenzeichen. Sie sind vielmehr ein Mal: die fast verschwundene Narbe, die an die ursprüngliche Brüderlichkeit zwischen den Menschen erinnert. Mit den Händen gemacht, ist der handwerkliche Gegenstand für die Hände gemacht: wir können ihn nicht nur sehen, sondern auch befühlen. Das Kunstwerk sehen wir, doch wir berühren es nicht. Das religiöse Tabu, das uns verbietet, die Heiligen zu berühren – »Du wirst dir die Hände verbrennen, wenn du die Monstranz berührst«, sagte man uns, als wir Kinder waren –, gilt auch für Bilder und Skulpturen. Unser Verhältnis zum industriellen Gegenstand ist funktionell; das zum Kunstwerk halb religiös; das zum Gegenstand des Handwerks körperlich. In Wahrheit ist es kein Verhältnis, sondern eine Fühlung. Der überpersönliche Charakter des handwerklichen Gegenstandes äußert sich unmittelbar im Befühlen: der Körper ist Teilnahme. Fühlen heißt in erster Linie, etwas oder jemanden fühlen, der nicht wir sind. Vor allem: mit jemandem fühlen. Auch um sich selbst zu fühlen, sucht der Körper einen anderen Körper. Wir fühlen durch die anderen. Die physischen Bande, die uns mit den anderen verbinden, sind nicht minder stark als die rechtlichen, wirtschaftlichen und religiösen Bande. Das Handwerk ist ein Zeichen, das die Gesellschaft nicht als Arbeit (Technik) noch als Symbol (Kunst, Religion), sondern als gemeinsames physisches Leben ausdrückt.

Der Wasser- oder Weinkrug in der Mitte des Tisches ist ein Vereinigungspunkt, eine kleine Sonne, die die Tischgenossen vereint. Doch diesen Krug, der dazu dient, uns allen zu trinken zu geben, kann meine Frau in eine Blumenvase verwandeln. Die persönliche Sensibilität und die Phantasie entfremden den Gegenstand seinem vorhergesehenen Zweck und unterlaufen seine Bedeutung: es ist ein Gefäß, das nicht mehr dazu dient, eine Flüssigkeit aufzunehmen, sondern um eine Nelke zu zeigen. Eine Zweckentfremdung und ein Unterlaufen, die den Gegenstand mit einem anderen Bereich der Sensibilität verbinden: der Imagination. Diese Imagination ist gesellschaftlich: die Nelke im Krug ist auch eine allen gemeinsame metaphorische Sonne. In ihrem ständigen Oszillieren zwischen Schönheit und Nützlichkeit, Pläsier und Dienstbarkeit, erteilt uns der handwerkliche Gegenstand Lektionen in Geselligkeit. Bei Festen und Zeremonien ist seine Ausstrahlung noch stärker und umfassender. Bei Festen kommuniziert die Gemeinschaft mit sich selbst, und zu dieser Kommunion kommt es mittels ritueller Gegenstände, die fast immer Werke des Handwerks sind. Wenn das Fest Teilnahme an der ursprünglichen Zeit ist – die Gemeinschaft verteilt unter ihre Mitglieder das Datum, dessen sie gedenkt, buchstäblich wie geweihtes Brot –, ist das Werk des Handwerks gewissermaßen die Feier des Gegenstandes: es verwandelt das Gerät in das Zeichen der Teilnahme.

Der Künstler von einst wollte seinen Vorfahren ähneln, wollte durch Nachahmung ihrer würdig sein. Der moderne Künstler will sich von seinen Vorgängern unterscheiden, und seine Huldigung an die Tradition besteht darin, sie zu negieren. Wenn er eine Tradition sucht, dann sucht er sie außerhalb des Abendlandes, in der Kunst der Primitiven oder in der anderer Kulturen. Der Archaismus des Primitiven oder das hohe Alter eines Gegenstandes der Sumerer oder Maya sind, weil sie Negationen der abendländischen Tradition bedeuten, paradoxe Formen der Neuheit. Die Ästhetik des Wandels verlangt, daß jedes Werk neu ist und sich von denen, die ihm vorhergehen, unterscheidet; ihrerseits impliziert die Neuheit die Negation der unmittelbar voraufgehenden

Tradition. Die Tradition verwandelt sich in eine Folge von Brüchen. Die Veränderungssucht beherrscht auch die industrielle Produktion, obgleich aus anderen Gründen: jeder neue Gegenstand, Ergebnis eines neuen Verfahrens, verdrängt den ihm vorhergehenden Gegenstand. Die Geschichte des Handwerks ist weder eine Aufeinanderfolge von Erfindungen noch von einzigartigen (oder angeblich einzigartigen) Werken. In Wirklichkeit hat das Handwerk keine Geschichte, wenn wir Geschichte als eine ununterbrochene Folge von Veränderungen auffassen. Zwischen seiner Vergangenheit und seiner Gegenwart gibt es keinen Bruch, sondern Kontinuität. Der moderne Künstler trachtet danach, die Ewigkeit einzufangen, und der Designer die Zukunft; der Handwerker läßt sich von der Zeit einfangen. Traditionell, doch nicht geschichtlich, der Vergangenheit verhaftet, doch einer Vergangenheit ohne Daten, lehrt uns der handwerkliche Gegenstand, dem Blendwerk der Geschichte und den Trugbildern der Zukunft zu mißtrauen. Der Handwerker will die Zeit nicht besiegen, sondern mit ihrem Fließen eins werden. Durch Wiederholungen, die zugleich unmerkliche, doch echte Abwandlungen sind, sind seine Werke von Dauer. Sie überleben so den Gegenstand, der *up-to-date* ist.

Das industrielle Design trachtet nach Unpersönlichkeit. Es ist der Alleinherrschaft der Funktion unterworfen, und seine Schönheit beruht auf dieser Unterwerfung. Doch die funktionelle Schönheit kann sich nur in der Geometrie voll verwirklichen und nur in ihr sind Wahrheit und Schönheit ein und dasselbe; in den eigentlichen Künsten entsteht Schönheit durch notwendige Verletzung der Normen. Die Schönheit – besser gesagt: die Kunst – ist ein Überschreiten des Funktionellen. Die Gesamtheit dieser Überschreitungen bildet das, was wir

Stil nennen. Das Ideal des Designers müßte, wenn er konsequent wäre, die Abwesenheit von Stil sein: die auf ihre Funktion beschränkten Formen; das Ideal des Künstlers ein Stil, der in jedem Kunstwerk seinen Anfang und sein Ende hat. (Vielleicht war es das, was Mallarmé und Joyce im Sinne hatten.) Nur daß kein Kunstwerk Anfang und Ende in sich selbst hat. Jedes ist eine zugleich persönliche und allen gemeinsame Sprache: ein Stil, eine besondere Art der Darstellung. Die Stile sind Gemeingut. Jedes Kunstwerk ist eine Abweichung vom Stil seiner Zeit und seines Ortes und eine Bestätigung dieses Stils: indem es ihn verletzt, vollendet es ihn. Das Werk des Handwerkers ist vom industriellen Design und vom Kunstwerk gleich weit entfernt: wie das Design ist es anonym; wie das Kunstwerk ist es Stil. Gegenüber dem Design ist der handwerkliche Gegenstand anonym, aber nicht unpersönlich; gegenüber dem Kunstwerk betont es den Kollektivcharakter des Stils und zeigt uns, daß das dünkelhafte *Ich* des Künstlers ein Wir ist.

Die Technik ist international. Ihre Konstruktionen, ihre Verfahren und ihre Erzeugnisse sind überall die gleichen. Indem sie die nationalen und regionalen Besonderheiten und Eigentümlichkeiten verschwinden läßt, macht sie die Welt ärmer. Durch ihre weltweite Verbreitung ist sie zum mächtigsten Agens der geschichtlichen Entropie geworden. Der negative Charakter ihres Handelns läßt sich auf die Formel bringen: einförmig, ohne zu vereinen. Sie nivelliert die Unterschiede zwischen den verschiedenen nationalen Kulturen und Stilen, doch die Rivalität und den Haß zwischen den Völkern und Staaten vermag sie nicht auszurotten. Nachdem sie aus den Rivalen einander völlig gleiche Zwillinge gemacht hat, bewaffnet sie sie mit den gleichen Waffen. Die Gefahr der Technik liegt nicht allein in der Tödlichkeit vieler ihrer Erfindungen, son-

dern auch darin, daß sie den geschichtlichen Prozeß im Kern bedroht. Indem sie der Mannigfaltigkeit der Gesellschaften und Kulturen ein Ende macht, macht sie der Geschichte selbst ein Ende. Die erstaunliche Vielfalt der Gesellschaften ist es, die Geschichte schafft: Begegnungen und Verbindungen verschiedener Gruppen und Kulturen und fremder Techniken und Ideen. Der geschichtliche Prozeß hat eine unzweifelhafte Ähnlichkeit mit dem doppelten Phänomen, das die Biologen *inbreeding* und *outbreeding* und die Anthropologen Endogamie und Exogamie nennen. Die Hochkulturen sind Synthesen verschiedener und widersprüchlicher Kulturen gewesen. Dort, wo eine Kultur nicht der Bedrohung durch eine andere Kultur hat trotzen müssen und von außen keine Anregung bekam – wie dies im präkolumbianischen Amerika bis ins 16. Jahrhundert hinein der Fall war –, ist es ihr Schicksal, auf der Stelle zu treten und im Kreis zu gehen. Die Erfahrung des *anderen* ist das Geheimnis des Wandels. Auch das des Lebens.
Die moderne Technik hat zahlreiche und tiefgehende Veränderungen bewirkt, doch alle in derselben Richtung und mit dem selben Ziel: die Ausrottung des *anderen.* Indem sie die Menschen uniformiert, ihre Aggressivität aber unberührt läßt, hat sie die Ursachen verstärkt, die zu ihrer Auslöschung führen können. Dagegen ist das Handwerk nicht einmal national: es ist lokal. Unbekümmert um Grenzen und Regierungsformen, überlebt es Republiken und Imperien: die Töpfer- und Korbwaren und die Musikinstrumente, die auf den Fresken von Bonampak zu sehen sind, haben die Maya-Priester, die Azteken-Krieger, die Kolonial-Mönche und die mexikanischen Präsidenten überlebt. Sie werden auch die nordamerikanischen Touristen überleben. Die Handwerker haben kein Vaterland; sie haben eine Heimat, und die ist

ihr Dorf, ihr Viertel, selbst ihre Familie. Die Handwerker bewahren uns vor der Vereinheitlichung der Technik und ihrer geometrischen Öde. Indem sie die Unterschiede bewahren, bewahren sie die Fruchtbarkeit der Geschichte.

Der Handwerker läßt sich nicht definieren durch seine Nationalität oder durch seine Religion. Er ist nicht treu einer Idee oder einem Bild, sondern einer erlernten Fertigkeit: seinem Handwerk. Die Werkstatt ist ein gesellschaftlicher Mikrokosmos, der eigenen Gesetzen gehorcht. Die Arbeit des Handwerkers ist selten eine einsame Arbeit, auch ist sie nicht übermäßig spezialisiert wie in der Industrie. Sein Arbeitstag ist nicht durch einen strengen Stundenplan eingeteilt, sondern durch einen Rhythmus, der mehr zu tun hat mit dem Körper und der Sensibilität als mit den abstrakten Erfordernissen der Industrie. Während er arbeitet, kann er sich unterhalten und manchmal auch singen. Sein Chef ist keine unsichtbare Person, sondern ein alter Mann, der sein Meister ist und fast immer ein Verwandter von ihm oder doch wenigstens ein Nachbar. Es ist aufschlußreich, daß die Werkstatt des Handwerkers trotz ihres sichtlich kollektivistischen Charakters keinem der großen Utopisten des Abendlandes als Modell gedient hat. Von Campanellas Sonnenstaat über Fouriers Phalanstère bis zur kommunistischen Gesellschaft von Marx sind die Prototypen des vollkommen sozialen Menschen nicht die Handwerker gewesen, sondern die Priester-Gelehrten, die Gärtner-Philosophen und der auf der ganzen Welt verbreitete Arbeiter, bei dem Wissenschaft und Praxis sich verbinden. Ich bin natürlich nicht der Meinung, daß die Werkstatt der Handwerker das Bild der Vollkommenheit sei; ich glaube, daß eben ihre Unvollkommenheit uns zeigt, wie wir unsere Gesellschaft humanisieren könnten: ihre

Unvollkommenheit ist die der Menschen, nicht die der Systeme. Durch ihr Ausmaß und die Anzahl der Personen, die sie bilden, ist die Gemeinschaft der Handwerker als Modell für ein demokratisches Zusammenleben besonders geeignet. Ihre Organisation ist hierarchisch, doch nicht autoritär, und ihre Hierarchie gründet sich nicht auf die Macht, sondern auf das Können: Meister, Gesellen, Lehrlinge; schließlich ist die Arbeit des Handwerkers eine Tätigkeit, die auch am Spiel und am Erschaffen teilhat. Nachdem uns das Handwerk eine Lektion in Sensibilität und Phantasie gegeben hat, gibt es uns eine in Politik.

Noch vor wenigen Jahren war man allgemein der Meinung, daß das Handwerk zum Aussterben verurteilt sei, daß es von der Industrie verdrängt werden würde. Heute ist genau das Gegenteil der Fall: immerhin haben die von Hand gearbeiteten Gegenstände bereits Anteil am Weltmarkt. Die Erzeugnisse aus Afghanistan und aus dem Sudan werden in denselben Kaufhäusern angeboten, in denen man die neuesten industriellen Designs aus Italien oder Japan kaufen kann. Das Wiederaufleben des Handwerks fällt ins Gewicht vor allem in den industrialisierten Ländern, und von ihm wird sowohl der Verbraucher als auch der Erzeuger berührt. In Ballungsgebieten der Industrie – zum Beispiel in Massachusetts – erleben wir das Wiederaufkommen der alten Berufe des Töpfers, Tischlers, Glasbläsers; viele junge Menschen, Männer wie Frauen, von der modernen Gesellschaft angewidert und ihrer überdrüssig, haben sich erneut dem Handwerk zugewandt. In den vom Fanatismus der Industrialisierung (zur Unzeit) beherrschten Ländern ist es ebenfalls zu einer Wiederbelebung des Handwerks gekommen. Häufig stimulieren sogar die Regierungen die handwerkliche

Produktion. Ein verblüffendes Phänomen, da die Fürsorglichkeit der Regierungen sich für gewöhnlich von kommerziellen Gesichtspunkten leiten läßt. Die Handwerker, die heute Gegenstand des Paternalismus der offiziellen Planer sind, waren gestern noch bedroht von den Modernisierungsplänen derselben Bürokraten, die von den Wirtschaftstheorien, die sie in Moskau, London oder New York gelernt hatten, infiziert waren. Die Bürokratien sind die natürlichen Feinde des Handwerks und jedes Mal, wenn sie es »ausrichten« wollen, entstellen sie seine Sensibilität, verletzen seine Imagination und setzen seine Werke herab.

Die Rückkehr zum Handwerk in den Vereinigten Staaten und in Westeuropa ist eines der Symptome für den großen Wandel der Sensibilität unserer Zeit. Wir haben es zu tun mit einem weiteren Ausdruck der Kritik an der abstrakten Religion des Fortschritts und an der quantitativen Betrachtung des Menschen und der Natur. Freilich muß man, um die Enttäuschung am Fortschritt zu erleben, vorher die Erfahrung des Fortschritts gemacht haben. Es ist nicht wahrscheinlich, daß die unterentwickelten Länder diese Enttäuschung teilen, auch wenn der ruinöse Charakter der industriellen Überproduktivität immer deutlicher zutage tritt. Nur durch Erfahrung wird man klug. Dennoch, wie sollte man nicht sehen, wozu der Glaube an den grenzenlosen Fortschritt geführt hat? Wenn auch jede Zivilisation in einem Trümmerhaufen endet – einer Anhäufung zerbrochener Statuen, eingestürzter Säulen, zerrissener Schriftwerke –, sind die Ruinen der Industriegesellschaft doppelt erschreckend: sie sind immens und sie sind vorzeitige Ruinen. Unsere Ruinen beginnen größer zu werden als unsere Bauten und drohen uns lebendig zu begraben. Deshalb ist die Popularität des Handwerks ein Zeichen von Gesundheit, so wie es die Rückkehr zu Thoreau und zu Blake ist oder die Wiederentdeckung Fouriers. Die Sinne, der Instinkt und die Imagination gehen der Vernunft immer voraus. Die Kritik an unserer Zivilisation nahm ihren Anfang bei den romantischen Dichtern, gerade als das Industriezeitalter begann. Die Dichtung des 20. Jahrhunderts knüpfte an die Revolte der Romantiker an und vertiefte sie, doch erst heute ist diese geistige Rebellion der Mehrheit ins Bewußtsein gedrungen. Die moderne Gesellschaft beginnt an den Prinzipien, die sie vor zwei Jahrhunderten begründeten, zu zweifeln und versucht einen Kurswechsel. Hoffentlich ist es dazu nicht zu spät.

Das Schicksal des Kunstwerks ist die kühle Ewigkeit des Museums; das Schicksal des industriellen Gegenstands ist der Müllhaufen. Der Gegenstand des Handwerks entgeht dem Museum, und wenn er zufällig in seine Vitrinen gerät, weiß er sich wohl zu behaupten: er ist kein Einzelstück, er ist ein Muster. Er ist ein gefangenes Exemplar, kein Idol. Das Handwerk geht nicht mit der Zeit und will sie auch nicht besiegen. Die Fachleute prüfen an den Kunstwerken regelmäßig die Fortschritte des Todes: die Schrunden des Gemäldes, das Verschwinden der Linien, die Veränderung der Farben, die Lepra, die sowohl die Fresken von Ajanta als auch die Gemälde von Leonardo da Vinci zerfrißt. Das Kunstwerk ist als Ding nicht ewig. Und als Idee? Auch die Ideen altern und sterben. Doch die Künstler vergessen oft, daß ihr Werk im Besitz des Geheimnisses der wahren Zeit ist: nicht der leeren Ewigkeit, sondern der Lebendigkeit des Augenblicks. Außerdem besitzt es die Fähigkeit, den Geist zu befruchten und in den Werken, die sich von ihm herschreiben, zu neuem Leben zu erwecken, und sei es als Negation. Für den industriellen Gegenstand gibt es keine Wiedergeburt: er verschwindet ebenso schnell, wie er erschienen ist. Hinterließe er keine Spuren, wäre er wirklich vollkommen; doch leider hat er einen Körper, und wenn er einmal ausgedient hat, wird er schwer zu vernichtender Abfall. Die Indezenz des Mülls ist nicht weniger pathetisch als die falsche Ewigkeit des Museums. Der Gegenstand des Handwerks will weder Jahrtausende dauern, noch ist er davon besessen, bald zu vergehen. Er vergeht mit der Zeit, begleitet unser Leben, nutzt sich allmählich ab, sucht nicht den Tod, aber negiert ihn auch nicht: er nimmt ihn hin. Zwischen der zeitlosen Zeit des Museums und der beschleunigten Zeit der Technik ist der Gegenstand des Handwerks das Pulsieren der menschlichen Zeit. Er ist ein Gebrauchsgegenstand, doch einer, der auch schön ist; ein Gegenstand, der dauert, doch der endet und sich damit abfindet, daß er endet; ein Gegenstand, der nicht einzig ist wie das Kunstwerk, sondern ersetzt werden kann durch einen anderen Gegenstand, der ihm ähnelt, doch der nie der gleiche ist. Das Werk des Handwerkers lehrt uns zu sterben und somit zu leben.

Cambridge, Mass., 7. Dezember 1973

Alle Kritiker haben auf den Einfluß der Volkskunst auf Tamayos Schaffen hingewiesen. Dieser Einfluß ist unleugbar, doch man sollte sich die Mühe machen, herauszufinden, worin er besteht. Zunächst: was versteht man unter Volkskunst? Traditionelle Kunst oder Kunst des Volkes? Die *pop-art*, zum Beispiel, ist volkstümlich, aber nicht traditionell. Sie setzt keine Tradition fort, sondern sie versucht – und es gelingt ihr auch manchmal –, mit volkstümlichen Elementen Werke zu schaffen, die neu sind und zünden: das Gegenteil von einer Tradition. Dagegen ist die Volkskunst immer traditionell: sie ist eine Darstellungsweise, ein Stil, der durch Wiederholung fortlebt und der nur leichte Abwandlungen zuläßt. Ästhetische Revolutionen gibt es auf dem Gebiet der Volkskunst nicht. Zudem sind Wiederholung und Abwandlung anonym oder, besser gesagt, unpersönlich und kollektivisch. Aber wenn es stimmt, daß die Begriffe Kunst und Stil voneinander nicht zu trennen sind, dann sind die Kunstwerke Verletzungen, Ausnahmen oder Übertreibungen der Kunststile. Der barocke oder der impressionistische Stil ist das Repertoire einer bildnerischen Sprache, einer Syntax, die nur bedeutsam wird, wenn ein einmaliges Werk den Stil verletzt. Was den Impressionismus wirklich ausmacht, ist nicht ein Stil, sondern es sind die Überschreitungen dieses Stils: die Gesamtheit einmaliger und unwiederholbarer Werke. Die Volkskunst, die ein traditioneller Stil ohne Unterbrechungen noch schöpferische Wandlungen ist, ist keine Kunst, wenn man dieses Wort in seinem strengen Sinn gebraucht. Aber sie will auch keine Kunst sein: sie ist eine Erweiterung der Gebrauchsgegenstände und der Ornamente und trachtet nur danach, sich mit unserem täglichen Leben zu vermischen. Sie lebt im Bereich des Festes, der Zeremonie und der Arbeit: sie ist gesellschaftliches Leben, kristallisiert in einem magischen Gegenstand. Ich sage *magisch*, weil es höchst wahrscheinlich ist, daß der Ursprung der Volkskunst die Magie ist, die mit allen Religionen und Glaubensanschauungen einhergeht: Opfergabe, Talisman, Reliquienschrein, Trommelschelle der Fruchtbarkeitsriten, Statuette aus Ton, Hausgott. Die Beziehung zwischen Tamayo und der Volkskunst muß daher auf der tiefsten Ebene gesucht werden: nicht nur in den Formen, sondern auch in den untergründigen Glaubensanschauungen, die jene beseelen.

Ich leugne nicht, daß Tamayo für den Zauber der volkstümlichen bildnerischen Erfindungen empfänglich gewesen ist, doch ich möchte darauf hinweisen, daß diese in seiner Malerei nicht deshalb auftauchen, weil sie schön sind, auch wenn sie das sind, und auch nicht wegen eines törichten Hangs zum Nationalistischen. Ihre Bedeutung ist eine andere: sie dienen der Vermittlung, sie verbinden Tamayo mit der Welt seiner Kindheit. Ihr Wert ist ein affektiver und existentieller: der Künstler ist derjenige, der seine Kindheit nicht völlig begraben hat. Abgesehen von dieser psychischen Funktion, sind diese volkstümlichen Formen in einer noch tieferen Schicht auch so etwas wie Durchblutungskanäle: in ihnen steigt die Kraft der Ahnen auf, die ursprünglichen Glaubensanschauungen, das unbewußte, doch nicht unzusammenhängende Denken, das die magische Welt beseelt. Die Magie, sagt Cassirer, bestärkt die Brüderlichkeit aller lebenden Wesen, da sie auf dem Glauben an eine universale Kraft oder ein universales Fluidum beruht. Zwei Folgen des magischen Denkens: die Metamorphose und die Analogie. Metamorphose: die Formen und ihre Veränderungen sind reine Verwandlungen des ursprünglichen Fluidums;

Analogie: alles entspricht einander, wenn ein einziges Prinzip die Verwandlungen der Wesen und der Dinge regiert. Durchblutung, Zirkulieren des Urhauchs: eine einzige Kraft durchströmt alles, vom Insekt bis zum Menschen, vom Menschen bis zu den Geistern, von den Geistern bis zur Pflanze, von der Pflanze bis zum Gestirn. Wenn die Magie universale Beseelung ist, dann lebt sie in der Volkskunst fort: ihren bezaubernden und fragilen Formen ist das Geheimnis der Metamorphose eingeprägt. Tamayo hat vom Wasser dieser Quelle getrunken und kennt das Geheimnis. Nicht mit dem Verstand, mit dem wir modernen Menschen allein es erfassen können, sondern mit den Augen und mit den Händen, mit dem Körper und mit der unbewußten Logik dessen, was wir, ungenau, Instinkt nennen.

Die Beziehung Tamayos zur präkolumbianischen Kunst manifestiert sich nicht im unbewußten Bereich der Glaubensanschauungen, sondern auf der Bewußtseinsebene der Ästhetik. Bevor wir dieses Thema berühren, ist es unerläßlich, einige Mißverständnisse auszuräumen. Ich beziehe mich auf die häufige Verwechslung der Nationalität des Künstlers mit der der Kunst. Es ist nicht schwer, auf den ersten Blick den »Mexicanismo« der Malerei Tamayos zu bemerken; aber es ist auch nicht schwer, wenn man etwas genauer hinsieht, zu entdecken, daß er ein Wesenszug ist, der seine Kunst nur sehr oberflächlich definiert. Überhaupt wird kein Werk durch seine Nationalität definiert. Noch weniger durch die seines Urhebers: wenn man sagt, daß Cervantes Spanier und Racine Franzose ist, sagt man sehr wenig und nichts über Cervantes und Racine. Vergessen wir also Tamayos Nationalität und bedenken wir die Umstände, die für seine Begegnung mit der alten Kunst Mexikos bestimmend sind. Als erstes muß man die Distanz hervorheben, die uns von der alten mittelamerikanischen Welt trennt. Die spanische Conquista war mehr als nur ein Eroberungsfeldzug: sie war die gewaltsame Zerstörung der Kultur (oder der Kulturen) Mittelamerikas und der Beginn einer anderen Gesellschaft. Von der prähispanischen Vergangenheit bis zu uns gibt es keine Kontinuität, wie vom China der Han bis zu dem Maos oder vom Japan Heian-Kios bis zu dem der Gegenwart. Deshalb muß man, sei es auch nur ganz allgemein, unsere besondere Position gegenüber der mittelamerikanischen Vergangenheit umreißen.

Die Rückgewinnung der prähispanischen Kunst ist ein Unternehmen, das ohne die Vermittlung zweier entscheidender Tatsachen unmöglich gewesen wäre: die mexikanische Revolution und die kosmopolitische Ästhetik des Westens. Über die erstere ist viel geschrieben worden, weshalb ich nur das berühren will, was mir wesentlich erscheint. Dank der revolutionären Bewegung hat sich unser Land als das gefühlt und gesehen, was es ist: ein Land von Mestizen, dem Indianischen wesentlich näher als dem Europäischen, auch wenn das hinsichtlich der Kultur und der politischen Institutionen nicht zutrifft. Die Entdeckung unserer selbst ließ uns mit leidenschaftlichem Interesse sowohl die Reste der alten Kultur sehen als auch ihr Fortbestehen in den Glaubensanschauungen und Bräuchen. Daher hat das moderne Mexiko versucht, diese großartige Vergangenheit zurückzugewinnen. Ganz bestimmt ist der Kern Mexikos indianisch, und die kulturellen, gesellschaftlichen und psychischen Nachwirkungen der prähispanischen Gesellschaften sind zahlreich. Es ist sogar ungenau, von einem Überleben zu sprechen, eher müßte man sagen: geistige und gesellschaftliche Strukturen. Diese Strukturen, halb verschüttet, geben unseren Mythen, unserer Ästhetik, unserer Moral und

selbst unserer Politik Form und Gestalt. Als Kultur jedoch ist die indigene Welt erloschen. Genauer: sie wurde gemordet. Wir verehren die Überreste Mittelamerikas und sammeln sie in Museen, doch wir haben nicht versucht, noch könnten wir es, das Opfer vom Tode zu erwecken. Hier spielt der andere Faktor hinein: die europäische Beurteilung jener Kulturen und Traditionen, die sich von der griechisch-römischen Kultur und Tradition unterscheiden.
Die Entdeckung des »anderen« im Bereich der Gesellschaften und Kulturen ist jüngeren Datums. Sie beginnt fast gleichzeitig mit der imperialistischen Expansion Europas, und ihre ersten Zeugnisse sind die Erzählungen, Chroniken und Schilderungen der portugiesischen und spanischen Seefahrer und Conquistadoren. Es ist die andere Seite der Entdeckung und der Conquista: eine affektive und intellektuelle *Konversion,* die, indem sie die Humanität und die Weisheit der nicht-europäischen Gesellschaften entdeckte, zugleich die Gewissensbisse und das Grauen enthüllte, das einige Menschen mit Gewissen angesichts der Vernichtung von Völkern und Kulturen empfanden. Das 18. Jahrhundert mit seiner Neugier und Hochachtung für die chinesische Kultur sowie mit seiner Verherrlichung des unschuldigen Wilden tat einen weiteren Schritt und schuf die Voraussetzung für eine weniger ethnozentrische Auffassung des Menschengeschlechts. Und so, als kritischer Kontrapunkt zu den in Asien, Afrika und Amerika begangenen Greueln, änderte sich allmählich die europäische Sicht der anderen Völker. Ein letztes Desaster: gerade in dem Augenblick, da die Anthropologie aufkam, nahm das unerbittliche Ende der letzten primitiven Gesellschaften seinen Anfang. Heute, im Augenblick seines Siegs, nachdem alle anderen Kulturen zerstört oder versteinert sind, dekuvriert sich der

Westen im Rassismus, im Imperialismus, im Krieg und im Totalitarismus. Die Kultur des Geschichtsbewußtseins, diese große europäische Erfindung, gelangt heute zu einem anderen Bewußtsein: dem der selbstzerstörerischen Kräfte, die ihr innewohnen. Das 20. Jahrhundert lehrt uns, daß unser Ort in der Geschichte nicht fern ist von dem der Assyrer unter Sargon II., der Mongolen unter Dschingis Khan und der Azteken unter Itzcoatl.

Die Veränderung der europäischen ästhetischen Sicht ging noch langsamer vor sich. Obgleich Dürer seine Bewunderung für die mixtekische Goldschmiedekunst nicht verhehlte, mußte man bis zum 19. Jahrhundert warten, bis aus diesem vereinzelten Urteil eine ästhetische Lehre wurde. Die deutschen Romantiker entdeckten die Sanskrit-Literatur und die gotische Kunst; ihre Nachfolger in ganz Europa interessierten sich alsdann für die islamische Welt und die Kulturen des Fernen Ostens; schließlich, am Anfang dieses Jahrhunderts, tauchte am ästhetischen Horizont die Kunst Afrikas, Amerikas und Ozeaniens auf. Ohne die modernen Künstler des Westens, die sich diesen ganzen riesigen Komplex von Stilen und Visionen der Wirklichkeit zu eigen machten und sie in lebendige zeitgenössische Werke verwandelten, hätten wir die präkolumbianische Kunst nicht verstehen und lieben können. Der mexikanische künstlerische Nationalismus ist eine Folge sowohl der Veränderung des gesellschaftlichen Bewußtseins, bedingt durch die mexikanische Revolution, als auch der Veränderung des künstlerischen Bewußtseins, die der europäische ästhetische Kosmopolitismus mit sich brachte.

Nach diesem Exkurs kann man mit größerer Klarheit sehen, worin die Verwechslung des Nationalismus mit der präkolumbianischen Kultur besteht. Erstens kann man nicht sagen, daß diese letztere, strenggenommen, mexikanisch sei: weder gab es ein Mexiko, als sie geschaffen wurde, noch waren sich ihre Schöpfer dieses modernen politischen Konzepts, das wir Nation nennen, im geringsten bewußt. Zweitens, und in einem noch strengeren Sinne, ist bestreitbar, daß die Künste eine Nationalität haben. Was sie haben, ist Stil: welche Nationalität hat die gotische Kunst? Selbst wenn sie eine hätte, welche Bedeutung käme ihr zu? Es gibt in der Kunst kein nationales Eigentumsrecht. Der große zeitgenössische Kritiker der französischen Kunst des Mittelalters heißt Panofsky, und Berenson ist die große Autorität für die italienische Malerei der Renaissance. Die besten Studien über Lope de Vega sind wahrscheinlich die von Vossler. Es waren nicht die mittelmäßigen spanischen Maler des 19. Jahrhunderts, welche die spanische Tradition der Malerei wiederaufnahmen, sondern Manet. Bedarf es der Beispiele mehr? Nein, das Verständnis der präkokolumbianischen Kunst ist kein angeborenes Vorrecht der Mexikaner. Es ist die Frucht eines Aktes der Liebe und der Reflexion, wie im Falle des deutschen Kritikers Paul Westheim. Oder die eines Aktes der Schöpfung wie im Falle des englischen Bildhauers Henry Moore. In der Kunst gibt es keine Erbfolge: es gibt Entdeckungen, Eroberungen, Affinitäten, Raub: Nachschöpfungen, die im Grunde Schöpfungen sind. Tamayo ist keine Ausnahme. Die moderne Ästhetik öffnete ihm die Augen und ließ ihn die Modernität der prähispanischen Skulptur sehen. Dann, mit dem Ungestüm und der Einfachheit jedes Künstlers, bemächtigte er sich dieser Formen und verwandelte sie. Von ihnen ausgehend, malte er neue und originale Formen. Gewiß, die Volkskunst hatte seine Imagination schon befruchtet und seine Bereitschaft gefördert, die Kunst des alten Mexiko zu übernehmen und sich zu assimilieren. Trotzdem, ohne die moderne Ästhe-

tik wäre dieser erste Impuls verschwunden oder er wäre zu reiner Folklore und Dekoration degeneriert.
Wenn man an die beiden Pole denkt, die Tamayos Malerei definieren, die bildnerische Strenge und die Imagination, die den Gegenstand verwandelt, wird man sogleich gewahr, daß seine Begegnung mit der präkolumbianischen Kunst eine echte Verbindung war. Ich möchte mit dem ersteren beginnen: der rein bildnerischen Beziehung. Die auffallendsten und überraschendsten Eigenschaften der präkolumbianischen Skulptur sind die strenge Geometrie der Konzeption, die Solidität der Volumen und der bewundernswerte Sinn für materialgerechte Bearbeitung. Diese Eigenschaften waren es, welche die modernen Künstler und die europäischen Kritiker von Anfang an beeindruckten. Tamayos Verhalten ist auf denselben Grund zurückzuführen: die mittelamerikanische Skulptur ist, wie die moderne Malerei, vor allem eine Logik der Formen, Linien und Volumen. Diese bildnerische Logik gründet sich, im Gegensatz zur griechisch-römischen Tradition und zu der der Renaissance, nicht auf die Nachahmung der Proportionen des menschlichen Körpers, sondern auf eine von Grund auf andere Konzeption des Raums. Eine Konzeption, die für die Mittelamerikaner religiös war, für uns intellektuell ist. In dem einen wie in dem anderen Fall handelt es sich um eine *nicht* menschliche Vorstellung des Raums und der Welt. Das moderne Denken vertritt die Auffassung, daß der Mensch nicht länger die Mitte der Welt noch das Maß aller Dinge ist. Dieser Gedanke ist gar nicht weit entfernt von der Auffassung, welche die Alten vom Menschen und vom Kosmos hatten. Künstlerische Entsprechungen dieser einander widersprechenden Konzeptionen: in der Tradition der Renaissance steht die menschliche Gestalt derart im Mittelpunkt, daß versucht wird, selbst die

Landschaft ihrer Herrschaft zu unterwerfen (zum Beispiel: die Vermenschlichung der Landschaft in der Dichtung des 16. und 17. Jahrhunderts oder der Subjektivismus der Romantiker); in der präkolumbianischen und in der modernen Kunst dagegen unterwirft sich die menschliche Gestalt der Geometrie eines nicht-menschlichen Raums. Im ersten Fall ist der Kosmos gleichsam ein Abbild des Menschen; im zweiten ist der Mensch gleichsam ein Zeichen unter den Zeichen des Kosmos. Auf der einen Seite: Humanismus und realistischer Illusionismus; auf der anderen: Abstraktion und symbolische Betrachtung der Wirklichkeit. Der Symbolismus der alten Kunst verwandelt sich in der Malerei von Tamayo in *Transfiguration.* Die mittelamerikanische Tradition entdeckte ihm noch mehr als nur eine Logik und eine Grammatik der Formen, sie zeigte ihm, mit noch größerer Eindringlichkeit als Klee und die Surrealisten, daß der bildnerische Gegenstand ein Sender von hoher Frequenz ist, der plurale Bedeutungen und Bilder ausstrahlt. Die Lehre der prähispanischen Kunst ist eine doppelte; erstens material- und formgerechte Bearbeitung: für den Azteken ist die Steinskulptur behauener Stein; zweitens: dieser behauene Stein ist eine Metapher. Geometrie und Transfiguration.

Ich frage mich: wußte Tamayo all dies nicht schon? Wie die Erfahrung mit dem Meskalin für Michaux, war Tamayos Begegnung mit der präkolumbianischen Kunst mehr als eine Entdeckung, sie war eine Bestätigung. Vielleicht ist der wahre Name des Schaffens *Wiedererkennen.*

Delhi, 11. April 1968

herüberzuschicken, auf den Gesetz und Gerechtigkeit des ganzen Landes übertragen werden soll. Sie sind auch gesonnen, die götzendienerischen Bräuche englischen Bischofswesens einzuführen. Wenn also Laud, als Kardinal von Rom, des Papstes Fuß küssen soll, so kann er Neuengland, an Händen und Füßen gebunden der Gewalt seines Herrn ausliefern."

Ein tiefes Stöhnen aus den Reihen der Zuhörer, – ein Laut der Wut sowohl wie der Angst und Sorge gab Antwort auf diese Mitteilung.

„Seht euch wohl vor, Brüder", donnerte Endicott mit steigendem Eifer, „wenn dieser König und sein Erzbischof ihren Willen haben, werden wir bald ein Kreuz auf der Spitze dieses Heiligtums erblicken, das wir uns erbaut haben, und einen Hochaltar in seinen Wänden, auf dem zur Mittagszeit die Wachskerzen brennen. Die Glocke werden wir hören und die Stimmen katholischer Priester, die die Messe lesen. Aber glaubt ihr, christliche Männer,. daß wir solches dulden können, ohne das Schwert zu ziehen? Ohne einen Schuß abzugeben? Ohne Blutvergießen? Nein – seid starken Herzens und tapferen Armes! Hier stehen wir auf unserem eigenen Boden, den wir mit unsern Gütern erkauft, den wir mit dem Schwert errungen, den wir urbar gemacht mit unserer Axt, den wir im Schweiße unserer Stirn gepflügt, den wir geheiligt haben mit unseren Gebeten zu dem Gott, der uns hierherführte. Wer soll uns hier zu Sklaven machen? Was haben wir zu tun mit diesem Bischof unter der Mitra – mit diesem gekrönten König? Was haben wir mit England zu tun?"

Endicott schaute um sich in die erregten Gesichter des Volkes, die nun ganz erfüllt waren von seinem Geiste. Dann wandte er sich plötzlich zu dem Bannerträger um, der dicht hinter ihm stand.

„Senkt die Fahne!" sagte er.

Es geschah, und Endicott schwang sein Schwert, durchhieb das Tuch und riß mit der linken Hand das Rote Kreuz vollständig aus der Fahne heraus. Dann schwenkte er die zerfetzte Flagge über seinem Haupt.

„Gotteslästerlicher Schuft!“ schrie der Anhänger der englischen Hochkirche am Pranger, der sich nicht länger beherrschen konnte, „du hast das Symbol unserer heiligen Religion verworfen!“

„Verrat! Verrat!“ brüllte der Königstreue im Block. „Er hat des Königs Banner verunglimpft!“

„Vor Gott und den Menschen will ich die Tat verantworten“, erwiderte Endicott. „Schlag einen Wirbel, Trommel! Schreit Soldaten und Volk! Zu Ehren der Fahne Neuenglands. Weder Papst noch Tyrann hat jetzt mehr Anteil an ihr!“

Mit Triumphgeschrei gab das Volk seine Einwilligung zu einer der kühnsten Taten, die unsere Geschichte berichtet. Und für immer sei der Name Endicotts geehrt! Wir schauen zurück durch die Nebel der Jahrhunderte und erkennen in dem Herausreißen des roten Kreuzes aus der Fahne Neuenglands das erste Vorzeichen für die Befreiung, die unsere Väter vollendeten, nachdem die Gebeine des mutigen Puritaners schon mehr als hundert Jahre lang moderten.

stern wie Cernuda, Buñuel, Goytisolo, die bewiesen haben, daß die Kultur-Ghettos der spanischen Welt nicht von ewiger Dauer sind.« Und an anderer Stelle: »In Octavio Paz erreicht unser Wort Aktualität durch die Vielfalt der Beziehungen: Im weiten und glänzenden Netz von Kreisläufen wird Buddha Marx vorgestellt und beide werden mit Góngora und Michaux in Beziehung gebracht: Griechenland sieht Entsprechungen – correspondencias – in Teotihuacán und das Gold der spanischen Conquista verwandelt sich in einen Stein der Hindu-Altäre; Blakes Wortwelt erzeugt die Mallarmés: Die Zeichen rotieren!«

Bei dem schwierigen Unterfangen, einen Weg in das Dickicht der essayistischen Welt Octavio Paz' zu bahnen, gehe ich zunächst mit Ludwig Schrader einig: »Sein Weltbild ist kein systematisch gegliedertes Gebäude, aus dem sich paragraphenweise einzelne Wahrheiten herauslesen ließen. Eine Grundstruktur liegt in der Verknüpfung des scheinbar Entfernten, im schnellen Rückgriff auf die Geschichte, in der ständigen Bewegung gedanklicher Elemente.« Genaueres Studium läßt schließlich aus dem anscheinenden Chaos einen Kosmos entstehen, dessen innerstes Gesetz die ›rotierenden Zeichen‹ sind: Die räumlich-zeitliche Welt erweist sich als Zeichenkonstellation, deren einzelne Teile in ständiger Bewegung und Veränderung begriffen sind. Die Beachtung der zeitlichen Reihenfolge ist daher keine sichere Methode, den roten Faden durch das vielfältige Werk zu finden, in dem Chrono- und Topologie sich verschränken oder gar eins werden. Apollinaires Gedanke der Simultaneität und Jungs Erfahrung der Synchronizität drängen sich auf. Das Labyrinth und Proteus sind die adäquaten griechischen Symbole dieses verwirrenden Prosawerks

NACHWORT

Diese zweibändige Anthologie soll einen Einblick in das essayistische Schaffen des Mexicaners Octavio Paz gewähren, das in der übrigen westlichen Welt bereits weit bekannt ist. Als Kronzeugen seiner Bedeutung mögen die Urteile zweier bedeutender Schriftsteller aus der Sprachwelt des Autors stehen:

Für den argentinischen Erzähler Julio Cortázar ist Paz' Werk »jener Seestern, in dem die Gründe für unser Dasein offenbar werden. Als Dichter, das heißt, als Jäger nach dem Sein, besitzt er jene seltene Eigenschaft, die nur noch Valéry und T. S. Eliot zukam, naht- und widerspruchslos ein poetisches Œuvre mit dem der analytischen Reflexion zu verbinden. Seine zahlreichen, zuweilen anfechtbaren, immer jedoch erregenden Essays, die eine schwindelerregende Fülle von Themen behandeln, bekunden ein Denken und eine Anschauung, die zu den tiefsten und stimmigsten in ganz Lateinamerika gehören.«

Paz' Landsmann, der Romancier Carlos Fuentes stellt ihm folgendes Zeugnis aus: »Es dürfte heute keinen Schriftsteller spanischer Zunge geben, der es verstanden hat, in seinem Werk eine solche Vielfalt von Erfahrungen zu vereinigen wie Octavio Paz: Als Pilger zu fremden Kulturen hat er ein umfangreiches, dichtes Werk geschaffen, das Bindungen und Trennungen, Begegnungen, Gegenüberstellungen, Symbiosen, wiedergefundene Einheit und früh behauptete Mannigfaltigkeit der Kulturen spiegelt. Als Sohn Mexicos, Bruder aller Hispanoamerikaner, Stiefsohn Spaniens, Adoptivsohn Frankreichs, Englands, Italiens, vertrauter und beliebter Gast in Japan und Indien, Bastard der USA – wie wir alle –, Kosmopolit gehört er zu jener kleinen Gruppe von Gei-

INHALT

Quellenangaben zu den einzelnen Essays am Ende des Bandes.
Die Essays 1–4 wurden von Carl Heupel, die Essays 5–20 von Rudolf Wittkopf übertragen.

suhrkamp taschenbuch 1036
Erste Auflage 1984

Druck: Nomos Verlagsgesellschaft, Baden-Baden
Printed in Germany
Umschlag nach Entwürfen von
Willy Fleckhaus und Rolf Staudt

1 2 3 4 5 6 – 89 88 87 86 85 84

Octavio Paz
Essays 1

Aus dem Spanischen
von Carl Heupel
und Rudolf Wittkopf
Nachwort von Carl Heupel

Suhrkamp

Die Veröffentlichung von *À l'Infinitif* im Jahre 1967 und ein Jahr später das Erscheinen der *Entretiens* mit Pierre Cabannes gaben Anlaß zu so manchen Kommentaren über den Einfluß des Begriffs der vierten Dimension auf Duchamps künstlerische und philosophische Konzeptionen. Diese Kommentare waren mehr oder weniger persönliche Variationen über ein bekanntes Thema: für niemanden war es ein Geheimnis, daß die vierte Dimension einer der intellektuellen Bestandteile des *Großen Glases* ist. Schon in den ersten Studien über dieses Werk hatten die Kritiker sich mit diesem Thema befaßt. Dennoch ist es die Mühe wert, die Punkte auf die i's zu setzen. Duchamp bezog sich wiederholt auf sein widersprüchliches Verhältnis – eine liebende Feindschaft – zur Wissenschaft. In seinem zweiten Gespräch mit Cabannes spricht er von seinem Interesse an der Darstellung der Bewegung. Ein Interesse, das von den meisten Dichtern und Künstlern seiner Zeit geteilt wurde, wie der »Simultaneismus« von Barzun, Delaunay, Cendrars, Apollinaire und anderen beweist. Dieses Sichbeschäftigen mit der Bewegung, bemerkt Cabannes, tritt seit *La Mariée* ganz in den Hintergrund. Duchamp schreibt diesen Wandel seiner Wiederentdeckung der Perspektive zu: »*Das Große Glas* ist eine Rehabilitierung der Perspektive, die völlig ignoriert und mißachtet worden war.« Es handelt sich natürlich nicht um die realistische Perspektive, sondern um »eine mathematische, wissenschaftliche Perspektive (. . .), die auf Berechnungen und Dimensionen beruht«. Im *Großen Glas* steht die visuelle Darstellung im Dienst einer Geschichte – einer Legende, sagte Breton –, nur daß Anekdote und Darstellung eine radikale Umsetzung erfahren haben: anstatt der Dinge und der sensorischen

Konsequenzen ihrer Wahrnehmung, zeigt uns das Bild die Maße der Dinge, die Beziehungen zwischen ihnen und die Symbole dieser Beziehungen. Eine Welt *à l'infinitif.*

Eine der ersten Aufzeichnungen in der *Grünen Schachtel* lautet: »Für gewöhnlich ist das Bild das Erscheinen einer Erscheinung.« Andere Notizen erläutern uns, daß die Erscheinung das Gesamt der Sinneseindrücke – des Sehens, Hörens und Fühlens – im Augenblick der Wahrnehmung des Gegenstandes ist; das Erscheinen ist die darunterliegende beständige Wirklichkeit, die nie ganz sichtbar ist: das Beziehungssystem, das zugleich das Grundmuster und das Wesen des Gegenstandes ist.

Duchamp wollte eine Kunst des Erscheinens und nicht der Erscheinung schaffen. Ein widersprüchliches Vorhaben, da die Malerei bis heute – und es ist gut, daß es so ist – eine Kunst der Erscheinungen gewesen ist: die Darstellung dessen, was wir sehen, sei es mit offenen oder mit geschlossenen Augen. Aber es ist gut, daß ein Maler entschlossen ist, auf die unsichtbare Wirklichkeit zu setzen, und weder Dinge noch Bildnisse malt, sondern Beziehungen, Wesenheiten und Zeichen. Vorausgesetzt natürlich, daß dieser Maler ein wahrer Maler ist. Es ist nicht verwunderlich, auch wenn es beispiellos ist, daß Duchamp es gewagt hat, diesen Schritt zu tun: die Logik seiner Suche brachte ihn dahin, den Sprung zu tun von der Malerei der Bewegung zur Malerei dessen, was jenseits der Bewegung ist.

Andererseits ist nichts weniger modern als dieses Vorhaben. »Seit dem Impressionismus«, sagte er zu Cabannes, »ist die Malerei antiwissenschaftlich gewesen, Seurat nicht ausgenommen. Mir ging es darum, in die Malerei die Präzision und Exaktheit der Wissenschaft einzuführen (. . .), nicht aus Liebe zur Wissenschaft, im Gegenteil:

Tamayo *Rufende Frau.* 1941
Sammlung Lee Ault, New York

es war Ironie dabei.« Die Vergöttlichung des künstlerischen Wertes, der, von den anderen Werten isoliert, eine selbstgenügsame, geradezu absolute Wirklichkeit wurde, war das gemeinsame Charakteristikum der in den letzten zwei Jahrhunderten geschaffenen Kunst gewesen. Gegen diese Konzeption lehnte Duchamp sich auf. Darin – in dieser seiner Negation der modernen Tradition: der Malerei-Malerei, der Netzhaut- und Geruchsmalerei – war er einzig. Nicht in seiner Ablehnung der Malerei der Erscheinungen: auch die Kubisten und die abstrakten Maler wollten Wesenheiten und Archetypen malen. Gleiches ist zu sagen von dem Interesse an den theoretischen Spekulationen, die mehr oder weniger von der neuen Physik inspiriert worden waren: es war das eine allgemeine Tendenz der Künstler jener Zeit.
An den Diskussionen über die vierte Dimension entzündeten sich Dichter und Maler, vor allem die der zweiten kubistischen Generation. In den von den Künstlern der Avantgarde frequentierten Bistrots sprach ein einfallsreicher und redegewandter Versicherungsmakler, Maurice Princet, von der Geometrie Lobatchewskys und Riemanns. In ihren Erinnerungen schreibt Gabrielle Buffet, daß die drei Brüder Duchamp sich für die Naturwissenschaften und die Mathematik begeisterten. Ein anderer Zeuge jener Zeit, Ribemont-Dessaignes, bemerkt, daß die Bildung der Brüder Duchamp solider war als die vieler ihrer Freunde. Marcel machte aus diesen Liebhabereien nie ein Geheimnis, und in der *Weißen Schachtel* zitiert er Henri Poincaré und Elie Joufret, Autor einer *Vierdimensionalen Geometrie*. Eben von Joufret stammt der Grundgedanke zum *Großen Glas:* die Projektion einer vierdimensionalen Figur auf unseren Raum ergibt eine dreidimensionale Figur. Jean Suquet hat aufgezeigt, daß man gewisse Konzeptionen von Poincaré auf *La Mariée*

anwenden könnte: »Die Wesen des Über-Raums können Gegenstand ebenso präziser Definitionen sein wie die des gewöhnlichen Raums; wir können sie denken und studieren, nur darstellen können wir sie nicht.« Duchamp hätte Poincaré mit einem Lächeln geantwortet: »außer als *befreite* Formen«. Für viele Wissenschaftler und Künstler spiegelten sich die neuen Auffassungen der Physik und der Mathematik, mehr oder weniger verzerrt, im alten Neuplatonismus wider. León Ebreo sagte, daß »der Körper der Schatten der geistigen Schönheit (ist)« und Pico de la Mirandola war der Meinung, daß der Intellekt Venus »in ihrer wahren Gestalt« nicht sehen könne. Poincaré und Duchamp gehörten, vielleicht ohne es zu wissen, derselben Tradition an.

Duchamp verdankt vieles seiner Zeit. Wie alle wahren Künstler negiert er sie, und manchmal läßt er sie hinter sich. Es ist wahr, daß das *Große Glas*, in dem er sie verarbeitet, bestimmten Ideen der neuen Physik verpflichtet ist, besser gesagt, den Versionen dieser von Lehrern und Journalisten verbreiteten Ideen. Doch man kann einen Künstler nicht auf seine Quellen reduzieren, ebenso wenig wie auf seine Komplexe. Darin besteht die Begrenztheit der ansonsten sehr achtenswerten Werke von Jean Clair und Arturo Schwarz. So wie Shakespeare nicht gleichzusetzen ist mit seiner Lektüre, Proust nicht mit seinem Asthma, kann man Duchamp weder auf den Wissenschaft antizipierenden Roman von Gaston de Pawlowski noch auf seine hypothetische inzestuöse Liebe zu Suzanne reduzieren. Ich will die Leistung von Schwarz nich schmälern: wegen der Information, die es enthält, ist sein Buch ein Monument der Geduld und Verehrung von unermeßlichem Wert[1]. Auch der Versuch

1 *The Complete Works of Marcel Duchamp*, New York, 1970.

Tamayo *Mexiko heute*. 1953
Fresko. Palacio de Bellas Artes, Mexico City

von Clair ist nicht geringzuschätzen[2]. Doch weder er noch sonst jemand hätte Gaston de Pawlowski ausgegraben, wenn nicht Duchamp selbst in einem seiner Gespräche mit Cabannes sich an diesen Autor und den Eindruck, den sein Buch auf ihn gemacht hatte, erinnert hätte. Man sollte diesen Einfluß aber nicht überschätzen: Pawlowski war nicht Duchamps einzige Quelle. In Wirklichkeit ließen beide sich von populärwissenschaftlichen Werken von Autoren wie Poincaré und Joufret inspirieren. So wie die nachfolgende Generation über die Psychoanalyse sprach, und die heutige über die Linguistik, beschäftigte sich die Generation jener Jahre mit Physik und der neuen Raum-Zeit. Schon früher führte Jarry die Namen Riemann und Lord Kelvin an, die ihm sichtlich vertraut waren, nicht zu reden von dem großen Erfolg von *The Time Machine, The Invisible Man, Tales of Space and Time* und anderen Romanen und Erzählungen von Wells.

Es besteht kein Zweifel, daß der Roman von Pawlowski, die *Reise ins Land der vierten Dimension*, eine der Quellen des *Großen Glases* ist. Man muß hinzufügen, daß die Unterschiede zwischen den beiden Werken größer sind als ihre Ähnlichkeiten. Im Gegensatz zu der langen Reise, von der Pawlowski erzählt, erfolgt der Übergang von einer Dimension zur anderen im *Großen Glas* augenblicklich. Zudem, und vor allem, ist er illusorisch: es handelt sich um eine *Rundreise*. Pawloski nimmt die wissenschaftlichen Ideen, die ihm als Gerüst dienen, um eine ziemlich naive Fiktion zu schaffen, ernst; in Duchamps Werk sind diese Ideen durch die Meta-Ironie so entstellt, daß man sie nicht wiedererkennt. Pawlowskis kleiner Roman ist das kuriose Buch eines intelligenten

---

2 *Marcel Duchamp ou le grand fictif*, Paris, 1975.

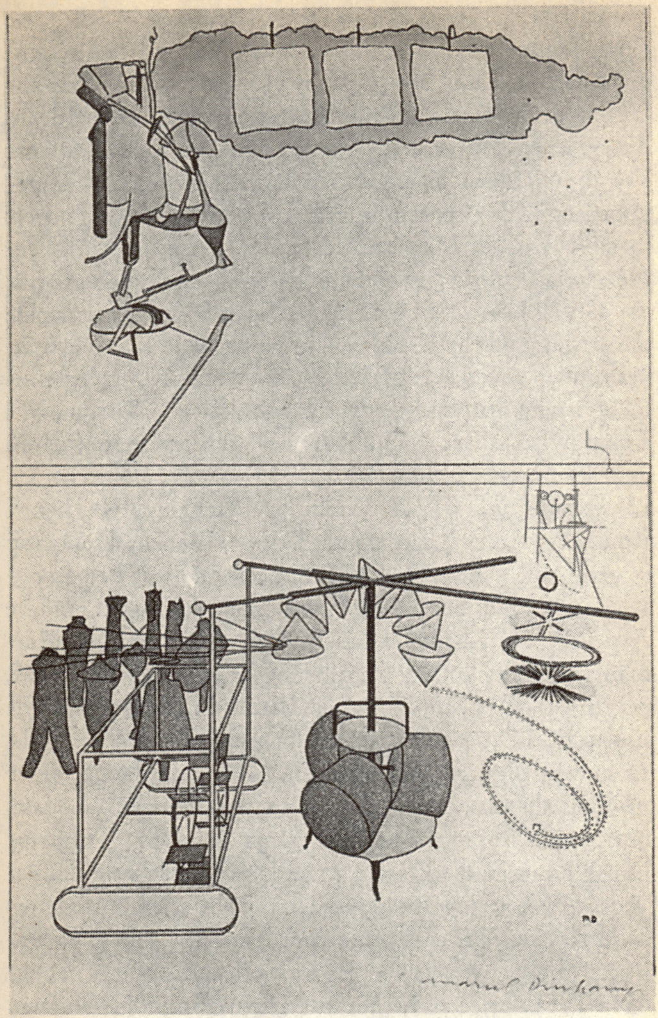

Duchamp *Das Große Glas.* 1965
(Le grand verre ou La mariée mise à nu par ses célibataires, même)

Amateurs; das *Große Glas* ist die glänzende Allegorie einer Reise durch den Raum. Mit glänzend meine ich: groß, lichtvoll und still. Pawlowski schrieb ein Werk zur Unterhaltung und zur Popularisierung bestimmter Ideen, die in jenen Jahren en vogue waren; Duchamp bediente sich dieser Ideen als eines ready-made, das nicht weniger überzeugte als der Rembrandt, aus dem er ein Bügelbrett machen wollte. Man würde in der *Reise ins Land der vierten Dimension* vergebens nach all dem suchen, was das *Große Glas* zu einem einzigartigen Kunstwerk macht: die Ironie und die Erotik, die intellektuelle Komplexität, verbunden mit der Einfachheit der Ausführung, die philosophische Stimmung, die Sparsamkeit an Worten. Mit einem Wort, diese »Schönheit des Indifferenten«, deren anderer Name Freiheit ist.

Der wahre *literarische* Vorläufer Duchamps ist, neben Roussel, Jarry. Die meisten Kritiker haben, Duchamp folgend, die Ähnlichkeit seiner Methode mit der Roussels hervorgehoben. Die Ähnlichkeit kann auf andere Aspekte ausgedehnt werden: den Versuch der Entmenschlichung durch Einführung artifizieller Elemente, das Ersetzen psychologischer Mittel durch mechanische und schließlich den zentralen Charakter der Wortspiele. In der *Weißen Schachtel* spricht Duchamp davon, einen »Nominalismus der Malerei« zu schaffen; für Roussel besitzt die Sprache die Konsistenz der Dinge, und die Dinge besitzen die Elastizität und die Durchlässigkeit der Worte. Die ungewöhnlichen Konstruktionen, von denen es in *Impressions d'Afrique* und *Locus Solus* nur so wimmelt, sind Schwestern der künstlerischen und sprachlichen Erfindungen Duchamps. Die Affinitäten zu Jarry sind anderer Art. In erster Linie: die Ironie erzeugende Distanz zwischen dem Werk und seinem Schöpfer. Zwischen Roussel und seinem Werk gibt es keine Distanz;

das schöpferische Subjekt ist suspendiert, oder genauer, auf ein Verfahren reduziert. Roussel *ist* seine Methode; Jarry und Duchamp sind auf ihre Verfahren nicht zurückführbar. Bei Roussel gibt es Humor, keine Ironie; weder sieht er sich in seinen Werken, noch sehen seine Werke ihn, weder spottet er über sie, noch spotten sie über ihn. Jarry ist Ubu und ist nicht Ubu, Duchamp ist Rrose Sélavy und ist nicht Rrose Sélavy. In Wirklichkeit ist Duchamp (im Plural) die Augenzeugen-Gutachter. Die Person Roussels ist unbeabsichtigt: sie ist eine Emanation oder Projektion Roussels, nicht seine Erfindung. Deshalb fehlt es ihr an Selbstkritik, ja sogar an Bewußtsein. Die Person Jarrys ist eine Erfindung Jarrys und diese Spaltung seiner selbst erzeugt ein halluzinierendes Spiel von Spiegelungen. Wer ist am wirklichsten: Ubu, Jarry oder Faustroll? Dagegen ist der Mensch Roussel nicht weniger irreal als die Person Canterel. Die Untreue Duchamps gegenüber seiner Person hat Breton immer wieder irritiert, und sie war ja auch wirklich skandalös: alle Welt glaubte, er spiele Schach, und insgeheim arbeitete er an seiner *Assemblage,* schien besessen von der nihilistischen Raserei der Avantgardisten und wandte sich tief gerührt der Malerei der Mönche zu, limitierte die Anzahl seiner *ready-mades* und zögerte nicht, Reproduktionen von ihnen zu gestatten.

Roussel glaubte an die Wissenschaft; Jarry und Duchamp bedienten sich der Wissenschaft als einer Waffe gegen die Wissenschaft: Ubu sagt *merdre* und Duchamp *arrhe.* Der eine definiert die Pataphysik als die Wissenschaft vom Besonderen, und der andere will »die Möglichkeit aufgeben, zwei gleiche Dinge zu unterscheiden oder zu identifizieren«. Beide hätten gern in einer Welt einzigartiger Gegenstände und Wesen gelebt, wo allein die Ausnahme herrscht. Roussel fehlt eine vitale und moralische Dimen-

sion, die Jarry und Duchamp gemeinsam ist: die Subversion des Ich ... Der beste Kommentar zum *Großen Glas* ist *Ethernités*, das letzte Buch von *Gestes et opinions du Docteur Faustroll.* Ein doppelt scharfsinniger Kommentar, da er geschrieben wurde, als das *Große Glas* noch nicht einmal konzipiert war, und sich somit nicht auf es bezieht. Darüber hinaus: in einem Text aus dem Jahre 1899, einer außergewöhnlichen Mischung von Vernunft und Humor, nimmt Jarry Duchamp vorweg. Ich meine den *Commentaire pour servir à la construction poétique de la machine à explorer le temps.* Jarry besaß ein reicheres und erfinderischeres Temperament als Duchamp. Auch war er barocker: sein Verfahren war die Anhäufung, waren die Arabesken und Ellipsen. Duchamp ist die Reinheit. Die Faszination, die vom *Großen Glas* und der *Assemblage* ausgehen, verdankt sich ihrer Eleganz, im mathematischen Sinne, das heißt, ihrer Einfachheit. Der durch die Transparenz erreichten Mehrdeutigkeit.

Die Ähnlichkeiten zwischen den Konzeptionen Duchamps und den zwei großen erotischen Traditionen des Abendlandes, denen der *höfischen Liebe* und des Neuplatonismus, sind zahlreich und verwirrend. Ich sagte bereits, wie ich darüber denke: diese Ähnlichkeiten verdanken sich keinem unmittelbaren, gesuchten Einfluß. Duchamp hat weder Bernart de Ventadour noch Marsilius Ficinus gelesen. Er brauchte sie nicht zu lesen: Duchamp ist das Glied einer Kette, er gehört einer Tradition an, die vor zweitausendfünfhundert Jahren begonnen hat. Nicht weniger bezeichnend als die Ähnlichkeiten sind die Unterschiede. Der größte ist der subversive Geist, die ironische Negation. Es ist der Wesenszug, der die Modernität definiert und der sich in allen dichterischen und künstlerischen Werken seit dem Ende des 18. Jahrhunderts

Chillida *Rauschen der Grenzen VII*
1960–1969. Eisen
Photographie Peter Heman

zeigt. Doch Duchamps Ironie ist affirmativer Art: Meta-Ironie. Das ist es, was ihn von fast allen seinen unmittelbaren Vorläufern und von der Mehrheit seiner Zeitgenossen unterscheidet. Das ist es, was ihn vor allem von Picasso unterscheidet. Der Nihilismus Picassos ist, moralisch und intellektuell, von anderer Art als der Skeptizismus Duchamps. Picassos Schwäche – man wird das mit den Jahren immer klarer sehen – liegt weder in seinem Können noch in seinem Blick, sondern in seinem Geist. Dieser große Künstler war auch ein großer Ungläubiger und eben deswegen ein abergläubischer Mensch (so schließt er sich dem Kommunismus ausgerechnet in der Ära Stalins an, das heißt in einem Augenblick, da der Marxismus seine kritischen und rationalen Werte verloren hatte). Duchamp war skeptisch wie Pyrrhon; deshalb war er frei und akzeptierte unbefangenen Geistes die Mächte des Unbekannten und das Eingreifen des Zufalls.

Welche Stelle nimmt Duchamp in der Kunst des 20. Jahrhunderts ein? Man betrachtet ihn als einen Avantgardisten *à outrance*. Das war er. Andererseits entstand sein Werk als Reaktion *gegen* die moderne Kunst, und insbesondere gegen die seiner Zeit. Er machte in wenigen Jahren den Fauvismus, den Futurismus und den Kubismus durch. Danach wandte er sich gegen diese Richtungen. Zur abstrakten Malerei hielt er Distanz: er hat nie an die Form um der Form willen geglaubt, noch machte er aus dem Dreieck oder der Kugel ein Idol. Er hielt es mit Dada dessentwegen, was Dada negierte, nicht dessentwegen, was er bejahte – falls er überhaupt etwas bejahte. Stärker waren seine Affinitäten zum Surrealismus, doch seine Beteiligung an dieser Bewegung war, obgleich kontinuierlich, immer eine periphere. Seine kühnste Tat – die Erfindung der *ready-mades* – war ambivalent: die *ready-*

mades üben nicht Kritik an der Kunst der Vergangenheit, sondern an den Kunstwerken, alten oder neuen, die als *Gegenstände* betrachtet werden. Eben das ist es, was ihn zu der ganzen modernen Kunst in Opposition bringt: für Duchamp gibt es keine *Kunst an sich;* die Kunst ist keine Sache, sondern ein Medium, ein Mittel zur Übertragung von Gedanken und Gefühlen. Wenn das *Große Glas* seiner mechanischen Form wegen ein Werk der Avantgarde ist, so doch nicht dessentwegen, was diese Formen erzählen: eine Legende, eine groteske und wunderbare Geschichte. Die moderne Kunst will nicht erzählen, sondern sein: das *Große Glas* aber *spricht,* erzählt uns etwas. Darin ähnelt es der Kunst der »Mönche der Renaissance«, wie Duchamp das mehr als einmal betont hat. In dem langen Streit zwischen der »Ordnung und dem Abenteuer« wirkt sein Werk auch als Scharnier. Seine Meta-Ironie löst den romantischen und avantgardistischen Gegensatz zwischen Subjekt und Objekt auf. All dies bestätigt mich in dem, was ich seit langem denke und sage: wenn die sogenannten avantgardistischen Bewegungen der letzten dreißig Jahre nicht eine Karikatur der echten Avantgarde des ersten Drittels dieses Jahrhunderts sind, dann sind sie nostalgisch und anachronistisch.

Duchamps Werk ist eine Abwandlung – eine mehr – eines traditionellen Themas der Kunst und des Denkens unserer Kultur. Das Thema ist ein doppeltes: Liebe und Erkenntnis; ihr Gegenstand ist einer: die Natur der Wirklichkeit. Eine Variation in der meta-ironischen Weise: Liebe führt uns zur Erkenntnis, doch die Erkenntnis ist gerade nur ein Abglanz, der Schatten eines durchsichtigen Schleiers auf der Transparenz einer Glasscheibe. *La mariée mise à nu par ses célibataires, même* ist ihre Landschaft, und wir selbst, die wir sie betrachten, sind Teil dieser Landschaft. Wir sind die Augen, mit

denen die Neuvermählte sich betrachtet. Die begierigen Augen, mit denen sie ausgezogen wird, die Augen, die sich in dem Augenblick schließen, da ihr Kleid über den Horizont der Glasscheibe fällt. Die Neuvermählte und ihre Landschaft sind ein Schatten, ein Gedanke, der Umriß eines unsichtbaren Wesens auf einem Spiegel. Eine Spekulation. Die Neuvermählte ist unser Horizont, unsere Wirklichkeit; die Natur dieser Wirklichkeit ist ideell oder, besser gesagt, hypothetisch: die Neuvermählte ist ein Gesichtspunkt. Genauer: sie ist der Fluchtpunkt. Die wirkliche Wirklichkeit, die der vierten Dimension, ist eine *Virtualität:* »nicht die Wirklichkeit der sensorischen Erscheinung, sondern die virtuelle Darstellung eines Volumens (analog seiner Spiegelung im Spiegel)« *(A l'Infinitif).*

Der Körper der Neuvermählten – der Körper der Wirklichkeit: seine Erscheinung – »ist das Resultat zweier Kräfte: Anziehung im Raum und *Zerstreuung* in der Weite«. Die Neuvermählte legt sich auf ein Lager aus Zweigen und streckt sich, entspannt sich, zerstreut sich und entfernt sich von ihrem Anziehungspunkt: von uns, den Spiegeln, die sie widerspiegeln. Die gleiche Bewegung vollzieht sich in der Zeit: ihr Körper erfreut sich einer »alternativen Freiheit« hinsichtlich des Schwerpunktes. In bestimmten Intervallen ist der Körper frei und gehorcht der Anziehung nicht; in anderen ist er durch diese bestimmt. Für die Dauer dieser Intervalle ist der Körper *außerhalb* der Zeit. Zumindest außerhalb der linearen Zeit, er befindet sich in einer anderen Zeit. Die Neuvermählte flieht durch die Ziffern und Zeiger der Uhr: sie ist ein im Profil gesehenes Pendel. Wie der Trennungsstrich zwischen den Zeichen A/B, wenn er sich um sich selbst dreht, verschwindet, wird die Zeit zunichte: ob dieser leeren Helle, ob diesem Abgrund an

Widerspiegelungen entschwindet die Neuvermählte. Die Zeit tritt in sich selbst ein und verwandelt sich, wie der Raum und das Konkordanzzeichen, in Virtualität. Eine mehrdeutige optische und geistige Wirklichkeit, ist die Neuvermählte auch eine unbestimmte auditive Wirklichkeit: »sie ist ein virtueller Klang«. Echo und Stille. Doch all diese Möglichkeiten, sie zu sehen, zu hören und zu denken, sind negative. Wenn die Neuvermählte ein Negativbild ist, wenn sie virtuell ist, dann ist sie Verlangen. Das Verlangen nach Sein.

Wie das Gedicht von Mallarmé, *Un coup de dés*, enthalten das *Große Glas* und die *Assemblage* nicht nur ihre Negation, sondern diese Negation ist auch ihre bewegende Kraft, ihr belebendes Prinzip. In den beiden Werken deckt sich der Augenblick des Erscheinens der weiblichen Präsenz mit dem ihres Verschwindens. Diana: Angel der Welt, Erscheinung, die sich auflöst und erneut erscheint. Die Erscheinung ist die momentane Form des Erscheinens. Sie ist die Form, die wir mit den Sinnen wahrnehmen und die sich durch diese auflöst. Das Erscheinen ist keine Form, sondern eine Verbindung von Kräften, ein Knoten. Das Erscheinen ist das Leben selbst und gehorcht der paradoxen Logik der Türangel. Der wesentliche Unterschied zwischen dem *Großen Glas* und der *Assemblage* besteht darin, daß die Neuvermählte sich im ersteren darstellt als eine Erscheinung, die aufgeschlüsselt werden muß, während im letzteren die Erscheinung sich entblößt zu einer *Präsenz*, die sich unserer Betrachtung darbietet. Es gibt keine Lösung, sagte Duchamp, da es kein Problem gibt. Es wäre richtiger, man sagte: das Problem löst sich in Präsenz auf, die Idee verkörpert sich in einem nackten Mädchen.

Die *Assemblage* ist der Augenblick der Versöhnung Duchamps mit der Welt und mit sich selbst. Doch es liegt

darin weder Entsagung noch Verzicht: die Kritik und die Meta-Ironie verschwinden nicht. Sie sind die bei hellem Tage angezündete Gaslampe: ihr schwaches, blinzelndes Flämmchen läßt uns an der Wirklichkeit dessen, was wir sehen, zweifeln. Die Lampe erzeugt die *Dunkelheit*, die Duchamp für die *»Exposition ultrarapide«* verlangte: es ist das reflexive Element, das das Werk rätselhaft macht. Das Rätsel läßt uns flüchtig die andere Seite der Präsenz sehen, das all-eine und duale Bild: die Leere, den Tod, die Zerstörung der Erscheinung und gleichzeitig die augenblickliche Fülle, die Lebendigkeit in der Ruhe. Die Null ist voll; die Fülle öffnet sich, leert sich. Weibliche Präsenz: eine wahre Kaskade, in der sich das Geheimnis manifestiert, das, was in den Falten der Welt verborgen ist. Das Rätsel ist die Glasscheibe, die Trennung/Vereinigung ist: das Zeichen der Übereinstimmung. Wir gelangen vom Voyeurtum zum Sehertum: die Verurteilung zu sehen wird zur Freiheit der Betrachtung.

México, D. F., 27. Dezember 1972

Chillida studierte an der Universität Madrid Architektur, doch nach vier Jahren, 1947, verließ er die Hörsäle und begann zu zeichnen und zu bildhauern. Im Jahr darauf ging er nach Paris. Dort begann dieser erstaunliche Dialog zwischen Hand und Auge, der sein plastisches Werk ist. Ein Werk, das unter allen eine Sonderstellung einnimmt, denn in ihm verbinden sich zwei entgegengesetzte Richtungen der zeitgenössischen Kunst: die Anziehung durch die Materie und die Reflexion über die Materie. Chillidas Skulptur beeindruckt uns auf den ersten Blick durch ihre ausgeprägte Materialität: mehr als Formen in Eisen oder Granit sind seine Skulpturen das Eisen, der Granit selbst. Sie sind keine Darstellungen von Ideen, Gefühlen oder Empfindungen: sie sind greifbare Manifestationen des Eisens oder des Granits. Trotzdem wird ein aufmerksamer Blick bald entdecken, daß diese Materien eine rhythmische Vibration durchläuft und daß diese Volumen einem Willen und einer Norm gehorchen. Als luzider Künstler hat Chillida eine Folge seiner Eisenskulpturen *Rumor de límites* (Rauschen der Grenzen) genannt. Rauschen bedeutet Rhythmus, Grenze bedeutet Maß, und beide sind die Präfiguration einer Sprache. Die plastischen Formen Chillidas sind nicht stumm; sie sind durch den Rhythmus verwandelte Materie: sie sprechen.

Formen, Volumen, Spannungen, Temperaturen: es ist fast unmöglich, diese Sprache aus sicht- und tastbaren Eigentümlichkeiten und Eigenschaften in Worte zu übersetzen. Doch läßt sich sagen, daß in diesen Skulpturen die gleichen unpersönlichen Kräfte, die die Welt bewegen, in unaufhörlichem Spiel sich abwechselnd bekämpfen und vereinen. Chillidas Kunst entspringt einer dynamischen,

direkten und nicht quantitativen Vision der Wirklichkeit. Sie ist sozusagen eine vorwissenschaftliche, doch nicht unreflektierte Vision. Ein sehr bekannter Mathematiker, René Thom, hat in den letzten Jahren besonderen Nachdruck auf die Möglichkeit – ja die Notwendigkeit – gelegt, die qualitative Dimension in die wissenschaftliche Betrachtung der Phänomene wieder einzuführen. Das Universum besteht aus Formen, und diese Formen sind sinnlich wahrnehmbar, sie sind ständig in Bewegung und fortwährend Veränderungen ausgesetzt. Jede Form ist ein momentanes Gleichgewicht, eine Struktur, die nur dem Anschein nach beständig ist und die sich immer schon auf eine andere Form hinbewegt. Jede Veränderung ist eine Katastrophe und jede Katastrophe ein Wiedererstehen. Anaximander und Heraklit kehren wieder und werden unsere Zeitgenossen. Aus der Perspektive, die diese Gedanken eröffnen, können wir das Werk Chillidas wirklich *sehen* und den Sinn seiner Zurückweisung sowohl der menschlichen Gestalt als auch der geometrischen Abstraktion verstehen. Seine Skulpturen spiegeln nicht die Körper der Geometrie in einem zeitlosen Raum wider, noch spielen sie auf eine Geschichte oder eine Mythologie an: sie evozieren vielmehr eine Art qualitativer Physik, die an die der vorsokratischen Philosophen erinnert.

Es ist eine Welt vor der Geschichte und vor den Sagen, – wenngleich sie Ursprung aller Geschichte und aller Legenden ist –, eine Welt, immer im Kampf mit sich selbst, deren Protagonisten weder Helden noch Ideen sind, sondern die Kräfte und die Elemente. Eine Welt, die sich in kontradiktorischen Paaren manifestiert: Eisen und Wind, Papier und Stahl, Licht und Granit, Linie und Masse, Fülle und Leere. Versunken in diese sich wandelnde Wirklichkeit, wo so viele Dualitäten und Gegen-

sätze sich gegenüberstehen, trachten Auge und Hand des Künstlers nach einem Augenblick des Gleichgewichts. Form bedeutet Ausgleich, Konvergenz von Kräften und widerstreitenden Impulsen. Sie ist ein Pakt der feindlichen Zwillinge: vor uns entsteht eine Form, die in einem magnetischen Raum schwebt, zwischen Gravitation und Levitation.

Seine ersten Versuche machte Chillida in Stein und Gips. Sie haben keine großen Ausmaße, doch zeigt sich in ihnen schon diese Monumentalität, die seine späteren Werke kennzeichnet. Eine Monumentalität, die nichts zu tun hat mit den Ausmaßen, sondern mit der geistigen Ausstrahlung: nicht die Größe der Proportionen, sondern die in ihnen enthaltene Energie definiert sie. Bei verschiedenen Gelegenheiten hat Chillida von dem »inneren Raum« gesprochen, den der äußere Raum, den wir sehen und betasten, in sich schließt. Es ist der verbotene Raum, immer etwas ferner oder näher – *off limits.* Man muß hinzufügen, daß der »innere Raum« nur die Fracht an Unbekanntem ist, die jedes Werk enthält. Doch ist diese keine metaphysische Entität, sondern eine sinnlich wahrnehmbare Qualität: wenn wir sie auch nicht definieren können, so empfinden wir sie doch. Der »innere Raum« ist die Energie, die in jeder Form steckt, sei diese aus Eisen oder Ton, aus Marmor oder Holz. Als Same gefangener Energie, ist er der Fokus der Ausstrahlung, welche die Werke besitzen. Darin besteht, was ich, nicht ganz zutreffend, ihre Monumentalität genannt habe. Vielleicht hätte ich schreiben sollen: ihre *Gravitationskraft.*

Die Skulpturen der ersten Jahre, zwischen 1948 und 1951, verraten eine doppelte und gleichzeitige Anziehung durch die Frau und durch die Erde. Der Stein scheint zu atmen, wie beseelt von einem dunklen Willen zur Ver-

körperung; ihrerseits entfalten sich die schweren weiblichen Formen so langsam wie die irdischen Räume: Berge und Ebenen. Berg-Frau: Energie in Ruhe, doch heimlich aktiv. Ist diese Unbeweglichkeit jene, die dem Erwachen der Elemente vorausgeht, oder ist es die des Körpers, der in mineralischen Schlaf gesunken ist? Rückkehr zur Geologie oder zum Stein, der mit der geahnten weiblichen Form einen Körper bildet? Zwischen der natürlichen und der menschlichen Welt hin und her schwankend, verraten die Skulpturen dieser ersten Periode den Konflikt, den der Künstler in diesen Jahren zweifellos austrug, zu eben dem Zeitpunkt, da sein Abenteuer begann. Die Verlokkung der menschlichen Gestalt, zumal in ihrer faszinierendsten Manifestation: der Frau, muß sehr groß gewesen sein. Alle diese weiblichen Skulpturen sind gleichsam die Chiffre ursprünglicher Sexualität, und eine von ihnen – ich denke an den Akt in Stein von 1950 – ist in ihrer Bewegung des Sichöffnens und Verschließens der Form die Verkörperung des Verlangens. Es ist aufschlußreich, daß alle diese Figuren kein Gesicht haben. Aufschlußreich ist auch, daß der Künstler viele von ihnen zerstört hat. Das Unbekannte rief ihn, der »innere Raum«, der noch ohne Form war. Ende 1951 verläßt Chillida plötzlich Paris und kehrt in seine Heimat zurück. Ein Bruch, aber auch eine Rückkehr zu den Ursprüngen.
Der Wechsel des Landes brachte es mit sich, daß seine Sicht und die Wahl der Materie sich änderten: nicht die menschliche Gestalt, sondern der transhumane Raum und seine unablässigen Metamorphosen, nicht der Stein, sondern das Eisen. Indem Chillida in sein Land zurückkehrte, kehrte er zur alten Tradition seines Volkes und zu den beiden Elementen zurück, die das Sinnbild der baskischen Wesensart sind: das Feuer und das Eisen. Die Basken sind ein Volk von Seefahrern, aber auch von

Schmieden. Man kann sogar sagen, daß es sich nicht voll hätte entwickeln können, ohne seine Beherrschung der Eisenschmiedekunst und ihrer Techniken. Die baskischen Schmieden waren schon in der Römerzeit berühmt. Als Sor Juana Inés de la Cruz, väterlicherseits Baskin, in dem Prolog eines ihrer Bücher mit Stolz auf ihre Herkunft verweist, vergleicht sie ihre Gedichte nicht mit den Blumen und Früchten ihrer Heimat, sondern mit dem Eisenerz der baskischen Bergwerke. Es fällt schwer, zwischen den erlesenen barocken Gebilden der Sor Juana und der groben Kunst der Basken eine Beziehung zu entdecken; im Falle Chillidas dagegen besteht eine direkte, eine Vater-Sohn-Beziehung. Freilich ist seine Auseinandersetzung mit metaphysischen und formalen Dingen – seine Sicht des Universums als eine Versammlung von Formen, und der Form als momentanem Ausgleich zwischen den Kräften und den Elementen – weit entfernt von der Volkskunst, doch mit seiner Einstellung gegenüber dem Eisen und den anderen Metallen, durch seine Art, sie zu bearbeiten und mit ihnen umzugehen, setzt er die Tradition der Schmiede seines Volkes fort. Das Schmieden ist eine körperliche Arbeit, die Vermittlung zwischen Hammer, Amboß und Eisen geschieht durch den Körper des Schmieds. Die Arbeit ist rhythmisch, und dieser Rhythmus ist ein muskulärer: der Hammer ist der verlängerte Arm des Schmieds, ist seine Zyklopenhand; mit dieser Hand klopft, verletzt, formt, streichelt, poliert und magnetisiert der Künstler das Eisen, bis er es in eine sinnlich wahrnehmbare und beseelte Form verwandelt hat.

Die Rückkehr in die Heimat war die Rückkehr zum Eisen, und die Rückkehr zum Eisen die Rückkehr zu sich selbst. Doch nicht zum Ego, noch zum persönlichen Bewußtsein, sondern zu dem, was früher ist als das Ich:

dem Raum. Das Erfassen des Raums geschieht instinktiv, ist eine körperliche Erfahrung: bevor wir ihn denken und definieren, fühlen wir ihn. Der Raum ist nicht außerhalb von uns, noch ist er reine Ausdehnung, er ist das, worin wir uns befinden. Der Raum ist ein *Wo-sein.* Er umgibt uns und stützt uns; gleichzeitig stützen und umgeben wir ihn. Wir sind die Stütze dessen, was uns stützt, und die Grenze dessen, was uns begrenzt. Wir sind der Raum, in dem wir uns befinden. Wo immer wir uns auch befinden, sind wir in unserem *Wo;* und unser *Wo-sein* folgt uns überall hin. Es ist treuer als ein Hund und treuer als unser eigener Schatten, der uns jede Nacht verläßt. Das *Wo* verläßt uns nie, noch können wir es verlassen: wir sind mit ihm wesenseins, wir verschmelzen mit unserem Raum. Trotzdem sind wir geschieden: der Raum ist das, was jenseitig, auf der anderen Seite ist, das so Nahe und dabei so Ferne, das stets Bevorstehende und nie Erreichbare. Er ist die Grenze, die beim Berühren verschwindet, um sofort, ferner oder näher, wieder da zu sein. Die Grenze, wo das Ich endet und das andere, das Fremde, beginnt, ist ständig in Bewegung. Eine fortwährende Erosion: je tiefer ich in mich eindringe, desto weiter entferne ich mich von mir; ich selbst bin meine Ferne, ich bin in mir wie in einem unbekannten Land. Zudem ist es ein Land, das unablässig entsteht und vergeht. Das Unbegrenzte baut alle Grenzen ab. Ein eher sinnlicher, denn geistiger Widerspruch: der Raum ist nicht denkbar, sondern berührbar, doch sowie wir ihn berühren, verschwindet er. Es ist dies eine allgemeine und tägliche Erfahrung. Chillida ist keine Ausnahme; aus dem Eisen, dieser so harten und hartnäckigen Materie, wurde plötzlich Leere: *innerer Raum.* Die Rückkehr in die Heimat, zum Eisen und zu sich selbst, war die Rückkehr zum Unbekannten.

In Chillidas Werk nimmt das Eisen, allein oder in Verbindung mit anderen Materialien, wie Holz oder Granit, eine zentrale, ja eine Sonderstellung ein. Die Herrschaft des Elementes Eisen beginnt 1951, auch wenn von 1967 an eine leichte Abkehr zugunsten des Holzes, des Stahls, des Granits und des Alabasters zu beobachten ist. Trotzdem ist das Eisen in allen Perioden gegenwärtig und aus seinem Schaffen seit mehr als einem Vierteljahrhundert nie ganz verschwunden. Diese Treue zu einem Element, das ein Sinnbild von Unbeugsamkeit und Härte ist, verrät den zugleich leidenschaftlichen und asketischen Charakter des Bildhauers. Eisen ist eine strenge Materie, und der Kult, den Chillida mit ihm treibt, ist ebenfalls streng. Doch diese Strenge verhindert nicht, im Gegenteil, sie bewirkt die Erfindungen einer plastischen Imagination, die in ihrer Einfachheit von großem Raffinement sind. Zwischen 1952 und 1956 schafft Chillida eine Folge von Skulpturen, in denen das Eisen, manchmal in Verbindung mit Flußkieseln und Steinen, sich schärft und zuspitzt zu dünnen Strahlen, die sich krümmen oder den Raum stürmen. Diese Werke grenzen einerseits an grausame Sexualität und andererseits an beflügelte Eleganz. Das Spitze, das Stechende, das Durchbohrende und das Durchdringende, das, was aufspießt, durchstößt, durchdringt, und zugleich das, was fliegt, wogt, flattert, sich schlängelt, flammt, schwankt: der Schnabel und die Flügel, die Krallen und die Federn. Vögel, aber auch Nadeln, Pfeile, Speere, das Zickzack des elektrischen Stroms. Wie nicht an die Scharen phantastischer Lanzen und Wurfspeere denken, welche die Tinte der kufischen Schrift auf dem Papier vortäuscht? Nur ist Chillidas Papier der freie Raum. Ein Wogen von Lanzen und Federn, ein schwarzes und blaues Wogen: Eisen und Wind.

Der Gegensatz zwischen Eisen und Wind ist nur einer

der Aspekte des universalen Gegensatzes. Der Raum ist ein Schlachtfeld; die Kämpfer sind unzählig und wechseln ständig ihre Gestalt, ihren Namen und ihre Partei – vielleicht weil sie nur momentane Verkörperungen feindlicher Zwillinge sind, oder, was wahrscheinlicher ist, eines Wesens, das sich unaufhörlich teilt und mit sich selbst kämpft, nur um sich erneut zu vereinen. In Chillidas Werk wechseln die Gegensätze ebenfalls ihre Form und Gestalt. Die *Schärfe* – in der materiellen Bedeutung des Wortes ebenso wie in der geistigen – war bestimmend für seine ersten Werke in Eisen. Etwas später begann eine neue Periode, beherrscht von der entgegengesetzten Eigenschaft: der *Schwere.* Die Protagonisten sind dieselben; besser gesagt, der Protagonist: der Raum und seine Metamorphosen. Die neuen Formen sind fest und schwer, so als wären sie die Pfeiler oder die Stützen der Welt. Nur daß diese Eisenkonstruktionen nichts stützen, sie sind leere, unbewohnte Skelette. Zwischen ihren Metallwänden und durch ihre rauhen oder glatten Korridore geht niemand außer dem Wind. Das Eisen errichtet große Terrassen und hohe Brüstungen, gräbt geheime Kammern und tiefe Gänge für ein unkörperliches Volk. Grobe Huldigungen der Formen an den Raum in seiner wahrnehmbarsten und zugleich abstraktesten und philosophischsten Manifestation: der Leere. Eine kontradiktorische Spannung: die Formen wollen den Raum erobern und erschließen, doch der Sieg des Raums bedeutet die Aufhebung der Formen. Wäre Chillida Buddhist, würde er dem Sieg des Raums zustimmen; aber er ist Bildhauer und trachtet danach, dieser Dualität Ausdruck zu geben, nicht, sie aufzulösen.
Unter den Skulpturen dieser Periode gibt es eine, die mich wegen der Kraft ihrer Formen und des Reichtums an Bildern, die sie hervorruft, besonders anzieht: *Peine*

de viento (Windkamm). Es gibt vier Versionen: die erste und zweite in Eisen, die dritte in Eisen und Granit, die vierte in Stahl. Jede steht ganz für sich; in Wirklichkeit handelt es sich um vier verschiedene Skulpturen, vereint lediglich durch das Thema und den Titel. *Peine de viento:* eine erstaunliche Metapher. Für gewöhnlich sehen wir den Wind als eine unsichtbare Hand, die sowohl das Meer und die Wälder, als auch das Haar von Männern und Frauen kämmt. Góngora, ein großer Meister der Metapher, sagt, daß der Wind Polyphems struppiges Haar – »wogendes Abbild der dunklen Wasser des Lethe« – mit mehr Wut denn Sorgfalt kämmt. Doch mir scheint, daß Chillida die Worte der alten Metapher verkehrt: das Eisen kämmt den Wind. *Peine de viento* II, eine seiner mächtigsten Skulpturen, ist eine Art schreckliche Hand, die die Finger spreizt, damit der Wind des offenen Meeres durch sie hindurchwehe. In *Peine de viento* III verwandelt sich die eiserne Hand in eine halb animalische, halb vegetabilische Form aus Wurzeln und Tentakeln, die sich so verknoten, als wollten sie in ihren Schlingen den unsichtbaren Körper der Luft einfangen; die starken Wurzeln schlagen sich in einen verwitterten Säulenstumpf. *Peine de viento* IV, ein Werk von größeren Ausmaßen, ist der Höhepunkt dieser Folge. Die Hand hat sich geschlossen und ist jetzt eine schwarze, glänzende Form, die keine Spuren ihrer vorangegangenen Verwandlungen aufweist. Eine barbarische Konstruktion: einander gegenüberstehende, parallel und senkrecht angeordnete Eisenplatten mit Durchlässen und Öffnungen. Ein Bild des Uneinnehmbaren, dazu bestimmt, auf einem Vorgebirge aufgestellt zu werden, einem Meer oder einer Wüste zugewandt, an der Grenze des Unbegrenzten. Ihre Platten setzen dem Wind ihren massiven Trotz entgegen, doch ihre Durchlässe bahnen ihm tönende Wege, auf

denen er sie pfeifend und heulend durchdringt. *Peine de viento* IV verwandelt sich so in ein seltsames mißtönendes Musikinstrument.

Rumor de límites (Rauschen der Grenzen), eine Folge von sieben Skulpturen, fünf in Eisen und zwei in Stahl, ist formal und thematisch eng verwandt mit den vier Variationen von *Peine de viento*, vor allem mit der letzten. Obgleich der Gegensatz zwischen dem Metall und der Luft, der Form und der Leere des Raums, die Achse auch dieser Folge ist, hat sich alles von Grund auf gewandelt. Man kann mit Recht sagen, daß *Rumor de límites* eine Metapher von *Peine de viente* ist. Eine Verwandlung der beiden Glieder: der Wind hat sich in Rauschen verwandelt; der Kamm in Grenze. So wie *Peine de viento* IV bestehen die sieben Variationen von *Rumor de límites* aus nebeneinandergestellten und zusammengeschweißten Platten, Stangen und Barren, die sich um einen leeren Raum herum ineinanderschlingen und verknoten. Doch der Raum erscheint – eine schon in *Peine de viento* IV angedeutete Mutation – in seiner klanglichen Form. Der Wind ist Rauschen geworden, und dieses Rauschen ist der Ruf des Unbegrenzten, die Brandung der Weite gegen die Grenzen, die ihr die Form entgegenstellt. Die Grenzen machen den Ruf hörbar und hören so auf, Widerstände zu sein, sie werden Mittler. Die sieben Skulpturen sind sieben Monumente, in denen man fern den Gesang des Unbegrenzten hört. Die Umsetzung des Sicht- und Tastbaren ins Klangliche ist bei Chillida eine Konstante, wie die Titel vieler seiner Werke beweisen: *Contrapunto* (Kontrapunkt), *Música de las Esferas* (Sphärenmusik), *Eco* (Echo), *Espacios Sonores* (Klingende Räume), *Música de las constelaciones* (Musik der Gestirne) *Silencios* (Stille), *Canto Rudo* (Rauher Gesang). Der Titel eines kleineren Werkes, das mich anzieht durch die

freie und schlichte Eleganz seiner Form, die zwischen dem Dreizack und einer phantastischen Harfe schwankt, entstammt einem Gedicht von San Juan de la Cruz: *Música callada* (Schweigende Musik). Diese Musik ist die Musik des unbegrenzten Raums, die leis nachklingt in *Rumor de límites* VII, einem metallischen Labyrinth, das zugleich das Ohr und die Schneckenmuschel evoziert.

Das Spiel mit den Gegensätzen durchzieht Chillidas ganzes Werk. Die Kontinuität ist keine Wiederholung, sondern Metamorphose: Chillida bleibt er selbst, indem er sich wandelt. Seine Wandlungen sind die Bestätigung, der Beweis seiner Treue zu sich selbst. *Yunque de Sueño* (Traumamboß) ist eine Folge von siebzehn Skulpturen, geschaffen im Laufe von zwölf Jahren (die erste 1954 und die letzte 1966). Eine doppelte Treue: die zum Eisen und die zu der heftigen und ungestümen Art, es zu schmieden. Der Titel der Folge entspricht der poetischen Logik der früheren Werke: der Amboß und der Traum sind nur eine weitere, energischere Formulierung der Dualität, die *Peine de viento* und *Rumor de límites* beherrscht. Die Verkehrung verändert auch die Beziehung zwischen den beiden Gliedern der Metapher: der Amboß erwirbt die Eigenschaften des Traums und negiert, wie der Kamm und die Grenze, sich selbst, verwandelt sich in sein Gegenteil und wird so wieder freier Raum. Die plastische Syntax und die Bedeutung dieser visuellen Metaphern ist in den drei Folgen analog. Jede Skulptur ist eine bestimmte Form, doch diese Formen enden nicht in sich, sondern stehen in ständiger Kommunikation mit einem formlosen Raum, den sie in ihrer umzingelnden Bewegung einfangen und gewissermaßen fixieren wollen. Zwischen den Formen und dem leeren Raum, zwischen dem Eisen und der Luft gibt es eine Beziehung, die mit Worten sehr schwer auszudrücken ist, doch die das Auge

und der Tastsinn unmittelbar wahrnehmen. Trotzdem ist diese Beziehung nicht rein sinnlich: die Formen weisen auf den Raum hin und bezeichnen, benennen ihn irgendwie. Sie sind Versuche, den Raum zu definieren. Deshalb heißen sie *Ambosse* und deshalb, obgleich sie aus Eisen sind, lösen sie sich auf wie die Träume: sie sind reiner Raum ohne Körper und ohne Namen.
Bei den meisten Skulpturen dieser Folge ist der Amboß aus Eisen und der Sockel aus Holz. Zuweilen ist die Beziehung zwischen der Skulptur und ihrer Basis die zwischen der Axt und dem Holzklotz; andere Male die zwischen dem Blitz und dem Baum. Eine Bewegung von oben nach unten: das Eisen stößt auf das Holz und spaltet es. Eine sonderbare und vielleicht unbeabsichtigte Allegorie der Ursprünge der Metallurgie: die ersten von den Menschen benutzten Gegenstände aus Eisen kamen vom Himmel, waren Meteoriten. In *Yunque de Sueño* kehrt das Gewalttätige wieder, das schon in den spitzen und stechenden Formen der ersten Jahre gegenwärtig war, nur daß der Gegenstand der Aggression nicht die Luft ist, sondern der Eichenstamm. Das Holz taucht in Chillidas Werk nicht zufällig auf: es ist ein Teil des Prozesses, der ihn vom Stein zum Eisen führte. In der ausgezeichneten Monographie, die er dem Werk Chillidas gewidmet hat und die ein unersetzlicher Führer ist, zitiert Claude Esteban einen Satz aus den Aufzeichnungen des Bildhauers: »Ich kenne nicht den Weg, aber ich kenne den Duft dieses Weges.« Und bei einer anderen Gelegenheit schreibt Chillida, daß er zum Holz »nur durch einen Duft geführt« wurde.[1] Mehr durch die Imagination denn durch die Sinne wahrgenommen, ist der Duft eine weitere Metapher des freien und schweifenden

---

1 *Chillida par Claude Esteban,* Maeght Editeur, Paris, 1971.

Raums. Im Herbst 1958, auf einem Weg in Navarra, sah Chillida, im Gras halb verborgen, einen Balken, den jemand dort hatte liegenlassen. Sofort hielt er an und erkannte ihn. Besser gesagt, er hörte ihn, denn wie er Claude Esteban später erzählte, vermeinte er ihn sagen zu hören: *ich bin's.*

Das Holz ist einer der großen Momente in Chillidas Kunst: die vier großen Skulpturen, die er *Abesti Gogora* (Rauher Gesang) genannt hat. Die Klang-Metapher kehrt wieder: die vier Skulpturen sind ein Gesang, und dieser Gesang ist derb, rauh: Wind zwischen Bäumen. Eine Hymne, nicht aus Tönen und Worten, sondern aus Formen und Volumen. Der Gesang ist ein Gebäude aus Luft, das auf den Flügeln des Klangs von der Erde abhebt; Chillidas Skulpturen sind zusammengefügte und verzapfte Hölzer, kompakte Konstruktionen und unerwartete offene Räume: stille Musik. Der stumme Raum singt einen Gesang, den wir nicht mit den Ohren hören, sondern mit den Augen ... Die fünfte Version von *Abesti Gogora* ist eine Skulptur von großen Ausmaßen, die sich im Garten des Museums von Houston befindet. Sie ist nicht aus Eiche, sondern aus Granit. Zwischen den Bäumen und Pflanzen scheint sie ein Meteorstein vom Saturn zu sein, diesem Planeten der Melancholiker und verinnerlichten Menschen. Die geistige Musik hat aufgehört: diese Skulptur ist aus Schweigen gemacht. Dem großen Schweigen des Raums.

Eine weitere Skulpturen-Folge beschäftigt sich mit dem Thema, dessen Höhepunkt *Abesti Gogora* war. Ich beziehe mich auf fünf Werke in Stahl: *Alrededor del vacío* (Rings um die Leere). Die Fortdauer bestimmter Auseinandersetzungen, bei wechselnden Materialien und Formen, enthüllt nicht nur einen der Charakterzüge Chillidas (die Zähigkeit), sondern auch die Ausrichtung seines

Geistes. Die Form – Eisen, Holz, Stahl, Granit – ist der Schauplatz der Mutationen des Raums, der nacheinander zu Wind, Rauschen, Musik, Schweigen wird. Vorübergehende, unbeständige Mutationen: sind alle diese Formen Manifestationen der Leere? Fünf Skulpturen und eine einzige Frage, deren Antwort das Schweigen ist. Nimmt das Fragen ein Ende? Nein. Eine weitere Folge von Skulpturen nimmt die Frage von *Alrededor del vacío* wieder auf, nicht um sie zu beantworten, sondern um sie erneut umzuwandeln: die vierzehn Werke in Alabaster, die Chillida *Elogio de la Luz* (Lob des Lichts) nennt. Das Schweigen wird Ruhm und Preis. Das, was man nicht sagen kann, das Unsagbare, ist der reine Raum, ohne Eigenschaften und ohne Grenzen. Eine Verschmelzung des Materiellen und des Geistigen: das Licht, das wir mit unseren Menschenaugen sehen, löst sich langsam auf in uferlose Klarheit. Die Skulpturen in Eisen, Holz, Granit und Stahl waren Fallen, um das Ungreifbare einzufangen: den Wind, das Rauschen, die Musik, das Schweigen – den Raum. Die Skulpturen aus Alabaster versuchen nicht, den inneren Raum zu umschließen; auch wollen sie ihn nicht begrenzen oder definieren, sie sind Blöcke aus Transparenz, in denen die Form Raum wird und der Raum sich in Lichtschwingungen auflöst, die auch Echos und Verse sind, Denken. Vom Eisen zum Licht: eine Metamorphose des Raums. Wanderung der Formen: die Skulptur – Eisen oder Holz: ein kompaktes Volumen – ist fester Glanz geworden.

Chillidas Kunst ist keine Demonstration, noch will der Künstler dieser oder jener Idee Ausdruck geben. Seine Skulpturen bringen eine Vision der Wirklichkeit, doch ist diese Vision weder zurückführbar auf die Geometrie der Systeme, noch auf den Impressionismus sinnlicher Wahrnehmung. Wie die *música callada* des spanischen Mysti-

kers sprechen Chillidas Formen – ohne zu sprechen. Sie sagen die gegensätzliche Wirklichkeit des Universums, die Mutationen und Variationen, die der endlose Liebeskampf zwischen der Form und dem Raum erzeugt. Chillidas Skulpturen zeigen eine Neigung weder zu diesem noch zu jenem; sie sagen, daß das Universum dual ist, Krieg und Harmonie? Idealismus? Realismus? Die Welt Chillidas ist nicht die der Wesenheiten; sie ist auch nicht die der sichtbaren Erscheinungen. Die Welt ist weder das, was wir sehen, noch das, was wir denken: sie ist ein Ausgleich, ein Augenblick der Konvergenz. Ein Pakt und eine Pause.

Die Architektur Indiens und die der Maya war in Wirklichkeit architektonische Bildhauerkunst: der Tempel, verstanden als eine göttliche Statue, bedeckt mit Ornamenten und Sinnbildern; die Bildhauerkunst Chillidas dagegen ist zutiefst und von Grund auf Architektur: Konstruktion eines Raums, nicht auf ihm, sondern in und innerhalb des großen Raums. Wohl deshalb zeigt sich die menschliche Gestalt in seinem Werk noch nicht. Ich sage *noch* nicht, denn ich bin sicher, daß sie zu ihrer Zeit auftauchen wird. Unterdessen sind seine Skulpturen das Haus des Raums und bewohnt von einem mannigfaltigen und all-einen Wesen. Chillida nennt es den »inneren Raum«, doch könnte man es auch Leere oder Gott oder Geist oder Logos oder Proportion nennen. Es hat alle Namen und keinen. Es ist der unsichtbare Gesprächspartner, dem er sich stellt, seit er zu bildhauern begann. Der Gesprächspartner spricht in Zeichen und Rätseln; diese Zeichen sind Masken, und hinter ihnen ist kein Gesicht, sondern eine dahinschwindende Helle. *Espíritu de los Pájaros* (Geist der Vögel) nannte Chillida eine seiner ersten Skulpturen in Eisen. Hieroglyphe des Flugs: die Skulptur schreibt in den Raum, und das, was sie

schreibt, ist ihr eigener Flügelschlag. Der Vogel ist eins der Zeichen des Raums. Eine jede von Chillidas Skulpturen ist wie der Vogel ein Zeichen des Raums; eine jede sagt etwas anderes – das Eisen sagt Wind, das Holz sagt Gesang, der Alabaster sagt Licht –, doch alle sagen sie dasselbe: Raum. Rauschen der Grenzen, rauher Gesang: der Wind – alter Name des Geistes –, er weht und wirbelt unablässig im Haus des Raums.

México, D. F., 31. März 1979.

QUELLENHINWEIS

Die Essays *Die dichterische Inspiration* und *Die Weihe des Augenblicks* sind dem Band *El arco y la lira,* México 1956, entnommen.
Analogie und Ironie; Eliot und Pound – Die Suche nach der Tradition stehen im dem Sammelband *Los hijos del limo,* Barcelona 1974; *Erkundung der lateinamerikanischen Literatur* und *Schönheit und Nützlichkeit* in dem Buch *In/Mediaciones,* Barcelona 1979.
Die Aufsätze *Lateinamerikanische Poesie; Baudelaire als Kunstkritiker; W. C. Williams – Der Diogenes der zeitgenössischen Poesie; Übersetzung: Wortkunst und Wörtlichkeit* sowie eine von O. Paz getroffene Auswahl aus seiner Arbeit über *Tamayo und Mexiko* finden sich in dem Band *El signo y el garabato,* México 1973.
Die zehnte Muse von Mexiko; Antonio Machado – Der Dichter der Zeit; Der Surrealismus; Magische Kunst entstammen dem Band *Las peras del olmo, México 1957.*
Fernando Pessoa – Der sich selbst Unbekannte; Luis Cernuda – Die Wirklichkeit und das Verlangen sowie eine vom Autor getroffene Auswahl seines Essays über Rubén Darío, *Der Modernismo,* sind dem Band *Cuadrivio,* México 1965, entnommen.
Jorge Guillén – Der Dichter des Seins und *Saint-John Perse – Ein moderner Hymnus* stehen in dem Sammelband *Puertas al campo,* México 1966.
André Breton – Die Suche nach dem Anfang und *Henri Michaux – Die Expedition ins Unendliche* finden sich in dem Buch *Corriente alterna,* México 1967.
Marcel Duchamp ist eine von O. Paz getroffene Auswahl aus der erweiterten Neuauflage seines Buches *Apariencia desnuda,* México 1979.
Chillida – Vom Eisen zum Licht ist das Vorwort eines Bildbandes über Chillida, den die Galerie Maeght, Paris/Zürich, 1980 vorlegen wird.

Von Octavio Paz
erschienen im Suhrkamp Verlag

Das Labyrinth der Einsamkeit. Essay. Aus dem Spanischen und mit einer Einführung von Carl Heupel. 1974. 220 S. *Bibliothek Suhrkamp* Band 404

Gedichte. Spanisch und deutsch. Übertragung und Nachwort von Fritz Vogelgsang. 1977. 328 S. *Bibliothek Suhrkamp* Band 551

Essays 1. Aus dem Spanischen von Carl Heupel und Rudolf Wittkopf. 1979. 298 S. Ln.

Essays 2. Aus dem Spanischen von Carl Heupel und Rudolf Wittkopf. 1980. 440 S. Ln.

Suche nach einer Mitte. Die großen Gedichte. Spanisch und deutsch. Übersetzung Fritz Vogelgsang. Nachwort von Pere Gimferrer. 1980. 216 S. *edition suhrkamp* Band 1008

Der menschenfreundliche Menschenfresser. Essays zur Kultur und Gesellschaft. Aus dem Spanischen von Rudolf Wittkopf. 1981. 320 S. *edition suhrkamp* Band 1064

Der sprachgelehrte Affe. Aus dem Spanischen von Anselm Maler und Maria Antonia Alonso-Maler. 1982. 131 S. *Bibliothek Suhrkamp* Band 530

Der Bogen und die Leier. Poetologische Essays. Aus dem Spanischen von Rudolf Wittkopf. 1983. 330 S. Ln.

Verbindungen/Trennungen. Essay. Aus dem Spanischen von Elke Wehr und Rudolf Wittkopf. 1984. ca. 180 S. Geb.

Zwiesprache. Essays zu Kunst und Literatur. Aus dem Spanischen von Elke Wehr und Rudolf Wittkopf. 1984. 240 S. *edition suhrkamp* Band 1290

Lateinamerikanische Literatur
im Suhrkamp Verlag

»Imagination, Sensibilität, Liebenswürdigkeit, Sinnlichkeit, Melancholie, eine gewisse Religiosität und ein gewisser Stoizismus gegenüber dem Leben und dem Tode, ein tiefes Gefühl für das Jenseitige und ein nicht weniger ausgeprägter Sinn für das Hier und Jetzt ... Lateinamerika ist eine Kultur.« Octavio Paz

Ciro Alegria, Die hungrigen Hunde. Roman. *Aus dem Spanischen von Wolfgang A. Luchting. Mit einem Nachwort von Walter Boehlich. st 447*

Jacque Stephen Alexis, Der verzauberte Leutnant. Erzählungen. *BS 830*

Isabel Allende, Das Geisterhaus. Roman. *Aus dem Spanischen von Anneliese Botond. Gebunden*

Jorge Amado, Kapitän auf großer Fahrt oder Die unvollständige Wahrheit über die umstrittenen Abenteuer des Kapitäns Vasco Moscoso de Aragão. Roman. *Aus dem brasilianischen Portugiesisch von Curt Meyer-Clason. BS 850*

Mário de Andrade, Macunaima, der Held ohne jeden Charakter. *Aus dem brasilianischen Portugiesisch und mit einem Nachwort und Glossar von Curt Meyer-Clason. Gebunden*

José Maria Arguedas, Die tiefen Flüsse. Roman. *Aus dem Spanischen von Suzanne Heintz. st 588*

Roberto Arlt, Die sieben Irren. *Aus dem Spanischen von Bruno Keller. Gebunden (Insel)*

Miguel Angel Asturias, Der Böse Schächer. Roman. *Aus dem Spanischen und mit Anmerkungen von Ulrich Kunzmann. BS 741*
– Der Spiegel der Lida Sal. Erzählungen und Legenden. *Aus dem Spanischen von Wolfgang Promies. BS 720*
– Legenden aus Guatemala. *Aus dem Spanischen von Fritz Vogelgsang. Mit einem Vorwort von Paul Valéry und Illustrationen nach alten Maja-Motiven. BS 358*

Miguel Barnet, Alle träumten von Cuba. Die Lebensgeschichte eines galicischen Auswanderers. Roman. *Aus dem Spanischen von Anneliese Botond. Kartoniert*

Alphabetisches Gesamtverzeichnis der suhrkamp taschenbücher

OCTAVIO PAZ
ESSAYS I

Die Werke der großen Kulturen der Vergangenheit – und dazu gehören auch die des präkolumbischen Amerika – vermögen uns in Bewunderung und Begeisterung, ja sogar in Verzückung zu versetzen, – sie be-eindrucken uns aber nicht in derselben Art wie eine Eskimo-Harpune oder eine Pazifik-Maske. Unter beeindrucken verstehe ich nicht so sehr die Gemütsbewegung, die etwas in uns hervorruft, als vielmehr den Ab-druck oder die Spur, die etwas auf etwas hinterläßt, eine rein körperliche Berührung also, welche eine an Beklommenheit grenzende Empfindung auslöst. Den äußeren wie den inneren Raum, das Jenseits wie das Diesseits erfahren wir nämlich als Gewicht, das spürbar auf uns lastet. So ist auch das Kunstwerk ein Block geronnener Zeit, die nicht vergeht, die zwar ungreifbar wie ein Luftzug oder ein Gedanke ist, aber schwerer als ein Berg wiegt. Sind es Alter, Last der in einem Stückchen Materie greif-bar gewordenen Jahrtausende, die uns beeindrucken? Ich glaube es nicht.

Die Kunst der sogenannten Primitiven – man muß sich mit diesem ambivalenten Ausdruck abfinden – ist längst nicht die älteste. Davon abgesehen, daß viele dieser Objekte erst jüngst geschaffen worden sind, wage ich nicht, die älteste uns bekannte Kunst, die der Altsteinzeit nämlich, primitiv zu nennen. Die Tierbilder in den Höhlen Spaniens, Frankreichs und anderer Länder ähneln – wenn sie überhaupt vergleichbar sind – der großen figürlichen Kunst, mit der die Tempel und die Palastwände der klassischen Epochen geschmückt sind – nicht nur in der Form, auch in der Funktion: Die Hypothese, die in jenen Figuren magische Darstellungen und Anspielungen auf Jagdriten sah, weicht heute der Annahme, es handele

sich um sakrale Malerei einer naturalistisch und zugleich symbolistischen Epoche. Für einen Fachmann wie André Leroi-Gourham zum Beispiel sind diese Höhlen die Kathedralen des altsteinzeitlichen Menschen. Ebenso wenig ›primitiv‹ scheinen mir die Kunstwerke der großen Zentren der Jungsteinzeit in Asien und Europa und deren Entsprechungen in Mesoamerika – Tlatilco und anderen Stätten – zu sein. Sofern die Harmonie zwischen Mensch und Welt und zwischen Mensch und Mensch eine Realität war und kein Rousseauscher Wunschtraum ist, spiegeln besonders die jungsteinzeitlichen weiblichen Kleinfiguren eben diese Epoche. Jedenfalls ist die Zeit, deren lebendige Chiffre die Schöpfungen der ›Primitiven‹ sind, nicht die Vorzeit. Eher bezeugen diese Werke eine andere Vorzeit, eine Zeit vor der Chronologie, ja eine Zeit vor der Idee selbst der Vorzeit, die wahre Vor-Zeit also, die immer vorausgeht, in welchem Zeitpunkt sie sich auch ereignet. Eine Hopi-Puppe oder eine Navajo-Zeichnung sind zwar nicht älter als die Kunst von Altamira und Lascaux, sie sind aber vorzeitiger.
Die Werke der ›Primitiven‹ verkörpern demnach die Zeit des Vorher. Mit Worten und Begriffen anzugeben, welche Zeit das eigentlich ist, ist kaum möglich. Ich nenne diese Zeit die Ur-Metapher, das Samenkorn, in dem alles schon lebt, was später die Pflanze ausmacht: Wurzel, Stengel, Blätter – aber auch die reife und die faulende Frucht; eine Form des Lebens, die trotz ihrer Zukunftstendenz immer Gegenwart ist. Die Vor-Zeit ist also die Zeit des Anbruchs einer unbekannten Gegenwart, genauer: die Heraufkunft des Unbekannten, nicht als Anwesenheit, sondern als Erwartung, Drohung, Leere. Es ist der Einbruch des Jetzt in das Hier, die Gegenwart in ihrer Augenblicksaktualität und in ihrer schwindelerregenden, drohenden *Virtualität.*

Was verbirgt sich hinter dem Augenblick? – Im Werk des ›Primitiven‹ verbirgt sich – wie im Samenkorn oder hinter der Maske – die wahre Gegenwart. Sie ist das, was ist und das, was nicht ist: die Figur, die vor uns steht und nicht vor uns steht. Sie ereignet sich weder in der *historisch-linearen* noch in der *religiös-zyklischen* Zeit. In der *profanen* wie in der *sakralen* Zeit bewahren uns die Mittler – der Gott, der Begriff, der Mythos, die Zeiger der Uhr – vor dem Zugriff der Gegenwart. Zwischen uns und der Roh-Zeit steht etwas, das uns schützt: der Kalender, der einen Weg ins Dickicht der Zeit bahnt und so die Unermeßlichkeit meßbar macht. Das Werk des ›Primitiven‹ kennt jedoch kein Datum, besser gesagt, es geht jedem Datum voraus: es stammt aus der Zeit vor dem Vorher und vor dem Nachher.
Das Samenkorn – die Ur-Metapher – fällt auf den Boden, in eine Furche, und nährt sich aus dem Stoff der Erde. Fall und Furche gehören in unserer Vorstellung zum Samenkorn. – Wir stellen uns die *Zeit des Tieres* wie eine Gegenwart ohne Riß vor – wo alles ein nicht endendes Jetzt ist –, die *Zeit des Menschen* dagegen als eine aufgespaltene Gegenwart: durch Trennung und Bruch spaltet sich das Jetzt in ein Vorher und ein Nachher.
Diese Kluft in der Zeit kündet die Herrschaft des Menschen an, deren reinste Kundgabe der Kalender und deren Ziel weniger die Einteilung der Zeit als der Brückenschlag zwischen den abgründigen Ufern des Gestern und des Morgen ist. Der Kalender gibt der Zeit einen Namen und hält sie, deren er doch nie Herr werden kann, dadurch der Gegenwart fern. Das Datum verhüllt den Ur-Moment, jenen Augenblick nämlich, in dem der Primitive sich außerhalb der *tierischen* oder der *natürlichen* Zeit fühlt, sich als ein besonderes Wesen spürt,

und in ein buchstäblich unergründliches Jetzt hinabfällt. Je mehr der Mensch in seine Geschichte eindringt, um so breiter und tiefer wird der Spalt. Auch der Kalender – wie die Götter und Philosophien – fällt in die große Leere: wir selbst schweben über dem Abgrund, es droht uns der Sturz. Unsere Instrumente vermögen zwar die Zeit zu messen, wir vermögen sie aber nicht zu denken: sie ist zu groß und zu klein.

Das Werk des Primitiven fasziniert uns, weil die Situation, die es offenbart, in gewisser Hinsicht der unseren entspricht: seine Zeit ist ohne Vermittler, sein Zeit-Loch ohne Daten, seine Besonderheit weniger die Leere als die Gegenwart des Unbekannten, Unmittelbaren, Unzivilisierten. Jahrtausendelang hatte dieses Unbekannte einen, ja sogar viele Namen: Gott, Zahl, Idee, System. Heute ist das Namenlose – dieses Loch – wieder erstanden, wie es vor der Geschichte war: Anfang und Ende gleichen sich. Aber der Primitive ist – in geistiger Sicht – ein weniger schutzloses Wesen als wir. Er gleicht dem Samenkorn: Kaum ist es in die Furche gefallen, schwillt es vor Leben. Sein Fall ist zugleich eine Auferstehung. Der Riß wird zur Narbe, die Trennung zur Wiedervereinigung. Alle Zeiten leben im Samenkorn.

Eine Bestattungshymne der Pygmäen – in meinen Augen von ergreifenderer Schönheit als ein großer Teil unserer klassischen Dichtung – drückt besser als jede tiefsinnige Studie eine Gesamtschau aus, in der Fall und Wiederauferstehung gleichzeitige Vorgänge sind.

> Das Tier wird geboren, zieht vorbei, stirbt,
> und es ist die große Kälte,
> die große Kälte der Nacht, das Schwarze.

Der Vogel kommt, fliegt, stirbt,
und es ist die große Kälte,
die große Kälte der Nacht, das Schwarze.

Der Fisch kommt, verschwindet, stirbt,
und es ist die große Kälte,
die große Kälte der Nacht, das Schwarze.

Der Mensch wird geboren, ißt, schläft,
und es ist die große Kälte,
die große Kälte der Nacht, das Schwarze.

Der Himmel entbrennt, die Augen verlöschen,
es glänzt der Abendstern.
Unten die Kälte, oben das Licht.

Der Mensch ging dahin: der Gefangene ist frei,
der Schatten löste sich auf.

Das Gedicht oder die Plastik des Primitiven ist das gespaltene Samenkorn, die künftige Fülle der Formen, der Knoten der Zeiten, der Ort der Vereinigung aller Punkte im Raum. –

Ob die berühmte Coatlicue-Statue vor unserem Nationalmuseum – ein Riesenstein voller Symbole und Attribute – nicht doch die Qualifikation ›primitiv‹ verdient, obwohl sie einer bestimmten geschichtlichen Epoche angehört? Mitnichten: sie ist ein barbarisches Werk, wie die Azteken uns viele hinterlassen haben; barbarisch, weil sie nicht die Einheit des primitiven Kunstwerkes besitzt, das uns die widersprüchliche Realität als eine augenblickliche Allheit zeigt, wie man aus dem obigen Pygmäen-Gedicht ersehen kann; barbarisch auch deswegen, weil sie nicht die Unterbrechung, den unausgefüllten

Raum, den Übergang von einem Element zum andern kennt. Was dagegen die klassische Kunst deutlich von der ›primitiven‹ abhebt, ist die Schau der Zeit, nicht als Augenblick, sondern als Folge, symbolisiert durch die Linie, die eine Form umschließt, ohne sie zu erdrücken. Dies gilt für die Gupta- wie für die Renaissance-Malerei, für die ägyptische wie für die huaztekische Plastik, für die griechische wie für die teotihuacánische Baukunst.

Ich bin mir wohl bewußt, daß die Coatlicue eher eine ›steinerne Idee‹ als eine ›sensible Form‹ ist. Betrachten wir sie als Diskurs in Stein, als Hymne und als Predigt zugleich, erscheint uns ihre Strenge wunderbar. Sie beeindruckt uns als ein ganzes Bündel von Bedeutungen; sie blendet uns durch ihren Reichtum an Attributen und durch ihre ›geometrische Schwere‹ – die jedoch nicht der Großartigkeit entbehrt. Sie vermag uns zu erschrecken und zu entsetzen – die Kardinalfunktion der Präsenz alles Heiligen. Als religiöses Bild schmettert sie uns nieder. ›Schauen‹ wir sie wirklich, anstatt sie zu ›denken‹, wandelt sich unsere Meinung: sie ist keine *Kreation*, sondern eine *Konstruktion.* Die verschiedenen Elemente und Attribute, die sie bestimmen, verschmelzen nicht zu einer einzigen Form. Diese ›Masse‹ ist reine Überlagerung, eher jedoch ein Nebeneinander als eine Anhäufung. Sie ist weder Samenkorn noch Pflanze, weder klassisch noch ›primitiv‹ und auch nicht barock.

Das Barock ist die Kunst, die sich selbst bespiegelt, die aus Linien besteht, die sich selbst streicheln – oder sich selbst zerreißen –, ein reiner Narzißmus der Formen. Schnörkel, Spiralen, Spiel der Spiegel: das Barock ist durch seine Sinnlichkeit und Reflexion eine weltliche Kunst, mit der sich der Getäuschte täuscht. Die überladene, pralle Coatlicue ist das Werk halbzivilisierter

Barbaren, das alles sagen will, jedoch sich nicht dessen bewußt ist, daß die beste Art, bestimmte Dinge zu sagen, die ist, sie zu verschweigen. Diese Kunst verachtet die Ausdruckskraft des Schweigens, somit das Lächeln der archaischen Griechen, die leeren Räume der Teotihuacán-Kunst, die tanzende Linie der El-Tajín-Figuren. Starr wie ein Begriff kennt sie keine Mehrdeutigkeit, keine Anspielung, keine indirekte Sprache.

Die Coatlicue ist das Werk blutrünstiger Theologen: Pedanterie und Grausamkeit bestimmen ihren Ausdruck. In diesem Sinne ist sie hochmodern. Denn auch heute schaffen wir solche hybriden Werke, die, wie die Coatlicue, bloße Aneinanderreihungen von elementaren Formen sind. Diese Tendenz, die jetzt in New York triumphiert und über die ganze Welt sich ausdehnt, hat einen doppelten Ursprung: in der Collage und im Dada-Objekt. Will die Collage die Verschmelzung von verschiedenartigen Stoffen und Formen sein, eine Metapher, ein poetisches Bild, so will das dadaistische Objekt die Idee vom Nutzen und Wert des Kunstwerkes aus der Welt schaffen. Durch ihre Auffassung des Objektes als etwas, das sich selbst zerstört, schaffen die Dadaisten den Anti-Nutzen und den Anti-Wert schlechthin und kämpfen so nicht nur gegen das Objekt, sondern auch gegen den Markt. Ihre Epigonen vergöttern das Objekt, weshalb ihre Kunst die Heiligung des Artefakts bedeutet. Die Galerien und Museen der Modernen Kunst sind daher die Kapellen des neuen Kults, dessen Gott das ›Ding‹ heißt: das ist etwas, das man kauft, benützt und wegwirft. Kraft der Marktgesetze wird die Gerechtigkeit wieder hergestellt und die Kunst-Produkte haben das gleiche Schicksal wie alle Handelsobjekte: Verschleiß ohne Noblesse. – Die Coatlicue kennt keine Abnützung. Sie ist kein Objekt, sondern – wie gesagt – ein ›steinerner

Begriff‹, eine schreckliche Idee der schrecklichen Gottheit. Ich erkenne ihr barbarisches Wesen, verkenne aber auch nicht ihre Macht. Ihr Reichtum scheint verwirrungstiftend, aber es ist ein echter Reichtum: sie ist eine Göttin, eine große Göttin.

Können wir der Barbarei entgehen? – Es gibt zwei Sorten von Barbaren: solche, die wissen, daß sie es sind – der Vandale, der Azteke – und zugleich einen gepflegten Lebensstil vorgeben, und solche Zivilisierten, die auf das Ende der Welt hinleben und versuchen, durch einen ›Kopfsprung in das Wasser der Barbarei‹ zu entkommen. Der Wilde weiß ja nicht, daß er wild ist; Barbarei dagegen ist verschämte Roheit – oder Sehnsucht nach Wildheit. Beide Arten von Barbarei haben einen unechten Hintergrund. Eine wirklich moderne Kunst würde die Leere nicht verhüllen, sondern enthüllen, das Objekt nicht als Maske, sondern – gleich einem sich öffnenden Fächer – als *offenes Kunstwerk* hinstellen. Wollte das nicht der Kubismus und besonders radikal Kandinsky: die Offenbarung der Essenz nämlich? – Die Maske hat für den ›Primitiven‹ den Sinn, eine schreckliche, widersprüchliche Realität zu offenbaren – und zu verbergen. Sie ist das Samenkorn, das Leben und Tod, Fall und Auferstehung in einem unergründlichen Jetzt verkörpert. Heute vermag die Maske nichts mehr zu verbergen, vielleicht weil der Künstler dieser Zeit Gegenwärtiges nicht mehr zu beschwören vermag. Es bleibt ihm jedoch noch der Weg, den Mallarmé schon vorgezeichnet hat: die Abwesenheit kundtun und die Leere verkörpern.

Die Imagination ist die Fähigkeit, verborgene Beziehungen zwischen den Dingen zu entdecken, gleichviel, ob es sich beim Dichter um Phänomene aus dem Bereich der Sensibilität, beim Naturwissenschaftler um Tatsachen und Vorgänge der Natur oder beim Geschichtsforscher um Ereignisse und Gestalten vergangener Kulturen handelt. Bei allen dreien macht die Entdeckung von Verwandtschaften und Gegensätzen das Unsichtbare sichtbar. Dichter, Naturwissenschaftler und Geschichtsforscher zeigen uns die andere Seite der Dinge: die verborgene Gestalt der Sprache, der Natur, der Vergangenheit. Doch sind ihre Ergebnisse verschieden: der Dichter findet Metaphern, der Naturforscher Gesetze – und der Historiker? Was findet er?
Der Dichter strebt nach einem Gesamtbild, das in seiner Einheit und Besonderheit den vielfältigen Reichtum der Welt spiegelt. Seine Bilder entsprechen den Engeln des Katholizismus: jedes einzelne ist für sich selber eine Spezies; sie sind singuläre Universalien. – Der Naturwissenschaftler hingegen führt die Individuen auf Klassen, die Veränderungen auf Tendenzen, diese wiederum auf Gesetze zurück. Für die Dichtung bedeutet jede Wiederholung Beeinträchtigung, für den Naturforscher bedeutet sie Bestätigung seiner Hypothese. Die Ausnahme ist für den Dichter Belohnung, für den Wissenschaftler Strafe. Der Geschichtsforscher steht zwischen den beiden. Sein Reich ist, gleich dem des Dichters, das der besonderen Fälle und der unwiederholbaren Taten. Wie der Naturforscher mit Naturerscheinungen, so geht der Geschichtsforscher mit Folgen von Ereignissen um, die er nicht auf Arten und Familien, sondern auf Tendenzen und Strömungen zurückzuführen sucht.

Die geschichtlichen Ereignisse werden jedoch nicht durch Gesetze gesteuert, zumindest hat man solche noch nicht entdeckt. Ein Newton oder Einstein der Geschichtswissenschaft muß erst noch geboren werden. Wie könnte man aber leugnen, daß jede Kultur und jede Epoche mehr als ein Bündel von ungleichen Taten, Gestalten, Fakten und Ideen verkörpert? Als aus dem Zusammenstoß von Tendenzen und widerstrebenden Kräften entstandene Einheit ist jede Epoche eine Gemeinschaft der Geschmacksrichtungen, Verbindlichkeiten, Grundsätze, Institutionen und Techniken. Der Geschichtsforscher sucht den geschichtlichen Zusammenhang – ein ungefähres Äquivalent zu der Ordnung in der Natur – und nähert sich so dem Naturforscher. Aber die Form, in der dieser Zusammenhang sich kundtut, ist keine naturwissenschaftliche, sondern eine dichterische: der Roman, das Drama, das Epos. Die geschichtlichen Ereignisse ›reimen‹ sich und die Logik, die ihre Bewegungen bestimmt, schafft nicht nur ein System von Axiomen, sondern auch einen Raum, in dem Echos und ›Korrespondenzen‹ durch Bindung und Lösung sich vollziehen.
Die Geschichte hat durch ihre Methoden teil an der Naturwissenschaft, durch ihre Vision teil an der Dichtung. Wie die Naturwissenschaft ist sie Entdeckung, wie die Dichtung ist sie Neu-Schöpfung. Im Unterschied zu beiden schafft und entdeckt die Geschichtswissenschaft keine Welten, sondern stellt durch Rekonstruktion vergangene wieder her. Ihr Wissen geht nicht über sie selber hinaus; mit anderen Worten, die Geschichte kennt keine Meta-Geschichte, wie es jene schimärischen Systeme uns weismachen wollen, die dann und wann von großen Geistern – von Augustin bis Marx – ersonnen wurden. Sie erlaubt auch keine Erkenntnis im strengen Sinne des Wortes. Angesiedelt zwischen der Ethnologie – der Beschreibung

fremder Völker – und der Dichtung – als schöpferischer Phantasie –, gehorcht die Geschichte der unerbittlichen Empirie ebenso wie der künstlerischen Sympathie, der Pietät ebenso wie der Ironie. Sie ist eher Weisheit als Wissen. Das entspricht der echten geschichtlichen Tradition des Abendlandes, die von Herodot bis Michelet, von Tacitus bis Adams reicht. In diese Tradition gehört auch Jacques Lafayes Buch über zwei große Mythen Neu-Spaniens: Quetzalcóatl-Sankt Thomas und Tonantzín-Guadalupe.

Seine Untersuchung gehört in die Geistesgeschichte, genauer gesagt, in die Glaubensgeschichte. Nach Ortega y Gasset besteht die Substanz der Geschichte, ihr innerstes Mark, nicht aus Ideen, sondern aus dem, was hinter diesen steht, den Glaubensinhalten. Denn der Mensch läßt sich eher durch das definieren, was er glaubt, als durch das, was er denkt. Andere Historiker ziehen es vor, die Kulturformen nach ihren Techniken zu definieren. Das ist rechtens, nur ist zu bedenken, daß Techniken wie Ideen mit größerer Schnelligkeit sich ändern als Glaubensformen. Der Traktor hat den Pflug ersetzt, wie der Marxismus die Scholastik; aber die Magie der Steinzeit und die Astrologie Babylons blühen immer noch in New York, Paris und Moskau.

Lafayes Buch enthält großartige Schilderungen der Glaubensüberzeugungen, wie sie dreihundert Jahre lang in Neu-Spanien üblich waren. Es waren vielfältige Formen, in denen sich zwei synkretistische Überzeugungen mischten: der spanische Katholizismus und die aztekische Religion. Ersterer, Religion des Kreuzzugs und des Weltendes, war durch das jahrhundertelange Zusammenleben mit dem Islam, letzterer durch die kämpferische Religion eines auserlesenen Volkes geprägt worden. Die Masse der Gläubigen war nicht weniger vielfältig als ihre Glaubensformen: da waren die indianischen Völker mit verschiedenartigen Sprachen und eigenen Traditionen, die Spanier, die ebenfalls ethnisch wie sprachlich gespalten waren, sowie die Kreolen, Mestizen, Mulatten. Auf diesem bunten Hintergrund haben sich die beiden Mythen entfaltet, die Lafaye untersucht. Beide sind in der vorspanischen Welt entstanden und im 17. Jahrhundert durch Geister wiederaufgenommen worden, in denen das im Entstehen begriffene neue Denken mit mittelalterlicher Tradition sich mischte – Descartes mit Thomas von Aquin. Die beiden Mythen, besonders der um Guadalupe, verwandelten sich in Symbole und Banner des Unabhängigkeitskrieges und erhielten sich bis in unsere Tage, nicht als Spekulationen von Theologen und Ideologen, sondern als Kollektivbilder. Das mexicanische Volk glaubt, nach mehr als zwei Jahrhunderten voller Experimente und Niederlagen, nur noch an die Jungfrau von Guadalupe und an die Nationallotterie.

Die Rekonstruktionen des Geschichtsforschers sind gleichsam Grabungen im geschichtsträchtigen Untergrund. Eine Kultur besteht aus Institutionen, geistigen und künstlerischen Schöpfungen, Techniken, materiellem und spirituellem Leben, aber auch aus dem, was dahinter und darunter ist. Die Metapher, die diese verborgene Wirklichkeit benennt, wechselt mit den Schulen, Generationen und Forschern: die geschichtlichen Faktoren, Wurzeln, Zellen, Infrastrukturen, Fundamente, Schichten – alles Metaphern aus Landwirtschaft, Biologie, Geologie, Architektur – spielen durch ihre neue auf eine verborgene, von den Erscheinungen verdeckte Wirklichkeit an. Und die geschichtliche Wirklichkeit kennt viele Arten, sich zu verbergen. Eine der wirksamsten ist die, sich dem Blick aller auszusetzen. Lafayes Buch ist ein wichtiges Beispiel der letzten Art: die Welt, die er uns offenbart, die Gesellschaft des Vizekönigtums Mexico während des 17. und 18. Jahrhunderts, ist eine Welt, von der wir alle wußten, die aber niemand von uns wirklich gesehen hatte. Obgleich die Untersuchungen über sie sehr zahlreich sind, hat niemand sie uns in ihrer Besonderheit vorgestellt. Lafaye öffnet uns daher eine Welt, die unbekannt war, nicht weil sie verborgen gewesen wäre, sondern, im Gegenteil, weil sie zu offensichtlich war. Sein Buch zwingt uns, uns die Augen auszuwischen und zu bekennen, daß wir die Opfer einer seltsamen Illusion waren, die eine historische Optik uns vorgespiegelt hatte.

Neu-Spanien: dieser Name bezeichnet eine besondere Gesellschaft mit einem nicht weniger besonderen Schicksal, eine Gesellschaft, die leidenschaftlich ihre Vorgeschichte und ihre Vorgänger verleugnete – die eingeborene und die spanische Welt – und die zugleich ambivalente Beziehungen mit ihnen unterhielt; außerdem war es eine Gesellschaft, die auch vom modernen Mexico verleugnet wird. Doch ohne Neu-Spanien wäre Mexico nicht, was es heute ist; aber Mexico ist auch gleichwohl nicht Neu-Spanien. Es ist vielmehr dessen Negation. Die neu-spanische Gesellschaft war eine Welt, die entstand, wuchs und im Augenblick ihrer Reife wieder unterging. Mexico selbst hat sie getötet. Die Illusion der historischen Optik ist weder zufällig noch naiv. Wir vermögen durch sie doch nicht das wahre Neu-Spanien zu erkennen, denn gelänge uns dies, würden wir erkennen, was wir nicht zu sein vermochten und auch nicht sein wollten. Was wir nicht sein konnten: ein Weltreich; was wir nicht sein wollten: eine hierarchische, von einem Kirchenstaat regierte Gesellschaft.

Die Mehrheit der Historiker zeichnet von Neu-Spanien ein konventionelles Bild. Nach ihrer Vorstellung liegt es als eine Phase der embryonalen Entwicklung zwischen dem indianischen und dem modernen Mexico. Aber die lineare Perspektive verdunkelt die geschichtliche Wirklichkeit: Neu-Spanien bedeutet mehr als eine Pause oder Periode des Übergangs zwischen der Welt der Azteken und dem unabhängigen Mexico. Unsere amtliche Geschichte kennt noch eine heftigere Negation: Neu-Spanien war ein Interregnum, ein Abschnitt der Usurpation und Unterdrückung, eine Periode geschichtlicher Unrechtmäßigkeit. Erst die Independencia schloß diese Parenthese und stellte die Kontinuität des historischen Diskurses wieder her, der durch die drei kolonialen Jahrhunderte unterbrochen gewesen war. Die Independencia war jedoch eine ›Restauration‹. Unsere mangelhafte Gesamtsicht der geschichtlichen Wirklichkeit Neu-Spaniens offenbart sich schließlich als das, was sie wirklich ist: keine Frucht der Kurzsichtigkeit, sondern die einer unbewußten Verdunklung. Lafayes Buch zwingt uns, den Leichnam zu exhumieren, den wir im Hinterhof unseres Hauses vergraben hatten.
Neu-Spanien ist der Ursprung des modernen Mexico; doch zwischen beiden besteht ein Bruch. Mexico ist nicht die Fortsetzung der Gesellschaft des 17. und 18. Jahrhunderts; es widerspricht ihr sogar als eine andere Gesellschaft. Obwohl dieser Gedanke nicht ausdrücklich in Lafayes Buch vorkommt, ist er für mich eine Folgerung, die ich – wie ich glaube, mit Recht – aus vielen Stellen dieses Buches ziehe. Die Gesellschaft des Vizekönigtums war nicht nur eine besondere, sie verspürte auch schon früh das Bedürfnis, diese Besonderheit zu behaupten. Sie gab sich jedoch nicht zufrieden, anders zu sein und zu fühlen als Spanien; sie schuf sich sogar ein eigenes uni-

versales Schicksal trotz und wider allem spanischen Universalismus.

Neu-Spanien wollte das ›andere‹ Spanien sein: ein Imperium, das Rom Amerikas. Es verfolgte das widersprüchliche Ziel, die Verwirklichung des ›alten‹ Spanien zu werden; eine Absicht, die bereits eine Negation einschloß. Um das ›alte‹ zu vollenden, hat es das ›neue‹ verleugnet und sich zu einem ›anderen‹ gemacht. Das Bild des Phönix taucht in der mexicanischen Literatur des 17. und 18. Jahrhunderts immer wieder auf. Siguenza y Góngora nennt Sankt Thomas-Quetzalcóatl den Phönix des Westens, will sagen, den Phönix Amerikas. Der Apostel wird auf dem Scheiterhaufen geboren, auf dem der indianische Gott sich verbrannt hatte; Neu-Spanien entsteigt der Asche des ›alten‹. Unergründliches Geheimnis: es ist ein anderes und doch dasselbe Spanien. Dieses Geheimnis bestimmt sein Wesen, das im Widerspruch lebt, der nur durch den Tod aufgelöst werden kann: um ein ›anderes‹ zu werden, muß es sterben, das heißt, das ›alte‹ und das ›neue‹ verleugnen. Dieser Widerspruch Neu-Spaniens hat den doppelsinnigen Charakter der Erbsünde, mit dem einzigen Unterschied: Im Gegensatz zur ›culpa felix‹ des heiligen Augustin wird Neu-Spanien verdammt. Seine raison d'être ist zugleich die Ursache seines Untergangs.

Nach Lafayes Beobachtung hatten die Mexicaner schon im 16. Jahrhundert den Willen, mit der vorspanischen Kultur gänzlich zu brechen. Der Conquista war die Auslöschung der indianischen Priesterkaste, der Trägerin uralten Wissens um Religion, Magie, Politik, der Unterwerfung der Indios die Bekehrung gefolgt. Die ersten Franziskaner, die vom prophetischen Geist Joaquín de Floras erfüllt waren, wollten keinen Kompromiß mit den vorspanischen Religionen und Glaubensformen ein-

gehen. Die indianischen Riten und Zeremonien, die Sahagún beschrieben hat, wurden trotz ihrer verwirrenden Ähnlichkeit mit Beichte, Kommunion, Taufe und anderen christlichen Praktiken und Sakramenten nicht als ›Zeichen‹ erkannt, die als Brücke zwischen der heidnischen und der christlichen Religion hätten dienen können. Der Synkretismus bestand nur an der Basis der sozialen Pyramide: die Indios bekehrten sich zum Christentum und verwandelten unsere Engel und Heiligen in vorspanische Götter. Als Spekulation mit dem Hintergedanken, das Christentum zu verwurzeln, taucht er erst im 17. Jahrhundert auf, um schließlich im 18. seinen Höhepunkt zu erreichen, den Lafaye meisterhaft beschrieben hat.
Die Neu-Interpretation der Legenden und Mythen Altamerikas im Lichte einer schwärmerischen Lektüre des Alten und Neuen Testaments fällt mit der zunehmenden Wichtigkeit zweier Volksgruppen zusammen, die durch ihre *Ambivalenz* gegenüber der indianischen und spanischen Kultur geprägt sind: der Kreolen und der Mestizen. Der Wechsel in der ethnischen und sozialen Zusammensetzung des Landes trifft mit dem Niedergang der Franziskaner zusammen, die von der Gesellschaft Jesu verjagt worden waren. Die Jesuiten machten sich zum Sprachrohr der Beschwerden, Hoffnungen und Bestrebungen der Kreolen, aus Neu-Spanien das ›andere‹ Spanien zu machen.
Das Bewußtsein der neu-spanischen Eigenart entstand schon bald nach der Conquista. Seine Verwandlung in den Willen, ein ›anderes‹ Spanien zu schaffen, dauerte mehr als ein Jahrhundert. Er kam zunächst in feinsinnigen künstlerischen Schöpfungen und heilsgeschichtlichen Spekulationen zum Ausdruck, schließlich in politisch bedeutsamen Reden wie in der berühmten Predigt des Fray Servando Teresa de Mier in der Basilika von Guadalupe,

in der er die Identität Quetzalcóatls mit dem Apostel Thomas als eine der Grundlagen des Anspruchs auf Unabhängigkeit verkündete.

Die Historiker haben das als eine Vorwegnahme des mexicanischen Nationalismus angesehen. Auch Lafaye unternimmt eine lineare Gesamtschau der mexicanischen Geschichte. Aus seiner Perspektive werden die Jesuiten, Siguenza y Góngora und später Sor Inés de la Cruz zu Vorläufern der mexicanischen Unabhängigkeitsbewegung. Eine Barockdichterin zu einer nationalistischen Autorin zu stempeln, ist allerdings nicht weniger überspannt, als aus dem letzten aztekischen Tlatoani, Cuauhtémoc, den Ursprung des modernen Mexico abzuleiten. Auch so scharfsinnige Kritiker wie Alfonso Reyes und Henriques Ureña haben in Ruiz de Alarcóns Komödien und in den Sonetten und Dezimen Sor Juanas manche mexicanischen Charakterzüge entdeckt. Es steht außer Zweifel – man braucht nur Augen und Ohren zu öffnen –, daß die Bildende Kunst ebenso wie die Dichtung Neu-Spaniens in der Barockzeit sich deutlich von ihren Vorbildern abhebt. Dies gilt besonders für Sor Juanas Dichtung, trotz vieler Anklänge an Calderón, Góngora und andere Dichter in ihrem Werk. Das gleiche kann man auch von anderen Talenten, von Luis de Sandoval y Zapata und Carlos de Siguenza y Góngora sagen. In der Architektur taucht die gleiche Erscheinung auf: das Barock Neu-Spaniens läßt sich letztlich nicht aus dem spanischen Barock ableiten, obwohl es stilistisch von ihm abhängig ist. Wir stehen also nicht vor einem Kunst-Nationalismus – einer Erfindung der Romantik des 19. Jahrhunderts also, sondern vor einer höchst ursprünglichen Variante der Stilarten, die am Ende des 17. Jahrhunderts in Spanien herrschen.

Die Kunst Neu-Spaniens wollte, wie die Gesellschaft selbst, von der sie geschaffen wurde, gar nicht neu sein; sie wollte nur ›anders‹ sein. Dieser Ehrgeiz band sie noch mehr an ihr spanisches Vorbild, dessen Absicht im Sinne der Ästhetik des Barock es war: Überraschung zu erzeugen, in Verwunderung zu versetzen, Erstaunen zu erregen, die ›Grenze zu überschreiten‹. Die neu-spanische Kunst dagegen ist nicht sehr erfinderisch, sondern eine Kunst des freien Einsatzes oder, richtiger gesagt, des freieren Einsatzes der grundlegenden Elemente importierter Stile. Es ist eine Kunst der Verbindung und der Mischung von Motiven und Manieren. In ihrem großen Gedicht *Der Traum* verknüpft Sor Juana den visuellen und plastischen Stil Góngoras mit dem Konzeptismus und beide mit der wissenschaftlichen Bildung und der Neu-Scholastik. Aber die Ursprünglichkeit Sor Juanas erklärt sich nicht nur aus der ungewöhnlichen Verbindung so vieler gegensätzlicher Elemente, sondern aus dem Thema des Gedichtes selbst: der Traum der Erkenntnis und die Erkenntnis als Traum. Es gibt kein einziges anderes Gedicht in der spanischen Poesie, von den Uranfängen bis in unsere Zeit hinein, das ein solches Thema behandelt. Obwohl Sor Juana die wohl intelligenteste Dichterin ihres Jahrhunderts war – wenn man von Calderón absieht –, ist es nicht die Intelligenz, die sie von ihren Zeitgenossen unterscheidet, sondern ihre intellektuelle Berufung. Will man etwas Ähnliches finden, muß man auf eine Tradition zurückgreifen, die Sor Juana nicht bekannt war: die englischen ›metaphysischen‹ Dichter mit ihrer Fülle von großartigen Bildern, ihrem konzeptistischen Scharfsinn und ihrem wissenschaftlichen Interesse. John Donne und Sor Juana erfuhren die gleiche Faszination durch die wissenschaftlichen Apparate und angesichts der physiologischen Vorgänge, durch Astronomie und Physik überhaupt. Wissenschaft und Magie schlug beide in Bann. Beide glaubten, die Leidenschaften würden von den Sternen beeinflußt, obgleich – das muß man gestehen – Sor Juanas Erfahrung in den Leidenschaften, mit der Donnes verglichen, eher dürftig war. Der englische Dichter ist unvergleichlich reicher, gelöster, freier und sinnlicher als sie; doch möchte ich zu behaupten wagen, er ist weder intelligenter noch scharfsinniger.

Sor Juana weist als Dichterin – außer im »Traum« – nicht über ihre Zeit hinaus, und ihr Werk gehört, selbst in seinen Abweichungen, zur spanischen Dichtersprache des 16. Jahrhunderts. Was sie jedoch heraushebt – man kann es nicht oft genug sagen! – ist ihr intellektueller Weitblick: sie sieht die Welt nicht als Gegenstand einer religiösen Wandlung, einer moralisierenden Andacht oder heldischen Bewährung, deren die spanische Dichtung voll ist, sondern als Feld der Erkenntnisübung. Am Ende ihres Lebens wurde sie von ihrem Beichtvater bedrängt und im Stich gelassen. Schließlich war sie den Angriffen des allmächtigen, neurotischen Erzbischofs von Mexico ausgesetzt. Dieser haßte die Frauen ebenso bitter wie die Ketzer – als bedeuteten sie die Ketzerei der Natur selber. Von Einsamkeit und Krankheit gebeugt, gibt Sor Juana schließlich auf. Sie verzichtet auf Literatur und Wissenschaft, wie andere Frauen auf die sinnlichen Leidenschaften verzichten. Sie gibt sich geistlichen Übungen hin, verkauft ihre Bücher und Musikinstrumente, schweigt und stirbt. Ihr Verstummen spiegelt den ausweglosen Konflikt, in den jene Gesellschaft geraten war.

Der Widerspruch, in dem Neu-Spanien sich befand, ist im Schweigen Sor Juanas verschlüsselt. Es ist jedoch nicht schwierig, ihn zu entschlüsseln: die Unmöglichkeit, eine neue Dichtersprache zu schaffen, war Teil einer größeren Unmöglichkeit, nämlich der, aus den intellektuellen Elementen, die das spanische Weltreich geschaffen hatten, ein neues Denken zu entwickeln. Denn während sich Europa der philosophischen, wissenschaftlichen und politischen Kritik öffnete, die zur Grundlage des neuen Zeitalters wurde, verschloß sich Spanien ihr, indem es seine besten Geister in die ›konzeptistischen Gefängnisse‹ der Neu-Scholastik sperrte. Uns hispanischen Völkern ist es also nicht gelungen, wirklich modern zu werden, weil wir, im Unterschied zu den anderen Abendländern, kein Aufklärungszeitalter erfahren haben. Neu-Spanien war zwar jung und voller Geisteskraft, wie Sor Juana und Siguenza y Góngora beweisen, aber es vermochte auf dem es konstituierenden geistigen Fundament nicht in eigener Sache schöpferisch zu denken. Die eigentliche Lösung wäre die Kritik an diesem Fundament gewesen. Aber ein unüberwindliches Hindernis stand im Wege: das Verbot jeder Kritik. Außerdem hätte eine solche Kritik es nur zur Verleugnung seiner selbst geführt, wie es im 19. Jahrhundert schließlich geschah. In dieser Lage befand sich Fray Servando Teresa de Mier. Seine religionsgeschichtlichen Argumente zur Identifikation von Quetzalcóatl und Sankt Thomas, die Siguenza y Góngora übernahm, rechtfertigten nicht nur die Trennung von ›Alt-Spanien‹, sondern auch die Zerstörung des ›neuen‹. Die mexicanische Gesellschaft der Independencia brach vorsätzlich mit Neu-Spanien und nahm als Grundlagen seiner Politik fremde und sogar widersprüchliche Prinzipien an: den demokratischen Liberalismus Frankreichs und Englands.

Im rein religiösen Bereich war die Lage nicht anders. Der Glaube Neu-Spaniens war der Katholizismus der Gegenreformation, eine Konfession in der Defensive, die ihre ursprünglichen Kräfte schon erschöpft hatte, so daß ein ästhetischer, intellektueller und religiöser Widerspruch entstand: die Prinzipien, auf denen Neu-Spanien gegründet worden war – der Universalismus der Gegenreformation und der der spanischen Monarchie –, hatten sich in Hindernisse verwandelt, an denen es schließlich zerbrach. Die Generationen nach Sor Juana versuchten die Mauer der Geschichte zu durchbrechen: sie wollten anhand synkretistischer Spekulationen den Katholizismus im Lande Anáhuac verwurzeln, aus Neu-Spanien das ›andere‹ Spanien und aus México-Tenochtitlán, der aztekischen Hauptstadt, das Rom des ganzen nördlichen Amerika machen. Ihr Ziel war die *Independencia,* aber die Independencia machte den Traum und die Träumer zunichte: México wurde kein Kreolen-, sondern ein Mestizenstaat, kein Imperium, sondern eine Republik. Im Jahre 1847 wurde auf dem Palast Moctezuma-Ilhuicaminas und der Vizekönige die Flagge der Vereinigten Staaten gehißt. Der Traum vom mexicanischen Imperium war für immer zerronnen. Das wahre Imperium war ein anderes. Die Mexicaner wurden ärmer, aber nicht klüger. Ein ganzes Jahrhundert nach dem Krieg mit den Vereinigten Staaten fragen wir uns noch immer: Wer sind wir und was wollen wir? Wir Mestizen haben vieles zerstört, was die Kreolen geschaffen haben, so daß wir heute von Ruinen umgeben und unsere Wurzeln abgeschnitten sind. Wie können wir uns mit unserer Vergangenheit versöhnen?

Der Widerspruch Neu-Spaniens bestand in allen Klassen und auf allen Ebenen: von der Poesie bis zur Ökonomie, von der Theologie bis zur Rassenideologie. Die Zwienatur Neu-Spaniens in bezug auf die indianische und die spanische Gesellschaft spiegelt sich in der Zwienatur der beiden Kerngruppen: der Kreolen und der Mestizen. Erstere waren Spanier und doch keine; wie die Indios waren sie in Amerika geboren und teilten, meist unbewußt, viele ihrer Glaubenspraktiken. Sie verachteten, ja sie haßten die Indios mit derselben Heftigkeit, mit der sie die Spanier beneideten und zugleich verabscheuten. Die Zwienatur der Mestizen verstärkte die der Kreolen, wenn auch nur, um sie letzten Endes zu verleugnen. Wie der Kreole ist der Mestize weder Spanier noch Indio; er ist auch kein Europäer, der die Verwurzelung sucht; er ist vielmehr eine Frucht der amerikanischen Erde, die neue Frucht schlechthin. Die Verwurzelung, die der Kreole durch religiösen und politischen Synkretismus sucht, verwirklicht der Mestize rein existentiell und konkret: Gesellschaftlich gesehen ist dieser eine Randerscheinung, von Indios, Spaniern und Kreolen verdrängt, geschichtlich gesehen ist er die Verwirklichung des Traumes aller Kreolen. Seine Beziehung zu den Indios gehorcht derselben Ambivalenz: er ist ihr Henker und ihr Rächer. Er ist neu-spanischer Bandit und Polizist; im 19. Jahrhundert Guerillero und Caudillo, im 20. Bankier und Gewerkschaftsführer. Sein Aufstieg bedeutet den Aufstieg der Gewalt am Horizont unserer Geschichte, und seine Gestalt verkörpert den endemischen Bürgerkrieg. Alle Pläne und Träume der Kreolen verwirklichten sich in den Mestizen, und zwar als eine Gewalt, die vor der Mexicanischen Revolution von 1910 kein geschichtliches Sendungsbewußtsein hatte. Mehr als ein Jahrhundert lang haben wir Mestizen von den Überbleibseln der ›geistigen Bankette‹ der Europäer und Nordamerikaner gelebt.

Im 17. Jahrhundert entdeckten die Kreolen, daß sie ein ›Vaterland‹ hatten. Diese Vokabel taucht in den Schriften Sor Juanas ebenso wie in denen Siguenza y Góngo-

ras auf – und bei beiden ist unzweifelhaft Neu-Spanien gemeint. Die Vaterlandsliebe der Kreolen stand auch nicht im Widerspruch mit ihrer Treue zu Imperium und Kirche. Es waren zwei verschiedene Arten von Loyalität. Obwohl die Kreolen des 16. Jahrhunderts eine antispanische Haltung bekundet hatten, waren sie dennoch keine Nationalisten im modernen Sinne, sondern treue Vasallen des Königs und – ohne sich im Widerspruch zu sehen – gute Patrioten Anáhuacs gewesen. Noch eineinhalb Jahrhunderte später wollten sie, trotz ihrer Forderungen nach Unabhängigkeit, von einem Fürsten des spanischen Königshauses regiert werden.
In Sor Juanas Theaterstücken und Villancicos singen und sprechen Indios, Neger, Weiße, Mestizen, jeder in seiner Art. Die Universalität des Imperiums schützte die Pluralität der Sprachen und Völker. Der neu-spanische Patriotismus und die Forderung nach Anerkennung seiner künstlerischen Besonderheit stand dazu nicht im Widerspruch.

> Was für magische Infusionen
> haben die kräuterkundigen Indios
> meiner Heimat in meine Schriften
> als ein Zaubermittel gegossen?

Der Widerspruch wird erst gegen 1730 offenbar, bemerkt Lafaye. Mit den Jahren kam Zwietracht auf und wurde in der Zeit der Independencia unüberwindlich. Es gibt eine Episode, die diesen Widerspruch mit einer gewissen Dramatik beleuchtet: der Streit zwischen den beiden Führern der Unabhängigkeitsbewegung, Hidalgo und Allende, der eine Caudillo der Indios und Mestizen, der andere der Kreolen.
Das Bedürfnis, in Amerika Wurzel zu schlagen und den Spaniern die Herrschaftstitel streitig zu machen, führte

viele Kreolen zur Verherrlichung der indianischen Vergangenheit, einer Überbetonung, die zugleich eine Verklärung war. Mit Scharfblick deutet Lafaye diesen Vorgang: »Um den Bruch, den die Conquista in der amerikanischen Geschichte darstellt, zu beseitigen, versuchte man, Neu-Spanien eine religiöse und damit auch eine gesetzliche und politische Satzung zu geben, die es auf die gleiche Ebene mit seiner Schutzmacht Spanien stellen sollte.« – Auf dem Triumphbogen, den man 1680 für den Vizekönig Conde de Paredes errichtete, erwähnt Siguenza y Góngora die aztekischen Kaiser mit folgenden Worten: »Als Schauplatz der politischen Tugenden, die einen Fürsten zieren und die einstigen Monarchen Mexicos auszeichneten, mit deren Bildern er geschmückt ist, hat diesen Triumphbogen die sehr noble Kaiserstadt Mexico errichtet« ... Er stellt damit als Beispiel des guten Herrschers nicht die Kaiser der klassischen Antike – jene Paradigmen politischer Weisheit –, sondern die aztekischen hin.

Bemerkenswert ist auch die Beharrlichkeit, mit der in allen Texten jener Zeit das Wort ›kaiserlich‹ vorkommt, das unterschiedslos für den aztekischen Staat wie für die Stadt Mexico verwendet wurde.

Zum Lob der indianischen Vergangenheit gesellt sich bald Haß gegen den lebenden Indio und Furcht vor ihm. Derselbe Siguenza y Góngora berichtet, daß man bei der Reinigung eines Kanals in Mexico-Stadt »eine riesige Anzahl von kleinen Zaubergegenständen ..., Figürchen und Lehmpuppen« gefunden habe, »die Spanier darstellten, die alle von Messern und Lanzen aus demselben Material durchstochen oder mit roten Zeichnungen am Hals versehen« gewesen seien, »als hätte man sie erstechen wollen: ein sicherer Beweis für den Haß der Indios gegen die Spanier und für die Bestimmung, die man für diese vorsah«. Der Chronist unterstreicht, daß der Kanal, in dem diese Gegenstände der Schwarzen Magie gefunden wurden, derselbe gewesen sei, in dem viele Spanier in der ›Traurigen Nacht‹ umgekommen seien. So kam es zu Bewunderung, Furcht und Haß, aber auch Freundschaft. Unter Siguenzas besondere Freunde zählt ein reinblütiger Indio, Don Fernando Ixtlixóchitl, ein Abkömmling der einstigen Könige von Texcoco. Diese Freundschaft war so groß, daß der erbenlose Indio seine reiche Sammlung von Chroniken, Dokumenten und anderen indianischen Altertümern Siguenza vermachte.

Von der Hälfte des 16. bis zum Ende des 18. Jahrhunderts war Neu-Spanien ein beständiges, friedliches und wohlhabendes Reich. Es gab zwar Epidemien, Maisknappheit, Pirateneinfälle, Tumulte, Aufstände der Nomaden im Norden, aber es gab auch Zeiten der Fülle, des Friedens und – nicht selten – der guten Herrschaft. Nicht daß alle Vizekönige tüchtig gewesen wären, obgleich es auch solche gab, die ausgezeichnet regierten, aber das System beruhte auf dem Ausgleich aller Kräfte: Die Autorität des Staates war durch die der Kirche begrenzt. Der Macht des Vizekönigs stand die Audiencia und der des Erzbischofs die der religiösen Orden gegenüber. Wenngleich in diesem hierarchischen System die einzelnen Volksgruppen nur indirekten Einfluß ausüben konnten, zwang die Teilung der Gewalten und die Pluralität der Gesetzgebung die Regierung dazu, eine Art öffentlichen Konsens herbeizuführen. In dieser Hinsicht war das politische System Neu-Spaniens biegsamer als das augenblickliche Präsidialsystem: unter der Maske der Demokratie sind unsere Präsidenten, nach römischer Art, verfassungsmäßige Diktatoren, mit dem Unterschied, daß die Diktaturen Roms nur sechs Monate, unsere aber sechs Jahre dauern.

Neu-Spanien hat weder eine eigene Wissenschaft noch eine eigene Philosophie geschaffen; doch seine künstlerischen Schöpfungen, insbesondere in der Dichtung, in Städtebau und Architektur, sind bewundernswürdig. Im Jahre 1640 veröffentlichte Bernardo de Balbuena ein langes Gedicht über die ›Größe Mexicos‹. Der Titel mag übertrieben klingen, vornehmlich, wenn man sich an die Größe Teotihuacáns erinnert, das schon ein Jahrtausend lang vergangen war; er ist es aber nicht, wenn man an das urbane, soziale und ästhetische Desaster der modernen Stadt México denkt.

Die komplizierteste und zugleich eigenartigste Schöpfung Neu-Spaniens war nicht individueller, sondern kollektiver Natur. Sie gehört auch nicht in den künstlerischen, sondern in den religiösen Bereich: der Kult der Jungfrau von Guadalupe. Wenn die Fruchtbarkeit einer Kultur sich am Reichtum ihrer Mythen messen läßt, dann war Neu-Spanien besonders fruchtbar: die Gleichsetzung Quetzalcóatls mit dem Apostel Sankt Thomas war eine nicht weniger großartige Schöpfung als die Gleichsetzung Tonantzíns mit Guadalupe. Lafayes Untersuchung über den Ursprung und die Verbreitung dieser beiden Mythen ist beispielhaft. Ich glaube nicht, daß man ihr leicht etwas Wesentliches noch hinzufügen könnte; meine Bemerkungen sind daher eher nebensächlich.

Der Quetzalcóatl-Sankt-Thomas-Mythos war nie wirklich volkstümlich gewesen. Von Anfang an stellte er mehr ein Thema für religionsgeschichtliche Auslegungen als ein religiöses Mysterium dar. Daher kommt es, daß sich vorwiegend Historiker, Juristen, Ideologen mit ihm leidenschaftlich beschäftigten. Tonantzín-Guadalupe dagegen hat sogleich das Gemüt und die Phantasie aller ergriffen. Sie war eine Erscheinung im numinosen Sinne des Wortes, eine Konstellation von Zeichen aus allen Himmeln und allen Mythologien, von der Apokalypse bis zu den präkolumbianischen Codices, von der vorchristlichen Welt der Iberer bis zum mittelmeerischen Katholizismus. In dieser Konstellation konnte jeder Mexicaner sein Schicksal ablesen, vom Landarbeiter bis zum Guerillero Zapata, vom Dichter des Barock bis zu dem der Moderne, der die Jungfrau in einer Art gotteslästernden Verliebtheit feiert, vom Gelehrten des 16. Jahrhunderts bis zum Revolutionär Hidalgo. Die Jungfrau schmückte das Banner der Indios und Mestizen, die 1810 gegen die Spanier kämpften und auch das der Landarbeiterheere Zapatas während der Großen Revolution. Ihr Kult ist privat und öffentlich, regional und national zugleich. Guadalupes Fest am 12. Dezember ist immer noch das Fest schlechthin, das zentrale Datum im Gemütskalender des mexicanischen Volkes.

Ob als Mutter der Götter und Menschen, der Gestirne und Ameisen, des Maises und der Agave, Tonantzín-Guadalupe war die Antwort der Phantasie auf die Verwaisung, in welche die Conquista die Indios gestoßen hatte. Nachdem ihre Priester ermordet, ihre Götterbilder zerstört, ihre Bande zu der Vergangenheit und der übernatürlichen Welt abgeschnitten waren, flüchteten sie sich in den Schoß Tonantzín-Guadalupes, in den Schoß der Berg- und Wassermutter. Die ambivalente Situation Neu-Spaniens erzeugte eine ähnliche Reaktion: die Kreolen suchten in Tonantzín-Guadalupe ihre wahre Mutter: eine natürliche und übernatürliche Mutter, die Frucht amerikanischer Erde und europäischer Theologie. Ihnen bot die dunkle Jungfrau die Möglichheit, im Boden Anáhuacs Wurzeln zu schlagen. Sie war Gebärmutter und Grab zugleich, denn verwurzeln heißt sich eingraben lassen. Der Jungfrauenkult der Kreolen kennt die Faszination durch den Tod wie die dunkle Hoffnung, daß dieser Tod Verwandlung sei. ›Sich in die Jungfrau ergießen‹ bedeutet letztlich die Einbürgerung in Amerika. – Für die Mestizen ist die Erfahrung der Verwaisung sogar noch totaler und noch dramatischer. Für sie ist die Ursprungsfrage zentral; es ist die Frage um Leben oder Tod. In ihrer Phantasie hat Tonantzín-Guadalupe eine höllische Entsprechung in der *Chingada,* der geschändeten, der Welt ausgelieferten, von der Conquista zerrissenen Mutter, der Jungfrau-Mutter, der verschlossenen, unverletzbaren, die in ihrem Schoß einen Sohn trägt. Zwischen der Chingada und der Tonantzín-Guadalupe flackert das geheime Leben des Mestizen.

Quetzalcóatl ist wie der Phönix des Barockdichters Sandoval y Zapata die ›geflügelte Ewigkeit des Windes‹. Sein Name stammt aus der Náhuatl-Sprache; er ist jedoch, als uralter Gott, älter als der Name, unter dem wir ihn kennen. Ursprünglich war er eine Gottheit der Küste; daher ist er mit dem Meer und dem Wind verbunden. Später stieg er zur Hochebene hinauf und ließ sich – als großer Gott – in Teotihuacán nieder; und einige Jahrhunderte später, nachdem dieses Zentrum zerstört worden war, erschien er in Tula unter seinem heutigen Namen. Dort wurde er zum Schöpfer- und Zivilisationsgott Quetzalcóatl, einem Gott also, den die frisch der Barbarei entwachsene Kultur von Tula übernahm oder sich raubte. Er war zugleich ein Priesterkönig, der den Ritualnamen Topiltzín-Quetzalcóatl trug.[1] Tula wurde schließlich in einem Religionskrieg verwüstet, der zugleich ein mythischer Kampf zwischen den Kriegsgöttern der Nomaden und diesem – wie gesagt – aus Teotihuacán stammenden Zivilisationsgott war. Der Gott und Prie-

1 Der aztekische Oberpriester hieß ebenfalls Quetzalcóatl.

sterkönig flüchtete dorthin, ›wo das Meer sich mit dem Himmel vereint‹, an den Horizont des Ozeans, wo Vesper und Lucifer im Wechsel aufsteigen. Die Zeit seines Verschwindens und seiner Verwandlung in den Morgenstern war das Jahr *ce-acatl* oder ›Ein-Rohr‹. Das Jahr seiner Rückkehr soll, nach Aussage der Propheten, wieder ein Jahr ›Ein-Rohr‹ sein.
Tulas Fall und Quetzalcóatls Flucht schaffen ein Interregnum in Anáhuac. Jahrhunderte später wird der aztekische Staat, wie der von Tula, von gerade erst zivilisierten Barbaren geschaffen. Die Azteken errichten México-Tenochtitlán nach dem Vorbild von Tula, das seinerseits nach dem Vorbild von Teotihuacán geschaffen worden war.[2] Im alten Mexico war Rechtmäßigkeit eine religiöse Kategorie: so ist es nicht befremdend, daß die Azteken, um die Rechtmäßigkeit ihrer Herrschaft über die anderen indianischen Völker zu begründen, sich als die unmittelbaren Erben Tulas bezeichneten. In der Tat regierte der mexicanische *Tlatoani* im Namen Tulas. Cortés' Erscheinen am Horizont des Meeres im Jahre Ein-Rohr schien das Interregnum abzuschließen: Quetzalcóatl kehrt zurück. Tula fordert sein Erbe. Als die Azteken – oder ein Teil ihrer Führungskaste – entdecken, daß die Spanier nicht die Botschafter Tulas sind, ist es bereits zu spät. Die Historiker, die diese Episode verkleinern, verstehen nicht ihre wahre Bedeutung: die Ankunft der Spanier enthüllt die falschen Ansprüche der Azteken. Schon vor der Erlahmung des Widerstandes von México-Tenochtitlán war das religiöse Fundament ihrer Hegemonie abgebröckelt.
Quetzalcóatl oder die Begründung der Rechtmäßigkeit:

2 Vgl. Bernal Díaz' Aufsatz über den Einfluß Teotihuacáns auf das Schicksal Mexicos, in *Plural* Nr. 21-23, Mexico, 1973.

Um mit möglichst vielen Beweisen die Identität Quetzalcóatls mit dem Apostel Sankt Thomas abzusichern, führen Siguenza y Góngora und der Jesuit Manuel Duarte den Prozeß der Erlangung der Rechtmäßigkeit an, den die Azteken Jahrhunderte vorher durchgemacht hatten. Dazu Lafaye: »Wenn die Idee vom hispanoamerikanischen Vaterland in jenem Boden Fuß fassen sollte, mußte Mexico ein Ziel eigener Art wählen: es mußte damit beginnen, die Grundlagen seiner Existenz eher in der ›Gnade des Himmels‹ als in der ›Ungnade der Conquista‹ zu suchen, die allzu sehr einer Apokalypse glich. Sankt Thomas-Quetzalcóatl wurde für die Mexicaner zum Instrument, mit dem sie die religiösen Satzungen zu verändern suchten . . .«
Quetzalcóatl verschwindet am geschichtlichen Horizont des 19. Jahrhunderts. Nur die Schriftsteller und Maler wählen, ohne viel Erfolg, ihn zum Thema ihrer Werke. Er verschwindet, aber er stirbt nicht. Hinfort ist er kein Gott oder Apostel mehr, sondern ein Nationalheld. Seine Namen sind Hidalgo, Juárez, Carranza. Diese Suche nach der Rechtmäßigkeit dauert bis in unsere Tage an. Jede der großen nationalen Gestalten seit der Independencia und jeder Augenblick der mexicanischen Geschichte sind Offenbarungen dieses ständig sich erneuernden Prinzips der Wandlung.
Für die Mehrheit der Mexicaner war die Independencia eine Restauration, das heißt ein Ereignis, das ein Interregnum abschloß, welches mit der Conquista begonnen hatte. Diese seltsame Auffassung hat aus Neu-Spanien eine bloße Parenthese unserer Geschichte gemacht. Später vertritt Juarez die nationale Rechtmäßigkeit vor Maximilian, der bezeichnenderweise ›Eindringling‹ genannt wird: sein Reich ist eine andere Parenthese. Schließlich nennt die siegreiche Partei der Mexicanischen Revolution

sich verfassungsgemäß und erhebt sich gegen die usurpatorischen Absichten des reaktionären Generals Huerta. Independencia, Revolution der Liberalen von 1857, Revolution des Volkes von 1910: alle diese Bewegungen sollen, nach der geläufigen Deutung, die Rechtmäßigkeit wiederhergestellt haben. Aber die Suche nach ihr dauert an, und es gibt Leute, die der Meinung sind, das Regime, das seit einem halben Jahrhundert über uns herrscht, sei eine Usurpation der rechtmäßigen Mexicanischen Revolution. Das Interregnum, das mit Quetzalcóatls Flucht im Jahre 987 begann, ist demnach noch nicht zu Ende.

Für einen Mexicaner ist es ein ungewöhnliches geistiges Abenteuer, Lafaye in seiner Analyse der beiden Mythen zu folgen, ihn bei der Beschreibung der historischen Logik zu begleiten, die deren Entwicklung bedingt, die Wiederherstellung der Glaubensformen zu betrachten, in die sie sich einfügen.

Am Ende unseres Ausflugs sieht der Leser sich zwei Konstanten der mexicanischen Geschichte gegenüber: ihrer Besessenheit von Rechtmäßigkeit und ihrem Gefühl der Verwaisung. Aber handelt es sich da nicht um Ausdrücke derselben geschichtlichen wie seelischen Situation? Die Mythen Neu-Spaniens und die des modernen Mexico sind, wie alle großen Mythen, Versuche, auf die Frage nach dem Ursprung eine Antwort zu finden. In dieser Hinsicht sind sie nicht ausschließlich mexicanisch. Verwaisung und Suche nach Rechtmäßigkeit kommen, unter anderen Namen, in allen Kulturen und Zeiten vor.

Lafayes Buch zeigt uns das doppelte Wesen der Geschichte: Sie beschreibt allgemeine Situationen, die zugleich besondere sind, das heißt, auf andere Situationen nicht zurückgeführt werden können. – Lévy-Strauss hält die Mythen, im Unterschied zu den Gedichten, für übersetzbar. Aber jede Übersetzung – also auch die eines

Gedichtes – ist eine Trans-Substantiation: Quetzalcóatl-Sankt Thomas ist nicht identisch mit Topiltzín-Quetzalcóatl. – Jede geschichtliche Situation ist demnach einzigartig und als solche eine Metapher einer universalen Gegebenheit: des Menschseins. In Lafayes Werk – ob es sich um Ethnologie, Poesie oder Reflexion handelt – offenbart sich die Ambiguität der Geschichte: sie oszilliert immer zwischen dem Relativen und dem Absoluten, dem Besonderen und dem Allgemeinen. Wenn der Mensch nicht mehr metaphysisch, sondern historisch definiert werden soll, muß man das Wort ›sein‹ aus dem Mittelpunkt unserer Betrachtung rücken und es durch das Wort ›zwischen‹ ersetzen. Der Mensch steht zwischen Himmel und Erde, zwischen Wasser und Feuer, zwischen Pflanze und Tier, zwischen Mythos und Wirklichkeit: im Zentrum der Zeit. – Alle diese Gedanken kann man auf einen einzigen zurückführen: der Mensch zwischen den Menschen.

DIE RÜCKSEITE DES LACHENS

In der Morgendämmerung läuft ein Schauer über die Dinge. Während der Nacht haben sie, mit dem Schatten verschmolzen, ihre Identität verloren. Jetzt aber erschafft sie, nicht ohne Zögern, das Licht neu. Ich ahne schon, daß jene gestrandete Barke, auf deren Mast ein verkohlter Papagei sitzt, das Sofa und die Lampe sind, daß jener Ochse, der geschlachtet zwischen Säcken schwarzen Sandes liegt, der Schreibtisch ist; in wenigen Augenblicken wird der Tisch wieder Tisch heißen ... Durch die Ritzen des Fensters im Hintergrund schlüpft jetzt die Sonne. Sie kommt von weit her und fröstelt. Sie streckt einen gläsernen Arm vor, der bei der Berührung mit der Wand in kleinste Stücke zerspringt. Draußen treibt der Wind die Wolken. Die metallenen Jalousien kreischen wie eiserne Vögel. Die Sonne wagt drei weitere Schritte; wie eine funkelnde Spinne glänzt sie jetzt mitten im Raum. Ich ziehe den Vorhang auf: Die Sonne hat keinen Körper: sie ist überall. Berge und Meere hat sie durchmessen, die ganze Nacht lang, um sich in den Vorstädten zu verlieren. Schließlich ist sie ganz eingetreten und, als blende sie ihr eigenes Licht, tappt unsicher durch die Wohnung. Sie sucht etwas, berührt die Wände, bahnt sich zwischen den roten und grünen Flecken des Gemäldes einen Weg und klettert die Bücherregale hinauf, die sich sogleich in ein Vogelhaus verwandeln, in dem jede Farbe ihren Ton hinausschreit. Die Sonne sucht weiter.

Im dritten Regal, zwischen dem Spanischen Etymologischen Wörterbuch und *La Garduña de Sevilla y anzuelo de bolsas,* an der frisch gekalkten Wand, ocker- und tabakfarben, mit Katzenaugen und Lidern, die von einem glücklichen Traum leicht geschwollen sind, und einer Mütze, die die Deformation der Stirn hervorhebt,

auf der gerade ein Strahl eine in einem Streifen endende Spirale zeichnet – hier hat der Wind seinen wahren Namen eingeschrieben – mit zwei Fältchen auf jeder Wange und zwei Ritualzeichen steht es: das lachende Köpfchen. Während die Sonne innehält und es betrachtet, lacht und blickt es entschlossen, ohne zu blinzeln.
Über wen und warum lacht das Köpfchen vom dritten Regal? Es lacht mit der Sonne. Zwischen seinem Lachen und dem Licht besteht eine Verbindung, deren Wesen ich nicht ergründen kann. Mit halbgeschlossenen Augen und halboffenem Mund, in dem die Zunge kaum sichtbar ist, spielt es mit der Sonne wie eine Badende mit dem Wasser. Die Sonnenwärme ist sein Element. Lacht es über die Menschen? Es lacht für sich und nur so. Es weiß nichts von unserem Dasein. Es lebt und lacht mit allem, was lebt. Es lacht, um zu wachsen und damit der Morgen wachse. Lachen ist seine Art, geboren zu werden; die andere, unsere, ist das Weinen. Wenn ich so lachen könnte, ohne zu wissen, warum ...
Heute, an einem Tag wie jeder andere, unter derselben alltäglichen Sonne, lebe ich und lache ich. Mein Lachen widerhallt im Zimmer, wie Kieselsteine, die in einen Brunnen fallen. Ist unser Lachen ein solches Fallen? Haben wir Menschen ein Loch in der Seele? Verschämt schweige ich, dann lache ich über mich selbst. Noch einmal der groteske, verkrampfte Laut. Aber das Lachen des Köpfchens ist anders. Die Sonne weiß es und schweigt. Sie kennt sein Geheimnis, verrät es aber nicht; oder sie sagt es mit Worten, die ich nicht kenne. Ich habe die Sprache der Sonne vergessen, wenn ich je sie verstand.
Das Köpfchen ist das Bruchstück einer Lehmpuppe, die in einem Seitengrab, zusammen mit anderen Idolen und zerbrochenen Figuren, im Zentrum von Veracruz gefun-

den wurde. Auf meinem Tisch steht eine Sammlung von Fotografien solcher Figürchen. Das meine sah genauso aus: das Gesicht leicht gegen die Sonne geneigt, mit einem Ausdruck unsäglichen Genusses, die Arme in Tanzhaltung, die linke Hand offen, während die rechte eine Kürbisrassel hält; um den Hals und über den Busen hinab hängt eine Kette von groben Steinen; als einzige Kleidung trägt es einen enganliegenden Gurt über den Brüsten und ein Röckchen, das von den Hüften bis zu den Knien reicht; beide Teile sind mit einem Stufenornament geschmückt. Das meine trug vielleicht einen anderen Schmuck: Gekrümmte Linien, Streifen und – mitten auf dem Rock – einen Affen, Araña genannt, mit graziös eingerolltem Schwanz und einer vom Opfermesser durchbohrten Brust.

Das Köpfchen vom dritten Regal ist ein Zeitgenosse anderer verwirrungstiftender Geschöpfe: großnasige Götter mit einem Kopfschmuck, der einem herabstürzenden Vogel ähnelt; Figuren, die den doppelten Gott Xipe-Tlazoltéotl darstellen, der, als Frau gekleidet, den unteren Teil des Gesichtes mit einer Maske aus Menschenhaut bedeckt hat; da gibt es Plastiken von Frauen, die im Kindbett starben, Cihuateteos genannt; aber auch solche von Bewaffneten mit Schild und Keule; ›Palmen‹ und Ritualäxte aus Jade und anderen Hartsteinen in Form eines Halsbandes aus abgeschnittenen Händen oder eines Gesichtes mit einer Hundemaske; andere mit dem Kopf eines toten Kriegers, der die Augen geschlossen und im Munde den grünen Stein der Unsterblichkeit hält; da sind auch Xochiquetzal, die Göttin der Ehe mit einem Kind; der Jaguar, der einen Menschenkopf im Rachen hat, aber auch Ehécatl-Quetzalcóatl, der Herr des Windes, vor seiner Verwandlung im Hochland, der Gott mit dem Kiebitzschnabel.

Diese Werke, die einen schreckenerregend, die andern faszinierend, fast alle aber bewundernswürdig, gehören der Totonakenkultur an, sofern dieses Volk es war, das zwischen dem 1. und 9. Jahrhundert unserer Zeitrechnung die Tempel von El Tajín errichtete und zu Tausenden die lachenden Figürchen, die Joche, Hacken, ›Palmen‹ schuf. Es sind geheimnisvolle Geschöpfe, über deren Zweck und Sinn man wenig weiß, die uns jedoch durch ihre künstlerische Vollendung und die unmittelbar wirkende Schönheit des Selbstverständlichen beeindrucken.

Wie die Huazteken, ihre Nachbarn, ein Volk von Erleuchteten und Magiern, die – nach Sahagún – die Ausschweifung nicht als Sünde ansehen, zeigen die Totonaken eine zwar geringere, aber glücklichere Vitalität als die übrigen mesoamerikanischen Völker. Vielleicht schufen sie deshalb eine Kunst, die gleich weit von der Strenge Teotihuacáns und der Üppigkeit der Maya entfernt ist. El Tajín bedeutet nicht, wie Teotihuacán, versteinerte Bewegung und festgehaltene Zeit, sondern tanzende Geometrie und schwingender Rhythmus. Die Totonaken sind nicht immer sublim, doch manchmal schwindelerregend wie die Maya oder überwältigend wie die Völker des Hochlandes. Üppig und nüchtern zugleich, übernahmen sie von den Olmeken die Gediegenheit und die Sparsamkeit, nicht aber deren Kraft. Obwohl die Linie der Totonaken nicht die gedrängte Energie der La Venta-Kultur und der Tres-Zapatos-Künstler kennt, ist ihr Geist freier und einfallsreicher. Während der olmekische Bildhauer seine Werke sozusagen aus dem Stein treibt oder – wie Paul Westheim schreibt – keine Köpfe, sondern Steinköpfe schafft, verwandelt der Totonake den Stein in etwas ganz anderes, in etwas Sinnliches oder Phantastisches, aber immer

Überraschendes. Es sind zwei verschiedene Künstlergeschlechter: die einen bedienen sich des Stoffes, die andern sind dessen Diener. Sinnlichkeit und Wildheit, Sinn für Raum und Linie, Ernst und Lachen sind Dimensionen totonakischer Kunst, nicht aber das Monumentale; vielleicht in der Ahnung, daß wahre Größe Gleichgewicht ist. Aber es ist ein Gleichgewicht in Bewegung, eine Form, der Lebensodem eingehaucht wurde, wie man aus der Abfolge von Linien und Wellen ersehen kann, die der Pyramide von El Tajín eine mit der Feierlichkeit übereinstimmende Lebendigkeit verleihen: ihre Steine leben und tanzen.

Ist die totonakische Kunst ein Zweig – und zwar der direkteste und lebendigste – des Olmekenstammes? Was soll man auf diese Frage antworten? Wer waren die Olmeken überhaupt? Wie nannten sie sich wirklich? Welche Sprache sprachen sie? Woher kamen und wohin gingen sie? Einige Archäologen haben teotihuacanische Spuren in El Tajín gefunden. Medellín Zenil meint – und aus guten Gründen –, es habe auch totonakische Einflüsse in Teotihuacán gegeben. Aber wer waren die Erbauer von Teotihuacán? Welches war ihr ursprünglicher Name? Woher kamen sie? Jimenez Moreno wagt zu behaupten, es seien náhua-totonakische Stämme gewesen. Olmeken, Totonaken, Popoloca-Mazatecos, Tolteken, das sind alles nur Namen. Und Namen kommen und gehen, erscheinen und verschwinden wieder. Was bleibt, sind Werke.

Über den Trümmern der von Chichimeken und Spaniern zerstörten Tempel – wie über dem Berg von Büchern und Hypothesen – lacht das Köpfchen. Sein Lachen ist ansteckend: Es lachen schon die Fensterscheiben, der Vorhang, das Etymologische Wörterbuch, der vergessene Klassiker, die avantgardistische Zeitschrift. Schließlich lachen alle diese Dinge über den Mann, der vor ihnen über dem Papier sitzt und das Geheimnis des Lachens in einigen Karteiblättern sucht. Aber dieses Geheimnis ist anderswo zu entdecken: In Veracruz, in der rötlichen und grünen Nacht von El Tajín, in der Sonne, die Tag für Tag dort die Tempelstufen hinaufwandert, auf der Rückkehr in jenes Land, wo sie das Lachen lernt. Dort ist sie Zeuge der sieben Blutstöße, der sieben Schlangen, die aus dem Nacken des Geköpften schießen. ›Sieben‹ ist auch die Anzahl der Blutstöße auf dem Ballspiel-Relief von Chichen-Itzá; ›sieben‹ die Anzahl der Samenkörner in der Rassel der Fruchtbarkeit; ›sieben‹ enthält das Geheimnis des Lachens.

Haltung und Ausdruck der kleinen Figuren lassen an das Bild eines Ritus denken. Der Haarschmuck, betont Zenil, verstärkt den ersten Eindruck: die Streifen sind Stilisierungen des Affen, des Nahual, der doppelten Tierseele Xochipillis; die geometrischen Zeichnungen sind Variationen des Nahui-Ollin-Zeichens, der ›Sonne der Bewegung‹; die Gefiederte Schlange bedeutet selbstverständlich Quetzalcóatl: das Stufenband spielt auf die Schlange, das Symbol der Fruchtbarkeit, an. Es sind tanzende Geschöpfe, die die Sonne und die junge Vegetation zu feiern scheinen und die von einem Glück berauscht sind, das sich in allen Formen der Freude ausdrückt. Wie soll man sie nicht mit der Gottheit in Verbindung bringen, die im Hochland sich später Xochipilli (Ein-Blume) und Macuil-Xóchitl (Fünf-Blume) nennt? Dennoch glaube ich nicht, daß es sich um Darstellungen eines Gottes handelt. Wahrscheinlich sind es Figuren seines Gefolges oder Personen, die in irgendeiner Form zu seinem Kult gehören. Es scheinen auch keine Porträts zu sein, wie man schon wahrhaben wollte,

obwohl die Individualität der Gesichtszüge und die Vielfalt im Ausdruck des Lachens – die, meiner Ansicht nach, nicht ihresgleichen in der Kunstgeschichte haben – uns geneigt machen könnten, diese Hypothese zu akzeptieren. Doch das Porträt ist ein profanes Genre, das erst spät in der Menschheitsgeschichte auftaucht. Die Totonaken-Puppen sind wie die Heiligen, die Dämonen, die Engel und andere Darstellungen, die wir oberflächlich der Volkskunst zuordnen, Gestalten, die mit irgendeinem Fest verknüpft sind. Ihre Aufgabe im Sonnenkult, zu dem sie unzweifelhaft gehören, ist ebenso religiöser wie magischer Natur. Ich werde diese Vermutung später zu rechtfertigen suchen. Für den Augenblick muß ich sagen, daß ihr Lachen, trotz des Hintergrundes der Xochipilli-Riten, eine doppeldeutige Resonanz hat.
Die Funktion, die sonst in der Welt die Kausalität erfüllt, wird in Mesoamerika durch die Analogie erfüllt. Die Kausalität ist ein offenes, folgegebundenes und praktisch unendliches Prinzip: eine Ursache hat eine Wirkung, die ihrerseits wieder eine solche hervorruft. Die Analogie oder ›Korrespondenz‹ dagegen ist geschlossener und zyklischer Natur: die Phänomene drehen und wiederholen sich in einem Spiel von Spiegelungen. Jedes Bild verändert sich, verschmilzt mit seinem Gegenbild, löst sich, formt ein anderes Bild, verbindet sich von neuem mit einem anderen und kehrt zu seiner Ausgangsform zurück. Die Veränderung wird durch den Rhythmus bewirkt. Die besonderen Ausdrucksweisen der Veränderung sind: in der Poesie die Metamorphose, im Ritus die Maske. Die Götter sind die Metaphern des kosmischen Rhythmus. Jedem Datum, jedem Takt dieses weltlichen Tanzes entspricht eine Maske. Namen, Daten, Masken, Bilder . . .
Xochipilli – sein Kalendername ist Ein-Blume – ist der

Gott des Liedes und des Tanzes, der einen Stab mit dem Bild eines durchbohrten Herzens hält. Er sitzt auf einer Decke, die mit den Zeichen der vier Himmelsrichtungen geschmückt ist; als junge Sonne ist er, ohne sein Wesen zu verlieren, zugleich Cintéotl, die Gottheit des jungen Maises. Wie der Reim im Gedicht, evoziert seine Gestalt sofort die Xipe-Tótecs: die Gottheit des Maises und des Goldes, den Sonnen- und Zeugegott, ›unseren Herrn den Unverschämten‹ und ›den mit dem männlichen Glied‹, eine Gottheit, die das männliche Prinzip verkörpert. Xipe verschmilzt mit Tlazoltéotl, der Herrin über die Ernten und die Geburten, die Beichten und die Dampfbäder, der Götter-Großmutter, Cintéotls Mutter. Zwischen diesem und Xiloenen, einer jungen Maisgöttin, besteht eine enge Beziehung. Beide sind mit Xochiquetzal verbunden, die von Tezcatlipoca dem Jüngling Piltzintecutli – der niemand anders ist als Xochipilli – entrissen wurde. Der Kreis schließt sich. Möglicherweise war das Pantheon des El Tajín-Volkes in dessen großer Zeit weniger kompliziert als diese flüchtige Aufzählung vorgibt. Gleichviel, das Prinzip, das die Verwandlungen der Götter bewirkte, war dasselbe.

Nichts mag willkürlicher sein als diese schwindelerregende Folge von Gottheiten. Xochipillis Metamorphosen entsprechen denen der Sonne, aber auch denen des Wassers oder denen der Maispflanze in den einzelnen Phasen ihres Wachstums und, im ganzen, denen aller Elemente, die sich in einer Art Reigen trennen und verbinden. Es ist ein Universum von unversöhnlichen Zwillingsgestalten, das – wie der Wechsel der Verse und Strophen im Gedicht – von rigoroser, präziser, kohärenter Logik bestimmt wird. Den Rhythmen und Reimen entsprechen hier die Natur und die Gesellschaft, der Ackerbau und der Krieg, die kosmische und die irdische Nahrung. Das einzige Thema dieses unendlichen Gedichtes ist der Tod und die Wiederkunft der kosmischen Zeit: die Geschichte der Menschen löst sich damit in der des Mythos auf und das Zeichen, das ihr Leben lenkt, ist dasselbe, das das All lenkt: *nahui ollin,* die Bewegung. Es ist ›Poesie in Aktion‹, deren letzte Metapher das reale Opfer der Menschen ist.

Allmählich offenbaren uns die lachenden kleinen Figuren ihre ›verrückte Weisheit‹ – ich sage absichtlich so –, sie erinnern kaum noch an die Zeremonien, denen Xochipilli beiwohnte. Die Enthauptung etwa: Es handelt sich zweifellos um einen Sonnenritus, der seit der Olmekenzeit auf einer Stele in Tres Zapatos zu beobachten ist. Übrigens tritt das Bild der Sonne als eines vom Rumpf getrennten Kopfes spontan vor viele große Geister: Wußte Apollinaire etwa, daß er eine alte Metapher verwendete, als er ein später berühmt gewordenes Gedicht mit dem Ausdruck *Soleil cou coupé* beendete? Weitere Beispiele: Der Codex Nutall erwähnt die nach dem Ballspiel geköpfte Xochiquetzal; auch auf dem der Xilonen geweihten Fest köpfte man eine Frau, als Verkörperung der Göttin, gerade am Altar der Cintéotl. Die Enthauptung ist nicht ihr einziger Ritus. Als Mondgöttin, Bogenschützin, Jägerin – wie Diana, doch nicht so züchtig – ist Tlazoltéotl auch die Schutzpatronin des Pfeilopfers.

Wir wissen, daß dieser Ritus von der Golfküste, aus dem Huazteken- und Totonakenland stammt. Während es müßig sein dürfte, sich bei Opfern aufzuhalten, die mit Xipe, dem Geschundenen, zusammenhängen, lohnt es die Mühe, anzuführen, daß diese Art des Opfers auch ein Teil des Xochipilli-Kultes war: der Codex Magliabecchi stellt den Gott des Tanzes und der Freude in einem Affenfell dar. Daher ist es nicht abwegig, anzunehmen,

daß die kleinen Figuren in einem Augenblick der Opferung lachen und ihre Zauberrasseln dabei schwingen. Ihr übermenschliches Lachen feiert die Einheit der beiden Seiten des Daseins, während der Blutstrom des Geköpften sich in sieben Schlangen verwandelt.
Das Ballspiel war der Schauplatz eines Ritus, in dem der Sieger durch Enthauptung den Tod fand. Doch läuft man Gefahr, dessen Sinn mißzuverstehen, wenn man vergißt, daß dieser Ritus wirklich ein Spiel war. In jedem Ritus gibt es ein ludisches Element. Man kann sogar sagen: das Spiel ist die Wurzel des Ritus. Der Grund ist offensichtlich: Jede Schöpfung ist Spiel, das Gegenteil von Arbeit. Die Götter sind ihrem Wesen nach Spieler. Im Spiel nur sind sie schöpferisch. Was sie jedoch von den Menschen unterscheidet, ist, daß *sie* spielen und *wir* arbeiten. Die Welt ist daher das rücksichtslose Spiel der Götter, und wir Menschen sind ihr Spielzeug. In allen Mythologien ist die Erschaffung der Welt ein spontaner Akt. Die Menschen sind dazu nicht notwendig. Sie leben nicht aus sich selbst, sondern aus einem fremden Willen: sie sind Figuren des schöpferischen Spiels. Der Ritus, dessen Bestimmung die Erhaltung der Welt und der Menschen ist, ist nur eine Nachahmung des göttlichen Spiels, eine Wiederholung des göttlichen Schöpferaktes. Die Grenze zwischen dem Profanen und dem Sakralen fällt mit der Linie zusammen, die den Ritus von der Arbeit, das Lachen vom Ernst, die spontane Schöpfung von der verpflichtenden Arbeit trennt. Da ursprünglich jedes Spiel Ritus war, gehorcht es auch heute noch dem Zeremoniell. Die Arbeit indessen zerstört den Ritus: denn während der Mühsal bleibt für das Spiel weder Zeit noch Raum. Im Ritus gelten die Paradoxa des Spiels: »Die Letzten werden die Ersten sein; die Götter erschaffen die Welt aus dem Nichts; der Tod ist des Lebens

Gewinn. Jeder ist der Sproß seiner Werke.« Nur die Arbeit kennt kein Paradoxon: »Im Schweiße deines Angesichts sollst du dein Brot verdienen!« Es gibt eine unerbittliche Beziehung zwischen Anstrengung und Erfolg: Die Arbeit muß, um sinnvoll zu sein, rentabel sein. Der Nutzen des Ritus besteht indessen in der rückhaltlosen Verschwendung von Leben und Zeit, um die Fortdauer des Kosmos zu sichern. So übernimmt der Ritus alle Risiken des Spiels, dessen Gewinnmöglichkeiten und Verluste unberechenbar sind. In die Logik des Spiels reiht sich, wie selbstverständlich, das Opfer ein, weshalb es das Zentrum und die Vollendung der Zeremonie bedeutet. Es gibt kein Spiel ohne Verlust, keinen Ritus ohne Opfer. Die Götter opfern sich, wenn sie Welten erschaffen, denn jede Schöpfung ist Spiel.

Die Beziehung zwischen dem Lachen und dem Opfern ist so alt wie der Ritus. Die blutrünstige Heftigkeit der Bacchanalien und Saturnalien war fast immer von Geschrei und Gelächter begleitet. Das Lachen erschüttert das Universum, bringt es außer sich, offenbart sein Innerstes. Das schreckliche Lachen ist göttliche Offenbarung. Wie die Opferung verneint es die Arbeit; aber nicht nur, weil es deren Unterbrechung ist, sondern weil es deren Ernst in Frage stellt. Das Lachen ist die Aufhebung und gelegentlich sogar der völlige Verlust der Vernunft. So entzieht es der Arbeit und folglich der Welt jede Bedeutung. In der Tat ist die Arbeit das, was der Natur Sinn verleiht, da sie deren Gleichgültigkeit oder Feindseligkeit in Früchte verwandelt, das heißt, sie fruchtbar macht. Die Arbeit humanisiert die Welt, und erst diese Humanisierung gibt ihr Sinn. Das Lachen führt das Universum zu seiner ursprünglichen Gleichförmigkeit und Fremdheit zurück: wenn es eine Bedeutung hat, ist es eine göttliche, keine menschliche. Das

Lachen macht die Welt zum Spielplatz, zu einem Ort des Sakralen, nicht des Profanen. Der Nihilismus des Lachens dient den Göttern. Seine Funktion ist keine andere als die des Opferns: die Göttlichkeit der Natur, das heißt, ihre radikale Un-Menschlichkeit wiederherzustellen. Die Welt ist nicht für den Menschen, sondern – wie der Mensch selber – für die Götter gemacht, und die Arbeit ist etwas Ernstes, dem Tod und Leben die gravitätische Maske herunterreißen. Durch Sterben und Lachen werden Welt und Menschen wieder Spielzeuge.

Zwischen Menschen und Göttern besteht eine unendliche Distanz. Gelegentlich aber hat der Mensch im Opfer-Ritus Zugang zum göttlichen Bereich, doch nur, um einen Augenblick später in seine ursprüngliche Ungewißheit zurückzufallen. Mögen die Menschen Göttern ähneln, diese ähneln aber nie den Menschen. Durch ihre Fremdheit und Besonderheit sind sie die Andersheit: sie erscheinen, nach Rudolf Otto, den Menschen als das Mysterium tremendum. Denn die Vorstellungen von den Göttern sind, als Verkörperungen eines unzugänglichen Jenseits, für uns Menschen schreckenerregend. An anderer Stelle habe ich versucht, zwischen dem niederschmetternden Charakter des Numinosen und der tieferen Erfahrung des heiligen Schreckens zu unterscheiden.[1] Das Tremendum und das Schreckliche sind Attribute der Macht, Autorität und Souveränität der Götter.

Der Kern des Göttlichen aber ist sein Mysterium, seine grundsätzliche *Andersheit*. Diese eigentliche Andersheit erzeugt keine Furcht, sondern Faszination. Es ist eine abstoßende, genauer gesagt, verwirrende Erfahrung: daß die Tiefen des Kosmos sich öffnen, daß die Fortpflanzungsorgane auch die Zerstörungsorgane sind und

---

1 In *El arco y la liva.* (S. 123-131) Mexico, 1956.

daß von einem bestimmten Standpunkt aus, dem der Gottheit nämlich, Leben und Tod dasselbe sind. Der Schauer ist eine Erfahrung, die im Bereich des Gefühls dem Paradoxon, im Bereich des Verstandes der *Antinomie* entspricht. Der Gott ist totale Anwesenheit, die zugleich grenzenlose Abwesenheit bedeutet. In der göttlichen Präsenz offenbaren sich alle Präsenzen; mit anderen Worten: durch sie ist alles präsent; gleichzeitig ist, wie im Spiel, alles absent. Die Theophanie offenbart uns die Vorder- und Rückseite des Seins. Coatlicue ist die Überfülle, die mit allen Attributen des Daseins ausgestattete Gegenwart, in der sich das gesamte Universum konzentriert. Die Fülle ihrer Symbole, Zeichen, Bedeutungen ist ein Abgrund: der große Muttermund der Leere.

Die mexikanischen Götter ihres schauererregenden und schrecklichen Charakters entkleiden, wie unsere Kunstkritik es gelegentlich versucht, heißt, sie doppelt beschneiden: als Werk des religiösen und als Werk des künstlerischen Geistes. Jede Gottheit ist schauererregend, jede ein Quell des Schreckens. Die altmexikanischen Götter besitzen eine Fülle heiliger Energie, die man nur als ›niederschmetternd‹ charakterisieren kann. Daher unsere Faszination.

Schauererregende Gegenwart, unzugängliche Gottheit, unergründliches faszinierendes Mysterium: alle diese Eigenschaften verschmelzen in der Gleichgültigkeit. (Die Passion gehört nur zu denjenigen Göttern, die sich vermenschlichen, wie Christus.) Die Götter stehen jenseits allen ernsten Tuns; ihre eigentliche Tätigkeit ist das *Spiel*, das ungestört abläuft. Sicherlich, auch die Griechen des Archaikums lächeln uns an, aber auch ihr Lächeln ist Ausdruck der Gleichgültigkeit. Ihr Geheimnis ist ihr Wissen, daß die Welt, die Menschen wie sie selber, Gestalten des Hades sind. Für sie sind Gut und Böse, Leben und Tod nur Worte. Ihr Lächeln, Zeichen ihrer Gleichgültigkeit und ihrer Distanz zu den Menschen, vermag niemand zu erschüttern. Ob auch die mexikanischen Götter lächelten oder lachten, wissen wir nicht, denn sie tragen eine Maske. Die Funktion der Maske ist eine doppelte: gleich einem Fächer verbirgt sie und offenbart sie die Gottheit; besser gesagt: sie verbirgt ihr Wesen und offenbart ihre schrecklichen Eigenschaften. Auf beiderlei Art schafft sie zwischen Mensch und Gott eine unüberbrückbare Distanz. Welche Rolle spielt aber das Lachen im unstörbaren Spiel der Götter?

Die Totonakenfiguren lachen in vollem Licht, mit offenem Gesicht. An ihnen findet sich keines der göttlichen Attribute. Sie verbergen kein schauererregendes Geheimnis, noch bewegt sie ein allmächtiger Wille. Sie haben auch nichts von der ambiguen Faszination des übernatürlichen Schreckens. Zwar leben sie in einer göttlichen Atmosphäre, sind aber selbst keine Götter. Sie ähneln aber auch nicht den Gottheiten, denen sie dienen; obgleich verschieden, mag alle dieselbe Hand geschaffen haben. – Sie assistieren bei deren Opferungen, nehmen also an ihren Zeremonien teil – wie Überlebende eines anderen Zeitalters. Sie ähneln zwar – wie gesagt – den Göttern nicht, haben aber eine Familienähnlichkeit mit den weiblichen Statuetten der vorklassischen Epoche Zentralmexikos oder auch anderer Gebiete. Damit will ich nicht sagen, daß sie deren Nachkommen sind, sondern nur, daß sie in demselben seelischen Umkreis leben wie die unendlich vielen Fruchtbarkeitsdarstellungen im Mittelmeerraum und wie überhaupt so viele Objekte der Volkskunst.

Diese Mischung von Realismus und Mythos, von Humor und Sinnlichkeit erklärt auch die Vielfalt ihres Gesichtsausdrucks. Obwohl sie keine Porträts darstellen, bekunden sie eine sehr lebhafte und scharfe Beobachtung des Mienenspiels sowie eine Natürlichkeit, die der religiösen Kunst fast immer abgeht. Finden wir nicht denselben Geist in vielen Schöpfungen unseres zeitgenössischen Handwerks? Die kleinen Figuren gehören geistig in die Zeit vor den großen Ritualreligionen, also in die Zeit des gleichmütigen Lachens und der schreckenerregenden Masken, das heißt, in die Zeit vor der Trennung der Götter von den Menschen. Sie kommen aus der Welt der Magie, die vom Glauben an die Kommunikation und Transformation der Wesen und der Dinge lebt.[2]

Die Talismane, die Amulette der Metamorphose, die lachenden Terrakotten sagen uns, daß alles belebt ist und daß alle alles verkörpern. Eine einzige Kraft durchwaltet die ganze Schöpfung. Während die Magie die Verwandtschaft aller Dinge und Geschöpfe behauptet, spalten die Religionen die Welt in zwei Teile: in Schöpfer und Schöpfung. In der Welt der Magie kommt Kommunikation, und folglich Metamorphose, durch Verfahren wie Imitation und Kontakt zustande. Es ist nicht schwierig, in den Totonakenfigürchen das Echo magischer Praktiken zu entdecken. Ihr Lachen ist kommunikativ und ansteckend; es ist eine Einladung zur ›allgemeinen Belebung‹, ein Ruf, der den Kreislauf des Lebensodems wiederherstellt.

Die Rassel enthält Samenkörner, die beim Gegeneinanderschlagen die Geräusche des Regens und des Sturmes wiedergeben. Die Analogie mit den Opfergefäßen der

2 Ich will damit nicht sagen, daß die Magie buchstäblich von der Religion kommt, wie Frazer glaubt. In jeder Religion gibt es magische Elemente und umgekehrt. Dabei ist, vom psychologischen Standpunkt, die magische Haltung eine Unterstützung der Religion; in diesem Sinne geht sie voraus, einst wie heute.

Tlalocs fällt auf. Eine enge Beziehung zwischen den Statuetten und Tlaloc – diesem uralten mexikanischen Gott – dürfte daher nicht unwahrscheinlich sein. Dem muß man hinzufügen, daß die Zahl sieben – nach Alfonso Caso – im Mexicanischen zugleich Samenkorn bedeutet. Eine Glückszahl, die hier die Idee der Fruchtbarkeit und des Überflusses in Erinnerung zu bringen scheint. Zwischen dem verbissenen Ernst der Arbeit und der gleichgültigen Art der Götter gibt es einen noch älteren Bereich, den die kleinen Figuren uns offenbaren: das magische Lachen.

Das Lachen ist älter als die Götter. Gelegentlich lachen auch sie. Ob ihr gelegentliches Lachen Spott, Drohung oder Wahnsinn bedeutet? Ihr lautes Lachen schmettert uns jedenfalls nieder, bringt die ganze Schöpfung in Bewegung oder zerstört sie gar. In anderen Situationen bedeutet es wohl das Echo oder die Sehnsucht nach der verlorenen Einheit, das heißt, Echo der magischen Welt. – Um die Sonnenkönigin in Versuchung zu bringen, die versteckt in einer Höhle lag, »entblößte die Göttin Uzumé ihre Brüste, hob ihre Röcke und begann zu tanzen. Die Götter fingen daraufhin zu lachen an«. Ihr Lachen brachte die Säulen des Himmels ins Wanken: Der Tanz dieser japanischen Göttin vermag die Sonne zum Aufgang zu zwingen.

Am Anfang war das Lachen. Die Welt begann mit einem obszönen Tanz und einem lauten Lachen: das kosmische Lachen ist ein kindliches Lachen. Heute lachen nur noch Kinder in der Art der Totonakenfiguren. Es ist das Lachen des ersten Tages, das wilde Lachen, das noch ganz nahe dem ersten Weinen ist: es bedeutet Harmonie mit der Welt, wortloser Dialog, reine Freude. Es genügt, die Hand auszustrecken, um die Frucht zu pflücken; es genügt, zu lachen, um das Universum zum Lachen zu bringen. Das kindliche Lachen bedeutet die Wiederherstellung der Einheit zwischen Welt und Mensch, aber auch ihre endgültige Trennung. Kinder spielen und schauen sich dabei direkt ins Gesicht: wer zuerst lacht, verliert das Spiel. Lachen muß teuer bezahlt werden. Es steckt nicht mehr an. Die Welt wird taub; von nun an läßt sie sich nur mit Anstrengung und Opfer, mit Arbeit oder Riten erobern.

Im gleichen Maß, wie die Welt der Arbeit sich erweitert, verkleinert sich die des Lachens. Menschwerden heißt nunmehr arbeiten lernen, ernst und vernünftig werden. Doch so wie die Arbeit die Natur vermenschlicht, so entmenschlicht sie den Menschen. Sie vertreibt ihn buchstäblich aus seiner Menschlichkeit. Nicht nur, weil sie den Arbeitenden zum Lohnempfänger macht, sondern weil sie sein Leben mit einem Beruf verknüpft. Sie macht ihn eins mit seinem Werkzeug, zeichnet ihn mit dem Eisen seiner Utensilien. Und alle Werkzeuge sind ernst. Die Arbeit verzehrt das Wesen des Menschen, läßt sein Gesicht erstarren, verbietet ihm, zu lachen oder zu weinen. Sicherlich ist der Mensch nur Mensch durch die Arbeit; man muß hinzufügen, daß ihm dies nur vollständig gelingt, wenn er sich von der Last der täglichen Plage zu befreien und die Arbeit in schöpferisches Spiel zu verwandeln vermag. Bis in die moderne Zeit, die aus der Arbeit eine Art Religion ohne Riten, aber mit Opfern, gemacht hat, war jede höhere Lebensform von der Kontemplation bestimmt, und selbst die heutige Rebellion der Kunst (die illusorisch sein mag, in jedem Falle aber zufallsbedingt ist) nährt sich aus der Zweckfreiheit, dem fernen Echo des Ritual-Spiels. Die Arbeit bedeutet den Sieg des Menschen über die Natur und die Götter; zugleich entreißt sie ihn seinem Mutterboden und trocknet die Quelle seiner Menschlichkeit aus. Das

Wort Vergnügen gehört nicht in das Wortfeld der Arbeit, obwohl es einer der Schlüssel zum Menschsein ist, den man Sehnsucht nach der ursprünglichen Einheit und Versöhnung mit der Welt und mit uns selber nennen kann.

Macht die Arbeit die Abschaffung des Lachens notwendig, so läßt der Ritus es zur Grimasse erstarren. Während – wie gesagt – die Götter im Spiel Welten erschaffen, ahmen die Menschen dieses Spiel nach, tanzen und weinen, lachen und töten. Jeder Ritus ist ein Spiel, das Opfer fordert. Ist es verwunderlich, daß das Wort für Tanz bei den Azteken zugleich Buße bedeutet? Freude, die zugleich Buße, Fest, das zugleich Leid ist: die Ambivalenz des Ritus gipfelt in der Opferung. Das Gesicht des Opfers wird von übermenschlicher Freude erhellt. Der verzückte Ausdruck der Märtyrer überrascht uns in allen Religionen. Vergeblich versuchen Psychologen, diese Erscheinung uns geistreich zu erklären. Ihre Erklärungen gelten solange, bis eine neue Hypothese auf den Plan tritt; etwas bleibt immer noch zu sagen: das Unsagbare. Die ekstatische Freude ist unergründlich wie die Geste der erotischen Lust.

Während das Lachen der Totonakenfiguren zum Mitlachen reizt, ruft der Anblick des Opfers Schrecken und Faszination zugleich hervor. Das Schauspiel ist unerträglich; dennoch können wir die Augen nicht abwenden. Es zieht uns an und stößt uns ab und schafft auf beiderlei Art zwischen uns und sich eine unüberschreitbare Distanz. Aber auch das Totonakengesicht vor uns zieht sich zusammen, verzerrt sich und erstarrt in einer Geste, die zugleich Freude und Buße bedeutet. Ist das nicht die Hieroglyphe jenes ursprünglichen Zustandes, in dem alles ein und dasselbe war? Diese Geste bedeutet nicht die Verneinung, sondern die Rückseite des Lachens.

Die Freude,[3] sagt Baudelaire, ist einheitlicher, das Lachen doppelter, das heißt widersprüchlicher Natur. Daher seine Verkrampfung. Und an anderer Stelle im selben Essay: »Im irdischen Paradies – ob Vergangenheit oder Zukunft, ob Erinnerung oder Voraussage, je nachdem wir als Theologen oder Sozialisten es uns vorstellen – äußert die Freude sich nicht im Lachen.« Wenn die Freude aber unteilbar ist, wie kann dann das Lachen vom Paradies ausgeschlossen werden? Die Antwort findet sich in folgenden Zeilen: »Das Lachen ist satanisch und mit dem einstigen Sündenfall verbunden ... Lachen und Schmerz kommen durch die Organe zum Ausdruck, in denen die Macht über und das Wissen um das Gute und Böse wohnen: in Augen und Mund.« Folgt daraus, daß im Paradies niemand lacht, weil niemand leidet? Sollte die Freude ein neutraler Zustand, eine Glückseligkeit aus Gleichmut und nicht jener höchste Grad von Glück sein, den nur die Einfältigen und Unschuldigen erreichen? Nein, Baudelaire ist wohl eher der Meinung, die paradiesische Freude sei für Menschen nicht erreichbar, weil sie die Grenzen unseres Verstandes überschreite. Im Unterschied zu dieser Freude ist das Lachen weder göttlich noch heilig, sondern eine Eigenschaft des Menschen und wohnt in den Organen, die von Anfang an als der Sitz des freien Willens angesehen wurden: in den Augen, den Spiegeln der Seele und dem Ausgangspunkt der Erkenntnis, und im Mund, dem Diener des Wortes und der Vernunft. Das Lachen ist eine der Kundgaben der menschlichen Freiheit, die gleich weit von der Gleichgültigkeit der Götter und dem Ernst der Tiere entfernt ist. Es ist satanisch, weil es ein Zeichen des

3 In *Curiosités Esthétiques*: »De l'essence du rire et généralement du comique dans les arts plastiques.«

zwischen Gott und der Kreatur zerbrochenen Paktes ist. Baudelaires Lachen ist nicht zu trennen von der Traurigkeit. Es ist nicht das kindliche Lachen, sondern das, was er selbst das »Komische« nennt. Es ist das moderne, das menschliche Lachen schlechthin, das wir täglich als Herausforderung oder Verzicht, als Dünkel oder Verzweiflung erfahren. Dieses Lachen hat der abendländischen Kunst seit Jahrhunderten einige ihrer kühnsten und großartigsten Werke geschenkt: die Karikaturen Goyas, Daumiers, Brueghels, Boschs, Picabias, Picassos, Duchamps und Ernsts ... Bei uns muß man Posada, zuweilen, in seinen besten Werken, Orozco und den noch unmittelbareren und wilderen Tamayo hinzurechnen. Das uralte Lachen als Offenbarung kosmischer Einheit ist ein Geheimnis, das wir verloren haben. Wir können beim Betrachten der kleinen Totonakenfiguren nur ahnen, was das phallische Lachen gewisser afrikanischer, ozeanischer und vieler anderer ungewöhnlicher, archaischer, das heißt zeitlich ferner Gestalten bedeutet hat, das gerade ins abendländische Bewußtsein einzudringen begann, als Baudelaire seine Betrachtungen anstellte.

Alle diese Werke lassen uns erraten, daß die Freude einst eine Einheit war, die vieles umfaßte, was später als grotesk, brutal oder diabolisch galt, wie zum Beispiel der obszöne Tanz der Uzumé – die Japaner nennen ihn Affentanz –, das Geheul der Mänade, der geflügelte Priap der Römer, die Totenklage der Pygmäen. Die Freude ist eine Einheit, die nichts ausschließt. Erst das christliche Gewissen vertrieb das Lachen aus dem Paradies und verwandelte es in eine Eigenschaft des Satans. Seither ist es Zeichen der unterweltlichen Mächte. Vor wenigen Jahrhunderten noch nahm es eine wichtige Stelle in den Hexenprozessen ein als Symptom dämonischer

Besessenheit. Seit die Wissenschaft uns von dieser befreit hat, sind die Hysterie, die Anomalie, die Psychose an ihre Stelle getreten. Und dennoch hat das alte Lachen, ob Krankheit oder Teufelszeichen, seine Macht nicht verloren. Es ist unfehlbar ansteckend, weshalb man die ›Kranken mit dem verrückten Lachen‹ isoliert.

Das Lachen eint, das Komische trennt. Wir lachen über die anderen oder über uns selbst. In beiden Fällen bestätigen wir – nach Baudelaire –, daß wir anders sind als das, was unser Lachen hervorruft. Als Ausdruck unserer Distanz zu der Welt und den Menschen ist das moderne Lachen vor allem eine Chiffre unserer Gespaltenheit; denn wir lachen über uns selbst, weil wir ›zwei‹ sind. Unser Lachen kann nicht anders als verneinend sein, da es eine Offenbarung dieses modernen, gespaltenen Bewußtseins ist, das dieses bejaht und jenes verneint. Es stimmt nicht zu im Sinne des ›Du bist wie ich‹, sondern es lehnt ab im Sinne des ›Du bist nicht wie ich‹. In seinen direkten Formen – Scherz, Karikatur, Satire – ist es polemischer Natur. Es klagt an, legt den Finger auf die Wunde. Von höchster Poesie genährt, ist es ein von der Reflexion angefressenes Lachen, das in der romantischen Ironie, im schwarzen Humor, in der Blasphemie, in der epischen Groteske – von Cervantes bis Joyce – zum Ausdruck kommt. Als Denkform ist es die einzige kritische Philosophie, weil es die einzige Macht ist, die wirklich die Werte auflösen kann.

Das Wissen des modernen Bewußtseins ist ein Wissen der *Unterscheidung*. Die Methode des kritischen Denkens ist ja negativ bestimmt. Sie trachtet danach, ein Ding vom anderen zu unterscheiden. Um das zu erreichen, muß sie beweisen, daß dieses nicht wie jenes ist. Je tiefer die Meditation, desto stärker die Negation. Das kritische Denken untersucht die Wirklichkeit, die Wahr-

heit, die Erkenntnis selbst. Auf sich selbst gerichtet, stellt es sich Fragen und zieht das Bewußtsein in Zweifel. Es gibt einen Augenblick, in dem die sich in der Reinheit des Bewußtseins spiegelnde Reflexion sich verneint. Geboren in der Verneinung des Absoluten, endet es in der absoluten Verneinung. Auf allen seinen Abenteuern wird das Bewußtsein vom Lachen begleitet. Wenn das Denken sich denkt, lacht es über das Lachen, wenn es das Undenkbare denkt, stirbt es vor Lachen: Das All wird vom Lachen verneint.
Das Lachen ist das Jenseits der Philosophie. Die Welt begann mit einem Gelächter und endet auch so. Aber das Lachen der japanischen Götter im Schoß der Schöpfung ist nicht das Lachen des Einsiedlers Nietzsche, der schon jenseits aller Natur steht, der das Ideal eines Geistes erschaut, der naiv, das heißt ungewollt und aus überströmender Fülle und Mächtigkeit mit allem spielt, was bisher heilig, gut, unberührbar, göttlich hieß (*Die Fröhliche Wissenschaft*). Die Unschuld besteht für ihn nicht in der Verkennung der Werte und der Zwecke, sondern im Wissen, daß die Werte nicht existieren und das Universum sich zweck- und absichtslos bewegt. Die Unschuld, die Nietzsche sucht, ist das Bewußtsein des Nihilismus. Vor der schwindelerregenden Vision der Leere – ein wirklich seltsames Schauspiel – ist das Lachen die einzig mögliche Antwort. An diesem äußersten Punkt – jenseits gibt es nur noch das Nichts – prüft das abendländische Denken sich selbst, bevor es sich in seiner eigenen Transparenz auflöst. Es urteilt nicht, es verdammt nicht, es lacht. Das Lachen ist eine These der A-Theologie der Totalität, die George Bataille nicht schlafen läßt. Es ist eine These, die an sich nicht fundamental, sondern lächerlich ist. Sie ›begründet‹ nichts, weil sie unergründlich ist und alles in sie hinabfällt, ohne je den Grund zu be-

rühren. Wer wird lachen bis zum Tod? fragt Bataille. Alle und niemand. Das antike rationale Rezept der Stoiker war ›Lache über den Tod!‹ Aber wenn wir lachend sterben: Lachen wir selbst oder lacht der Tod?

Die Sonne liegt immer noch träg im Zimmer. Wie spät ist es? Eine Stunde früher oder später – sie beschleunigt oder verzögert die Stunde meines endgültigen Vergehens. Ich habe mich in der unendlichen Zeit verloren, die keinen Anfang und kein Ende kennt. Die Sonne lebt in einer anderen Zeit, in einer endlichen und unsterblichen Zeit. Endlich heißt: sie endet, sie verbraucht sich. Unsterblich heißt: sie wird geboren und wiedergeboren, mit dem kindlichen Lachen und dem Strom des Blutes. Ermordete, geschundene Sonne, Sonne aus Fleisch und Blut, junge und alte Sonne, Sonne, die das Geheimnis des wahrhaftigen Lachens kennt: das des Köpfchens vom dritten Regal.
Um nach tausend Jahren so zu lachen, muß man absolut lebendig oder absolut tot sein. Lachen nur die Totenschädel unaufhörlich? Nein! Das Köpfchen lebt und lacht gleichfalls. Nur Lebende lachen so. Ich betrachte es noch einmal: auf seinem Kopfschmuck zeichnet sich immer noch die Spirale ab, die in einem Streifen endet – dort, wo der Wind seinen wahren Namen eingeschrieben hat. – Ich heiße Liane, die sich um die Bäume geschlungen hat, Affe, der über dem grünschwarzen Abgrund hängt, Beil, um den Busen des Himmels zu spalten, Rauchsäule, die das Herz der Wolke öffnet, Seeschnecke und Windlabyrinth, Wirbel und Wegkreuzung, Schlangenknoten, Gesicht der Jahrhunderte, Vereinigung und Zerlegung der vier Farben und der vier Alter. Ich heiße Nacht und leuchte wie der Feuerstein, Tag und reiße die Augen wie ein Adler aus. Ich heiße Jaguar und heiße Mais-

kolben: Jede Maske hat einen Namen, jeder Name eine Zeit. Ich heiße Zeit und schwinge die irdene Rassel mit den sieben Samenkörnern.

Die Vereinigten Staaten waren für mich eine bloße Vorstellung, bevor sie für mich eine Wirklichkeit wurden. Dies ist nicht weiter verwunderlich: Von Kind auf betrachten wir Mexicaner jenes Land als das ›Andere‹. Ein ›Anderes‹, das untrennbar mit uns verbunden und zugleich von Wurzel und Wesen her uns fremd ist. In Nordmexico bezeichnet der Ausdruck ›die andere Seite‹ schlechthin die USA. Die ›andere Seite‹ ist geographisch: Grenzland, kulturell: eine andere Zivilisation und Sprache, geschichtlich: eine andere Zeit – denn die USA rennen ihrer Zukunft nach, während wir an unserer Vergangenheit hängen –, metaphorisch bedeuten sie das Bild alles dessen, was wir selber nicht sind. Die USA sind die Sonderbarkeit selbst, mit der wir, schicksalhafterweise, leben müssen. ›Die andere Seite‹ ist vor allem die angrenzende Seite: Die USA sind in Mexico immer präsent, auch wenn sie uns ignorieren oder uns die kalte Schulter zeigen. Ihr Schatten liegt über dem ganzen Kontinent. Es ist der Schatten eines Riesen. Die Vorstellung, die wir von diesem Riesen haben, ist die der Märchen und Legenden: ein gutmütiger Lulatsch, ein Simpel, der sich seiner Kraft nicht bewußt ist und sich daher leicht täuschen läßt, dessen Zorn uns aber zerschmettern kann. Die Vorstellung vom gutmütigen und dümmlichen Riesen kann man durch die vom listigen und lustigen Zyklop ergänzen. Ein Bild kindlicher Ausgelassenheit taucht auf: Perraults kinderfressender Riese und Minsk, der Menschenfresser Sades, in dessen Orgien die Wüstlinge dampfende Gerichte aus Menschenfleisch auf verwesenden Leibern verzehren, die ihnen als Tische und Stühle dienen, aber auch der heilige Christobal und Polyphem, auch Prometheus: das Feuer der Industrie

und des Krieges, die beiden Gesichter des Fortschritts: das Auto und die Bombe.
Die USA sind die Negation dessen, was wir im 16. bis 18. Jahrhundert waren, und dessen, was im 19. Jahrhundert viele von uns sein wollten. Wie alle Kulturen wurden auch wir mehrmals geboren. Zum ersten Mal im 17. Jahrhundert, hundert Jahre also nach der Conquista, zum zweiten Mal zu Anfang des 19. Jahrhunderts durch die Independencia. Es mag oberflächlich klingen, zu sagen, Mexico sei zweimal geboren worden. Tatsache ist, daß wir mit demselben Namen Mexico mehrere und verschiedenartige geschichtliche Wesenheiten benennen. Die erste ist die alte indianische Gesellschaft, die aus theokratisch regierten Stadtstaaten bestand, welche militärische Gewalt ausübten und vielfältige Religionsformen und nicht weniger vielfältige Kunstformen schufen. Mehr als jede andere Gesellschaft stellte sich jene Welt als eine andere Zivilisation dar. Später – gegen die Mitte des 17. Jahrhunderts –, nach dem großen Einschnitt durch Conquista und Mission, tauchte eine andere Gesellschaft auf: die Neu-Spaniens. Diese war, im eigentlichen Sinne des Wortes, keine Kolonie, sondern ein Reich, das der Krone Spaniens untertan war, wie die anderen Teile, aus denen sich das spanische Imperium zusammensetzte: Kastilien, Aragón, Asturien, Andalusien, Sizilien.
Von Anfang an fühlten die Söhne der in Mexico geborenen Spanier, die sogenannten Kreolen, sich anders als die Europäer. Dieses Gefühl wurde seit dem 17. Jahrhundert noch stärker. Das Bewußtsein der gesellschaftlichen und geschichtlichen Andersartigkeit, das anfänglich noch blaß und undeutlich war, kam während des 17. und 18. Jahrhunderts allmählich, aber entschieden zum Ausdruck. Besonders sichtbar wurde die Ursprünglich-

keit des kreolischen Geistes in der ästhetischen und religiösen Sensibilität, so daß man schon am Ende des 17. Jahrhunderts vom kreolischen Charakter sprechen kann, das heißt von einer Seinsweise, in der sich eine ganze Skala von Lebensformen entfalten konnte: Formen der Begegnung mit dieser und der anderen Welt, mit der Liebe und mit dem Tod, mit der Muße und mit der Arbeit, mit sich selber und mit den anderen, mit den europäischen Spaniern nämlich. Vornehmlich in der Kunst fanden die Kreolen einen wahrhaft fruchtbaren Ausdruck – an die Barock-Architektur muß nicht eigens erinnert werden, an die sakrale ebensowenig wie an die profane, auch nicht an die Gestalt der Sor Juana Inés de la Cruz, die nicht nur eine große Dichterin, sondern geradezu das intellektuelle Bewußtsein ihrer Gesellschaft, und in gewisser Hinsicht auch noch der unsrigen, vertritt. Die besonderen Schöpfungen Neu-Spaniens liegen jedoch im Bereich der Glaubensformen und der religiösen Mythen, deren bedeutendste die Jungfrau von Guadalupe geworden ist.

Die kreolische Gesellschaft vertrat von Anfang an separatistische Bestrebungen, die jedoch nur bis zum Ende des 18. Jahrhunderts offen zutage traten. Ihre unausgereifte, noch unentschiedene politische Haltung steht im krassen Gegensatz zu dem Reichtum, der Vielseitigkeit und der Ursprünglichkeit ihres künstlerischen und religiösen Ausdrucks. Erst unter dem Einfluß der Jesuiten beginnen die Kreolen politisch zu denken. Die Gesellschaft Jesu war aber nicht nur die Erzieherin der herrschenden Klasse der Kreolen geworden, sondern auch deren moralisches und politisches Gewissen. Erst in dem Augenblick, als die Erkenntnis ihrer Besonderheit sich in politisches Bewußtsein verwandelte, merkten manche, daß ihre Tradition, die Monarchie und der

Neo-Thomismus – abgesehen davon, daß diese ihren Einfluß auf die Welt schon verloren hatten –, keine ausreichende Grundlage mehr bot, um ihre Ziele zu begründen und sie in einem Programm politischer Aktionen zusammenzufassen. Zwar hatten die Kreolen und ihre Lehrmeister als vages Ziel die Errichtung eines nordamerikanischen Imperiums im Auge, aber diese Idee, deren Ursprünge in das letzte Drittel des 17. Jahrhunderts zurückreichen, wurde von der Konservativen Partei Mexicos nur bis in die Mitte des 19. Jahrhunderts aufrechterhalten.

Das mexicanische Imperium war eher eine vage Vorstellung als eine politische Idee. Als Vorstellung hat es viele bemerkenswerte Geister verführt, als Idee jedoch bald gewisse Mängel gezeigt. Der schlimmste war der, daß es eine bloße Verlängerung des spanischen Systems war und daher für ein echt nationales Programm keine Grundlagen und Auffassungen bot. In der Tat war Neu-Spanien eine gesellschaftliche Wirklichkeit, die über die Kreolen hinaus auch soziale und ethnische Gruppen wie die Indios und Mestizen umfaßte, welche die imperiale Idee nicht zu bewegen vermochte. Zu der Tatsache, daß Neu-Spanien eine bloße Verlängerung des spanischen Systems war, kommt hinzu, daß die Idee des mexicanischen Imperiums ein Vorhaben gegen den Strom der Zeit war. In jenen Jahren war nämlich die Idee von der Nation, als Grundlage der Independencia, untrennbar mit der Idee von der Volkssouveränität verbunden, die ja auch die Grundlage aller neuen amerikanischen Republiken wurde. Schließlich gab es in den Bestrebungen um die Independencia einen Faktor, der in dem Plan zu einem Imperium nicht auftauchte: die Sehnsucht nach *Modernität*, oder, wie man damals sagte, die Sehnsucht nach Fortschritt. Independencia, Republik und

Demokratie waren in Mexico wie im übrigen spanischen Amerika Synonyme für Fortschritt und Modernität.

Die Vertreibung der Jesuiten beschleunigte die intellektuelle Krise der Kreolen: es fehlten nicht nur die Lehrmeister, sondern auch ein philosophisches System, das ihre Existenz gerechtfertigt hätte. Viele richteten damals den Blick auf die ›andere‹ Tradition, die Feindin jener Tradition, auf die Neu-Spanien sich gegründet hatte. Der radikale Unterschied der beiden Amerika wurde damals sichtbar und spürbar: das angelsächsische ist der Sproß jener Tradition, die der modernen Welt zugrunde liegt: die Reformation mit ihren sozialen und politischen Folgen, der Demokratie nämlich und des Kapitalismus. Unseres dagegen, das Spanisch und Portugiesisch sprechende Amerika, ist der Sproß der katholischen Universalmonarchie und der Gegenreformation. Ihr separatistisches Vorhaben konnten die Kreolen jedoch nicht auf ihre politische und religiöse Tradition gründen. Sie adoptierten – ohne sie zu adaptieren – daher die Idee der ›anderen‹ Tradition. Und dies war der Augenblick der zweiten Geburt Mexicos, genauer gesagt, der Augenblick, in dem Neu-Spanien, um seine Trennung von Spanien zu vollenden, sich selbst verleugnete. Diese Verleugnung bedeutete seinen Tod und zugleich die Geburt einer ›anderen‹ Gesellschaft: Mexico.

Während dieser zweiten Geburt treten die USA in unsere Geschichte ein. Nicht wie eine fremde Macht, die man abwehren muß, treten sie auf, sondern geradezu als Vorbild, das man nachahmen muß. Damit beginnt eine Faszination, die in den letzten hundertfünfzig Jahren zwar ihre Form veränderte, die aber an Stärke nicht abgenommen hat. Die Geschichte dieser Faszination ist verknüpft mit der zweier Gruppen von Intellektuellen, die seit der Independencia alle Programme für eine soziale und politische Reform aufgestellt haben mit dem Ziele, Mexico zu einer modernen Nation zu machen. Über alle Unterschiede hinweg gab es eine gemeinsame Idee, die Liberale, Positivisten und Sozialisten inspirierte: die Modernisierung Mexicos. Dieses Ziel wird seit den ersten Jahren des 19. Jahrhunderts durch das ›Pro-und-contra-Vereinigte-Staaten‹ bestimmt. Die politische Leidenschaft unserer Intellektuellen in bezug auf die nordamerikanische Zivilisation reicht von der Bewunderung bis zum Groll, von der Verehrung bis zur Abscheu. Das sind gegensätzliche, der Ignoranz entstammende Haltungen. Auf der einen Seite steht der Liberale Lorenzo de Zavala, der im Krieg gegen Mexico nicht zögerte, Partei für die Texaner zu ergreifen, auf der anderen stehen die zeitgenössischen Marxisten-Leninisten und ihre Verbündeten, die ›Theologen der Befreiung‹, die aus dem dialektischen Materialismus eine Hypostase des Heiligen Geistes und aus dem nordamerikanischen Imperialismus die Präfiguration des Antichrist gemacht haben.

Die Intelligentsia ist nicht die einzige Gruppe, die feindliche Gefühle gegen die USA hegte. Gleich nach der Erlangung der Independencia und bis mitten ins 19. Jahrhundert hinein waren die besitzenden Klassen entschieden gegen die USA eingestellt; danach wurden sie deren Verbündete und fast immer deren Diener und Komplizen. Dennoch haben unsere Reichen, die schließlich die Erben der hierarchisch gegliederten Gesellschaft Neu-Spaniens waren, die liberale und demokratische Ideologie nie zu der ihren gemacht; sie sind aus Gewinngründen zwar Freunde der USA, aber ihre eigentlichen moralischen und intellektuellen Neigungen wenden sich den autoritären Systemen zu. Daher ihre Sympathie für Deutschland in den zwei vergangenen Weltkriegen. Die

gleiche ambigue Entwicklung kann man in der politischen und militärischen Kaste beobachten: der konservative General Miramón zum Beispiel war ein Feind der USA, aber der liberale General Porfirio Díaz ihr Prokonsul. Daraus läßt sich schließen – soweit man Verallgemeinerungen auf einem so widerspruchsvollen Feld wagen darf –, daß im 19. Jahrhundert die Liberalen Freunde und Verbündete der USA – das bekannteste Beispiel ist Júarez – und die Konservativen ihre Gegner waren – ihr berühmtester Vertreter war Lucas Alamán. Im 20. Jahrhundert jedoch sind die Rollen vertauscht. Aber in dem einen wie in dem anderen Falle haben die Gegner der USA ihre Verbündeten und Beschützer außerhalb des Kontinents suchen müssen: im 19. Jahrhundert schaut Miramón nach Frankreich, im 20. Fidel Castro nach der Sowjetunion.
In Brasilien hat man Portugal nie verleugnet; im spanischen Amerika dagegen waren die Liberalen antispanisch eingestellt. Ihr Anti-Hispanismus mag absurd und irrational erscheinen. Er ist es tatsächlich; aber das ist erklärlich: die demokratischen Ideen der Liberalen waren praktisch die Negation alles dessen, was Neu-Spanien einmal gewesen war. Die Unabhängigkeitsbewegung in Mexico wie im übrigen spanischen Amerika war eine Affirmation der hispanoamerikanischen Nationen und eine Negation der Tradition, die diese Nationen hervorgebracht hatte. Es war eine Selbstverleugnung. Hier wird noch ein anderer Unterschied zu den USA sichtbar: Als die Nordamerikaner sich von England trennten, brachen sie deshalb nicht mit ihrer Vergangenheit, im Gegenteil, sie verteidigten das, was sie gewesen waren, und zugleich das, was sie sein wollten. Die Independencia war die Negation dessen, was wir seit dem 16. Jahrhundert gewesen waren; es war nicht die Begründung eines na-

tionalen Zieles, sondern die Übernahme einer universalen Ideologie, die mit unserer Vergangenheit nicht vereinbar war.
Zwischen Puritanertum, Demokratie und Kapitalismus bestand kein Gegensatz, sondern eine Verwandtschaft. In diesen drei Begriffen spiegelt sich widerspruchslos die ganze Vergangenheit und Zukunft der USA. Zwischen ihrer republikanischen Ideologie und der des katholischen Vizekönigtums, das ein buntes Mosaik von präkolumbianischen Überbleibseln und barocken Elementen war, geschah ein Bruch: Mexico verleugnete seine Vergangenheit. Aber wie alle Negationen enthielt auch diese eine Affirmation, die der Zukunft. Jedoch haben wir unsere Vorstellung von der Zukunft nicht mit Ideen und Elementen ausgestattet, die aus unserer Tradition stammen, sondern wir haben uns eine Zukunftsvorstellung angeeignet, die von Europäern und Nordamerikanern stammt.
Seit dem 16. Jahrhundert war unsere Geschichte, als Teil der spanischen, eine leidenschaftliche Negation der aufkommenden Modernität: das heißt, der Reformation, der Aufklärung und deren Folgen. Zu Beginn des 19. Jahrhunderts erst entschieden wir uns, das anzustreben, was die USA längst waren: eine moderne Nation. Aber der Eintritt in die Modernität forderte ein Opfer: das unserer selbst. Das Ergebnis dieses Opfers ist bekannt: wir sind immer noch nicht modern, aber wir sind seit damals auf der Suche nach uns selbst.
Die ersten Keime der Demokratie auf unserem Kontinent sprossen in den dissidenten Gemeinden und Sekten Neu-Englands. Gewiß, die Spanier hatten ihrerseits in den eroberten Gebieten die *Ayuntamientos* eingerichtet, die auf der Selbstverwaltung der Klein- und Großstädte basierten. Doch war das Leben in den *Ayuntamientos*

immer recht unsicher, da sie durch ein ausgedehntes, vielfältiges Netz von Rechtsprechungen und durch bürokratische, ständische, kirchliche und wirtschaftliche Privilegien der Krone geknebelt wurden. Neu-Spanien war daher immer eine hierarchisch gegliederte Gesellschaft gewesen, die ohne repräsentative Regierung war und von einer doppelten Gewalt beherrscht wurde: von Vizekönig und Erzbischof.

Max Weber teilt die prä-modernen Herrschaftsformen in zwei große Kategorien ein: das Feudal- und das Patrimonialsystem. Im ersten regiert der Fürst *mit*, gelegentlich *gegen* die Barone, nach Geburt und Rang seinesgleichen; im zweiten beherrscht er die Nation, als wäre sie sein Patrimonium und sein eigenes Haus; seine Minister sind seine Vertrauten und seine Diener. Die spanische Monarchie ist ein Beispiel dieses Systems. Auch waren (und sind) es noch seine Nachfolger, die sogenannten ›demokratischen Republiken‹ Lateinamerikas, die immer zwischen Caudillotum und Demagogie, zwischen dem ›despotischen Vater‹ und den ›revoltierenden Söhnen‹ schwankten.

Die religiösen Gemeinschaften Neu-Englands behaupteten von Anfang an eifrig ihre Autonomie gegenüber dem Staat. Vom Beispiel der christlichen Kirchen der ersten Jahrhunderte inspiriert, waren diese Gruppen gegenüber der autoritären und bürokratischen Tradition der katholischen Kirche feindlich eingestellt. Seit Konstantin hatte das Christentum ja in einer Symbiose mit der politischen Macht gelebt, so daß für mehr als ein Jahrtausend die cäsarisch-bürokratischen Imperien Rom und Byzanz das Vorbild der Kirche waren. Diese Tradition wurde erst durch die Reformation durchbrochen. Den Bruch führten die religiösen Gemeinden der Neu-England-Staaten zu seiner letzten Konsequenz, indem sie die gleichmacherischen Züge und die Tendenz zur Selbstverwaltung der niederländischen Protestanten besonders betonten. In Neu-Spanien dagegen war die Kirche vor allem durch Hierarchie und Verwaltung bestimmt, das heißt durch eine Bürokratie von Klerikern, die in mancher Hinsicht an die Einrichtungen der Mandarine des alten kaiserlichen China erinnerte. Daher auch die Bewunderung der Jesuiten des 17. Jahrhunderts für das Kang-hsi-System, in dem sie die Idee dessen verwirklicht sahen, was für sie eine hierarchisch und harmonisch geordnete Gesellschaft darstellte: Eine stabile, aber nicht statische Gesellschaft, einer Uhr vergleichbar, die immerfort geht, auch wenn sie immer die gleichen Stunden anzeigt. – In den englischen Kolonien war die Kirche keine Hierarchie von Klerikern, als den Hütern des Wissens, sondern eine freie Gemeinde von Gläubigen. Ihrem Wesen nach war sie pluralistisch und von Anfang an durch ein Netz von Glaubensvereinigungen getragen; als solche war sie eine wahre Vorwegnahme der politischen Gesellschaft der Demokratie.

Die religiöse Grundlage der nordamerikanischen Demokratie ist nicht sichtbar, deshalb aber nicht weniger mächtig. Sie ist eher eine tiefgreifende Wurzel als ein Fundament. An dem Tag, an dem sie austrocknet, trocknet das ganze Land aus. Ohne diesen religiösen Faktor zu kennen, kann man unmöglich die Geschichte der USA und auch nicht den Sinn der Krise verstehen, die sie heute durchmachen. Der Einfluß der protestantischen religiösen Ethik macht aus einem Ereignis wie dem Watergate-Skandal einen Konflikt, der das Fundament der nordamerikanischen Demokratie erschüttert. Dieses Fundament ist nicht nur politischer – man denke an den Sozialvertrag, den die Menschen unter sich geschlossen haben –, sondern auch religiöser Natur – man denke an den Vertrag des Menschen mit Gott. In allen Gesellschaften stoßen Politik und Moral aufeinander, doch im Gegensatz zu dem, was in der laizistischen Demokratie Frankreichs geschieht, ist es in den USA fast unmöglich, Moral und Religion zu trennen. Es ist eine Religion, die anders als unsere ist, weil ihre Riten und Sakramente ihre wichtigsten Aufgaben an die Moral, an die Gewissensprüfung und an die Pflicht, gute Werke zu tun, abgetreten haben. Andere Zeiten und Kulturen haben von militanten Klerikern gesteuerte Theokratien und religiöse Imperien gekannt, die von kirchlichen Bürokratien regiert wurden: die Verbindung von Theologie und Macht, von Dogma und Autorität, ist nicht selten. Erst der modernen Ära, dem Zeitalter der Kritik am himmlischen Reich und seinen Dienern auf Erden, war es vorbehalten, die Rede von der alten, unreinen Beziehung zwischen Religion und Politik umzudrehen: die nordamerikanische Demokratie kennt kein Dogma und keine Theologie, aber ihr Fundament ist nicht weniger religiös als das Gelöbnis, das die Juden an Jehova und die Christen an Jesus bindet.

Aufgrund des religiösen Ursprungs und der politischen Philosophie, durch die sie später geformt wurde, tendiert die nordamerikanische Demokratie dahin, die Gesellschaft wie das Individuum dem Staat gegenüber zu stärken. Von Anfang an besteht in der Geschichte Nordamerikas eine dualistische Tendenz: einerseits nach Angleichung, andererseits nach Individualisierung. Das sind Keime des Lebens mit all seinen Widersprüchen. In diesen Tagen haben die nordamerikanischen Intellektuellen angelegentlich der Zweihundertjahrfeier der Unabhängigkeit und angesichts der Krise, die das Land in seinen Fundamenten erschüttert, sich wiederum die Frage gestellt, die die Gründerväter gespalten hatte: Freiheit oder Gleichheit? Die Polemik läuft Gefahr, sich in einen scholastischen Disput auszuwachsen: Freiheit und Gleichheit haben sich in Entelechien verwandelt, die kaum ihre konkreten historischen Dimensionen verloren haben. Die Freiheit wird durch ihre Grenzen und Hindernisse bestimmt; dasselbe geschieht mit der Gleichheit. In den USA wurde die Freiheit im Gegensatz zur hierarchisch bedingten Ungleichheit der europäischen Gesellschaft definiert, so daß ihr Inhalt auf dem Prinzip der Gleichheit beruht. Der Wunsch nach Gleichheit hat sich als Aktion gegen die Unterdrückung durch wirtschaftliche Privilegien herausgestellt, das heißt als Selbstbestimmung und Freiheit. Beide, die Freiheit wie die Gleichheit, waren subversive Werte und zwar deshalb, weil sie vorher religiöse gewesen waren: Freiheit und Gleichheit waren Dimensionen des Jenseits; sie waren Gottesgaben und tauchten geheimnisvoll als Ausdruck des göttlichen Willens auf. Wie in der griechischen Tragödie die Freiheit der Helden eine Dimension des Schicksals ist, ist in der calvinistischen Theologie die Freiheit mit der Prädestination verknüpft. So nahm durch die Reformation die religiöse Revolution die politische Revolution vorweg. In Lateinamerika geschah genau das Gegenteil: Der Staat kämpfte gegen die Kirche, nicht um die Individuen zu stärken, sondern um den Klerus in der Kontrolle des Gewissens und Willens zu ersetzen. In unserem Amerika gab es keine religiöse Revolution, die eine politische vorbereitet hätte, auch keine philosophische Bewegung, wie im Frankreich des 18. Jahrhunderts, die Kritik an Religion und Kirche geübt hätte. Die politische Revolution in Lateinamerika – ich meine die Independencia und die Kämpfe zwischen Liberalen und Konservativen, die unser 19. Jahrhundert mit Blut befleckten – war nur wiederum eine Manifestation des

hispano-arabischen Patrimonialismus: Er bekämpfte die Kirche wie einen Rivalen, den man verdrängen mußte; er stärkte den autoritären Staat, in dem die liberalen Caudillos nicht milder als die Konservativen waren; er betonte den Zentralismus, selbst unter der Maske des Föderalismus; schließlich machte er das Ausnahme-Regime endemisch, das in unseren Ländern seit der Independencia herrscht: den Caudillismo.
Die Independencia war ein falscher Start: sie befreite uns von Madrid, nicht aber von unserer Vergangenheit. Den übernommenen Übeln fügten wir spezifisch eigene hinzu. In dem Maße, wie unsere Träume von Erneuerung zerrannen, wuchs die Faszination durch die Vereinigten Staaten. Der Angriffskrieg von 1847 machte daraus eine Besessenheit. Es war eine ambivalente Faszination: der Titan war gleichzeitig der Feind unserer Identitätssuche und das uneingestandene Vorbild aller unserer Bestrebungen. Die Vereinigten Staaten waren nicht nur ein politisches und soziales Ideal, sondern auch eine aggressiv eindringende Macht. Dieses doppelte Bild, das der Wirklichkeit entsprach und noch entspricht – die USA sind eine Demokratie und zugleich eine imperialistische Macht –, hielt sich das ganze 19. Jahrhundert hindurch aufrecht und war eines der Themen im Streit zwischen Liberalen und Konservativen. Um die Haltung der Liberalen zu verstehen, braucht man nur an die Haltung von Tausenden von »progressiven Intellektuellen« gegenüber der UdSSR zu erinnern. Sie schließen die Augen vor der Wirklichkeit der sowjetischen Bürokratie, ihrer allgegenwärtigen und allmächtigen Polizei und der imperialistischen Politik Moskaus, um im Geiste das Bild eines freien, sozialistischen, pazifistischen und glücklichen Vaterlandes zu sehen. Die Liberalen waren weniger leichtgläubig, aber auch für sie besaß die Ideologie

mehr Wirklichkeit als die »wirkliche Wirklichkeit«. Sie waren Feinde der mexicanischen Vergangenheit, die sie als einen fremden Bestandteil, als den Einbruch des Spanischen erklärten. Daher sagten sie, Mexico habe seine Unabhängigkeit wiedererlangt, als hätte die Nation bereits vor der Ankunft der Spanier existiert. Der inauthentischen Vergangenheit des Vizekönigtums stellten sie die präkolumbianische nicht entgegen. – Sie kannten sie gar nicht und viele verachteten sie sogar: der Indio Juárez war kein Anhänger des Indigenismo, sondern die Hoffnung der Liberal-Demokratie. Gegenüber diesen beiden extremen Prinzipien, die unseren Staat begründet hatten, der spanischen und der indianischen Vergangenheit nämlich, forderten aus der Sicht des modernen Abendländers die Liberalen eine abstrakte Universalität, die aus den Fortschritts-Ideologien der Zeit stammte. Die USA waren das unmittelbare Beispiel für diese Universalität: in ihrer Gegenwart konnten wir unsere Zukunft erkennen. Sie waren ein indiskreter Spiegel: immer wenn wir, wie die Stiefmutter im Märchen, ihn nach unserem Bild fragten, zeigte er uns das des andern.

Die Konservativen waren der Ansicht, die USA seien weit davon entfernt, ein Vorbild zu sein; sie seien eher eine Bedrohung für unsere Souveränität und unsere Identität. Der ideologische Kontakt schien ihnen nicht weniger gefährlich als die physische Aggression; er war eine komplementäre Form der Invasion. War die Zukunft, die uns die Liberalen ausmalten, eine Entfremdung, so verlangte die Verteidigung unserer Gegenwart, aus demselben komplementären Grund, die Verteidigung unserer Vergangenheit. Die Gedankengänge der Konservativen waren nur scheinbar untadelig: die Vergangenheit, die sie so hartnäckig verteidigen wollten und die sie, nicht ohne Grund, mit der Gegenwart gleichsetzten, war eine in Auflösung begriffene Vergangenheit. Ich habe schon angeführt, daß die Tradition Neu-Spaniens – eine bewundernswürdige Tradition, die die modernen Mexicaner dummerweise ignoriert und sogar verachtet haben – weder Elemente noch Prinzipien bot, mit deren Hilfe man das doppelte Problem hätte lösen können, vor dem die Nation stand: Independencia und Modernisierung. Erstere erforderte die Findung einer politischen Form und einer sozialen Ordnung, die das unabhängige Mexico übernehmen sollte, letztere die Aufstellung eines durchführbaren Programms, das dem Lande erlaubte, ohne allzu viele Erschütterungen schließlich jene Modernisierung einzuleiten, die dem Land vom spanischen Imperium damals versagt worden war. Wie ganz Lateinamerika war auch Mexico zur Freiheit und zur Modernität verdammt, die seine Tradition immer verleugnet hatte.

Die Independencia war nicht so sehr die Folge der triumphierenden liberalen Ideen, die nur von einer Minderheit vertreten wurden, als zweier Umstände, die bis heute noch wenig beachtet wurden. Der erste war die Auflösung des spanischen Imperiums. Dazu muß ich noch einmal sagen, auch wenn mancher Leser die Augenbrauen hochziehen mag, daß die Independencia im spanischen Amerika nicht nur durch die Aktionen der Aufständischen zustande kam, sondern mehr noch durch die Trägheit und Erstarrung der Metropole. Das spanische Amerika war ein aufbegehrender, junger Kontinent; die Metropole jedoch eine ›schlafende Seele im blutlosen Körper‹. Dieses Bild sagt über das Phänomen der Independencia – knapp, aber nicht weniger genau – mehr als ideologische Erklärungen aus. Der zweite entscheidende Umstand war der soziale Widerspruch Neu-Spaniens. Dieser Widerspruch, der innerhalb der Voraussetzungen der neu-spanischen Ordnung unlösbar und nicht ohne Analogie zu dem ist, dem heute die USA mit ihren ethnischen Minderheiten sich stellen müssen, bestand in dem Gegensatz zwischen Kreolen und Mestizen. Die führende Klasse der Kreolen forderte einen Universalismus, der so abstrakt war, daß die Mestizen, die neue geschichtliche Wirklichkeit, in ihm keinen Platz fanden, es sei denn rein metaphorisch. Als Erben des doppelten spanischen Universalismus, des Imperiums und der Kirche, hatten die Kreolen des 18. Jahrhunderts unter dem Einfluß der Jesuiten von einem mexicanischen Imperium geträumt: Neu-Spanien sollte das ›andere‹ Spanien werden. Die separatistischen Bestrebungen der Kreolen wurden zwar durch die Independencia gekrönt, aber die eigentlichen Sieger waren nicht sie, sondern diejenigen, die bislang eine Randgruppe Neu-Spaniens gewesen waren: die Mestizen. Mexico wurde kein Imperium, sondern eine Republik, und die Ideologie, von der ihre führende Schicht zehrte, war nicht die eines katholischen Imperiums, sondern die eines bürgerlichen Nationalismus.

Die Episode um Maximilian beleuchtet grausam den illusorischen Zug des Vorhabens der Konservativen. Einen europäischen Fürsten herbeizurufen, um ein lateinisches Imperium zu gründen, das der Expansion der Yankee-Republik einen Deich vorschieben könnte, war im Jahre 1820 keineswegs eine unsinnige Idee, aber im Jahre 1860 ein reiner Anachronismus. Die ›monarchische Lösung‹ war undurchführbar geworden, weil die Monarchie sich mit der Situation vor der Independencia identifizierte. Der Gegensatz zwischen Kreolen und Spaniern war die entscheidende Ursache der separatistischen Bewegung. Seit Beginn des Kampfes hatten die

Mestizen und viele Indios, die beiden enterbten Klassen, am Kampf um die Unabhängigkeit teilgenommen. Als diese erreicht war, hatten sie, verständlicherweise, kein Interesse mehr daran, das monarchische Regime wieder einzuführen; jedoch nicht, weil sie Anhänger der Republik gewesen wären, sondern weil die Monarchie für sie die Rechtmäßigkeit und die Beibehaltung der sozialen Stufenleiter bedeutete. Die Mestizen, die den lebendigsten und dynamischsten Anteil der Gesellschaft stellten, strebten nach einem sozialen, ökonomischen und politischen Statut. Ihren Bestrebungen öffnete eine demokratische Republik die Tore, obwohl deren Absichten nicht viel mit denen des Republikanertums und der Demokratie gemein hatten.

Die liberale Ideologie war keine echte Lösung und der Nationalismus der Republikaner war eine oberflächliche Nachahmung des französischen. Ihr Föderalismus, eine Kopie des nordamerikanischen, war ein getarnter Kazikismus, ihre Demokratie die Fassade einer Diktatur. Anstelle von Monarchen bekamen wir Diktatoren. Dem Wechsel der Ideologie folgte aber kein Wechsel der sozialen und noch weniger der seelischen Strukturen. Es wechselten die Ideen und die Gesetze, nicht aber die Menschen und schon gar nicht die Eigentums- und Herrschaftsverhältnisse. In den inneren und äußeren Kriegen des 19. Jahrhunderts wurde die kreolische Aristokratie durch Mestizengruppen verdrängt. Das Heer wurde die neue Führungsschicht. Das Regime stützte sich auf die militärische Macht und suchte und fand den Schutz ausländischer Mächte, insbesondere der USA. Die Anfänge der ›imperialen‹ Geschichte der nordamerikanischen Republik fielen in der zweiten Hälfte des 19. Jahrhunderts mit der Sicherung unseres liberalen Systems zusammen, das sich bald in eine Diktatur verwandelte. Das ist eine

Erscheinung, die – mutatis mutandis – sich in ganz Lateinamerika wiederholte. Die Revolution der Liberalen, während der Independencia begonnen, führte weder zur Einführung einer echten Demokratie noch zur Entstehung eines nationalen Kapitalismus, sondern zu einer Militärdiktatur und zu einem Wirtschaftssystem, das durch Großgrundbesitz und Konzessionen an ausländische, vor allem nordamerikanische Unternehmen und Konsortien geprägt war. Der Liberalismus war unfruchtbar und konnte daher nichts hervorbringen, was mit den präkolumbianischen und neu-spanischen Schöpfungen verglichen werden kann: weder Pyramiden noch Klöster, noch Weltentstehungsmythen, noch Dichtungen wie die der Inés de la Cruz.

Mexico blieb, was es gewesen war, ohne jeden Glauben an sich selbst. Die alten Werte waren nichtig geworden, nicht aber die alten Wirklichkeiten. Schnell haben neue progressistische und liberale Werte sie überlagert. Die maskierte Wirklichkeit war der Anfang der Unechtheit und der Lüge – endemische Übel der lateinamerikanischen Länder. Zu Beginn des 20. Jahrhunderts waren wir höchst pseudomodern. Wir hatten Eisenbahnen, aber auch Großgrundbesitz, eine demokratische Verfassung, aber auch einen Caudillo aus bester hispanoarabischer Tradition, positivistische Philosophen, aber auch präkolumbianische Kaziken, eine symbolistische Dichtung, aber auch den Analphabetismus. Die Übernahme des nordamerikanischen Vorbildes trug zur Auflösung der traditionellen Werte zwar bei, aber die politischen und wirtschaftlichen Aktionen des nordamerikanischen Imperialismus stärkten zugleich die archaischen sozialen und politischen Strukturen. Dieser Widerspruch zeigt deutlich, daß die Ambivalenz dieses Giganten nicht imaginärer, sondern realer Natur war.

Die Heimat Thoreaus war auch die Heimat Roosevelt-Nebukadnezars.
Die Mexicanische Revolution von 1910 war ein Versuch, unsere Vergangenheit wiederzugewinnen und schließlich ein nationales Programm aufzustellen, das nicht die Verleugnung unserer selbst bedeutete. Ich begehe hier etwas Schlimmeres als eine Ungenauigkeit: ich simplifiziere, wenn ich von der Mexicanischen Revolution spreche, als wäre sie eine Einheit gewesen. Aber schon seit ihrem Beginn teilte sie sich in verschiedene widersprüchliche Strömungen, die alle eher Reaktionen und spontane Erhebungen des Volkes um einen Führer als Forderungen nach einem ideologischen Programm und einer politischen Philosophie waren. Revolte wäre ein angemessenerer Ausdruck als Revolution. Unter den revolutionären Gruppen gab es eine, die instinktiv sich vornahm, den Kurs zu berichtigen, den unsere führenden Klassen seit der Independencia eingeschlagen hatten: die Landarbeiterbewegung unter Emiliano Zapata. Was die Zapatisten forderten und tatsächlich auch wollten, war eine Rückkehr zu den Ursprüngen, das heißt, zu einer vorkapitalistischen Agrargesellschaft, deren Merkmale die autonome Dorfgemeinschaft mit kommunalem Landbesitz, deren soziale, wirtschaftliche und religiöse Zelle nicht das Individuum, sondern die Familie war. Die Zapatisten hatten das Bild der Jungfrau von Guadalupe auf ihre Standarten geheftet, dasselbe, das den barfüßigen Landarbeitern bei ihrem Kampf um die Independencia als Fahne gedient hatte. Das Bild der Jungfrau brachte nicht den Marsch in den Fortschritt und in die Modernität, sondern die Rückkehr zu den Wurzeln wunderbar zum Ausdruck. Das Land dem Volk zurückgeben! Dieser Kernsatz aus Zapatas Programm drückt den wahren Sinn dieser Bewegung aus. Man wollte zu

einer Situation zurückkehren, die teilweise geschichtliche Wirklichkeit, teilweise jahrtausendealter Mythos war und die geradezu die Negation des Modernisierungsprogramms der Liberalen und ihres Erben, Porfirio Díaz, bedeutete. Die anderen revolutionären Strömungen dagegen waren entschlossen, das Modernisierungswerk fortzusetzen, wenn auch mit anderen Methoden.
Die triumphierende Partei arbeitete schließlich ein Programm aus, das die verschiedenen Bestrebungen der Revolution in Einklang bringen sollte. Es wurde eher ein Kompromiß als eine Synthese. Zapata errichtete man Bürgeraltäre – Mexico ist ja das auserwählte Land der Amts- und Verwaltungskunst! –, das Modernisierungsprogramm aber, das verschiedene Namen trug, verwandelte sich in das zentrale Dogma des Regimes, das nun seit mehr als fünfzig Jahren über uns herrscht. Was dann geschah, ist bekannt: die mexicanische Revolution wurde von einer politischen Bürokratie beansprucht, die man wohl in Analogie zu den kommunistischen Bürokratien Osteuropas sehen kann, sowie von einer Klasse, die nach dem Bild des nordamerikanischen Kapitalismus geschaffen ist. Im heutigen Mexico mißtrauen wir daher – ausgenommen einige Überspannte – der ›Entwicklung‹; wir möchten einen Kurswechsel für unsere Gesellschaft, aber die Rechts- wie die Linksparteien, so unversöhnlich sie auch untereinander sind, stimmen einem selbstmörderischen Fortschrittskult zu.
Durch die USA reisen heißt für einen Mexicaner, in die Höhle des Riesen eindringen und ihre Schreckenskammern und Wunder besichtigen. Es gibt jedoch einen Unterschied: die Höhle des Menschenfressers überrascht durch ihren Archaismus, die USA durch ihre Modernität. Unsere Gegenwart hinkt nämlich immer hinter der eigentlichen Gegenwart her, während die

ihre immer ein wenig voraus ist. Ja, ihre Gegenwart ist schon ganz mit der Zukunft verwoben, während die unsere immer noch mit der Vergangenheit verknüpft ist. Falscherweise benutze ich den Singular, wenn ich von unserer Vergangenheit rede: in der Tat sind es viele noch lebendige und ständig sich in unserem Innern bekämpfende Vergangenheiten: Azteken, Maya, Otomís, Kastilier, Gallegos, Mauren und sogar Phönizier bilden ein Gestrüpp von Wurzeln und Ästen, die uns zu ersticken drohen. Wie sollen wir mit ihnen leben, ohne ihr Gefangener zu sein? Dies ist die Frage, die wir uns unaufhörlich stellen und auf die wir noch keine endgültige Antwort gefunden haben. Wir haben noch nicht gelernt, unsere Vergangenheit zu akzeptieren, vielleicht deswegen nicht, weil wir auch nicht gelernt haben, sie zu kritisieren. Bei den Nordamerikanern ist es genau umgekehrt: sie verdanken einer scharfen Kritik an der Vergangenheit ihre Entstehung. Diese Kritik war eine genau so leidenschaftliche Behauptung der modernen Werte, wie sie zum ersten Mal durch die Reformation und die Aufklärung aufgestellt worden sind. Nicht, daß die USA keine Vergangenheit hätten, aber es ist eine Vergangenheit, die ganz auf die Zukunft ausgerichtet ist.
Eroberung der Zukunft heißt die nordamerikanische Tradition. Es ist demnach eine Tradition der Veränderung, während die hispanische die des Widerstandes gegen die Veränderung ist. ›Spanien und seine Werke‹ bedeutet für uns ein dauerhaftes Gebilde von langzeitiger, ja zeitloser Bedeutung. Dauer ist für uns ein Synonym von Wert. Unser präkolumbianisches Erbe hat diese Neigung nur noch verstärkt. Die Pyramide ist das Urbild der Unveränderlichkeit. In unserer Haltung gegenüber jeder Veränderung zeigt sich der Gegensatz zwischen den Nordamerikanern und uns. Unser Geheimnis

besteht nicht darin, vorwärtszukommen, sondern fest stehenzubleiben. Wind und Fels drücken den gleichen Gegensatz aus. Ich meine damit nicht die philosophischen Ideen, sondern unbewußte Glaubensformen und Geistesstrukturen. Welches auch immer unsere Ideologie sein mag – sie mag noch so fortschrittlich sein –, wir beziehen die Gegenwart instinktiv auf die Vergangenheit, während die Nordamerikaner sie auf die Zukunft beziehen.

Die mexicanischen Arbeiter, die in die USA auswandern, zeigen eine bemerkenswerte Fähigkeit, sich der nordamerikanischen Gesellschaft nicht anzupassen. Ihre besondere Fähigkeit besteht in ihrer Unempfindlichkeit gegenüber der Zukunft. In ihnen lebt die Vergangenheit, dieselbe Vergangenheit, die die Chicanos – wahrscheinlich die Minderheit der USA, die ihre Identität am besten bewahrt – bis heute rein erhalten hat. In Mexico sind es nicht die Spezialisten des Anti-Imperialismus, die am besten widerstehen, sondern das einfache Volk, das Pilgerzüge zum Heiligtum der Jungfrau von Guadalupe unternimmt. Durch den Traditionalismus wird unser Land überleben.

Seit dem 18. Jahrhundert hat die Tradition, die die Grundlage Mexicos und der übrigen Länder Hispanoamerikas bildet, auch ihre Mängel und Grenzen erkennen lassen. Weil das spanische Imperium sich nicht zu verändern vermochte, zerbrach es in so viele Stücke. Jetzt ist die Tradition an der Reihe, die durch die USA verkörpert wird. Doch haben die Ideen, die vor mehr als zweihundert Jahren die Moderne begründeten und die das darstellen, was man die Tradition der Zukunft nennen könnte, nicht nur einen großen Teil ihres allgemeinen Prestiges verloren, sondern sie werden auch von vielen in bezug auf ihre Kohärenz und ihren Wert an-

gezweifelt. Der Fortschritt war eine nicht weniger geheimnisvolle Idee als der Wille Allahs für die Muselmanen oder die Trinität für die Katholiken; dennoch hat er zwei Jahrhunderte lang die Gemüter bewegt.
Heute stellen wir uns die Frage: Was soll der Fortschritt? Wohin führt er? Es ist wohl nicht nötig, sich über die Symptome dessen auszulassen, was wir seit etwa fünfzig Jahren die ›Krise der abendländischen Kultur‹ nennen. Während des letzten Jahrzehnts ist diese Krise in der reichsten, wohlhabendsten und mächtigsten Nation der Welt, den USA, eingetreten und hat sich seither noch verschärft. Es ist im wesentlichen und im grundsätzlichen keine Krise der Wirtschaft oder der militärischen Stoßkraft, obwohl sie auch die Wirtschaft und die politische Strategie angeht, sondern eine Krise der Politik und der Moral. Man hegt Zweifel am Weg, den diese Nation eingeschlagen hat, sowie an ihren Zielen und den Methoden, mit denen sie diese erreichen will. Es ist eine Kritik an der Fähigkeit und an der Rechtschaffenheit der Menschen und der Parteien, die dieses System steuern; schließlich ist es mehr als eine bloße Frage, es ist eine an die Vernunft appellierende Prüfung der Prinzipien, die der Rechtfertigung der nordamerikanischen Gesellschaft zugrunde liegen.
Viele Probleme, denen die USA sich gegenübersehen, sind – obwohl längst nicht unbedeutend – eher Symptome als Ursachen des Übels, unter dem sie leiden. Dies trifft auch – um nur ein bemerkenswertes, aktuelles Beispiel anzuführen – für die Jugendrevolte im vergangenen Jahrzehnt zu. Das Leben dieses Landes wird jedoch am meisten durch das Rassenproblem beeinträchtigt. Es ist eine eiternde Wunde, ein dauernder Infektionsherd, der die USA in ein Dilemma getrieben hat: Fortdauer der Bürger-Zwietracht oder Aufbau einer vielrassigen

Demokratie? Der Gedanke der zweiten Lösung ist nicht illusorisch. In der Tat hatte man die Wahl schon getroffen, indem man, nicht ohne Irrwege und Fehltritte, diesen Weg einschlug.

Andere Gegensätze, die schon seit der Geburt der Nation bestehen, sind grundsätzlicher Art: Alle Gesellschaften werden in ihrem Innern von einem Lebensprinzip gelenkt, das zugleich ein Todesprinzip ist. Es ist notwendigerweise ein duales Prinzip, das in kritischen Augenblicken die Form des Widerspruchs annimmt. Es geht dann um Fragen über Leben und Tod, vergleichbar denen, die die Kriege und Rivalitäten zwischen den Stadtstaaten der griechischen Polis, oder denen, die die römischen Kaiser des 3. und 4. Jahrhunderts dem Christentum und den gnostischen Sekten stellten. Der Widerspruch der USA, der ihnen das Leben schenkte, aber auch ihren Tod verursachen kann, läßt sich in dem Doppelsatz zusammenfassen: ›sie sind eine plutokratische Demokratie‹ und ›sie sind eine imperialistische Republik‹.

Der erste Widerspruch betrifft die beiden Begriffe, die die Achse des politischen Denkens der Gründerväter bildeten: Die Plutokratie betont, ja schafft die Ungleichheit. Diese wiederum verwandelt die politischen Freiheiten und individuellen Rechte in Trugbilder. Insoweit traf Marx' Kritik ins Schwarze. Sicherlich schafft die nordamerikanische Plutokratie Überfluß – zum Unterschied von der römischen –, womit sie die ungerechten Unterschiede zwischen Individuen und Klassen erleichtern und lindern kann. Aber sie hat auch skandalöse Ungleichheiten der nationalen Ebene auf die internationale, das heißt, auf die Entwicklungsländer, verlagert. Manche sind der Meinung, man könne diese internationale Ungleichheit zwar nicht gänzlich aus der Welt schaffen, doch zumindest auf ein Minimum beschränken. Selbst wenn diese Hypothese sich als richtig erweisen sollte, vergißt sie etwas Wesentliches: Geld unterdrückt nicht nur, es verdirbt auch. Und es verdirbt gleichermaßen Arme wie Reiche. Darüber wußten die Moralphilosophen des Altertums, insbesondere die Stoiker und die Epikuräer, mehr als wir. Die nordamerikanische Demokratie ist jedenfalls durch Geld verdorben worden.

Der zweite Widerspruch, der mit dem ersten eng zusammenhängt, offenbart sich bei der Betrachtung dessen, was die USA ihrer inneren Struktur nach sind: eine Demokratie, und ihren außenpolitischen Aktionen zufolge sind: eine imperialistische Macht. Freiheit und Unterdrückung bilden die konträren und die komplementären Seiten ihres nationalen Wesens. Wie die Plutokratie durch die Schaffung von Ungleichheit beginnt und mit der Unterdrückung der Freiheit endet, in einem unmerklichen Prozeß, den der Watergate-Skandal aufzeigt, verwandeln sich die Waffen, die der imperialistische Staat gegen die Feinde von außen schwingt, fatalerweise in Instrumente der politischen Bürokratie gegen unabhängige Bürger. Die Bedürfnisse des Imperiums schaffen eine Bürokratie, die auf Spionage und andere Methoden des internationalen Kampfes spezialisiert ist; andererseits bedroht diese Bürokratie die nationale Demokratie.

Der erste Widerspruch hat Roms republikanische Einrichtungen zerstört, der zweite das unabhängige Leben der Stadt Athen. Ich will damit nicht das Todesurteil der nordamerikanischen Demokratie aussprechen; das wäre geradezu lächerlich. Die geschichtlichen Analogien sind nützliche rhetorische Figuren: sie sind keine Gesetze, sondern Metaphern. Jedes Nachdenken über die

Krise der USA muß in folgendem Ergebnis enden: Erstens gibt es keine geschichtlichen Determinismen, genauer gesagt, wir wissen nicht, ob es solche gibt, und wenn es sie geben sollte, sind sie nicht leicht zu entdecken, da sie zu umfassend und zu vielfältig sind; zweitens sterben Kulturen nicht als Opfer ihrer Widersprüche, sondern ihrer Unfähigkeit, sie aufzulösen. Trifft das zu, so läßt eine Art Lähmung den Sozialkörper erstarren, zunächst die denkenden und die wägenden Zentren, dann die ausführenden Glieder. Diese Lähmung ist die Antwort der Gesellschaft auf Fragen, auf die ihre Tradition und die geschichtlichen Voraussetzungen keine andere Antwort als die des Schweigens geben. So geschah es mit dem spanischen Weltreich. Alle Mißgeschicke der hispanoamerikanischen Völker erklären sich aus den Fernwirkungen jener Ohnmacht, die als Folge der Besessenheit, des Stolzes und der Blindheit die habsburgische Monarchie um die Mitte des 18. Jahrhunderts überkam.

Die USA stehen vor einer ganz anderen Entscheidung: In den Prinzipien selbst, auf denen sie gegründet wurden, liegt zwar nicht die Antwort, aber die Methode, sie zu finden. Diese ist keine andere als die der Puritaner, den Willen Gottes in ihrem eigenen Gewissen zu erforschen: durch Gewissenserforschung, Buße, Sühne und Taten, die uns mit uns selbst und mit den anderen versöhnen.

Der Sinologe R. H. Van Gulik, dem wir mehrere hervorragende Bücher verdanken – darunter die spannende und verwickelte Detektivgeschichte: *Dee Goong An* –, veröffentlichte kurz vor seinem Tode ein monumentales und grundlegendes Werk über das Sexualleben im alten China.[1] Gestützt auf seine Vertrautheit mit den Kulturen des Ostens, stellt der holländische Gelehrte und Diplomat eine neue Hypothese über den Ursprung des Tantrismus auf: die zentrale Idee – das Zurückhalten des Samens und seine Umwandlung – geht auf den Taoismus zurück. Van Gulik liefert dafür schlagende Beweise. Es ist hier nicht der Ort, sie zu diskutieren, auch berechtigt mich meine höchst begrenzte Kompetenz nicht, in die Debatte einzugreifen. Ich möchte lediglich darauf aufmerksam machen, daß in einigen tantrischen Hindu-Texten *Cīna* (China) und *Mahācīna* (Die Mongolei? Tibet?) als die gelobten Länder der sexuellen Meditationspraktiken erwähnt werden. Bharati führt ein kurioses Detail an: ein Schamhaar der *śakti*, nach dem rituellen Beischlaf ausgerissen und noch feucht vom Samen, das man *Śiva* darbringt, heißt *mahācīna sādhanā*. Andererseits darf man nicht vergessen, daß die Texte, auf die ich mich beziehe, insofern jüngeren Datums sind,

1 *Sexual Life in Ancient China*, Leiden, 1961. Das Buch umfaßt einen größeren Zeitabschnitt als den im Titel genannten, da es im 17. Jahrhundert mit der Ming-Dynastie endet. Eine Bemerkung am Rande: Van Gulik übersetzt die anstößigen Passagen der chinesischen Texte ins Lateinische, als wäre die Kenntnis dieser Sprache ein Zeugnis von Moralität. Snellgrove unterläßt es, einige Fragmente, zum Glück sehr wenige, aus dem *Tantra Hevajra*, die er für besonders eschatologisch hält, zu übersetzen. Letzteres ist bedenklicher: fast alle können wir uns mehr oder weniger auf Lateinisch verständigen, nicht auf Tibetanisch.

als der *Vajrayāṇa*-Buddhismus mindestens bis auf das 6. Jahrhundert nach Christus zurückgeht. Aber vielleicht ist die Lösung des Problems abhängig von der eines anderen, wichtigeren: dem Ursprung des Yoga. Ist er präarisch und autochthon in Indien, was heute die meisten Fachgelehrten annehmen, oder kommt er aus Zentralasien (Schamanismus), wie andere meinen? Das Vorhandensein von Yoga-Elementen im frühen Taoismus, worauf als erster Maspéro aufmerksam gemacht hat, bringt uns in noch größere Verlegenheit. Der Ursprung des Yoga ist so dunkel wie der der Idee der Seele bei den Griechen. Immerhin ist eines unzweifelhaft: die frühe und allgemeine Verbreitung des Glaubens, daß der Samen eine lebenspendende Substanz sei. Diese Idee, in allen Gesellschaften zu finden, führte zu einer anderen, die ebenfalls allgemein verbreitet ist: das Zurückhalten des Samens sei Lebensökonomie, Hortung von Leben. Keuschheit als Rezept für Unsterblichkeit. Ich behalte mir vor, auf dieses Thema zurückzukommen, vorderhand möchte ich nur darauf aufmerksam machen, daß die chinesischen alchimistischen Texte und die kuriosen »Bücher vom Bett« mit den indischen Tantras mehr als nur eine Ähnlichkeit haben. Diese Ähnlichkeiten sind kein Zufall, sondern sie verraten ganz bestimmte Einflüsse, sei es, daß es sich um eine Anleihe Indiens bei China handelt oder daß, wie Van Gulik meint, der Austausch komplizierter war: zuerst chinesischer Einfluß in Indien; dann Wiederverarbeitung innerhalb des indischen religiösen Kontextes; schließlich Rückkehr nach China. Von der Annahme der Beziehung zwischen den chinesischen und indischen Texten ausgehend, möchte ich versuchen, innerhalb der Perspektive dieser Reflexionen, ihre Unterschiede hervortreten zu lassen. Sie erscheinen mir bezeichnender als die Ähnlichkeiten.

Die chinesische Erotik ist so alt wie die vier legendären Kaiser. Die Erotologie, in der fachlichen Bedeutung des Terminus, ist ebenfalls sehr alt und überschneidet sich einerseits mit der Alchimie, andererseits mit der Medizin. Van Gulik erwähnt sechs »Bücher vom Bett« aus der Han-Zeit, die dank dem Glaubenseifer der Neukonfuzianer und der Prüderie der Mandschudynastie allesamt verschollen sind. Dagegen sind uns Texte der Sui-, Tang- und Mingdynastie überkommen. Die Sammelbezeichnung dieser kleinen Werke war *Fang-nei* (wörtlich: »im Bett«) und *Fang-shi* (»die Sache mit dem Bett«). Es waren überaus beliebte Bücher. Reich illustriert, waren sie so etwas wie Handbücher für den täglichen Gebrauch, insbesondere bei den jung Verheirateten, aber auch bei den Ledigen beiderlei Geschlechts. Die literarische Form ist die Didaktik par excellence, wie die unserer Katechismen: das System von Frage und Antwort. Im allgemeinen sind die Personen des Dialogs der mythische Gelbe Kaiser und ein Mädchen, das ihn in die sexuellen Geheimnisse einführt. Die Gesprächspartnerin heißt manchmal Su-nü, das Einfache Mädchen; andere Male Hsüan-nü, das Dunkeläugige Mädchen; und gelegentlich Ts'ai-nü, das Auserwählte Mädchen. Obgleich die Bücher eher taoistisch als konfuzianisch beeinflußt sind, hatten die Anhänger des Konfuzius gegen ihre Verbreitung nicht viel einzuwenden. Um den Charakter dieser Texte zu verstehen, muß man sich die allgemeine chinesische Grundauffassung über die Gesellschaft, die Natur und den Sexus vor Augen halten. Das Prinzip ist für Konfuzianer und Taoisten das gleiche: der Archetyp des menschlichen Gesetzes ist das kosmische Gesetz. Die Natur und ihre Veränderungen (*T'ien-tao*), die Dualität Licht und Schatten, Himmel und Erde, Drache und Tiger, ist die Grundlage des *I Ging* (*Buch der*

Wandlungen) ebenso wie der Moral und Politik von Konfuzius, der Spekulationen von Lao-tse und Dschuang-dsi und der Elaborate der *Yang* und *Yin*-Schule. Nicht weniger wichtig ist die alte Idee, daß der Mann Samen in begrenzter Menge erzeugt, während die Frau *ch'i*, Lebenssaft, in unbegrenzter Menge erzeugt. Daher muß der Mann das *ch'i* zu sich nehmen und seinen Samen so lange wie möglich behalten. Das ist der im Gegensatz zu Indien völlig pragmatische Ursprung der Samenverhaltung. In den Lehrbüchern vom Bett werden minuziös die Methoden aufgeführt und beschrieben, wie man den Samen zurückhält und in Lebensprinzip verwandelt. Desgleichen werden die für die Empfängnis günstigen Tage angegeben, im allgemeinen die auf die Menstruation folgende Woche.

Die Unsterblichkeit ist, genaugenommen, kein konfuzianischer Begriff. Fan Hsüan Tzu fragt Mu-shu: »Die Ahnen sagten: tot, aber unsterblich. Was wollten sie damit sagen?« Mu-shu antwortet: »In Lu lebte ein alter Würdenträger namens Tsang-Wen-chung. Nach seinem Tode dauerten seine Worte fort. Das ist die Bedeutung des alten Sprichworts. Ich habe gehört, daß es das beste ist, auf die Tugend (die Prinzipien) zu bauen, dann auf das Handeln (das Vorbild) und schließlich auf die Worte (die Lehre). Das ist es, was wir Unsterblichkeit nennen können. Was die Bewahrung des Familiennamens und die Fortsetzung der Opfer für die Ahnen betrifft: keine (zivilisierte) Gesellschaft kann diese Praktiken ignorieren. Sie sind lobenswert, doch sie machen nicht unsterblich.«[2] Trotzdem bedeutet der Fortbestand der Familie,

---

2 *Tso chuan* (Tso's Kommentare zu den *Annalen vom Herbst und Frühling*) in *A Source Book in Chinese Philosophy*. Zusammenstellung und Übersetzung von Wing-tsit Chan, Princeton University Press, 1963.

der Gesellschaft und des Staates für Konfuzius und seine Schüler eine Art soziale und biologische Unsterblichkeit. Der Mensch ist die Gesellschaft und die Gesellschaft ist die Natur: eine biologische, historische und kosmische Kontinuität. Aus diesem Grunde kam den »Büchern vom Bett« nur subsidiärer Wert zu: als sexuelle Verhaltensregeln, die das vorzeitige Altern verhindern, die männliche Vitalität bewahren und einen fruchtbringenden Koitus garantieren sollen. Die Erotologie als ein Zweig der Familienmoral und, im weiteren Sinne, der rechten Haushaltung. Man muß hinzufügen, daß die Ratschläge der Lehrbücher wirklich sehr nützlich waren, wenn man bedenkt, daß die chinesische Familie polygam war; im Grunde war das, was diese Bücher predigten, eine vernünftige Kontrolle der männlichen Sexualität. Aus der gleichen Besorgnis um die Stabilität und Heiligkeit der Familie entstand der Argwohn der Konfuzianer, der sich später in Feindschaft verwandeln sollte. Die Bücher der Erotologie waren nicht nur Lehrbücher der Hygiene: Handbücher der Sinnenlust, Enzyklopädien kleiner oder großer Perversionen, Apologien der Prachtentfaltung und, was schlimmer war, der Ausschweifungen. Gierig gelesen, und nicht nur von den Männern, sondern auch von den Frauen, störten sie die natürliche Harmonie der Beziehungen zwischen den Geschlechtern, das heißt, untergruben sie die untergeordnete Stellung der Frau.

Der Taoismus stellte sich von Anfang an als eine Kunst oder eine Methode dar, zugleich mit einer glücklichen Harmonie mit dem Kosmos Unsterblichkeit oder wenigstens Langlebigkeit zu erlangen. Daß er wesentlich eine Methode und subsidiär eine Philosophie ist, macht ihn dem Yoga ähnlich. Die Ähnlichkeit erweist sich als noch größer, wenn man darauf aufmerksam macht, daß sowohl die Adepten des Taoismus als auch die des Yoga bestimmte körperliche Techniken anwandten, um »das Lebensprinzip zu stärken«, und daß die Atemübungen dabei die größte Rolle spielten. Von den taoistischen Praktiken, deren Zweck es war, die Unsterblichkeit zu erlangen, waren die wichtigsten ohne Zweifel diejenigen, die sich auf das Zurückhalten des Spermas bezogen. Ich habe schon die frühe und allgemeine Verbreitung der Identifikation des Samens mit den Lebenskräften erwähnt. Diese Ansicht kann obsessiv werden: im heutigen Indien glaubt die Allgemeinheit, daß jeder Verlust von Samen, durch Begattung oder Erguß, das Leben verkürzt. Es ist kein Geheimnis, daß viele Abendländer, sei es unbewußt, dieselbe Befürchtung haben. Indem man im Altertum aus dem Samen das Homolog des Lebensprinzips machte, vergöttlichte man ihn: er war Geist, göttliche und schöpferische Kraft. Dieser Glaube trug in großem Maße zur Entstehung und Entwicklung der Askese bei: die Keuschheit war nicht nur ein Verhalten, um Leben zu horten, sondern auch eine Methode, um das Sperma in Geist und schöpferische Kraft zu verwandeln. Ist es nicht ebendas, was uns die Mythen von der Geburt der Aphrodite und der Minerva sagen? Doch das Zurückhalten des Samens konnte für die Anhänger des Taoismus nur die Hälfte des Verfahrens sein: die andere Hälfte bestand in der Aneignung des weiblichen *ch'i*, das als die reinste Manifestation der Essenz des Yin betrachtet wurde: *Essenz* mehr im materiellen als im philosophischen Sinne, mehr Flüssigkeit als Idee. Von Anfang an faßte die chinesische Kultur den Kosmos als ein System auf, das aus dem dualen Rhythmus – Vereinigung, Trennung, Vereinigung – zweier Mächte oder Kräfte besteht: der Himmel und die Erde, das Männliche und das Weibliche, das Aktive und das Passive, Yang

und Yin. Das Yin (*ch'i*) assimilieren und es mit dem Yang (nicht vergossener Samen) verbinden, bedeutet soviel wie sich selbst in einen Kosmos gleich dem äußeren zu verwandeln, der regiert wird von der rhythmischen Umarmung der zwei Lebensprinzipien.
Wie der Tantrismus, und aus den gleichen rituellen und poetischen Gründen, ersann der Taoismus ein Chiffresystem von Ausdrücken und Symbolen. Der englische Kritiker Philip Rawson bezeichnet es als eine »sexuelle Kryptographie«.[3] Der Unterschied zum Tantrismus ist meiner Meinung nach der folgende: die tantrischen Symbole und Ausdrücke sind sinnfällige Begriffe und entsprechen trennscharfen Distinktionen philosophischer Art, während die taoistischen Bilder fließend und der poetischen Imagination näher sind als dem rationalen Diskurs. Der Taoismus wird nicht von einer intellektuellen Dialektik, sondern von dem Gesetz der Bildassoziationen regiert: eine poetische baumähnliche Verzweigung. In dem einen Fall werden der menschliche Körper und der Kosmos aufgefaßt als eine Geometrie von Begriffen, eine räumliche Logik; in dem anderen als ein System von Metaphern und visuellen Bildern, ein Gewebe von Anspielungen, das sich fortwährend auflöst und neu bildet. Der Schutzpatron der Langlebigkeit in der taoistischen Heiligenlegende ist Shou Lou: diese Person erscheint auf Gemälden und Stichen als strahlender Hundertjähriger mit riesigem Kopf – »angefüllt mit Samen«, betont Rawson –, der in der Rechten einen Pfirsich (Bild der Vulva) hält, wobei der Zeigefinger in den Spalt der Frucht drückt. Beim Tantrismus haben wir es mit präzisen Symbolen zu tun; beim Taoismus

3 *Erotic Art of the East* von Philip Rawson, Einleitung von Alex Comfort, New York, 1968.

mit allusiven und ausweichenden Bildern. Die Kette der Assoziationen, von den natürlichen Formen angeregt, ist lang und suggestiv: klaffender Granatapfel → Pfingstrose → Muschel → Lotus → Vulva. Der Tau, der Nebel, die Wolken und andere Dämpfe werden mit dem weiblichen Fluidum assoziiert, ebenso wie bestimmte Pilzsorten. Das nämliche geschieht mit den männlichen Attributen: Vogel, Blitz, Hirsch, Jade-Baum. Das Bild des menschlichen Körpers als Double des kosmischen Körpers taucht wiederholt in Gedichten, Essays und Gemälden auf. Ein chinesisches Landschaftsbild ist keine realistische Darstellung, sondern eine Metapher der kosmischen Wirklichkeit: Berg und Tal, Wasserfall und Schlucht sind Mann und Frau, Yang und Yin, vereint oder getrennt. Die »Große Arznei der Drei Gipfel« ist im Körper der Frau zu finden und besteht aus drei Säften oder Essenzen: die eine kommt aus dem Munde der Frau, die andere aus ihren Brüsten und die dritte, die stärkste, aus der »Höhle des Weißen Tigers«, die sich am Fuße des »Gipfels des purpurfarbenen Pilzes« (Venusberg) befindet. Diese halb poetischen, halb heilkundlichen Metaphern erklären, sagt Rawson, die Beliebtheit des Cunnilingus bei den Chinesen: »Diese Praktik war eine ausgezeichnete Methode, um die kostbare weibliche Flüssigkeit in sich aufzunehmen.« Die tantrische Körpergeographie spielt auf die Stätten der Religion an, sie ist ein Führer für die Wallfahrt der Frommen: die heiligen Flüsse wie der Ganges und der Jamuna, die heiligen Städte wie Benares und Bodhigaya. In China ist der Körper eine Allegorie der Natur: Bäche, Schluchten, Gipfel, Wolken, Höhlen, Früchte, Vögel.

Es ist verständlich, daß die Methoden der Samenverhaltung und der Aneignung des weiblichen *ch'i* von der Alchimie und den Meditationsübungen nicht zu trennen waren. Van Gulik erwähnt mehrere alchimistische Texte, in denen die Wirkungen und Umwandlungen der Stoffe mit der geschlechtlichen Vereinigung verglichen werden. Einer von ihnen, mit dem Titel »Der Pakt der dreifachen Gleichung«, gründet sich auf eine universelle Analogie: die Verwandlung von Zinnober in Quecksilber, die des Samens während des *coitus reservatus* in Lebensprinzip und die Umwandlung verschiedener Elemente entsprechend den Kombinationen der Hexagramme des *I Ging*. Das Prinzip des »zwei in einem« – in umgekehrter Symmetrie zu dem »eins in zweien« des androgynen Archetyps – inspiriert ebenso die Alchimie wie die mystische Erotik in allen Kulturen. Begreift man den Körper als das analogische Double des Makrokosmos, so schlägt die Alchimie eine Brücke zwischen beiden. Selbst ein Dichter, bei dem keine besondere Neigung zum taoistischen Mystizismus zu erkennen war, Po Chü-i, schrieb ein Gedicht über die alchimistischen Umarmungen des grünen Drachens (der Mann) und des weißen Tigers (die Frau). Schließlich mache ich darauf aufmerksam, daß der Taoismus in seinen extremen Formen auch die öffentliche Kopulation nach Art des Tantrismus kannte und praktizierte. Nicht aus Libertinage – obgleich auch diese asketisch ist –, sondern um sich das Lebensprinzip anzueignen und so die Unsterblichkeit oder wenigstens die Langlebigkeit zu erlangen. Eine der dramatischsten Episoden der alten chinesischen Geschichte ist der Volksaufstand, der die »Rebellion der Gelben Turbane« genannt wird. Der Name bezieht sich auf eine taoistische Sekte, der es zu Ende der Han-Zeit gelang, in einem großen Teil Chinas eine Art militanten und religiösen Kommunismus zu organisieren. Obgleich wir nur die Zeugnisse der Feinde der Gelben Turbane kennen, scheint es unzweifelhaft, daß die Bewegung die begeisterte Zustimmung des Volkes und bestimmter der »Intelligenz« zugehöriger Gruppen erlangte. Auch ist nicht daran zu zweifeln, daß die Rebellen Anhänger des taoistischen Sexualmystizismus waren und die kollektiven Kopulationsriten praktizierten. Der Ritus hat sich, halb im Verborgenen, bis heute erhalten. 1950 hob die Regierung der Volksrepublik China eine Sekte (*I-kuan-tao*) aus, deren Anhänger noch die alten Sexualzeremonien des magischen Taoismus praktizierten.

Die indische Erotik hat nichts dergleichen zu bieten. Für die Inder sind die drei menschlichen Haupttätigkeiten das Vergnügen (*kāma*), die Teilnahme (*artha*) und das geistige und moralische Leben (*dharma*). Die Erotik gehört zur ersteren. Wie im Falle der chinesischen Lehrbücher, ist das Hauptbuch, das berühmte *Kāmasūtra*, nicht der Anfang, sondern die Fortsetzung und der Höhepunkt einer sehr alten Tradition. Obgleich sein technischer Inhalt dem der chinesischen Texte ähnlich ist – Positionen, Aphrodisiaka, magische Rezepte, Liste der anatomischen und charakterlichen Verträglichkeiten und Unverträglichkeiten –, sind die Unterschiede unverkennbar. Erstens ist es kein Lehrbuch ehelicher sexueller Beziehungen, obgleich es Bemerkungen über die verheirateten Frauen enthält, sondern es umfaßt die ganze Skala des Geschlechtsverkehrs zwischen Männern und Frauen: die Verführung der ledigen Mädchen ebenso wie den Umgang mit Kurtisanen, Witwen und geschiedenen Frauen. Der größte Unterschied zu China: es enthält ein ganzes Kapitel, das ausdrücklich dem Ehebruch gewidmet ist. Das Thema des Buches ist unumwunden die Lust, und eher auf der Straße als zu Hause. Die Lust als eine Kunst verstanden, und als eine Kunst zivilisierter Menschen. Der Ton ist vorwiegend technisch: wie sich selbst und dem anderen Genuß verschaffen, und ästhetisch: wie das Leben verschönern und die Gefühle stärker und nachhaltiger machen. Es gibt nicht die geringste Besorgnis, weder um die Gesundheit, ausgenommen als Bedingung der Lust, noch um die Familie und um die Unsterblichkeit. Zweifache Abwesenheit: von Moral und Mystik, von Politik und Religion.

Ich kenne kein Buch, das weniger utilitarisch und weniger religiös ist als das *Kāmasūtra.* Ähnliches gilt für die anderen Texte der indischen Erotik, solche wie das *Kokaṣātra* und das *Anangaranga.* In keinem von ihnen wird die Zurückhaltung des Samens erwähnt, obgleich natürlich empfohlen wird, den Akt so lange wie möglich auszudehnen und die entsprechenden Ratschläge gegeben werden. Bücher erotischer Ästhetik und des richtigen Benehmens im Schlafzimmer: ihr Äquivalent, in einem anderen Kontext, dürfte der *Cortegiano* von Castiglioni sein. Die chinesischen Bücher gehörten zur Heilkunde, und unter dieser Rubrik figurierten sie in den alten Katalogen. Die indischen waren ein Zweig der weltlichen Künste, wie die Kunst der Kosmetika und der Parfums, das Bogenschießen und die Kochkunst, die Musik und der Gesang, der Tanz und die Pantomime. Ein weiterer, ebenfalls wesentlicher Unterschied: sie richteten sich nicht an den religiösen Menschen, auch nicht an das Familienoberhaupt, sondern an den eleganten Dandy und die reiche Kurtisane. Diese beiden Typen sind zudem die Helden der Erzählungen, Romane und Gedichte der großen *kāvya*-Literatur. Louis Renou bemerkt ganz richtig, daß die Lehrbücher der Erotik (mehr als die erotologischen) überaus nützlich waren für die Schriftsteller, Dichter und Dramatiker, »die die Theorie des *kāma* geradesogut kennen mußten wie die des *alamkara* (Rhetorik) und der Grammatik. Tatsächlich zeugt die ganze schöngeistige Literatur des klassischen Indien von einer sehr großen Vertrautheit mit der Erotik«.[4] Handbücher der Sexualtechnik, Bücher der erotischen Courtoisie, Katechismen der eitlen und verfeinerten Eleganz: die Sinnenfreude als ein Zweig der Ästhetik.

Der Vergleich der chinesischen erotischen Alchimie mit den tantrischen Texten deckt Verschiedenheiten anderer Art auf, die jedoch nicht weniger grundlegend sind. Die Alchimie fehlt natürlich auch bei den Tantras nicht, und wie im Taoismus bezweckt sie die Vereinigung der männlichen mit der weiblichen Flüssigkeit. Doch dient die Vereinigung in den beiden Fällen verschiedenen Zwekken. Im Tantrismus ist sie ein Mittel, die Erleuchtung und, subsidiär, gewisse magische Kräfte (*siddhi*) zu erlangen; im Taoismus ist der Hauptzweck die Unsterblichkeit. Das Ziel des Taoisten ist es, den Naturzustand wiederzuerlangen, weil unsterblich sein unter anderem bedeutet, wieder eins zu werden mit der rhythmischen Bewegung des Kosmos, sich unaufhörlich zu erneuern, wie das Jahr und seine Jahreszeiten, das Jahrhundert und seine Jahre. Der sogenannte Quietismus der Taoisten ist untätig, nicht unbeweglich: der Weise ist gleich der Natur, die unerschütterlich und unermüdlich kreist, ständig sich verändernd und immer zu ihrem Anfang ohne Anfang zurückkehrend. Das Ideogramm der sexuellen Vereinigung im *I Ging* ist *Chi-chi*: oben das Triagramm *K'an* (Wasser, Wolke, Frau) und unten das Triagramm *Li* (Feuer, Licht, Mann). Es ist ein Augenblick und eine Situation im natürlichen Kreislauf: der Chinese trachtet nicht, wie der Inder, danach, ihn anzuhalten, sondern wünscht ihn in dem Augenblick, den die Verbindung der Zeichen angibt, zu wiederholen. Wenn das All zyklisch und fließend ist, muß die Un-

---

4 Louis Renou, *L'Inde Classique*, Paris 1953.

sterblichkeit Leben sein, das fließt und zurückfließt. Der Ablauf des Westens, der Rücklauf Chinas ...
Der Inder negiert den Lauf und den Verlauf; alle seine Praktiken und Meditationen zielen darauf ab, den Ablauf und seinen Rücklauf aufzuheben: das Rad der Wanderungen anzuhalten. Der Taoist fließt mit dem Fließen des Kosmos: unsterblich sein heißt, den Kreislauf zu durchlaufen und zugleich unbeweglich in seiner Mitte zu verharren. Es ist ein Paradox, das so gut ist wie das christliche oder buddhistische Paradox. Es ist so gut wie sie und es ist unvergleichlich weiser als der verrückte Lauf unseres Fortschritts, dieses blinde und hochmütige Vorrücken von einem unbekannten Punkt zu einem anderen, ebenfalls unbekannten Punkt. Das taoistische *hsü* ist ein Zustand der Ruhe, der Freiheit und der Leichtigkeit, gefeit gegen den Lärm von draußen. Es ist nicht die Leere des Buddhismus, obgleich es auch ein Zustand der Leere ist. Eher ist es das Fließende, das Nicht-Determinierte, das, was sich ändert, ohne sich zu ändern, das, was nie stillsteht und unbeweglich ist. Vereinigung und trotzdem Distanz, wie der Nebel in einer Sung-Landschaft oder diese Zeile von Su Tung-P'o: »Boatmen and water birds dream the same dream.«[5] Sie träumen den gleichen Traum, aber sie sind nicht das gleiche. Drei Haltungen: der Inder negiert die natürliche Zeit des Taoisten und die historische Zeit des Konfuzius, er opfert sie auf dem Altar der Leere oder der Nicht-Dualität; Konfuzius absorbiert die natürliche Zeit und ihre Essenz: das *ch'i*, um es in historische Zeit zu verwandeln: Familie, Gesellschaft, Staat; der Taoist negiert die historische Zeit und die Kultur, um dem Rhythmus der natür-

5 *Sun Tung-P'o*, übersetzt von Burton Watson, Columbia University Press, 1965.

lichen Zeit zu folgen. Die Unterschiede zwischen dem konfuzianischen und dem taoistischen Verhalten sind Abweichungen; die Unterschiede zwischen ihnen und dem indischen Verhalten, ob religiös oder profan, bilden einen echten Gegensatz, bei dem die Ähnlichkeiten unbedeutend werden. Das Verwunderliche ist nicht, daß es Anleihen der einen Kultur bei der anderen gegeben hat, sondern daß ein und dieselbe Praktik, das Zurückhalten des Samens, Gegenstand derart entgegengesetzter Verarbeitungen und Lehren gewesen ist.

Der Tantrismus negiert die historische Zeit und die natürliche Zeit. So ist die Verbindung zwischen den Zeichen *Körper* und *Nicht-Körper* trotz des übertriebenen Materialismus ihrer Praktiken gleichbedeutend mit einer Entkörperlichung. Der Taoismus negiert die historische und moralische Zeit: er trachtet danach, sich in der kosmischen Zeit zu reintegrieren und eins zu werden mit dem zyklischen Rhythmus des Himmels und der Erde, die sich abwechselnd umarmen und trennen. Es ist ein anderer Fall von Verbindung, wenn auch weniger extrem als die des buddhistischen und Hindu-Tantrismus. Weniger extrem und fruchtbarer. Abgesehen von den taoistischen Klassikern, die zu den schönsten und tiefsten Büchern aller Kulturen zählen, ist diese Lehre gleichsam ein heimlicher Fluß gewesen, der jahrhundertelang nicht aufgehört hat zu fließen. Sie inspirierte fast alle großen Dichter und Kalligraphen, und wir verdanken ihr die beste chinesische Malerei, ganz zu schweigen von ihrem Einfluß auf den *Ch'an*-Buddhismus, bekannter unter seinem japanischen Namen Zen. Vor allem war sie jahrhundertelang das Gegengewicht zur konfuzianischen Orthodoxie; dank dem Taoismus war das chinesische Leben nicht allein eine endlose und komplizierte Zeremonie, ein Gewebe von Kniefällen und Pflichten. Dschuang-dsi war das Salz dieser Kultur; das Salz und die offene Tür zum Unendlichen. Aus all diesen Gründen geht es nicht an, den Taoismus mit dem Tantrismus zu vergleichen, der schließlich nur die letzte Phase des Buddhismus ist; der Vergleich muß zu den großen Mahayana-Schulen (*Mādhyamika* und *Vijñāna*) gezogen werden. Die buddhistische Verbindung ist aktiv und willentlich; die taoistische passiv und unbewußt. Der Buddhismus schuf eine strenge Logik, die weniger komplex ist als die moderne symbolische Logik; der Taoismus war unsystematisch und ästhetisch. In der buddhistischen Verbindung nimmt das Zeichen *Nicht-Körper* die logische Form des Prinzips der Identität an: *nirvāṇa* ist *samṣāra*; in der taoistischen lösen sich der Skeptizismus und der Humor im *Nicht-Körper* auf: sie ist eher eine Poetik als eine Metaphysik, eher ein Weltgefühl als eine Idee. Die Unfähigkeit des Taoismus, Systeme von dem Reichtum und der Komplexität des Buddhismus zu schaffen, schützte ihn: er erstarrte nicht zu einer Dogmatik und war wie »das Wasser des Tals«, das in seiner Ruhe alle Veränderungen des Himmels spiegelt. Doch sie hinderte ihn auch daran, sich selbst zu kritisieren, sich zu negieren und sich zu verwandeln. Langsam geriet er in Verfall und vermischte sich und verschmolz schließlich mit dem gröbsten Aberglauben des gemeinen Volks. Der Taoismus hörte auf zu fließen: er stagnierte.

Eine kürzlich erschienene bemerkenswerte Studie von Louis Dumont über das Kastensystem der Hindu (*Homo hierarchicus*, Paris 1966) bestätigt unerwartet, wenigstens für mich, die Überlegungen, die ich über die Schwierigkeit angestellt habe, die dem Westen das atheistische Sein und, in entgegengesetztem, doch symmetrischem Sinn, Indien das deistische Sein stellen. Der französische Orientalist weist darauf hin, daß die Kasten keine Einheiten oder Elemente sind, in dem Sinn, in dem es das Proletariat, die Bürokratie, die Streitkräfte oder die Kirche sind: Körperschaften, soziale Wesen, vollkommene und von den anderen sich unterscheidende Individuen. Die Kasten definieren sich nicht als Substanzen, sie sind keine *Klassen*, sondern Beziehungsgefüge. Gewiß, jede Kaste besitzt eigene Charakteristiken: Territorium, Beschäftigung, Funktion, Regeln der Ernährung und der Ehe, Zeremonien, Rituale, usw. All diese Besonderheiten sind für die Kaste nicht wirklich konstitutiv: sie definieren ihre Beziehung zu anderen Kasten. Sie sind Zeichen ihrer Stellung in dem Gefüge, differenzierende, keine konstitutiven Merkmale. Was eine Kaste ausmacht, ist das allgemeine System; was sie definiert, ist ihre Stellung innerhalb des Systems. Es ist eine der unseren entgegengesetzte Auffassung: für uns konstituiert der einzelne die Gesellschaft, und sowohl er als auch sie definieren sich als selbstgenügsame Einheiten. Im Westen ist die Gesellschaft entweder eine Verbindung von einzelnen oder eine Totalität, so etwas wie ein kollektiver Einzelner. Wenn die Politiker das Volk auffordern, »wie ein Mann« zu marschieren, wiederholen sie nicht nur einen Gemeinplatz: sie sagen, daß die Gruppe ein einzelner ist. Das, was die Engländer »the political body« nennen. Bei uns ist die Nation eine Projektion des einzelnen; in Indien ist der einzelne eine Projektion der Gesellschaft. Unser öffentliches Recht kristallisiert in der *Konstitution*, ein Wort, das von *stare* kommt: stehen, unbeweglich und fest. Es verrät den kollektiven Willen, sich als ein einziges Wesen, als ein einzelner zu konstituieren. In Indien finde ich nichts dergleichen. Alle politischen und moralischen Auffassungen – von der Institution der königlichen Würde und dem System der *varnas* bis zu *dharma* – kennen nicht die Idee der Gesellschaft als unitärer Wille. In den Sprachen Indiens gibt es kein Wort, das die Realität bezeichnet, die wir Nation nennen.

Das Modell des Westens ist die unteilbare Einheit, handle es sich um Metaphysik (das Sein), Psychologie (das Ich) oder um die soziale Welt (die Nation, die Klasse, die politischen Körperschaften). Ein Modell, das übrigens nicht der Wirklichkeit entspricht und das von dieser ständig zerstört wird: die Dialektik, die Poesie, die Erotik, die Mystik und, im Bereich der Geschichte, der Krieg und die inneren Konflikte sind die violenten und jähen Formen, mit denen das Anderssein das Eine an seine Existenz erinnert. Die große Entdeckung des modernen Denkens in seinen verschiedenen Zweigen – von der Physik, Chemie und Biologie bis zur Linguistik, Anthropologie und Psychologie – besteht ja gerade darin, daß es anstatt eines irreduziblen letzten Elements eine Relation, einen Komplex instabiler und sich auflösender Teilchen gefunden hat. Die Einheit ist pluralistisch, kontradiktorisch, in ständiger Veränderung und substanzlos. Mithin ist das zeitgenössische Denken weit davon entfernt, die Annahmen zu bestätigen, die die zentrale Tradition des Westens beeinflußten. Dagegen ist der Archetyp Indiens, seine geistige Grundstruktur, die

Pluralität, der Flux, die Relation; so wie die Elemente Verbindungen sind, ist der einzelne eine Gesellschaft. Die Ideen der gegenseitigen Abhängigkeit und der Hierarchie sind die natürliche Folge des Begriffs der Relation. Wir begreifen das System als Individuum; die Hindu sehen das Individuum als System. Unsere Idee der Gemeinschaft der Nationen ist die einer Versammlung von Gleichen, nach dem Recht, wenn auch nicht in Wirklichkeit; das Kastensystem postuliert eine hierarchische gegenseitige Abhängigkeit. Im Westen: Individualismus, Gleichheit, Rivalität; in Indien: Relation, gegenseitige Abhängigkeit, Hierarchie. Unsere Konzeptionen sind inspiriert von der Idee der Substanz; das Kastensystem ermangelt der Substanz: es ist eine Kette von Relationen. Wenn wir sagen, daß die Welt der Kasten eine Welt der Relationen ist, sagen wir damit, daß »la caste particulière, l'homme particulier, n'ont pas de substance; ils existent empiriquement, ils n'ont pas d'être ... L'individu n'est pas. C'est pourquoi, pour les Hindoues euxmêmes, dès qu'ils prennent un point de vue substantialiste, tout y compris les dieux, est irréel: l'illusionisme est ici en germe, sa popularité et celle du monisme ne sauraient étonner.« Doch bevor wir sehen, wie das philosophische Denken die Götter auflöst, wollen wir sehen, wie diese in der Vorstellung des Volkes aussehen.

Oft haben meine Hindu-Freunde versucht, mir den Polytheismus mittels einer einfachen und im Grunde europäischen Formel zu erklären: die Götter sind Manifestationen des Göttlichen. Die Erklärung sagt uns nicht, warum sich die Namen der Götter von Region zu Region und von Kaste zu Kaste ändern. Wollte man in diesem Phänomen einen Aspekt des Synkretismus sehen, hieße das, anstatt einer Interpretation einen Namen bieten: der Synkretismus müßte seinerseits erklärt werden. Zudem wechseln die Götter auch ihre Hierarchie und ihre Bedeutung: hier sind sie Schöpfer, dort sind sie Zerstörer. Diese Veränderungen stehen in Beziehung zum Kalender: es gibt eine Rotation der Gottheiten, einen göttlichen Umlauf ähnlich dem Umlauf der Gestirne. Die Interpretation der modernen Hindu – die Namen wechseln, doch der Gott bleibt der gleiche – ist unvollständig und auch wieder europäisch: sie verleihen den Gottheiten Substanz, machen sie zu Individuen. Wahr scheint das Gegenteil zu sein: die Götter sind austauschbar, weil sie substanzlos sind. Sie sind verschieden und sind die gleichen, weil sie keine autonome Existenz besitzen; ihr Sein ist nicht wirklich Sein: es ist die vorübergehende Verdichtung eines Komplexes von Beziehungen. Der Gott ist nur ein Bündel Attribute – des Wohlwollens, des Unheils und der Indifferenz –, die innerhalb eines bestimmten Kontextes aktualisiert werden. Die Bedeutung des Gottes – die Aktualisierung dieser oder jener Attribute – hängt ab von seiner Stellung innerhalb des allgemeinen Systems. Da das System in ständiger Rotation ist, ändert sich auch ständig die Stellung der Götter. Eine andere Besonderheit: der Gott tritt fast immer in Begleitung seiner Genossen auf, deren er für gewöhnlich zwei hat. Die Dualität, im Tantrismus grundlegend, beherrscht das ganze religiöse Leben der Hindu: das Männliche und das Weibliche, das Reine und das Unreine, die rechte und die linke Seite. Schließlich ist der Gott Besitzer eines »Fahrzeugs« – der Stier von Shiva, die Ratte von Ganesha, der Löwe von Durga – und ist umgeben von einer Menge von Verwandten und Parasiten. Jedes Paar herrscht über einen Schwarm geringerer Gottheiten. Der einzelne Gott, das Paar, der Schwarm: keine Individuen, sondern Beziehungen.

Das Hindu-Pantheon ist ein Komplex von Schwärmen,

ein System von Systemen. Es reproduziert so gewissermaßen das Kastensystem. Trotzdem wäre es ein Fehler, es als ein reines Abbild der Sozialstruktur zu betrachten, wie ein elementarer Marxismus das gern möchte: das Kastensystem seinerseits beruht auf der Unterscheidung zwischen dem Reinen und dem Unreinen. Die Hindu-Gesellschaft ist religiös und die Hindu-Religion sozial. Alles entspricht einander. Das Göttliche ist nicht die Emanation eines Gottes; auch ist es keine unpersönliche Substanz, kein Fluidum. Das Göttliche ist eine Gesellschaft: ein Beziehungsgefüge, ein Magnetfeld, ein Satz. Die Götter wären so gleichsam die Atome, die Zellen oder die Phoneme des Göttlichen. Hier muß ich eine Kritik an Dumonts Theorie äußern. Mir scheint, daß ihr etwas Wesentliches fehlt: die Beschreibung dessen, was die menschliche Gesellschaft von der göttlichen unterscheidet. Es gibt ein differentiales Element, ein Merkmal, ein Zeichen – es gibt etwas, das das Heilige vom Profanen, das Reine vom Unreinen, die Kasten von den göttlichen Schwärmen trennt. Dumont sagt uns, wie das System funktioniert und worin seine Struktur besteht, doch er sagt uns nicht, *was es ist.* Seine Definition ist nicht ungenau: sie ist formal, sie vergißt den Inhalt des Phänomens, das sie untersucht. Ich will diesen Punkt nicht länger erörtern, denn was mich interessiert, ist nicht die Phänomenologie des Hinduismus, sondern die Lösung, die für das gleiche Problem die Brahmanen und das philosophische Denken Indiens hatten.

Die Frage kann, etwas brutal, so formuliert werden: Was ist das Heilige? Die Antwort, so alt wie die *Upanishaden*, ist schlicht und kategorisch: Es gibt ein unpersönliches Sein, stets identisch mit sich selbst, ein Sein, das nur ist, und das undurchlässig für die Veränderung ist, und in dem alle Götter, Wirklichkeiten, Zeiten und

Wesen sich auflösen und resorbiert werden: Brahman. Diese Idee reduziert die himmlische und die irdische Welt, die Zeit und den Raum auf eine phantasmagorische Irrealität. Später wurde sie durch eine andere ergänzt: das Sein des Menschen, *Atman*, ist identisch mit dem Sein der Welt. Das Subjekt war damit abgeschafft. Ich mache darauf aufmerksam, daß dieser absolute Monismus eine nicht minder absolute Negation der Wirklichkeit und der Zeit verlangt. Darüber hinaus: das unveränderliche und unzerstörbare Sein kann allein mittels der Negation definiert werden; es ist nicht dies noch das, noch jenes: *neti, neti.* Es ist nicht das Ganze, noch die Teile; es ist nicht Transzendenz und auch nicht Immanenz; es ist nirgendwo und ist immer und überall. Die Negation öffnete dem Pluralismus *Samkhya* und dem Buddhismus Tür und Tor: es genügte, die Kritik der Veränderung und die der Wirklichkeit auf die Idee von Brahman und die korrelative Idee von Atman anzuwenden. Der Buddhismus griff energisch durch: weder Sein noch Ich, alles ist Kausalzusammenhang. Der Pluralismus *Samkhya* postulierte eine Natur ohne Götter (*Prakrti*) und individuelle Seelen (*Purusa*). Zwischen diesen beiden Extremen, einem absoluten Monismus und einem ebenso absoluten Pluralismus, entfaltet sich der Fächer des Denkens der Hindu. So groß die Unterschiede zwischen der einen und der anderen Position zu sein scheinen, heben sie sich alle auf oder versöhnen sich in ihrer Endphase: *Moshka, Nirvana.* Die Vernichtung, Resorption oder Befreiung des individuellen Ich impliziert das Verschwinden eines der Begriffe: Abschaffung der Veränderung, der Dualität, der Zeit, der irrealen Wirklichkeit des Ich. Selbst die *Bakthi* – die Liebesvereinigung des frommen Menschen mit seiner Gottheit – bildet keine Ausnahme: so individuell und substantialisiert Krishna uns erscheint, ist er doch nur eine Verkörperung von Vishnu, eine Manifestation des unpersönlichen Seins, so wie die bekannte und eindrucksvolle Passage in der Bhagavad-Gita ihn schildert. In allen Fällen: Sieg des Einen.

Der außerordentliche Versuch des spekulativen Denkens, dem göttlichen System eine Substanz zu geben, die Relation in distinktes und selbstgenügsames Sein zu verwandeln, gipfelt in einem expliziten (*Vedanta*) oder impliziten (*Madhyamika*-Buddhismus) Monismus. Wie es scheint, vereinfache ich, doch nicht sehr; einerseits: alle Pluralismen münden in die Idee von Moshka oder Nirvana und werden so nichtig; andererseits ist der Gegensatz zwischen dem Hinduismus und dem Buddhismus – in ihren extremsten Formen: der Monismus von Sankara und der Relativismus von Nagarjuna – ein komplementärer Gegensatz. Die weiße oder die schwarze Version ein und desselben Denkens, das mit gleicher Strenge die Irrealität alles dessen postuliert, was nicht das Sein ist, oder die Irrealität alles dessen, was nicht die Veränderung ist. Die Affirmation des Seins wird realisiert mittels absoluter Negationen: weder dies noch jenes; die Affirmation der Veränderung ist ebenfalls negativ und absolut: »In primitive Buddhisme all elements are interdependent and real; in the new Buddhisme, they are unreal because they are interdependent«.[1] Das Sein und *Sunyata* (Leere) sind identisch: nichts kann man ihnen attribuieren, außer der Silbe *Nicht*. Im Sanskrit kann man für Null *sunya* (leer), aber auch *purna* (voll) sagen.

Man kann jetzt ermessen, worin der Übergang von der Relation zur Einheit besteht. Die Relation verschwindet,

---

1 T. Scherbatsky, *Buddhist Logic*, 1962.

sei es durch Absorption im Sein oder durch Dispersion im Nicht-Sein; sie verschwindet, doch sie verwandelt sich nicht in Substanz. Keiner der beiden Begriffe, in die sie sich auflöst, Sein oder Leere, haben irgendeine Ähnlichkeit mit den korrelativen Begriffen des westlichen Denkens: Prinzip des zureichenden Grundes, Ursache, Seinsgrundlage, *raison d'être*. Weder das Sein der Vedanta noch die Leere des Buddhismus sind konstituierend; im Gegenteil: sie sind auflösend. Mit ihnen beginnt der Mensch nicht: mit ihnen endet er. Sie sind die letzte Wahrheit. Sie sind nicht am Anfang wie das Sein, die Energie, der Geist oder der christliche Gott; sie sind jenseits, in einer Region, die nur die Negation bezeichnen kann. Sie sind die Befreiung, das Unbedingte; weder Tod noch Leben, sondern die Freiheit in der Kette von Sterben und Leben. In Wirklichkeit sind sie keine ontologischen Begriffe, wenigstens nicht nach westlicher Denkart. Brahman mit Sein und Sunyata mit Leere zu übersetzen, ist mehr als nur eine sprachliche Ungenauigkeit: es ist eine geistige Ungenauigkeit.

Eine der Folgen dieser Art zu denken ist, daß das Problem der Zeit und das der Schöpfung in den Hintergrund treten. Die Idee einer irreversiblen Zeit und mithin die eines Schöpfergottes dieser Zeit gehören, genaugenommen, nicht zur Logik des Systems. Es sind überflüssige Ideen, aus der Illusion entstandene Vorstellungen oder Merkwürdigkeiten der Sekten. Es stimmt, daß der persönliche Gott im religiösen Leben der Hindu eine Rolle ersten Ranges spielt, doch wie ich schon sagte, erscheint er immer als Manifestation oder Verkörperung einer anderen Gottheit, die ihrerseits nur eine Relation in dem Komplex von Beziehungen ist, der das göttliche System bildet. Aus der Perspektive der Spekulation der Hindu ist der Deismus ein sekundäres Phänomen. Er ist es in doppelter Hinsicht: zum einen: »the ultimate Absolute presumed by the Indian is not a personal god but an impersonal Principle«, wie Hajime Nakamura[2] sagt; zum anderen ist Gott Schöpfer nur irrtümlich oder versehentlich, getäuscht von der Macht der Illusion (*maya*). Oder, worauf Nakamura selbst hinweist: »there is no maya in god himself but when he creates the world ... maya attaches itself to him. *God is an illusory state.*« Gott hat kein Sein: hat er dieses Prinzip, wovon der japanische Gelehrte spricht?

Auch wenn wenige mit mir übereinstimmen werden, glaube ich, daß der Hindu-Brahman unserer Idee des Seins nicht entspricht: er ist ein unpersönlicher, leerer, substanzloser Begriff – der andere Pol und das Komplement der Idee der Relation. Um es klarzumachen: das Gegenteil von Sein ist das Nicht-Sein, und auf diesem Paar gründet das Gebäude der griechischen und europäischen Metaphysik; das Gegenteil von Relation ist das Fehlen von Relation, die Nullität, die Null (*sunya*). Der absolute Hindu, Brahman, hat keine Relationen; der absolute Buddhist, Sunyata, kennt nur irreale Relationen. Beide definieren sich durch etwas Abwesendes, und beide eliminieren oder absorbieren den Begriff des Gegenteils: sie annullieren die Relation. Im Westen liegt der Akzent auf der Affirmation: wir sehen das Nicht-Sein vom Sein her; in Indien liegt er auf der Negation: sie sehen die Relation – die menschliche und die göttliche Welt – von einem Absoluten her, das als Negation definiert wird oder das die Negation selbst ist. Das Nicht-Sein des Westens ist dem Sein untergeordnet, es ist *Mangel* an Wirklichkeit; die Relation der Hindu, der Lebensstrom, ist der Null untergeordnet, ist ein irrealer Über-

2 Hajime Nakamura: *Ways of thinking of Eastern peoples*, 1964.

fluß. Im ersten Fall ist die Einheit des Seins positiv; im zweiten ist sie negativ. Daher ist Brahman dem Wesen nach identisch mit Sunyata: beide sind das *Nicht*, das das Absolute sowohl der Relation – Welt, Zeit, Götter – als auch dem diskursiven Denken entgegensetzt. Wir neigen dazu, den Gegensatz zwischen Brahman und Sunyata, zwischen der Theorie des *atman* (Sein) und der des *anatma* (Nicht-Sein) zu überschätzen, weil wir diesen Gegensatz in Begriffen der westlichen Metaphysik begreifen. So beklagt Raymundo Panikar, daß »zwischen dem Parmenides Indiens und seinem Heraklit noch kein Aristoteles erschienen ist, der zeigt, wie das Sein, das in Bewegung ist, sich ändert und noch nicht Brahman, auch nicht irreale Nullität ist«.[3] Noch einmal die Vermittlung ist unmöglich, weil der Gegensatz nicht besteht zwischen Sein und Nicht-Sein, noch zwischen Sein und Veränderung, sondern zwischen zwei Begriffen, die aus etwas entstehen, das der griechischen und europäischen Tradition völlig fremd ist. Das Denken des Westens geht aus von der Idee der Substanz, des Dinges, des Elements, des Seins; das Indiens von der Relation, der gegenseitigen Durchdringung, der Wechselwirkung, des Fluxes. Daher definiert es das Absolute als Ende der Veränderung, das heißt, als Negation der Relation und des Handelns. Indien negiert das Sein nicht: es kennt es nicht. Es negiert die Veränderung: sie ist *maya*, Illusion. Das europäische Denken negiert nicht die Relation: es kennt sie nicht. Es affirmiert die Veränderung: sie ist das Sein in seiner Entfaltung oder seiner Manifestation.

Die Negation und der Stillstand oder die Unbeweglichkeit sind zwei konstante Wesenszüge des Denkens in

3 Raymundo Panikar, *Maya e Apocalisse*, Rom, 1966.

Indien, bei den Hindu ebenso wie bei den Buddhisten. Nakamura betont die Vorliebe der Inder für die negativen Ausdrücke; es gibt sie in reichem Maße sowohl im Sanskrit und Pali als auch in den modernen Idiomen. Wo ein Europäer sagt »Sieg oder Niederlage«, sagt ein Inder »Sieg oder Nicht-Sieg«. Anstatt Friede »Nicht-Gewalt«, und »Nicht-Trägheit« anstatt Fleiß. Die Veränderung ist »Impermanenz«, und derjenige, der die Erleuchtung oder Befreiung erlangt hat, »geht zu einem Nicht-Treffen mit dem König der Toten«. Die Verneinung abstrahiert, entpersönlicht, entzieht den Ideen, den Namen, den Taten die Substanz. Nagarjuna formulierte seine ganze Lehre in acht Negationen. Wenn das Wirkliche Negation ist, ist die Veränderung irreal. Für uns ist das Wirkliche positiv, und daher ist die Veränderung kein Synonym für Irrealität. Die Veränderung kann eine unvollkommene Form des Seins *in bezug* auf das Wesen sein, doch sie ist keine Illusion. Für den Hindu ist die Veränderung eine Illusion, weil sie *keinen Bezug* zum Absoluten hat. Das Bemerkenswerteste – der tiefste Gedanke – ist die Gleichsetzung der Wirklichkeit mit der Negation. Auch ist bemerkenswert die statische Auffassung der Veränderung. Der Grieche sagt: alles fließt; der Hindu: alles ist impermanent. Im Westen ist es schwer, das Nichts zu denken, und Heidegger hat gezeigt, daß es tatsächlich undenkbar ist: es ist die unauslotbare Tiefe, über der das metaphysische Denken rüttelt. In Indien ist es schwer, das Sein zu denken. Die Essenz, die Wirklichkeit der Wirklichkeiten, hat keine Gestalt und keinen Namen. Für Platon ist das Wesen die *Idee*: eine Gestalt, ein Archetyp. Die Griechen erdachten die Geometrie; die Hindu die Null. Für uns ist die Religiosität der Hindu atheistisch. Ein Hindu wird sagen können, daß selbst unsere Wissenschaft und unser Atheismus vom Deismus durchdrungen sind. Die Zeit und die Veränderung sind für uns real, weil sie Formen des Seins sind – ein Sein, das aus dem Chaos oder dem Nichts auftaucht und das sich als eine Erscheinung entfaltet. Die Gottheiten des Westens sind Präsenzen, die Energie emanieren. Die Gedanken von Rudolf Otto über das Numinose haben zum Grund, daß wir Gott als magnetische Präsenz empfinden. Das Göttliche ist das Fluidum der Gottheit, das von ihr Erzeugte. In Indien ist der Gott das Produkt des Göttlichen. Schließlich konzentriert sich das Göttliche bei uns in der Person; bei den Hindu löst es sich auf im Unpersönlichen.

Nagarjunas Dialektik ist die universale Negation: der Weg zur Leere; in der Dialektik Hegels ist die Negation ein schöpferisches Moment des Prozesses, die Negativität ist bei ihm der Weg zum Sein. In der Hegelschen Dialektik ergibt sich der Widerspruch nicht aus »absoluter Nullität oder dem Nichts: er ist wesentlich eine Negation seines eigenen Inhalts«.[1] Die westliche Philosophie hat die dem Begriff inhärente Negativität nie ignoriert, doch sie hat in ihr nur einen Aspekt der Idee gesehen, das Sein oder die Realität, nicht ein Absolutes und noch weniger das Absolute. So hat der Westen die schöpferische Negation erdacht, die revolutionäre Kritik, den Widerspruch, der ebenjenes, das er negiert, affirmiert. Indien hat die Befreiung durch die Negation ersonnen und hat diese zum namenlosen Ursprung aller Lebewesen gemacht. Diese beiden einander entgegengesetzten Anschauungen haben ihrerseits zwei Arten von Weisheit, zwei Modelle des geistigen Lebens geschaffen: der Befreier und der Befreite. Für den letzteren ist die Erkenntnis ein Instrument der Entsagung: er will sich nicht konstituieren, sondern sich aufgeben; für den ersteren ist sie eine Waffe der Schöpfung: er will mit sich selbst und mit der Welt wieder eins werden. Der Hindu übt die Negation als eine innere Methode: er will die Welt nicht retten, sondern sie in sich selbst zerstören; der Europäer wendet sie als eine Durchlöcherung der Wirklichkeit an, als ein Mittel, die Welt sich zu eigen zu machen: dank der Negation verändert der Begriff die Welt und macht sie sich zu eigen. Der Befreite benutzt die Erkenntnis als Lehre

1 T. Scherbatsky, *Buddhist Logic* (in dem Kapitel über die Dialektik: *European parallels*: *Kant and Hegel*).

des Schweigens; der Befreier bedient sich ihrer, um das unfügsame Wort dem Gesetz der Vernunft zu unterwerfen. Der Hindu behauptet, daß die Sprache, wenn sie eine bestimmte Ebene erreicht, der Bedeutung ermangelt; der Abendländer hat verfügt, daß das, was der Bedeutung ermangelt, auch keine Wirklichkeit besitzt. In Europa bestimmt die Erkenntnis die Ursachen und die Strukturen, und sie ist ein so feines Meßinstrument, daß sie selbst aus der Unbestimmtheit wenn nicht schon ein Gesetz, so doch ein Prinzip gemacht hat. In Indien steht die Negation, die nicht minder subtil ist als die des Westens, obgleich sie auf andere Phänomene angewandt wird, im Dienst der Unbestimmtheit: es ist ihr Amt, uns die Türen des Unbedingten zu öffnen ... Aber vielleicht zieht man die Parallele besser aus der Perspektive der Anthropologie. Ich werde einmal mehr auf das Buch von Dumont zurückkommen, das ein vorzüglicher Führer ist.

Indem er die moderne westliche Gesellschaft mit jener der Hindu vergleicht, entwirft der französische Anthropologe, nach Art seines Lehrers Lévi-Strauss, ein Bild symmetrischer Gegensätze. Das Wesentliche in Indien ist das religiöse Paar des Reinen und Unreinen, und auf dieser Unterscheidung gründet das soziale Gebäude: die hierarchische Gesellschaft (gegenseitige Abhängigkeit und Trennung der Kasten); im Westen ist das Wesentliche der areligiöse Begriff des Individuums, und auf ihm gründet die Konzeption der egalitären Gesellschaft und die Idee der Nation. In Indien ist die Gesellschaftsstruktur religiös; in Europa ist sie politisch-ökonomisch. Mithin ist das Nebensächliche in der Welt der Hindu das Politisch-Ökonomische, und bei uns ist es die Religion (eine Privatsache). Die Gegensätze, auch die Nebensachen, sind in Indien die Sekten, im Westen die

Totalitarismen, die Rassismen, die Klassen und die Hierarchie (Reste des Adels, die Streitkräfte, die Kirche, usw.). Alle diese Gegensätze resümieren sich in zwei größeren: der Mensch als Gesellschaft (der hierarchische Mensch) und die Gesellschaft als Individuum (der egalitäre Mensch). Die hierarchische Gesellschaft ist total, doch nicht totalitär, und so hat sie sich für den individuellen Menschen einen Ausweg ausgedacht: das freie Leben des *Sanyasi,* des *Sadhu* und des buddhistischen oder jainitischen Mönchs. Diese Freiheit wird erlangt durch den Verzicht auf die Welt: auf die Pflichten und Vorteile der Kaste. Dumont findet in der westlichen Welt nichts Gleichwertiges. In der Tat war das Ideal des Weisen im Altertum so eng mit der Idee der »polis« verbunden, daß man nicht extra auf den sozialen Charakter der griechisch-römischen Weisheit hinzuweisen braucht. Während der Blütezeit des Christentums entfaltete sich die Tätigkeit der Heiligen und Mönche in der Welt, obgleich sie einer überweltlichen Sache und Wahrheit dienten. Dagegen lebt der Sanyasi in Indien tatsächlich außerhalb der Gesellschaft: er entzieht sich ihren Regeln, und sein Tun zielt weder auf die Reform der Welt noch auf die Rettung der Seelen ab.[2] Gibt es im heutigen We-

2 Allerdings waren wir, die wir in Delhi lebten, 1966 Zeuge einer Demonstration, die angeführt wurde von mehreren Hunderten von *Sadhues*, die sich vor den Türen des indischen Parlaments mutig mit der Polizei schlugen. Es handelte sich um einen Protest gegen das Schlachten von Kühen; um einen religiösen Akt also. Ich leugne nicht, daß in diesem Fall, wie in anderen auch, eine Ansteckung durch die Methode des Westens vorliegt, wenn auch nicht durch die Ideen. Außerdem möchte ich darauf aufmerksam machen, daß die egalitäre Ideologie das Kastensystem zwar nicht zerstört hat, doch daß sie es sehr gefährlich machen kann: an einigen Orten handeln die Kasten bereits als Individuen und sind geschlossene politische Körperschaften geworden. Der Egalitaris-

sten etwas, das sich mit der Institution des Sanyasi vergleichen läßt? Dumont glaubt es nicht. Ich glaube doch: der rebellierende Künstler und der Berufsrevolutionär. Obgleich es zwei Typen von Menschen sind, die in den Industriegesellschaften allmählich aussterben, entzündet sich noch die Phantasie vieler Jugendlicher an ihren Gestalten.

Es ist nicht absurd, den Sanyasi mit dem Künstler und dem Revolutionär zu vergleichen: der Vagabund, der die Befreiung sucht, und jene, die danach trachten, uns zu befreien, befinden sich in ihrer jeweiligen Gesellschaft in einer exzentrischen Lage. Mithin wird man zuerst die Beziehung des einen und der anderen zu ihrer Welt vergleichen. Der Sanyasi steht zur Welt nicht in Opposition: er negiert sie; der Künstler nimmt eine Stellung am Rande ein, in herausfordernder und höhnischer Haltung; der Revolutionär widersetzt sich aktiv: er will die Welt zerstören, um eine bessere zu schaffen. Die erste Beziehung ist religiös und indifferent; die zweite ist weltlich, aktiv und oppositionell. Auch die Reaktion der Gesellschaft ist verschieden. Der Hindu nimmt eine Haltung der Ehrfurcht und des höchsten Wohlwollens ein; der Sadhu kann die extravagantesten, grausamsten oder abstoßendsten Riten ausführen, die ganz im Gegensatz zur Religion und zum Ritual des Kollektivs stehen, er kann die

mus hat die Begriffe der Hierarchie und der gegenseitigen Abhängigkeit entkräftet und so aus der Kaste eine aggressive Vereinigung gemacht. Der Egalitarismus ist widersprüchlich: einerseits ist er ein Entwurf, die soziale Harmonie auf der Gleichheit zu gründen; andererseits öffnet er dem Wettbewerb und der Rivalität Tür und Tor. Sein wahrer Name ist Neid. Das gleiche Phänomen beobachtet man bei den »kommunalistischen« Kämpfen, das heißt bei denen zwischen Hindu, Mohammedanern und Sikhs: die religiösen Unterschiede sind nicht verschwunden, nur äußern sie sich heute als heftiger politischer Kampf, aus dem manchmal ein Bürgerkrieg wird.

unkonventionellsten Meinungen vertreten, kann gekleidet oder nackt gehen: nichts von dem schadet seinem Ansehen oder kompromittiert seine Achtbarkeit. Er ist ein *Unberührbarer*, nur daß seine Berührung nicht befleckt: sie erleuchtet, reinigt. Er ist die heilige Ausnahme, die geheiligte Schändung, die legitime Übertretung, das in einem Individuum inkarnierte Fest. Er ist frei von Beziehung: die Kaste definiert ihn nicht. Eine reine wandelnde Besonderheit. Der Künstler ist der Unverstandene, der Parasit, der Exzentriker; er lebt in einer geschlossenen Gruppe, und selbst das Viertel, in dem er mit seinen Artgenossen wohnt, ist ein verdächtiger Ort; der Bürger, der Proletarier und der Professor betrachten ihn mit Argwohn. Der Revolutionär ist der von jeder Polizei Verfolgte, der Mann ohne Paß und mit hundert Namen, von der Presse denunziert und steckbrieflich gesucht: jedes Mittel ist recht, ihn unschädlich zu machen. Ein weiterer Widerspruch, der überrascht: der Künstler, der sich durchgesetzt hat, kehrt in die Welt zurück, er ist Millionär oder der Stolz seines Landes, und wenn er Mexicaner ist, wird man ihn, wenn er stirbt, im Pantheon der Erlauchten beisetzen; der Revolutionär an der Macht seinerseits bildet sofort einen Wohlfahrtsausschuß und verfolgt alle Dissidenten mit größerer Strenge als der frühere Tyrann. Dagegen kann der Sanyasi in die Welt nicht zurückkehren, er würde denn ein Unberührbarer werden, doch jetzt einer von jenen, deren Schatten selbst das heilige Wasser des Ganges verdirbt. Schließlich trachtet der Hindu-Asket nach Befreiung: den Kreislauf des Todes und der Geburt durchbrechen, das Ich vernichten, sich auflösen im Unbegrenzten und Unbedingten, Schluß machen mit dem dies und dem das, dem Subjekt und dem Objekt – mit offenen Augen die Nacht der Negation betreten. Der Künstler will sich verwirklichen oder ein Werk schaffen, die Schönheit retten oder die Sprache verändern, das Bewußtsein sprengen oder die Leidenschaften befreien, sich dem Tod widersetzen und mit den Menschen kommunizieren, sei es auch nur, um sie besser zu bespucken. Der Revolutionär will die Ungerechtigkeit beseitigen, will uns die Freiheit bringen, will uns glücklich und tugendhaft machen, die Produktion und den Verbrauch erhöhen, die Leidenschaften der Perfektion der Geometrie unterwerfen. *Die Welt verändern und das Leben ändern:* diese beiden Formeln, die Breton so bewegten, sind das Resümee der heutigen Weisheit des Westens. Wenn ein Sanyasi sie hörte und sie begriffe, würde er, wenn er sich von seiner natürlichen Verblüffung erholt hat, in ein Gelächter ausbrechen, das die Meditation aller Buddhas und die lange erotische Umarmung von Shiva und Parvati für einen Augenblick unterbräche.

In der Geschichte der Leidenschaften des Westens für die anderen Kulturen gibt es hinsichtlich Japans zwei Perioden der Faszination, wenn wir die *Schwärmerei* der Jesuiten im 17. Jahrhundert und die der Philosophen im 18. Jahrhundert außer acht lassen: die eine begann in Frankreich gegen Ende des vergangenen Jahrhunderts und erreichte ihren Höhepunkt, nachdem sie mehrere hervorragende Maler befruchtet hatte, im *Imagismus* der angloamerikanischen Dichter; die andere begann in den Vereinigten Staaten einige Jahre nach dem Zweiten Weltkrieg und dauert noch an. Die erste Periode war vor allem ästhetisch; die Begegnung der westlichen Sensibilität mit der japanischen Kunst zeitigte mehrere bemerkenswerte Werke, sowohl auf dem Gebiet der Malerei – das größte Beispiel ist der Impressionismus – als auch auf dem der Sprache: Pound, Yeats, Claudel, Eluard. In der zweiten Periode war die Tonalität weniger ästhetisch, sie war spiritueller oder geistiger; will sagen: es begeistern uns nicht nur die künstlerischen Ausdrucksformen Japans, sondern auch die religiösen, philosophischen oder intellektuellen Strömungen. Die japanische Ästhetik – besser gesagt: der Fächer von Anschauungen und Stilen, den uns diese künstlerische und poetische Tradition bietet – hat nicht aufgehört, unsere Neugier zu wecken und ihren Reiz auf uns auszuüben, doch ist unsere Perspektive eine andere als die der früheren Generationen. Obgleich alle Künste, von der Poesie bis zur Musik und von der Malerei bis zur Architektur, aus dieser neuen Art und Weise, sich der japanischen Kultur zu nähern, Nutzen gezogen haben, glaube ich, daß das, was wir alle in ihr suchen, ein anderer Lebensstil ist, eine andere Sicht der Welt und auch des Jenseits.

Die Verschiedenartigkeit und selbst der Gegensatz zwischen dem heutigen Gesichtspunkt und dem des ersten Viertels dieses Jahrhunderts hindert nicht, daß diese beiden Perioden eine Brücke verbindet: weder früher noch heute war Japan für uns eine Schule von Lehren, Systemen oder Philosophien, sondern eine Schule der Sensibilität. Im Gegensatz zu Indien hat Japan uns nicht gelehrt zu denken, sondern zu fühlen. Freilich dürfen wir in diesem Fall das Wort *fühlen* nicht auf das Gefühl oder die Empfindung beschränken; auch die weitere Bedeutung dieser Vokabel (Meinung, Anschein) entspricht nicht ganz dem, was es besagen will. Es meint etwas, das zwischen Denken und Empfinden, zwischen Gefühl und Gedanke liegt. Die Japaner gebrauchen das Wort *kokoro*: Herz. Doch schon zu seiner Zeit machte José Juan Tablada darauf aufmerksam, daß es eine trügerische Übersetzung ist: »kokoro ist mehr, es ist das Herz und der Verstand, das Gefühl und das Denken, und sogar die Eingeweide, als genügte es den Japanern nicht, allein mit dem Herzen zu fühlen«.[1] Unser Schwanken beim Versuch, diesen Begriff zu übersetzen, die Art und Weise, wie die beiden Bedeutungen, die affektive und die intellektuelle, sich in ihm vereinen, ohne ganz miteinander zu verschmelzen, so, als befände das Wort sich in ständigem Hin und Her zwischen der einen und der anderen, macht gerade die Bedeutung (die Bedeutungen) von *fühlen* aus.

In einem kürzlich erschienenen Essay weist Donald Keene darauf hin, daß diese Unbestimmtheit ein konstanter Wesenszug der japanischen Kunst ist, und er veranschaulicht seine Versicherung mit einem bekannten Haiku von Basho:

---

1 José Juan Tablada: *Hiroshigué*, México, 1914.

Der dürre Zweig
Ein Rabe
Herbstabend.

Das Original sagt nicht, ob sich auf dem Zweig ein Rabe oder mehrere niedergelassen haben; andererseits kann sich das Wort Abend auf das Ende eines Herbsttages oder auf einen Abend im Spätherbst beziehen. Es ist am Leser, zwischen den verschiedenen Möglichkeiten, die ihm der Text bietet, zu wählen, doch kann seine Entscheidung, und das ist wesentlich, nicht willkürlich sein. Die Sixtinische Kapelle, sagt Keene, stellt sich dar als etwas Vollendetes und Vollkommenes: indem sie unsere Bewunderung erheischt, hält sie uns auf Distanz; der Garten von Ryoanji, unregelmäßige Steine auf einer monochromen Fläche, lädt uns ein, ihn nachzuschaffen, und öffnet uns die Türen zur Beteiligung. Gedichte, Bilder: sie sind verbale oder visuelle Gegenstände, die sich dem Leser oder Betrachter zugleich zur Kontemplation und zur imaginativen Betätigung anbieten.
Man hat gesagt, daß es in der japanischen Kunst eine Art Übertreibung der ästhetischen Werte gibt, die oft in diese Krankheit der Imagination und der Sinne ausartet, die wir »guten Geschmack« nennen, ein unerbittlicher Geschmack, der in einem Extrem an monotone Strenge grenzt und im anderen an eine nicht minder langweilige Überfeinerung. Auch das Gegenteil ist wahr, und die japanischen Dichter und Maler könnten mit Yves Bonnefoy sagen: *Die Unvollkommenheit ist die Vollendung.* Diese Unvollkommenheit ist, wie man gesehen hat, nicht wirklich unvollkommen: sie ist absichtliche Unvollendung. Ihr wahrer Name ist Bewußtsein von der Vergänglichkeit und der Unsicherheit des Lebens, das Bewußtsein desjenigen, der weiß, daß er zwischen zwei

Abgründen schwebt. Die japanische Kunst, in ihren Momenten höchster Spannung und Transzendenz, enthüllt uns diese Augenblicke – denn es sind nur Augenblicke – des Gleichgewichts zwischen Leben und Tod. Lebendigkeit: Sterblichkeit.
Das klassische japanische Gedicht (*Tanka* oder *Waka*) besteht aus fünf Versen in zwei Strophen, die eine zu drei, die andere zu zwei Zeilen: 3/2. Die duale Struktur des Tanka war der Ursprung des *Renga*, einer Folge von Tankas, die im allgemeinen nicht von einem, sondern von mehreren Dichtern geschrieben wurden: 3/2/3/2/3/2/3/2 ... Seinerseits nahm das Renga mit dem 17. Jahrhundert eine ingeniöse, satyrische und umgangssprachliche Form an. Diese Gattung nannte man *Haikai no Renga.* Das erste Gedicht der Sequenz hieß *Hokku,* und wenn man das Renga Haikai in einzelne Einheiten aufteilte – wobei man dem Gesetz der Trennung, Vereinigung und erneuter Trennung folgte, das in der japanischen Poesie zu herrschen scheint –, hieß die neue poetische Einheit *Haiku,* ein Kompositum von Haikai und Hokku. Die Umwandlung des traditionellen Renga, das eine strenge, aristokratische Ästhetik regierte, in das volkstümliche, humoristische Renga Haikai verdankt man vor allem den Dichtern Arakida Moritake (1473-1549) und Yamazaki Sokán (1465-1553). Ein Beispiel für den schnellen, aus Kontrasten bestehenden Stil Moritakes:

Sommernacht:
die Sonne hoch am Himmel wacht,
ich schließe die Lider.

Ein anderes Beispiel für die ingeniöse Lebendigkeit, die jedoch nicht frei ist von der Affektiertheit des neuen Stils, ist das folgende kleine Gedicht von Sokán:

Sommermond:
machst du ihm einen Griff,
ein Fächer![2]

Das Haikai von Sokán und Moritake setzte der höfischen, exquisiten Tradition des Renga einen heilsamen Horror vor dem Sublimen entgegen sowie eine gefährliche Neigung zum ingeniösen Bild und zum Wortspiel. Außerdem und vor allem bedeutete es das Auftauchen eines neuen Elements in der japanischen Poesie: die Sprache der Stadt. Nicht die sogenannte »Sprache des Volkes« – ein vager Ausdruck, mit dem man die archaische und traditionelle Sprache, die auf dem Lande gesprochen wird, bezeichnen will –, sondern schlicht die Sprache der Straße: die Sprache der städtischen Bourgeoisie. Es war eine poetische Revolution ähnlich denen, die im Westen stattgefunden haben, zuerst in der Romantik und dann in unserer Zeit. Die Sprache des Jahrhunderts, würde ich sagen, um sie von den zeitlosen Sprachen des Landbewohners, des Klerikers und des Aristokraten zu unterscheiden; Einbruch des historischen und damit des kritischen Elements in die poetische Sprache.

---

2 Antonio Machado glossierte dieses Gedicht in *Nuevas Canciones* (1925):

Zu einer Japanerin
sagte Sokán:
Mit dem weißen Mond
wirst du dich fächern,
mit dem weißen Mond
am Ufer des Meeres.

Obgleich eine seiner Tugenden die Verhaltenheit war, widerstand Machado in diesem Fall nicht dem sehr spanischen und spanisch-amerikanischen Hang zur Explikation und Wiederholung. In seiner Paraphrase ist die Suggestion, dieser *ungesagte* Teil des Gedichts, in dem die Poesie eigentlich steckt, verschwunden.

Matsunaga Teitoku (1571-1653) ist ein weiteres Glied in der Kette, die zu Basho führt. Teitoku versuchte, zur konventionelleren poetischen und zeitlosen Sprache des alten Renga zurückzukehren, ohne jedoch den Hang seiner Vorgänger zur Brillanz aufzugeben. Vielmehr verstärkte er sich bei ihm bis zu feurigem Übermut:

Stunde des Tigers:
Frühlingsnebel
auch getigert!

Ein solcher Überschwang kann Gedichte hervorbringen, die weniger ingeniös, aber dafür wahrer sind, wie dieses von Nishiyama Soin (1605-1682), dem Begründer der *Danrin*-Schule, der Basho angehörte:

Mairegen:
die ganze Welt
ein Blatt Papier.

Ohne Zweifel dachte Basho an dieses Gedicht, als er sagte: »Wäre nicht Soin gewesen, würden wir immer noch dem alten Teitoku die Füße lecken.« Basho sollte diese Übungen ingeniöser Ästhetik in spirituelle Erfahrungen verwandeln. Wenn wir Teitoku lesen, entlockt uns die erstaunliche verbale Erfindung ein Lächeln; lesen wir Basho, ist unser Lächeln verständnisinnig, und man braucht sich vor dem Wort Pietät nicht zu scheuen. Nicht die christliche Pietät, sondern diese Empfindung universalen Mitleids mit allem, was lebt, diese Brüderlichkeit im Vergänglichen mit Menschen, Tieren und Pflanzen, die das Beste ist, was uns der Buddhismus gegeben hat. Für Basho ist die Poesie ein Weg zu einer Art augenblicklicher Glückseligkeit, die Ironie nicht ausschließt und nicht bedeutet, daß man die Augen vor der Welt und ihren Scheußlichkeiten verschließt. In seiner indirekten und fast obliquen Art bietet uns Basho schreckliche Visionen; oft erscheint das Leben, das menschliche und das animalische, zugleich als Leid und als trotziger Wille, in diesem Leid zu verharren:

Grausames Eis des Tümpels:
die Ratte überlistet
ihre durstige Kehle.

Auf die Expressivität dieses Bildes von der Ratte mit der trockenen Kehle, die das eisige Wasser des Tümpels trinkt, folgen andere Visionen – keine kontradiktorischen, sondern einen komplementären Gegensatz bildende –, in denen die ästhetische Betrachtung sich auflöst in Vision der Einheit der Gegensätze. Eine Erfahrung, die gleichzeitige Wahrnehmung der Identität der Pluralität und ihrer finalen Leere ist:

Narzisse und spanische Wand:
eins erleuchtet das andere,
weiß im Weißen.

Der Dichter entwirft in diesen drei Zeilen das Bild der Erleuchtung, und als wäre es eine Wollflocke, bläst er sie weg. Die wahre Erleuchtung, scheint Basho uns sagen zu wollen, ist die Nicht-Erleuchtung.
Eine Replik in Schwarz des Gedichts von Basho ist dieses von Oshima Ryata (1718-1787):

Nachtgewordene Nacht,
ich höre die Kohlenasche rieseln,
Staub, in die Kohle.

Hilfsmittel Ryatas: gegen das Schwarz das Grün; gegen den Zorn der Baum:

Zornig kehre ich heim
– aber dann, im Garten:
die junge Weide.

Mit dem Gedicht, das ich soeben zitiert habe, rivalisiert eines von Enamato Kikaku (1661-1707), einem der besten und individuellsten Schüler von Basho. In Kikakus Haiku gibt es eine mutige und fast freudige Bejahung der Armut als eine Form des Einklangs mit der Natur:

Ah, der Bettler!
Ihn kleidet der Sommer
in Erde und Himmel.

In einem Haiku eines anderen Schülers von Basho, ebenfalls eines ausgezeichneten Dichters: Hattari Ransetsu (1654-1707), erhält noch die Dunkelheit eine kristallene Durchsichtigkeit:

Trotz der Nacht
malt der Mond
blaue Pinien monden an.

Die Nacht und der Mond, Licht und Finsternis, die sich gegenseitig durchdringen, zyklischer Sieg des Dunkels, gefolgt von dem Triumph des Tages:

Neujahr:
es tagt – die Spatzen
erzählen ihre Geschichten.

(Neulich weckten mich das erste Licht des Tages und die

Vögel früher als gewöhnlich. Ich griff nach einem Bleistift und schrieb auf ein Stück Papier das folgende:

Es tagt – die Spatzen
erzählen ihre Geschichten,
ist Neujahr?)

Unter den Nachfolgern Bashos gibt es einen, Kobayashi Issa (1763-1827), der mit der japanischen Verhaltenheit bricht, doch nicht, um sich in der Art des Westens in Geständnissen zu ergehen, sondern um eine stechend schmerzliche Beziehung zwischen dem menschlichen Dasein und dem Los von Tieren und Pflanzen zu entdekken und aufzuzeigen: Eine kosmische Brüderlichkeit im Leid, Gemeinsamkeit in der universalen Verdammnis, seien wir Menschen oder Insekten:

Für die Stechmücke
ist die Nacht auch lang,
lang und einsam.

Die Rückkehr zum Ort der Geburt ist immer eine neue Verwundung:

Mein Geburtsort: alles
was ich vorfinde und berühre
strotzt von Dornen.

Wer hat sich nicht schon angesichts mancher Gesichter an ein ekliges Tier erinnert? Doch wenige mit der Intensität und der Natürlichkeit von Issa:

In diesem Gesicht
da ist, da ist... aber was?
Ah ja, die Giftschlange.

Wenn zu Issas Erleben der Welt der Schauder gehört, so ist in seiner Vision auch Humor, Mitleid und eine Art jubelnde Resignation:

Den Fudschi besteigst du
langsam – doch du besteigst ihn,
Schnecklein.

In deinen Augen,
Libelle,
sehe ich ferne Berge,

Tau-Welt
du dauerst so lang wie der Tau,
ja, aber... aber...

Wie wunderbar,
durch die Ritzen
die Milchstraße zu sehen!

Ich will nicht von dem Einfluß der japanischen Poesie auf die englische und französische Sprache sprechen: diese Geschichte ist hinlänglich bekannt und mehrmals behandelt worden. Die Geschichte dieses Einflusses auf unsere Sprache, sowohl in Lateinamerika als auch in Spanien, ist bei weitem nicht so bekannt, und noch gibt es keine gute Studie über das Thema. Ein Manko, ein weiteres, unserer Kritik. Hier möchte ich lediglich daran erinnern, daß sich unter den ersten, die sich zu Anfang des Jahrhunderts mit japanischer Kunst und Literatur beschäftigten, zwei mexicanische Dichter befinden: Efrén Robelledo und José Juan Tablada. Beide haben in Japan gelebt, der erstere mehrere Jahre lang, der letztere einige Monate im Jahre 1900. Er hat sich in seiner Liebe zu diesem Land ohne Zweifel von den Franzosen anstecken lassen: das Buch, das Tablada über Hiroshigué geschrieben hat – vielleicht die erste Studie über diesen Maler in unserer Sprache –, ist dem »verehrten Andenken Edmond de Goncourts« gewidmet. Obgleich Rebolledo zu Japan eine engere Beziehung hatte als Tablada, kam seine Poesie nie über die »modernistische« Rhetorik hinaus; zwischen die japanische Kultur und seinen Blick schob sich immer das stereotype Bild der französischen Dichter des Fin de siècle, und sein Japan war eher ein Pariser Exotismus als eine spanisch-amerikanische Entdeckung. Tablada begann wie Rebolledo, doch bald entdeckte er in der japanischen Poesie gewisse Elemente – verbale Ökonomie, Humor, Umgangssprache, Liebe zum genauen und ungewöhnlichen Bild –, was ihn dahin brachte, den Modernismus aufzugeben und nach einer neuen Möglichkeit zu suchen.

1918 veröffentlichte Tablada *Al sol y bajo la luna* (Zur Sonne und unter den Mond), einen Gedichtband mit einem Prolog in Versen von Leopold Lugones. In jenen Jahren wurde der argentinische Schriftsteller mit Recht als der einzige Dichter spanischer Sprache betrachtet, der mit Darío vergleichbar war; seine Poesie (heute wissen wir es) kündigte die Avantgarde an und war für sie wegbereitend. Das Buch des Mexicaners war noch modernistisch und seine relative Neuheit bestand darin, daß in ihm die ironischen und umgangssprachlichen Elemente auftauchten, die die Historiker unserer Literatur als Bestandteile jener Richtung betrachtet haben, die sie, mit notorischer Ungenauigkeit, *Postmodernismus* nennen. Diese Richtung ist eine Erfindung der Handbücher: der *Postmodernismus* ist lediglich die Kritik, die innerhalb des Modernismus und ohne dessen ästhetischen Horizont zu überschreiten, einige modernistische Dich-

ter am Modernismus übten. Er kommt, über Lugones, von dem antisymbolistischen Symbolisten Laforgue. Außer diesem kritischen Ton gab es ein weiteres Element in Tabladas Buch, das seine unmittelbar bevorstehende Wandlung ankündigte: die größere Anzahl von Gedichten mit japanischen Sujets, unter ihnen eines, das Hokusai gewidmet und zu seiner Zeit sehr berühmt war. Im folgenden Jahr, 1919, veröffentlichte Tablada in Caracas ein schmales Buch: *Un día* ... (Ein Tag ...). Es war fast nur ein Heft und bestand ausschließlich aus Haikus, den ersten, die in unserer Sprache geschrieben wurden. Ein Jahr später erscheint *Li-po,* ein Band mit ideographischen Gedichten, mit denen Tablada dem *Apollinaire* der *Caligrammes* sehr nahe kommt (obgleich es in dieser Sammlung auch persönlichere Gedichte gibt, unter ihnen das unvergeßliche und vollkommene »Nocturno alterno«). 1922 erscheint dann in New York *El jarro de flores* (Die Blumenvase), ein weiterer Band mit Haikus.
In diesen Jahren veröffentlicht Vicente Huidobro *Ecuatorial, Poemas Articos* (Äquator, Arktische Gedichte) und viele andere poetische Texte auf Spanisch und Französisch, die den großen Wandel einleiteten, den die Poesie spanischer Sprache einige Jahre später erfahren sollte. Die gleiche Richtung des Erkundens und Entdeckens nimmt die Poesie Tabladas. Der Mexicaner war, was man einen »poeta minor« nennt, zumal im Vergleich zu Huidobro, doch in seiner strikten und willentlichen Beschränkung gehörte sein Werk zu denen, die die Grenzen unserer Poesie erweiterten. Und es erweiterte sie in zweierlei Hinsicht: räumlich, anderen Welten und Kulturen zu; zeitlich, zur Zukunft, zur Avantgarde hin. Eine doppelte Ungerechtigkeit: Der Name Tablada erscheint in fast keiner der Studien über die spanisch-amerikanische Avantgarde, und sein Werk wurde nicht in hispano-

amerikanische Anthologien aufgenommen. Das ist bedauerlich. Seine kleinen konzentrierten Gedichte waren nicht nur die erste Verpflanzung des Haiku ins Spanische, sie waren zu seiner Zeit wirklich etwas Neues. Und sie besaßen eine solche Intensität, daß viele von ihnen ihre Fähigkeit zu überraschen und ihre Frische bis heute erhalten haben. Von wie vielen Werken, die mehr von sich hermachen, kann man dasselbe sagen?
Tablada nannte seine Gedichte immer *Haikai* und nicht, wie es heute üblich ist, *Haiku*. Im Grunde hatte er, wie man sehen wird, nicht unrecht. Seine kurzen Gedichte, auch wenn sie meistens zu Themenfolgen geordnet sind, können als einzelne Gedichte betrachtet werden, und in dieser Hinsicht sind sie Haikus; zugleich sind sie wegen ihrer ingeniösen Konstruktion, ihrer Ironie und ihrer Vorliebe für das brillante Bild, *Haikais*:

Pavo real, largo fulgor:
por el gallinero demócrata
pasas como una procesión.

Pfau, unaufhörliche Pracht:
über den demokratischen Hühnerhof
schreitest du wie eine Prozession.

Tablada ist Teitoku fast immer näher als Basho:

Insomnio:
en su pizarra negra
suma cifras de fósforo.

Por nada los gansos
tocan alarma
en sus trompetas de barro.

Schlaflosigkeit:
auf ihrer schwarzen Tafel
addiert sie Zahlen aus Phosphor.

Die Gänse blasen
auf ihren Lehm-Trompeten
Alarm wegen nichts.

Der Dichter bewahrt die Dreierstruktur des Haiku, hält sich jedoch höchst selten an das metrische Schema (17 Silben: 5/7/5). Doch es gibt ein Beispiel vollkommener metrischer Anpassung und echter Poesie:

Trozos de barro:
por la senda en penumbra
saltan los sapos.

Lehmige Brocken:
auf dem Pfad im Halbdunkel
springen die Frösche.

Eine fast photographische Objektivität, die eben ihrer Präzision wegen dieses undefinierbare Gefühl erzeugt, das die Erinnerung an eine Wanderung auf einem nassen Pfad in der Abenddämmerung in uns hervorruft. In seinen glücklichsten Augenblicken verleiht Tabladas Objektivität allem, was sein Blick entdeckt, den fast religiösen Charakter einer *Erscheinung*:

Tierno saúz:
casi oro, casi ámbar,
casi luz.

Zartes Weidengewächs:

fast Gold, fast Amber,
fast Licht.

Mit großer Meisterschaft unterlegt er das visuelle Bild mit der Friktion der Silben und Phoneme:

Peces voladores:
al golpe del oro solar
estalla en astillas el vidrio del mar.

Fliegende Fische:
bei des Sonnengolds Aufprall
zerspringt des Meeres Glas in tausend Splitter.

Tablada begreift das Haiku als die Verbindung zweier Wirklichkeiten in wenigen Worten, eine Poetik, die Reverdy ebenso nahe ist wie seinen japanischen Meistern. Ich möchte jetzt zwei Gedichte zitieren; beide sind zwei absolut moderne Visionen, das erste wegen der Verbindung des Alltäglichen mit dem Ungewöhnlichen, das zweite wegen des Humors sowie der verbalen und visuellen Assoziationen zwischen dem Mond und den Katzen:

Juntos en la tarde tranquila
vuelan notas de Angelus,
murciélagos y golondrinas.

Bajo mi ventana la luna en los tejados
y las sombras chinescas
y la música china de los gatos.

Vereint am friedlichen Abend
fliegen Angeluslaute,
Fledermäuse und Schwalben.

Unter meinem Fenster der Mond auf den Dächern
und das chinesische Schattenspiel
und die chinesische Musik der Katzen.

Fast nie sentimental oder dekorativ, erreicht der mexicanische Dichter in einigen seiner Haikus eine Einfachheit, die sicherlich Bashos Beifall gefunden hätte. In ihnen wird der Humor zur Komplizenschaft, zur Schicksalsgemeinschaft mit der animalischen Welt, das heißt, mit der Welt.

Hormigas sobre un
grillo inerte. Recuerdo
de Gulliver en Liliput.

Mientras lo cargan
suena el burrito amosquilado
en paraísos de esmeralda.

El pequeño mono me mira
¡ quisiera decirme
algo que se le olvida!

Ameisen auf einer
leblosen Grille. Erinnerung
an Gulliver in Liliput.

Während man es bepackt
träumt das mückengeplagte Eselchen
von smaragdgrünen Paradiesen.

Das Äffchen schaut mich an,
es möchte mir etwas sagen,
das es vergessen hat.

Tabladas Werk ist schmal und unterschiedlich: er lebte vom Journalismus und der Journalismus hat ihn schließlich verschlungen. Er starb 1945, und es war bis heute nicht möglich, in Mexico einen Band mit seinen Gedichten und jenen wenigen Prosatexten (Chroniken und Kunstkritiken) herauszubringen, die es wert wären, erhalten zu bleiben. Sein letzter Gedichtband, *La Feria* (Der Jahrmarkt), erschien 1928. Es muß Gedichte geben, die nicht in einem Band gesammelt sind. Ich hatte das Glück, eines, ein französisches, zu entdecken: *La croix de Sud*. Es bildet den zweiten Teil von *Offrandes*, einer Kantate, die Edgar Varèse 1922 komponierte; für den ersten Teil hatte Varèse ein Gedicht von Huidobro gewählt, ein ebenfalls französisches ... Bis vor kurzem hielt man Tablada, abgesehen davon, daß man seine Poesie als unbedeutend erachtete, für einen naiven Halbgebildeten und das Opfer eines abstrusen Orientalismus. Die übliche Verdammung im Namen der klassischen Kultur und des griechisch-römischen und christlichen Humanismus. Einer Kultur im Verfall und eines Humanismus, der ignoriert, daß der Mensch die Menschen ist und die Kultur die Kulturen. Gewiß, die philosophischen und religiösen Anschauungen Tabladas waren eine seltsame Mischung aus authentischem Buddhismus und irrealem Okkultismus, doch was dann von Yeats und Pessoa sagen? Unmöglich kann man an seiner Vertrautheit mit der japanischen Kunst zweifeln, auch wenn sie natürlich nicht die des Gelehrten oder des *Scholaren* war. Seine Kenntnis der japanischen Schrift muß rudimentär gewesen sein, doch zeugen seine Bücher und Artikel von einer erstaunlichen Kenntnis der Sprache, der Sitten, der Ideen und der Traditionen dieses Landes. Es ist schon außergewöhnlich, daß jemand 1914 und in Mexico ein Buch über

Hiroshigué geschrieben hat, und es ist noch außergewöhnlicher, daß Tablada in diesem Buch, und *mit viel Sachverstand,* auch vom No-Theater und von Basho, von Chicamatsu und von Takizawa Bakin spricht. Ein anderes interessantes Faktum: Als großer Kunstfreund gelang es ihm, in seinem Haus in Coyoacán über tausend Bilder japanischer Künstler zu versammeln, eine Sammlung, die er auflöste, als er gegen 1915 das Land verließ. Nach alledem kann ich nur wiederholen: Tablada ist nicht seiner Gelehrsamkeit, sondern seiner Poesie wegen bemerkenswert.

Welche Vorbilder regten ihn dazu an, das Haiku dem Spanischen anzuverwandeln? Wenn wir ihm glauben dürfen, war sein Versuch unabhängig von denen, die in jenen Jahren in Frankreich und in englischer Sprache gemacht wurden. Doch da sein Zeugnis als parteiisch verworfen werden kann, ist es besser, sich an die Daten der Chronologie zu halten. Die französischen Experimente gingen denen der angloamerikanischen »Imagisten« und auch denen Tabladas vorauf; es ist also nicht auszuschließen, daß Tablada dem Beispiel Frankreichs gefolgt ist, obgleich ich, ehrlich gesagt, die Haikus des Mexicaners frischer und origineller finde als die der französischen Dichter. Oder aber: dieses Beispiel war ein Anreiz, kein Einfluß, noch führte es zur Nachahmung. Was den »Imagismus« von Pound, Hulme und ihren englischen und nordamerikanischen Freunden betrifft: Tablada hatte gute Englischkenntnisse, doch ich glaube nicht, daß ihn in jenen Jahren die englische Poesie sehr interessierte. Dagegen wissen wir durch seinen Briefwechsel mit López Velarde, daß er das, was in Paris geschah, genauestens verfolgte. Er war einer der ersten Hispanoamerikaner, der von Apollinaire und seinen Kalligrammen, die ihn begeisterten, sprach; doch nichts natürlicher, denn er sah in ihnen das, was er selbst machen wollte: die Avantgarde mit der Poesie und der Kalligraphie des Ostens verbinden. Kurz, Tablada greift die Tendenzen der Zeit auf und gibt ihnen Ausdruck, doch es wäre falsch, von Nachahmung oder auch nur von Einfluß zu sprechen. Die Quellen seines Haiku waren nicht die Haiku, die die französischen und angloamerikanischen Dichter schrieben, sondern die japanischen Texte selbst. Zuerst die Übersetzungen ins Englische und ins Französische; dann die mehr oder weniger unmittelbare Lektüre der Originale mit Hilfe japanischer Freunde und Ratgeber.

Der Einfluß Tabladas machte sich sofort bemerkbar und erstreckte sich auf die ganze Sprache. Man ahmte ihn sehr oft nach, und wie das immer so ist, sind die meisten dieser Nachahmungen auf dem riesigen Müllhaufen der ungelesenen Literatur gelandet. Doch es gab mehr und Besseres als die blassen Nachahmungen und die karikaturhaften Übertreibungen: die jungen Dichter entdeckten in Tabladas Haikus den Humor und das Bild, zwei wesentliche Elemente der modernen Poesie. Auch entdeckten sie etwas, das die Dichter unserer Sprache vergessen hatten: die Sparsamkeit im Gebrauch der Worte und die Objektivität, die Übereinstimmung zwischen dem, was die Worte sagen und dem, was die Augen sehen. Die Praxis des Haiku war (ist) eine Schule der Konzentration. Im Jugendwerk vieler spanisch-amerikanischer Dichter der Zeit zwischen 1920 und 1925 ist das Vorbild Tabladas unverkennbar. In Mexico sind die Besten bei ihm in die Lehre gegangen: Pellicer, Villaurutia, Gorostiza. Jahre später entdeckte der ecuadorianische Dichter Jorge Carrera Andrade das Haiku für sich wieder und veröffentlichte ein herrliches kleines Buch: *Microgramas* (Tokio, 1940). In Spanien tritt das Phänomen etwas später auf als in Lateinamerika: es gibt eine japanische Periode bei Juan Ramón Jiménez und auch bei Antonio Machado; beide sind wenig untersucht worden. Das gleiche ist der Fall in der Jugenddichtung von García Lorca. Bei den drei Dichtern gibt es eine seltsame Verbindung zweier disparater Elemente: das Haiku und die Copla. Disparat in ihrem Geist, nicht in der Metrik: sowohl die Seguidilla als auch das Tanka und das Haiku bestehen aus Versen zu fünf und sieben Silben. Der Unterschied ist der, daß das Tanka ein Gedicht von fünf, das Haiku von drei und die Seguidilla von vier Zeilen ist (7/5/7/5). Jedoch erscheint in der zweiten Strophe einer weniger häufigen Kombination, der gemischten Seguidilla, eine Verdoppelung des Haiku: 7/5/7/5: :5/7/5. Im übrigen hebt die metrische Analogie die großen Unterschiede zwischen diesen beiden Formen noch besonders hervor: in der Seguidilla verbindet sich die Poesie mit dem Tanz, ist Gesang und Tanz, während beim Haiku das Wort sich in schweigende Kontemplation auflöst, sei sein Gegenstand malerisch wie bei Buson oder spirituell wie bei Basho. Keiner der drei spanischen Dichter – Jiménez, Machado und García Lorca – inspirierten sich am Haiku wegen seiner metrischen Ähnlichkeit mit der Seguidilla, obgleich diese Ähnlichkeit sie beeindruckt haben muß, sondern weil sie in dieser japanischen Form ein Modell verbaler Konzentration sahen, eine Konstruktion von außerordentlicher Schlichtheit, bestehend aus wenigen Zeilen und einer Vielfalt von Spiegelungen und Anspielungen. Hatten sie die Gedichte von Tablada gelesen? Daß sie sie nicht gekannt haben, halte ich für unwahrscheinlich. Ein Indiz: Enrique Díez-Canedo, der erste, der auf den Einfluß des Haiku auf die *Nuevas Canciones* von Machado aufmerksam machte, kannte und bewunderte die Poesie Tabladas. Andererseits ist aufschlußreich, daß das Haiku für Tablada, im Gegensatz zu den spanischen Dichtern, ein Bruch mit der Tradition war und nicht Anlaß, zu ihr zurückzukehren. Entgegengesetzte (komplementäre) Haltungen der spanischen und der hispanoamerikanischen Poesie.

Nach dem Zweiten Weltkrieg interessierten sich die Hispanoamerikaner erneut für die japanische Literatur. Ich möchte hier unter vielen anderen Beispielen unsere Übersetzung von *Okuno Hosomichi* anführen, die Nummer, die die Zeitschrift *Sur* der modernen Literatur Japans widmete, sowie die bemerkenswerten Übersetzungen, die Kazuy Sakai von verschiedenen Klassikern gemacht hat. Ich habe schon darauf hingewiesen, daß der heutige Gesichtspunkt ein anderer ist als der vor fünfzig Jahren: er ist nicht nur weniger ästhetisch, sondern auch weniger ethnozentrisch. Japan hat aufgehört, ein künstlerisches und kulturelles Kuriosum zu sein: es ist (war?) eine andere Sicht der Welt, von der unsrigen verschieden, doch nicht besser noch schlechter; es ist kein Spiegel, sondern ein Fenster, das uns ein anderes Bild vom Menschen zeigt, eine andere Seinsmöglichkeit. In dieser Perspektive ist von Bedeutung vielleicht nicht so sehr das Übersetzen klassischer und moderner Texte wie die Zusammenkunft von vier Dichtern im April 1969 in Paris zu dem Zweck, ein Renga zu schreiben, das erste im Westen. Die vier Dichter waren der Italiener Eduardo Sanguinetti, der Franzose Jacques Roubaud, der Engländer Charles Tomlinson und der Mexicaner Octavio Paz. Ein Gemeinschaftsgedicht, in vier Sprachen geschrieben, doch gründend auf eine gemeinsame poetische Tradition. Unser Versuch war, in seiner Art, eine echte Übersetzung: nicht eines Textes, sondern einer *Methode, um Texte zu schreiben.* Es ist nicht schwer, die Gründe zu erraten, die uns veranlaßten, dieses Experiment zu machen: die Praktik des Renga deckt sich mit dem, was viele zeitgenössische Dichter besonders stark beschäftigt, wie das Streben nach einer Gemeinschaftspoesie, der Verfall des Begriffs des Autors und, was sich gegenseitig bedingt, die Überlegenheit der Sprache über den Schriftsteller (die Sprachen sind intelligenter als die Menschen, die sie sprechen), die willentliche Einführung des Zufalls, begriffen als ein Homolog der alten Inspiration, das Nicht-Unterscheiden zwischen Übersetzung und Original ... Das Haiku war eine Kritik der Explikation und der Wiederholung, dieser Krankheiten der Poesie; das Renga ist eine Kritik des Autors und des geistigen Privateigentums, dieser Krankheiten der Gesellschaft.

Cambridge, 22. März 1970.

I

Die erotischen Akte sind triebhaft; indem der Mensch sie vollzieht, verwirklicht er sich als Natur. Diese Idee ist ein Gemeinplatz, aber es ist ein Gemeinplatz, der ein Paradox enthält: nichts natürlicher als das sexuelle Verlangen; nichts weniger natürlich als die Formen, in denen es sich äußert oder sich befriedigt. Und ich denke nicht nur an die sogenannten Verirrungen, Laster und andere ungewöhnliche Praktiken, die das erotische Leben begleiten. Selbst in ihren einfachsten und alltäglichsten Äußerungen – brutale, unmittelbare und folgenlose Befriedigung des Verlangens – läßt sich die Erotik nicht auf die rein animalische Sexualität reduzieren. Zwischen der einen und der anderen gibt es einen Unterschied; ich frage mich, ob ich ihn einen Wesensunterschied nennen soll. Erotik und Sexualität sind voneinander unabhängige Reiche, obgleich sie demselben Lebensbereich angehören. Reiche ohne Grenzen oder mit unbestimmten, veränderlichen Grenzen, ständig sich berührend und sich gegenseitig durchdringend, ohne je ganz miteinander zu verschmelzen. Ein und derselbe Akt kann erotisch oder sexuell sein, je nachdem, ob ihn ein Mensch oder ein Tier vollzieht. Die Sexualität ist indifferent; die Erotik singulär. Obgleich die Wurzeln der Erotik animalisch sind, vital im vollsten und ältesten Sinne des Wortes, ist die animalische Sexualität nicht ihr ganzer Inhalt. Die Erotik ist sexuelles Verlangen und etwas mehr; und dieses Etwas ist es, das ihr eigenes Wesen ausmacht. Dieses Etwas nährt sich von der Sexualität, ist Natur; und zugleich denaturiert es sie.

Die erste Unterscheidung, die wir machen, wenn wir versuchen, die Erotik von der Sexualität zu trennen, besteht darin, daß wir der ersteren eine Vielschichtigkeit zuschreiben, die der letzteren fehlt. Die Sexualität ist unkompliziert: der Trieb stachelt das Tier an, einen Akt zu vollziehen, dessen Sinn die Erhaltung der Art ist. Die Simplizität rührt daher, daß es ein unpersönlicher Akt ist; das Einzelwesen dient der Art auf die direkteste und wirksamste Weise. In der menschlichen Gesellschaft dagegen sieht sich der Trieb einem komplizierten und subtilen System von Verboten, Regeln und Stimulanzen gegenüber, vom *Tabu* des Inzestes bis zu den Formalitäten der Eheschließung oder den nicht minder imperatorischen Riten der freien Liebe. Zwischen der animalischen und der menschlichen Welt, zwischen der Natur und der Gesellschaft gibt es einen Graben, eine Trennungslinie. Die Vielschichtigkeit des erotischen Aktes ist eine Folge dieser Trennung. Die Ziele der Gesellschaft sind nicht identisch mit denen der Natur (so dieser ein *Ziel* überhaupt innewohnt). Dank der Vermittlung eines Komplexes von Regeln – die von Gesellschaft zu Gesellschaft variieren, doch die in allen die gleiche Funktion haben – wird der Trieb kanalisiert. Ohne aufzuhören, dem Zweck der Fortpflanzung der Art zu dienen, erfährt die Sexualität eine Art *Sozialisierung*. Ob es sich nun um magische Praktiken handelt – das Opfer von Jungfrauen in der heiligen Wassergrotte von Chichén Itzá oder die Beschneidung – oder um einfache gesetzliche Formalitäten – den Nachweis der Ehemündigkeit und das Gesundheitszeugnis in den Fällen der Zivilehe –, die Gesellschaft unterwirft den Sexualtrieb einer Reglementierung und konfisziert und benutzt so seine Energie. Nicht anders verfährt der Zauberer, der das Quaken der Frösche imitiert, um den Regen anzuziehen, oder der Ingenieur, der einen Bewässerungskanal baut. Wasser und Sexualität sind nur Manifestationen der

natürlichen Energie, die man sich nutzbar machen muß. Die Erotik ist die soziale Form der Triebbeherrschung, und so ähnelt sie der Magie und der Technik.
Es ist nicht schwer, aus einer solchen Art zu denken die Folgerungen zu ziehen. Es gibt keinen wesentlichen Unterschied zwischen Erotik und Sexualität: die Erotik ist sozialisierte Sexualität, den Bedürfnissen der Gruppe unterworfen, von der Gesellschaft enteignete Lebenskraft. Selbst in ihren zerstörerischen Manifestationen – Orgie, Menschenopfer, rituelle Verstümmelungen, obligatorische Keuschheit – fügt sich die Erotik in die Gesellschaft ein und bejaht deren Ziele und Prinzipien. Ihre Vielschichtigkeit – Ritus, Zeremonie – rührt daher, daß sie eine soziale Funktion ist; der Unterschied zwischen einem sexuellen und einem erotischen Akt ist der, daß im ersteren die Natur sich der Art bedient, während im letzteren die Art, die menschliche Gesellschaft, sich der Natur bedient. Daher der doppelte Aspekt der Erotik. Einerseits stellt sie sich dar als ein Komplex von Verboten – magische, moralische, gesetzliche, ökonomische und andere –, die verhindern sollen, daß die Sexualität das soziale Gebäude unterspült, die Hierarchien und Klassen nivelliert und die Gesellschaft überflutet. Die Duldung erfüllt eine ähnliche Aufgabe: die libertine Gesellschaft ist ein Sicherheitsventil. Auf diese Weise bewahrt die Erotik die Gruppe vor dem Fall in die undifferenzierte Natur, widersetzt sie sich der Faszination des Chaos und schließlich der Rückkehr zur formlosen Sexualität. Andererseits stimuliert sie innerhalb bestimmter Regeln die sexuelle Aktivität. Als Zügel und Ansporn der Sexualität hat sie eine doppelte Finalität: den Sozialkörper zu durchströmen, ohne ihn den zerstörerischen Gefahren der Überflutung auszusetzen. Die Erotik ist eine soziale Funktion.

Ohne Zweifel ist die Erotik ein soziales Faktum. Sie manifestiert sich in der Gesellschaft, und außerdem ist sie ein zwischenmenschlicher Akt, der einen Akteur erfordert und zumindest das Vorhandensein eines Objekts – sei dieses imaginär, passiv oder symbolisch. Ohne den »anderen« gibt es keine Erotik, weil es keinen Spiegel gibt. Doch zu sagen, daß die Erotik eine soziale Funktion sei, hieße ihre Besonderheit in etwas allzu Allgemeinem aufgehen lassen, das sie zwar enthält, doch das für sie nicht bestimmend ist. Das gleiche geschieht, wenn ich sage, daß die Erotik antisozial ist: Sades *Gesellschaft der Freunde des Verbrechens*, die Gelage von Heliogabal und die jüngsten »im Affekt begangenen« Verbrechen in London, Paris oder Mexico sind nicht minder antisozial; ebenso sind es die Konzentrationslager, die Arbeitslosigkeit, der Krieg, der Kolonialismus und vieles andere. Zu erklären, die Erotik sei sozial, weil sie spezifisch menschlich ist, würde auch nicht viel besagen. Es wäre ein Ausgangspunkt und weiter nichts. Man muß einen Schritt weiter gehen.

So die Erotik menschlich ist, ist sie historisch. Sie ändert sich von Gesellschaft zu Gesellschaft, von Mensch zu Mensch, von einem Augenblick zum anderen. Artemis ist ein erotisches Bild; Coatlicue ist ein anderes; Juliette ist noch ein anderes. Keines dieser Bilder ist zufällig; jedes kann durch einen Komplex von Fakten und Situationen erklärt werden, jedes ist ein »historischer Ausdruck«. Doch die Geschichte isoliert sie, bricht jede Beziehung zwischen ihnen ab, *macht sie uns als erotische Bilder unerklärlich*. Was sie verbindet, in dem Maße wie sie Produkte der Geschichte sind, ist ihre Irreduzibilität und Unwiederholbarkeit: Artemis ist nicht Coatlicue; Coatlicue ist nicht Juliette. Sie sind Veränderung, ständige Mutation, Geschichte: Spiegelungen. Die Erotik verflüchtigt sich. Übrig bleibt uns nur, samt ein paar Daten und Hypothesen (die sogenannten »historischen Umstände«), ein Schatten, ein Gestus der Freude oder des Todes. Dieser Gestus, der die Katastrophen und die Erklärungen überlebt hat, ist das einzige, was uns fasziniert, und das einzige, was wir zu erhaschen versuchen. Dieser Gestus ist nicht historisch. Besser gesagt, er ist es auf eine besondere Weise.

Die Erotik entfaltet sich in der Gesellschaft, in der Geschichte; sie ist von ihnen so wenig zu trennen wie alle anderen Taten und Werke der Menschen. Innerhalb der Geschichte (gegen sie, durch sie, in ihr) ist die Erotik eine autonome und irreduzible Manifestation. Sie entsteht, lebt, stirbt und wiederentsteht in der Geschichte; sie ist mit ihr in Einklang, doch sie verschmilzt nicht mit ihr. In ständiger Osmose mit der animalischen Sexualität und der historischen Welt, doch auch in ständigem Widerspruch zu beiden. Die Erotik hat ihre Geschichte oder richtiger, *sie ist auch Geschichte.* Daher erklärt die allgemeine Geschichte sie nicht, wie auch die animalische Sexualität sie nicht erklärt. Tun wir einen weiteren Schritt.

Zuvörderst: es ist wirklich einfältig, zu denken, der Trieb sei ein unkompliziertes Phänomen. Fortpflanzung, Trieb, Art und andere Analoga sind Worte, die mehr als nur ein Geheimnis bergen. Nicht einmal Biologen und Genetikern gelingt es, sich über ihre genaue Bedeutung zu einigen. Auch scheint mir nicht wahr zu sein, daß die animalische Sexualität unkomplizierter sein soll als die menschliche Erotik. Gerade in diesem Bereich ist ganz klar zu sehen, inwieweit die Idee eines Übergangs vom Einfachen zum Komplexen illusorisch ist. Die primitive Gesellschaft ist nicht minder komplex als die historische Gesellschaft: das System der *Tabus* einer Gruppe, die die

Stammesexogamie praktiziert, ist viel strenger und komplizierter als die heutigen sexuellen Verbote. Das gleiche ist der Fall bei der animalischen Sexualität, dem Repertoire »pathologischer« Praktiken, seltsamer Riten und anderer Eigentümlichkeiten. Bei den Kanthariden geht die Flagellation des Weibchens der Begattung vorauf; jedes Jahr, vor der Befruchtung, unternehmen die Aale eine unglaubliche Wanderung von den Flüssen im Norden bis ins Sargassomeer; die Hochzeitszeremonien der Skorpione und das Festmahl, mit dem die Vereinigung endet, gemahnen an Minski und an sein Schloß in den Apenninen; die sexuellen Kämpfe der Wildpferde – die Mähnen aufgerichtet wie Helmschmuck, das Wiehern wie schwarzer, weißer, roter Trompetenschall, das Fell so glänzend wie eine stählerne Rüstung aus Seide – lassen den Glanz der mittelalterlichen Turniere erblassen; die »ronda« der Truthähne und Pfaue erinnert an die Minnehöfe; die Gottesanbeterin ... Es erübrigt sich, fortzufahren. Dagegen lohnt es sich, auf ein wesentliches Faktum hinzuweisen: die Tiere ahmen nicht den Menschen nach, sondern der Mensch ahmt die animalische Sexualität nach. Die Gottesanbeterin spielt eine Rolle in verschiedenen afrikanischen und Eskimo-Mythen und selbst in unserer Vorstellung von der »femme fatale«; Cihuacóatl, die aztekische »Heulsuse«, ahmt das Verhalten des Skorpionweibchens gegenüber seiner Nachkommenschaft nach; ähnliches läßt sich von der Zauberin Medea sagen. Doch ein naheliegendes Beispiel genügt: in der Alltagssprache und im erotischen Alltagsleben ahmen die Beteiligten das Brüllen, das Wiehern, das Girren und das Wimmern jeder Art von Tieren nach. Die Nachahmung will das erotische Spiel nicht simplifizieren, sondern komplizieren und seinen Charakter einer Darstellung so betonen.

Die erotische Nachahmung läßt uns den Akt tiefer erleben, das heißt, sie bringt uns dahin, ihn wirklich zu erleben, nicht als einen öffentlichen Ritus, sondern als eine geheime Zeremonie. Der Mensch ahmt die Vielschichtigkeit der animalischen Sexualität nach und reproduziert ihre graziösen, schrecklichen oder grausamen Gesten, weil er sich danach sehnt, in den Naturzustand zurückzukehren. Und zugleich ist diese Nachahmung ein Spiel, eine Darstellung. Der Mensch sieht sich in der Sexualität. Die Erotik ist der Reflex des Blicks des Menschen in den Spiegel der Natur. So ist das, was die Erotik von der Sexualität unterscheidet, nicht die Vielschichtigkeit, sondern die Distanz. Der Mensch spiegelt sich in der Sexualität, badet in ihr, verschmilzt mit ihr und trennt sich von ihr. Doch die Sexualität sieht das erotische Spiel nie; sie beleuchtet es, ohne es zu sehen. Sie ist ein blindes Licht. Das Paar ist allein mitten in dieser Natur, die es nachahmt. Der erotische Akt ist eine Zeremonie, die hinter dem Rücken der Gesellschaft stattfindet und vor einer Natur, die die Darstellung nie betrachtet. Die Erotik ist zugleich Verschmelzen mit der animalischen Welt und Bruch, Trennung von dieser Welt, heillose Einsamkeit. Einerlei, ob die Umarmung in einer Katakombe, einem Hotelzimmer, einer Festung, einer Berghütte oder unter freiem Himmel stattfindet: die Erotik ist eine der Gesellschaft wie auch der Natur verschlossene Welt. Der erotische Akt negiert die Welt: nichts Wirkliches umgibt uns außer unseren Phantasmen.

Das Tier sieht den Menschen nicht, noch bietet sich ihm das menschliche Verhalten als Vorbild an. Gewiß, manche Tiere wiederholen menschliche Gesten, Laute und Akte. Wiederholen heißt nicht nachahmen, noch heißt es, sich selbst sehen und sich wiedererschaffen, sich imaginieren. Freilich, die Affen ahmen nach; doch ihr Nachahmen ist ein mechanischer Reflex, keine Zeremonie. Soweit wir erkennen können, wollen die Affen nicht aus sich heraus; der Mensch ist ihnen weder Vorbild noch Archetyp. Das Tier ist nur und will nur sein, was es ist. Der Mensch will aus sich heraus – er ist immer ›außer sich‹. Der Mensch will Löwe, Adler, Krake, Ameise, Spottdrossel sein. Der schöpferische Sinn dieser Nachahmung entgeht uns, wenn wir nicht sehen, daß sie eine Metapher ist: der Mensch will Löwe sein, ohne aufzuhören, Mensch zu sein. Das heißt: er will ein Mensch sein, der sich wie ein Löwe gebärdet. Das Wort *wie* – Bild mittels des Vergleichs – impliziert sowohl die Distanz zwischen den Worten Mensch und Löwe als auch den Willen, sie aufzuheben. Das Wort *wie* ist das erotische Spiel, die Chiffre der Erotik. Allerdings ist es eine irreversible Metapher: der Mensch ist Löwe, der Löwe ist *nicht* Mensch. Die Erotik ist sexuell, die Sexualität ist nicht Erotik. Die Erotik ist eine bloße Nachahmung der Sexualität: sie ist ihre Metapher.

Die Erotik sieht sich in der Geschichte, wie sie sich in der animalischen Sexualität sieht. Die Distanz bewirkt die erotische Imagination. Das Erotische ist imaginär: eine Auslösung der Imagination gegenüber der Außenwelt. Was die Erotik einfängt, ist der Mensch selbst, im Bereich seines Bildes, im Bereich seiner selbst. Schöpfung, Erfindung: nichts wirklicher als dieser Körper, den ich imaginiere; nichts weniger wirklich als dieser Körper, den ich berühre und der zu einem Haufen Salz wird oder in einer Rauchsäule sich verflüchtigt. Mit diesem Rauch wird mein Verlangen einen anderen Körper erfinden. Die Erotik ist die Erfahrung des vollen Lebens, da es uns als ein greifbares Ganzes erscheint, in das wir auch als eine Ganzheit eintreten; zugleich ist sie das leere Leben, das sich selbst sieht, das sich selbst darstellt. Sie ahmt nach und erfindet sich; sie erfindet und ahmt sich nach. Totale Erfahrung, die sich nie ganz verwirklicht, weil es ihr Wesen ist, immer ein *Jenseits* zu sein. Der fremde Körper ist ein Hindernis oder eine Brücke; in dem einen wie in dem anderen Fall muß man ihn überschreiten. Das Verlangen, die erotische Imagination, die erotische *Schau*, durchdringt die Körper, macht sie transparent. Oder es vernichtet sie. Jenseits von dir, jenseits von mir, durch den Körper, im Körper, jenseits des Körpers wollen wir *etwas* sehen. Dieses Etwas ist die erotische Faszination, das, was mich aus mir herauszieht und zu dir führt: was mich über dich hinausgehen läßt. Wir wissen nicht genau, was es ist, nur daß es etwas *mehr* ist. Mehr als die Geschichte, mehr als der Sexus, mehr als das Leben, mehr als der Tod.

Paris, Dezember 1960

II

Das Werk Sades ist ein unvergleichlicher Versuch, dieses eine Prinzip, das die Quelle der Erotik und des Lebens selbst ist, zu isolieren und zu definieren. Ein fragwürdiges Unterfangen: denn wenn es dieses Prinzip wirklich gibt, stellt es sich dar als eine Pluralität, die jeder Einheit feind ist. Die Geschehnisse trotzen dem Verständnis nicht nur wegen ihrer Seltsamkeit, sondern auch wegen ihrer Verschiedenartigkeit. Mit einer Geduld und Kaltblütigkeit, die zugleich Abscheu und Bewunderung erregen, führt Sade ein Beispiel nach dem anderen an. Jeder Fall negiert den vorhergehenden und den folgenden, und so fort bis ins Unendliche; was den einen entflammt, läßt den anderen kalt. Die Erotik läßt sich nicht auf ein Prinzip zurückführen; ihr Reich ist das der unwiederholbaren Einzigartigkeit; sie entzieht sich ständig der Vernunft und ist ein windungsreiches Gebiet, wo die Ausnahme und die Laune herrschen. Diese Schwierigkeit hält Sade von seinem Vorhaben nicht ab: wenn die Erotik unverständlich ist, ist sie doch nicht unmeßbar; wenn wir sie nicht definieren können, so können wir sie doch beschreiben. Wir suchten eine Erklärung, wir werden eine Geographie oder einen Katalog erhalten. Ein nicht minder illusorischer Versuch: jedes Beispiel ist einzigartig, und unsere Beschreibung ist dazu verurteilt, nie zu enden. Wieder und wieder macht Sade sich an die endlose Arbeit; kaum legt er die Feder beiseite, muß er erneut zu ihr greifen, um eine weitere Ausschweifung, eine weitere »Laune der Natur« hinzuzufügen. Es gibt keine Gattungen, keine Familien, keine Geschlechter und vielleicht auch keine Individuen (denn der Mensch ändert sich, und sein heutiges Verlangen negiert das gestrige). Die Klassifizierung gerät zur bloßen Aufzählung. Die Wirkung ist ähnlich der des Schwindels. In zu großen Dosen wird aus der Heterogenität Gleichförmigkeit, ein unverständlicher Wirrwar. Im Gegensatz zu seinen Lesern hat Sade eine robuste Natur und widersteht dem Schwindelgefühl: die Pluralität von Geschmack und Neigung ist bereits ein Prinzip.

Alle erotischen Akte sind Wahnvorstellungen, Ausschweifungen der Phantasie; kein materielles oder moralisches Gesetz determiniert sie. Sie sind Akzidenzien, Zufallsergebnisse natürlicher Kombinationen. Ihre Verschiedenartigkeit verrät, daß sie keine moralische Bedeutung haben. Wir können nicht die einen verurteilen und die anderen billigen, solange wir nicht wissen, welches ihre Ursache ist und zu welchen Zwecken sie dienen. Die Sittenlehren sagen uns nichts über den tatsächlichen Ursprung unserer Leidenschaften (was sie nicht hindert, Gesetze über sie zu erlassen, eine Anmaßung, die genügt haben sollte, sie in Verruf zu bringen). Die Leidenschaften sind von Mensch zu Mensch verschieden, und darüber hinaus: sie sind austauschbar. Eine ist so gut wie die andere. Die als geheim bezeichneten Leidenschaften sind geheim nicht, weil sie weniger fatal, das heißt: weniger natürlich sind als die normalen. Um befriedigt zu werden, zögern sie nicht, die öffentlichen Gesetze zu verletzen: sie sind heftiger. Und sie sind heftiger, weil sie natürlicher sind. Das gleiche ist der Fall bei den grausamen Vergnügen. Sie sind die ältesten, die natürlichsten: nennt man sie nicht bestialisch? Die Natur ist sonderbar; sie ist eine unerschöpfliche Quelle von *Phänomenen*. Die Normalität ist eine gesellschaftliche Konvention und keine Naturgegebenheit. Eine Konvention, die sich mit den Jahrhunderten, den Klimaten, den Rassen und den Kulturen ändert. Gleich vielen Philosophen seiner Zeit proklamierte Sade eine Art Erklärung des Rechts des Menschen auf die Leidenschaften. Er trägt uns damit jedoch keine egalitäre Demokratie an. Gewiß ist keine Leidenschaft von Bedeutung, keine besser oder schlechter, edel oder niedrig; doch einige sind stärker als andere. Die Leidenschaften unterscheiden sich voneinander durch den Grad ihrer Heftigkeit. Eine Leidenschaft wird um so energischer sein, je mehr Widerstände sie zu überwinden hat. Die geheimen Leidenschaften und die grausamen Leidenschaften sind die stärksten. Ihr Name ist Zerstörung.

Wir wissen von unseren Leidenschaften nichts, außer daß sie mit uns geboren werden. Unsere Organe sind es, die sie schaffen, sie ändern sich mit den Veränderungen ebendieser Organe und sterben mit ihnen. Sie sind stärker als unser Charakter, unsere Gewohnheiten oder unsere Ideen, sie sind nicht einmal die unsrigen: wir besitzen sie nicht, sie besitzen uns. Sie sind etwas früher da als wir, und was uns determiniert: Neigungen, Ausschweifungen und Launen haben in ihnen einen gemeinsamen Ursprung. Der Natur den zentralen Platz zuweisen, den der christliche Gott oder das Sein der Metaphysik einnahm, ist keine Idee Sades, sondern des Jahrhunderts. Doch seine Auffassung ist nicht die seiner Zeit geläufige. Sein Libertin ist nicht der gutmütige Wilde, sondern eine denkende Bestie. Nichts ist dem Naturphilosophen ferner als der Werwolf-Philosoph Sades. Für Rousseau lebt der Naturmensch in Frieden mit einer ebenfalls friedlichen Natur; wenn er seine Einsiedelei verläßt, so nur, um unter den Menschen den ursprünglichen Zustand der Unschuld wiederherzustellen. Der Einsame Sades heißt Minski, ein Eremit, der sich von Menschenfleisch nährt. Seine Grausamkeit ist die der Natur, die mit ihren Geschöpfen und mit sich selbst ständig im Krieg liegt. Wenn einer dieser Anachoreten seine Klause verläßt und Verfassungen für die Menschen entwirft, ist nicht *Le Contrat social*, sondern sind die Statuten der *Gesellschaft der Freunde des Verbrechens* das Ergebnis. Angesichts des Trugs der natürlichen Moral schafft Sade nicht die Schimäre einer moralischen Natur.

Wenn alles natürlich ist, gibt es für Moral keinen Platz. Gibt es ihn für den Menschen? Sade hat sich diese Frage des öfteren gestellt. Obgleich seine Antworten widersprüchlich waren, hat er nie daran gezweifelt, daß der Mensch ein Akzidens der Natur ist. Sades ganzes System beruht auf dieser Idee. Sie ist die Achse und auch der wunde Punkt, der Knoten des unauflösbaren Widerspruchs. Obgleich es »demütigend ist für den Stolz des Menschen, sich in den Rang der übrigen Produkte der Natur versetzt zu sehen, gibt es keinen Unterschied zwischen dem Menschen und den anderen Tieren der Erde«.[1] Sade ignoriert nicht, was alles uns von den Tieren trennt; er weist darauf hin, daß es sich nicht um wesentliche Unterschiede handelt. Die sogenannten menschlichen Eigenschaften sind natürlicher Art, das heißt animalischer. Selbst die Kultur ist gleichsam eine natürliche Maschine, geschaffen von einigen wenigen, um auf Kosten der anderen ihre Begierden besser befriedigen zu können. Unseren Taten kommt kein Gewicht zu, sie haben keinen moralischen Gehalt. Sie sind Echos, Reflexe, Ergebnisse der Naturprozesse. Sie sind nicht einmal Verbrechen: »Das Verbrechen hat keinerlei Wirklichkeit; besser gesagt, es gibt gar nicht die Möglichkeit des Verbrechens, weil es unmöglich ist, die Natur zu vergewaltigen.«[2] Sie zu schänden ist eine weitere Art, sie zu ehren; mit unseren Verbrechen preist die Natur sich selbst. Auch das ist eine Illusion unseres heillosen Dünkels: die Natur weiß nichts von uns, noch will sie etwas von uns wissen. Und wir vermögen nichts gegen sie. Unser Tun und Lassen, das, was wir Tugend und Verbrechen nennen, sind unmerkliche Bewegungen der Materie.

Die Natur ist nur Vereinigung, Dispersion und erneute Vereinigung von Elementen, fortwährende Verbindung und Trennung von Stoffen. Leben oder Tod gibt es nicht. Auch keine Ruhe. Sade stellt sich die Materie als kontradiktorische Bewegung vor, in unaufhörlicher Expansion und Kontraktion. Die Natur zerstört sich selbst; indem sie sich zerstört, erschafft sie sich. Die philosophischen und moralischen Konsequenzen dieser Idee sind völlig klar: wie in dem Fall, als wir zwischen erlaubten

---

1 *La Philosophie dans le boudoir.*

2 *Histoire de Juliette.*

und verbotenen Leidenschaften zu unterscheiden versuchten, verschwindet der Unterschied, hier der zwischen Schöpfung und Zerstörung. Im Grunde ist es nicht einmal legitim, diese Worte zu gebrauchen. Sie sind Namen, aber trügerische Namen, mit denen wir etwas bezeichnen, was uns und unseren Wortfallen entwischt. Das Wachsen des Weizens Schöpfung zu nennen und den Hagel, der ihn dezimiert, Zerstörung, mag vom Gesichtspunkt des Bauern aus richtig sein; es wäre ein Mißbrauch, und ein lächerlicher Mißbrauch, dieser schlichten Beobachtung universale Geltung zu verleihen. Die philosophische Haltung ist die entgegengesetzte: wenn der Mensch ein Akzidens ist, sind seine Gesichtspunkte akzidentell. Leben und Tod sind Gesichtspunkte, Phantasmagorien, die ebenso illusorisch sind wie die moralischen Kategorien.

Die Aufhebung der Dualität Schöpfung-Zerstörung, besser gesagt: ihre Vereinigung in einer Bewegung, die sie umfaßt, ohne sie aufzuheben, ist mehr als nur eine philosophische Sicht der Natur. Heraklit, die Stoiker, Lukrez und viele andere haben das gleiche gedacht (nicht zu reden von den Chinesen und Azteken). Niemand jedoch hatte diese Idee mit der Strenge von Sade auf die Gefühlswelt bezogen. Lust und Leid sind auch Namen, nicht weniger trügerisch als die anderen. Diese Behauptung ist keine bloße Variante der stoischen Moral; sie dient Sade als Schlüssel, mit dem er Türen öffnen wird, die seit vielen Jahrhunderten verschlossen sind. Einerseits nährt sich meine Lust von fremdem Leid; andererseits wollen meine äußerst gereizten Sinne, denen es nicht genügt, angesichts des Leidens der anderen Genuß zu empfinden, auch leiden. Der Zeichenwechsel (das Gute ist böse, die Schöpfung ist Zerstörung) findet mit größerer Bestimmtheit in der Welt der Sinne statt: Lust ist

Leid; Leid ist Lust. Wenn Sade dieses Thema berührt, wird er unerschöpflich. Nichts kann ihn aufhalten, er geht vom menschenfresserischen Humor über zu den Delirien des Vampirs, vom Operationstisch zum blutüberströmten Altar, von der Zyklopenhöhle zum Kabinett der Ungeheuer, vom Eis zum Vulkanausbruch. Seine mächtige Phantasie vervielfacht die Szenen und zeigt uns, daß die Variationen und Kombinationen zwischen beiden Polen so zahlreich sind wie das Menschengeschlecht. Seinen Ruf, ein monotoner Autor zu sein, verdankt Sade vielleicht nicht nur dem geschwätzigen Philosophieren seiner Personen, sondern auch der Unmenge dieser Beschreibungen. Doch die Eintönigkeit hört auf, wenn Sade obsessiv wird. Obgleich er kein gefälliger oder wenigstens unterhaltsamer Autor ist, die Obsession ist seine Stärke. (Sade und seine Obsessionen, Sades Obsession, Sade unsere Obsession.) Seine Obsessionen hindern ihn nicht daran, klar zu sehen; er macht sie sich zunutze, wie ein Kranker sich seine Leiden zunutze macht; von ihnen geleitet, geht er – oder vermeint zu gehen – durch einen unterirdischen Gang, der sich am Ende als kreisförmig erweist.
Lust und Leid sind ein seltsames Paar, und ihre Beziehungen sind paradox. In dem Maße, wie die Lust wächst und stärker wird, streift sie die Zone des Leids. Die Intensität der Empfindungen führt uns zum Gegenpol; ist dieses Extrem einmal berührt, tritt eine Art Umkehrung ein und die Empfindung wechselt ihr Vorzeichen. Die Empfindungen sind Ströme, Schwingungen, Spannungen: Grade der Energie. Doch nicht die Physiologie interessiert Sade, sondern die Philosophie. Sein psychologischer Scharfsinn, die Entdeckung der gegenseitigen Abhängigkeit von Lust und Leid, kommt ihm zustatten, um sein System zu begründen und aufzubauen. In einer

ersten Bewegung hebt er die Unterschiede zwischen beiden auf: sie sind austauschbare Namen, vorübergehende Zustände des Fluidums des Lebens. Nachdem er die traditionellen Hierarchien zerstört hat, errichtet er sogleich ein neues Gebäude: die wahre Lust, die stärkste, höchste und dauerhafteste, ist exzessives Leid, das sich durch eben seine Heftigkeit wieder in Lust verwandelt. Sade gibt zu, ohne mit der Wimper zu zucken, daß es sich um eine unmenschliche Lust handelt, nicht nur weil sie durch fremdes Leiden, sondern auch durch eigenes erlangt wird. Sie zu praktizieren fordert einen übermenschlichen Charakter. Der libertine Philosoph ist hart gegen den anderen und gegen sich selbst.

In der Sphäre der Sinnlichkeit spielt die Intensität die gleiche Rolle wie die Gewalt in der moralischen Welt und die Bewegung in der materiellen. Die höchsten und, sagen wir es ruhig, prächtigsten Lüste sind die grausamen Lüste, jene, die Leid hervorrufen und in denen Seufzen und Brüllen in einem einzigen Schrei aufgehen. Das spanische einsilbige Wort ay!, Ausruf des Leids, aber auch der Freude, bringt diese Empfindung sehr gut zum Ausdruck: es ist zugleich der Wortpfeil und die Zielscheibe, die er trifft. Wir befinden uns jenseits der Sinnlichkeit, die Einklang mit der Welt bedeutet. Streicheln heißt: über eine Oberfläche gleiten, ein Volumen erkunden, die Welt als Form akzeptieren oder ihr eine andere Form geben: sie herausarbeiten. Unsere Form akzeptiert die anderen Formen, vermählt sich mit ihnen, bildet mit der Welt einen einzigen Körper. Streicheln heißt: uns versöhnen. Doch die Hand hat Nägel; der Mund Zähne. Die Sinne und ihre Organe hören auf, Brücken zu sein; sie vermählen uns nicht mehr mit anderen Körpern: sie zerreißen die Verbindungen, schneiden sie ab, machen jeden Kontakt unmöglich. Sie sind nicht länger Organe der Kommunikation, sondern der Trennung. Sie machen uns einsam. Auch die erotische Sprache wird zerstört. Die Worte dienen uns nicht mehr dazu, mit dem anderen zu kommunizieren, sondern ihn zu vernichten. Es gibt eine Ausnahme: sind an dem Akt zwei oder mehr Libertins beteiligt, demütigen sie die gegenseitigen Beschimpfungen nicht, sondern sie erhitzen sie. Die verächtlichen Worte bergen einen einzigartigen Wert: die Gewalt. Der Wandel ist absolut. Zugleich ist er illusorisch. Die Intensität negiert sich selbst; die Empfindung verflüchtigt sich; die Entladung der Gewalt, ist das Hindernis beseitigt, verpufft, die Vibration der Bewegung wird eins mit der Unbeweglichkeit. Sade negiert die Sprache, die Sinne und die Empfindungen. Was bietet er uns statt dessen? Eine Negation. Eher noch: eine Idee der Negation. Im Tausch für das Leben bietet er uns eine Philosophie.

Die Materie mit ihren unfaßbaren, aber allmächtigen Verwandlungen ist der Ursprung, die Quelle und auch der Archetyp, der universale Spiegel. Mit der gleichen Insistenz, mit der die Theologen Gott anrufen, beruft sich Sade auf die Natur: sie ist der höchste Beweger, die Ursache der Ursachen. Eine Ursache, die sich selbst aufhebt, weil alles ständig im Wandel ist. Die Stoffe verwandeln sich in andere und in wieder andere, ohne daß wir eine Absicht oder eine Richtung in dieser unaufhörlichen Bewegung erkennen können. Obgleich Sade nicht behauptet, daß es sich um eine unsinnige Aktivität handle, betont er, daß sie nicht den Menschen zum Ziel hat. Nichts ist notwendig in der Natur, außer der Bewegung (was darauf hinausläuft, daß nichts Bedeutung an sich besitzt, ausgenommen die natürliche Kontingenz). Die Unparteilichkeit Sades ist offenkundig. Nachdem er das Prinzip akzeptiert hat, daß alle Produkte der Natur Akzidenzien, Ergebnisse der Bewegungen der Materie sind, führt er eine neue Wertung ein. Die Natur ist in Bewegung, weil ihr permanenter Zustand die Unordnung, die Gärung ist. Sie befindet sich ständig in einem Zustand der Erregung, reißt sich fortwährend entzwei. Alles ist natürlich, doch es gibt Zustände und Augenblicke, in denen die Natur mehr sie selbst ist: die Erdbeben, die Gewitter, die Kataklysmen. Sade begeistert sich nur selten an dem Schauspiel der Natur; was ihn fesselt, ist ein Gewittersturm (Justine wird vom Blitz erschlagen) oder ein Vulkanausbruch. Die Vulkane faszinieren ihn. Er sieht in ihnen die Verkörperung seines Denkens: den Titanismus, die Maßlosigkeit der Proportionen, die Einsamkeit und äußerste Konzentration des Libertins, die unmenschliche Hitze und Kälte, die Lava, heißer als der Samen und das Blut, die Asche, die eiskalten Steine. Schöpfung und Zerstörung lösen sich auf in Gewalt; doch sind die Widerstände überwunden, schwindet die Gewalt; um den Energieverfall zu vermeiden, muß die Gewalt sich verkörpern, muß sich in Substanz verwandeln, die ewig aktiv ist und sich selbst stets gleich bleibt. So taucht unerwartet die Metaphysik wieder auf: die Gewalt ist das Böse, die Natur ist das Böse.

Eine seiner Personen, die auf bestimmte Bereiche des Sadeschen Geistes mehr Licht werfen, ist der Minister Saint-Fond. Sein System besteht in der Annahme, daß es Gott wirklich gibt. Wenn das Böse ephemer und akzidentell wäre wie das Gute, gäbe es zwischen dem einen und dem anderen keinen Unterschied. Das Böse ist nicht nur eine greifbare Realität: es ist eine philosophische Notwendigkeit, ein Erfordernis der Vernunft. Das Böse postuliert die Existenz eines unendlich verderbten Gottes. Das Gute ist nicht einmal ein Akzidens: es ist eine ontologische Unmöglichkeit. Nach dem Tode erwartet uns eine ewige Hölle »bösartiger Moleküle«. Vergebens halten ihm Juliette und Clairvil hundert Argumente entgegen, die sie dem atheistischen Materialismus der Zeit entnehmen. Nichts vermag Saint-Fond zu überzeugen. Dieses Gespräch ist ein Zwiegespräch, das Sade mit sich selbst führt. Einmal, anstatt sie sich zunutze zu machen, widersetzen sich seine Obsessionen seiner Philosophie. Und die Philosophie, Juliette, gibt am Ende auf: die Ideen des Ministers sind eine Narretei, doch die Vernunft vermag nichts gegen die Narretei ... Ein Universum bösartiger Moleküle oder rasende Bewegung der Materie: die Natur ist ein negatives Modell. Wenn wir Saint-Fonds Ideen akzeptieren, ist sie das Böse; wenn wir zu denen Juliettes neigen, ist sie Zerstörung. In dem einen wie in dem anderen Fall ist die Natur mörderische Gewalt. Sie auf den Thron erheben, sie zu unserem Modell machen heißt einen Feind vergöttern.

Bei solchen Ideen ist es nicht leicht, sich um das Glück des Menschen zu sorgen. Dennoch ist Sades Werk eine einzige lange Schmährede auf das Menschengeschlecht; auch ist es ein Versuch, es aufzurütteln und die Irrtümer, die seinen Verstand trüben, zu zerstreuen. So singulär uns sein Denken erscheint und so klausnerisch seine Gestalt, ist Sade doch ein Mensch und schreibt er für die Menschen. Wie seine Zeit glaubt Sade, daß die Zivilisation die Ursache unserer Leiden sei; weniger naiv als die meisten seiner Zeitgenossen, macht er sich über die menschliche Natur keine Illusionen. Mit der ihm eigenen Maßlosigkeit häuft Sade Argumente und Sarkasmen an. Diese imposante Menge ist eine Mischung von eigenen Ideen und fremden, von Genie und Laune, von Gelehrsamkeit und Gemeinplatz. Seine Darstellungen der religiösen und moralischen Ideen nehmen gelegentlich das

Thema des »entfremdeten Menschen« der neueren Philosophie vorweg; andere Male deuten sie auf Freud hin. All dies gehört der Ideengeschichte an; ich möchte lieber bei einem anderen Aspekt seines Denkens verweilen: was hat er uns anstelle der Torheiten und Lügen der Zivilisation zu bieten? Die Frage ist nicht unbegründet. Kritik und Utopie gehen im 18. Jahrhundert miteinander Hand in Hand; Sade ist keine Ausnahme und hat sehr klare Vorstellungen darüber, wie eine vernünftige Gesellschaft beschaffen sein sollte.

Die Leidenschaften sind natürlich. Sie zu negieren ist unmöglich; sie verdrängen heißt sie verstümmeln und Ausbrüche hervorrufen, die noch zerstörerischer sind. Der Europäer ist ein Kranker, weil er nur ein halber Mensch ist: die christliche Kultur hat ihm das Blut und das Hirn ausgesaugt. Wir denken schlecht, wir leben schlecht; besser gesagt: wir phantasieren und verzehren uns vor Begierde. Uns regieren als Philanthropen verkleidete Bestien. Unsere Religion ist ein Betrug, bei dem Angst sich mit Grausamkeit verbindet: ein schimärischer Gott und eine Hölle, die lächerlich wäre, wäre sie nicht ein Alptraum am hellichten Tag. Unsere Gesetze heiligen das Verbrechen und die Unterdrückung: die Vorrechte, das Eigentum, die Gefängnisse, die Todesstrafe. Wenn Gesetze und Religionen, wenn Priester, Richter und Henker verschwinden, wird der Mensch sich verwirklichen können. Alles wäre erlaubt: Totschlag, Diebstahl, Inzest, die verbotenen Freuden und die verfluchten Leidenschaften.

Die Nationen gedeihen und schützen sich durch Krieg »et rien n'est moins moral que la guerre ... Je demande comment on parviendra à démontrer que, dans un Etat immoral par ses obligations il soit essentiel que les individus soient *moraux*? Je dis plus: il est bon qu'ils ne le soient pas.«[3] Sade denunziert die Unmoral des Staates, aber er verdammt nicht die der Individuen. Wo er die Abschaffung der Todesstrafe verlangt, fordert er die Sanktionierung des Mordes. Mit einem Wort, er schlägt vor, das öffentliche Verbrechen (die Zivilisation) durch das private Verbrechen zu ersetzen. Nichts bleibt bestehen, ausgenommen ein Recht, ein Eigentumsrecht, »le droit de propriété sur la jouissance«. Dieses Recht jedoch bringt die Freiheit der Menschen in Gefahr; und nicht nur ihre Freiheit, sondern auch ihre Lust. Wenn mein Recht souverän ist, »il devient égal que cette jouissance soit avantageuse ou nuisible à l'objet que doit s'y soumettre«. Die ganze Stadt ist ein Serail (und ein Schlachthof): beide Geschlechter und Menschen jeden Alters gehören mir. Doch Sade beeilt sich, »die Waage ins Gleichgewicht zu bringen«; auch ich muß mich dem Verlangen der anderen fügen, so barbarisch und grausam dieses Verlangen auch ist. Eine Gesellschaft mit milden Gesetzen und starken Leidenschaften. In einer solchen Welt würden sich bald neue Hierarchien bilden; und andere Kasten, nicht weniger heuchlerisch und grausam als die heutigen, würden uns zwingen, Götter zu verehren, die ebenso phantastisch sind wie die unsrigen. Die freie Gesellschaft philosophischer Bestien würde in den theologischen Despotismus eines Saint-Fond münden, der weniger systematisch ist als Juliette, aber dafür realer. In anderen Werken denkt Sade sich Zwischenlösungen aus: innerhalb der zivilisierten Gesellschaft kleine Sekten von Libertins zu gründen. Ist es nicht das, was heute geschieht? *Die Gesellschaft der Freunde des Verbrechens* ist weder eine Karikatur

---

3 *Français, encore un effort, si vous voulez être republicains* in *La Philosophie dans le boudoir.*

noch ein Abbild: sie ist eine Stilisierung unserer Wirklichkeit. Jedoch berührt keine dieser Überlegungen den Kern des Problems. Die Gesellschaft Sades ist nicht nur eine nicht zu verwirklichende Utopie; sie ist eine philosophische Unmöglichkeit: wenn *alles* erlaubt ist, ist *nichts* erlaubt.

Die libertine Gesellschaft ist unmöglich; nicht ist es der einzelne Libertin. Vielleicht zum ersten Mal in der Neuzeit taucht die Gestalt des Übermenschen auf. Sade ist an Beispielen für menschliche Raubtiere reicher als Balzac oder Stendhal. Und expliziter als Nietzsche. Seine Libertins sind im Gegensatz zu den romantischen Helden nicht anziehend. Ein weiteres Extrem: über diese Fürsten des Bösen herrscht kein Mann, sondern eine Frau. Das Böse muß, um schön zu sein, absolut und weiblich sein: die Schönheit Juliettes verbindet sich mit tiefster sittlicher Verkommenheit. Man hat gesagt, daß die Geschichte Juliettes die einer Initiation sei; man könnte hinzufügen, daß sie die eines Aufstiegs ist. Juliette verkörpert die Philosophie, nicht den Trieb; bei ihr triumphieren nicht die Leidenschaften, sondern das Verbrechen. Doch die Siege der Philosophie sind, wie man sehen wird, ebenfalls illusorisch.

Das erste Verfahren, der erste Prankenhieb, besteht darin, die Verschiedenartigkeit auf die Gleichartigkeit zu reduzieren. Was einen Menschen von einem anderen unterscheidet, ist sein Widerstand gegenüber meinem Verlangen. Dieser Widerstand ist nicht physischer, sondern psychischer Art. Zudem ist er kein freiwilliger. So vollkommen unsere Herrschaft über einen anderen sein mag, immer gibt es eine unüberwindliche Zone, einen Rest, dessen wir nicht habhaft werden können. Der andere ist unerreichbar nicht, weil er undurchdringlich wäre, sondern weil er unendlich ist. Jeder Mensch birgt ein Unendliches. Niemand kann den anderen völlig besitzen, weil sich niemand ganz hingeben kann. Die totale Hingabe wäre der Tod, totale Negation sowohl des Besitzes als auch der Hingabe. Wir verlangen alles und man gibt uns: einen Toten, nichts. Solange der andere lebendig ist, ist auch sein Körper ein Bewußtsein, das mich widerspiegelt und mich negiert. Die erotische Transparenz ist trügerisch: in ihr sehen wir uns, nie den anderen. Den Widerstand überwinden heißt die Transparenz aufheben, das fremde Bewußtsein in einen opaken Körper verwandeln. Doch das genügt nicht: ich verlange, daß der andere lebe, daß er Genuß empfinde, und vor allem, daß er leide. Ein unüberwindlicher Widerspruch; einerseits darf das erotische Objekt kein eigenes Leben haben, denn sobald es eines hat, wird es wieder unerreichbares Bewußtsein; andererseits, wenn ich dieses Bewußtsein auslösche, schwinden meine Lust und mein Bewußtsein, schwindet selbst mein Sein. Der Libertin ist ein Einsamer, der auf die Gegenwart der anderen angewiesen ist. Seine Einsamkeit besteht nicht in der Abwesenheit der anderen, sondern darin, daß er eine negative Beziehung zu ihnen herstellt. Damit diese paradoxe Beziehung sich verwirklichen kann, muß das erotische Objekt eine Art bedingtes Bewußtsein besitzen.

Nichts konkreter als dieser Tisch hier, der Baum da und der Berg dort. All diese Dinge ruhen in sich selbst, in ihrer eigenen Wirklichkeit; sie werden abstrakt vermöge des Willens, der sie benutzt, oder des Bewußtseins, das sie denkt. Wenn sie Instrumente oder Begriffe werden, geben sie ihre Wirklichkeit auf: sie sind nicht länger *diese* Dinge, aber sie sind immer noch Dinge. Die Menschen, auch wenn sie es möchten, können nicht Utensilien werden, ohne aufzuhören, Menschen zu sein. Sie ruhen nicht in sich selbst. Der Mensch ist keine Wirklichkeit: der Mensch erschafft seine Wirklichkeit. Deshalb ist die Selbstentäußerung nie absolut. Wäre sie es, wäre ein Großteil des Menschengeschlechts verschwunden. Selbst in extremen Situationen (Sklave oder Irrer) hört der Mensch nicht auf, ganz Mensch zu sein. Wir können die Menschen behandeln wie Tiere, Dinge oder Werkzeuge; das hat nichts zu besagen, es gibt eine unüberwindliche Schranke: das Wörtchen *wie*. Der Libertin will übrigens gar nicht, daß das Bewußtsein des anderen schwinde (das unterscheidet ihn von Befehlshabern, ›Herren‹ und Eigentümern). Er begreift es als eine negative Wirklichkeit: weder als konkrete Existenz noch als abstraktes Instrument. Im ersten Fall spiegelt das fremde Bewußtsein mich wider, doch es läßt es mich nicht sehen, es ist unsichtbar; im zweiten hört es auf, mich widerzuspiegeln, es macht mich unsichtbar. Die Konsequenz dieser widersprüchlichen Beziehung ist, wie Jean Paulhan richtig gesehen hat, der Masochismus: Justine ist Juliette.[4] Trotzdem ist der Gegensatz nicht aufgehoben. Der Libertin tritt an die Stelle seines Opfers und reproduziert so die ursprüngliche Situation: als Objekt hört er auf, sich zu spiegeln. Die sadistische Juliette kann sich nicht sehen, sie ist ungreifbar und unerreichbar geworden, sie entwischt ständig sich selbst; um sich zu sehen, muß sie sich in ihr Gegenteil, Justine, die alles Erleidende verwandeln. Juliette und Justine sind untrennbar, doch sie sind dazu verurteilt, sich nie kennenzulernen. Obgleich der Masochismus die psychologische Antwort auf den Sadismus ist, ist er keine philosophische Antwort.

Damit die Antinomie »erotisches Objekt« verschwinde

4 Vorwort zu *Justine ou les infortunes de la vertu.*

(wenn es ein Objekt ist, ist es nicht erotisch; wenn es erotisch ist, ist es kein Objekt), muß das Opfer ständig von einem Zustand in den anderen übergehen. Besser gesagt, der Libertin muß eine Situation zugleich völliger Abhängigkeit und unendlicher Beweglichkeit schaffen. Das erotische Objekt ist weder Bewußtsein noch Werkzeug, sondern Relation oder, genauer, Funktion: etwas, das keine Eigenständigkeit besitzt und das sich wandelt gemäß den Wandlungen der Begriffe, die es determinieren. Das Opfer ist eine Funktion des Libertin, nicht so sehr in der physiologischen Bedeutung des Wortes wie in der mathematischen. Das Objekt ist Zeichen, Ziffer, Symbol geworden. Die Zahlen haben es Sade angetan. Die Faszination besteht darin, daß jede endliche Zahl eine unendliche birgt. Jede Zahl enthält die Gesamtheit der Zahlen, die ganze Zahlenreihe. Die Obsessionen Sades nehmen mathematische Formen an. Man staunt und es wird einem schwindlig, wenn man bei seinen Multiplikationen und Divisionen, seiner Geometrie und seiner rudimentären Algebra verweilt. Dank der Zahlen und Zeichen scheint das turbulente Universum Sades eine Art Wirklichkeit zu erhalten. Diese Wirklichkeit ist geistig. Es ist leichter, diese Formen erotischer Relation zu denken, als sie zu sehen; die Beweisführungen sind unsichtbar, besitzen aber eine gewisse Kohärenz; dagegen erwecken die minuziösen Beschreibungen Sades den Eindruck völliger Irrealität.

Jedes erotische Objekt ist etwas mehr als ein Ding und etwas weniger als ein autonomer Wille: es ist ein veränderliches Zeichen. Kombinationen von Zeichen, ein Maskenschauspiel, bei dem die Mitwirkenden Größen von Empfindungen darstellen. Das Werk Sades wird zu einer mechanischen Pantomine, und seine Anlage entspricht den Relationen, die die Zeichen und die in ihnen stattfindenden Mutationen verbinden oder trennen. Die erotische Zeremonie wird zu einem philosophischen Ballett und einer mathematischen Opferhandlung. Ein Theater nicht der Charaktere, sondern der Situationen, oder vielmehr der Demonstrationen. Ein rituelles Theater, das einerseits an die religiösen Dramen (Autos) von Calderon gemahnt, andererseits an die Menschenopfer der Azteken, die von der gleichen geometrischen Leidenschaft besessen waren. Doch im Gegensatz zu jenen und diesen ein leeres Theater, ohne Zuschauer, ohne Gottheiten und ohne Schauspieler. Der Libertin zieht seine Opfer nur aus, um sie in das durchsichtige Hemd der Zahlen zu kleiden. Eine fatale Transparenz: durch sie entzieht sich der andere erneut, nicht mehr als opakes Objekt, sondern als unsterbliche Abstraktion. Der Libertin kann sich seiner Opfer nicht entledigen, weil die Zahlen unsterblich sind; wir können eine 0 aus der 1 machen, doch aus ihrer Leiche sprießt die 2 oder die 3. Der Libertin ist dazu verurteilt, unaufhörlich die endlose Reihe der Zahlen zu durchlaufen. Nicht einmal der Tod, der philosophische Selbstmord, stellt sich ihm als Ausweg dar: die Null bezeichnet nicht eine Zahl, sondern die Abwesenheit von Zahlen. Wie in dem Paradox von Bertrand Russell gibt es für den Libertin einen Augenblick, in dem die Summe der Summen kleiner ist als die Summen, die sie enthält. Die Siege des libertinen Philosophen verflüchtigen sich wie seine Empfindungen und seine Lüste. Am Ende ihrer Wanderung kann Juliette wie der buddhistische Mönch sagen: alles ist irreal.

Wenn sich die Natur in ihrer kreisenden Bewegung selbst vernichtet; wenn der andere, unsterbliche Zahl oder Henker-Opfer, immer unerreichbar und unsichtbar ist; wenn das Verbrechen mit der Notwendigkeit einhergeht; wenn schließlich die Negation negiert wird und die Zerstörung zerstört wird, was bleibt uns dann? Ein Jenseits der Systeme, das eine Festung gegen die Irrealität der Wirklichkeit ist: eine Ultramoral, das heißt, eine Moral, die die Widersprüche neutralisiert, ruhig in der Bewegung, empfindungslos in der Empfindung. Ein Jenseits der Moral ist der Taoismus; ein anderes die Yoga-Askese; ein weiteres der Stoizismus. Nietzsche träumte von einem im Nihilismus gestählten Geist, der alles hinter sich gelassen hat und bereit ist, alles von neuem anzugehen. In dem glänzenden Essay, den Maurice Blanchot Sade gewidmet hat, weist er darauf hin, daß die Apathie oder die Gemütsruhe die Endstadien des Libertins sind. Am Anfang läßt Juliette sich von ihrem natürlichen Feuer fortreißen und begeht ihre Verbrechen mit zuviel Leidenschaft. Ihre Gönner tadeln sie deswegen und ihre Freundin Clairwil macht ihr klar, daß der wahre Libertin unzugänglich und gleichmütig ist: »Ruhe, Gelassenheit in den Leidenschaften, Stoizismus, der mich befähigt, alles ohne Erregung zu tun und zu erleiden ...« Die Jahre der Initiation enden mit der verblüffenden Entdeckung, daß die Libertinage nicht eine Schule extremer Empfindungen und Leidenschaften ist, sondern die Suche nach einem Zustand jenseits der Empfindungen. Sade bietet uns eine logische Unmöglichkeit oder ein mystisches Paradox: Genuß empfinden im Zustand der Empfindungslosigkeit. In Wirklichkeit handelt es sich um eine letzte und endgültige Vernichtung, und zwar jetzt des Libertins, um der Zerstörung willen. Sade schwankt nicht zwischen dem Libertin und der universalen Negation: die Empfindungslosigkeit hebt den Libertin als solchen auf, doch sie macht ihn als Werkzeug der Zerstörung vollkommen. Unverletzlich und unzugänglich, scharf wie ein Rasiermesser und präzis wie ein Automat, ist er nicht mehr der Philosoph noch der Übermensch: er ist der Grad der Glut, den die Zerstörungskraft erreichen kann. Der Libertin verschwindet. Seine Aufhebung proklamiert die Überlegenheit der leblosen Materie über die lebendige Materie.

Ich glaube nicht, daß man Sades Vorliebe für die rohe Materie genügend Beachtung geschenkt hat. Er versichert immer wieder, daß die Zerstörung die höchste Lust sei, die natürliche Lust par excellence. Er schreibt Tausende von Seiten, um dies zu beweisen, und sein erstaunliches Wissen (ob es sich um Wahrheit oder Dichtung handelt, ist in diesem Fall gleichgültig) liefert ihm Hunderte von Beispielen. Fast alle beziehen sich auf alte oder neuere Sitten der Menschen oder auf Kataklysmen und Naturkatastrophen. Blutige Religionen, barbarische Leidenschaften, Tötungsriten, das ganze Arsenal der Geschichte, die Legenden, die Reisebeschreibungen, die Memoiren und die medizinischen Forschungsergebnisse. Und zum anderen: die Vulkanausbrüche, die Erdbeben, die Gewitter. Blut und Blitz, Samen und Lava. Die Tierwelt, so reich an wilden Begattungen und grausamen Zärtlichkeiten, kommt in seinen Beschreibungen und Aufzählungen relativ selten vor. Und ich denke nicht nur an die Bräuche mancher Insekten, die zu seiner Zeit vielleicht wenig bekannt waren, sondern auch an die Tiere, die dem Menschen näher sind, wie etwa die Säugetiere. In den Werken Sades werden die Tiere nicht gequält, und nur selten werden sie als Erreger der Lust benutzt. Dagegen gibt es in reichem Maße Geräte und Mechanismen der Folter. Andererseits wissen wir, daß Sade ein leutseliger und sanfter Mann war; trotz der Härte, mit der man ihn behandelte, hat er in seinem Leben mehr als eine großmütige Tat begangen, und manchmal zugunsten eben jener, die ihn verfolgt hatten.

Diese Sanftmut des Charakters steht im Gegensatz zu seiner Unduldsamkeit in Dingen der Meinung. In dem Maße, wie die Forschung uns mit den Umständen seines Lebens genauer bekannt macht, wird seine Gestalt rätselhafter; wir wissen mehr, doch das Geheimnis seiner Person bleibt. Die Grausamkeit Sades ist philosophischer Art: sie ist keine Empfindung, sie ist eine Deduktion. Dies ist vielleicht die Erklärung für seine Haltung gegenüber der Natur. Unsere Überlegenheit über die Tiere ist ganz offensichtlich; das Tierreich demütigt den Menschen nicht. Die mineralische Materie ist das andere Extrem, sie ist unzugänglich und gefühllos; unser Leid erregt nicht ihr Mitleid; unser Handeln beleidigt sie nicht. Sie befindet sich jenseits von uns. Sie ist die versteinerte Philosophie: deshalb ist sie das wahre Vorbild des Libertins. Zudem, und vor allem, ist sie die erste und letzte Form, die die Natur annimmt. Das Mineral ist nicht nur von Grund auf unmenschlich: es fehlt ihm das biologische Leben. Es ist die konkreteste Form der universalen Negation.

Es ist heute, anderthalb Jahrhunderte später, nicht schwer, Sades Irrtümer, seine Verworrenheiten, seine Nachlässigkeiten und seine Sophismen aufzuzeigen. Zum Beispiel: den Naturmenschen gibt es nicht, der Mensch ist kein natürliches Wesen ... (Aber vielleicht war er einer der ersten, der dies vermutete: sein Naturmensch ist nicht menschlich.) Ein weiteres Beispiel: wenn der Mensch ein Akzidens ist, ist er ein Akzidens, das sich seiner selbst und seiner Kontingenz bewußt ist; die Verwirrung Sades und seiner Zeit bestand darin, daß er die menschliche Kontingenz abhängig machte von einem vermeintlichen natürlichen Determinismus ... (Aber die unsere besteht darin, daß wir aus der Kontingenz, der eines jeden und der aller, die Geschichte, ein

System machen.) Man könnte so fortfahren. Oder entgegengesetzt verfahren und Sade seine Entdeckungen und Vorwegnahmen anrechnen. Sie sind beeindruckend. Beeindruckender noch ist die Betrachtung seines Systems – seines stolzen Gefängnisses: trostlose Kohärenz, atemberaubende Stärke. Es überkommt uns ein Gefühl der Beklemmung und völliger Hilflosigkeit; wir sind eingesperrt, doch unser Kerker ist grenzenlos: nie werden wir aufhören, durch diese Verliese und endlosen Gänge zu gehen. Keine Mauer zermürbt uns, sondern der horror vacui. Wir sind umgeben vom Unendlichen, ein Unendliches, das aus Wiederholungen besteht. Immer wieder stürzen Sades Gebäude ein. Für ihren Einsturz gibt es keine äußere Ursache; der Sprengmeister ist sein eigenes Denken. Sade negiert Gott, die Sittenlehren, die Gesellschaften, den Menschen, die Natur. Er negiert sich selbst und verschwindet hinter seiner gewaltigen Negation. Das *Nein* Sades ist so stark wie das *Ja* Augustins. Im einen wie im anderen ist kein Platz für das entgegengesetzte Prinzip. Sades Antimanichäismus ist absolut: das Gute hat keine Substanz, es ist bloße Abwesenheit von Sein. Das Sein par excellence ist das Böse. Doch das Wort *Sein* schreiben heißt, etwas bejahen, auf die höchste Bejahung anspielen. Man muß demnach die Begriffe umkehren: das Böse ist das völlige Nichtsein. Ein kreisendes Denken, das sich unablässig wiederholt und das sich damit endlos zerstört. Sein Werk mündet in die Vernichtung eben dieses Werks. Das Lebensprinzip, der Urgrund der Erotik, ist die universale Ausschweifung. Der Ausschweifende ist der den Tod Liebende. Das Wort Sades endet nicht in Schweigen, denn das Schweigen, das auf den Diskurs folgt, ist bedeutsam: es ist das Unsagbare, doch nicht das Undenkbare. Unverständliches Geräusch des Wortes, das sich selbst negiert; in ihm ahnen wir eher, als daß wir sie hören, die Klage der inkohärenten, von Anbeginn an sich hinabstürzenden Natur.

Paris, Januar 1961

Die Vergleiche, die ich anzustellen beabsichtige, bedürfen einer Rechtfertigung. Wenn ich die gegenwärtige Situation Mexicos untersuchen will, vergleiche ich sie unwillkürlich mit unserer Vergangenheit und denke an die Zeiten Moctezumas, des Vizekönigs Bucareli, des Diktators Santa Ana oder des Präsidenten Cárdenas; im Falle der Vereinigten Staaten will sich der Vergleich eher herstellen zwischen der gegenwärtigen Wirklichkeit und irgendeiner utopischen Konstruktion. Wie die meisten Länder ist Mexico nicht weniger oder sogar mehr das Ergebnis der Umstände (vor allem Conquista und Kolonie) als des Willens seiner Bürger. Auch darin sind die Vereinigten Staaten eine Ausnahme: bei der Geburt dieser Nation war das voluntaristische Element bestimmend. Der Dichter Luis Cernuda sagte mir: »Ich bin dazu verurteilt, Spanier zu sein«. Und eine Person in *La región más transparente* (*Landschaft in klarem Licht*), dem Roman von Carlos Fuentes, sagt: »Es war mir beschieden, hier geboren zu werden, was kann ich daran ändern!«. Man möchte meinen, daß es Nordamerikaner gibt, für die die Tatsache, es zu sein, eine Strafe ist, besonders nach Vietnam. Gleichviel: am Anfang und während sie sich konstituierten, waren die Vereinigten Staaten eine Wahl, kein Schicksal. Sie sind eher die Früchte eines historischen Entwurfs als die eines Zufalls. Die nordamerikanische Verfassung ist ein Vertrag, dazu bestimmt, eine neue Gesellschaft zu gründen, und insofern befindet sie sich zeitlich vor der Geschichte. Sie ist früher als ihre Geschichte, das heißt, sie ist ihrer Geschichte voraus: die amerikanische Gesellschaft überbewertet den Wandel und begreift sich selbst als Wille zur Annexion der Zukunft. Daher ist es vielleicht nicht absurd, den gegenwärtigen Zustand der Vereinigten Staaten mit anderen außergeschichtlichen Wirklichkeiten oder Ideen zu vergleichen. Zum Beispiel mit den primitiven oder den vom utopischen Denken ersonnenen Gesellschaften: Rousseau oder Fourier, die Dorfgemeinschaft oder der »Phalanstère«. Die erstere ist vorgeschichtlich, wie der Vertrag, der die Vereinigten Staaten gründete: der letztere befindet sich jenseits der Geschichte, in der Zukunft, dem gelobten Land der Nordamerikaner.

Die Ähnlichkeiten zwischen der primitiven und der utopischen Gesellschaft rühren nicht allein daher, daß beide außergeschichtlich sind. Die primitive Gesellschaft (oder unsere Vorstellung von ihr) ist bis zu einem gewissen Grad eine Projektion unserer Wünsche und unserer Träume und hat somit am exemplarischen Charakter der utopischen Gesellschaft teil; die Konstruktionen der Utopisten sind ihrerseits in großem Maße von dem tatsächlichen oder imaginären Charakter der archaischen Gesellschaft beeinflußt. Fourier sagt, daß die künftige Welt der »Harmonia« der Unbefangenheit und Unschuld der Barbaren näher sein wird als den verderbten Sitten der zivilisierten Menschen. Unsere Vorstellungen davon, was die menschliche Gesellschaft war (oder sein mochte) und was sie sein wird (oder sein könnte) erfüllen ähnliche Funktionen: abgesehen von ihrer größeren oder geringeren Wirklichkeit, sind sie Paradigmen, Modelle. Durch sie sehen, prüfen und beurteilen wir uns.

In den letzten Jahren neigt man dazu, vielleicht zum Teil jenes Phänomens wegen, das ich in anderen Schriften den »Untergang der Zukunft« genannt habe[1], die

---

1 *Corriente Alterna*, Mexico, 1967; *Conjunciones y Disyunciones*, México, 1969.

Modelle der archaischen Gesellschaften vorzuziehen: die Dorfgemeinschaft und nicht die Kosmopolis, den Handwerker und nicht den Technokraten, die direkte Demokratie und nicht die Bürokratie. Die Zukunft enttäuscht uns, sie schreckt uns sogar. Trotzdem, und sei es auch nur, um den Hoffnungen von gestern die Realitäten von heute entgegenzuhalten, meine ich, es würde die Mühe lohnen, den gesellschaftlichen Zustand, den Fourier beschreibt, mit den Veränderungen zu vergleichen, die in den Vereinigten Staaten auf dem Gebiet der erotischen Sitten vorgegangen sind. Besser gesagt: mit den Veränderungen in den Anschauungen der Nordamerikaner über die Liebe und die Vielfalt der sexuellen Neigungen und Praktiken. Denn es ist klar, daß es sich vor allem um eine Veränderung der Anschauungen und Meinungen handelt; die Sitten haben sich viel weniger geändert, als man glaubt. Der Unterschied besteht weniger darin, was man tut, als in der Einstellung zu dem, was man tut.

Warum Fourier? Nun, weil eine fleißige Französin vor wenigen Jahren das Manuskript von *Le Nouveau Monde Amoureux*[2] – ein Haupttext, den prüde Schüler hatten verschwinden lassen – entdeckte und veröffentlichte, versehen mit einem klugen und kenntnisreichen, ganz unpedantischen Vorwort. In der Gesellschaft, die Fourier beschreibt, herrscht dank der genossenschaftlichen Organisation der Arbeit und dank anderer sozialer und sittlicher Reformen – darunter, in elementarer Weise, die völlige Gleichheit zwischen Mann und Frau – der Überfluß, und »es ist für die allgemeine Eintracht nicht nur eine außerordentliche Mannigfaltigkeit von Ver-

2 Charles Fourier: *Le Nouveau Monde Amoureux*, notes et introduction de Simone Debout, éditions *Anthropos*, Paris, 1967.

gnügungen notwendig, es muß sich auch jeder dem Vergnügen leidenschaftlich hingeben ...« Obgleich die Vereinigten Staaten weit davon entfernt sind, den Zustand sozialer Gerechtigkeit und Harmonie, den Fourier schildert, erreicht zu haben, hat die Industrie einen Überfluß geschaffen, der, ohne daß wir die Augen vor seiner Abscheulichkeit verschließen, in der Geschichte einmalig ist. Dieser materielle Überfluß und eine noch lebendige Tradition der Kritik und des Individualismus sind der gesellschaftliche und geschichtliche Hintergrund, vor dem sich die erotische Rebellion vollzieht. Die Ähnlichkeiten zwischen der nordamerikanischen und der von Fourier ersonnenen Welt sind nicht weniger aufschlußreich als die Unterschiede. Zu den ersteren zählen: der materielle Überfluß und die erotische Freiheit, welche letztere in »Harmonia« total und in den Vereinigten Staaten relativ ist. Der größte Unterschied ist der, daß die Gesellschaft von Fourier, wie schon ihr Name besagt, die Harmonie erreicht hat – eine Sozialordnung, die, ähnlich jener Ordnung, welche die Himmelskörper regiert, bestimmt wird von der Anziehung, welche die Gegensätze vereint, ohne sie dabei aufzuheben –, wohingegen in den Vereinigten Staaten, offen oder verschleiert, der Profit, die Lüge, die Gewalt und andere Übel der zivilisierten Gesellschaft herrschen.

In »Harmonia« ist die Herrschaftsgewalt – wie in allen Gesellschaften, sagt Fourier – auf zwei Bereiche verteilt: die Verwaltung und die Religion. Die erstere kümmert sich um die Produktion und die Verteilung, das heißt, um die Arbeit, wenn es möglich ist, in einer harmonischen Gesellschaft zwischen Arbeit und Vergnügen zu unterscheiden. Die letztere ist das Gebiet der Vergnügen im eigentlichen Sinne. In der zivilisierten Gesellschaft schafft die Religion die Gesetze, welche über die Vergnügen, besonders die des Bettes und des Tisches, bestimmen – die Religion ist Liebe und Kommunion –, doch nur um sie zu unterdrücken und in andere Bahnen zu lenken. Dadurch, daß sie gegen die Leidenschaften und Neigungen Einspruch erhebt, verwandelt sie sie in Obsessionen und schreckliche Delirien. Es gibt keine grausamen Leidenschaften: die Repression durch die Moral und die Religion erzürnt uns und macht uns buchstäblich wild. In »Harmonia«, wo die Moral der Zivilisation abgeschafft ist, unterdrückt die Religion nicht mehr, sondern befreit, steigert und harmonisiert die Triebe, ohne einen auszunehmen. »Meine Theorie beschränkt sich darauf, die Leidenschaften so zu gebrauchen, wie die Natur sie schafft, und ohne an ihnen etwas zu ändern.« Man müßte hinzufügen: außer den sozialen Kontext. In der zivilisierten Gesellschaft sind die Leidenschaften unheilvoll, sie entzweien die Menschen; in »Harmonia« vereinen sie sie. Obgleich sie sich völlig und ganz ungehindert entfalten, zerbrechen sie nicht den gesellschaftlichen Zusammenhalt, noch verletzen sie die einzelnen. Eben weil er völlig sozialisiert ist, ist der Mensch bei Fourier völlig frei. Alles ist erlaubt, doch im Gegensatz zu dem, was in der Welt von Sade geschieht, ändern die zerstörerischen Leidenschaften dank einer radikalen Umkehrung der Werte ihr Vorzeichen und werden schöpferisch. Der Sadismus wird immer an einem erotischen *Objekt* ausgeübt, und der Masochismus besteht in der Neigung des Subjekts, sich in ein Objekt zu verwandeln; in der Welt der »Harmonia«, die von der Anziehungskraft der Leidenschaft regiert wird, sind alle Subjekte.

Die Jurisdiktion der Religion ist dual: die Liebe und der Geschmack, die Kommunion und das Gastmahl, die Erotik und die Gastrosophie. Die Erotik ist die intensivste und die Gastronomie die extensivste Passion.

Die erstere können weder die Kinder noch die Alten praktizieren; dagegen schließt die letztere die Kinder und die Alten mit ein. Obgleich die eine wie die andere aus Verbindungen und Kombinationen besteht, in dem einen Fall von Körpern, in dem anderen von Substanzen, ist die Anzahl der Kombinationen in der Erotik beschränkt, und die Lust zielt darauf ab, in einem Augenblick zu gipfeln (dem Orgasmus), während die Kombinationen in der Gastrosophie unendlich sind und die Lust, anstatt sich zu konzentrieren, dazu neigt, sich auszudehnen und sich zu verbreiten. Daher wahrscheinlich macht Fourier aus der Liebe eine Kunst, die höchste Kunst, und aus der Gastrosophie eine Wissenschaft. Die Künste gehören in das Gebiet der Erotik, die Wissenschaften in das der Gastrosophie. Die Erotik, die Hingabe ist, entspricht der Tugend; die Gastrosophie, die Verteilung ist, der Weisheit.

»Harmonia« hat seine Heiligen und Helden, die sich von den unsrigen sehr unterscheiden: Heilige sind die Meister in der Kunst der Liebe; Helden sind die Wissenschaftler, die Dichter, die Künstler. Den Grillen eines Perversen nachgeben oder mit einer alten Frau schlafen ist in der zivilisierten Gesellschaft eine Exzentrizität oder ein Akt der Prostitution; in »Harmonia« ist es eine tugendhafte Tat. Die Übung der Tugend bedeutet kein Opfer, sondern sie ist das Ergebnis des Überflusses. Es ist nicht schwer, großzügig zu sein, wenn niemand an Sexualentzug leidet (alle haben ein Recht auf ein Minimum an Erotik). Außerdem bringt es dem Heiligen oder der Heiligen in »Harmonia«, wenn sie die Wünsche der anderen befriedigt, öffentliche Anerkennung ein, und so befriedigt sie eine Leidenschaft, die nicht minder heftig ist als die sinnliche: den Ehrgeiz, die »kabalische« Leidenschaft, wie Fourier sie nennt. Gleichviel ob es sich um den Sexus oder den Geschmack handelt, die Lust hört auf, die Befriedigung eines Bedürfnisses zu sein, und wird zu einer Erfahrung, in der das Verlangen uns enthüllt, was wir sind, und uns zugleich auffordert, über uns selbst hinauszugehen, um *andere* zu sein. Imagination und Erkenntnis oder, wie Fourier sagt, Tugend und Weisheit. Aus der doppelten Perspektive der Erotik und der Gastrosophie können wir jetzt einen Blick werfen auf die nordamerikanische Gesellschaft.

Die traditionelle nordamerikanische Küche ist eine Küche ohne Geheimnis: einfache Lebensmittel, nahrhaft und wenig gewürzt. Keinerlei Raffinesse: die Mohrrübe ist die biedere Mohrrübe, die Kartoffel schämt sich nicht ihrer Natur, und das Beefsteak ist ein blutiger ungeschlachter Kerl. Transsubstantiation der demokratischen Tugenden der Gründer: ein ehrliches Essen, ein Gang nach dem anderen wie die gesetzten und unaffektierten Worte einer virtuosen Rede. Analog der Konversation zwischen den Tischgenossen, sind die Beziehungen zwischen den Substanzen und den Geschmäckern direkt: Verbot hehlerischer Soßen und Garnierungen, die die Augen entzücken und den Geschmack verwirren. Die Separierung der Nahrungsmittel entspricht der Reserviertheit zwischen den Geschlechtern, den Generationen und den Klassen. In unseren Ländern ist das Essen Kommunion, und nicht nur zwischen den Tafelnden, sondern auch zwischen den Ingredienzen; das Essen der Nordamerikaner, vom Puritanismus durchdrungen, besteht aus Exklusionen. Die manische Besorgnis um die Reinheit und die Herkunft der Nahrungsmittel ist homolog dem Rassismus und dem Kastengeist.

Der nordamerikanische Widerspruch – ein demokratischer Universalismus, bestehend aus ethischen, kulturellen, religiösen und sexuellen Exklusionen – spiegelt sich in seiner Küche. In dieser kulinarischen Tradition wäre der Kult, den wir mit dunklen und leidenschaftlichen Gerichten wie den *moles*[3] und prächtigen roten, grünen und gelben Soßen treiben, skandalös. Auch wäre es die Vorzugsstellung, die auf unserem Tisch der *huitlacoche* einnimmt, der nicht nur eine Krankheit des Maises ist, sondern auch ein Nahrungsmittel von schwarzer Farbe. Oder unsere Vorliebe für die Chilis und die Maiskolben, die einen papageigrün bis kirchlich dunkelviolett, die anderen sonnengelb bis nachtblau. Farben, so stark wie die Geschmäcker. Die Nordamerikaner lieben die zarten und frischen Farben und Geschmäcker. Eine Küche wie Aquarell- oder Pastellmalerei, eine Küche, die die Gewürze fürchtet wie den Teufel, doch die sich im Schlamm von Crème und Butter suhlt. Orgien von Zucker. Die geradezu apostolische Einfachheit und Nüchternheit des *lunch* gegenüber den verdächtig unschuldigen und prägenitalen Wonnen des *ice-cream* und des *milk-shake*. Das Glas Milch und das Glas Whiskey. Das erstere bejaht das Primat des *home* und der Mutter. Die Tugenden des Glases Milch sind doppelte: es ist ein gesundes Nährmittel und bringt uns die Kindheit zurück. Fourier haßte den »repas familial«, Sinnbild der Familie in der zivilisierten Gesellschaft, tägliche Zeremonie der Langeweile, offiziert von einem tyrannischen Vater und einer phallischen Mutter. Was hätte er wohl zum Kult des Glases Milch gesagt? Was den *Whiskey* und den *Gin* betrifft: es sind Getränke für Einsame und Introvertierte. Für Fourier war die Gastrosophie nicht nur die Wissenschaft von der Kombination der Nahrungsmittel, sondern auch der Tischgäste: der Verschiedenartigkeit der Speisen sollte die der Teilnehmer am Mahl entsprechen. Weine, Liköre

3 Schmorbraten mit Chili, Sesam und anderen Gewürzen. *A. d. Ü.*

und andere alkoholische Getränke sind die Ergänzung des Mahls, sie bezwecken, die Beziehungen und Verbindungen, die an einem Tisch angeknüpft werden, zu stimulieren. Hingegen begleiten der Wein, der Pulque, der Champagner, das Bier und der Wodka das Mahl, nicht der *Whiskey* noch der *Gin*. Auch sind sie keine Aperitifs noch Magenliköre. Sie sind Getränke, die die Zurückgezogenheit und die Ungeselligkeit akzentuieren. In einem gastrosophischen Zeitalter wäre ihr Ansehen nicht sehr groß. Die Vorliebe, die man weltweit für sie hat, verrät die Situation unserer zwischen Promiskuität und Einsamkeit schwankenden Gesellschaften.
Die nordamerikanische Küche kennt nicht die Ambiguität und Ambivalenz. Sie ist die Antipodin der französischen, die aus Nuancen, Variationen und Modulationen von äußerster Delikatesse besteht. Übergänge von einer Substanz zur anderen, von einem Geschmack zum anderen; selbst das Glas Wasser verwandelt sich in einer Art profaner Eucharistie in einen erotischen Kelch:

Ta lèvre contre le cristal
Gorgée à gorgée y compose
Le souvenir pourpre et vital
De la moins éphémère rose.[4]

Die Antipodin auch der mexikanischen und der Hindu-Küche, deren Geheimnis der Zusammenprall von Geschmäckern ist: das Frische und das Scharfe, das Salzige und das Süße, das Heiße und das Saure, das Herbe und das Zarte. Das Verlangen ist das Agens, der geheime Erzeuger der Veränderungen, handle es sich um den Übergang von einem Geschmack zum anderen oder um den

---

4 Stéphane Mallarmé: *Verre d'eau* (1895).

Gegensatz zwischen verschiedenen. Das Verlangen, in der Gastronomie wie in der Erotik, macht die Substanzen, die Körper und die Empfindungen rege: es ist die Kraft, die die Verbindungen, die Mischungen und die Verwandlungen regiert. Eine Vernunftsküche, in der jede Substanz das ist, was sie ist, und in der sowohl Variationen als auch Kontraste vermieden werden, ist eine Küche, die das Verlangen ausgeschlossen hat.
Die Lust ist ein Begriff (eine Empfindung), der in der traditionellen Yankee-Küche fehlt. Nicht die Lust, sondern die Gesundheit, nicht die Korrespondenzen zwischen den Geschmäckern, sondern die Befriedigung eines Bedürfnisses: dies sind ihre beiden Werte. Der eine ist physisch und der andere moralisch; beide sind verbunden mit der Anschauung vom Körper als Arbeitsinstrument. Ihrerseits ist die Arbeit ein zugleich ökonomischer und spiritueller Begriff: Produktion und Erlösung. Wir sind verurteilt zu arbeiten; die Nahrung entschädigt den Körper für die Mühe der Arbeit. Es handelt sich um eine wahre *Entschädigung*, sowohl in physischer als auch in moralischer Hinsicht. Für die Arbeit muß der Körper bezahlen: indem er seine physische Nahrung verdient, verdient er auch seinen geistigen Lohn. Die Arbeit erlöst uns, und das Zeichen für diese Erlösung ist das Essen. Ein aktives Zeichen, ein *ens*, das die körperliche und geistige Gesundheit wiederherstellt. Wenn die Nahrungsmittel uns die physische und geistige Gesundheit geben, ist der Ausschluß der Gewürze aus moralischen und hygienischen Gründen gerechtfertigt: sie sind die Zeichen des Verlangens und sind unverdaulich.
Die Gesundheit ist die Bedingung der beiden Aktivitäten des Körpers: der Arbeit und des Sports. Bei der ersteren ist der Körper ein erzeugendes und zugleich erlösendes Agens; bei der letzteren ändert sich das Zeichen:

der Sport ist eine Verausgabung. Ein scheinbarer Widerspruch, denn in Wirklichkeit handelt es sich um ein System kommunizierender Röhren. Der Sport ist eine physische Verausgabung, die, im Gegensatz zu dem, was mit der sexuellen Lust geschieht, am Ende produktiv wird: der Sport ist eine Verausgabung, die Gesundheit erzeugt. Die Arbeit ihrerseits ist ein Kräfteverbrauch, der Güter erzeugt und das biologische Leben so in gesellschaftliches, ökonomisches und sittliches Leben verwandelt. Darüber hinaus gibt es einen weiteren Zusammenhang zwischen Arbeit und Sport: beide entfalten sich im Bereich der Rivalität, beide sind Wettbewerb und Wetteifer. Beide sind Formen der »kabalischen« Leidenschaft Fouriers. In dieser Hinsicht besitzt der Sport die Strenge und den Ernst der Arbeit; ebenso besitzt die Arbeit die Zweckfreiheit und die Leichtigkeit des Sports. Das spielerische Element der Arbeit ist einer der wenigen Wesenszüge der nordamerikanischen Gesellschaft, der das Lob Fouriers hätte verdienen können, obgleich ihn die Merkantilisierung des Sports sicher entsetzt hätte. Der Vorrang der Arbeit und des Sports, Aktivitäten, die die sexuelle Lust notwendig ausschließen, besitzt die gleiche Bedeutung wie der Ausschluß von Gewürzen in der Küche. Wenn die Gastronomie und die Erotik Verbindungen und Verschmelzungen von Substanzen und Geschmäckern oder von Körpern und Empfindungen sind, ist offenbar, daß weder die eine noch die andere Hauptanliegen der nordamerikanischen Gesellschaft gewesen ist. Ich wiederhole: als Ideen und gesellschaftliche Werte, nicht als mehr oder weniger geheime Realitäten. In der nordamerikanischen Tradition ist der Körper nicht ein Quell der Freude, sondern der Gesundheit und der Arbeit, in materieller und in moralischer Hinsicht.

Der Kult der Gesundheit manifestiert sich als »Ethik der

Hygiene«. Ich sage Ethik, weil ihre Verordnungen zugleich physiologisch und moralisch sind. Eine despotische Ethik: die Sexualität, die Arbeit, der Sport und selbst die Küche sind ihre Provinzen. Es handelt sich wieder um einen dualen Begriff: die Hygiene regiert sowohl das physische Leben als auch die Moral. Die Vorschriften der Hygiene erfüllen heißt nicht nur, Regeln physiologischer Art, sondern auch ethische Grundsätze befolgen: Nüchternheit, Mäßigung, Zurückhaltung. Die Moral der Separation bestimmt die hygienischen Regeln in ähnlicher Weise, wie die Ästhetik der Verschmelzung die Verbindungen der Gastronomie und der Erotik bestimmt.
In Indien war ich oft Zeuge der übertriebenen hygienischen Besorgnisse der Nordamerikaner. Ihre Furcht vor möglichen Ansteckungen schien keine Grenzen zu kennen; alles konnte Träger von Keimen sein: das Essen, die Getränke, die Dinge, die Leute, selbst die Luft. Diese Besorgnisse sind genau das Pendant zu den rituellen Besorgnissen der Brahmanen angesichts der Gefahr der Berührung unreiner Nahrungsmittel und Dinge, selbst der Menschen einer anderen Kaste als der ihren. Viele werden sagen, daß die Besorgnisse der Nordamerikaner gerechtfertigt sind, während die des Brahmanen Aberglauben sind. Alles kommt auf den Gesichtspunkt an: für den Brahmanen sind die Bakterien, die der Nordamerikaner fürchtet, illusorisch, völlig real jedoch ist die moralische Befleckung, wozu der Kontakt mit fremden Leuten führt. Diese Befleckungen sind sichtbare Male: kein Angehöriger seiner Kaste würde es wagen, den derart Gezeichneten zu berühren, bevor er nicht lange und komplizierte Reinigungsriten vollzogen hat. Die Furcht vor gesellschaftlicher Isolierung ist nicht weniger groß als die vor der Krankheit. Das hygienische Tabu des Nordamerikaners und das rituelle Tabu des Brahmanen ha-

ben ein Element gemeinsam, das der Grund für beide ist: die Reinheit. Dieser Grund ist religiös, obgleich er im Falle der Hygiene durch die Autorität der Wissenschaft gedeckt wird.
Der Kult der Hygiene ist im Grunde nur ein anderer Ausdruck des Prinzips, das die Einstellung zum Sport, zu der Arbeit, der Küche, dem Sexus und den Rassen bestimmt. Der andere Name für Reinheit ist Separation. Die Hygiene ist eine soziale Moral, die sich ausdrücklich auf die Wissenschaft stützt. Der unbewußte Grund ist religiös; die Form, in der sie sich ausdrückt, und ihre Rechtfertigung sind rational. In der nordamerikanischen Gesellschaft, im Unterschied zu dem, was in den unsrigen geschah, nahm die Wissenschaft in dem System von Anschauungen und Werten von Anfang an eine Sonderstellung ein. Der Streit zwischen Glaube und Vernunft besaß nie das Ausmaß, das er bei den hispanischen Völkern annahm. Seit Anbeginn waren die Nordamerikaner modern; für sie ist es natürlich, an die Wissenschaft zu glauben, für uns impliziert dieser Glaube eine Negation unserer Vergangenheit.
Das Ansehen der Wissenschaft in der Öffentlichkeit Nordamerikas ist so groß, daß selbst die politischen Dispute häufig die Form wissenschaftlicher Polemiken annehmen, geradeso wie sie sich in der Sowjetunion als Streitigkeiten über die marxistische Orthodoxie erweisen. Zwei neuere Beispiele sind die Rassenfrage und die feministische Bewegung: sind die intellektuellen Unterschiede zwischen den Rassen und den Geschlechtern genetischer oder kulturgeschichtlicher Art? Die Universalität der Wissenschaft (oder dessen, was man für Wissenschaft hält) rechtfertigt die Ausarbeitung und Einführung kollektiver Normalitätsmodelle. Das Ineinandergreifen von Wissenschaft und puritanischer Moral

erlaubt, ohne direkten Zwang anwenden zu müssen, die Einführung von Regeln, die nicht minder kategorisch und unbarmherzig verurteilen als die religiösen Anatheme das Besondere, die Ausnahmen und die Abweichungen verurteilen. Gegen die Exkommunikationen der Wissenschaft gibt es weder den religiösen Rekurs des Abschwörens noch den juristischen der Verteidigung (*habeas corpus*). Obgleich sie die Maske der Hygiene und der Wissenschaft tragen, ist die Funktion dieser Normalitätsmodelle auf dem Gebiet der Erotik nicht verschieden von der der »gesunden« Küche im Bereich der Gastronomie: die Ausrottung oder die Absonderung des Fremden, Andersartigen, Zweideutigen, Unreinen. Unterschiedslose Verurteilung der Neger, der chicanos[5], der Sodomiten und der Gewürze.

5 Mexicanische Gastarbeiter in den Südstaaten der USA. *A. d. Ü.*

Es ist geradezu unmöglich, über den *Tod Gottes* zu schreiben. Das ist kein Thema einer Abhandlung, obgleich es seit über einem halben Jahrhundert Jauchzer und Hallelujas die Menge gibt. Diese umfangreiche und nicht immer lesbare Literatur behandelt das Thema nicht erschöpfend, denn alles, was man heute sagt und tut, trägt den Stempel dieses Ereignisses. Der Atheismus, explizit oder implizit, ist universal. Doch man muß zwischen verschiedenen Sorten von Atheisten unterscheiden: jenen, die an einen lebendigen Gott zu glauben meinen und in Wirklichkeit denken und leben, als hätte er nie existiert – sie sind die wahren Atheisten und bilden die Mehrheit unserer Mitbürger: den Atheisten aus philosophischer Überzeugung, für die Gott nicht gestorben ist, weil er nie existiert hat, und die dessenungeachtet an irgendeines seiner Surrogate glauben (Vernunft, Fortschritt, Geschichte) – sie sind die Pseudoatheisten; und jenen, die seinen Tod akzeptieren und aus dieser ungewohnten Perspektive zu leben versuchen. Sie sind die Minderheit und können ihrerseits in zwei Gruppen geteilt werden: diejenigen, die nicht resignieren und wie *Der tolle Mensch* Nietzsches in den leeren Gotteshäusern ihr *Requiem aeternam deo*[1] anstimmen; und jene, für die der Atheismus ein *Glaubensbekenntnis* ist. Beide leben den Tod Gottes in religiöser Weise, leicht und ernst. Leicht, weil sie leben, als hätte man eine Last von ihnen genommen; ernst, weil sie mit dem Verschwinden der göttlichen Macht, der Säule der Schöpfung, den Boden unter den Füßen verlieren. Ohne Gott ist die Welt leichter geworden und der Mensch schwerer.

---

1 *Die fröhliche Wissenschaft.* Abschnitt 125. *A. d. Ü.*

Der Tod Gottes ist ein Kapitel in der Geschichte der Religionen, wie der Tod des großen Pan oder die Flucht des Quetzalcóatl. Auch ist er ein Augenblick des modernen Bewußtseins. Dieser Augenblick ist religiös. Er ist es in singulärer Weise, und ihn zu leben erfordert einen Geist, der in wechselnder Dosierung die Strenge des Denkens und die Inbrunst des Glaubens verbinden muß. Wie jeder Augenblick ist er vergänglich; wie jeder religiöse Augenblick ist er definitiv. Im göttlichen Licht badend, glänzt der religiöse Augenblick und sagt: für immer. Er ist die menschliche Zeit, die durch einen Faden, dem der Präsenz des Übernatürlichen, mit der Ewigkeit verbunden ist; wenn dieser Faden reißt, fällt der Mensch. Der Augenblick, den der Atheist lebt, ist definitiv im entgegengesetzten Sinne: sein Horizont ist die Aufhebung der Präsenz. Wie im religiösen Augenblick, wird auch in dem des Atheisten die menschliche Zeit als spröde und ungewiß angesichts einer außerzeitlichen Dimension angenommen: die Abwesenheit Gottes ist ewig wie seine Anwesenheit. Der positive religiöse Augenblick ist das Ende der profanen Zeit und der Anfang der sakralen Zeit: dieses Ende ist eine Auferstehung. Der negative religiöse Augenblick ist das Ende der Ewigkeit und der Beginn der profanen Zeit: dieser Beginn ist ein Fall. Es gibt keine Auferstehung, weil der Beginn ein Ende ist: der Atheist fällt in die Endlosigkeit der sukzessiven Zeit, in der jede Minute eine andere wiederholt. Nicht die Verurteilung ist die Qual, sondern die Wiederholung. Der positive religiöse Augenblick ist eine Konversion; der negative eine Reversion. Für den Gläubigen ist dieser Augenblick ein Ruf und eine Antwort; für den Atheisten unwiderrufliches Schweigen.

Das Schweigen, in dem der Tod Gottes gipfelt, erweckt

beim Atheisten Ungläubigkeit. Fassungslos aus sich selbst verstoßen, schreit er: »Ich suche Gott! Ich suche Gott!«. Ein unsinniger Schrei, denn er weiß: »Wir haben ihn getötet – ihr und ich! Wir alle sind seine Mörder.« *Der tolle Mensch* weiß, daß Gott gestorben ist, da er ihn getötet hat. Vielleicht verzagt er deswegen nicht und kann an das, was er sagt, buchstäblich nicht glauben. Daher schreit und singt er, quält und freut er sich. Er ist außer sich. Der Tod Gottes hat ihn aus seinem Sein verstoßen und ihn dazu gebracht, sein menschliches Wesen zu verfluchen. *Der tolle Mensch* will Gott sein, weil er auf der Suche nach Gott ist. Die andere Sorte von Atheisten tritt dem Ereignis mit gleichfalls religiösem und nicht minder widersprüchlichem Geist gegenüber: sie wissen, daß der Tod Gottes nicht eine Tatsache ist, sondern ein Glaube. Und sie glauben. Doch worauf den Glauben stützen, wie äußert sich ihr Glaube, welche Form nimmt er an? Es ist ein leerer Glaube, ein Glaube ohne Gott. In beiden Fällen handelt es sich um etwas, das den Anspruch der Vernunft schwerlich befriedigen kann. Die Ungläubigkeit des »tollen Menschen« ist ein Wahnwitz und hält der Prüfung nicht stand: wäre Gott lebendig, wäre diese Minute seines Todes auch die seiner Auferstehung. Auch die Gläubigkeit des anderen setzt sich nicht gegen die Vernunft durch: wenn es ein Glaube ist, wer oder was beweist ihn? Es gibt niemanden, der ihn bezeugen oder beglaubigen könnte. Er ist eine anonyme Wahrheit, da niemand sie verkörpert oder auf sich nimmt, ausgenommen der Atheist. Und er verkörpert sie als Negation. Der Atheist lebt eine seltsame Gewißheit: er glaubt nicht – außer wenn er an nichts glaubt.

Nietzsche sah die Schwierigkeiten des Atheismus überdeutlich. Diese Schwierigkeiten schienen ihm unüberwindlich, wenigstens solange der Mensch Mensch bleibt.

Deshalb verlangt sein »Nihilismus«, um sich zu »vollenden« oder zu vervollkommnen, die Ankunft des Übermenschen. Nur der Übermensch kann Atheist sein, weil nur er zu spielen versteht. *Der tolle Mensch* der bekannten Passage in *Die fröhliche Wissenschaft* sagt, nachdem er auf Plätzen und Märkten den Mord an Gott verkündet hat, daß es sich um eine Tat handelt, die das menschliche Maß übersteigt: »Es gab nie eine größere Tat – und wer nur immer nach uns geboren wird, gehört um dieser Tat willen in eine höhere Geschichte, als alle Geschichte bisher war!« Wenn die Größe dieses Verbrechens uns übersteigt, tauchte schon ein anderes Geschlecht von Menschen auf, die diese schreckliche Last zu tragen vermögen? Und wenn es noch nicht geboren ist, gibt es Anzeichen für sein künftiges Erscheinen? Nietzsche verkündete 1882, daß Gott gestorben sei; es ist nicht anmaßend, heute zu sagen, daß der Übermensch nicht geboren ist ... *Der tolle Mensch* weiß, daß, wenn Gott tot ist, der Mensch leben muß wie ein Gott. Dieses Wissen bringt ihn außer sich: der Mensch muß über sein Sein hinausgehen, aus seiner Natur heraustreten und die Last, das Wagnis und den Genuß der Göttlichkeit für sich fordern. Der Tod Gottes führt ihn dazu, sein Sein zu ändern, sein Leben für das göttliche Leben aufs Spiel zu setzen. Von nun an muß der Mensch das ganze Leben, das eigene und das des Kosmos, auf göttliche Weise betrachten: als ein Spiel. Jede Schöpfung ist Spiel, Darstellung. Nietzsche sagt es wieder und wieder: was in unserer Zeit zählt, ist die Kunst und nicht die Wahrheit. Der Mensch arbeitet und erkennt; die Götter spielen: erschaffen. Die Welten ruhten in Gottes Hand; heute ist es der Mensch, der sie erhalten muß. Sie wiegen nicht schwerer als gestern, auch ist es nicht ihr Gewicht, das den Menschen in den Abgrund der Zeit ohne Ende stürzt.

Unser Abgrund ist nicht die kosmische Unendlichkeit, sondern der Tod. Der Mensch ist gezeichnet von der Ungewißheit – und er weiß es. Deshalb kann er nicht spielen wie ein Gott. Die Schwerkraft, seine ihm eigentümliche Schwere, bindet ihn an den Boden. Er tanzt nicht in der Höhe; er tanzt über einer Grube. Der Tanz des Menschen ist Schrecken und Sehnsucht nach dem Fall.

Nietzsches Thema ist nicht das vom Tode Gottes, sondern das seiner Ermordung. Obgleich der philosophische Name des Mörders *Wille zur Macht* ist, sind die wahren Missetäter wir alle und jeder von uns. Aber man kann den Tod Gottes als eine historische Tatsache betrachten, das heißt, wir können meinen, daß er eines natürlichen Todes, an Altersschwäche oder an einer Krankheit, starb. In diesem Fall ist die Diagnose nicht Sache der Philosophie noch der Theologie, sondern der Geschichte der Ideen und Glaubensüberzeugungen des Abendlandes. Sie ist hinlänglich bekannt. Wahrscheinlich wurde in Ägypten die Idee eines einzigen Gottes geboren. Der Sonnengott eines großen Reiches machte eine Reihe Metamorphosen durch: Stammesgott, der eine vulkanische Gottheit verdrängt; Herr eines auserwählten Volkes, Erlöser des Menschengeschlechts, Schöpfer und König dieser und der anderen Welt. Obgleich das klassische Altertum das Sein gedacht hatte und die Idee und die unbewegte Ursache konzipierte, war ihm der Begriff eines Schöpfergottes, zudem eines einzigen, unbekannt. Zwischen dem judenchristlichen Gott und dem Sein der heidnischen Metaphysik gibt es einen unüberwindlichen Gegensatz: die Attribute des Seins sind nicht anwendbar auf einen persönlichen Gott als Schöpfer und Erlöser. Das Sein ist nicht Gott. Und darüber hinaus: das Sein ist unvereinbar mit irgendeinem Monotheismus. Das Sein ist und kann nicht anders sein als atheistisch oder polytheistisch. Gott – unser Gott – wurde Opfer der philosophischen Infektion: Der Logos war das Virus, der todbringende Erreger. Somit wäscht uns die Geschichte der Philosophie von der Schuld am Tod Gottes rein: nicht wir waren die Mörder, sondern die Zeit und ihre Akzidenzien. Doch vielleicht ist diese Erklärung nur eine Ausflucht. Genauer betrachtet, hält sie der Kritik nicht stand. Gott stirbt im Schoß der christlichen Gesellschaft, und er stirbt eben deshalb, weil diese Gesellschaft ihrem Wesen nach nicht christlich war. Unsere Konversion vom Heidentum war so unvollkommen, daß wir Christen uns der heidnischen Philosophie bedienen, um unseren Gott zu töten. Die Philosophie war die Waffe, doch die Hand, die zu ihr griff, war unsere Hand. Es bleibt uns nichts anderes übrig, als auf Nietzsches Glauben zurückzukommen: der Atheist kann nur gelebt werden aus der Perspektive des Todes Gottes als einer persönlichen Tat – mag dieser Gedanke auch unerträglich und unzulässig sein. Tatsache ist, daß nur die Christen Gott töten können.

Den anderen großen Monotheismus kenne ich kaum. Ich vermute jedoch, daß der Islam mit Schwierigkeiten zu kämpfen hatte, die denen des Christentums ähnlich sind. Angesichts der Unmöglichkeit, eine rationale oder philosophische Begründung für den einzigen Gott zu finden, schreibt Abû Hámid Ghazali seine *Inkohärenz der Philosophie*; ein Jahrhundert später antwortet Averroes darauf mit seiner *Inkohärenz der Inkohärenz.*[2] Auch für die Mohammedaner war der Kampf zwischen Gott und der Philosophie ein Kampf auf Leben und Tod.

2 Henri Corbin zieht die Übersetzung *Selbstzerstörung der Philosophen* bzw. *Selbstzerstörung der Selbstzerstörung* vor. (*Histoire de la philosophie islamique*, 1964.)

Dort gewann Gott, und ein mohammedanischer Nietzsche hätte schreiben können: »Die Philosophie ist tot; wir haben sie getötet – ihr und ich«. Indien und der Ferne Osten haben eine Gottheit ersonnen, die die Welt nicht erschaffen hat und die sie nicht zerstören wird – für diese Aufgaben sind besondere Götter zuständig. So bewahrten sie Gott vor der doppelten Unvollkommenheit, zu erschaffen und unvollkommene Welten und Geschöpfe zu erschaffen. In Wirklichkeit schafften sie Gott ab: wenn er nicht Schöpfer ist, wozu ist er Gott? (Und wenn er Schöpfer ist ...) Die Hindu-Gottheit ist versunken in unendlicher Selbstbetrachtung. Sie nimmt weder Anteil am menschlichen Geschehen, noch greift sie ein in den Lauf der Zeit: sie weiß, daß alles eine Schimäre ist. Ihre Untätigkeit berührt die Gläubigen nicht: Myriaden von Göttern sorgen für ihre täglichen Bedürfnisse. Nicht zufrieden mit der Existenz vieler Himmel und Höllen, jeder und jede von unzähligen Göttern und Dämonen bevölkert, ersannen die Buddhisten die Bodhisvatas, Wesen, die die gleichmütige Vollkommenheit des Buddha mit der Anteilnahme der Gottheiten verbinden: sie sind keine Götter, sondern mit Heilskräften ausgestattete metaphysische Wesenheiten. Der Orient kann auf die Idee eines Schöpfer-Gottes verzichten, weil er vorher eine Erkenntnistheorie der Zeit schuf. Wenn die wahre Wirklichkeit ein unbewegliches Sein ist – oder sein Gegenteil: die ebenfalls unbewegliche Leere des Buddhismus –, ist Zeit irreal und illusorisch. Es wäre unnütz gewesen, einen Gott als Schöpfer einer Illusion zu ersinnen.

Die Schwierigkeiten des abendländischen Atheismus haben ihren Ursprung in der Zeit: die Wirklichkeit der Zeit erfordert die Wirklichkeit des Gottes, der sie schuf. Deshalb ist Gott vor der Zeit: er ist ihr Erhalter und ihr Ursprung. Nietzsche versuchte, dieses Rätsel mittels der ewigen Wiederkehr zu lösen: der Tod Gottes ist ein Augenblick der kreisenden Zeit, ein Ende, das ein Anfang ist. Nur impliziert die zyklische Zeit einen weiteren Widerspruch: auf die Zeit des Todes Gottes wird die seiner Auferstehung folgen. Nerval hat es gesagt: »Ils reviendront ces Dieux que tu pleures toujours!« Die ewige Wiederkehr macht aus Gott eine Manifestation der Zeit, doch sie schafft ihn nicht ab. Um Gott zu vernichten, muß man die Zeit vernichten: dies ist die Lehre des Buddhismus. Wenn wir nun aber es wagten, eine Erkenntnistheorie der Zeit zu formulieren, die nicht minder radikal wäre als die des Buddhismus, müßte sie eine wesentlich andere sein. Während Buddha sich einer zyklischen Zeit gegenübersah, ist die unsere linear, sukzessiv und unwiederholbar. Für uns ist Gott nicht in der Zeit, sondern früher ... Vielleicht ist der Atheismus ein Problem der *Position*: nicht unserer zu Gott, sondern Gottes zu der Zeit. Gott denken *nach* der Zeit, denken, daß die Zeit ein Ende haben wird – und eine Finalität: nicht die Erschaffung eines Übermenschen, sondern eines wahren Gottes. Dieser Gott könnte ohne Angst und ohne Anmaßung gedacht werden, denn er wäre nicht der Schöpfer, sondern das Geschöpf. Nicht ein Sohn von uns: der Sohn der Zeit, der mit dem Tod der Zeit geboren wird. Die Zeit nicht als Abfolge und endlosen Fall begreifen, sondern als endliches schöpferisches Prinzip: ein Gott entsteht im hohlen Kern des Augenblicks. Wenn der Atheist sich einen Gott vorstellt, der ihn am Ende der Zeit erwartet, würden der Widerspruch, die Raserei und die Gewissenbisse aufhören? Gott ist nicht gestorben und niemand hat ihn getötet: er ist noch nicht geboren. Der Gedanke ist nicht weniger schrecklich als der Nietzsches, denn er gipfelt in einer Konklusion, die das

Abendland von Beginn seiner Geschichte an mit Entsetzen von sich weist: das Ende der Zeit. Wir, die wir Gott töten, werden wir es wagen, die Zeit zu töten?

Gott konnte sich mit der Philosophie nicht vertragen: kann die Philosophie ohne Gott auskommen? Nachdem ihr Widersacher verschwunden ist, hört die Metaphysik auf, die Wissenschaft der Wissenschaften zu sein, und wird zu Logik, Psychologie, Anthropologie, Geschichte, Ökonomie, Linguistik. Heute ist das Reich der Philosophie dieses immer kleiner werdende Gebiet, das die experimentellen Wissenschaften noch nicht erforschen. Wenn man den neuen Logikern glauben darf, ist sie gerade nur das unwissenschaftliche Residuum des Denkens, ein Irrtum der Sprache. Vielleicht wird die Metaphysik von morgen, falls der künftige Mensch noch die Notwendigkeit metaphysischen Denkens verspürt, als eine Erkenntnistheorie der Wissenschaft beginnen, so wie sie im Altertum als Kritik der Götter ihren Anfang nahm. Diese Metaphysik würde sich die gleichen Fragen stellen, die sich die klassische Philosophie gestellt hat, doch der Ort, das *seit wann* der Frage würde nicht das übliche *vor* jeder Wissenschaft sein, sondern ein *nach* den Wissenschaften. Es ist jedoch unwahrscheinlich, daß der Mensch einmal zur Metaphysik oder gar zur Religion zurückkehrt. Nach der Ernüchterung durch die Wissenschaften und die Technik wird er eine Poetik suchen. Nicht das Geheimnis der Unsterblichkeit noch den Schlüssel zur Ewigkeit: den Quell der Lebendigkeit, den Strahl, der Leben und Tod in einem einzigen stolzen Bild verschmilzt.

Der Tod Gottes impliziert das Verschwinden der Metaphysik, auch wenn man die Deutung, die Heidegger dem Ausspruch Nietzsches gibt, nicht akzeptiert. In seiner bemerkenswerten Studie[1] – vielleicht der besten, die

1 *Was ist Metaphysik?* 1929.

über das Thema geschrieben wurde – sagt uns Heidegger, daß das Wort Gott nicht allein den christlichen Gott meine, sondern die übersinnliche Welt im allgemeinen, daß Gott der Name sei, den Nietzsche der Sphäre der Ideen und der Ideale gebe. Wenn dem so wäre, dann wäre der Tod Gottes lediglich eine Episode eines größeren Dramas: ein Kapitel, das letzte, der Geschichte der Metaphysik. Das glaube ich nicht. *Der tolle Mensch* sagt nicht, daß Gott eines natürlichen oder geschichtlichen Todes gestorben ist; er sagt, daß wir ihn getötet haben. Es handelt sich um eine persönliche Tat, und nur wenn wir sie als ein Verbrechen betrachten, begangen von allen und von jedem einzelnen von uns, können wir die schreckliche Größe unserer Epoche ahnen. Doch auch wenn man annimmt, daß Gott eines natürlichen oder philosophischen Todes gestorben ist, bewirkt sein Verschwinden unweigerlich das Erlöschen der Metaphysik: das Denken verliert seinen Gegenstand, seinen *Widerstand.* Die abendländische Philosophie nährte sich vom Fleisch Gottes; nun da die Gottheit verschwunden ist, stirbt das Denken. Ohne heilige Nahrung gibt es keine Metaphysik.

Nachdem sie die heidnischen Götter verschlungen hatte, errichtete die alte Metaphysik ihre schönen Systeme. Siegerin und seither ohne Feinde, zerfiel sie in Sekten und Schulen (Stoizismus, Epikureismus) oder blutete bei Versuchen der Religionsschöpfung (Neuplatonismus) aus. Dieses letztere Vorhaben erwies sich als steril: die Metaphysik nährt sich von Religion, aber sie ist nicht Schöpferin von Religionen. Dagegen gaben die Sekten dem Menschen des Altertums etwas, das uns die modernen Philosophien nicht gegeben haben: eine *Weisheit.* Keine unserer Philosophien hat einen Hadrian oder einen Marc Aurel hervorgebracht. Nicht einmal einen Seneca: un-

sere Philosophen ziehen die »Selbstkritik« dem Giftbecher vor. Gewiß, die moderne Philosophie hat uns eine Politik gegeben, und unsere gekrönten Philosophen heißen Lenin, Trotzki, Stalin und Mao Tse-tung. In der Zeit zwischen den zwei ersten und den zwei letzteren war der Abstieg schwindelerregend. In weniger als fünfzig Jahren verwandelte sich der Marxismus, von Marx als ein kritisches und revolutionäres Denken definiert, in die Scholastik der Henker (den Stalinismus), und heute ist er der Kleine Katechismus von siebenhundert Millionen Menschen. Die moderne »Weisheit« kommt nicht von der Philosophie, sondern von der Kunst. Es ist keine »Weisheit«, sondern eine Narretei, eine Poetik. Im vergangenen Jahrhundert nannte sie sich Romantik, und in der ersten Hälfte des unsrigen Surrealismus. Weder die Philosophie noch die Religion, noch die Politik haben dem Angriff der Wissenschaft und der Technik standgehalten. Die Kunst vermochte es. Die Dadaisten – vor allem Duchamp und Picabia – bedienten sich der Technik und machten sich so über sie lustig, machten sie unbrauchbar. Sie waren nicht die einzigen: sie waren die Kühnsten. Die moderne Kunst ist eine Leidenschaft, eine Kritik und ein Kult. Auch ist sie ein Spiel und eine Weisheit – närrische Weisheit.
Die heidnische Philosophie schuf keine Religion, aber sie tötete die neue. Das Christentum erweckte Platon und Aristoteles zu neuem Leben, und von da an lagen sich der Gott und das Sein, der Einzige und das Eine in tödlicher Umarmung. Die Vernunft absorbierte Gott und krönte sich zur Königin: Das Abendland dachte, wenn es unmöglich ist, einen rationalen Gott anzubeten, könne es wenigstens eine göttliche Vernunft verehren. Kant entthronte die Vernunft. Von der Kritik untergraben, wie sie selbst Gott untergraben hatte, wurde die

Vernunft zu Dialektik. Der Übergang der Dialektik des Geistes in den Dialektischen Materialismus war das letzte Kapitel. Das Verhältnis von Marx zur Philosophie ist analog dem Nietzsches zum Christentum. In beiden Fällen ist das ausschlaggebende Moment eine persönliche Tat, die als universale Methode postuliert wird; es gibt keine Geschichte der Philosophie: es gibt Philosophen in der Geschichte. Die Destruktion Nietzsches besteht in der Umkehrung der Prinzipien oder Grundlagen der Metaphysik und gipfelt in der Subversion der traditionellen Werte. Marx war nicht anders vorgegangen. Wie er selbst sagt, beschränkte er sich darauf, die Dialektik in ihre *natürliche* Position zu bringen: die Füße auf der Erde und der Kopf oben. Das sinnlich Wahrnehmbare, die materielle Welt, war die Grundlage des Universums, und die antike Grundlage, die Idee, war sein Ausdruck. Für Marx meint das Wort *natürlich* nicht nur das Normale (er war kein naiver Realist); auch proklamiert er nicht das Primat der Natur über den Geist. Dieses letztere wäre eine Wiederholung des antiken Materialismus gewesen. Für Marx ist die Natur historisch. Die große Neuerung war die Humanisierung der Materie: das Handeln des Menschen, die Praxis, macht die undurchsichtige natürliche Welt intelligibel. Marx wollte so dem Widerspruch des traditionellen Materialismus ausweichen, doch er führte einen anderen Widerspruch ein, den keiner seiner Nachfolger zu beseitigen vermocht hat: die Dichotomie Natur und Geist taucht als Dualität von Geschichte und Natur wieder auf. Wenn die Natur dialektisch ist, ist die Geschichte Teil der Natur, und dann erweist sich alle Theorie der Praxis – das menschliche Handeln, das die Materie in Geschichte verwandelt – als überflüssig; der Unterschied zwischen dem dialektischen Materialismus und dem alten Materialismus des 18. Jahrhunderts erweist sich als illusorisch: der Marxismus ist kein Historizismus, sondern ein Naturalismus. Die andere Möglichkeit ist nicht minder widersprüchlich: wenn die Natur nicht dialektisch ist, gibt es eine Kluft, und der Dualismus kehrt wieder.

Heidegger zufolge besteht das Verfahren des »vollendeten Nihilismus« nicht so sehr in der Umwertung der Werte oder in ihrer Abwertung als in der Umkehrung des Wertes der Werte. Die Abschaffung des Übersinnlichen – Idee, Gott, kategorischer Imperativ, Fortschritt – als höchster Wert impliziert nicht die Annullierung der Werte, sondern das Erscheinen eines neuen Prinzips, das die Werte instauriert. Dieses Prinzip wird fortan der Quell des Wertes sein. Es ist das Leben. Und das Leben in seiner unmittelbarsten und aggressivsten Form: der Wille zur Macht. Das Wesen des Lebens ist Wille, und der Wille drückt sich als Macht aus. Ich weiß nicht, ob das Wesen des Lebens wirklich der Wille zur Macht ist. Jedenfalls glaube ich nicht, daß Prinzip oder Ursprung des Wertes dasjenige ist, was ihn instauriert; auch glaube ich nicht, daß es seine Grundlage ist. Das Wesen des Willens zur Macht besteht letztlich in dem Wort *mehr*. Es ist eine Begierde: nicht ein mehr Sein, sondern ein Mehr sein. Nicht das Sein: das Sein-Wollen. Dieses Sein-Wollen ist die Wunde, an der der Wille zur Macht verblutet. So wie die Bewegung nicht die Ursache oder das Prinzip der Bewegung sein kann (wer bewegt sie, worauf beruht sie?), ist der Wille zur Macht nicht das Sein, sondern ein Sein-Wollen, und deshalb kann er sich nicht auf sich selbst gründen und die Grundlage der Werte sein. Sein Wesen besteht darin, über sich hinauszugehen; um seine *raison d'être*, sein Prinzip zu finden, muß er seine Bewegung vollenden, bis ans Ende gehen: zum

Anfang zurückkehren. Die ewige Wiederkehr des Gleichen bringt eine neue Subversion der Werte mit sich: die Restauration der Idee, also des Übersinnlichen, als Grundlage des Wertes. Nicht der Wille zur Macht noch die Idee sind Prinzipien: sie sind Augenblicke der ewigen Wiederkehr, Phasen des Gleichen.
Beim Dialektischen Materialismus sieht sich die Vernunft ähnlichen Schwierigkeiten gegenüber. Die Dialektik ist die Manifestationsform, die Seinsweise der Materie als der einzigen realen Wirklichkeit; die Materie in Bewegung ist die Grundlage aller Werte. Doch zwischen Materie und Dialektik gibt es einen Widerspruch: die sogenannten Gesetze der Dialektik sind in den Prozessen und Veränderungen der Materie nicht feststellbar. Wären sie es, hörte sie auf, Materie zu sein: sie wäre Geschichte, Denken oder Idee. Andererseits kann die Dialektik sich nicht auf sich selbst gründen, weil es ihr Wesen ist, sich zu negieren, sobald sie sich behauptet. Es ist ein ständiges Wiederentstehen und Wiedervergehen. Wenn der Wille zur Macht fortwährend bedroht ist von der Wiederkehr des Gleichen, ist die Dialektik von ihrer eigenen Bewegung bedroht: jedesmal, wenn sie sich behauptet, negiert sie sich. Um sich nicht selbst aufzuheben, braucht sie eine Grundlage, ein Prinzip *vor* der Bewegung. Wenn der Marxismus den Geist oder die Idee als Grundlage ablehnt und wenn andererseits, wie man gesehen hat, auch die Materie diese Grundlage nicht sein kann, schließt sich der Kreis. In dem einen wie in dem anderen Fall, Wille zur Macht oder Dialektik der Materie: das sinnlich Wahrnehmbare »verleugnet sein eigenes Wesen«. Dieses Wesen ist ebendas, was der Wille und die Dialektik in ihrer Bewegung supprimieren: das Übersinnliche als Grundlage der Wirklichkeit, Urprinzip und Wirklichkeit der Wirklichkeiten. Beide Tendenzen

münden im Nihilismus. Der von Nietzsche ist ein Nihilismus, der weiß, daß er es ist, und deshalb ist er »vollendet«: er schließt ein die Wiederkehr des Gleichen, und sein Wesen, in dieser Epoche der Geschichte, ist ludisch – tragisches Spiel, Kunst. Der von Marx ist ein Nihilismus, der um sich selbst nicht weiß. Obgleich er prometheisch, kritisch und philanthropisch ist, ist er deswegen nicht minder nihilistisch.

Der Dialektische Materialismus und der Wille zur Macht bewirkten in der Tat eine Subversion der Werte, die uns Erleichterung und Linderung brachte. Heute haben sie ihre Virulenz verloren.[2] Das Wesen der beiden Tendenzen ist das *Mehr*, doch in dem Maße, wie diese schreckliche Energie beschleunigt wird, wird sie schwächer. In unserer Zeit ist die vollkommene Form des *Mehr* nicht das Denken (die Kunst oder die Politik), sondern die Technik. Die Umkehrung der Werte der Technik führt zu einer Abwertung aller Werte, inbegriffen der des Marxismus und der Nietzsches. Das Leben hört auf, Kunst oder Spiel zu sein, und wird zu »Lebenstechnik«; das gleiche geschieht mit der Politik: der Techniker und der Experte lösen den Revolutionär ab. Sozialismus meint nicht mehr Veränderung der menschlichen Verhältnisse, sondern wirtschaftliche Entwicklung, Erhöhung des Lebensstandards und Benutzung der Arbeitskraft als Hebel im Kampf um die Autarkie und die Weltherrschaft. Der Sozialismus ist eine Ideologie geworden, und dort, wo er gesiegt hat, ist er eine neue Form der Entfremdung. Auch ist der Übermensch nicht geboren worden, obgleich die Menschen heute eine Macht haben, von der die Cäsaren und die Alexander nie

2 Der Marxismus hat sie als Philosophie verloren, nicht als revolutionäre »Ideologie« der »unterentwickelten« Länder.

träumten. Der Mensch der Technik ist eine Mischung aus Prometheus und Sancho Panza. Er ist der typische »Amerikaner«: ein Titan, der die Ordnung und den Fortschritt liebt, ein fanatischer Riese, der das Tun verehrt und sich nie fragt, was er tut und warum er es tut. Er kennt nicht das Spiel, sondern den Sport: er wirft Bomben über Vietnam ab und schreibt zum Muttertag Briefe nach Hause, er glaubt an die Liebe und sein Sadismus heißt Hygiene, er macht Städte dem Erdboden gleich und sucht den Psychiater auf. Er ist nicht abgenabelt und ist Erforscher des äußeren Raums. Fortschritt, Solidarität, gute Absichten und abscheuliche Taten. Er ist nicht der Mensch des Übermaßes; er ist maß-los. Ständig bußfertig und ständig zufrieden ... Diese Reflexionen sind keine Klage. Unsere Welt ist nicht schlechter als die von gestern, und die von morgen wird nicht besser sein. Zudem ist die Rückkehr in die Vergangenheit unmöglich. Die Kritik, die Marx und Nietzsche an unseren Werten übten, war derart radikal, daß von diesen Konstruktionen nichts übrigbleibt. Diese Kritik ist unser Ausgangspunkt, und nur durch sie und mit ihr können wir uns einen Weg bahnen zum Wo? Vielleicht ist dieses *Wo* nicht in irgendeiner Zukunft noch in irgendeinem Jenseits, sondern in diesem Raum und in dieser Zeit, die mit unserem Jetzt zusammenfällt. Besteht etwas fort? Die Kunst ist das, was von der Religion bleibt: der Tanz über der Grube. Die Dialektik ist das, was von der Vernunft bleibt: die Kritik des Wirklichen und die Forderung, den Schnittpunkt von Bewegung und Wesen zu finden.

Vor ungefähr vierzig Jahren schrieb Ortega y Gasset die Kritik der analytischen Vernunft und des revolutionären Geistes; mit der gleichen Schärfe, und vielleicht mit größerer Strenge, hat Sartre die Kritik der Rebellion geschrieben. In ihren Gesichtspunkten stelle ich eine Art symmetrischen Widerspruch fest; die Tatsache scheint mir Beachtung zu verdienen, denn ich weiß nicht, ob man die Ähnlichkeiten zwischen dem spanischen und dem französischen Denker bemerkt hat. An den ersteren erinnert man sich kaum, während der zweite Weltruhm genießt, vielleicht weil Ortega konservativ war und Sartre fortschrittlich oder revolutionär ist. Obgleich beide von der Phänomenologie herkommen, ist diese gemeinsame Herkunft nicht der einzige Grund für ihre Ähnlichkeit. Was sie verbindet, sind nicht so sehr die Ideen wie der Stil, sie anzugehen, sie sich zu eigen zu machen und mit dem Leser zu teilen. Beide, jeder auf seine Weise und in entgegengesetzten Richtungen, verwandelten das neuzeitliche deutsche Denken in moralische und historische Meditation. Obgleich sie nicht die gesprochene Sprache pflegten, *hört* man sie denken: der Ton ihrer Schriften ist warm und eindringlich – ein magisterhafter Ton, im guten wie im bösen Sinne des Wortes. Sie begeistern und irritieren, und so zwingen sie uns, an ihren Darlegungen teilzunehmen. Ortega sagte zuweilen, daß er nur ein Journalist sei, und Heidegger hat dasselbe von Sartre gesagt. Es ist wahr: sie sind nicht die Philosophen des Jahrhunderts, sie sind die Philosophie des Jahrhunderts. Waren Voltaire und Turgot sehr verschieden?

Der französische Schriftsteller ist systematischer und sein Werk ist umfangreicher und vielseitiger als das des Spaniers. Auch ist sein öffentliches Wirken generöser und riskanter gewesen. Sartre hat sich etwas vorgenommen, das von vornherein zum Scheitern verurteilt ist: die Versöhnung des konkreten Lebens mit dem historischen Leben, des Existentialismus mit dem Marxismus. Seine philosophische Originalität beruht jedoch nicht auf der immensen und bisweilen exzessiven Arbeit der Synthese, sondern auf den Funden, die seine Reflexion immer wieder bereichern. Wenn er keine Moral begründet hat, so hat er uns daran erinnert, daß Denken und Schreiben Taten sind und nicht Zeremonien. Das Schreiben ist eine Wahl und nicht bloß ein Schicksal; die Schönheit schafft einen Rahmen der Verantwortung und gewährt niemandem, weder dem Schriftsteller noch dem Leser, Straffreiheit. Die Vorzüge Ortegas sind ganz andere. Als mediterraner Mensch und von Herkunft Katholik, während Sartre ein nordischer Mensch und Protestant ist, schreibt er eine klare und plastische Prosa. Sie ist nicht von der ›Sublimität‹ seiner deutschen Lehrmeister vernebelt, noch durch religiöse Spannung beeinträchtigt, die die Prosa von Sartre, der in ständiger Rebellion gegen den Protestantismus seiner Kindheit lebt, insgeheim erbittert. Sartre hat Gott aus seinem System eliminiert, nicht aber das Christentum. Der Pessimismus Ortegas ist radikaler, und seine Bejahung der vitalen Werte impliziert nicht die Bejahung irgendeiner Transzendenz, verberge sie sich auch hinter der Maske der Geschichte. Ortega ist Heide, Sartre ist ein Apostat des Christentums. Schließlich besaß Ortega eine größere historische Einsicht, und viele seiner Vorhersagen haben sich erfüllt. Das gleiche kann man von Sartre nicht sagen. Es ist im übrigen nicht das erste Mal, daß das reaktionäre Denken außerordentliche prophetische Gaben entwickelt. Die Voraussagen von Chateaubriand,

Tocqueville, Donoso Cortés und Henry Adams haben immer meine Bewunderung erregt. Sie waren hellsichtig, obgleich ihre Werte die der Vergangenheit waren – oder vielleicht gerade deswegen: in ihnen war die antike Idee der zyklischen Zeit noch lebendig.

Ortega zufolge kündigt der Bankrott der analytischen Vernunft den Untergang des revolutionären Geistes, Kind des europäischen Rationalismus, an. Die große Lieferantin revolutionärer Utopien und Entwürfe, die Vernunft, hat sich im Leben verkörpert und ist zu historischer oder vitaler Vernunft geworden: sie ist Zeit und nicht zeitlose Konstruktion. Ich glaube nicht, daß Ortega sich geirrt hat, und die Schärfe seines Verstandes erregt meine Bewunderung: es bedurfte eines außerordentlichen Scharfblicks, um mitten in der Glanzzeit des bolschewistischen Chiliasmus die Situation des heutigen Europa vorherzusehen. Doch seine Kritik war summarisch, und das neue Prinzip, das er proklamierte, die historische Vernunft, scheint mir eine nicht besonders neue Version des deutschen Vitalismus und Historismus zu sein. Für Ortega ist unsere Epoche die der fehlenden Grundlagen; in diesem Mangel aber besteht ihr neues Prinzip: ihre vitale oder historische Vernunft ist reine Veränderung, ohne daß der spanische Denker uns den Grund und die Modi angibt, welche die Veränderung annimmt.

Sartre ist auf eine ähnliche Schwierigkeit gestoßen: für die Dialektik eine Grundlage zu finden. Als Erbin der Vernunft (der reinen oder analytischen) ist die Dialektik die wahre historische Vernunft: sie ist die einzige Methode, die Aufschluß gibt über die Gesellschaft, ihre Veränderungen und ihre Beziehungen innerhalb ihrer selbst (die Klassen) oder zur Natur und den anderen nichthistorischen, primitiven oder Randgesellschaften. Doch die dialektische Vernunft gibt nicht Aufschluß über den konkreten Menschen: es gibt einen Teil des Ich, sagt Sartre selbst, der sich nicht auf die Determinationen der Geschichte und ihrer Klassen zurückführen läßt. Doch das ist nicht alles: die Dialektik erklärt sich nicht selbst, sie bildet nicht ihre eigene Grundlage: sobald diese sich bildet, teilt sie sich. Die Kritik von Lévi-Strauss an Sartre ist zutreffend: wenn es einen wesentlichen Gegensatz gibt zwischen der dialektischen und der analytischen Vernunft, muß eine von beiden ›weniger rational‹ sein; da die letztere die Grundlage der exakten Wissenschaften ist, welche Art Vernunft mag die Dialektik sein? Die andere Alternative ist ebenfalls widersprüchlich: wenn die Dialektik Vernunft ist, kann ihre Grundlage keine andere als die analytische Vernunft sein. Für den französischen Anthropologen gehört der Unterschied zwischen der einen und der anderen Vernunft in die Kategorie des komplementären Gegensatzes: die dialektische Vernunft ist keine andere als die analytische, und dabei ist es jene, die dieser erlaubt, die Gesellschaft und ihre Veränderungen, Institutionen und Repräsentationen zu verstehen. Die Kritik von Lévy-Strauss ist zur Hälfte richtig; sie zeigt den Widerspruch bei Sartre, doch sie löst ihn nicht auf, noch transzendiert sie ihn: Was ist die Grundlage dieses neuen Elements, das in der analytischen Vernunft auftaucht, wenn sie sich in Dialektik verwandelt? Vitale Vernunft und dialektische Vernunft sind beide auf der ständigen Suche nach einem Prinzip von zureichendem Grund.

Ortega untersucht den Reformer als antithetische Figur des Revolutionärs; Sartre den Rebellen. In seiner Studie über Baudelaire geht der französische Schriftsteller von einer Idee aus, die von der Ortegas nicht sehr verschieden ist: der Revolutionär will die bestehende Ordnung zerstören und eine andere, gerechtere einführen; der Rebell erhebt sich gegen die Ausschreitungen der Macht. Ortega hatte gesagt: der Revolutionär will die Bräuche ändern; der Reformer die Mißbräuche korrigieren. Der Ausgangspunkt ist ähnlich, die Schlußfolgerungen sind es nicht: Ortega dekretiert den Niedergang der Revolutionen; Sartre demaskiert den Rebellen, um das Primat des Revolutionärs zu bekräftigen. An anderer Stelle habe ich mich mit den Ideen Ortegas beschäftigt; jetzt möchte ich Sartre in seinem Gedankengang folgen. Es ist natürlich, daß die Gestalt des Rebellen ihn fasziniert und zugleich irritiert: einerseits war sie das Vorbild, das ihn in seiner Jugend dazu brachte, mit seiner Welt zu brechen; andererseits ist sie eine Ausnahme, die die revolutionäre Regel widerlegt. Aufzeigen, daß sein Ungehorsam sich in die Ordnung, die er anzugreifen sucht, einfügt, und daß seine Rebellion im Grunde eine paradoxe Huldigung an die Macht ist, heißt zugleich nachweisen, daß die revolutionäre Regel universal ist und daß die Revolte der Künstler, von Baudelaire bis zum Surrealismus, eine interne Querele der Bourgeoisie ist. Der Rebell ist ein Pfeiler der Macht: sollte diese einstürzen, würde er zermalmt werden. Und darüber hinaus: er ist ihr Parasit. Der Rebell nährt sich von Macht: die Ungerechtigkeit von oben rechtfertigt seine Blasphemien. Seine *raison d'être* gründet sich auf das Unrecht seiner Verhältnisse; kaum hört das Unrecht auf, verliert er seine Existenzberechtigung. Satan möchte nicht, daß Gott verschwindet: verschwände die Gottheit, würde auch er verschwinden. Der Diabolismus existiert nur als Ausnahme, und daher bestätigt er die Regel. Rebellieren heißt, sich damit abfinden, weiterhin Gefangener der Regeln der Macht zu sein; ersehnte der Rebell die Freiheit wirklich, würde er nicht die Macht der Regeln angreifen, sondern die Regeln der

Macht, nicht den Tyrannen, sondern die Macht selbst. Somit kann sich die Rebellion auf keine Besonderheit oder Ausnahme gründen – inbegriffen die, Dichter, Neger oder Proletarier zu sein –, ohne dabei in Widerspruch zu sich selbst zu geraten und, im moralischen Bereich, unaufrichtig zu werden.

Die wahre Rebellion muß sich auf ein Projekt gründen, das die anderen mit einbezieht, und daher muß sie universal sein. Der Neger fordert nicht Anerkennung seiner Hautfarbe, sondern seines Menschentums: er kämpft dafür, daß seine Rasse als Bestandteil der Gattung anerkannt wird, und daher löst seine Rebellion sich auf in ein universales Projekt: die Befreiung der Menschen. Die Rebellion ist ein Verhalten, das zwangsläufig in die Revolution mündet oder aber endet, weil sie sich selbst verrät. Die Rebellion Baudelaires ist eine Art Simulationspanorama, eine Darbietung; sie verwandelt sich nicht in einen Prozeß, noch schließt sie in ihrem Protest das Unglück der anderen ein. Als Exaltation seiner gedemütigten Besonderheit ist sie das Widerspiel des tyrannischen Gottes. Die Rebellion des Dichters ist eine Komödie, in der das Ich gegen die Macht spielt, ohne sich je zu entschließen, sie zu stürzen. Baudelaire will weder frei sein noch wagt er es, frei zu sein; wagte er es wirklich, würde er aufhören, sich als ein Objekt zu sehen, würde aufhören, dieses Ding zu sein, als das ihn, abwechselnd mit Verachtung und Zärtlichkeit, der grausame Stiefvater und die treulose Mutter betrachteten. Seine Rebellion ist Teil seines *Dandyismus.* Der Dichter möchte gesehen werden. Besser gesagt, er möchte sehen, daß man ihn sieht: der fremde Blick gibt ihm Selbstbewußtsein, und gleichzeitig versteinert er ihn. Auf beide Weisen befriedigt er seinen heimlichen und widersprüchlichen Wunsch: für die anderen ein herzzerreißender Anblick zu sein und für sich selbst eine unerschütterliche Statue. Sein *Dandyismus* besteht darin, unverwundbar und den Blicken ausgesetzt zu sein, wie in einem Theater, in dem der Schauspieler die Zuschauer und zugleich sein eigenes Bewußtsein negiert. Seine Rebellion ist Sehnsucht nach der Kindheit und Huldigung an die Macht; Bewußtsein der Trennung und Verlangen nach Rückkehr ins »grüne Paradies«. Ein Paradies, an das er nicht glaubt. Seine Rebellion verurteilt ihn, sich im Spiegel zu betrachten: er sieht nicht die anderen, sondern seinen eigenen Blick, der ihn anblickt.

Sartre verlangt von Baudelaire, daß er aufhöre, zu sein, was er ist. Um was und wer zu sein? Er sagt es nicht, aber er stellt ihm die Gestalt Victor Hugos gegenüber. Im Grunde die *Idee* von Victor Hugo, denn ich vermute, daß er die Gedichte Baudelaires bevorzugt. Immer wieder verfällt Sartre auf das, was er am meisten kritisiert: die Abstraktionen. In der Politik war es die Idee der Revolution, nicht die konkrete Situation der Sowjetunion, die ihn dahin brachte, sie bis 1950 allen Widerständen zum Trotz zu verteidigen, ohne Stalin und seine Konzentrationslager auszunehmen. Nicht weil er sie billigte, sondern weil er sie nicht als ein Faktum betrachtete, das der historischen (idealen) Wirklichkeit widersprach: die Lager waren ein Schandfleck, der das Regime verunstaltete, seinen sozialistischen Charakter jedoch nicht beeinträchtigte. Übrigens ähnelten die Argumente in Sartres Zeitschrift *Les Temps Modernes* denjenigen, die zwanzig Jahre vorher, zur Zeit des deutsch-sowjetischen Pakts und der Invasion Finnlands, Trotzki gebrauchte: der Begriff eines »degenerierten Arbeiterstaats«, der jedoch nicht an die Basen des Gesellschaftseigentums rührte, war nicht sehr verschieden von dem der »révolution en panne«, die Sartre und Merlau-Ponty vertraten. Nicht immer ist Sartres Position so klar gewesen. Ich erinnere daran, daß er während des Volksaufstands in Ungarn manche sonderbaren Erklärungen abgab: »Der größte Fehler ist wahrscheinlich der Bericht Chruschtschows gewesen, denn die öffentliche und feierliche Anklage, die detaillierte Darstellung aller Verbrechen einer unantastbaren Person (Stalin), die das Regime so lange Zeit repräsentiert hat, ist eine Torheit, wenn solcher Offenheit nicht eine vorhergehende beträchtliche Erhöhung des Lebensstandards der Bevölkerung gegenübersteht ... Die Massen waren nicht vorbereitet, sie konnten die Wahrheit nicht fassen ...« Vom Lebensstandard der Massen ihre Befähigung abhängig zu machen, die Wahrheit zu begreifen, heißt eine wenig revolutionäre Vorstellung von diesen und eine wenig philosophische von der Wahrheit zu haben ... Indes, wie könnte man Sartres Verhalten während des Algerien-Konflikts und heute seine bewundernswerte Haltung gegenüber dem Vernichtungskrieg, den die Angloamerikaner in Vietnam begonnen haben, vergessen?

Der Essay über Jean Genet erhellt Sartres Ansichten über die Rebellion noch mehr. Ich führe dieses Buch, vielleicht eines der besten des französischen Denkers, nicht als ein Modell der Literaturkritik noch der psychologischen Analyse an (obgleich es beides ist), sondern als eine glänzende und zuweilen wirklich profunde Darstellung einiger seiner Ansichten über dieses Thema. Heute gelingt es dem Rebellen, sein anfängliches Verhalten zu begreifen: seine Negation ist total, und diese absolute Negation verwandelt sich durch das Schreiben in eine Affirmation. Indem Genet wählt, Auswurf und Ejakulation zu sein, entwirft er sich und ergießt er sich – er verwandelt sich und befreit sich so. In Sartres Buch wird Genet zu einer begrifflichen Wesenheit. Nur eben sind die Begriffe handliche Entitäten, während die Menschen irreduzible Wirklichkeiten sind: nach der Lektüre dieses Essays kennen wir Sartres Denken besser, doch der wirkliche Mensch, der Genet ist, hat sich verflüchtigt, reduziert auf das Beispiel einer Beweisführung. Genet wählt das »Böse« und wird zum »Heiligen«; Santa Teresa wählt das »Gute« und wird zur »Hure«. Ich weiß nicht, was der französische Schriftsteller davon halten wird; ich bin sicher, daß die spanische Nonne herzlich gelacht hätte. Ich vermute, daß der erstere nicht an die ontologische Wirklichkeit des Bösen glaubt, obgleich alles Argumentieren Sartres auf den Beweis abzielt, daß dieses der Grund seines Lebensentwurfes sei; dagegen besteht kein Zweifel, daß für Santa Teresa die einzige Wirklichkeit – keine ideale, sondern eine sinnliche und spirituelle – Gott war. Warum ist die Negation Genets »gut« und die nicht minder totale Affirmation der heiligen Teresa von Avila »schlecht«? Gewiß, Sartre will nur aufzeigen, daß Verworfenheit und Heiligkeit den gleichen Ursprung haben und daß es einen Augenblick gibt, da sie eins sind. Dieser Gedanke entbehrt nicht der Wahrheit, doch ich würde zu weit abschweifen, wollte ich ihn jetzt untersuchen. Was es mir verwehrt, Sartres Urteil über Genet zu akzeptieren, bezieht sich auf seine Auffassung des Lebensentwurfs: wenn Genet das Böse wählte, warum schreibt er dann und schreibt gut?

Die Tendenz, eine Ebene der Wirklichkeit durch eine andere, ältere und unbewußtere zu erklären – die Gesellschaftsordnung, das Triebleben –, ist ein Erbe von Marx, Nietzsche und Freud. Diese Art zu denken hat unsere Sicht der Welt verändert, und wir verdanken ihr unzählige Entdeckungen. Doch wie nicht gleichzeitig ihre Grenzen sehen? Ich erinnere an die Kritik von Polanyi: Eine Uhr besteht aus Molekülen und Atomen, die den physikalischen Gesetzen der Materie unterstehen; träten diese Gesetze einen Augenblick lang außer Kraft, würde die Uhr stehenbleiben. Diese Schlußfolgerung ist auf die umgekehrte Situation nicht anwendbar: man zertrete die Uhr, ihre Bruchstücke werden immer noch denselben Gesetzen gehorchen ... Es handelt sich um zwei Ebenen verschiedener Bedeutung. Für Sartre ist der Entwurf die Vermittlung zwischen zwei Wirklichkeiten: das Ich und seine Welt. In seinem jüngsten philosophischen Werk taucht derselbe Gedanke wieder auf: »L'homme est médié par les choses dans la mesure même où les choses sont médiées par l'homme.« Da der Mensch kein einfaches Wesen ist, impliziert die Vermittlung mindestens drei Ebenen: die Wirklichkeit der Triebe oder des Unbewußten, das Bewußtsein und die Welt (die Dinge und die anderen). Ich glaube, daß Sartres Methode dieser Vielschichtigkeit weitgehend Rechnung trägt. Hingegen glaube ich nicht, daß sie die Werke erklären kann: obgleich sie Teil des Lebensentwurfs sind, erschöpft sich ihre Bedeutung nicht in der des Entwurfs. Zwischen Werken und Lebensläufen gibt es eine Kluft. Die Beziehung zwischen beiden ist die gleiche wie die zwischen den Molekülen und der Uhr von Polanyi. Der französische Gauner und die spanische Heilige sind Schriftsteller, will sagen, Autoren von Werken, die eine Bedeutung besitzen, die von der ihres Lebens verschieden ist. Sartre kritisiert den Glauben an die Ewigkeit der Werke, weil er meint, daß sie historische Zeichen sind, Hieroglyphen der Zeitlichkeit. Aber wenn die Werke nicht ewig sind – was meint man mit diesem Wort? –, so dauern sie doch länger als die Menschen. Sie verdanken ihre Dauer zwei Umständen: der erste ist der, daß sie von ihren Autoren und von ihren Lesern unabhängig sind; der zweite der, daß ihre Bedeutung, weil sie ein Eigenleben haben, für jede Generation und sogar für jeden Leser eine andere ist. Die Werke sind Mechanismen von mannigfacher Bedeutung und nicht zurückführbar auf die Absicht desjenigen, der sie schreibt.

Sartre denunziert die Literatur als eine Illusion: Wir schreiben, weil wir nicht so leben können, wie wir gern möchten. Die Literatur ist der Ausdruck eines Mangels und das Mittel, diesen Mangel zu beheben. Auch das Gegenteil ist wahr: das Wort ist die Grundbedingung des Menschen. Es ist ein Mittel gegen das unsinnige Geräusch und Schweigen der Natur und der Geschichte, doch zugleich ist das Sprechen die menschliche Tätigkeit par excellence. Leben impliziert Sprechen, und ohne Sprechen gibt es für den Menschen kein volles Leben. Die Poesie, die die Vollkommenheit des Sprechens ist – Sprache, die zu sich selbst spricht –, lädt uns zum totalen Leben ein. Die Verachtung für das Wort verrät, daß Sartre sich nicht nach der menschlichen Fülle sehnt, sondern nach dem vollen Sein: die Götter sprechen nicht, weil sie Wirklichkeiten sind, die sich selbst genügen. In seinem Atheismus ist so etwas wie religiöser Zorn, den die Weisen und die anderen atheistischen Philosophen nicht kennen. Wenn das zentrale Wort seiner Philosophie *Freiheit* heißt, muß man hinzufügen, daß es eine Freiheit ist, die einer *Verurteilung* entspringt. Dem französischen Schriftsteller zufolge bleibt uns nichts anderes übrig, als frei zu sein, und deshalb sprechen wir, schreiben wir und schaffen wir jeden Tag erneut eine Statue aus Rauch; eine unsinnige Rebellion gegen unseren Tod und ein Bild unseres Verderbens. Seine Idee vom Menschen ist die des Falls: wir sind Mangel, Entbehrung, Leere. Der Entwurf ist ein Versuch, das Loch auszufüllen, dem Mangel an Sein abzuhelfen. Aber der Entwurf sagt uns nichts über eine Wirklichkeit, die uns noch in der Leere die Fülle zeigt: die Werke. Dank ihrer treten wir in eine andere Welt von Bedeutungen ein und sehen unsere eigene Intimität in einem anderen Licht: wir verlassen das Gefängnis des Ich. Genet und Santa Teresa sind beide die Autoren eines Werkes. Genet ist ein origineller Schriftsteller; die heilige Teresa ist etwas mehr und etwas unendlich Kostbareres: ein visionärer Geist, der zudem ein außergewöhnliches kritisches Bewußtsein besitzt. (Man vergleiche *Les Mots* mit dem, was uns die

Nonne aus ihrem Leben erzählt.) Diese Werke lösen sich von ihren Autoren und sind für uns verständlich, auch wenn das Leben ihrer Schöpfer es nicht ist.
Die Antwort Baudelaires auf Sartres Kritik sind seine Gedichte. Worin steckt die Wirklichkeit: in seinen Briefen und anderen intimen Dokumenten oder in seinem Werk? Noch einmal: es handelt sich um zwei verschiedene Ordnungen. Diese Poesie, die ihren Ursprung in der Unaufrichtigkeit und dem masochistischen Narzißmus eines *Voyeurs* hat, für den die Nacktheit der Frau ein Spiegel ist, der sie auf ein Abbild reduziert und so vor dem fremden Blick bewahrt – befreit sie uns oder legt sie uns Fesseln an, belügt sie uns oder sagt sie uns etwas Wesentliches über den Menschen und seine Sprache? Jedes große Kunstwerk zwingt uns, uns zu fragen, was die Sprache ist. Diese Frage zieht die Bedeutungen, die Welt der Überzeugungen, von denen der historische Mensch lebt, in Zweifel, damit der *andere* erscheine. Obgleich Sartre sich diese Frage gestellt hat, glaubt er nicht, daß die Poesie sie sich stellen und beantworten muß: er glaubt, daß der Dichter die Worte in Dinge verwandelt. Doch die Dinge, von der Hand des Menschen berührt, laden sich mit Sinn auf, werden zu Frage oder Antwort. Alle menschlichen Werke sind Sprachen. Der Dichter verwandelt das Wort nicht in einen Gegenstand: er gibt dem Zeichen seine Vielfalt von Bedeutung zurück und nötigt den Leser, sein Werk zu vollenden. Das Gedicht ist ständiges Wiedererschaffen. Gewiß, Sartre wollte nicht die Poesie aburteilen, sondern den Dichter demaskieren, seinen Mythos zerstören. Die Absicht war lobenswert, nicht das Ergebnis. Einerseits erhellt die Analyse des Entwurfs nicht die wirkliche Bedeutung des Werkes; andererseits ist das Leben Baudelaires ohne seine Gedichte unverständlich. Ich will nicht sagen, daß sein

Werk sein Leben erklärt; ich sage, daß es ein Teil seines Lebens ist: ohne seine Gedichte wäre Baudelaire nicht Baudelaire. Das Paradox der Beziehungen zwischen Leben und Werk besteht darin, daß es komplementäre Wirklichkeiten nur in einer Hinsicht sind: wir können die Gedichte Baudelaires lesen, ohne die geringste Einzelheit seiner Biographie zu kennen; wir können sein Leben nicht studieren, wenn wir ignorieren, daß er der Autor von *Les Fleurs du mal* war.

Die Kritik an Baudelaire ist von allgemeinem Interesse, weil Sartre in diesem Essay eine Unterscheidung zwischen Rebellen und Revolutionären anstellt, die in seinem politischen Denken meiner Ansicht nach von zentraler Bedeutung ist. Sein Ausgangspunkt ist nicht so sehr der Gegensatz zwischen Bräuchen und Mißbräuchen wie der zwischen dem ungerechten System und den Ungerechtigkeiten des Systems: die Bräuche des bürgerlichen Regimes sind in Wahrheit Mißbräuche; die Mißbräuche der sozialistischen Regime vorübergehende historische Übel. Es ist nicht schwer, den Grund für diesen Relativismus zu verstehen. Die bürgerliche Gesellschaft kann uns Freiheiten geben, aber ihrem Wesen nach ist sie Negation der Freiheit; ihr Übel ist konstitutionell: es rührt her vom Privateigentum der Produktionsmittel, und ihre Moral und ihre Gesetze konsekrieren die Ausbeutung der Menschen. Das kommunistische Regime, auch wenn es uns mehr oder weniger lange gewisser Rechte und Freiheiten beraubt, zielt auf Freiheit ab: seine Grundlage ist das Gemeineigentum und seine Moral läßt sich leiten vom Prinzip der universalen Befreiung der Menschen. Was man sich zuerst fragen könnte, ist, ob die sowjetische oder chinesische Wirklichkeit dieser Idee tatsächlich entspricht. Zum gegenwärtigen Zeitpunkt wäre es wahnwitzig, das zu bejahen; daß in diesen Ländern die Ausbeutung der Menschen aufgehört habe oder daß sie im Begriff sei, aufzuhören, gehört eher in den Bereich des Glaubens als in den der Erfahrung und der Vernunft. Doch ich will einmal annehmen, daß die Dichotomie Wirklichkeit sei. Wenn sie es ist, wie müssen sich die chinesischen, russischen oder jugoslawischen Staatsbürger den Mißbräuchen ihrer Regierungen

gegenüber verhalten? Man wird sagen, daß ihre Rebellion einen anderen Sinn hat: unter einem bürgerlichen Regime sind die Bräuche Mißbräuche; beim sozialistischen stellt sich die Unterscheidung wieder ein, und folglich ist die Rebellion legitim: die Unredlichkeit verschwindet. Ich mache darauf aufmerksam, daß diese Argumentation zwar die Rebellion der Staatsbürger rechtfertigt, nicht jedoch das Verhalten der revolutionären Regierungen. Gleichviel: ich gebe zu, daß eine revolutionäre Regierung vorübergehend auf Abwege geraten kann. Auf jeden Fall teilt die universale Regel sich: es gibt zweierlei Mißbrauch und zweierlei Rebellen: die guten und die schlechten, sie und wir. Der Staatsbürger eines sozialistischen Landes kann Rebell sein, aber nicht Revolutionär; der einer bürgerlichen Nation muß Revolutionär sein, darf kein Rebell sein. Dies ist, wenn ich nicht irre, das Thema einiger Theaterstücke von Sartre. Ich frage mich erneut: wie muß sich ein Revolutionär im Westen den Rebellen der sozialistischen Länder gegenüber verhalten? Sie im Namen des universalen Entwurfs, der der Sozialismus ist, verurteilen, oder sie mit den ihm zur Verfügung stehenden Mitteln unterstützen? Das erstere wäre eine Rückkehr zum Stalinismus; das letztere ...
Ich bin mir bewußt, daß die Dinge in Wirklichkeit viel komplizierter sind und daß es zwischen den Extremen, die ich aufzeige, eine Vielzahl möglicher Entscheidungen gibt: was ich beabsichtige, ist, auf die Fragwürdigkeit einer Unterscheidung hinzuweisen, die auf den ersten Blick universal zu sein scheint. Theoretisch hat Sartre recht: sein moralischer Relativismus ist gar nicht so sehr ein solcher, da er von einer Regel abhängt, die in dieser historischen Epoche für alle gilt. Diese Regel ist kein starres Gesetz: sie gründet sich auf einen universalen

Entwurf, die Befreiung der Menschen, die sowohl eine Konsequenz der neueren Geschichte als auch Gegenstand meiner freien Wahl ist. Dieser Entwurf ist die Vermittlung zwischen uns und der Welt, in der wir leben. Die moralische Unterscheidung hängt von dem Entwurf ab, und dieser seinerseits von der realen Situation der Gesellschaft, der man angehört: die Mißbräuche des bürgerlichen Regimes zu korrigieren, genügt nicht, weil seine Ungerechtigkeit radikal und konstitutionell ist; und umgekehrt. Alles trübt sich jedoch, sobald man die Regel mit der Wirklichkeit vergleicht: die Dichotomie löst sich auf und verschwindet schließlich ganz.

In unserer Zeit gibt es ein neues Element, die Revolte der »dritten Welt«: führt auch sie bei uns zur Unterscheidung zwischen Revolutionären und Rebellen? Natürlich nicht, und Sartre hat die Aufstandsbewegung in den ehemaligen europäischen Kolonien und in unserem Amerika unterstützt. Fast keine dieser Bewegungen ist, im rechten Sinn des Wortes, sozialistisch, und alle sind sie leidenschaftlich nationalistisch. Viele verbinden auch beide Tendenzen in einer paradoxen Form: der arabische Sozialismus, in der Version von Nasser oder in der der Algerier, will nicht den Arabismus im Sozialismus aufgehen lassen, sondern diesen letzteren arabisieren. Seine Rebellion ist die eines Partikularismus, der eine Universalität annektiert, und ist somit genau das Gegenteil von dem, was Sartre postuliert: die Auflösung der Ausnahme in der universalen Regel. Das gleiche geschieht in anderen Nationen Asiens und Afrikas. Und dort, wo die Machthaber sich zu Schülern von Marx und Lenin aufwerfen, wie in Cuba, hören sie deswegen nicht auf, die Originalität und die Unabhängigkeit ihrer nationalen Revolutionen zu unterstreichen. So gibt es denn eine dritte Sorte Rebellen, auf die Sartres Unterscheidung nicht anwendbar ist: ihre Rebellion ist eine Affirmation ihrer Besonderheit.

Im Bereich der bestehenden Mächte ist die Dispersion nicht minder augenfällig. Der Streit zwischen den Russen und den Chinesen ist der gravierendste, aber er ist nicht der einzige, der die sozialistischen Staaten trennt. Obgleich diese Differenzen die Form von doktrinären Gegensätzen annehmen, sind ihre Ursprünge die nationalen Partikularismen und die kontradiktorische Verschiedenartigkeit der politischen und ökonomischen Interessen der Mitglieder der sozialistischen Gruppe. Auch der andere Block spaltet sich und ist von Auflösung bedroht. Die Tendenzen, die General de Gaulle verkörpert, sind kein Inzidenzfall, wie es die Angloamerikaner gerne sähen, sondern ein Zeichen für das politische Wiederaufleben Westeuropas. Über kurz oder lang werden die europäischen Nationen, in einer Gemeinschaft oder durch bilaterale Bündnisse vereint, eine unabhängige Politik beginnen, die sie schon bald zu den Angloamerikanern und auch den Russen in Opposition bringen wird. Japan wird nicht zögern, denselben Weg zu gehen. Der Dispersionsprozeß der Bündnisse im Westen stellt sich in symmetrischer, dem des anderen Blocks jedoch entgegengesetzter Form dar: zuerst zeigen sich die Unterschiede ökonomischer und politischer Art, später die nationalen und schließlich die doktrinären. Andererseits ist aufschlußreich, daß die Aufspaltung der ehemaligen Blöcke weder einer Veränderung der sozialen und ökonomischen Strukturen noch einer Änderung der politischen Philosophie entspricht: die einen wie die anderen bezeichnen sich auch weiterhin als Sozialisten und Demokraten.

Die Symptome für den allgemeinen Wandel sind augenfällig. Im Augenblick der Krise in Santo Domingo war die Haltung Frankreichs in den Vereinten Nationen nicht sehr verschieden von der der Sowjetunion. Das gleiche erleben wir im Falle Vietnams. Und auf dem indischen Subkontinent fallen die politischen Interessen der Sowjets mit denen der Angloamerikaner sogar zusammen. Es wäre müßig, noch mehr der Beispiele anzuführen, es mag genügen, an das hervorstechendste zu erinnern: die neu begründete Freundschaft zwischen China und Pakistan. In dem Maße, wie sich der Auflösungsprozeß beschleunigt, das heißt, sobald Westeuropa die politische Initiative wiedererlangt und der Polyzentrismus zur Ideologie der Nationen Osteuropas wird, wird der illusorische Charakter der alten historischen Kategorien klarer zutage treten. Wir stehen vor neuen Realitäten, und nur die Großmächte wollen sie, im eigenen Interesse, nicht sehen. Die Obstinatesten sind die Nordamerikaner. In Vietnam vernichten sie ein Volk im Namen des Antikommunismus. Ein Verbrechen, zudem ein sinnloses, das der Anfang ihres Verderbens sein kann. Die gleiche Entschuldigung gebrauchen sie, um ihre Invasion in Santo Domingo zu rechtfertigen. Niemand hat ihnen geglaubt, nicht einmal sie selber. Weder die Tat noch die Entschuldigung waren neu: diese Invasion folgte auf andere; und die Suche nach einer moralischen Rechtfertigung ist ein puritanischer Reflex, den wir Hispano-Amerikaner seit mehr als einem Jahrhundert kennen. Die Moral begleitet die Angelsachsen bei ihren Großtaten wie das Sich-an-die-Brust-Schlagen und der Amtsschreiber den Konquistadoren folgten. Es ist die christliche Moral, die sich im Blut aufgelöst hat, so etwas wie eine psychische Schamröte. Das Schlimmste dabei ist, daß die Röte heute zur Schminke geworden ist.

Der größte Gegensatz unserer Zeit ist nicht der, den uns

der Marxismus zeigte – Kapital und Arbeit, Proletarier und Bourgeois –, sondern ein anderer, den weder die Begründer der Doktrin noch ihre Schüler, ob sie nun Kautsky oder Lenin, Trotzki oder Stalin hießen, vorhergesehen hatten. Dieser Gegensatz ist, wie man weiß, der der »entwickelten« und der »unterentwickelten« Länder. Nur auf ihn kann das Urteil von Marx über den irreduziblen und sich verstärkenden Charakter des Antagonismus von Bourgeoisie und Proletariat mit aller Strenge angewendet werden: jeden Tag werden die reichen Nationen reicher und die armen ärmer. Doch die Kategorien des Marxismus decken sich nicht ganz mit der gegenwärtigen Situation, noch erklären sie den neuen Widerspruch. Die Revolte der »dritten Welt« ist eine pluralistische Bewegung, die nicht die Gründung einer universalen Gesellschaft zum Ziel hat. Die politischen und sozialen Formen, die sie sich zu eigen macht, vom staatlichen Sozialismus bis zur Privatwirtschaft, sind keine Ziele an sich, sondern Mittel, um ihre historische Entwicklung zu beschleunigen und der modernen Zeit zu entsprechen. Daher sind sie kein universales Modell. Der »dritten Welt« mangelt es an einer allgemeinen revolutionären Theorie und an einem Programm; sie läßt sich nicht leiten von einer Philosophie, noch strebt sie danach, den künftigen Staat gemäß den Prognosen der Vernunft oder der Logik der Geschichte zu errichten; auch ist ihre Revolte keine Lehre der Erlösung oder der Befreiung, wie es zu ihrer Zeit der Buddhismus, das Christentum, die Französische Revolution und der revolutionäre Marxismus waren. Mit einem Wort: sie ist eine allgemeine Revolte, aber sie ist nicht ökumenisch; sie ist die Affirmation eines Partikularismus mittels eines Universalismus – und nicht umgekehrt. Damit will ich nicht sagen, daß sie illegitim sei. Im Gegenteil, sie erscheint mir nicht nur gerecht, sondern ich sehe in ihr auch, nach dem großen Fiasko unserer Unabhängigkeit, die letzte Möglichkeit, die wir Lateinamerikaner haben, Anschluß an die Geschichte zu finden. Nur durch sie werden wir aufhören, Objekte zu sein, um das Vokabular Sartres zu gebrauchen, und werden beginnen, Herren unserer selbst zu sein. Diese Revolte ist die unsrige. Doch sie ist kein universaler Entwurf, und folglich können wir aus ihr keine universale Regel ableiten. Die Unterscheidung zwischen Rebellen und Revolutionären verschwindet, weil in der jüngsten Geschichte keine einheitliche Orientierung zu erkennen ist. Ihre Gültigkeit negieren heißt nicht, in einen platten Empirismus verfallen. Wenn wir vor einem Wandel der Zeiten stehen, was ich fest glaube, affiziert dieses Phänomen unsere Anschauungen und Denksysteme. In Wahrheit ist das, was aufhört, die geradlinige Zeit, und das, was beginnt, ist eine andere Zeit.

Die Bedeutung des Wortes Revolution als gewaltsame und entscheidende Veränderung der Gesellschaft gehört einer Epoche an, die die Geschichte als einen endlosen Prozeß auffaßte. Geradlinig, evolutiv oder dialektisch, besaß die Geschichte eine mehr oder weniger vorhersehbare Orientierung. Gleichviel, ob der Verlauf dieses Prozesses, aus der Nähe betrachtet, als gewunden, spiralförmig oder zickzackartig erschien – am Ende behauptete sich die Geradlinigkeit: die Geschichte war ein ständiges Vorrücken. Dieser Gedanke hätte in der alten zyklischen Auffassung der Zeit nicht aufkommen können. Der Bruch mit der alten kreisenden Zeit war das Werk der Vernunft. Doch der Bruch wäre nicht möglich gewesen, hätte die Vernunft nicht vorher ihre Position geändert. Die Metaphysik betrachtete sie als die Grundlage der Weltordnung, als das zureichende Prinzip von allem, was ist; die Vernunft war die Bürgschaft für die Kohärenz des Kosmos, das heißt: für seine *Kohäsion,* und daher hatte die Bewegung in ihr ihren Ursprung und ihre Mitte. Ein Pakt der christlichen Zeit mit der griechischen Geometrie: auf Erden die geradlinige und endliche Zeit des Menschen; im Himmel die kreisende und ewige Zeit der Gestirne und der Engel. In dem Augenblick, da die Vernunft die Kritik ihrer selbst unternahm, nachdem sie die der Götter geübt hatte, hörte sie auf, die Mitte des Kosmos zu sein. Deswegen verlor sie nicht ihre Vorrechte: sie wurde zum revolutionären Prinzip par excellence. Als Agens, das imstande ist, den Lauf der Dinge zu ändern, wurde die Vernunft aktiv und anarchisch. Aktiv: sie war Bewegung, immer veränderlich und beständig aufsteigendes Prinzip; anarchisch: sie war das Instrument der Menschen, um die Welt zu verändern und sich selber zu ändern. Die menschliche Gesellschaft wurde zum Operationsfeld der Vernunft, und die Geschichte war die Entwicklung eines Propositums, ein Diskurs, den der Mensch seit der Steinzeit führt. Die ersten Worte der Geschichte waren Gestammel; bald schon wurden sie zu einer Folge von Syllogismen. Die Fortschritte der Gesellschaft waren auch die der Vernunft: die Großtat der Technik besaß die Klarheit und die Folgerichtigkeit einer Demonstration.

Der Marxismus war der kohärenteste und überzeugendste Ausdruck dieser Denkweise. Er verbindet das Ansehen der Wissenschaft mit dem der Moral; zudem ist er ein totales Denken, wie die Religionen und Philosophien der Vergangenheit. Wenn die Geschichte der konvergierende Weg von Gesellschaft und Vernunft ist, muß die revolutionäre Tat darin bestehen, die Widersprüche zwischen der einen und der anderen auf immer höheren Ebenen aufzuheben. Die Vernunft muß der Erde verhaftet bleiben, und gleichzeitig müssen die gesellschaftliche und die natürliche Wirklichkeit human werden, das heißt, sie müssen die Freiheit und die Notwendigkeit der rationalen Verfahren erlangen. In der bürgerlichen Ära ist der wesentliche Widerspruch die Divergenz zwischen dem System des Eigentums und dem der Produktion: das letztere ist »rationaler« als das erstere. Die industrielle Produktion zielt auf Universalität ab, sie ist vom Menschen gebändigte Energie und wird sich ihrerseits die Natur für immer unterwerfen können; das Privateigentum drosselt die gesellschaftliche Produktivkraft, das Proletariat, und verhindert die Universalisierung der Produkte, indem es sie aus dem Verkehr zieht, sei es durch Hortung oder durch Vergeudung. Das industrielle System schafft den Überfluß; der Kapitalismus verhindert, daß die Mehrheiten an ihm teilhaben, handle es sich um das Proletariat oder um die Masse der Kolonialsklaven. Die Bedeutung des Kommunismus ist eine doppelte: er befreit die Produktivkräfte und universalisiert die Distribution der Produkte. Der Überfluß ermöglicht die Gleichheit, und beide schaffen die echte, konkrete Freiheit. In dem Maße, wie der revolutionäre Prozeß sich vollendet, verschwinden die Klassen und die Nationen; die bürgerliche Gesellschaft und ihre Ökonomie machen Bankrott; die Widersprüche zwischen Ökonomie und Politik lösen sich zugunsten der ersteren auf: der Staat, seine Moral und seine Ordnungshüter verschwinden. Kurz, in seiner letzten Phase löst der Kommunismus den grundlegenden Widerspruch dessen auf, was Marx die menschliche »Prä-Historie« nannte: das ökonomische System wird völlig sozial, das heißt, rational und universal; und die Vernunft wird »vergesellschaftet«, inkarniert sich in den Menschen. In diesem Augenblick tauchen andere Widersprüche auf, die die Lehre nicht spezifizierte ... In Wirklichkeit waren die Widersprüche, wie wir alle wissen, andere und tauchten auf, bevor der revolutionäre Prozeß, der dieser Epoche der Geschichte entspricht, zu Ende ging. Es lohnt nicht, sie aufzuzählen: die universale Klasse, das Proletariat, blieb Gefangener des Reformismus und des Nationalismus; in den entwickelten Ländern gab es keine Revolutionen; in Deutschland triumphierte der Nazismus; in Rußland beseitigte der Stalinismus die Kampfgefährten Lenins; und heute sind die Protagonisten der Revolte in der »dritten Welt« die Bauern, das Kleinbürgertum und die Intellektuellen ... Abgesehen davon, daß sie nicht zur Logik des Systems gehören, waren diese unerwarteten Widersprüche wie das Eindringen einer anderen, archaischen und dissonanten Wirklichkeit. Ungefähr so wie das Erscheinen eines betrunkenen Dichters in einer Versammlung von Akademikern. Die Geschichte begann irre zu reden. Sie hörte auf, ein Diskurs zu sein, und wurde wieder ein rätselhafter, obgleich vielleicht nicht ganz inkohärenter Text.

Nach alledem wird die Versuchung, den Marxismus zu begraben, verständlich. Nichts ist schwieriger. Einerseits ist diese Philosophie ein Teil unserer selbst, ist uns gewissermaßen schon ins Blut übergegangen. Andererseits hieße ihr moralisches Erbe verleugnen, zugleich den luzidesten und trefflichsten Teil des modernen Denkens verleugnen. Freilich ist der Marxismus kaum ein Gesichtspunkt – aber er ist unser Gesichtspunkt. Er ist unverzichtbar, weil wir keinen anderen haben. Seine Position ist ähnlich jener der Geometrie Euklids: sie hat nicht in allen Räumen Gültigkeit. Die Begrenztheit des Marxismus beruht jedoch nicht allein darauf, daß er nicht auf alle Gesellschaften (zum Beispiel: auf die primitiven[1] anwendbar ist, sondern darauf, daß er uns nicht hat sagen können, was der allgemeine Sinn der Bewegung der Geschichte ist. Innerhalb der modernen Evolutionstheorie gibt es einen Spezialzweig, die Biologie der Mikroevolution, die die Veränderung im Innern der Zellen erforscht. Sie ist die zentrale Disziplin in diesem Fachgebiet, und ihre Entdeckungen haben unsere Anschauungen über die Erbanlage und die Mutationen der Arten von Grund auf geändert. Allerdings können uns die Fachleute noch nicht die »Richtung« der Mutationen erklären; das heißt, sie wissen nicht, ob die Veränderungen den biologischen Prozeß, so wie ihn die syn-

---

1 Cf. das Kapitel XVI in *Anthropologie structurale* von Claude Lévi-Strauss über Blutsbande und ökonomische Strukturen bei den Primitiven.

thetische Evolutionstheorie begreift, bestätigen oder nicht. Vielleicht liegt das an der fatalen Intervention des Gesichtspunktes des Beobachters: nichts, ausgenommen ein philosophisches Vorurteil, erlaubt die Affirmation, daß Mutation und Evolution Synonyme sind. Der Vergleich der Mikroevolution mit dem Marxismus ist nicht zufällig. »Das Wesen meiner Methode«, sagt Marx im Vorwort zu *Das Kapital*, »ist die Kraft der Abstraktion«: die Analyse isoliert die »soziale Zelle« und zerlegt sie in ihre Grundbestandteile. So wie die Mikroevolution hat der Marxismus die soziale Zelle beschrieben und ihre innere Struktur aufgedeckt, aber er war nicht imstande, die allgemeine Richtung der Gesellschaft vorherzusehen. Seine Ansprüche auf diesem Gebiet sind übertrieben und unbegründet. Ich ziehe nicht die Exaktheit seiner Analysen in Zweifel; ich meine, daß sie nicht den Sinn der historischen Veränderungen enthüllen.

Der Marxismus, gerade weil er die vollkommenste und vollendetste Form des Denkens ist, das der Epoche der geradlinigen Zeit entspricht, deckt auf, daß diese Zeit nicht alle Zeiten ist. Und vielleicht könnte man hinzufügen: wenn die Dialektik sich nicht auf sich selbst gründen kann, so deshalb nicht, weil sie, wie alle Philosophien der Neuzeit, auf einen Abgrund gegründet ist. Dieser Abgrund ist die Trennung von der alten zyklischen Zeit. Unsere Zeit ist die der Suche nach der Grundlage oder, wie Hegel sagte, die des Bewußtseins der Trennung. Der Marxismus, darin Hegel treu, ist ein Versuch gewesen, das Getrennte zu vereinen. Als ein Denken, das die Gesellschaft zum Gegenstand hatte, entdeckte er, daß ihre Zelle ein komplexer Organismus ist, aus einem Netz von Beziehungen besteht, die determiniert sind durch den gesellschaftlichen Prozeß der ökonomischen Produktion; ebenso deckte er die gegenseitige

Abhängigkeit der Interessen und Ideen auf; schließlich zeigte er auf, daß die Gesellschaften nicht unförmige Amalgame sind, sondern Komplexe unbewußter und halbbewußter Kräfte (Ökonomie, Überbauten und Ideologie in ständiger gegenseitiger Durchdringung), die bestimmten, von unserem Willen unabhängigen Gesetzen gehorchen. Viele seiner Affirmationen, von der Auffassung der Kultur als einem Abbild der gesellschaftlichen Produktionsverhältnisse bis hin zur Idee der universalen revolutionären Mission des Proletariats, erscheinen uns heute mehr als zweifelhaft. Auch haben wir eine andere Auffassung von den Übereinstimmungen und Wechselbeziehungen zwischen den Produktionssystemen, den Philosophien, den Institutionen und den Kunststilen einer jeden historischen Periode. Im übrigen vertrat Marx nicht das Primat der Ökonomie – das heißt: der »Sachen« –, sondern das der Produktionsverhältnisse: »Man kann die Unzulänglichkeiten dieser Grundanschauung des Marxismus kritisieren, doch man kann unmöglich sagen, daß diese *Produktionsverhältnisse* im Marxschen Denken ein Gesetz *an sich*, eine Objektivität, die den Menschen äußerlich ist, darstellen«.[2] Seine ganze Polemik gegen die klassischen Ökonomen zielte ja gerade darauf ab, den »Fetischismus der ökonomischen Sache«, die Idee, daß es »Naturgesetze der Ökonomie« gebe, zu bekämpfen. Der Marxismus vertritt den Standpunkt, daß diese Gesetze keine natürlichen, sondern gesellschaftliche sind: sie sind von den Menschen geschaffen worden.

Marx begründete die Wissenschaft der gesellschaftlichen Beziehungen. Hingegen ignorierte er die Morphologie

---

2 Kostas Papaioannou: *Le Mythe de la dialectique*, in der Zeitschrift *Contrat Social*, Nummer 6, 1964, Paris.

der Gesellschaften und der Kulturen, jenes, was sie über die Systeme ökonomischer Produktion hinaus trennt und unterscheidet. Es gibt vieles, das im Marxismus keinen Platz hat, von den Kunstwerken bis zu den Leidenschaften: all jenes, was *einmalig* ist, sei es in einem einzelnen Menschen oder in den Kulturen. Marx war unempfänglich für das, was eine von Nietzsches Entdeckungen sein könnte: die Physiognomie der Kulturen, ihre besondere Form und ihre singuläre Berufung. Er sah nicht, daß der sogenannte »Überbau«, bei weitem kein bloßes Abbild des Produktionssystems, auch symbolischer Ausdruck ist, und daß die Geschichte, die eine Sprache ist, vor allem eine Metapher ist. Diese Metapher bedeutet viele Metaphern: die menschlichen Gesellschaften, die Kulturen; und eine einzige Metapher: der Dialog zwischen dem Menschen und der Welt. Marx konnte sich das »Wunder« der griechischen Kunst nicht erklären. Was hätte er wohl angesichts der Künste der Primitiven oder der des fernen Ostens oder des präkolumbianischen Amerika gesagt? Dabei wollen diese Künste nichts anderes als die modernen oder die der Renaissance: sie sind Metaphern des Menschen angesichts der Welt, der Welt im Menschen. Schließlich ist der Marxismus eines der Agenzien der historischen Veränderungen unseres Jahrhunderts gewesen, doch seine Erklärung dieser Veränderungen war unzulänglich, und vor allem erwiesen sich seine Vorhersagen bezüglich ihres Sinns und ihrer Richtung als falsch. Unter diesem Gesichtspunkt ist der Marxismus, im Gegensatz zu dem, was Sartre meint, nicht ein *Wissen,* sondern recht eigentlich eine Ideologie. Er ist es doppelt: in den kommunistischen Ländern, weil er dadurch, daß er die gesellschaftliche Wirklichkeit mit einem Schleier von Begriffen verdeckt, eine Apologie von Grund auf ungerechter gesellschaft-

licher Verhältnisse ist; in den nichtkommunistischen Ländern, weil er, wie Sartre das selbst sagt, zu einer »dogmatischen Metaphysik« geworden ist.
Obgleich sich der Marxismus in eine Ideologie verwandelt hat, war er ursprünglich ein kritisches Denken. Darin liegt seine Aktualität und der Keim seiner künftigen Fruchtbarkeit. Wenn ich von der Aktualität des kritischen Marxismus spreche, denke ich nicht an Sartres Studien über die Dialektik noch an die geistreichen und gelehrten Variationen von Althusser. Der erstere versucht den Marxismus mit dem Existentialismus zu versöhnen; der letztere mit dem Strukturalismus. In beiden Fällen handelt es sich um neue Beiträge zum Marxismus als »Ideologie«; nämlich auch dann, wenn sie die vulgären oder die für vulgär gehaltenen Versionen des Marxismus kritisieren (Dialektik der Natur, »Ökonomismus«, usw.), unterlassen es diese Autoren, ihn als »Ideologie« zu kritisieren, und deshalb bekräftigen sie seinen Charakter einer heiligen Schrift. Sartre reduziert den Marxismus auf eine historische Dialektik, und so entstellt er ihn oder verwandelt ihn in ein »Wissen« – eine Philosophie ohne äußere Grundlage, die sich ständig auf sich selbst gründet. Das Unternehmen Althussers hat ein umgekehrtes Vorzeichen. Er versucht, dem Marxismus seine Würde als Wissenschaft und Theorie zurückzugeben: die Struktur gegenüber der Geschichte. Auch diese Interpretation entstellt den Marxismus, obgleich nicht dadurch, daß sie ihn in ein »totales Wissen« verwandelt, sondern in diesem Fall in eine »allgemeine Theorie«, eine Wissenschaft. Das Historische verschwindet aus dem Marxismus, so wie Sartre vorher die Struktur aufgelöst hatte. »Nun aber ist die Strukturanalyse«, wie François Furet sagt, »ein Versuch, die Methoden der Naturwissenschaften auf die Humanwissenschaften aus-

zudehnen, doch Althusser und seine Freunde wenden sie spitzfindig auf den marxistischen Dogmatismus an, womit sie gleichsam ein *a priori* der Reflexion postulieren – weil sie diesen letzteren von Anfang an als ein Äquivalent des mathematischen Modells betrachten.« Die Ideen Althussers sind ein echter und originaler Beitrag zum modernen sozialen Denken, nicht jedoch zum Marxismus. Es ist jetzt nicht der Augenblick, mich mit ihnen zu befassen. Ich möchte nur darauf aufmerksam machen, daß die Quelle Althussers die *Allgemeine Einführung in die Kritik der politischen Ökonomie* (1857) ist, in der Marx ein Programm der Methode dieser Wissenschaft entwirft, in Begriffen, die den Strukturalismus bis zu einem gewissen Grad vorwegnehmen. (Es konnte gar nicht anders sein: ich habe schon gesagt, daß sein Modell die Zelle war: »Die Ware«, sagt er im Vorwort zu *Das Kapital,* »ist die ökonomische Zellform«). Aber in derselben »Einführung« betont er bis zum Überdruß, daß die Gesellschaftswissenschaft historisch ist: »Wenn wir von Produktion sprechen, handelt es sich immer um Produktion in einer bestimmten gesellschaftlichen Entwicklungsphase«. Althusser versichert, daß Marx eine neue Erkenntnis schuf, der er sich nicht voll bewußt werden konnte. Diese Idee ist reinsten marxistischen Wassers: die Wissenschaft und die Arbeit *produzieren* Erkenntnis, machen die Materie human und intelligibel. Diese Erkenntnis, eben weil sie ein Produkt ist, ist historisch – sie ist keine mathematische Struktur. Sartre sieht den Marxismus als Geschichte und Moral. Althusser sieht ihn als Wissenschaft. Auf die eine wie auf die andere Weise wollen sie ihn gegen jede Kritik feien. Tatsächlich kritisieren sie ihn nicht: sie erheben ihn zum unantastbaren Modell, sei es des historischen Prozesses oder der Strukturen der Wissenschaft.

Wenn das Wesen des Marxismus die Kritik ist, kann seine Revision nur einem Akt der Selbstkritik entspringen. Die Kritik am Marxismus als Ideologie ist die unerläßliche Voraussetzung für die Wiedergeburt des marxistischen Denkens und, im allgemeinen, des revolutionären Denkens. Das Programm dieser kritischen Revision wurde von Marx selber entworfen, und wie Papaioannou[3] sagt, braucht man das Wort *Religion* bloß durch *ideologischer Marxismus* zu ersetzen, um ihre Aktualität zu begreifen: »Die Kritik der Religion ist die Voraussetzung jeder Kritik ... Die Grundlage der irreligiösen Kritik ist die folgende: der Mensch schafft die Religion und nicht die Religion den Menschen ... Aber der Mensch ist die Welt des Menschen, der Staat, die Gesellschaft. Dieser Staat und diese Gesellschaft erzeugen die Religion: ein absurdes Bewußtsein der Welt, weil sie selbst eine absurde Welt bilden. Die Religion ist die allgemeine Theorie dieser Welt, ihr enzyklopädisches Kompendium, ihre Logik in populärer Form ... ihre moralische Sanktion, ihr allgemeiner Grund der Rechtfertigung und des Trostes ... Der Kampf gegen die Religion ist somit indirekt der Kampf gegen diese Welt ... Die Kritik der Religion ist im Keim die dieses Jammertals ... Die Kritik des Himmels verwandelt sich in die Kritik der Erde, die Kritik der Religion in die des Rechts, die der Theologie in Kritik der Politik ...« Ich würde alle Spekulationen der modernen Marxisten über die Dialektik, die Sprache, die Struktur oder die Praxis bei den Lacandones[4] hingeben für eine konkrete Analyse der gesellschaftlichen Produktionsverhältnisse in der Sowjetunion oder in China. Doch die Kritik der Erde ist

---

3 *L'Idéologie froide*, Paris 1967.

4 Indianerstamm im Süden von Yukatán. *A. d. Ü.*

nicht möglich ohne die Kritik des Himmels. Nein, der Marxismus ist weder ein totales Wissen noch eine Ideologie, obgleich jene, die in seinem Namen regieren (und sprechen), ihn in »eine allgemeine Theorie der Welt« und in »ein enzyklopädisches Kompendium« verwandelt haben. Im Vorwort zu seiner *Kritik der politischen Ökonomie* (1859) erzählt Marx, daß er und Engels 1845 beschlossen, ihre »philosophische Gewissensprüfung« zu machen. Das Ergebnis war *Die deutsche Ideologie*. Vielleicht wird einer in unserer Generation den Mut und den Genius haben, diese philosophische Gewissensprüfung erneut anzustellen, und mit der gleichen Strenge. Solange das nicht geschieht, werden unsere Philosophen, Gelehrten und Dichter, die sich mit der Apologie des ideologischen Himmels nicht begnügen, fortfahren, die der Erde und ihrer Tyrannen zu betreiben.

Der Weg des Revolutionärs, als Held oder Archetyp der geradlinigen Zeit, ist parallel zu dem der Theorien verlaufen, die unsere Zeit von Machiavelli bis Trotzki zugleich ausgedrückt und geformt haben. Angesichts eines ungerechten Sachverhalts, zumal wenn dieser seine *raison d'être* verloren hat, rebelliert der Mensch. Diese Rebellion geht von der Negation über zu Bewußtsein: sie wird zur Kritik der bestehenden Ordnung und zum Entwurf einer universalen Ordnung, die gerecht und rational ist. Der Kritik folgt die Tat: das revolutionäre Unternehmen fordert die Einführung einer Technik und einer Moral. Die erstere begreift die Gewalt als ein Instrument und die Macht als einen Hebel. Sie verwandelt so die menschlichen Beziehungen in physische Gegenstände, Mechanismen oder Kräfte. Die reaktionäre Gewalt ist leidenschaftlich: Bestrafung, Demütigung, Rache, Opfer; die revolutionäre ist rational und analytisch: nicht eine Leidenschaft, sondern eine Technik. Wenn die Gewalt zur Technik wird, braucht sie eine neue Moral, die den Widerspruch zwischen Kraft und Vernunft, Freiheit und Macht rechtfertigt oder aufhebt. Die alte Moral unterschied zwischen Mitteln und Zwecken – eine theoretische Unterscheidung, die das Verbrechen und den Mißbrauch selten verhinderte, aber eben doch eine Unterscheidung. Der Revolutionär, wie Trotzki das in *Ihre Moral und unsere* mit einer Art kalter Leidenschaftlichkeit erklärt, kann sich nicht den Luxus des Unterscheidens leisten. Zwecke und Mittel sind weder gut noch schlecht an sich: sie sind revolutionär oder sie sind nicht revolutionär. Die Moral des kategorischen Imperativs, oder irgendeine ähnliche, ist lebensfähig nur in einer Gesellschaft, die die Ursachen des Zwangs und der

Gewalt – das Privateigentum und den Staat – für immer beseitigt hat. Gandhi meinte, mit notorischer Einfalt oder Scheinheiligkeit – ich bin nie ganz dahinter gekommen –, daß das einzige, was zählt, die Mittel sind: wenn sie gut sind, werden es die Zwecke auch sein. Trotzki weigerte sich, zwischen Mitteln und Zwecken zu unterscheiden: die einen wie die anderen sind bestimmten historischen Situationen angemessen. Die Mittel sind Zwecke und umgekehrt: was zählt, ist der historische Zusammenhang, der Klassenkampf.

Die Ideen Trotzkis mögen uns alarmieren, aber wir können sie nicht als unmoralisch bezeichnen, ohne in Heuchelei oder in Manichäismus zu verfallen. Alles ändert sich jedoch, sobald der Revolutionär die Macht übernimmt. Der Widerspruch zwischen Vernunft und Gewalttätigkeit, Macht und Freiheit, der im Augenblick des revolutionären Kampfes verschleiert war, zeigt sich dann klar und deutlich: indem der Revolutionär die Macht übernimmt, übernimmt er die Ungerechtigkeit der Macht, nicht die Gewalttätigkeit des Sklaven. Es ist zwar nicht unmöglich, den Terror zu rechtfertigen: wenn der revolutionäre Staat der Verfolgung durch die inneren oder äußeren Feinde die Stirn bieten muß, ist Gewalt legitim. Doch wer befindet über die Legitimität des Terrors: die Opfer oder die Theologen an der Macht? Diese Diskussion könnte bis ins Unendliche ausgedehnt werden. Was auch immer unsere Meinung sein mag, eines scheint mir unbestreitbar: der Terror ist eine Ausnahme-Maßnahme. Sein Weiterbestehen verrät, daß der revolutionäre Staat in Cäsarismus ausgeartet ist. Außerdem stellt die Eroberung der Macht für den Revolutionär ein weiteres Dilemma dar, das nicht minder ernst und dringlich ist als das des Terrors: die neue Wirklichkeit stimmt mit den revolutionären Ideen und Programmen nie überein. Sonderbar wäre nur das Gegenteil, denn die Programme werden nicht auf physische Gegenstände, sondern auf menschliche Gesellschaften angewendet, deren Wesen die Undeterminiertheit ist. Angesichts des undurchsichtigen und bisweilen monströsen Charakters der neuen Wirklichkeit eröffnen sich dem Revolutionär zwei Wege: die Rebellion oder die Macht, der Galgen oder die Verwaltung. Der Revolutionär endet dort, wo er begann: er unterwirft sich oder er rebelliert. Ob er nun die eine oder andere Lösung wählt, er hört auf, Revolutionär zu sein. Die Periode ist abgeschlossen und eine andere beginnt. Diese ist das Ende der geradlinigen Zeit: der Gang der Geschichte ist nicht kontinuierlich.

Das Ende der geradlinigen Zeit kann auf zweierlei Weise begriffen werden. Die erste besteht in der Annahme, daß sie tatsächlich enden könnte: eine atomare Hekatombe, zum Beispiel, könnte ihr ein Ende machen. Diese apokalyptische Vision, voller bestürzender christlicher Resonanzen, bildet nicht weniger als die Grundlage der friedlichen Koexistenzpolitik der Sowjetunion. Nicht ohne Grund haben die Chinesen daran Anstoß genommen und haben sie als einen Verrat an der Lehre denunziert. Die Annahme, daß die Geschichte mit einem Auflodern enden kann, impliziert mehrere kleinere Häresien und eine größere: die Geschichte hört auf, ein dialektischer Prozeß zu sein, und der Weg der Wirklichkeit zur Vernunft mündet in einen irrationalen und letztlich unbedeutenden Akt: eine materielle Explosion. Die andere Möglichkeit, das Ende der geradlinigen Zeit zu begreifen, ist viel bescheidener, sie beschränkt sich auf die Affirmation, daß die neuere Geschichte die Richtung gewechselt hat und daß wir einen wahren *Umschwung* der Zeiten erleben. Zu sagen, daß die geradlinige Zeit zu

Ende geht, ist weder eine intellektuelle Häresie, noch verrät es eine sträfliche Nostalgie nach dem Mythos und seinen fatalen und blutigen Zyklen. Die Zeit ändert ihre Form und damit unsere Sicht der Welt, unsere intellektuellen Auffassungen, die Kunst und die Politik. Vielleicht ist es zu früh, zu sagen, welches die Form ist, die die Zeit annimmt; nicht zu früh ist es, hier und da auf Anzeichen des Wandels aufmerksam zu machen.

Seit 1905 hat die Welt ihr Aussehen verändert und die gerade Linie hat ihre Vorrechte verloren. »Der Raum Einsteins«, sagt Whittaker, »ist nicht mehr nur der Himmel, vor dem sich das Drama der Physik abspielte; heute ist der Raum einer der Akteure, weil die Gravitation völlig kontrolliert ist durch die Krümmung, die eine geometrische Eigenschaft des Raums ist.« Andererseits scheint es unnötig, auf die neuere Auffassung von der Struktur des Atoms, insbesondere auf die Elementarteilchen, Bezug zu nehmen. Es wird genügen, daran zu erinnern, daß es sich nicht eigentlich um Elemente handelt, sondern um Zonen der Wechselwirkung, Bezugsfelder. Ein ähnlicher Wandel ist in den anderen Wissenschaften zu beobachten: die Biologie der Mikroevolution, die Linguistik, die Informationstheorie und die strukturale Anthropologie von Lévi-Strauss wenden sich von den linearen Erklärungen ab und stimmen überein in ihrer Auffassung der Wirklichkeit als eines Systems synchroner Beziehungen. Zelle, Wort, Zeichen, soziale Gruppe: jede Einheit ist eine Verbindung von Partikeln nach Art jener des Atoms; jedes Partikel ist mehr als nur eine isolierte Einheit, es ist eine Relation. Die linguistische Analyse, sagt Jakobson, unterscheidet zwei Ebenen in der Sprache: die semantische, vom Morphem zum Wort, zum Satz und zum Text; und die phonologische: Phoneme und unterscheidende Partikel. Auf der ersten Ebene, der semantischen, herrscht die Bedeutung; die zweite ist eine Struktur, die man präsignifikativ nennen könnte, ohne die sich die Bedeutung jedoch nicht ergeben würde. Gewissermaßen bestimmt die phonologische Struktur den Sinn in der Art eines Transformationsapparats, der die Wellen in hörbare oder sichtbare Zeichen verwandelt. Die Phoneme sind »Systeme symbolischer Atome«, ein jedes bestehend aus differentialen Partikeln: obgleich die Phoneme und ihre Partikel keine eigene Bedeutung haben, haben sie Teil an der Bedeutung, weil ihre Funktion darin besteht, eine phonologische Einheit von einer anderen zu unterscheiden. Sie bezeichnen ein Anderssein: dieses ist nicht jenes. Auf ihrer einfachsten Ebene ist die Sprache Beziehung von Opposition und Assoziation, und auf dieser Zweierverbindung beruht der ganze unermeßliche Reichtum ihrer Formen und Bedeutungen. Wenn man von den Phonemen bis zum Wort geht, wird sich bestätigen, daß die Sprache eine Art symbolischer Transformationsapparat ist: die verschiedenen Kombinationen der Wörter – das heißt, ihre Stellung innerhalb des Satzes – schaffen die Bedeutung. Dieses Phänomen wiederholt sich beim Text: die Bedeutungen verändern sich gemäß der Stellung der Sätze. Diese Beziehungen sind nicht »historisch«, diachronisch: die Sprache ist eine permanente Struktur. I. A. Richards hat erst kürzlich darauf hingewiesen, daß der gleiche kombinatorische Prozeß in der Mikrobiologie stattfindet: »Die Molekular-, Chromosom- und Zell-Ebenen stimmen überein mit denen von Morphem, Satz und Text in der linguistischen Hierarchie.« Die Analogie kann auf die Anthropologie, die Kommunikationstheorie und auf andere Bereiche ausgedehnt werden, ohne die des künstlerischen und poetischen Schaffens auszuschließen.

In einem kürzlich erschienenen Buch der Professoren

S. Toulmin und J. Goodfield (*The architecture of matter*)[1] lese ich: »The distinction between living and non-living things can no longer be drawn in *material* terms. What marks them off from one another is not the stuff of which they are made: the contrast is rather one between systems where organization and activities differ in complexity.« Wenn das, was wir bisher als Geist bezeichneten, eine chemische Reaktion der Gehirnzellen ist, ist das, was wir bisher als Materie bezeichneten, nichts weiter als eine Organisation, eine Struktur: ein Netz von Beziehungen. Alle diese Auffassungen reduzieren die Idee der geradlinigen Zeit auf eine bloße Variante im Beziehungssystem. Die Chronologie, die zeitliche Abfolge der Dinge, ist eine Beziehung, doch sie ist weder die einzige noch die wichtigste. Der diachronischen Beziehung stellen die modernen Wissenschaften – die Physik, die Linguistik, die Genetik und die Anthropologie – die synchronische Beziehung gegenüber. Das Modell der Wissenschaft ist nicht die Geschichte. Genaugenommen sind das Vorher und das Nachher Mittel, sich auf die Phänomene zu beziehen, symbolische oder metaphorische Ausdrücke, Kunstgriffe der Sprache.

In *The idea of progress* beschreibt der englische Historiker J. B. Bury die von den Soziologen und Historikern des vergangenen Jahrhunderts unternommenen Versuche, das Gesetz der Bewegung der Kultur zu entdecken. Wider Kants Erwartungen wurde dieses historische Gesetz weder von einem Kepler noch von einem Newton gefunden. Einen Augenblick lang schien die Evolutionstheorie, da weder die Physik noch die Astronomie dies vermochten, eine solide Grundlage zu bieten. Darwin schloß seine *Entstehung der Arten* mit folgen-

---

1 London, 1962.

den Worten: »As all the living forms of life are the lineal descendants of these which live before the Silurian epoch, we may feel certain that the ordinary succession by generation has never once broken, and that no cataclysm has desolated the whole world ... And as natural selection works solely by and for the good of each being, all corporeal and mental environments will tend towards perfection.« Einerseits neigen die heutige Physik und Astronomie eher zu der Auffassung, daß das Universum der Schauplatz ständiger Explosionen und Kataklysmen gewesen ist und noch ist; andererseits – auch wenn sie exakt wäre, aber sie ist es nicht – ist die barmherzige Theorie der natürlichen Auslese als Vorsehung, die »zum Besten jeder Art« stattfindet, auf die Geschichte der Menschheit nicht anwendbar, nicht einmal als Analogie. Die Idee der Evolution, zumal in ihrer heutigen Form (die sogenannte »synthetische Theorie der Evolution«), bietet sich bei der ihr fehlenden Grundlage ebenso leicht für optimistische wie für pessimistische Interpretationen an, aber sie ist kein historisches Gesetz. Schließlich haben die Geschichte und die Ethnologie, indem sie die Pluralität der Gesellschaften und Kulturen entdeckten, gezeigt, daß die Idee des Fortschritts, nicht mehr als Gesetz, sondern als ideologisches Agens der gesellschaftlichen Veränderungen, kaum Einfluß auf die Menschen gehabt hat, ausgenommen in der westlichen Welt und in der neueren Zeit. Unsere Kultur ist nicht die einzige gewesen (noch wird sie es sein), und die Fortschrittsidee ist auch nicht die einzige gewesen (noch wird sie es sein), die die Menschen bewegt. Fortschritt postuliert, sagt Bury, »die Illusion der Finalität«. Zugleich zerstört er sie; wenn alles Veränderung ist, dann ist die Idee des Fortschritts durch denselben Prozeß zum Tode verurteilt: »Another star, unnoticed now or visible, will climb up the intellectual heaven, and human emotions will react to its influence, human plans respond to its guidance«. Ich möchte hinzufügen, daß einige von diesem Stern schon Kenntnis haben, obgleich er noch nicht ganz sichtbar ist.

Die künstlerischen Formen der Vergangenheit, klassische oder barocke, waren geschlossene Formen. Zur Darstellung bestimmt, schlossen sie immer eine Figur ein. Seit dem Symbolismus isolierten die Künstler die Elemente, zerbrachen die Form und begaben sich so der Präsenz. Der Symbolismus wollte mehr, als die Wirklichkeit nur konvozieren, er wollte sie evozieren. Die Poesie war eine Liturgie der Abwesenheit und später eine verbale Explosion. Die anderen Künste folgten dem Weg der Poesie und gingen sogar noch weiter. Auf die Zerstörung der geschlossenen Form folgte der heftige Angriff auf die Sprache; auf die Annullierung der Bedeutung die des Zeichens; auf die des Bildes und der Figuration die der gemalten Darstellung. Heute ist die Poesie, in den extremen Formen der »konkreten Poesie«, typographische Komposition auf halbem Wege zwischen dem Zeichen und dem Bezeichneten; und die Malerei hat aufgehört, im eigentlichen Sinne Malerei zu sein: sie ist der Sieg der Sache über die Darstellung (pop-art) und des Verfahrens über den Ausdruck (op-art). Aber die Geschichte der modernen Kunst beschränkt sich nicht auf die Auflösung der geschlossenen Form und den Einbruch des Gegenstandes (sei er verbal, plastisch oder klanglich). Gegen Ende des vergangenen Jahrhunderts, kurz bevor er starb, veröffentlichte Mallarmé *Un coup de dés jamais n'abolira le hasard.* In *Los signos en rotación* (1965) habe ich auf die Bedeutung dieses Textes Bezug genommen. Ich möchte wiederholen, daß seine Veröffentlichung mehr bedeutet als nur das Entstehen eines Stils oder einer

Bewegung: es ist das Erscheinen einer offenen Form, die dem linearen Schreiben zu entrinnen versucht. Einer Form, die sich unaufhörlich zerstört und neu schafft: sie kehrt zu ihrem Ursprung nur zurück, um sich wieder aufzulösen und sich erneut zu bilden. Auch die beschriebene Seite ist nicht länger ein Hintergrund: sie ist ein Raum, der an der Bedeutung teilhat, nicht weil er sie selbst besäße, sondern weil er in einer Wechselbeziehung zur Schrift steht, die ihn bedeckt und entblößt. Die Seite ist Schrift; die Schrift Raum. Das Gedicht ändert seine Bedeutung in dem Maße, wie die Stellung seiner Elemente sich ändert: Worte, Sätze und leere Zwischenräume. Ständig in Rotation, unablässig auf der Suche nach seiner finalen Bedeutung, ohne sie je ganz zu finden, ist das Gedicht ein Transformationsmechanismus wie die Zellen und die Atome. Diese sind Transformatoren von Energie und Leben; das Gedicht ist Transformator symbolischer Vorstellungen. Die einen wie die anderen sind metaphorische Apparate ... Alle Werke, die in diesem Jahrhundert wirklich zählen, sei es in der Literatur, in der Musik oder in der Malerei, sind auf eine ähnliche Inspiration zurückzuführen. Nicht der Kreis um einen fixen Mittelpunkt noch die gerade Linie: eine schweifende Dualität, die sich zerstreut und zusammenzieht, eine und tausend, immer zwei und immer vereint und einander entgegengesetzt, Beziehung, die sich weder in der Einheit noch in der Trennung auflöst, Bedeutung, die sich zerstört und in ihrem Gegenteil wiederersteht. Eine Form auf der Suche nach sich selbst.

In ganz Mexico ist es ein offenes Geheimnis: das politische System, das uns seit über vierzig Jahren regiert, ist bankrott. Der 2. Oktober 1968 und der 10. Juni 1971 waren der Beweis – der blutige Beweis – für die Schwere der Krise. Doch alles begann früher, vor ungefähr fünfzehn Jahren. Zu ebendieser Zeit, 1958, veröffentlichten wir, das heißt einige von denen, die sich jetzt an diesem Meinungsaustausch beteiligen, ein Manifest, in dem wir vorhersahen, was kommen würde; etwas später erschien *El Espectador* (Der Beobachter), eine Zeitschrift für politische Kritik. So begannen die Krise des Systems und die Kritik der Schriftsteller fast zur gleichen Zeit. Die eine wie die andere hat sich verschärft und intensiviert.
Das mexicanische politische System ist dual: die Partei und der Staatspräsident. Die Partei steht für Kontinuität; die Präsidenten stehen für Erneuerung oder wenigstens für Veränderung. Dank dem Verfassungsstatut, das die Wiederwahl verbietet, führten das revolutionäre Regime und seine Erben das Prinzip der Bewegung in der Kontinuität ein. Die Partei ist das Monopol des öffentlichen Lebens; der Staatspräsident bürgt alle sechs Jahre für seine Erneuerung. Der Zyklus besitzt eine Regelmäßigkeit, die die alten Chinesen und Chaldäer mit Neid erfüllt hätte. Unser politischer Kalender verbindet die astronomische Präzision mit der astrologischen Macht: jede Veränderung im Tierkreis der Macht bewirkt Veränderungen hienieden. Für die einen bedeutet es Aufstieg, für die anderen Abstieg. Doch die Harmonie zwischen Himmel und Erde stellt sich bald wieder her, und alles bleibt wie es war.
Das mexicanische Präsidialsystem ähnelt weniger dem

nordamerikanischen, das sein Vorbild war, als der *dictatura* im alten Rom. Wie der konstitutionelle römische Diktator hat der mexicanische Präsident ein begrenztes Mandat, nur daß beim ersteren das Mandat sechs Monate galt, während es beim letzteren sechs Jahre gilt. Der römische Diktator wurde gewählt, wenn der Belagerungszustand erklärt wurde, er konnte keine neuen Gesetze verkünden, und er hatte neben sich, als Statthalter und Zensor, den *magister equitum*. In Mexico gibt es diese Beschränkungen nicht: weder die Legislative noch die Exekutive haben irgendeine Macht. Die Präsidenten verfügen sechs Jahre lang über unbeschränkte Macht. Trotzdem haben wir, obgleich viele ihre Vollmacht mißbraucht haben (Gold und/oder Blut), weder einen Caligula noch einen Trujillo gehabt. Unser letzter Diktator à la Lateinamerika war Calles, der *Jefe Máximo* der Revolution – doch er konnte sich nicht lange halten. Eine weitere Ähnlichkeit mit Rom: weder der römische Magistrat noch der mexicanische zeigen Spuren von Cäsarismus. Im Gegenteil, die mexicanische Institution war ein Mittel gegen die endemische Krankheit der hispanischen Länder: den Caudillismus. Unsere Präsidenten sind Diktatoren aufgrund der Verfassung, keine Caudillos. Die Legalität ist zum Teil die Quelle ihrer Macht. Aber diese Legalität hat ihren Ursprung in einem Widerspruch, der an ihrer Macht nagt: die römische *dictatura* war ein Ausnahmeregime in einem Ausnahmezustand; das mexicanische Präsidentialsystem ist ein Ausnahmeregime in einer Situation des Friedens und der Normalität.

Die Partei wurde 1929 gegründet. Die Namen, die sie sich nacheinander gab, zeigen ganz klar die allmähliche Erstarrung einer nationalistischen revolutionären Partei zu einer konservativen Bürokratie: *Partido Nacional*

Revolucionario, Partido de la Revolución Mexicana, Partido Revolutionario Institucional (PRI). Von Anfang an hat die Partei in Symbiose mit dem Staat gelebt, und tatsächlich sind sie voneinander nicht zu unterscheiden. Ohne die Regierung und ihre Mittel gäbe es keine PRI, doch ohne die PRI und ihre Massen gäbe es auch keine Regierung. Die Partei wirbt ihre Anhänger so, wie die Missionare im 16. Jahrhundert die Indianer christianisierten: durch die kollektive Taufe. Davon abgesehen, daß sie nicht individuell ist, ist die Anwerbung hierarchisch: sie geht vom Leader des Viertels, des Dorfes oder des Syndikats über die Prokonsuln der Städte bis zu den Konsuln der Hauptstadt. So entsteht ein Netz von Bündnissen und Komplizenschaften. In diesem Netz erstickt Mexico. Das Netz ist stark, weil die PRI ein Kanal der sozialen Verschiebung ist: die Leader, die dem Kleinbürgertum und den Arbeiter- und Bauernaristokratien entstammen, steigen auf den Stufen dieser politischen Pyramide nach oben. Eine Pyramide, die häufig auch die der Geschäfte und des Reichtums ist.

Eher als eine politische Partei im herkömmlichen Sinne des Wortes ist die PRI eine gigantische Bürokratie, eine Maschinerie der Kontrolle und Manipulation der Massen. Es ist der mexicanische Ausdruck eines Phänomens, das sich in allen Ländern zeigt, die Schauplatz von Volksrevolutionen gewesen sind, und das in der Umwandlung der revolutionären Parteien in politische Bürokratien besteht. (Cf. *Postdata* [Nachtrag] und *Carta a Adolfo Gilly* [Brief an Adolfo Gilly] in der Nummer 5 von *Plural.*) Die politischen Bürokratien des 20. Jahrhunderts, von der sowjetischen bis zur mexicanischen, warten noch auf eine wissenschaftliche Darstellung: sie sind weder eine Klasse noch eine Kaste, aber sie besitzen Charakteristiken von beiden. Im Unterschied zu den kommunistischen Bürokratien kontrolliert die unsrige nicht die einheimische Wirtschaft, sondern fügt sich in einen kapitalistischen und, bis zu einem gewissen Grad, demokratischen Zusammenhang ein. Dieser doppelte Umstand und das Fehlen einer ideologischen Orthodoxie erklären ihren relativen Liberalismus und ihre relative Instabilität. Auch ihre relative Unabhängigkeit. Um zu überleben, muß sie das Unmögliche verwirklichen: wenn sie ihr Bündnis mit dem Bürgertum nicht gefährden will, muß sie die Massen kontrollieren; wenn sie ihre Identität gegenüber dem Bürgertum bewahren will, muß sie sich auf die Massen stützen. Aus diesem Widerspruch resultiert die Krise der PRI, und er ist der Grund für die gegenwärtige »demokratische Öffnung«.

In anderen Schriften habe ich mich mit den Ursachen der Krise befaßt und versucht, eine Lösung zu finden. Ich weiß nicht, ob es die Mühe lohnt, das, was ich gesagt habe, zu wiederholen. In der nationalen und internationalen Perspektive an eine revolutionäre Veränderung zu denken, ist schimärisch und selbstmörderisch. Die andere Möglichkeit – die reaktionäre Gewalt – ist keineswegs auszuschließen, obgleich mit ihr derzeit (noch) nicht zu rechnen ist. Alle müssen wir gegen sie kämpfen. Jetzt beabsichtigt das Regime die Reform der PRI und des Systems. Auch das ist keine echte Lösung. Die Lösung besteht im Entstehen einer unabhängigen und demokratischen Volksbewegung, die alle Unterdrückten und Dissidenten Mexicos in einem gemeinsamen Minimalprogramm vereint. Als Staatsbürger bin ich Anhänger dieser Bewegung. Als Schriftsteller ist meine Position weder distinkt noch konträr, sondern, sei es ein Paradox, eine *andere*. Als Schriftsteller ist es meine Pflicht, mir meine Marginalität gegenüber dem Staat,

den Parteien, den Ideologien und selbst der Gesellschaft zu bewahren. Gegen die Macht und ihre Mißbräuche, gegen die Verlockung der Autorität, gegen die Faszination der Orthodoxie. Weder der Sessel im Fürstenrat noch der Sitz im Kapitel der Doctores Ecclesiae der revolutionären Heiligen Schriften.
Seit dem 18. Jahrhundert hat die Politik die Religion ersetzt. Die politischen Querelen verwandelten sich in theologische Dispute und die Meinungsverschiedenheiten in Häresien. Die Inquisitoren zögern nicht, die zur ewigen Verdammnis verurteilten Toten wieder auszugraben und ihre Namen zu entehren. Der religiöse Eifer hat aus den heutigen politischen Parteien Milizen von Fanatikern gemacht, die sich ausgeben als die Inkarnation einer Klasse, einer Rasse, einer Nation oder sogar der Geschichte. Die priesterlichen Bürokratien des Altertums wollten Verwahrer eines heiligen Wissens sein. Dieses Wissen hieß früher »Staatsgeheimnis«; heute heißt es »revolutionäre Orthodoxie«. Zwei gleichwertige Formen dieser institutionellen Lüge, die die »offizielle Wahrheit« ist. Bei uns besteht sie in der monströsen Identifikation der PRI mit der mexikanischen Nation und ihrer Geschichte. Eine dreifache Konfusion: die PRI ist die Nation und die Nation ist die Wahrheit. Die Heiligen der kommunistischen Bürokratie sind andere als die Heiligen der mexicanischen Bürokratie: die einen schwören im Namen von Marx und Lenin, die anderen in dem von Juárez und Zapata, doch alle schwören vergebens. Die heutigen Parteien sind Kirchen ohne Religion, geführt von blasphemischen Klerikern.
Das Wort des Schriftstellers ist mächtig, weil es einer Position der Nicht-Macht entspringt. Der Schriftsteller spricht nicht vom Nationalpalast, vom Volksgerichtshof oder von den Büros des Zentralkomitees aus: er spricht

von seinem Zimmer aus. Er spricht nicht im Namen der Nation, der Arbeiterklasse, der Grundbesitzer, der ethnischen Minderheiten, der Parteien. Er spricht nicht einmal im Namen seiner selbst: das erste, was ein wahrhafter Schriftsteller tut, ist, an seiner eigenen Existenz zweifeln. Literatur beginnt, wenn einer sich fragt: wer spricht in mir, wenn ich spreche? Der Dichter und der Romanschriftsteller projizieren diesen Zweifel auf die Sprache, und daher ist das literarische Schaffen zugleich Kritik der Sprache und Kritik der Literatur selbst. Die Poesie ist *Enthüllung*, weil sie Kritik ist: sie schließt auf, deckt auf, bringt das Verborgene zum Vorschein – die geheimen Leidenschaften, die nächtliche Seite der Dinge, die Kehrseite der Zeichen. Die Politik repräsentiert eine Klasse, eine Partei oder eine Nation; der Schriftsteller repräsentiert niemanden. Die Stimme der Politik resultiert aus einer stillschweigenden oder ausdrücklichen Übereinstimmung zwischen denen, die sie repräsentieren; die Stimme des Schriftstellers hat ihren Ursprung in einer Nichtübereinstimmung mit der Welt oder mit sich selbst, sie ist der Ausdruck des Schwindelgefühls angesichts der sich auflösenden Identität. Der Schriftsteller beschreibt mit seinen Worten einen Bruch, einen Riß. Und er entdeckt im Gesicht des Präsidenten, des Cäsaren, des geliebten Führers und Vaters des Volkes den gleichen Bruch, den gleichen Riß. Die Literatur entblößt die Führer ihrer Macht und vermenschlicht sie so. Sie gibt ihnen ihre Sterblichkeit, die auch die unsrige ist, zurück.

Einige Schriftsteller und Journalisten in Mexico und in anderen Ländern Amerikas und Europas haben die – wirklich nicht immer stichhaltigen – Erklärungen, die Solschenizyn während der letzten Monate abgegeben hat, ziemlich scharf kritisiert. Der Ton dieser Beschuldigungen, halb strafend, halb befriedigt, ist der desjenigen, dem ein Stein vom Herzen gefallen ist: »Ah, jetzt ist alles klar, Solschenizyn ist ein Reaktionär . . .« Dieses Verhalten ist ein weiteres Indiz dafür, daß die Anklagen und Enthüllungen des russischen Schriftstellers, das totalitäre sowjetische System betreffend, von vielen Intellektuellen im Westen und in Lateinamerika *à contrecœur* aufgenommen wurden. Das ist nicht verwunderlich: der bolschewistische Mythos, der Glaube an die wesenhafte Lauterkeit und Güte der Sowjetunion, trotz oder jenseits ihrer Fehler und Verirrungen, ist ein schwer auszurottender Aberglaube. Die alte theologische Unterscheidung zwischen *Substanz* und *Akzidens* wirkt sich bei Gläubigen unseres Jahrhunderts ebenso stark aus wie im Mittelalter: die Substanz ist der Marxismus-Leninismus und das Akzidens ist der Stalinismus. Deshalb versuchte der intelligente und gerissene Lukács, als die ersten Bücher von Solschenizyn erschienen, einen »sozialistischen Realisten« aus ihm zu machen, das heißt, einen Dissidenten *innerhalb* der Kirche. Doch das Auftreten Solschenizyns – und nicht nur das seine, sondern auch das vieler anderer unabhängiger russischer Schriftsteller und Intellektueller – war und ist gerade für das Gegenteil signifikant: sie sind Dissidenten *außerhalb* der Kirche. Ihre Ablehnung des Marxismus-Leninismus ist total. Ebendas finde ich erstaunlich: über ein halbes Jahrhundert nach der Oktoberrevolution haben zahlreiche russische Männer von Geist, vielleicht die besten: Wissenschaftler, Romanciers, Historiker, Dichter, Philosophen, aufgehört, Marxisten zu sein. Einige, wie Solschenizyn und Brodski, sind sogar zum Christentum zurückgekehrt. Es handelt sich um ein Phänomen, das vielen europäischen und lateinamerikanischen Intellektuellen unverständlich ist. Unverständlich und unannehmbar.

Ich weiß nicht, ob die Geschichte sich wiederholt: ich weiß nur, daß die Menschen sich wenig ändern. Nulla salus extra ecclesiam: wenn Solschenizyn kein andersdenkender Revolutionär ist, muß er ein imperialistischer Reaktionär sein. Solschenizyn, der zu reden wagte, verurteilen heißt sich selbst, der man Jahre und Jahre schwieg, freisprechen. In Wahrheit ist der russische Schriftsteller weder ein Revolutionär noch ein Reaktionär: seine Tradition ist eine andere. Indem er den Marxismus-Leninismus ablehnte, lehnte er auch die »aufgeklärte« und fortschrittliche Tradition des Westens ab. Er steht Kant und Robespierre so fern wie Marx und Lenin. Auch findet er keine Sympathie für Adam Smith und Jefferson. Er ist weder ein Liberaler noch ein Demokrat, noch ein Kapitalist. Doch er glaubt an die Freiheit, denn er glaubt an die Menschenwürde; auch glaubt er an die Nächstenliebe und an die Kameradschaft, nicht an die parlamentarische Demokratie noch an die Klassensolidarität. Er würde es akzeptieren, daß Rußland von einem Autokraten regiert wird, wenn dieser Autokrat zugleich ein wahrer Christ ist: jemand, der an die Heiligkeit des Menschen glaubt, an das tägliche Mysterium des anderen, der unser Nächster ist. Hier muß ich einen Augenblick innehalten und sagen, daß ich Solschenizyn in folgendem nicht zustimme: die Christen lieben ihre Nächsten nicht. Und sie lieben sie nicht, weil sie an den *anderen* nie wirklich geglaubt haben. Die Geschichte lehrt uns, daß sie ihn, wo sie ihm begegnet sind, bekehrt oder vernichtet haben. Im Wesen der Christen, wie in dem ihrer marxistischen Nachfahren, stelle ich eine schreckliche Unzufriedenheit mit sich selbst fest, die dazu führt, daß sie die anderen verabscheuen und beneiden, zumal wenn die anderen Heiden sind. Dies ist der psychologische Grund für ihr Proselytentum und für die Inquisitionen, mit denen die einen wie die anderen den Planeten verfinstert haben.

Das Christentum Solschenizyns ist weder dogmatisch noch inquisitorisch. Wenn sein Christentum ihn von den durch die bürgerliche Revolution geschaffenen demokratischen politischen Institutionen fernhält, macht es ihn auch zum Feind der Ideolatrie des Cäsaren und seiner Mumie sowie des den heiligen Schriften gewidmeten Buchstabenkults, dieser beiden Religionen der kommunistischen Länder. Die Welt Solschenizyns ist die prämoderne Gesellschaft mit ihrem System besonderer Rechtsprechung, örtlich begrenzter Freiheiten und individueller Vorrechte. Aber so archaisch seine politische Philosophie uns erscheinen mag, seine Vision läßt uns den historischen Kreuzweg, an dem wir stehen, klarer sehen, als es die Kritiken seiner Gegner zu tun vermöchten. Ich gebe zu, daß mich seine Argumente oft nicht überzeugen und daß sein intellektueller Stil meinen Denkgewohnheiten, meinem Geschmack und selbst meinen sittlichen Überzeugungen fremd und entgegengesetzt ist. Ich stehe Celsus näher als Paulus, ich ziehe Plotin dem heiligen Augustinus und Hume Pascal vor. Aber der direkte und schlichte Blick Solschenizyns durchdringt die Gegenwart und enthüllt uns, was im Gefältel der Tage verborgen ist. Die moralische Leidenschaft ist Leidenschaft zur Wahrheit und bewirkt das

Erscheinen der Wahrheit. Es gibt in seinen Schriften ein prophetisches Element, das ich bei keinem anderen meiner Zeitgenossen finde. Zuweilen höre ich, wie bei den Terzinen Dantes – obgleich die Prosa des Russen eher schwerfällig und seine Argumentation weitschweifig ist –, die Stimme Jesajas und fahre zusammen und protestiere; andere Male höre ich die Jobs, dann habe ich Mitleid und pflichte bei. Wie die Propheten und wie Dante spricht der russische Schriftsteller von der Gegenwart vom anderen Ufer aus, diesem Ufer, das ich nicht das ewige zu nennen wage, da ich an die Ewigkeit nicht glaube. Solschenizyn spricht uns von dem, was gerade passiert, das heißt von dem, was uns geschieht und uns überschreitet. Er befaßt sich mit der Geschichte aus der doppelten Perspektive des Jetzt und des Jenseits.
Außer in bestimmten Regionen, deren Geschichte gegen Ende des 17. Jahrhunderts vom allgemeinen Weg der europäischen abwich (ich denke an Spanien, Portugal und die ehemaligen amerikanischen Kolonien dieser beiden Nationen), erlebt der Westen das Ende von etwas, das im 18. Jahrhundert begann: die *Modernität*, die im Bereich der Politik in der parlamentarischen Demokratie sich ausdrückte, dem Gleichgewicht der Kräfte, der Gleichheit der Bürger vor dem Gesetz und der Deklaration der Menschenrechte und individueller Garantien. Als handele es sich um eine ironische und teuflische Bestätigung der Voraussagen von Marx – eine umgekehrte Bestätigung –, stirbt die bürgerliche Demokratie an ihrer historischen Gründung. So scheint die schöpferische Negation Hegels und seiner Schüler in Erfüllung zu gehen; ich sage *scheint*, weil sie auf widernatürliche Weise in Erfüllung geht: der Muttermörder, der Zerstörer der alten Ordnung, ist nicht das Weltproletariat, sondern der neue Leviathan, der bürokratische Staat. Die Revo-

lution zerstört die Bourgeoisie, doch nicht, um die Menschen zu befreien, sondern um sie noch fester in Ketten zu legen. Der Zusammenhang zwischen dem bürokratischen Staat und dem von der bürgerlichen Demokratie geschaffenen industriellen System ist derart eng, daß die Kritik des ersteren notwendig die des letzteren impliziert.

Der Marxismus erweist sich heute als unzulänglich, weil seine Kritik des Kapitalismus, weit davon entfernt, die des Industrialismus einzuschließen, eine Apologie seiner Werke enthält. Die Technik rühmen und die Industrie für das größte Agens der Befreiung der Menschen halten, ein Glaube, der den Kapitalisten und den Kommunisten gemein ist, war 1850 logisch, 1900 legitim, 1920 erklärlich, aber 1975 ist er skandalös. Heute werden wir gewahr, daß das Übel nicht allein in der Eigentumsregelung an den Produktionsmitteln liegt, sondern in der Art und Weise der Produktion selbst. Unmöglich natürlich, auf die Industrie zu verzichten; nicht unmöglich, aufzuhören, sie zu vergöttern und zu versuchen, ihren Verheerungen Schranken zu setzen. Abgesehen von ihren schädlichen ökologischen Folgen, die vielleicht irreparabel sind, birgt das Industriesystem soziale Gefahren, die niemand mehr ignoriert. Es ist unmenschlich und entmenschlicht alles, was es anrührt, von den »Herren der Maschinen« bis zu ihren »Dienern«, wie der Ökonom Perroux jene nennt, die in den Prozeß eingreifen: Eigentümer, Technokraten und Arbeiter. Gleich in welchem politischen System die moderne Industrie sich entwickelt, sie schafft automatisch unpersönliche Arbeitsstrukturen und nicht minder unpersönliche, unbarmherzige und mechanische menschliche Beziehungen. Diese Strukturen enthalten schon in Potenz, wie die Zelle den künftigen Organismus, den bürokratischen Staat mit seinen Verwaltern, seinen Moralisten, seinen Richtern, seinen Psychiatern und seinen Umerziehungslagern.

Von Anfang an hat der Marxismus für sich in Anspruch genommen, das Geheimnis der Gesetze der historischen Entwicklung zu kennen. In seiner ganzen Geschichte hat er auf diesen Anspruch nicht verzichtet, der sich bei den Schriftstellern aller Richtungen findet, in die er sich geteilt hat, von Bernstein bis Kautsky und von Lenin bis Mao. Trotzdem taucht in seinen Vorhersagen, die sich auf die Zukunft beziehen, nicht die Möglichkeit auf, die uns heute am bedrohlichsten erscheint und unmittelbar bevorstehen dürfte: der bürokratische Totalitarismus als Lösung der Krise der bürgerlichen Gesellschaft. Es gibt eine Ausnahme: die von Leo Trotzki. Ich erwähne sie – obgleich eine Schwalbe noch keinen Sommer macht –, weil der Fall pathetisch ist. Am Ende seines Lebens, in dem letzten Artikel, den er kurz vor seiner Ermordung schrieb, evozierte Trotzki – ohne fest daran zu glauben, eher beiläufig, so wie jemand, der einen Alptraum verscheucht – die Hypothese, daß die marxistische Vision der neueren Geschichte als dem Endsieg des Sozialismus ein schrecklicher Irrtum in der Perspektive sein könnte. Dann sagte er, daß beim Ausbleiben proletarischer Revolutionen im Westen während des Zweiten Weltkriegs oder unmittelbar danach die Krise des Kapitalismus gelöst werden würde durch das Auftreten totalitärer kollektivistischer Regime, für die in jenen Tagen (1939) Hitler-Deutschland und Rußland unter Stalin erste historische Beispiele waren. Später haben einige trotzkistische Gruppen (obgleich Dissidenten innerhalb der Richtung, wie jene, die *Socialisme ou Barbarie* veröffentlichte) ihre Analysen in die von Trotzki gewiesene Richtung gelenkt, doch es ist ihnen nicht gelungen, eine wahre marxistische Theorie des kollektivistischen Totalitarismus zu entwerfen. Das Haupthindernis für das rechte Verständnis des Phänomens ist, daß sie, wie ihr Lehrer, den Klassencharakter der Bürokratie nicht wahrhaben wollen.

Das Sonderbarste ist, daß Trotzki, um dem neuen Leviathan zu begegnen, nichts weiter einfiel, als ein Minimalprogramm zum Schutz der Arbeiter auszuarbeiten! Es ist aufschlußreich, daß er trotz seiner außerordentlichen Intelligenz zwei Umstände nicht berücksichtigte. Zunächst den Umstand, daß er selbst, mit seiner dogmatischen Intoleranz und seiner strengen Auffassung von der bolschewistischen Partei als dem Instrument der Geschichte, zur Errichtung des ersten bürokratischen Staates der Welt nach Kräften beigetragen hatte. Die Ironie wird beißender, wenn man sich erinnert, daß Lenin in seinem »Testament« Trotzki seinen Hang zur Bürokratie und seine Neigung vorwirft, die Probleme unter einem rein verwaltungstechnischen Gesichtspunkt zu betrachten. Der andere Umstand, den er ignorierte, ist das Mißverhältnis zwischen der Größe des Übels, das Trotzki sah – der kollektivistische Totalitarismus statt des Sozialismus –, und der Unangemessenheit des Mittels: ein minimales Aktionsprogramm. Welch seltsames Bild von Berufsrevolutionären: sie reduzieren die Weltgeschichte auf die Abfassung eines Manifestes und die Gründung eines Komitees. Die Bürokratie und die Apokalypse.

Der bürokratische Staat ist nicht das Monopol der sogenannten sozialistischen Länder. Es gab ihn in Deutschland, und es wird ihn anderswo geben können: die Industriegesellschaft zieht ihn nach sich. Es nehmen ihn vorweg die übernationalen Konzerne und andere Institutionen, die, wie der nordamerikanische CIA, Bestandteil der Demokratien des Westens sind. Aus diesen Gründen muß die Freiheit, wenn sie den bürokratischen Staat überleben soll, eine andere Alternative finden als jene, die die kapitalistischen Demokratien heute bieten. Die Schwäche dieser letzteren ist nicht physisch, sondern geistig: sie sind reicher und mächtiger als ihre totalitären Gegner, aber sie wissen nicht, was sie mit ihrer Macht und ihrem Überfluß anfangen sollen. Ohne Glauben an etwas, das nicht der sofortige Profit ist, haben sie ein übers andere Mal mit dem Verbrechen paktiert. Das ist es, was Solschenizyn gesagt hat – obgleich in der religiösen Sprache eines anderen Zeitalters –, und das ist es, was bei den Pharisäern Anstoß erregt hat. Ich möchte etwas hinzufügen, das er hätte sagen müssen, doch leider nicht gesagt hat: die Demokratien des Westens haben begünstigt und begünstigen alle großen und kleinen Tyrannen in den fünf Kontinenten.

Oft ist zu hören, daß Solschenizyn nichts Neues enthüllt habe. Das stimmt: wir alle wußten, daß es in der Sowjetunion Zwangsarbeitslager gibt, die Stätten der Vernichtung von Millionen Menschen waren. Das Neue ist, daß die meisten »Linksintellektuellen« schließlich zugegeben haben, daß das Paradies die Hölle war. Diese Rückkehr zur Vernunft verdankt man, fürchte ich, nicht so sehr dem Geist Solschenizyns wie der heilsamen Wirkung der Enthüllungen Chruschtschows. Sie glaubten auf Weisung hin und haben aufgehört, auf Weisung hin zu glauben. Vielleicht deshalb haben sehr wenige von ihnen, die wenigsten, das bißchen Mut gehabt, ihre Verirrung öffentlich zu analysieren und die Gründe zu nennen, die sie veranlaßten, so zu denken und zu handeln, wie sie es taten. Das Widerstreben, zuzugeben, daß man einen Irrtum begangen hat, ist so stark, daß eine von diesen verstockten Seelen, ein großer Dichter, sagte: »Wie sollte ich, ein Schriftsteller, mich nicht irren, wenn die Geschichte selbst sich geirrt hat?« Die Griechen und

die Azteken wußten, daß ihre Götter sündigten, doch die heutigen übertreffen sie: die Geschichte, diese fleischgewordene Idee, geht wie eine leichtlebige Matrone mit dem Erstbesten fremd, heiße er Tamerlan oder Stalin. Soweit ist es mit dem Marxismus gekommen, ein Denken, das als die »Kritik des Himmels« auftrat.
In einem Artikel, den ich dem Erscheinen des ersten Bandes von *Der Archipel* GULAG widmete (*Polvos de aquellos lodos* [Staub aus diesem Morast], in der Nummer 42 von *Plural*, März 1975), habe ich betont, daß der Respekt, den mir Solschenizyn einflößt, nicht Zustimmung zu seinen Ideen und Positionen impliziert. Ich billige seine Kritik am sowjetischen Regime und am Hedonismus, der Hypokrisie und dem kurzsichtigen Opportunismus der Demokratien des Westens; ich lehne ab seine simplizistische Idee der Geschichte als eines Kampfes zwischen zwei Imperien und zwei Richtungen. Solschenizyn hat nicht begriffen, daß das Jahrhundert der Desintegration und der Liquidierung des europäischen imperialen Systems auch das der Wiedergeburt der alten asiatischen Länder wie China und das der Geburt junger Nationen in Afrika und in anderen Teilen der Welt gewesen ist. Werden diese Bewegungen ein ungeheures historisches Fiasko erleiden, wie bisher Brasilien und die spanisch-amerikanischen Länder, die vor anderthalb Jahrhunderten aus der spanischen und portugiesischen Desintregation entstanden?
Solschenizyns Ignoranz ist gravierend, weil ihr wahrer Name Arroganz ist. Das ist übrigens eine echt russische Eigenschaft, wie alle wissen, die mit Schriftstellern und Intellektuellen dieser Nation verkehrt haben, seien es Dissidenten oder Anhänger der offiziellen Orthodoxie. Sie ist eines der großen russischen Geheimnisse, wie auch alle Leser Dostojewskis wissen: bei den Russen geht die

Arroganz einher mit Demut, die Brutalität mit Frömmigkeit, der Fanatismus mit größter geistiger Freiheit. Unempfindlichkeit und Blindheit eines großen Schriftstellers und eines großen Herzens: Solschenizyn, der Mutige und Mitleidige, hat eine gewisse, im weiteren Sinne des Wortes *imperiale* Gleichgültigkeit gegenüber den Leiden der vom Westen gedemütigten und unterworfenen Völker gezeigt. Höchst seltsam, daß er, der Freund und Zeuge der Freiheit, keine Sympathie für die Befreiungskämpfe dieser Völker empfunden hat.

Das Beispiel Vietnam veranschaulicht die Grenzen Solschenizyns. Die seinen und die seiner Kritiker. Die Gruppen, die, fast immer aus guten und legitimen Gründen, gegen die nordamerikanische Intervention in Indochina waren, bestritten zugleich etwas Unbestreitbares: der Konflikt war eine Episode im Kampf zwischen Washington und Moskau. Das nicht zu sehen – oder es nicht sehen zu wollen – hieß nicht zu sehen, was Solschenizyn und (auch) Mao sehr wohl gesehen haben: die nordamerikanische Niederlage ermuntert die sowjetischen Hegemoniebestrebungen in Asien und in Westeuropa. Dieselben Gruppen – Sozialisten, Anarchisten, Demokraten, liberale Antiimperialisten – denunzierten mit Recht die Immoralität und Korruption des Regimes von Südvietnam, doch sie sagten kein Wort über den wahren Charakter desjenigen, das Nordvietnam regiert. Ein glaubwürdiger Zeuge, Jean LaCouture, hat die Regierung Hanois als die stalinistischste der kommunistischen Welt bezeichnet. Ihr Chef, Ho Chi Minh, führte nach der Eroberung der Macht eine gegen die Trotzkisten und andere linke Dissidenten gerichtete blutige Säuberung durch. Die von der Gruppe, die Kambodscha regiert, angewandten grausamen Maßnahmen haben die Anhänger der Roten Khmer im Westen bestürzt und beschämt. All das beweist, daß die Linke Gefangene ihrer eigenen Ideologie ist; deshalb hat sie noch keinen Weg gefunden, den Imperialismus zu bekämpfen, ohne dem Totalitarismus Vorschub zu leisten, und umgekehrt. Aber auch Solschenizyn ist im ideologischen Netz gefangen: er sagte, daß der Krieg in Indochina ein imperialer Konflikt war, aber er sagte nicht, daß er auch und vor allem ein nationaler Befreiungskrieg war. Ebendas war es, was ihn legitimierte. Das ignorieren heißt nicht nur, die Vielschichtigkeit jeder historischen Realität ignorieren, sondern auch ihre menschliche und moralische Dimension. Der Manichäismus ist die Falle des Moralisten.

Solschenizyns Ansichten entkräften nicht sein Zeugnis. *Der Archipel* GULAG ist weder ein Buch politischer Philosophie noch eine soziologische Abhandlung. Sein Thema ist ein anderes: das Leiden des Menschen in seinen beiden Extremen, die Verworfenheit und der Heroismus. Nicht das Leiden, das die Natur, das Schicksal oder die Götter, sondern das andere Menschen dem Menschen bereiten. Das Thema ist so alt wie die menschliche Gesellschaft, wie die Urhorde und wie Kain. Es ist ein politisches, biologisches, psychologisches, philosophisches, religiöses Thema: das Leid. Noch niemand hat uns sagen können, warum es Leid in der Welt gibt und warum es Leid im Menschen gibt. Das Werk von Solschenizyn hat zwei Verdienste, beide sind sehr groß: das erste besteht darin, daß es der Bericht von etwas Erlebtem und Erlittenem ist; das zweite darin, daß es eine vollständige und bedrückende Enzyklopädie des politischen Schreckens im 20. Jahrhundert darstellt. Die zwei Bände, die bisher erschienen sind, sind eine Geographie und eine Anatomie des *Leids* unserer Epoche. Dieses Leid ist nicht die Melancholie noch die Trostlosigkeit, noch das *taedium vitae*, sondern ein Sadismus ohne Erotik: das sozialisierte und den Normen der Massenproduktion unterworfene Verbrechen. Ein Verbrechen, das so monoton ist wie eine endlose Vermehrung. Welche Epoche und welche Zivilisation haben ein Buch zu bieten, das dem von Solschenizyn oder den Berichten der Überlebenden der Konzentrationslager des Naziregimes gleichkommt? Unsere Zivilisation hat die Grenzen des Bösen erreicht (Hitler und Stalin), und diese Bücher enthüllen es. Darin besteht ihre Größe. Der Widerstand, den die Werke von Solschenizyn hervorgerufen haben, ist erklärlich: sie sind die Schilderung einer Wirklichkeit, deren bloße Existenz die vollständige, trostlose und überzeugende Widerlegung mehrerer Jahrhunderte utopischen Denkens, von Campanella bis Fourier und von Moro bis Marx ist. Außerdem sind sie die wahrheitsgetreue Beschreibung einer Gesellschaft, in der Millionen unserer Zeitgenossen – unter ihnen unzählige Schriftsteller, Wissenschaftler und Künstler – nicht weniger gesehen haben als die bewundernswerten Eigenschaften der Besten aller künftigen Welten. Was werden sie sich heute sagen, so sie es über sich bringen, mit sich ins Gericht zu gehen, die Verfasser dieser schwärmerischen Berichte von Reisen in die UdSSR (*Rückkehr aus der Zukunft* heißt einer von ihnen), dieser enthusiastischen Gedichte und dieser flammenden Reportagen über »das Vaterland des Sozialismus«?

Der Archipel GULAG hat die doppelte Form des Geschichtswerkes und des Katalogs. Geschichte der Entstehung, Entwicklung und Fortpflanzung eines Krebses, der in einem schwierigen Augenblick des Kampfes um die Macht als *taktische* Maßnahme begann und als soziale *Institution* endete, an deren zerstörerischer Funktion Millionen von Menschen beteiligt waren, die einen als Opfer, die anderen als Henker, Wächter und Komplizen. Katalog heißt hier: Verzeichnis der Grade – die auch Grade der Skala des Seins sind – zwischen Bestialität und Heiligkeit. Indem er uns vom Entstehen, den Fortschritten und Metamorphosen des totalitären Krebses berichtet, schreibt Solschenizyn ein Kapitel, vielleicht das schrecklichste, der allgemeinen Geschichte des kollektiven Kains; indem er uns die Fälle schildert, die er selbst erlebt hat, und jene, die ihm andere Augenzeugen – im biblischen Sinne des Ausdrucks – berichtet haben, gibt er uns ein Bild vom Menschen. Die Geschichte ist sozial; der Katalog individuell. Die Geschichte ist begrenzt: die Gesellschaftssysteme entstehen, entwickeln sich, verschwinden: sie sind vergänglich. Der Katalog ist nicht historisch: er hat nichts zu tun mit den Systemen, sondern mit der conditio humana. Die Verworfenheit und ihr Pendant, die Vision Jobs auf dem Schindanger, haben kein Ende.

Cambridge, Mass., 30. Oktober 1975

Vor einigen Jahren schrieb ich ein paar Seiten über Luis Buñuel. Ich gebe sie hier wieder: »Obgleich alle Künste, die abstraktesten nicht ausgeschlossen, den Ausdruck und die Wiedererschaffung des Menschen und seiner Konflikte zum letzten und allgemeinen Ziel haben, besitzt jede von ihnen besondere Mittel und Instrumente der Bezauberung und stellt so ein Gebiet für sich dar. Eine Sache ist die Musik, eine andere die Poesie, noch eine andere die Filmkunst. Doch manchmal gelingt es einem Künstler, die Grenzen seiner Kunst zu überschreiten; wir haben es dann mit einem Werk zu tun, das seine Äquivalente jenseits seiner Welt findet. Einige der Filme von Luis Buñuel – *Das Goldene Zeitalter, Die Vergessenen* – bringen uns, wiewohl sie Filmkunst bleiben, anderen Landschaften des Geistes näher: gewissen Stichen von Goya, einem Gedicht von Quevedo oder Péret, einer Passage von Sade, einem Nonsens von Valle-Inclán, einer Seite von Gómez de la Serna ... Diese Filme können goutiert und angesehen werden als Filmkunst und ebenso als etwas, das zur weiteren und freieren Welt dieser großartigen Werke gehört, die sowohl bezwecken, uns die menschliche Wirklichkeit zu enthüllen, als auch, uns einen Weg zu zeigen, über sie hinauszugehen. Trotz der Hindernisse, die die gegenwärtige Welt solchen Unternehmungen in den Weg legt, entfaltet sich der Versuch Buñuels unter dem doppelten Bogen der Schönheit und der Rebellion.

In *Nazarín* erzählt uns Buñuel in einem Stil, der alle Gefälligkeit meidet und jeden verdächtigen Lyrismus ablehnt, die Geschichte eines donquijotesken Priesters, den seine Auffassung vom Christentum schon bald zur Kirche, zur Gesellschaft und zur Polizei in Opposition bringt. Nazarín gehört, wie viele der Personen von Pérez Galdós, zur großen Tradition der spanischen ›Verrückten‹. Seine Tollheit besteht darin, daß er das Christentum ernst nimmt und gemäß seinen Evangelien zu leben versucht. Er ist ein Narr, der nicht wahrhaben will, daß, was wir Wirklichkeit nennen, die Wirklichkeit sei und nicht eine scheußliche Karikatur der wahren Wirklichkeit. Wie Don Quijote, der Dulcinea in einer Bäuerin sah, entdeckt Nazarín in den monströsen Gesichtszügen der Prostituierten Andra und des Buckligen Ujo das Bild der hilflosen, gefallenen Menschen; und in dem erotischen Delirium einer Hysterikerin, Beatriz, gewahrt er das entstellte Gesicht der göttlichen Liebe. Im Verlauf des Films – der reich ist an Szenen des besten und schrecklichsten Buñuel, jetzt mit einem Zorn, der verbissener und ebendaher explosiver ist – wohnen wir der *Heilung* des Narren, das heißt seiner Folter, bei. Alle weisen ihn ab: die Mächtigen und Zufriedenen, weil sie ihn als einen unbequemen und am Ende gefährlichen Menschen betrachten; die Opfer und die Verfolgten, weil sie eine andere und wirksamere Art von Trost brauchen. Nicht nur die bestehenden Mächte verfolgen ihn; er ist das Opfer der Zweideutigkeit. Wenn er um Almosen bittet, ist er ein unproduktiver Mensch; wenn er Arbeit sucht, sprengt er die Solidarität der Arbeitnehmer. Selbst die Gefühle der Frauen, die ihm folgen, Reinkarnationen der Maria Magdalena, erweisen sich am Ende als zweideutig. Im Gefängnis, in das ihn seine guten Werke gebracht haben, gelangt er zur letzten Erkenntnis: sowohl seine ›Güte‹, als auch die ›Schlechtigkeit‹ eines seiner Mitgefangenen, eines Mörders und Kirchenräubers, sind gleichermaßen unnütz in einer Welt, die als höchsten Wert die Effizienz verehrt.

Getreu der Tradition des ›verrückten‹ Spaniers von

Cervantes bis Galdós, erzählt uns der Film von Buñuel die Geschichte einer Desillusionierung. Für Don Quijote war die Illusion der ritterliche Geist; für Nazarín das Christentum. Aber es gibt da noch etwas. In dem Maße, wie das Bild von Christus in Nazaríns Bewußtsein verblaßt, taucht ein anderes auf: das des Menschen. Buñuel läßt uns durch eine Reihe von Episoden, die im guten Sinne des Wortes exemplarisch sind, an einem doppelten Vorgang teilnehmen: die Verflüchtigung der Illusion der Göttlichkeit und die Entdeckung der Wirklichkeit des Menschen. Das Übernatürliche weicht dem Wunderbaren: der menschlichen Natur und ihrer Mächte. Diese Entdeckung nimmt Gestalt an in zwei unvergeßlichen Augenblicken: als Nazarín der sterbenden Verliebten die *Tröstungen des Jenseits* anbietet und diese, an das Bild ihres Geliebten sich klammernd, mit einem wirklich erschütternden Ausspruch antwortet: *Himmel nein, Juan ja*; und am Schluß, als Nazarín das Almosen einer armen Frau zurückweist, um es nach kurzem Zögern doch anzunehmen – nicht mehr als Gabe, sondern als ein Zeichen von Brüderlichkeit. Der einsame Nazarín ist nicht länger allein: er hat Gott verloren, aber er hat die Menschen gefunden.«

Dieser kleine Text erschien in einem Prospekt zur Aufführung von *Nazarín* auf den Filmfestspielen in Cannes. Man fürchtete, nicht ohne Grund, daß irgendein Zweifel entstehe über den Sinn des Films, der nicht nur eine Kritik der gesellschaftlichen Wirklichkeit, sondern der christlichen Religion ist. Die Gefahr des Mißverständnisses, die alle Kunstwerke in sich bergen, war durch den Charakter des Romans, der Buñuel inspirierte, in diesem Fall größer. Das Thema von Pérez Galdós ist der alte Widerspruch zwischen dem Christentum der Evangelien und seinen kirchlichen und historischen Entstellungen.

Der Held des Buches ist ein rebellischer und erleuchteter Priester, ein wahrer Protestler: er verläßt die Kirche, aber behält Gott. Der Film von Buñuel will das Gegenteil zeigen: das Verschwinden der Gestalt Christus im Bewußtsein eines ehrlichen und reinen Gläubigen. In der Szene mit dem sterbenden Mädchen, die eine Transposition des *Dialogs zwischen einem Priester und einem Sterbenden* von Sade ist, bejaht die Frau den kostbaren und unwiederbringlichen Wert der irdischen Liebe: wenn es einen Himmel gibt, ist er hier und jetzt, im Augenblick der fleischlichen Umarmung, nicht in einem zeit- und körperlosen Jenseits. In der Gefängnisszene erscheint der kirchenschänderische Bandit als ein Mensch, der nicht minder absurd ist als der erleuchtete Priester. Die Verbrechen des ersteren sind geradeso illusorisch wie die Heiligkeit des letzteren: wenn es keinen Gott gibt, gibt es auch kein Sakrileg und keine Erlösung.
Nazarín ist nicht Buñuels bester Film, aber er ist typisch für die Dualität, die sein Werk regiert. Auf der einen Seite Grausamkeit und Lyrismus, eine Welt des Traums und des Blutes, die spontan an zwei andere große Spanier gemahnt: Quevedo und Goya. Auf der anderen Seite die Konzentriertheit eines keineswegs barocken Stils, der ihn zu einer Art erbitterter Nüchternheit führt. Die gerade Linie, nicht die surrealistische Arabeske. Rationale Strenge: jeder seiner Filme, von *Das Goldene Zeitalter* bis *Viridiana*, entwickelt sich wie eine Beweisführung. Die gewaltigste und freieste Imagination im Dienst eines Syllogismus, der schneidet wie ein Messer, der unumstößlich ist wie ein Fels: die Logik Buñuels ist die unerbittliche Vernunft des Marquis de Sade. Dieser Name erhellt die Beziehung zwischen Buñuel und dem Surrealismus: ohne diese Bewegung wäre er auf jeden Fall ein Dichter und ein Rebell gewesen; dank ihrer schärfte er

seine Waffen. Der Surrealismus, der ihm das Denken Sades entdeckte, war für Buñuel nicht eine Schule des Deliriums, sondern der Vernunft: seine Poesie, ohne aufzuhören Poesie zu sein, wurde Kritik. In den Grenzen der Kritik entfaltete das Delirium seine Flügel und zerfetzte sich mit den Nägeln die Brust. Ein Surrealismus der Stierkampfarena, aber auch ein kritischer Surrealismus: Der Stierkampf als philosophische Beweisführung.

In einem Haupttext der modernen Literatur, »Literatur als Stierkampf« (*Mannesalter*, 1. Kapitel), weist Michel Leiris darauf hin, daß seine Faszination durch den Stierkampf abhängig ist von der Verschmelzung von Gefahr und Stil: der *diestro*[1] – nie traf das Wort so genau – muß dem Angriff des Stiers begegnen, ohne die Haltung zu verlieren. Es ist wahr: um zu sterben und zu töten, sind die guten Manieren unerläßlich, zumindest wenn man wie ich glaubt, daß diese beiden biologischen Akte zugleich Riten, Zeremonien sind. Im Stierkampf erlangt die Gefahr die Würde der Form und diese die Wahrhaftigkeit des Todes. Der Torero schließt sich ein in einer Form, die sich auf das Risiko zu sterben hin öffnet. Es ist das, was wir im Spanischen *temple* nennen: Verwegenheit und musikalische Stimmung, Härte und Geschmeidigkeit. Der Stierkampf ist, wie die Photographie, eine Exposition, und Buñuels Stil ist, durch doppelte ästhetische und philosophische Wahl, der der *exposición. Exponere* heißt sich exponieren, sich einer Gefahr aussetzen. Auch heißt es ausstellen, zeigen und demonstrieren: enthüllen. Die Schilderungen Buñuels sind eine Ausstellung: sie enthüllen die mensch-

---

1 Zu Fuß fechtender Stierkämpfer, Matador; adjektivisch: geschickt, gewandt, flink, schlau, listig. *A. d. Ü.*

lichen Wirklichkeiten, indem sie sie, als wären es photographische Platten, dem Licht der Kritik aussetzen. Buñuels Stierkampf ist ein philosophischer Diskurs, und seine Filme sind das moderne Äquivalent des philosophischen Romans von Sade. Aber Sade war ein origineller Philosoph und ein mittelmäßiger Künstler: er wußte nicht, daß die Kunst, die den Rhythmus und die Litanei liebt, die Wiederholung ausschließt. Buñuel ist ein Künstler, und der Vorwurf, den man seinen Filmen machen könnte, ist nicht poetischer, sondern philosophischer Art.

Die Überlegung, die das ganze Werk von Sade leitet, kann auf folgenden Gedanken reduziert werden: der Mensch *ist* seine Instinkte, und der wahre Name für das, was wir Gott nennen, ist Angst und verstümmeltes Verlangen. Unsere Moral ist eine Kodifizierung der Aggression und der Erniedrigung; die Vernunft selbst ist bloßer Instinkt, der sich Instinkt weiß und der Angst hat, es zu sein. Sade wollte nicht beweisen, daß Gott nicht existiert: er setzte das voraus. Er wollte zeigen, wie die menschlichen Beziehungen in einer wirklich atheistischen Gesellschaft sein würden. Darin besteht seine Originalität und der einzigartige Charakter seines Versuchs. Der Archetyp einer Republik wirklich freier Menschen ist die *Gesellschaft der Freunde des Verbrechens*; der des wahren Philosophen der libertine Asket, dem es gelungen ist, Gleichmut zu erlangen, und der das Lachen und das Weinen gleichermaßen nicht kennt. Die Logik Sades ist total und rund: sie zerstört Gott, aber respektiert den Menschen nicht. Sein System kann viel Kritik hervorrufen, außer der der Inkohärenz. Seine Negation ist universal: wenn er etwas bejaht, ist es das Recht zu zerstören und zerstört zu werden. Die Kritik Buñuels hat eine Grenze: den Menschen. Alle unsere

Verbrechen sind die Verbrechen eines Phantasmas: Gott. Das Thema Buñuels ist nicht die Schuld des Menschen, sondern die Gottes. Dieser Gedanke, in allen seinen Filmen gegenwärtig, ist expliziter und direkter in *Das Goldene Zeitalter* und in *Viridiana*, die für mich, zusammen mit *Die Vergessenen*, seine reichsten und vollkommensten Schöpfungen sind. Wenn Buñuels Werk eine Kritik der Illusion von Gott ist, ein Zerrspiegel, der uns den Menschen nicht so sehen läßt, wie er ist, wie sind die Menschen dann *wirklich* und welchen Sinn mögen die Worte Liebe und Brüderlichkeit in einer *wahrhaft* atheistischen Gesellschaft haben?
Die Antwort Sades befriedigt Buñuel zweifellos nicht. Ich glaube auch nicht, daß er mit den Darstellungen zufrieden ist, die uns die philosophischen und politischen Utopien geben. Abgesehen davon, daß diese Prophetien nicht zu verwirklichen sind, wenigstens nicht heute, ist offenkundig, daß sie nicht dem entsprechen, was wir vom Menschen, seiner Geschichte und seiner Natur wissen. An eine atheistische Gesellschaft glauben, die von der natürlichen Harmonie regiert wird – ein Traum, den wir alle gehabt haben –, hieße heute, Pascals Wette wiederholen, nur umgekehrt. Mehr als ein Paradox, wäre es ein Akt der Verzweiflung: er würde unsere Bewunderung, nicht unsere Zustimmung finden. Ich weiß nicht, wie die Antwort hieße, die Buñuel auf diese Fragen geben könnte. Der Surrealismus, der so vieles negierte, war beflügelt von Generosität und vom Glauben. Unter seinen Ahnen finden sich nicht nur Sade und Lautréamont, sondern auch Fourier und Rousseau. Und vielleicht hat in diesem letzteren, wenigstens für Breton, die Bewegung ihren wahren Ursprung: Verherrlichung der Leidenschaft, grenzenloses Vertrauen in die natürlichen Fähigkeiten des Menschen. Ich weiß nicht, ob

Buñuel Sade näher ist oder Rousseau; eher ist anzunehmen, daß beide in seinem Innern miteinander im Streit liegen. Welche Anschauungen er darüber immer haben mag, gewiß ist, daß in seinen Filmen weder die Antwort Sades noch die Rousseaus erscheint. Zurückhaltung, Scheu oder Geringschätzung – sein Schweigen ist beunruhigend. Es ist es nicht nur, weil er einer der großen Künstler unserer Zeit ist, sondern weil es das Schweigen der ganzen Kunst dieser ersten Jahrhunderthälfte ist. Nach Sade hat, soviel ich weiß, niemand gewagt, eine atheistische Gesellschaft zu beschreiben. Im Werk unserer Zeitgenossen fehlt etwas: nicht Gott, sondern die Menschen ohne Gott.

und dieses vielgestaltigen Autors. Einzelne Stränge lassen sich deutlich in dem Lianengewirr erkennen: ein anthropologisch-historischer, ein politisch-soziologischer, ein kunst-literaturkritischer. Das Eigentümliche dieses gewaltigen Gedankengebäudes läßt sich in das Paradoxon fassen: Paz streckt seine mexicanische Wurzel in den allgemeinen Weltgrund hinab: die »universale Korrespondenz der Gegensätze« ist sein Denkprinzip: das Eigene und das Fremde, die Region und der Kosmos, das Detail und das Ganze, das Besondere und das Allgemeine sind die zwei Hälften der einen Wahrheit und Wirklichkeit seines Werkes.

Es soll eigens erwähnt werden, daß an dieser Stelle keine bio-bibliographischen Daten ausgestreut werden. Die Bände Octavio Paz: *Das Labyrinth der Einsamkeit* und *Gedichte* dieses Verlages geben darüber eine erste Auskunft. Vielmehr soll hier versucht werden, den Hintergrund einiger wichtiger Züge des Pazschen Werkes aufzuzeigen durch Hinweise auf Einordnung, Vertiefung, Deutung seiner Weltsicht, die den äußersten Westen wie den äußersten Osten – zwischen Mexico und Japan – und die Alte Welt Europa umspannt. Die in dieser Hinsicht ausgewählten Texte gehorchen einer rein thematischen Ordnung.

In dem einleitenden Kurz-Essay »Primitive und Barbaren: Coátlicue« betrachtet Paz aus moderner Sichtweise die Kunst des alten Mexico, den einen Strang seiner triadischen Wurzel; die beiden anderen sind das Frankreich des Surrealismus und des Strukturalismus sowie das hinduistische und buddhistische Asien. – Nach Paz sind die ›Primitiven‹ nicht primitiv, was die Surrealisten geahnt und Lévi-Strauss im *Wilden Denken* nachgewiesen hat. Grundlegend für diese Betrachtung ist die Plurivalenz der Zeit – ein zentrales Problem in der ›poetischen Anthropologie‹ des Octavio Paz. – Seit den Werken des Religionsethnologen Mircea Eliade weiß man, daß die Zeit, als tiefste Dimension des Menschen, verschiedenartig erfahrbar ist. Der religiöse, insbesondere der archaische Mensch, erlebt sie als Zyklus, der profane, insbesondere der moderne, als Gerade. Die Zeit des ›Primitiven‹ ist von ewiger, mythischer Gegenwart. Sein Bewußtsein ist vorwiegend durch den Raum konstituiert. Nach dem strukturalistischen Prinzip der Binarität ist die Zeit des ›Primitiven‹ ›geschlossen‹, die des modernen ›offen‹ – so das zentrale Oppositionspaar im *Labyrinth der Einsamkeit.* Das Barbarische dagegen ist nicht an das Archaikum gebunden, sondern kommt auch in modernen Zeiten vor: als ›Kunst des Nebeneinander‹ in der Collage der Kubisten, an denen Paz früh Interesse fand, oder in manchen Kunst-Werken Mesoamerikas, zum Beispiel in der hier besprochenen Coátlicue, der Erdmutter Mexicos, die die Ausdruckskraft des Weglassens nicht kennt, das alle echte Kunst auszeichnet. Die Kunst des ›Primitiven‹ integriert jedoch, nach Paz, Allheit und Einheit.

Den Essay »Quetzalcóatl und Tonantzín« hat der schriftstellernde Kosmopolit in England geschrieben. In französischer Übersetzung wurde er Vorwort zu dem ethno-historischen Werk Jacques Lafayes *Quetzalcóatl et Guadalupe.* Dort beschreibt Paz den jahrhundertelangen Kampf der Mexicaner um Rechtmäßigkeit und Selbstfindung, wie er sich in den beiden Mythengestalten spiegelt. Nach Paul Diehl wird die Geschichte einer Kultur durch die Bildung von Mythen, deren Dogmatisierung und schließlichen Zerstörung oder Erhaltung bestimmt. Für das Verständnis des Pazschen Werkes ist besonders Lafayes Erkenntnis aufschlußreich: Nicht der geographische, sondern der sakrale, mythische Raum hat das moderne Mexico geformt. Die Untersuchung zeigt, wie sehr die beiden Mythen durch Neubelebung des kreativen Kollektiv-Gedächtnisses und durch Symbol-Kommunikation, wie Roger Bastide sagen würde, zur Bildung des mexicanischen Volkes beigetragen haben. Durch Substitution und Reinterpretation alter Mythen in einer gemischten Gesellschaft entstehen synkretistische Lebensformen: in Paz' Heimat Mexico konnte ein so charismatischer Geist wie José Vasconcelos in seiner *Raza cósmica* den Mestizismus zum Ideal der lateinamerikanischen Völker erheben. Für das vielschichtige Psychogramm Mexicos, an dem Paz seit dem »Labyrinth« arbeitet, ist die unleugbare Tatsache der Existenz zweier Mexico, des mythisch-indigenen und des katholisch-hispanischen, wichtig. Letzteres spaltet sich wiederum in ein orthodoxes und ein heterodoxes: unter diesem Dilemma leiden alle Iberoamerikaner: die Mythen zweier abgrundverschiedener Welten zu ›negieren‹, um die einer dritten, einer ›anderen‹ zu ›erfinden‹.

»Die Rückseite des Lachens« enthält eine kunstphilosophische Betrachtung über die lachenden Totonakenfiguren, wie sie am Golf von Mexico gefunden worden sind. Sie haben eine Besonderheit: Während die altmexicanische Plastik, nach Paul Westheim, fast durchweg »schrecklich und erhaben« zugleich ist, kann man an ihnen nichts von dieser hieratisch strengen, sakralen vorspanischen Kunst entdecken. Für Paz werden die geheimnisvollen Gestalten Ausgangspunkt einer kleinen Philosophie des Lachens, des Spiels und – seines Gegensatzes – der Arbeit. Der Dialektiker und Strukturalist Paz ist in seinem Element: Streiflichter auf die Metaphysik des homo ridens führen in die Ausweitung der Spieltheorie, wie sie Johan Huizinga und Roger Caillois so grundlegend dargestellt haben. Spiel als plurivalentes Verhalten ist Ursprung von Poesie, Musik, Religion. Durch seine dualistische Struktur ist es die Antithese zu Vernunft, Pflicht, Arbeit. Nach Paz führt das Spiel zum Ritus und schließlich zum Opfer: das mexicanische Ballspiel, als Metapher kosmischer Vorgänge, und das Menschenopfer, als höchste Kultform, in der Spiel und Ernst eins werden, sind echt mexicanische Mysterien, an deren Sinn wir immer wieder herumrätseln.

Der Text »Der indiskrete Spiegel« reiht sich in die ständige Invektive des Mexicaners gegen den ›Koloß im Norden‹ ein. Sie gehört in das große Thema des Subkontinents, zu dem Paz im »Labyrinth« einen bedeutenden Beitrag geleistet hat. Mexico – USA, das ist die brennende, quälende Antithese, das Mißverhältnis zwischen dem Habenichts und dem Geschäftemacher, das ist die mexicanische Haß-Liebe gegenüber den aufdringlichen Sirenengesängen des ›American Way of Life‹, das ist die einst berühmte Kontroverse ›Idealismus gegen Utilitarismus‹, wie sie J. Enrique Rodó im *Ariel* so nachhaltig formuliert hat. Doch Paz, häufiger Gast der USA, weiß sicher, daß auch Emerson und Thoreau Bürger jenes Landes waren. – Den Minderwertigkeitskomplex des Mexicaners, der auch in diesem Essay durchschlägt, hat Paz' großer Vorgänger Samuel Ramos in seinem klaren *Perfil del hombre y la cultura en México* erkannt und aufzulösen versucht: »Wir sind nicht minderwertig, wir fühlen uns minderwertig.«

Ein Mann des äußersten Westens vom geistigen Format und der Sensibilität eines Octavio Paz, der durch einen diplomatischen Auftrag die Chance hat, mehrere Jahre in Indien zu verbringen, wird nicht versäumen, sich mit dem großen Erbe dieses Subkontinents auseinanderzusetzen, in dem, nach dem Zeugnis Hermann Kayserlings – eines deutschen Wanderers durch die ›Welt der rotierenden Zeichen‹ –, »der Mensch seine tiefsten Gedanken gedacht hat«. – Paz' Asienerlebnis in wenigen Zeilen darstellen zu wollen muß ein aphoristisches Bruchstück bleiben –. In der Tat wurden seine Aufenthalte in Asien (1952 und 1962-68) zu Entdeckungsreisen in eine jedem selbstherrlichen Abendländer verschlossene Welt. Als Mexicaner hatte er sich den Zugang zu archaischen, mythischen, archetypischen Seelenschichten offengehalten und im Fernen Osten erkannt, daß über weite Räume und Zeiten hinweg ›correspondencias‹ mit anderen Kulturen bestehen. Die Synthese von Orient und Okzident, seit dem 18. Jahrhundert ein Wunschtraum des europäischen Exotismus, hat sich über die universale Sprache der Kunst im Brennspiegel seines Denkens vollzogen. In dem mystischen Bewußtsein, daß nur völlige Hingabe die Tore zu fremden Welten öffnet, konnte er kein unbeteiligter Beobachter bleiben. Durch die Anverwandlung wurden ihm in jenen Breiten die Mängel unseres antik-christlichen Weltbildes deutlich: »Eine frühere Begegnung mit dem Buddhismus hätte uns die Kraft des Schweigens und der Entsagung lehren können.« Die vom Rationalismus verschütteten esoterischen Weisheiten der deutschen Mystiker und der deutschen Romantiker, die Paz immer wieder zitiert, sowie die der französischen Symbolisten, kamen erst durch den Surrealismus wieder ans Licht: Ein gewaltiger ›Austausch von Zeichen‹ fand statt. – Vereinfachend kann man Paz' Asienerlebnis so zusammenfassen: Im Sinne einer ›Culture universelle‹ und eines ›Planetarischen Humanismus‹, wie sie von Grousset, Teilhard de Chardin, Senghor im

Westen, von Tagore, Radhakrishnan und Sri Aurobindo im Osten vertreten werden, ist es für die hispanische Welt eine besondere Chance, in dem Mexicaner Octavio Paz einen Wegbereiter in eine Welt zu haben, die ihr durch die Vorherrschaft von Logos und Dogma so lange verschlossen war. Der äußerste Westler suchte den äußersten Osten: Der Indio ging nach Indien.

Die Erotik des mittelalterlichen Christentums war durch eine dualistische Haltung geprägt, die sich einerseits in Verdrängung der Sexualität, andererseits in der Idealisierung des Weiblichen während der Troubadourzeit äußerte. Unser Verhältnis zum Leib, sagt der Indologe Heinrich Zimmer, ist durch zwei Jahrtausende der Herrschaft des Logos (nicht des Lotos!) polarisiert worden: Männlich und weiblich wurden zu Gegensätzen, während sie im Taoismus und Tantrismus, aber auch bei Plato, Böhme, Goethe, Hegel komplementäre Facetten derselben Ganzheit waren. Für Paz, wie für die Surrealisten, die in ›correspondencia‹ mit der östlichen Liebesmystik standen, ist die erotische Vereinigung eine gelebte Metapher der Einswerdung des Individuums mit der Totalität: »Der Körper ist der Weg zum Jetzt, in dem Leben und Tod die beiden Hälften derselben Sphäre sind.« Wie bei Breton, wurde bei Paz der existentielle Konflikt zwischen Bindung und Trennung, zwischen Solidaridad und Soledad, zum Urprinzip des Daseins. Die zur Zeit der Romantik den Europäern bekanntgewordenen Upanishaden und die Bhagavad-Gita sind auch für Paz eine Offenbarung der Tiefe östlicher Weltsicht geworden.

Erotik und Alchimie gehören in Asien seit alters zu den Wissenschaften vom Menschen. Die Erkenntnis, daß die vorwiegend kausale Denkform des Abendländers nur einen Teil der Wirklichkeit, und zwar den quantitativ erfahrbaren, erschlossen hat, ließ Paz zu östlichen Quellen der Erkenntnis pilgern. Die Rückkehr zum analogischen Denken, wie er es bei den ›Primitiven‹ fand, das aber auch in Rimbauds »Alchimie du Verbe« und bei Mallarmé wiedererstanden war, wurde ein Schlüssel zur ›anderen Seite‹ des Universums. Für die Alchimisten gilt die tiefe Weisheit, daß Erkenntnis nur durch Veränderung des Bewußtseins möglich ist. Nur so kann die Kluft zwischen Himmel und Erde, zwischen Geist und Stoff überbrückt werden. C. G. Jung hat im *Mysterium coniunctionis* bekannt, daß die Alchimie in lebendiger Beziehung zu den neuesten Erkenntnissen der Psychologie des Unbewußten stehe. Die Pazsche Dialektik in *Conjunciones y Disyunciones*, seinem großen Essay über Körper und Nicht-Körper in Orient und Okzident, wird erst in diesem Rahmen verständlich.

In »Person und Prinzip in Indien« und »Der Befreite und die Befreier« wagt sich Paz an solche sozialpsychologischen Fragen, die sich einem westlichen Betrachter in Indien aufdrängen. Als besonderes Kennzeichen der indischen Gesellschaft gelten die Kasten. Über deren Wesen macht der Indienkenner Glasenapp folgende zunächst schockierende Aussage: »Die Indischen Kasten beruhen nicht auf Ungleichheit. Der Mißbrauch dieses Systems ist kein genügender Grund, das System selber zu beseitigen.« Ist das finsterer Konservatismus? – Paz, der aus einem Weltteil kommt, in dem die meisten Menschen noch nicht frei leben können – die im 19. Jahrhundert de jure abgeschaffte Sklavenherrschaft vermochte die Indios nicht ganz aus ihrer ökonomisch-sozialen Abhängigkeit von Haciendero und Caudillo zu befreien – sieht auch hier Analogien: Der Inder – wie der Indio – ist ein homo collectivus. Für ihn ist die Gesamtheit wichtiger als der einzelne. Wie hätte auch eine Weltsicht, die seit Jahrtausenden auf die Verdrängung des Ich-Triebs zielt und für die alles Sichtbare nur Illusion – Maya – ist, den Typus des homo individualis hervorbringen können? Die göttliche Ordnung – Dharma – hat jedem seinen Platz zugewiesen. Goethes »Höchstes Glück der Erdenkinder ist nur die Persönlichkeit«, bleibt dort, auch nach Gandhi, unverstanden. Die Kasten sind für den Inder hierarchische Abbilder kosmischer Ordnungen. Im Unterschied zu den ökonomisch begründeten Klassen des Westens stehen die Kasten Indiens in keinem oppositiven, sondern in einem komplementären Verhältnis zueinander: Der an Wiederverkörperung glaubende Hindu weiß, daß die Natur das Gleichgewicht nach diesem Leben wieder herstellen wird. Ein ›Prinzip Hoffnung‹ besteht auch im Karma. Trotz aller Hierarchie kennt die indische Welt den heraklitischen Fluß der Dinge: Unveränderlich ist nur Atman, der alles durchwebende Weltgeist, mit dem das erleuchtete Subjekt eins wird. – In das Pazsche *Labyrinth der Einsamkeit* kann der Inder nicht hinabfallen: die Kaste hält ihn.

Paz' ›asiatische Texte‹ sind allenthalben vom Erkenntnismodus der Negation durchtränkt. Hegel und Nagarjuna begegnen sich in ihm. Während die westliche Weltbetrachtung im wesentlichen vom affirmativen Denken bestimmt war, blieb die östliche lange durch das negative Denken bestimmt. Das Sein wird dort vom Nicht-Sein her betrachtet. Über die via negationis haben viele große buddhistische Dialektiker den transzendenten Urgrund der Wirklichkeit gesucht und so den Dualismus des Diesseits überwunden. Nach Graf Dürckheim, einem Mittler zwischen Okzident und Orient, ist die Erkenntnis des Seins die mystische Erfahrung der coincidentia oppositorum, in der jeder Gegensatz von Ich und Du aufgehoben ist. Die Vereinigung mit dem Weltgeist, deren Meta-

pher nach Paz die Liebesvereinigung im Sinne des Maithuna der Inder ist, wie sie in der dortigen Kunst der Tempelplastik und der Buchminiatur zum Ausdruck kommt, ist letztlich etwas, das nur noch durch ›Schweigen‹ definiert werden kann.
Der ›Japanische Moment‹ in Paz' Asienerlebnis ist durch die Begegnung mit neuen, ›exotischen‹ Zeichen geprägt: mit dem No-Spiel, dem Genji-Roman, dem Haiku. Diese Dichtform aus 17 Silben ist eine Frucht der Zen-Meditation, die in Matsuo Basho einen einzigartigen Vertreter, den »Sänger der schönen Erde«, wie D. T. Suzuki ihn nennt, gefunden hat. Der nipponbegeisterte Mexicaner übersetzt mit E. Hayashija Bashos schönstes Reisebuch *Sendas de Oku* und vermerkt einige Gedankensplitter über die bezaubernde lyrische Kleinform: Diese leuchtenden Sternschnuppen sind »Eroberungen des Augenblicks«, und zugleich »Verdrängungen des Augenblicks«. Trotz frappierender Schlichtheit und bestechender Kürze erlauben sie tiefe, überraschungsreiche Einblicke in die japanische Sensibilität. ›Viel sagen und wenig reden‹ ist ihre poetische Essenz. Sie leben ganz von Vision, Allusion, Suggestion. Ihr Schöpfer muß sich im Alltag verlieren, um das Wunder zu erfahren. Er muß eine Reise durch die Welt und zu sich selbst antreten, wie Basho – und Paz – schauend durch Japan gereist sind. Im Sinne der alle Kulturen, Völker, Zeiten verbindenden ›correspondencias‹ steht die spirituelle Welt des Haiku unter dem ›sanften Gesetz‹ der Weisheit und Erleuchtung: Satori.
In dem Essay »Sexualität und Erotik« versucht Paz die Grenzen zwischen dem Animalischen und Humanen abzustecken. Seine Unterscheidungskriterien sind allerdings nicht die des induktiv und empirisch arbeitenden Wissenschaftlers, sondern die des deduktiv und assozia-

tiv argumentierenden Essayisten, der sich der Mittel surrealistischer Rhetorik zu bedienen weiß. Sicherlich wollen diese wenigen Schlaglichter kein Beitrag zur Metaphysik der Erotik sein, die von Platon bis Freud, Bataille, Miller und Fromm eine ebenso weite Ausfächerung, vom Sexus über den Eros bis zur Agape, wie auch Tiefe erfahren hat. Einige Aperçus mit eingestreuten Fakten zur Verhaltungsforschung sollen das neue Weltphänomen Sex orten.

In dem Paralleltext »Erotik und Gastrosophie« greift Paz auf den romantischen Utopisten Fourier, eine Entdeckung der Surrealisten, zurück, in dessen *Harmonia* die Moral abgeschafft ist und der Mensch völlig ›frei‹ lebt. Von diesem Modell angeregt, vergleicht Paz die sinnlichen Künste des Sexus und des Gustus mit ihren Entsprechungen in der mexicanischen und der nordamerikanischen Wirklichkeit. Die Gastrosophie, als Weisheit des Magens, wird auf strukturale Weise zur kulinarischen Ethnographie. Man denkt an Lévi-Strauss' *Das Rohe und das Gekochte*. Mit dem weltberühmten Strukturalisten hat Paz sich eigens in seinem Buch *Claude Lévi-Strauss o el nuevo Festín de Esopo* kritisch auseinandergesetzt. – Während beim Mexicaner die ›Kommunion‹ – ein anderes Schlüsselwort des Pazschen Zeichenkosmos – Motiv und Modus des Essens ist, dient es dem Nordamerikaner lediglich zur Erhaltung der Gesundheit. Für den struktural denkenden Poeten Paz entsprechen den verschiedenartigen Prinzipien auch die verschiedenartigen Ingredienzen: hier die Gewürze und deren psychisches Korrelat, die Extroversion, dort die nüchterne, unvermischte Speise und die Introversion. Lust und Nüchternheit, Emotio und Ratio, werden zu Symbolen gegensätzlicher Gesellschaftsformen. Das puritanische Postulat der Separation und Exklusion als Prinzipien in den Tischsitten wird bei Paz zum Homologon des nordamerikanischen Rassismus.

In der Geschichte der sinnlichen Leidenschaften gibt es helle und dunkle Gestalten. Letztere findet man vorwiegend in einem bestimmten Raum und in einer bestimmten Zeit: Casanova, Cagliostro, Bretonne und Sade leben im Italien und Frankreich des 18. Jahrhunderts. Ihr Nährboden ist das aus der Renaissance erwachsene sensualistische Lebensgefühl, das den (einst sündigen) Körper zu rehabilitieren begann. Trotz aller Herrschaft der Vernunft blühten in jener Epoche die okkulten Wissenschaften Astrologie, Alchimie, Kabbala, Magie im Untergrund weiter und verliehen ihren Adepten eine interessante Aura. Die absolute Exzentrik der Figur Sade mag es auch gewesen sein, die Paz faszinierte. Schon Freud und die Surrealisten hatten großes Interesse an diesem ›negativen Phänomen‹ gefunden. Als Außenseiter, Monomane, Narziß, Psychopath hat Sade die Phantasie aller Irrationalisten angeregt, um so mehr als man wußte, daß er seine großen Perversionen zumeist auf dem Papier vollbrachte. Bedeutet er die Rache am christlichen Spiritualismus? An Ordnung, Norm und Form? Die böse Leidenschaft der Zerstörung der Welt Gottes? – Der Mexicaner Octavio Paz trifft sich mit dem Italiener Mario Praz – ›die Zeichen rotieren‹ – in der Meinung: Jede Schwarze Romantik wird sich im Bild dieses Luzifer wiedererkennen.

Die beiden religionsphilosophischen Essays »Atheismen« und »Nihilismus und Dialektik« kreisen um die abgegriffene Parole »Gott ist tot«. War sie mehr als ein Spiel mit dem antiken Analogon »Der große Pan ist tot«? Sie ist jedenfalls eine paradoxe Metapher: nach Karl Barth kann man über Gott nicht reden und nach Ludwig Wittgenstein sollte man schweigen über das, worüber man nicht sprechen kann. Der trunkene Visionär Nietzsche war weder Philosoph noch Theologe, sondern, wie Paz, ein Dichter. Ihrer beiden Essays liefern keine Gegenbeweise. Der rhetorische Glanz und die ›labyrinthische Einsamkeit‹ des Höhenwandlers hat auch Paz und zahlreiche andere Geister der hispanischen Welt bewegt, wie Udo Rukser nachweist. – In den beiden Texten stellt Paz die verschiedenen Formen des Atheismus und Nihilismus vor, aus denen zuletzt der homo technicus deduziert wird, eine Mischung aus Prometheus und Sancho Panza. Rodó hätte gesagt: aus ›Prometheus‹ und ›Caliban‹. Fazit des Essays: Für Paz bleibt, wie er selbst in diesem Text bekennt, nicht die Philosophie, sondern die Liebe, nicht die Religion, sondern die Kunst die wahre Botschaft. Nichtsahnend ›konjungiert‹ er mit dem ›Planeten‹ Goethe: »Wer Kunst hat, hat auch Religion«.

In dem Text »Zweierlei Vernunft« werden zugleich zweierlei Welten vorgestellt: Sartre und Ortega zu begegnen war für den Zeichensucher und -schöpfer Paz ein logischer Zwang. Sein struktural geübter Blick für Gleiches, Ähnliches, Entsprechendes, Ergänzendes, Gegensätzliches, Mehrdeutiges, Widersprüchliches mußte auf deren Spuren stoßen. Und es gibt tatsächlich Schnittpunkte im Leben dieser drei Literaten des Engagements, dieser Propheten weitwirkender politischer und sozialer Erdstöße. Der Kastilier Ortega ist der sensitive, welttrunkene, bildersüchtige Intellektuelle, der es, nach Franz Niedermeyer, meisterhaft versteht, »aus Kleinem Großes abzuleiten«. Der Franzose Sartre, wie Ortega der deutschen Phänomenologie verpflichtet, ist der kompromißlose Humanist, der Revolutionär jakobinischer Tradition, der Mann der Aktion – nicht der Reflexion wie Ortega –, sei es auf der Bühne, im Café oder auf der politischen Agora. Im Sinne der ›correspondencias‹ ist Paz auch diesen beiden Zeichenschöpfern verpflichtet: Sartresche Aktion und Ortegische Kontemplation ›rotieren‹ im Pazschen Zeichen-Kosmos.

Die folgenden Parallel-Essays über ›Ausnahme‹ und ›Regel‹ handeln von einem sozialpsychologischen Thema: Jean Genet – oder die Ambivalenz der Werte, die Paz schon an der Figur Sade erkannt hatte, sowie von einem literatursoziologischen, der alten Frage nach der Funktion der Literatur. Genet, der in die Tradition der ›poètes maudits‹ von Villon bis Verlaine gehört, hat als existentielle Figur die besondere Aufmerksamkeit, Protektion und Publikation durch Sartre in *Saint Genet, Comédien et Martyr* gefunden. Max Bense, der Genets *Tagebuch eines Diebes* in die Nähe Kierkegaardschen Bekennermuts stellt, versucht eine sozio-existentielle Interpretation: Sein Anderssein als Krimineller und Päderast trieb Genet in die Exhibition seines Innersten. Verworfenheit und Heiligkeit haben für Sartre denselben Ursprung. (Im Lateinischen bedeutet sacer: heilig und verflucht.) Aber Paz sieht die Ambivalenz der Zeichen: »Genet wählt das Böse und wird zum Heiligen« – Ist die Moral für die Kunst zuständig? – Wer löst es, das uralte Problem?

Das ›Warum?‹ allen Schreibens fand durch die Zeiten hindurch verschiedenartige Antworten: Für Aristoteles war die Mimesis, für Mallarmé die Autonomie, für Dilthey das Erlebnis, für Lukács die Widerspiegelung das zentrale Motiv aller Literatur. Für Sartre ist das Schreiben Ausdruck des Mangels: »Wir schreiben, weil wir nicht leben können, wie wir möchten.« Braucht der Mensch demnach die Illusion? Für Paz ist Schreiben, also auch Dichten, ein »Mittel gegen das Schweigen der Natur und der Geschichte: Leben impliziert Sprechen.

Die vollkommenste Form des Sprechens ist die Poesie.« – Das Phänomen des Dichterischen hat Paz in seiner summa poeticae, in *El arco y la lira,* in einzigartiger Weise eingefangen.

Der Leser muß diesen Text weiterdenken: das ›affirmative‹ Schreiben hemmte den gesellschaftlichen Fortschritt, wie Dieter Wellershoff bestätigt. »Die wahre Literatur muß sich gegen die etablierten Schemata richten. Sie muß sie ›negieren‹, weil alle Normen einen heimlichen Authentizitätsverlust erleiden, der in der Nachahmung kenntlich wird.« Schreiben wird so zu einem dualistischen Prozeß: Zerstören und Bewahren. Die Zeichen sind in ständiger Verwandlung: die Metamorphose ist ein Lebensprinzip.

Der Essay »Der Schlußpunkt« erlaubt einen flüchtigen Einblick in Paz' politisches Bekenntnis: Wie viele Surrealisten, stand auch er in jungen Jahren dem Kommunismus nahe. Im Spanischen Bürgerkrieg kämpfte er mit Miguel Hernandez (der von ihm besonders geschätzte Dichter kam in den Franco-Gefängnissen um), Rafael Alberti, Luis Buñuel, Cesar Vallejo, Luis Cernuda, Pablo Neruda auf der republikanischen Seite. Wenige Jahre später brach er jäh mit dem Stalinismus, um fürderhin eine kritische Haltung gegen die beiden extremen Weltideologien einzunehmen: An der marxistischen Auffassung, die Kultur sei nichts als ein Abbild der gesellschaftlichen Produktionsverhältnisse, hegt er tiefen Zweifel. Als überzeugter Universalist und entschiedener Individualist (das sind keine Gegensätze!), sieht er »vieles, das im kommunistischen System keinen Platz hat: Kunst, Leidenschaft, alles, was einmalig ist«. Am kapitalistischen Westen dagegen rügt er den rücksichtslosen ökonomischen Imperialismus, die Vernachlässigung der Lebensqualität, das nie verwirklichte Christentum.

In »Eine Form auf der Suche nach sich selbst« skizziert Paz in groben Zügen die zentrale wissenschaftstheoretische Problematik der Gegenwart: Der Essay zeigt sein Interesse an Denkmodellen, in denen biologische, soziologische, linguistische und künstlerische Sichtweisen konvergieren. Insbesondere orientiert er sich am Anthropologischen Strukturalismus Lévi-Strauss', der die Wirklichkeit als ein System von synchronen Beziehungen sieht. Man denkt an die Pazschen ›correspondencias‹. Diese ahistorische Denkweise, von Saussure in die Linguistik eingeführt, wird bei Paz Ausgangspunkt einer neuen Synthese der Natur- und Geisteswissenschaften. Ihre Einheit war durch die Vorherrschaft des cartesianischen Dualismus und des darwinistischen Evolutionismus zerfallen. Fast unbemerkt aber war sie schon seit dem Monismus Spinozas und Goethes ebenso monistischem, eidetischem Konzept der ›Urpflanze‹ wiedererstanden und sollte in der Anthroposophie Rudolf Steiners, in der aperspektivischen Weltschau Jean Gebsers und in der ganzheitlichen Naturbetrachtung Adolf Portmanns ihre Fortsetzung erfahren: Die phänomenologische und die analogische Denkform brachte Mikroeinheiten wie Zelle, Gruppe, Wort, Kadenz, Motiv sowie die Urbausteine des Alls: Atom, Gen, Sem miteinander in Beziehung. Natur und Geist, die seit dem Rationalismus tief gespalten waren, drängten zur Versöhnung.
In dem Essay »Der Schriftsteller und die Politik« schlägt Paz ein für die lateinamerikanische Welt und für ihn selbst brisantes Thema an: Seit Platons Auseinandersetzung mit dem sizilischen Tyrannen Dionys stehen engagierte Schriftsteller, Philosophen, Intellektuelle in einem dialektischen Verhältnis zu den politischen Machthabern, die ihre Dissidenten mit Zensur, Gefängnis, Exil verfolgen. In Lateinamerika ist seit dem cubanischen

Freiheitskämpfer Martí, dem Uruguayer Ästheten Rodó, dem peruanischen Soziologen Mariátegui, dem Maya-Erzähler Asturias und dem chilenischen Lyriker Neruda die Kette der großen Engagierten nicht mehr abgerissen: Aus dem ›J'accuse‹ französischer Tradition hat sich ›Das Wort als Waffe‹ entwickelt. Iberoamerikas engagierte Schriftsteller haben an zwei Fronten zu kämpfen: Nach außen gegen den Kolonialismus der USA, nach innen gegen den Feudalismus europäischer Herkunft. Der Wohlstand der Wenigen und das Elend der Vielen ist die unvermeidliche Kulisse aller literarischen Auseinandersetzungen auf dem Subkontinent. – Paz legt in diesem Text ein literaturpolitisches Bekenntnis ab: »Als Staatsbürger bin ich Anhänger einer unabhängigen und demokratischen Volksbewegung. Als Schriftsteller ist meine Position eine andere. Als solcher ist es meine Pflicht, mir meine ›Marginalität‹ gegenüber dem Staat, den Parteien, den Ideologien, und selbst der Gesellschaft zu bewahren.« Unter ›Marginalität‹ versteht Paz jedoch nicht Nebenrolle, Randexistenz, Nichtbeteiligung: auch nicht Dasein im Elfenbeinturm, sondern den Standpunkt des möglichst objektiv abwägenden Beobachters und Kritikers, der seine Entscheidungen ›sine ira et studio‹ fällt. Auch der pluralistisch, perspektivistisch denkende Proteus Paz ist ein Engagierter, der in Distanz zur Autorität und Orthodoxie, aber auch zur Euphorie der Revolution seine Aufgabe als homo litteratus et politicus ernst nimmt.

In dem folgenden Text über Solschenizyns *Gulag* wird das vorausgehende Thema mit einem konkreten, weltläufigen Beispiel belegt: der Moralist und Apokalyptiker hat das Dantesche Inferno in das zwanzigste Jahrhundert transponiert. Er hat damit die »Enzyklopädie des politischen Terrors und des kollektiven Leids« unserer

Epoche geschrieben. Sein Schicksal ist ein Zeugnis der unterdrückten Gedankenfreiheit in totalitären politischen Systemen. Als solches ist es exemplarisch für alle, die unter lebensbedrohenden Umständen die Kunst auf die Wahrheit gründen. Solschenizyns Gang ins Exil ist auch für unsere Hemisphäre keine Besonderheit: die deutsche und spanische Literatur während der faschistischen Epoche ist ein Beleg dafür. – Paz' Reaktion gegenüber dem ›Fall Solschenizyn‹ ist, wie zu erwarten, dialektisch: er sieht in ihm weder den Revolutionär noch den Reaktionär. Der mutige Russe gehöre vielmehr einer Tradition an, zu der man Tolstoi, Dostojewski, Gogol, Berdjajev, Solovjov rechnen muß. Ihr Zeichen ist das Gottsuchertum und die Mystik des Leids. Solschenizyn vertritt Werte, die das Christentum seit nahezu zwei Jahrtausenden verkündet, aber nicht lebt. Der Toleranz-Gedanke, die planetarische Tugend von morgen, ist eine Errungenschaft der glaubensfernen Philosophen der Aufklärung, nicht eine Lehre der Kirchenväter. – Der Text gibt Paz Gelegenheit, die finsteren Seiten der beiden die heutige Welt umspannenden Ideologien anzuprangern: Bedenkenlos an die Technik zu glauben sei im Jahrhundert der ersten ökologischen Katastrophen und der erneuten Versklavung des Menschen, diesmal durch Fließband und Bürokratie, den Brutstätten der modernen Unmenschlichkeit, der reinste Hohn.
In der Reihe der engagierten Schriftsteller und Künstler nimmt der Exilspanier Luis Buñuel eine besondere Stellung ein. Als Philosoph der Leinwand ist er weit über die hispanische Welt hinaus bekanntgeworden. Zusammen mit dem Exzentriker Salvador Dalí hat er in den letzten zwanziger Jahren *Das goldene Zeitalter* gedreht, dem in der mexicanischen Wahlheimat *Nazarín* und *Viridiana* folgten, die inzwischen die Weltrunde gemacht

haben. Buñuel betont durch surrealistische Montagen das Groteske und Absurde auf dem Hintergrund einer unchristlichen Gesellschaft. In seinen Filmen treffen kalte Vernunft und zarte Poesie hart aufeinander. Quevedos ›Alpträume‹, Sades ›Excesse‹, Galdós' ›Manien‹ bestimmen seine Thematik, die er mit kompromißloser Moral durchspielt. Mit *Nazarín* stellt er sich in die große Tradition des Irrationalismus, die bis zum *Lob der Torheit* des Erasmus hinabreicht und im *Don Quijote* ihr vollendetes Symbol findet. Als entschiedene Anti-Rationalisten haben die Surrealisten dem Phänomen des Wahns, der ›folie‹, der ›déraison‹ – um Michel Foucaults Termini aus *Wahnsinn und Gesellschaft* zu verwenden – besondere Aufmerksamkeit geschenkt. Daher ihre offene Neigung zu orphischen, onirischen, okkulten Dichtern wie Hölderlin, Novalis, Nerval. Aber auch unter den Surrealisten selbst gab es solche, die den Verlockungen der »Künstlichen Paradiese« nicht widerstehen wollten und den ›Schleier der Isis‹ zu lüften versuchten. Antonin Artaud war in Mexico Peyotl-Halluzinationen verfallen. Michel Leiris war als Ethnologe Mysteriensucher geworden. Über ihn wird ein Exkurs eingeblendet, der als ludisches Analogon zu Buñuels Filmkunst zu verstehen ist: die Tauromachie, die Corrida, der Stierkampf ist ein archaischer Fruchtbarkeitsritus der alten Mittelmeerwelt, eine Ex-position, Zur-Schau-Stellung, Ent-Hüllung, ein uraltes Spiel um Da- und Nichtsein, in dem die mythische Grenze zwischen Wahn und Wirklichkeit überschritten wird: der ›Augenblick der Wahrheit‹ ist ein sur-realer und ein sur-reales Moment.

Nach diesem schnellen Flug über den Pazschen ›Archipel der Zeichen‹, in dem Gegensätze wie Basho und Sade harmonieren, wird erneut einsichtig: Dieses Werk sträubt sich gegen jede eindeutige Definition. Kriterien der Klassik treffen nicht zu. Seine älteste Wurzel reicht in die spanische Barock-Hermetik. Subjektivität und Transzendenz der Romantik sind sein Nährboden. Die Ästhetik des ratio-feindlichen Surrealismus haben es am tiefsten geprägt. Aber auch das analogische Denken und die Metamorphosen der Mystiker und Alchimisten, die ›correspondances‹ der Symbolisten, das zyklische Erlebnis der Zeit der ›Primitiven‹, die Simultaneität und das ›Nebeneinander‹ der Kubisten, der Binarismus und Relationismus der Strukturalisten, die Dialektik der Marxisten, die Ambivalenz und das Paradoxon in der Semiotik und Mythik, die Negation und das Schweigen der Buddhisten: all das sind wichtige Konstanten, die Paz' variable Welt im Gleichgewicht halten. Seine Prosa ist pointilliert, assoziativ, experimentell, ›offen‹. Er selbst hat sich zum ›offenen Kunstwerk‹ bekannt, das in ständiger Bewegung sich befindet: die Zeichen rotieren.

QUELLENHINWEIS

Dem Essayband *Corriente alterna*, Mexico 1967, sind die folgenden Texte entnommen: »Primitive und Barbaren«; »Person und Prinzip in Indien«; »Der Befreite und der Befreier«; »Atheismen«; »Nihilismus und Dialektik«; »Zweierlei Vernunft«; »Die Ausnahme von der Regel«; »Die Regeln der Ausnahme«; »Der Schlußpunkt«; »Eine Form auf der Suche nach sich selbst«; »Buñuels philosophische Filmkunst«.

»Die Rückseite des Lachens« ist dem Essayband *Puertas al campo*, Mexico 1966, entnommen.

»Sexualalchimie und erotische Courtoisie« ist ein Aufsatz des 1969 in Mexico erschienenen Sammelbandes *Conjunciones y disjunciones*.

»Die Tradition des Haiku« und »Sexualität und Erotik« entstammen dem von Carlos Fuentes herausgegebenen Sammelband *Los signos en rotación y otros ensayos*, Madrid 1971.

In dem Sammelband *El ogro filantropico*, Mexico 1979, stehen (unter dem Titel »Nueva españa: orfandad y legitimidad«) der Aufsatz »Quetzalcóatl und Tonantzin«; ferner die Aufsätze »Der indiskrete Spiegel«; »Der Schriftsteller und die Macht«; »Gulag: halb Jesaja, halb Job« und als ein Auszug aus »La mesa y el lecho«: »Erotik und Gastrosophie«.

Von Octavio Paz
erschienen im Suhrkamp Verlag

Das Labyrinth der Einsamkeit. Essay. Aus dem Spanischen und mit einer Einführung von Carl Heupel. 1974. 220 S. *Bibliothek Suhrkamp* Band 404

Gedichte. Spanisch und deutsch. Übertragung und Nachwort von Fritz Vogelgsang. 1977. 328 S. *Bibliothek Suhrkamp* Band 551

Essays 1. Aus dem Spanischen von Carl Heupel und Rudolf Wittkopf. 1979. 298 S. Ln.

Essays 2. Aus dem Spanischen von Carl Heupel und Rudolf Wittkopf. 1980. 440 S. Ln.

Suche nach einer Mitte. Die großen Gedichte. Spanisch und deutsch. Übersetzung Fritz Vogelgsang. Nachwort von Pere Gimferrer. 1980. 216 S. *edition suhrkamp* Band 1008

Der menschenfreundliche Menschenfresser. Essays zur Kultur und Gesellschaft. Aus dem Spanischen von Rudolf Wittkopf. 1981. 320 S. *edition suhrkamp* Band 1064

Der sprachgelehrte Affe. Aus dem Spanischen von Anselm Maler und Maria Antonia Alonso-Maler. 1982. 131 S. *Bibliothek Suhrkamp* Band 530

Der Bogen und die Leier. Poetologische Essays. Aus dem Spanischen von Rudolf Wittkopf. 1983. 330 S. Ln.

Verbindungen/Trennungen. Essay. Aus dem Spanischen von Elke Wehr und Rudolf Wittkopf. 1984. ca. 180 S. Geb.

Zwiesprache. Essays zu Kunst und Literatur. Aus dem Spanischen von Elke Wehr und Rudolf Wittkopf. 1984. 240 S. *edition suhrkamp* Band 1290